Gerhard Nestler
Geschichte der Musik

ATLANTIS · SCHOTT
Band 8204

Gerhard Nestler geht in diesem Buch einen ungewöhnlichen Weg, für eine Geschichte der Musik einen systematisch-logischen Ansatz zur Gliederung des umfangreichen Stoffes zu finden – einen Weg, der den Leser in die bedeutsamen Orte und Länder bzw. Landschaften führt, die in der Musikgeschichte Bestimmendes hervorgebracht haben.

Es wird bei dem von Gerhard Nestler gewählten Ansatz deutlich, daß es immer nur ein Ort ist, in dem das musikalische Geschehen einer Epoche derartig zusammengefaßt erscheint, daß er als Höhepunkt und auch als Zentrum der Ausstrahlung auf das gesamte europäische Geschehen angesehen werden muß. Auf diese Weise werden die Verbindungslinien zwischen den Zentren deutlich, und es erweist sich, daß es nicht nationale, sondern gesamteuropäische Wege waren, die diese Zentren miteinander verbanden.

Gerhard Nestler, geboren 1900 in Frankenberg (Sachsen), gestorben 1983 in Baden-Baden. Studium an Universität und Konservatorium in Leipzig. 1924 Promotion in Kunstwissenschaft. Nach verschiedenen Tätigkeiten wurde er 1946 Dozent an der Karlsruher Musikhochschule, 1957 deren Leiter bis 1965. Komponist von Bühnenmusiken, Kammermusik und Liedern sowie Verfasser von musiktheoretischen Schriften.

Gerhard Nestler
Geschichte der Musik

Die großen Zeiträume der Musik
von den Anfängen bis zur
elektronischen Komposition

Atlantis Musikbuch-Verlag

SERIE MUSIK ATLANTIS · SCHOTT

ISBN 3-254-08204-4
6. Auflage 29.–30. Tausend Januar 2005
© der Originalausgabe 1962 Verlagsgruppe Bertelsmann GmbH,
Bertelsmann Lexikon-Verlag Gütersloh
© der genehmigten Taschenbuchausgabe
1979 Schott Musik International, Mainz · BSS 46537
Umschlaggestaltung: H. J. Kropp
Abbildung vordere Umschlagseite: Venedig, Teatro La Fenice (Archiv für Kunst und Geschichte, Berlin)
Druck und Bindung: Clausen & Bosse, Leck
Printed in Germany

Inhalt

Vorwort 11

Musik der Griechen 13
 Aulos und Lyra 15 *Proömium und Nomos* 17 *Griechische Lyrik* 18 *Olympia und Delphi* 20 *Das antike Theater* 22 *Wandlung der Musik* 24 *Neuer Dithyrambos* 25 *Kanoniker gegen Harmoniker* 27 *Platons Ethoslehre* 30 *Erben der griechischen Musik* 32

Rom – Die heidnische Spätantike 32
 Römischer Chor 34 *Die Orgel* 35 *Musik zur Begleitung des Schauspiels* 36 *Musikalische Denkmäler der Antike* 37

Rom – Anfänge des Christentums 39
 Psalmodie 41 *Hymnik* 42

Ostrom und Westrom 43
 Byzantinische Kirchenmusik 44 *Weltliche Hymnen* 47 *Politische, religiöse und künstlerische Voraussetzungen* 47 *Einfluß der byzantinischen Musik* 49 *Reform der Kirchenmusik* 52 *Gregorianischer Choral* 53 *Neumen* 56 *Musiktheorie* 57 *Die Kirchentonarten* 58 *Solmisationssilben* 61

Westfranken, St. Gallen, Reichenau 62
 Tuotilo in St. Gallen 63 *Die Sequenzform* 65 *Hermannus Contractus* 67 *Leich und Estampie* 67 *Das geistliche Drama* 68

Umbrien und Kastilien 69
 Lauda und Cantiga 69 *Die Geißler* 72

Im Bereich der Langue d'oc –
Das einstimmige weltliche Lied 74
   Die nordfranzösischen Trouvères 78   Der deutsche Minnesang 83   Der Meistersang 89

Frühe Mehrstimmigkeit im Bereich der Langue d'oc 94
   Musica enchiriadis 95   Organa von St. Martial in Limoges 97   Winchester-Tropar 98

Paris – Die Schule von Notre-Dame 99
   Die Meister von Leonin und Perotin 99   Organum und Conductus 101   Motetus 105   Ars antiqua 109   Meister der Mensuraltheorie 110   Ars Nova 111   Isoperiodik und Isorhythmik 112   Guillaume de Machaut 114

Italien im 14. Jahrhundert 116
   Caccia und Ballata 119   Francesco Landini 120

England 124
   Die irischen Mönche 125   Faux bourdon 126   Einflüsse der Notre-Dame-Schule 127   John Dunstable 128

Der Hennegau und die franko-flämischen Meister 130
   Politischer und künstlerischer Mittelpunkt 131   Weltliche Musik 133   Motettenform als Grundform 135   Cantus-firmus-Messe 137   Josquin de Près 139   Vorbereitung des A-capella-Stiles 140

Im Umkreis der franko-flämischen Schule 142
   Polyphone Liedkunst 145   Anfänge des Notendrucks 146   Europäische Komponisten 147   Die humanistische Idee 152   Musik als Ausdruck oder Affekt 154   Der A-capella-Stil 155   Musica reservata 156   Das Werk Orlando di Lassos 158   Der »Odenstil« 160   Der Triumphzug Maximilians 161

Mitteldeutschland 162
   Luther und die Reformation 162
   Choralbearbeitungen 164   Der Hugenottenpsalter 166

Venedig 166
   Mehrchörigkeit 167   Neue Formen der Instrumentalmusik 169

Vom Ricercare zur Fuge 170   Von der Kanzone zur Sonate 171
Villanella und Frottole 172   Das italienische Madrigal 173

Im Umkreis der venezianischen Schule 176
Hans Leo Haßler 177   Italienische Stilelemente 180   Michael Praetorius 180   Wandel im Instrumentenbau 181   Jan Pieterszoon Sweelinck 182   Gleichklang von Musik und Poesie 184   Englische Madrigalkunst 185   Virginalmusik 186   Musik in Spanien 188

Römischer Exkurs 191
Giovanni Pierluigi Palestrina 191

Florenz 194
Monodie als Grundform geistlicher und weltlicher Musik 195   Generalbaßmusik 197   Frühgeschichte der Oper 199   Das Pastoraldrama 203   Mantuanisch-venezianischer Exkurs 206   Das neue Verhältnis der Musik zum Wort 207   Monteverdis Madrigalbücher 209   Das große Orchester 213   Opernmelodie 215   Monteverdis Instrumentalmusik 216   Lamento d'Arianna 217   Einheit von kirchlicher und weltlicher Musik 218

Rom 220
Der Oratoriendialog 221   Oratorio volgare und Oratorio latino 222   Die Solokantate 224   Girolamo Frescobaldi 225

Venedig 227
Cavalli und Cesti 228

Rom 231

Wieder zurück nach Venedig 234
Begründer der klassischen Instrumentalmusik 237

Paris 240
Neue Ordnung 241   Oper in Frankreich 246   Jean Baptiste Lully 246   Französischer Opernstreit 249   Französische Lautenmusik 251   Die Clavecinisten 253   Französische Orgelmusik 256

Der sächsisch-thüringische Raum – Von Heinrich Schütz
bis Johann Sebastian Bach 257
*Heinrich Schütz 258   Der Stil der Oper 260   Symphoniae sacrae
262   Alterswerke 263   Kompositionslehre von Christoph Bernhard 265   Die Schüler 267   Schütz und Sweelinck als Vorbild 269
Der norddeutsche Stil 270   Süddeutschland 271   Die deutsche
Oper 272   Die Kantate 278   Oratorium und geistliches Konzert
281   Die Passion 283   Das Generalbaßlied 286   Das Kirchenlied 288   Prinzip des Kontrastes 288   Die Sonate 290   Das
Concerto grosso 293   Das Solokonzert 294   Die Suite 296   Die
Fuge 299   Choralvorspiel und Variation 304   Die Familie Bach
305   Johann Sebastian Bach 307   Die Bach-Form 313   Capriccio 318   Die Figurenlehre 320   Bachs Leben 325   Das Werk Bachs
335   Kantaten 337   Konzert- und Kammermusik 337   Werke
der Leipziger Zeit 340   Weltliche Musik 343   Spätwerke 344*

Neapel 347
*Musikalische Formen 348   Alessandro Scarlatti 350   Meister der
neapolitanischen Schule 352   Henry Purcell 354   Georg Friedrich
Händel 355   In Italien 356   In England 357   Opera buffa 358
Hinwendung zum Oratorium 361   Neue Form und neuer Ausdruck
362   Buffakomponisten 365   Das Reisetagebuch des Charles
Burney 368*

Europäischer Exkurs – Christoph Willibald Gluck 372
*Raniero Calzabigi 374   Glucks Leben 376   Glucks Opernreform
378   Streit um die Oper 379*

Wien 383
*Die neue Form 384   Wandel des Ausdrucks 385   Die Wiener
Vorklassik 388   Die Mannheimer Schule 388   Carl Philipp
Emanuel Bach in Potsdam 389*

Die Serenadenzeit 392
Das Sinfonische 412
Die Lehre vom musikalischen Zusammenhang 422
Kirchenmusik 433
Die Oper 437
Das Lied 449
Franz Schubert 451

Paris in der 1. Hälfte des 19. Jahrhunderts 455
    Französische Romantik 456   Hector Berlioz und die Programm-
    musik 457   Frédéric Chopin 461   Virtuosen und Komponisten
    465   Oper und Politik 468   Giacomo Meyerbeer 480   Jacques
    Offenbach 482

Musik der Nationen 483
    Deutschland und Österreich   484
    Felix Mendelssohn-Bartholdy 492   Robert Schumann 498   Johannes Brahms 504   Richard Wagner 511   Franz Liszt 521   Anton Bruckner 529   Hugo Wolf 532

    Italien   533
    Rossini, Bellini, Donizetti 535   Giuseppe Verdi 537

    Rußland 542
    Die eigene Sprache.. 546

Querschnitt durch ein Jahrhundert   564
    Musikalische Formen der Romantik 568   Der Klang 570

Von der Einheit der neuen Musik 576
    Die neue Freiheit   576
    Neue Ordnungen 623

Vorwort

Wenn man es unternimmt, eine Geschichte der Musik zu schreiben, so muß man sich Gedanken machen, wie man den umfangreichen Stoff ordnen will. Es gibt mancherlei schon erprobte Methoden, den zeitlichen Ablauf des geschichtlichen Geschehens zu gliedern.
Da wäre einmal die Übernahme der kunstgeschichtlichen Periodeneinteilung in die Musikgeschichte. Wir würden dann in gleicher Weise von Gotik – Renaissance – Barock und so weiter sprechen. Da dies aber Begriffe sind, die eben nur in der Kunstgeschichte Sinn und Beziehung haben, die Musik, die man hört, aber eine andere Kunst ist als die Kunst, die man sieht, und dazu der Ablauf und die Stilwandlungen der Künste sich zeitlich keineswegs decken, so erscheint diese Methode der Periodengliederung nicht eben glücklich, ja, in gewissem Sinne gefährlich, gibt sie doch ein falsches Bild der wirklichen Vorgänge.
Eine andere Methode versucht, Periodengliederungen in der Musikgeschichte selbst zu finden und mit ihnen die Einschnitte zu setzen. Diese würden die Zeitpunkte großer Stilwandlungsvorgänge anzeigen, also: um 1150, um 1300, um 1450, um 1600, um 1750, um 1911.
Dieses Verfahren hat den Nachteil einer falschen Sicht. In Wirklichkeit gibt es keine Abschnitte und Einschnitte, denn alle künstlerischen Vorgänge sind Ablauf, sind Wandlung und Wechsel ohne hervortretende zeitliche Akzente.
Etwas nüchtern und trocken erscheint die Periodengliederung nach Jahrhunderten. Obwohl wir daran keinen Anstoß nehmen, wissen wir doch, wie wenig gerade diese äußere Zeiteinteilung die inneren Vorgänge der Kunst bezeichnen kann. Nirgends stimmt die Jahrhundertgrenze mit den Wandlungsvorgängen der Musik überein –

es sei denn um 1600. Aber gerade hier liegen die Dinge nicht so einfach, daß man Alt und Neu unbesehen nebeneinandersetzen könnte.

Eine andere Möglichkeit der Gliederung hat der Verfasser in seiner Schrift »Die Form in der Musik, eine europäische Musikgeschichte« aufgezeigt. Er spricht dort vom rhythmischen, melodischen, harmonischen Zeitalter und so weiter und redet einer Gliederung auf Grund innerer Vorgänge in den Formen der Musik das Wort.

Jetzt aber geht der Verfasser einen anderen Weg. Es ist wirklich ein Weg, denn er geht zu bestimmten Orten, wirklichen Orten im geographisch-topographischen Sinne. In der vorliegenden Arbeit handelt es sich um eine Geschichte der Musik, bei der der Stoff aufgeteilt ist nach den Orten Europas, die für Gestalt und Sinn der Musik jeweils bestimmend gewesen sind. Diese Orte – es können auch Landschaften sein – haben selbstverständlich gewechselt, und immer ist es nur einer, in dem das musikalische Geschehen einer Epoche derartig zusammengefaßt erscheint, daß er als Höhepunkt und darüber hinaus auch als Ausstrahlungspunkt auf das gesamte europäische Geschehen angesehen werden muß. Auf diese Weise ergibt sich eine übersichtliche geographische Darstellung und – wie der Verfasser glaubt – auch die Möglichkeit einer Interpretation der Geschichte, die durch Gliederung nicht tötet, indem sie starre Grenzen zieht, sondern eine Darstellung, die die Wege der Verbindung, des Gebens und Nehmens besonders gut aufzeichnen kann. Daß es nicht nationale, sondern europäische Wege waren, wird die vorliegende Darstellung erweisen.

Die Einteilung des Stoffes nach Orten war eine ordnende Maßnahme. Sicherlich gibt es keinen Ortsgeist, keinen stilfördernden oder stilbildenden genius loci. Immerhin aber sollte man in diesem Zusammenhang Johann Joachim Winckelmanns Gedanken über den Einfluß des Landes und des Klimas auf die Kunst in der Einleitung zu seiner »Geschichte der Kunst des Altertums« doch nicht ganz in den Wind schlagen.

Gerhard Nestler

Musik der Griechen

Wie die Geschichte aller Kulturen löst sich auch die der unsrigen erst langsam aus dem Dunkel einer Frühzeit. Als dann im 8. Jahrhundert vor Christi Geburt der Tag anbricht, strahlt hell eine Sonne: die Sonne Homers. In seiner »Odyssee«, einer der höchsten Dichtungen der Menschheit, heißt es (Od. 8, 261 ff.):

> Aber der Herold kam und brachte die klingende Phórminx
> Für Demodokos her. Er trat in die Mitte, und um ihn
> Standen die blühenden Jünglinge, erfahren im Reigentanze
> Und sie stampften den göttlichen Reigen. Aber Odysseus
> Sah voll stiller Bewundrung das Glänzen und Schimmern der Füße.
> Aber der Phórminx-Spieler hub an mit dem schönen Gesange ...

Homer berichtet demnach von Instrumentalmusik (Phórminx ist die Bezeichnung Homers für die Lyra, ein gezupftes Saiteninstrument), Tanz und Gesang. Damit sind die Möglichkeiten des Musizierens bis zum heutigen Tag aufgezeigt: Musik zum Singen, Spielen und Tanzen.

Wir wissen heute, daß die Vorgänge, die uns Homer in der »Ilias« und der »Odyssee« erzählt hat, nicht eine freie dichterische Erfindung, sondern wirkliche Geschichte gewesen sind, Geschichte einer großen Vergangenheit: Die Entführung der Helena, der Gattin des Menelaos von Sparta, durch Paris, den Sohn des Priamos, veranlaßte ein Griechenheer unter der Führung des Agamemnon, der aus Mykene kam, nach Troja zu ziehen. Nach zehnjähriger Belagerung fiel Ilion, die Hauptstadt des Königreichs Troja, durch eine List. Einem der Kämpfer auf griechischer Seite, Odysseus, stand jedoch eine lange Heimkehr bevor. Erst nach zehn Jahren konnte er nach vielen Abenteuern die Heimat wieder erreichen.

Durch die Ausgrabungen Heinrich Schliemanns und Wilhelm Dörpfelds am Ende des 19. Jahrhunderts in Mykene und auf dem Hügel Hissarlik, unter dem Troja lag, wurde nachgewiesen, daß Homer, wenn auch in dichterischer Ausgestaltung, wahre Begebenheiten erzählt hat. So dürfen wir auch das glauben, was er uns über Musik, Musikausübung und Musikinstrumente berichtet. Wir dürfen es um so mehr, als wir durch viele Zeugnisse wissen, daß die Musik auch schon vor der Zeit Homers das Leben der Völker im Festesglanz, beim Kampf oder bei dem Gang zu den Schatten begleitet hat.

Wie aber sah die Musikpflege der noch älteren, vorgriechischen Kulturen aus? Drei- bis viertausend Jahre vor der christlichen Zeitrechnung müssen wir zurückblicken, um die ersten Darstellungen von Musikinstrumenten zu sehen oder Kunde über sie aus dem Schrifttum zu erhalten. Die Musikgeschichte umfaßt demnach knapp sechstausend Jahre Musik. Sechstausend Jahre aber sind in der Menschheitsgeschichte nur eine Episode. Das erste Kapitel im Buch der Musikgeschichte haben China, Ägypten und das alte Kulturland des Vorderen Orient zwischen Euphrat und Tigris geschrieben.

Von China wissen wir, daß man dort Musik mit Kosmologie und Philosophie verband. Man versuchte, durch die Musik die Ordnung der Welt zu verstehen. »Die Musik sei die Norm für Himmel und Erde, das Prinzip des Gleichgewichts und der Harmonie«, so sagt Li hi um 100 n. Chr.

Die Ägypter kannten neben zahlreichen Instrumenten das Dirigieren durch bildhafte Bewegung der Hand (Cheironomie) und die Ethoslehre, die Lehre vom göttlichen Ursprung der Musik und von ihrem Einfluß auf die Menschenbildung, die uns, von Herodot und Platon überliefert, noch bei der Musik der Griechen beschäftigen wird.

Von den ältesten Bewohnern Mesopotamiens, den Sumerern (3000 bis 2300 v. Chr.), kennen wir bildliche Darstellungen von Harfenleier, Laute, Doppeloboe und Rahmentrommel.

Die Babylonier (2700–1600 v. Chr.) – so berichtet uns eine Schrift »Über die Musikē«, die Plutarch (46 bis um 120 n. Chr.) zugeschrieben wird – näherten sich in ihrer kosmologischen Musikanschauung (Kosmos = Weltordnung) derjenigen, die in Altchina zu Hause war.

Assyrer und Hethiter haben schließlich durch ihre Musikpflege (Nebukadnezar II. 605–562 v. Chr.) und ihr Instrumentarium auch die Musizierformen und die Instrumente des alten Griechenlands beeinflußt und bestimmt.

Erst 1957 hat man in der Hethiterhauptstadt Boghazköi in Kleinasien eine 1,26 m hohe Statuette einer altphrygischen Fruchtbarkeitsgöttin des 7. Jahrhunderts vor Christus ausgegraben, die rechts und links neben sich je eine kleine Figur mit Aulos und Kithara zeigt. Dieses orientalische Bildwerk läßt bereits in hohem Maße an frühe archaische Kunst der Griechen denken. Und nicht nur das – auch die beigegebenen Musikinstrumente sind ursprünglich die der Griechen.

Aulos und Lyra

Der Aulos ist ein Rohrblattinstrument wie die heutige Oboe. Daß er meistens als Doppelaulos – mit zwei Rohren – dargestellt wird, darf nicht zu der Ansicht verführen, daß griechische Musik mehrstimmig gewesen sei. Die Griechen haben wohl meistens nur einstimmig musiziert. Immerhin ist es denkbar, daß man auf dem einen Rohr des Aulos die Melodie blasen und mit dem anderen einen Brummton erzeugen konnte, ähnlich, wie dies heute beim Dudelsack möglich ist. Die Göttin Athena soll den Aulos erfunden haben, um die Wehklagen ihrer Medusenschwester Euryiale durch Übertragung auf ein Instrument zur Kunst zu erheben. Die erste Aulosweise wurde daher aus Wehklagen gebildet. Diese Sage zeigt, wie Pindar, der große Odendichter (um 520 bis nach 446 v. Chr.), ausspricht, daß dieses Instrument den Griechen zur Darstellung der menschlichen Empfindungen und Leidenschaften besonders geeignet erschien. Durch diese Eigenart wurde der Aulos das Musikinstrument der griechischen Tragödie. In deren Atmosphäre großer und wilder Spannungen (die alte griechische Tragödie begann mit einer Blutopferhandlung!) konnte der Aulos, als Blasinstrument dem Atem der menschlichen Stimme nahe, das Leid und den Schrei der Kreatur besonders gut ausdrücken und untermalen. Aber auch beim Kultus, bei Trauerfeierlichkeiten, bei Hochzeiten und zum Tanz erklang die Aulosweise. Athena soll späterhin, als sie im Spiegel des Baches sah, daß durch das Blasen des Aulos ihr Gesicht entstellt wurde, das Instrument weggeworfen haben. Es wurde von dem Satyr Marsyas gefunden, der Apollo, den Gott der Musen, zu einem Wettstreit zwischen Blas- und Saiteninstrument (Lyra) aufforderte. Marsyas wurde wegen dieser Kühnheit auf Befehl Apollos geschunden.

Noch Johann Sebastian Bach hat in seiner weltlichen Kantate »Phöbus und Pan« zu der gleichen Sage Musik geschrieben. Übrigens handelte es sich auch hier um einen musikalischen Streit. »Phöbus und Pan« war die musikalische Erwiderung Bachs auf den Angriff des Kritikers Johann Adolf Scheibe, der im sechsten Stück seines »Critischen Musicus« 1737 Bachs Musik »Schwülstigkeit, verworrenes Wesen und Mangel an Schönheit durch allzu große Kunst« vorgeworfen hatte. Bach schrieb sich mit diesem Werk seinen Ärger vom Herzen.

Wir erkennen aus diesem Streit um zwei Instrumente die Musikanschauung der Griechen: Die Lyra, die durch Anreißen oder Anschlagen der Saiten ertönt, ist das eigentlich griechische Musikinstrument, nicht der später in nachhomerischer Zeit aus Kleinasien kommende Aulos. Sie gehört schon zum »dorischen«, also zum ältesten und urtümlichsten Teil der griechischen Kultur. Das »Ionische«, aus Kleinasien kommend, ist zwar das Glänzende und Prächtige in der griechischen Kultur, aber auch zugleich das »Fremde«. Der Gott Hermes soll die Lyra geschaffen haben, als er das leere Gehäuse einer Schildkröte fand, über das noch eine vertrocknete Sehne des Tieres gespannt war. Auf diese Weise entdeckte er die tönende Welt, den Klang der Musik. Die Lyra wurde das Instrument Apollos, aber auch das Instrument Homers, der sie Phórminx oder Kitharis nennt. Ist der Aulos das Instrument der Leidenschaft, des Aus-sich-Heraustretens, der Ekstase, der rauschhaften Dionysosfeier (Dionysos war der Gott der Fruchtbarkeit und der Zeugung), so eignete sich der Klang der Lyra zur Begleitung des Epossängers, zur feierlichen Anrufung der Welt und der Götter. In ihrem Klange glaubte man die Sphärenharmonie zu hören, die menschlichen Ohren unerreichbar, durch die Bewegung der Planeten entstehen sollte. Musik und Weltenharmonie verschmelzen durch diese Anschauung in eines.

Dies ist das Weltbild des Pythagoras und seiner Schule, welches übrigens bis zu Johannes Kepler, dem großen Astronomen um die Wende des 17. Jahrhunderts, Gültigkeit gehabt hat.
Da nur ganz wenige Beispiele griechischer Musik in Notenschrift erhalten sind, stützt sich die griechische Musikgeschichte auf Dichtungen, die von der Praxis und auch von der Wirkung der Musik berichten, und auf zahlreiche musiktheoretische Schriften. So wissen wir aus den epischen Gesängen der nachhomerischen Zeit (einer der Dichter war Hesiod), daß seit dem 7. Jahrhundert fahrende Sänger durch das Land gezogen sind und Homers Dichtungen oder auch eigene Verse zur Begleitung der Kithara vorgetragen haben. Wie anders wären auch die Gesänge, die große Taten der Vergangenheit kündeten, im Bewußtsein des Volkes lebendig geblieben? Das Nibelungenlied oder die Edda, große Epen der abendländischen Kultur, hat niemand gesungen. Die Minnesänger besangen andere Dinge. So entschwanden diese Sagen aus dem Gedächtnis des Volkes. Ist es doch mehr als seltsam, daß auch die bildende Kunst sich ihrer nicht vor Anfang des 19. Jahrhunderts (Nibelungenfresken des Malers Julius Schnorr von Carolsfeld in der Münchner Residenz) bemächtigt hat.

Proömium und Nomos

Die fahrenden griechischen Sänger sangen nicht nur die Verse Homers, sie schickten ihnen ein Proömium (Vorgesang), ein Vorspiel, voraus. Dieser Vorgesang war ein Götterhymnus, den man als Apollohymnus bezeichnete. Er war das eigentliche Feld des gestaltenden Musikers. Hier konnte er Text und Melodie frei erfinden, während er bei dem Vortrag der Epenverse immer an den gleichbleibenden Versrhythmus und damit wohl auch an die sich wiederholende Melodie gebunden war. Bereits aber zu Beginn des 7. Jahrhunderts tritt eine Trennung ein. Das Epos wird nur noch rezitiert, also gesprochen und dem Rhapsoden überlassen, während der Kunstsänger, der Kitharode, immer mehr das Proömium als selbständige musikalische Form ausbaut. Es entsteht der kitharodische »Nomos«. Nomos bedeutet Gesetz.
Wem die Verbindung von Musik und Gesetz aber bedenklich erscheint, dem sei gesagt, daß schrankenlose Freiheit in künstlerischen

Dingen den Griechen immer verdächtig gewesen ist. Es kam ihnen vielmehr auf einen Ausgleich zwischen Gesetz und Freiheit an. Ein griechischer Tempel ist entweder dorisch oder später ionisch, also nach einem bestimmten stilistischen Gesetz gebaut, welches die Hauptformen bestimmt. Innerhalb dieser aber gibt es in den Proportionen und Teilen die Freiheit persönlicher Gestaltung.

Auch der Nomos in der Musik bedeutet »Bewahrung des Gebräuchlichen«. Plutarch, der in seiner Schrift »Über die Musikē« von weit zurückliegenden Zeiten berichtet, schreibt darüber: »Im ganzen blieb die Kitharodie nach Terpandros von Lesbos Art (um 675 v. Chr.) sogar bis zur Zeit des Phrynis (gegen Ende des 5. Jahrhunderts) durchaus einfach; man durfte nämlich früher die Kitharodie nicht so wie heute machen und die Harmoniai und die Rhythmen nicht wechseln, denn bei den Nomoi bewahrte man die jedem einzelnen Nomos eigentümliche Saitenspannung (Stimmung). Deshalb haben sie auch diesen Namen, denn als Nomoi wurden sie bezeichnet, weil es nicht erlaubt war, das für jede einzelne Art Gebräuchliche hinsichtlich der Saitenspannung zu übertreten.«

Wenn dennoch der Nomos Gegenstand des Wettkampfes bei den großen nationalen Spielen, den pythischen Spielen in Delphi und anderswo wurde, so sieht man daraus, wie weit die Freiheit der eigenen Erfindung über eine gegebene musikalische Grundgestalt gehen konnte. Später werden die Willkürlichkeiten allerdings immer größer. Das geschah vor allem zu dem Zeitpunkt, als der Hexameter, der auch das Versmaß des Epos war, durch andere Versmaße verdrängt wurde.

Griechische Lyrik

Die neue Verskunst nannte man, aber erst in späterer alexandrinischer Zeit, Lyrik. Ihre Blütezeit ist das 7. bis 5. Jahrhundert. Wir müssen zwischen solistischer und Chorlyrik unterscheiden. Archilochos von Paros (um 650 v. Chr.), vor allem aber Sappho auf Lesbos und Alkaios waren ihre Sänger. Das Chorlied ist in Sparta zu Hause gewesen. Seine Form ist dreiteilig: a–a–b. Der Wiederholung des Gleichen folgt ein Gegensätzliches. Diese Dreiheit konnte man beliebig vervielfältigen. Diese dreiteilige Form, über die wir in der abendländischen Musik noch einiges sagen müssen – sie heißt dort

Metope vom Heratempel am Flusse Sele, Museum zu Paestum. In erhabener Haltung bewegt sich ein griechisches Tänzerpaar zu einer imaginären kultischen Musik.

Barform – ist die Gestaltwerdung eines rhythmisch-formalen Grundgefühls der griechisch-abendländischen Kultur. Der Wandel der Dreiteiligkeit a–a–b zur späteren a–b–a wird demnach nur durch einen tiefgreifenden Wandel des Grundgefühls möglich sein. Das Chorlied wurde in Sparta vom Staate gepflegt und öffentlich aufgeführt. Der schon oben erwähnte Pindar von Theben war der größte Dichter und vielleicht auch Musiker des Chorliedes. Hören wir seine Verse in der ersten olympischen Ode:

Doch wie fände sich wohl zum
Sterblichen Schönres als Glanz, der sich immer erneut?
Drum kränz ich
Ihn (Hieron von Syrakus, den Sieger) mit dem Reiter-Nomos
Dem aiolischen Tanz und Gesang.

Diese Lyrik wurde nicht nur zur Lyra vorgetragen. Das vatikanische Scholion (Auslegung) zur Grammatik von Dionysos Thrax be-

richtet: »Nicht allein zur Lyra wurde die Lyrik vorgetragen, sondern auch zum Aulos, zum Barbiton, zur Kithara und, einfach gesagt, zu jedem musikalischen Instrument; aber weil die Lyra von allen das gültigste Instrument ist, wurde die Dichtung nach ihr benannt.«
Einzelne Formen der Lyrik heißen: Hymnos, Paian, Dithyrambos. Es sind Gesänge zu Ehren Apollos und des Dionysos. Dazu kommen Klage-, Hochzeits- und Siegeslieder. In einem der lyrischen Texte, es ist Pindars Ode aus dem Jahre 476, findet sich auch zum ersten Male das Wort Musikē. Es ist von Musa = Muse abgeleitet und bedeutet eigentlich »die Musische«. Aber auch das Wort Rhythmos kommt in dieser Zeit (bei Archilochos) zum ersten Male vor. Ursprünglich ist der Lebensrhythmus damit gemeint. Erst in späteren Zeiten wurde die Bezeichnung auch für Vers und Tanz angewendet.
Auch diese Tatsache weist wie alles Griechische auf den Menschen als Ursache und Wirkung hin. Der Pflege dieses Menschen galten alle Lebensbemühungen. Der griechische Mensch wußte aber auch, daß nicht nur die Pflege des Körpers, sondern ebenso die des Geistes dazugehört, um den ganzen Menschen zu formen. Daher steht neben dem körperlichen Wettbewerb auch der künstlerische. Seit 776 v. Chr. – es ist zugleich das erste Jahr unserer kontinuierlichen historischen Zeitrechnung – wissen wir von den Olympischen Spielen, denen Musikwettbewerbe angeschlossen waren.

Olympia und Delphi

Über die delphischen Pythien zu Ehren Apollos erzählt Pausanias in seiner »Beschreibung von Griechenland«, einem Reisebuch, das dem zweiten nachchristlichen Jahrhundert angehört: »Im dritten Jahre der 48. Olympiade (also 586 v. Chr.) ... setzten die Amphiktyonen wie bisher für Kitharodie Preise aus, fügten aber den Wettkampf der Aulodie und der Auloi selbst hinzu. Als Sieger wurden ausgerufen in der Kitharodie der Kephallener Melampus, in der Aulodie der Arkader Echembrotos, im Aulosspiel der Argiver Sakadas. Dieser Sakadas siegte auch in den beiden folgenden Pythiaden.«
Es waren also nicht nur die Kithara, sondern auch der Aulos als Wettkampfinstrument zugelassen, ja, es gab sogar ein Preisaus-

Keltischer Kriegszug mit Trompetenbläsern, Detail des silbernen Kessels von Gundestrup, 1. Jahrhundert v. Chr. bis 1. Jahrhundert n. Chr., Nationalmuseum Kopenhagen. Realistik und Abstraktion verbinden sich zu einer eindrucksvollen Darstellung.

schreiben für Musik mit dem Aulos allein. In dieser Sparte siegte Sakadas aus Argos. Er sang einen pythischen Nomos, der den Kampf Apollos mit dem Drachen illustrieren sollte. Man hat dieses Stück ein erstes Beispiel von Programmusik genannt. Der Verfasser glaubt, zu unrecht; denn zur Schilderung eines solchen Drachenkampfes ist eine sehr handfeste Art der musikalischen Untermalung nötig. Den Griechen wäre dies jedoch fremd gewesen. Selbst auf dem Theater hätten sie nicht eine solche Szene erleben können. Dort erfuhren sie von Kampfszenen nur durch Botenberichte, die trotz aller dramatischen Schilderung den Vorgang von einer höheren Ebene aus, nämlich einer bereits erlebten und dadurch entdramatisierten, beleuchteten. Welche musikalische Realistik hätte dann eine einzige Doppeloboe aufbringen müssen, um von einem Kampf zu berichten, der für die Griechen von vornherein nur ein dichterisches Bild war und der durch die Anwesenheit des Gottes Apollo als idealistisch und symbolisch aufzufassen ist.

Nicht das Musikalisch-Programmatische dieses Drachenkampf-Nomos schlägt die Brücke zu unserer Zeit, sondern der Stoff selbst, der letztlich ein bildhaft-szenischer ist. Noch in Mozarts Zauberflöte kämpft zu Beginn des ersten Aktes Tamino mit einer Schlange. Bei den Griechen war es ein Gott, der den Kampf bestehen mußte; im aufklärerischen 18. Jahrhundert ist es der zu höchstem Menschentum aufstrebende Mensch, der mit Hilfe dreier – recht menschlich denkender – göttlicher Damen das Ungeheuer besiegt. Wir erkennen daraus, daß Grundvorstellungen der Menschen zu allen Zeiten dieselben sind, ebenso wie die Anlässe, sie darzustellen.

Das antike Theater

Auf den Stufen vieler Jahrhunderte stehend, umfaßt unser Blick das antike Theater in seiner ganzen großartigen Weite. Aber von den rauschhaften Klängen seiner Musik hören wir keinen Ton mehr. Dichter und Schriftsteller berichten zwar von dem großen Anteil der Musik am griechischen Drama, doch von der Musik selbst kennen wir nur ein einziges Fragment. Es ist ein winziges Bruchstück eines Chorliedes aus der »Orestie« des Euripides.
Die Tragödie ist eine neue Form des in die Stadt versetzten Dionysoskultes. Dieser war in den Bergen Mazedoniens gewachsen. Dort hatten die Bauern und Hirten, als Böcke verkleidet, in wilder animalischer Raserei dem Gott der Fruchtbarkeit und der Zeugung gehuldigt. Was dort auf dem Lande Natur schien, bedurfte in der Gemeinschaft der Polis, des Stadtstaates, der Gesittung. Athen war seit Solons Gesetzgebung und Verfassung 594 v. Chr. immer mehr zu einer starken Polis zusammengewachsen. Die Nebenbuhlerin Sparta schickte sich damals an, ihre durch die messenischen Kriege erlangte Vormachtstellung an Athen abzugeben.
Um 500 nach dem Tyrannenmord schlug Athens große Stunde, das Zeitalter des Perikles, das »goldene Zeitalter«, führte Athen politisch und kulturell zu Höhepunkten, die zu den seltenen in der Geschichte der Menschheit gehören. Aus dem Schutt der Perserkriege ging nicht nur der Stadtstaat, sondern auch das staatliche und religiöse Zentrum Athens, die Akropolis, in neuem Glanze hervor. Der Parthenon mit dem Giebelschmuck des Phidias, die Propyläen, der Nike-Tempel, das Erechtheion künden das Wunder der Form, so lange noch Menschen in der Form das Wunder der Kunst sehen. Alles, was in der Kunst Glanz ist, hier unter der Sonne Griechenlands ist es Wirklichkeit geworden. In der gleichen Zeit lehrten Sokrates und Platon die Weisheit griechischen Denkens, die Tragiker

Äschylos, Sophokles und Euripides rangen um den Preis der Tragödie, und im Dionysostheater am Fuße der Akropolis erklangen die Dithyramben der Tragödie fern der Wildheit der Dionysosfeste, aber noch immer in der gleichen kultischen Erhabenheit.
Nach der »Poetik« des Aristoteles soll der Vorsänger des Dithyrambos die Ursache der Tragödie gewesen sein. Das will heißen, daß durch die Gegenüberstellung von Chor und einem einzelnen zum ersten Male zwei Pole entstanden, zwischen denen der Funke der dramatischen Rede überspringen und sich entzünden konnte. Von der Chorlyrik zu den Chorgesängen der Tragödie war kein weiter Schritt. Beiden gemeinsam ist der chorische Vortrag in Verbindung mit dem Tanz und mit Begleitung durch den Aulos. Auch hat der Chor der attischen Tragödie denselben betrachtenden, lyrisch-epischen Charakter wie der des Dithyrambos. Nur eines ist anders: die Form der Gesänge. Nicht die Form des Chorliedes a–a–b, sondern ein anderes Schema a–a b–b c–c ... bestimmt in der Tragödie den Versbau, dem die Melodie höchstwahrscheinlich folgte.
Das bedeutet Steigerung des Gegensatzes durch Verdoppelung und Verzicht auf Wiederholung zugunsten einer fortlaufenden Gegensatzreihung. Wenn der Kontrast das eigentliche Formelement der Musik ist – eine Anschauung, die vertreten wurde – läge im Chorgesang der Tragödie bereits eine höhere Formstufe vor als im Versbau der Chorlyrik. Diese Gesänge wurden vom Chor nicht auf der Bühne vor der Scenae, sondern vor der Bühne, im ehemals kreisrunden Raum der Orchestra gesungen. Dies war der Platz, in dessen Mitte sich ursprünglich der Altar befand, der Ausgangspunkt des Dionysoskultes in der Tragödie. Dieser Platz vermittelte architektonisch zwischen dem amphitheatralischen Zuschauerraum und der Scenae, einer vielfach gegliederten Bühnenwand, die das Spiel im Rücken der Schauspieler abschloß. Nach ihm ist heute unser Orchester benannt, das heute wie damals als Raum die gleiche Funktion zwischen Zuschauerraum und Bühne hat und in gleicher Weise noch immer der Platz des chorischen Musizierens, nämlich der der Orchesterinstrumente ist, während der Chor der Sänger heute auf der Bühne agiert. Zum Vortrag der Chöre gehörte auch Bewegung und Tanz.
Wir müssen uns vorstellen, daß die singenden Chöre unter Beglei-

Das Theater von Delphi, Blick von den oberen Sitzreihen aus. Es war eine der wichtigsten kultischen Stätten der antiken Welt. Das attische Drama, von Sprechgesang, Tanz und Flötenspiel begleitet, diente ursprünglich zur Verherrlichung des Gottes Dionysos, dessen Altar in der Mitte der Orchestra stand.

tung der Blasinstrumente mit eurhythmischen Bewegungen in feierlicher oder vielleicht auch orgiastischer Weise durch die Orchestra und um oder auch über den Altar geschritten und gezogen sind. Dazu kamen die Einzeldarsteller (ursprünglich nur drei) in Kostümen, auf hohem Kothurn (eine Art von Stelzschuh), das Gesicht von Masken verdeckt. Das alles ergab im strahlenden Glanz der Sonne (die Aufführungen zogen sich den ganzen Tag hin) oder auch in den ersten Schatten der hereinbrechenden Nacht ein festliches Bild, zu dem die heroischen Landschaften, in die die Theater eingebettet waren, den ewigen Rahmen bildeten.

Wandlung der Musik

Auch der archaisch-großartigen, festgefügten Form des antiken Theaters blieb der Wandel nicht erspart. Gerade die Musik zeigt ihn besonders eindringlich. Der ältere Dithyrambos war in Form und Inhalt in der Tragödie aufgegangen. Erneuerungsbestrebungen des Dithyrambos, die schon im 5. Jahrhundert einsetzten, mußten daher auch für die Tragödie von Folgen sein.

Sie trafen sich mit einem allgemeinen Strukturwandel der Musik, dem Wandel von der mit der Sprache verbundenen Musik zur reinen Musik. Zum ersten Male tritt diese aus dem durch Sprache und Vers errichteten geistigen Raum in den Bezirk der Musik um ihrer selbst willen. Platon schildert diesen Vorgang in den »Nomoi«: »Nachher jedoch im Verlaufe der Zeit machten einzelne Dichter den Anfang in der Überschreitung der Nomoi – Leute, die zwar Talent zum Dichten besaßen, aber von Recht und Gesetz der Muse nichts verstanden, sich einer wilden Begeisterung überließen und mehr, als recht war, vom sinnlichen Vergnügen beherrscht wurden. Sie vermengten das Klagelied mit dem Hymnus, den Paian mit dem Dithyrambos, stellten in der Kitharodie die Aulodie dar, führten alles mit allem zusammen und brachten, ohne Absicht, nur durch ihren Unverstand, die Lüge gegen die Musikē auf, daß in der Musikē auch nicht eine Spur von richtiger Ordnung liege, sondern daß sich das Urteil über sie am richtigsten nach dem sinnlichen Genusse dessen, der eine Freude daran hat, bestimme. Mag dies nun ein besserer oder ein schlechterer Mensch sein. Durch solche Gedichte, die sie machten, und durch entsprechende Reden, die sie an die Menge hinsprachen, brachten sie eine gewisse Verachtung der Gesetze (Nomoi) in die Musikē herein und die kecke Einbildung, als sei man ohne weiteres zum Urteilen befähigt. Dadurch wurden denn auch die Theater, bisher so lautlos still, jetzt so voll von lautem Lärm, als ob das ganze Publikum in Sachen der Musen prächtig verstände, was schön ist oder nicht ... Jetzt machte bei uns die Einbildung aller, alles zu verstehen und die Gesetzwidrigkeit nur eben mit der Musikē den Anfang, und dann kam gleich hinterdrein die zügellose Freiheit. Die Leute verloren alle Furcht, weil sie ja alles wußten, und dieser Mangel an Schüchternheit erzeugte in ihnen eine völlige Schamlosigkeit ...«

Neuer Dithyrambos

Dieser allgemeinen Wandlung der Musik entsprach ein Wandel der Form: Dem neuen Dithyrambos fehlt die strophische Wiederholung des Versrhythmus und damit auch die Wiederholung der Melodie. Die Strenge des sich Wiederholenden war gefallen. Jetzt kam es auf wechselnden Vers und wechselnde Melodie an. Mit ihnen öffnet sich das Tor zu einem neuen Inhalt der Musik: der Ausdruck wird wichtiger als das Formengesetz. In den Sologesängen, man könnte sagen, in den Arien und Duetten der späteren Tragödie, konnte er sich frei entfalten. Die Tragödien des Euripides (485-406 v. Chr.) und die späten Werke des Sophokles haben dem Subjektiven in Vers und Melodie immer breiteren Raum gewährt. Der überpersönliche Chorgesang trat zurück. Kein Wunder, daß damit auch das religiöse Element in der Tragödie zurückgedrängt wurde. Der Schilderung menschlicher Empfindungen und Leidenschaften dienten jetzt Vers und Melodie. Kein Geringerer als der Lustspieldichter Aristophanes hat diesen Wandel tief beklagt. Immer wieder hat er in seinen Komödien mit bitterem Spott, der vor allem dem Euripides galt, diesen Verfall des alten äschyleischen Dramas kritisiert. Die Ursache des Niederganges sah er in der subjektiv wuchernden, sich ungeniert breitmachenden Musik.

Diese Vorgänge sind weit über die attische Tragödie hinaus von allgemeiner Bedeutung: Es gibt zwei Ideenreiche der Musik – Musik aus der Idee geboren, daß Töne geistige Zusammenhänge aufzeigen können, daß sie für Zahlen stehen oder Symbole sein können – oder Musik aus der Idee und der Absicht entstanden, die Empfindungen und Gefühle der Menschen zu erregen. Beide Bezirke, die in der griechischen Musik aufeinanderfolgen, werden sich auch in der abendländischen Musikgeschichte ablösen oder aber auch gleichzeitig sich gegenüberstehen. Über eine dritte Idee, der Verfasser nennt sie »die Idee des durchorganisierten Materials«, wird noch zu reden sein. Die Darstellung des Wechselspiels dieser Ideen – man mag Begriffe dafür finden, welche man will – nennt man Musikgeschichte. Denn Geschichtswissenschaft ist das Wissen um Ideen, die den Ablauf der Zeiten bestimmt und begleitet haben.

Die oben geschilderte »neue« Musik, die die Seele der Menschen verzauberte, war nur ein Teil einer allgemeinen neuen seelischen Haltung. So erklärt sich ihr Fortwirken bis in die Zeit, die wir die hellenistische nennen. Es sind dies die Jahrhunderte vor Christi Geburt, in denen die politische Vormachtstellung Athens durch den peloponnesischen Krieg zwar verlorengegangen war, die griechische Kultur aber gleichsam überfließend aus der engen Schale des Stadtstaates sich nun frei und blühend über Süditalien, Sizilien, den Vorderen Orient und Nordafrika ergießen konnte. Der Ausgleich zwischen Freiheit und Gesetz in der Kunst war auch in dieser Zeit noch gewährleistet. Der freien Ausdrucksmusik stand das strenge Denken der Musiktheoretiker gegenüber.

Kanoniker gegen Harmoniker

Wenn sich auch in der griechischen Musiktheorie zwei Anschauungen fast feindlich gegenüberstehen, so stellt doch die Anschauung des Pythagoras und seiner Schule (Pythagoras wurde 582 v. Chr. geboren) die eigentliche Grundlage des Denkens über die Musik dar. Pythagoras geht von der Zahl aus. Das Tonmaterial soll auf dem Wege über mathematisches Denken gefunden und geordnet werden. Sein Standpunkt ist der natürlich-naturwissenschaftliche. Man hat ihn und seine Schüler die »Kanoniker« genannt. Platon und Aristoteles stehen ihm trotz mancher Kritik nahe. Die Gegner sind die »Harmoniker«. Von ihnen sagt Aristoxenos: »Mit dem Gehör unterscheiden wir die Größe der Intervalle, mit dem Denken aber erwägen wir ihre Wirksamkeit.« Im »Staat« verspottet Platon die Gegner und läßt den Glauko sagen: »Ja bei den Göttern, gar lächerlich ist's, wenn sie ich weiß nicht welche Versdichtungen nennen und ihre Ohren hinhalten, als wollten sie aus nächster Nähe Jagd auf den Ton machen und wenn einige behaupten, sie vernähmen dazwischen noch einen Ton, und dies sei das kleinste Intervall, nach dem man messen müsse, während andere es bestreiten und sagen, man vernähme bereits keinen Unterschied der Intervalle; beide Parteien gebrauchen aber dabei ihre Ohren statt ihre Vernunft.« Auf die Vernunft aber kam es den Pythagoreern ganz besonders an. Durch vernünftiges Denken hatte Pythagoras am Monochord die Beziehungen zwischen den Intervallen und der Länge einer Saite durch Zahlen festgestellt. Das Monochord ist ein Instrument, das aus einem resonierenden Holzboden, einem beweglichen Steg und einer darüber gespannten Saite besteht. Pythagoras fand, daß eine ganze Saitenlänge den Grundton ergibt:

8/9 Saitenlänge = Ganzton (Intervall zwischen Quinte und Quarte)
3/4 Saitenlänge = Quarte
2/3 Saitenlänge = Quinte

1/2 Saitenlänge = Oktave
1/3 Saitenlänge = Duodezime (Quinte über der Oktave)
1/4 Saitenlänge = Doppeloktave.

Aber nicht genug damit. Für die Pythagoreer sind die Zahlen als Versinnlichung des Kosmischen das »Seiende«, das Leben selbst. Aristoteles schreibt in seiner »Metaphysik« (4. Jh. v. Chr.): »Die Pythagoreer machten, weil sie viele Eigenschaften der Zahlen den sinnlichen Körpern zukommen sahen, die Zahlen zu dem Seienden, aber nicht getrennt davon, sondern so, daß das Seiende aus Zahlen bestehen sollte. Aber warum? Weil sich die Eigenschaften der Zahlen in der Harmonia und am Himmel und an vielem anderen finden.«
Forschten die Pythagoreer nach dem Sinn der Zahl, so erwogen die Harmoniker ihre Wirksamkeit. Das Resultat dieser Bemühungen ist die sogenannte Ethoslehre. Um diese recht verstehen zu können, empfiehlt sich ein Blick auf das Tonsystem und die Tongeschlechter der Griechen. Pythagoras versuchte, eine Tonleiter durch das Quintensystem zu bilden. Er ging von der Quinte als dem Intervall aus, das neben der Oktave das reinste ist, und er schlug von einem Grundton nach oben und unten fortlaufende Quinten, versetzte diese in eine Oktave und erhielt auf diese Weise eine siebentönige Leiter, die wir auch heute noch gut kennen:

ergibt
$$f-c-g-d-a-e-h$$
$$d\underbrace{e-f}_{\text{Halbton}}g\ a\ \underbrace{h\ c}_{\text{Halbton}}$$

Die Leiter zeigte drei Ganzton- und zwei Halbtonschritte. Sie hat den Vorzug, daß die Töne mathematisch rein sind – bis auf die Terz und die Sexte. Hier entsteht zwischen mathematisch-reiner und pythagoreischer Stimmung eine Differenz von $^{80}/_{81}$, das sogenannte synthonische Komma. Terz und Sexte galten daher neben den reinen Konsonanzen (Oktave, Quinte und Quarte) als unvollkommene Konsonanzen. Noch lange, bis in die Anfänge der abendländischen mehrstimmigen Musik hat diese Anschauung mit all ihren gewichtigen Folgen nachgewirkt.

Das Tonsystem der Griechen ging von der Einheit der Quarte aus. Das erscheint merkwürdig, ist doch die Quarte unter den Konsonanzen das kleinste Intervall. Aber gerade deshalb wurde es von den Griechen wohl als das konstruktivste angesehen. Außerdem ist alle griechische Musik einstimmige Musik, eine Musik also, die in erster Linie melodisch orientiert ist. Eine Melodie wird aber eine Begrenzung und Gliederung im kleinen Intervallraum angenehmer und nützlicher empfinden, als in dem fast übergroßen Raum der Oktave. Diese setzt sich aus zwei von oben nach unten aufeinanderfolgenden Tetrachorden, also zwei aufeinanderfolgenden Quarträumen, zusammen. Je nach der Lage der Halbtöne ergeben sich folgende Leitern *(Ntb. 1)*.

Notenbeispiel 1

Sie tragen Namen griechischer und kleinasiatischer Landschaften, ein äußerer Zusammenhang, der ohne Belang ist. Sie sind auch die Namen der sogenannten Kirchentonarten in der abendländischen Musik. Von diesen Skalen lassen sich durch Anfügung von Tetrachorden oben und unten je zwei Nebenskalen bilden, die die Leiter zur Oktave ergänzen *(Ntb. 2)*.

Notenbeispiel 2

Aus den Grundskalen ersahen wir, daß es je nach der Lage des Halbtones drei Quartengattungen gibt. Der unten liegende Halbton der dorischen Skala war der Anlaß zu einer weiteren Quartenteilung, die zu dem chromatischen und enharmonischen Tongeschlecht führte:

$$\text{diatonisch} = \begin{array}{cccc} a & g & f & e \\ & 1 & 1 & 1/2 \end{array}$$

$$\text{chromatisch} = \begin{array}{cccc} a & ges & f & e \\ 1\tfrac{1}{2} & \tfrac{1}{2} & \tfrac{1}{2} & \end{array}$$

$$\text{enharmonisch} = \begin{array}{cccc} a & f & f & e \\ 2 & \tfrac{1}{4} & \tfrac{1}{4} & \end{array}$$

Es handelt sich um »Färbungen« (Chroma bedeutet Farbe) innerhalb des diatonischen Tetrachords, wobei die Ecktöne fest, aber die Zwischentöne veränderlich sind. Daß diese Färbungen praktisch nicht auf andere Tetrachorde übertragen wurden, beweist uns wieder, daß auch hier ein Nomos, eine Grundform vorlag, die man zwar variieren, aber nicht übertragen konnte.

Platons »Ethoslehre«

Bei den Ägyptern hatte sich die Anschauung, daß man nur Musik dulden könne, die die Leidenschaften bändige und keineswegs solche, die sie errege, im Zusammenhang mit einer nationalen Welle zur Zeit der saïsischen Dynastie (663–525 v. Chr.) durchgesetzt. Damit parallel ging das Bestreben, alles Fremde und auch alles Neue, das von Asien aus in die Musik eingedrungen war, zu entfernen. Die Priester waren im Auftrag des Staates die Tempelwächter der Musik.

Es ist nun seltsam, daß auch Platon diesen Einschränkungen in der Musik das Wort geredet hat. Bei den Griechen äußerte sich dies nach einer Mitteilung des Aristoteles folgenderweise: »In den Mele (Melodien) selbst sind Darstellungen von sittlichen Haltungen bereits enthalten... Denn die Natur der Harmoniai ist voneinander so verschieden, daß die Hörer bei jeder von ihnen anders und nicht in gleicher Weise gestimmt werden, sondern bei einigen, wie der sogenannten mixolydischen, mehr traurig und gedrückt... bei einer anderen vorzugsweise in eine mittlere, gefaßte Stimmung, was wohl von allen Harmoniai allein die dorische tut, wogegen die phrygische zur Begeisterung hinreißt... Ähnlich verhält es sich auch mit den Rhythmen. Die einen haben einen ruhigen Charakter, die anderen einen bewegten, und bei diesen ist wieder die Bewegung bald plumper, bald vornehmer. Hieraus sieht man also, daß die Musikē die Fähigkeit besitzt, eine bestimmte sittliche Beschaffenheit der Seele zu bewirken.«

Hier ist also alles recht schön geordnet: dorisch = männlich, mutig, zum Kampf anfeuernd; phrygisch = wild, leidenschaftlich, zur Begeisterung hinreißend; lydisch = traurig und gedrückt, aber auch zart und fein. Und auch die drei Tongeschlechter haben ethische Bedeutung. Die Diatonik ist dorisch, die Chromatik war aus der Tragödie verbannt, während die Enharmonik eine besondere Aufgabe in ihr hatte. Zur Kitharamusik gehört das Dorische, zur Auletik das Phrygische. Vergegenwärtigen wir uns noch, daß auch Musikausübung und Musikpflege vom Staate befohlen wurden. In Sparta, Theben und Athen gehört Musik zur Paideia, also zur Erziehung und Bildung, und jeder junge Mann mußte bis zum dreißigsten Lebensjahr am Musikunterricht, an Aulosspiel und Chorsingen teilnehmen. Dies alles ergibt das Bild einer staatlich gelenkten Musik. Zusammen mit der vielbewunderten Ethoslehre des Platon und seiner Schule bildet sie kein Ruhmesblatt der griechischen Kultur. Erst die neue Musik in der zweiten Hälfte des 5. Jahrhunderts hat die Musikexerzitien der älteren Musik hinweggefegt. Aber auch damals sprach man von dem Zerfall der alten Musik und kritisierte wie Aristophanes das Neue. Wir sehen, es gibt nichts Neues unter der Sonne.

Nur wenige Notenbeispiele griechischer Musik sind erhalten:

Euripides »Orestes« (Melodiefragment) 4. Jh. v. Chr.
Zwei sogenannte »delphische Apollhymnen« 2. Jh. v. Chr.
Das »Seikilos-Liedchen« 2. oder 1. Jh. v. Chr.
Drei Hymnen des Musikers Mesomedes auf die Musen, Helios und Nemesis. Sie stammen zwar erst aus dem 2. Jh. n. Chr. Da sie jedoch sicherlich auf Nomoi zurückgehen, so darf man ihre Entstehung in griechische Zeit zurückverlegen. Sie wurden 1581 von Vincenzo Galilei, einem berühmten Florentiner Musiker, veröffentlicht.
»Päan« und ein auf den Selbstmord des Ajax sich beziehendes Stück, etwa 160 n. Chr.
Kleine Instrumentalübungen aus unbekannter Zeit.

Die Musik zu der ersten pythischen Ode Pindars aus dem 5. Jh. v. Chr. (1650 zum ersten Male veröffentlicht) ist wahrscheinlich gefälscht.

Die griechische Notenschrift kennt zwei Systeme. Die Notenschrift für die Instrumentalmusik ist älter als die für die Vokalmusik. Diese weist griechische und phönizische Buchstaben, jene die Buchstaben des griechischen Alphabets auf.

Erben der griechischen Musik

Die Erbin der griechischen Musik ist die abendländische gewesen. Gute Sachwalter haben das antike Erbe verwahrt und weitergereicht: Claudios Ptolemaios, der drei Bücher über Harmonik schrieb. Zwischen Pythagoreern und Harmonikern stehend, nahm er eine vermittelnde Stellung ein. Die große Terz dankt ihm ihre erste Ehrenrettung als Symphonia (= übereinstimmender Zusammenklang). Aristides Quintilianus um 150 n. Chr. und der oben zitierte Plutarch benutzten ältere griechische Quellen. Schließlich ist Boethius, der Kanzler Theoderichs des Großen in Ravenna, wegen angeblicher Konspiration mit Byzanz hingerichtet, der letzte große Theoretiker im Sinne der Antike. Seine fünf Bücher »De institutione musicae« fassen noch einmal zusammen, was die griechische Musik uns geschenkt hat. Es ist nicht wenig: die Grundlagen und Grundfragen unserer Musik.

Rom – Die heidnische Spätantike

Das im vorigen Kapitel erwähnte Seikilos-Liedchen, das sich in Stein gemeißelt auf einem Epitaph des 2. oder 1. vorchristlichen Jahrhunderts befindet, mahnt uns, das Leben angesichts seiner Kürze nicht zu schwer zu nehmen *(Ntb. 3)*. Dies ist nur die eine Seite spätantiker Weltanschauung. Die andere rät zur Weltflucht und Weltverachtung. Philosophische Systeme und Schulen haben im Anschluß

Notenbeispiel 3

an griechisches Denken die Ideen von der Überwindung dieses Lebens (Stoizismus) oder von der Magie der Zahl (Pythagoreismus) ausgebaut und sind auf diese Weise zu Gedanken gekommen, die weit über die Auffassung des Christentums von der Vergänglichkeit irdischen Lebens hinausgehen. Ja, man könnte sogar sagen: Die Aufgabe des Christentums war, zwischen beiden Weltanschauungen, der bejahenden und der verneinenden, einen Ausgleich zu schaffen. Schließlich bedeutet die Zeitenwende nur für das Christentum einen Anfang. In Wahrheit ist die Zeit der Geburt Christi eine Spätphase der antiken Kultur. In später Zeit sind solche oft bis in das Extrem gesteigerten Anschauungen nichts Seltenes. Sie machen den Reichtum aus, den jede späte Kultur im Geistigen hat.

Reichtum ist es auch, den die Musik des römischen Imperiums aufzuweisen hat. Kein Wunder, wenn man bedenkt, auf welchen Grund Rom bauen konnte. Nach der Zerstörung von Korinth, 146 v. Chr., war Griechenland unter römische Herrschaft gekommen. Griechenlands Kultur wurde zum Fundament der Kultur Roms. Mit diesem Satz soll der überwundenen Anschauung, daß Rom nur aufnehmend ohne eigenen Beitrag seine Kultur aufgebaut habe, nicht das Wort geredet werden. Aber wie die Bildhauer Roms durch tausendfache Nachbildungen griechischer Meisterwerke das Erbe Griechenlands und damit »das Herz der Welt« (Hegel) bewahrt haben, so ist es auch wohl in der Musik gewesen. Nur wissen wir davon leider nicht viel. Keine einzige Note römischer Musik ist erhalten. So bleibt uns nichts anderes übrig, als die Literatur zu befragen. In seinem 84. Brief spricht Seneca vom stoischen Gedanken der Einheit in der Mannigfaltigkeit und führt als Beispiel den musizierenden Chor an: Die eine Stimme ist hoch, die andere tief, eine dritte steht in der Mitte; zu den Männern gesellen sich die Frauen, die Aulos mischen sich hinein, und, indem die einzelnen Stimmen verlorengehen, kommen sie doch in der Gesamtheit zur Wirkung; in den jetzigen Theatern gäbe es mehr Sänger, als ehemals Zuschauer, und dazu kämen die Instrumentalisten, alle Gänge seien von Sängern angefüllt und der Zuschauerraum sei durch Blechmusik umgürtet, indem von der Bühne her alle Arten von Aulos und von »Organa« zusammentönen, so ergäbe sich aus Verschiedenem ein Zusammenklang.

Dramatiker Censorin (238 n. Chr.) schreibt: »Musik ist den Göttern angenehm, denn wenn sie den Göttern nicht angenehm wäre, dann wären die öffentlichen Schauspiele, die der Besänftigung der Götter dienen sollen, nicht eingesetzt worden. Es würde nicht der Flötenbläser zu allen Bittgebeten in den heiligen Hallen hinzugezogen, es würde nicht mit den Flöten- oder Posaunenbläsern der Triumph zu Ehren des Mars begangen, es würde dem Apollo nicht die Zither, nicht den Musen Flöten und die übrigen Instrumente alle zugeeignet, es wäre dann den Flötenspielern nicht gestattet, öffentlich zu spielen, auf dem Kapitol zu speisen und an den Iden des Junius die Stadt in beliebiger Kleidung und betrunken zu durchstreifen.« Das sind lebendige Bilder römischer Musikpflege. Was können wir aus ihnen lernen?

Römischer Chor

Es gibt einen Chor, in dem tiefe, hohe und mittlere Stimmen, Frauen- und Männerstimmen vertreten sind. Gleich mit diesem Hinweis tauchen wichtige Fragen auf. Was sang man und wie sang man? Römische Melodien kennen wir nicht, wir müssen aber schließen, daß melodisch und rhythmisch in gleicher Weise wie bei den Griechen gesungen wurde, daß man also die griechischen Tonleitern und auch die Tongeschlechter kannte und anwendete. Es steht fest, daß die Enharmonik langsam aufgegeben wurde und die Diatonik wieder stärker in den Vordergrund trat. Das bedeutete ein Aufgeben differenzierter »Färbungen« zugunsten einer neuen Vereinfachung und war sicherlich sehr römisch gedacht.

Wie hat nun der Chor gesungen? Wir nehmen an, daß alle antike Musik einstimmig war, und hören doch von drei Stimmlagen, dazu noch von Frauen- und Männerstimmen und auch noch von Instrumentalstimmen. Hat dies alles nun wirklich in Oktaven musiziert? Gab es in einer Stimme hinzugefügte Quarten und Quinten oder aber durch Koloraturen ausgezierte Stimmen gleichzeitig neben solchen, die die Melodie einfach und unverziert vortrugen? Der Beweis für die Einheit in der Vielheit, den Seneca erbringen wollte, würde einleuchtender sein, wenn wir wirklich an ein Zusammensingen verschiedener melodischer Ausformungen, die klanglich aber verschmelzen, glauben könnten. Auch würde dies die vielen Sänger

erklären, die nach Seneca alle Gänge füllten und die ehemalige Zahl der Zuschauer überschritten hätten. Und nun die Instrumente: der Zuschauerraum war von Blechmusik umgürtet. Wie seltsam! Blechmusik wäre nicht von *einer* Stelle aus an das Ohr des Hörers herangeleitet worden, sondern – wir würden heute sagen »mehrkanalig« – von einem Halbrund aus. Vielleicht sind die Zuschauer durch die Form des römischen Zirkus, die ein Kreisrund oder eine Ellipse war, ganz von Blechbläserklang umschlossen gewesen. Dann wäre das zum ersten Male verwirklicht worden, was heute die elektronische Musik, die das Raumproblem in der Musik wieder aufgerufen hat, zu verwirklichen sucht: der von vielen Klangquellen, am besten vom Klang ringsherum eingeschlossene Hörer. (Siehe die Aufführungen von Stockhausen und Boulez beim Donaueschinger Musikfest 1958.) Römische Raummusik – ein neuer und erregender Gedanke!
Noch müssen wir die Instrumente der Blechbläser kennenlernen. Die Römer kannten die Technik, dünne Röhren aus Blech zu bauen und zu biegen. Ihre Instrumente waren: Buccina, Ruba, Lituus und Cornu. Auf diese Instrumente gehen unsere Trompeten und Posaunen zurück. Sie waren auch bereits mit einem Mundstück versehen. Von der Bühne her, also einkanalig, erklangen alle Arten von Aulos und Organa. Den Aulos – auch seine oboenähnlichen Abarten werden so genannt – kennen wir schon als ein altes vorgriechisches und griechisches Instrument. Der Ambubah dagegen kam aus Syrien und wurde von syrischen Musikerinnen, den Ambubajae, bedient. Mannigfaltig war der Beitrag, den die von Rom unterjochten Völker zur römischen Kultur geleistet haben. Rom, der große Schmelztiegel der Nationen, hat es immer verstanden, die verschiedensten Anregungen zu einer Einheit zusammenzuführen. Syrien, das in der Musik schon für Griechenland ein gebendes Land war, gab auch Rom. Selbst für den christlichen Gesang ist Syrien noch immer eine unerschöpfliche musikalische Quelle.

Die Orgel

Nehmen wir an, daß es sich in Senecas Bericht wirklich um Orgeln handelt, so meint er die der Antike bekannte Wasserorgel. Diese war im 3. Jahrhundert v. Chr. in dem glänzendsten Kulturzentrum der hellenistischen Welt, in Alexandria, von Ktesibios erfunden wor-

den. Sie heißt Wasserorgel, weil die Luft durch regulierten Wasserdruck in die Pfeifen gepreßt wurde. Wir sehen, daß es schon früher die Menschen gereizt hat, nicht nur Musikinstrumente zu erfinden, sondern auch Musikmaschinen zu bauen. Im römischen Zirkus erfreute sich die Orgel größter Beliebtheit, sicherlich wegen des starken Tones, der die großen Räume füllen konnte. Damit aber nicht genug, aus dem Werk des Vitruv, eines römischen Architekturschriftstellers, wissen wir, daß man in die Theater erzene Resonatoren eingebaut hat. Vielleicht nicht nur um der Klangverstärkung, sondern auch um des räumlichen Musikmantels willen, mit dem die Hörer von allen Seiten umgeben werden sollten: Raummusik mit Hilfe der Technik!
Die Römer bezogen die Orgel auch in ihre Wettkämpfe ein. Es gab Orgelwettbewerbe im Zirkus. Nero selbst soll sich um diesen Siegerlorbeer beworben haben. Byzanz rettete die Orgel über die Wirren der Völkerwanderungszeit hinweg. Als eine solche Orgel, die aber inzwischen pneumatisch geworden war, von dem oströmischen Kaiser Kopronymus mit anderen Geschenken dem fränkischen Kaiser Pippin dem Kleinen übergeben wurde, erregte sie in Gallien höchstes Aufsehen. Sechzig Jahre später erhielt auch Karl der Große eine Orgel mit erzenen Pfeifen als Geschenk eines griechischen Gesandten. 826 hat dann Ludwig der Fromme im Palast zu Aachen eine Orgel aufstellen lassen. Damit beginnt die Geschichte der abendländischen Orgel als Musikinstrument der Kirche und des Gottesdienstes.

Musik zur Begleitung des Schauspiels

Der Censorin-Bericht spricht von der Musik bei den römischen Schauspielen. Sie unterschieden sich nicht von denen der Griechen. Die Einheit von Ort, Zeit und Handlung, die berühmten Einheiten des antiken Dramas, waren auch hier gewahrt. Nur eines fehlte – der Chor. Auf diese Weise entfiel ein wichtiger musikalischer Faktor. Wir dürfen aber dennoch annehmen, daß viel freie schweifende Musik das Drama begleitet und seine Pausen gefüllt hat. Zum Schauspiel der Römer gehört aber noch etwas anderes, das die Griechen nicht kannten: die Pantomime. Diese, ein Ballett, ist ein Teil der zirzensischen Spiele. Aufwand und Aufmachung dieser »Revuen«,

bei denen nun wiederum ein Chor mitwirkte, waren außerordentlich. Warum sollte die Musik dazu geschwiegen haben? Im Gegenteil, wir wissen, daß es in der Pantomime zu einer gewissen Häufung von Instrumenten gekommen ist, die zum ersten Male etwas ergab, was man Orchester hätte nennen können.
Flötenbläser im Tempel, Blechbläser beim Triumph des Mars und beim siegreichen Einzug der gottähnlichen Kaiser und Heerführer, Hymnen zu Ehren Apollos, von der Kithara, Gesänge zu Ehren der Musen, von den verschiedensten Instrumenten begleitet, ergänzen das Bild, zu dem auch noch – soziologisch und kulturgeschichtlich interessant – der öffentlich spielende Flötenbläser gehört.

Musikalische Denkmäler der Antike

Rom birgt heute noch in seinen Mauern die alten Stätten. An erster Stelle steht das Kolosseum, das ursprünglich Amphitheatrum Flavium hieß und im Jahre 80 n. Chr. eingeweiht wurde. Das Innere bot Raum für vierzig- bis fünfzigtausend Zuschauer. Die Spiele zur Einweihung dauerten hundert Tage, fünftausend wilde Tiere wurden dabei getötet. Das Kolosseum war die bevorzugte Stätte kaiserlicher Repräsentation, aber auch christliches Märtyrerblut ist hier geflossen. Mehr als Theater diente das Theater des Marcellus, dessen Bühne nach dem Tiber zu lag. Zwischen dem Kolosseum und dem Marcellustheater befinden sich die Kaiserforen, die Zeugen von Triumphzügen waren, deren Prunk und Aufwand unsere Begriffe überschreiten. Schließlich blieb in einer stillen Straße Ostias, der ehemaligen Hafenstadt Roms, ein kleines Theater aus der ersten römischen Kaiserzeit erhalten. Von seinen höchsten Stufen hat man einen weiten Blick über die römische Campagna bis zu den Albaner Bergen, und auf der anderen Seite nimmt das Meer die untergehende Sonne auf. Das Wehen römischer Vergangenheit will auch heute noch nicht enden.
Nichts wäre jedoch falscher, als die Grundlage der römischen Musikkultur nur in Griechenland und im Vorderen Orient zu suchen. Sie wuchs Rom bereits viel früher durch die etruskische Kultur zu. Wenn allerdings dieses vorrömische Volk der Etrusker, das auf der mittleren Apenninenhalbinsel siedelte, wirklich orientalischen Ursprungs war, dann wären es dieselben Quellen gewesen, die Rom

Tanz und Musik bei den Totenfeiern der Etrusker. Fresken aus der Tomba delle Leonesse und der Tomba dei Leopardi in Tarquinia.

früher und später gespeist haben. Eines wissen wir von dem in vielem noch rätselhaften Volk der Etrusker: Sie waren tief musikalisch. Wie Orpheus, der mystisch-griechische Sänger, die Tiere des Waldes durch sein Saitenspiel bannte, so auch hier der erfahrene Flötenbläser. Aelian erzählt in seinem Werk »De natura animalium« (3. Jahrhundert n. Chr.): »Man erzählt in Etrurien, dort würden Wildschweine und Hirsche mit Netzen und Hunden gefangen, wie es allgemein Jagdbrauch ist, noch erfolgreicher aber, wenn man die Musik zu Hilfe nähme. Wie das geschieht, will ich berichten. Man spannt ringsum Netze und stellt allerlei sonstiges Fanggerät auf. Dann kommt ein erfahrener Flötenspieler. Er meidet nach Möglichkeit gefügte Melodien und lautes Getön und spielt das Süßeste, was die Doppelflöte herzugeben vermag. Leicht dringt in der stillen Einsamkeit seine Weise bis zu den Bergeshöhen, in die Schluchten und Dickichte, kurz, ergießt sich in alle Schlupfwinkel und Brunftplätze des Wildes. Zunächst, wenn ihr Ohr von den Klängen erreicht wird, erschrecken die Tiere und werden von Furcht ganz erfüllt. Dann aber erfaßt sie unwiderstehlich die Lust am Getön. Verzückt

vergessen sie ihre Jungen, ihre Lagerstätten und die vertrauten Wechsel, von denen sie doch sonst so ungern sich nur entfernen. So wird das Waldgetier Tyrrheniens nach und nach wie durch einen mächtig wirkenden Zauber angezogen, kommt durch die Klänge behext heran und gerät, überwältigt von der Musik, in die Schlingen.«
Römische Schriftsteller (Livius, Valerius Maximus) berichten von der Anmut etruskischer Tänzer. Noch heute können wir uns davon ein Bild machen. Die etruskischen Grabkammern – vor allem in Tarquinia – bergen eine Fülle von Wandmalereien, die uns Aulosbläser und Kitharaspieler, Tänzer und Tänzerinnen in gegenwartsnaher Lebendigkeit zeigen.
Wir kennen keinen Ton etruskischer Musik, und da auch Rom schweigt, könnten wir nur vermuten. Doch keinesfalls ist der Klang etruskischer Musik in Rom ungehört geblieben.

Rom – Anfänge des Christentums

In seinem Sendschreiben an die frühen Christengemeinden der Epheser und Kolosser, 63 und 64 n. Chr., empfiehlt der Apostel Paulus das Singen von »Psalmen, Hymnen und geistlichen Liedern«. Andererseits berichten die um 180 n. Chr. geschriebenen Oracula Sibyllina: »Nicht vergießen sie mit Spenden der Opfer an den Altären Blut, keine Pauke erschallt, keine Cymbel, keine vieldurchlöcherte Flöte, Instrumente voll wahnsinnigen Tones, nicht der Ton der Hirtenflöte, die die geringelte Schlange nachahmt, nicht die Trompete, die da ruft mit wildem Klange.«
Das Singen der Christen ist demnach Gott wohlgefällig. Das Spielen auf Instrumenten ist es nicht. Diese Anschauung zeigt die Gegensätze zwischen dem Christentum und dem Heidentum auch in der Musik. In der heidnischen Spätantike hatte, wie wir jetzt schon wissen, das Instrumentenspiel das chorische Singen weitgehend zurückgedrängt. Jetzt kehrt sich das Verhältnis um. Keiner konnte damals die Folgen dieses Vorganges ahnen. Fast 1600 Jahre hat es gedauert, bis die Instrumentalmusik wieder selbständig neben die abendländische Vokalmusik treten konnte. Wir sehen auch daraus, wie grund-

legend das Christentum in allen Teilen die abendländische Kultur beeinflußt und gelenkt hat. Erst als durch Reformation, Gegenreformation und Aufklärung neue Ideen das Christentum umformten, erst dann tritt von der weltlichen Seite her auch die Instrumentalmusik wieder hervor, um sich mit bedeutendem Übergewicht bis zur Gegenwart zu behaupten. Ursache und Ausgangspunkt dieser Tatsache ist das Urteil und die Anschauung der Apostel über Musik im ersten nachchristlichen Jahrhundert.

Welche Texte und welche Melodien haben die frühen Christengemeinden gesungen? Sie sangen Psalmen und Hymnen. Die Psalmen fanden sie in der Bibel, die Hymnen waren neugedichtete Texte zum Lobe Gottes, beispielsweise die große Doxologei (= Lobpreisung) Gloria in excelsis Deo. Die Textform der Psalmodie und ursprünglich auch der Hymnik war Prosa, es waren Dichtungen in freier Sprache und rhythmisch ungebundener Form.

Was die Musik anbetrifft, so stellen wir uns einmal folgendes vor: Um die Zeitenwende war das römische Imperium auf der Höhe seiner Macht. Fast die ganze damals bekannte Welt war römischer Besitz. Er umfaßte den gesamten Mittelmeerraum, Italien, Nordafrika, Spanien, Frankreich, große Teile Deutschlands und Österreichs, den Balkan und weite Teile Vorderasiens bis an die Grenze Indiens. Zahllose Völker zollten materiellen Tribut. Gleichzeitig jedoch gab jedes Volk ein geistiges Gut, in gleicher Weise wie es von Rom andererseits nahm. Alle diese Völker waren ja vor der Angliederung an Rom schon Kulturvölker, sie hatten in vielen Fällen eine erlesene Kunst. Jetzt hatte die Erde zum erstenmal einen Mittelpunkt – er hieß Rom. Und nun flossen unendlich reiche Ströme verschiedenster Kulturen und Künste in dieser einen Stadt zusammen. Die Römer brauchten nur zu schöpfen – und zu ordnen; denn dieses Geschenk bedurfte der Sichtung und Klärung, der Aneignung und Abstoßung. Die Römer haben diese Aufgabe in ebenso großartiger Weise gelöst wie die politische. Vielleicht ist das der Grund, warum Rom ewig zu dauern scheint: Die hier zusammengeflossene und bewahrte Fülle des abendländischen Geistes ist bis heute nicht erschöpft.

Die Musik, ein uralter Bestandteil aller Kulturen, kam leichter als alle anderen Künste nach Rom. Ihr Gepäck ist leicht, sie schwingt wie eine Idee durch den Äther. Wir können uns das römische Völkerkonzert gar nicht vielfältig genug vorstellen. Es wäre absurd gewesen, wenn die frühen Christengemeinden an dieser heidnischen Musik vorübergegangen wären, um etwa eine christliche Musik für ihre kultischen Zwecke neu zu schaffen. Sie brauchten doch nur hineinzugreifen in die Fülle des Vorhandenen, um bereits durch Jahrhunderte erhärtetes und erprobtes Melodiengut zu finden. Es ist immer leichter, neue Texte und neue Inhalte mit alten Melodien an eine Gemeinschaft von Menschen heranzuführen als neue Inhalte mit neuer Musik. Das Mitsingen geht mit einer schon bekannten Melodie im Ohre leichter als mit einer unbekannten. Was aber lag den Christen näher, als die Melodien zu singen, die durch Herkunft und Ort geheiligt schienen? Christus war in Juda geboren. Als Kind hatte er selbst die Gesänge im Tempel gehört. Jüdische Tempelmusik ist eine der wichtigsten Quellen christlicher Musik. Erst nach der Zerstörung Jerusalems durch Titus im Jahre 70 n. Chr. mag manches anders geworden sein. Dann allerdings war auch die lebendige Quelle jüdischen Tempelgesanges versiegt, dann wurde auch dieser nur noch zur ehrfürchtig-sehnsüchtig gehüteten Tradition. Jerusalem aber ist nicht der einzige Ausgangspunkt römisch-christlichen Singens. Zahlreiches Melodiengut der Spätantike mag mehr oder weniger Anteil daran gehabt haben. Weltliche Melodien waren keineswegs ausgeschlossen. Gerade sie, allgemein bekannt, mögen dem Christen, der ja auch ein Mensch seiner Zeit und mit ihr tausendfach verbunden war, den Zugang zum christlichen Gemeindesingen erleichtert haben.

Psalmodie

Beim Singen der Psalmverse war eine Schwierigkeit zu überwinden. Psalmtexte sind, wie oben vermerkt, Prosatexte. Prosa gliedert sich aber nicht nach gleichlangen Teilen, sondern die Teile, durch Sinn und Satz bedingt, sind verschieden lang. Man kann nun nicht zu jedem anderen Teil neue andere Melodien singen. Man muß versuchen, den Text möglichst in einer immer wiederkehrenden Melodie unterzubringen. Dies führte zu der Melodieform, die in ihrer Mitte einen rezitativischen, sich mehrfach wiederholenden Ton kennt. Die Zahl der Wiederholungen richtet sich jeweils nach den unterzubringenden Silben. Dieser sich wiederholende Ton, den man Psalmton oder Reperkussionston nennt, gibt bis heute den Melodien das ihnen eigentümliche feierliche Gepräge.

Hymnik

Bei den Hymnenmelodien lag die Sache ähnlich. Nur gehen die Hymnendichtungen und damit die ihnen folgenden Melodien bald dazu über, sich unter eine gewisse Form und unter ein bestimmtes Maß zu beugen. Man dichtet gleichlange Verszeilen, die jeweils aus acht Silben bestehen. Aus dieser Form entsteht etwas sehr anderes, das Form und Geist der Hymnik von denen der Psalmodie wesentlich unterscheidet.

Psalmen und Hymnen wurden responsorisch oder antiphonal vorgetragen. Bei dem responsorischen Singen trat dem Chor ein geistlicher Vorsänger gegenüber. Er sang wechselnde Textteile zu der gleichen Melodie. Die Antwort des Chores bestand aus gleichbleibendem Text mit gleichbleibender Melodie. Auf diese Art wirkt der Gesang des Chores wie ein Refrain. Als ein großartiges Beispiel sei ein mit ältesten Gesängen verwandtes Pater noster der mozarabischen (= spanischen) Liturgie genannt, das zugleich das älteste Beispiel einer Pater-noster-Melodie überhaupt ist. Der Amen-Refrain des Chores ist in seiner Knappheit und Intensität des Ausdrucks so modern, daß er an späte Werke des Sakralmusikers Strawinskij denken läßt.

Der ästhetische Reiz des antiphonalen Vortrags besteht im wechselnden Singen zweier Chorhälften, die meist wohl Teile mit verschiedenem Text, aber gleicher Melodie oder auch nach dem Schema a a – b b – c c ... singen. Hierbei ändern sich Text und Weise jeweils nach einer Zweiergruppe. Durch Wiederholung oder Gegenüberstellung von Formteilen – a a oder a b oder a a b b –, die aus der Praxis des Vortrages erwachsen, entstehen die Grundformen aller musikalischen Gestaltung: Wiederholung des Gleichen, Gegenüberstellung von Nicht-Gleichem. Bei geringer Abwandlung des Gleichen bildet sich bereits auch die Variation. Wiederholung, Variation, Gegensatz sind die Elemente aller musikalischen Form.

Als ältestes Beispiel frühchristlicher Musik sei ein Hymnus aus Oxyrhynchos (Ägypten) vom Ende des 3. Jahrhunderts n. Chr.,

1922 gefunden, erwähnt. Dieser Hymnus ist jedoch in Versbildung und Melodik eher noch griechisch, so daß er als legitimes Zeugnis frühchristlicher Musik nur bedingt angesehen werden kann.
Wie stark das »Griechische« im frühen Christentum nachwirkt, beweist auch die Übernahme der Platonischen Ethoslehre. Auch den Christen rät Clemens von Alexandria, sich besonders des diatonischen Tongeschlechtes und der dorischen Tonart als der männlichen und ernsten zu bedienen, während das chromatische Tongeschlecht und die lydische und phrygische Tonart weichlich und schwächlich seien. Wir wollen auch nicht vergessen, daß die Sprache der christlichen Kirche bis zum 3. nachchristlichen Jahrhundert griechisch war und daß sich die Kunst in den unterirdischen Grabkammern und Versammlungsorten der Christen, den Katakomben, der gleichen Formen wie die gleichzeitige römische Kunst bediente. Nicht die Form, sondern nur der Inhalt, das Symbol, ist ein anderes geworden.

Ostrom und Westrom

Aus dem Osten war das Licht des Christentums, waren auch seine liturgischen und künstlerischen Formen gekommen. Auf eine überraschende Weise wurde dieser Osten noch einmal nähergerückt. Im Jahre 330 n. Chr. hatte Kaiser Konstantin der Große seine Residenz von Rom nach Byzanz verlegt; Byzanz ist das spätere Konstantinopel, das heutige Istanbul. 325 hatte Konstantin auf dem Konzil von Nikäa das Christentum staatlich anerkannt. Das sind zwei wichtige Ereignisse. Das erste führte 395 zur Entstehung des oströmischen Reiches, das zweite zur allgemeinen Verbreitung des Christentums, aber auch 1054 zum großen Schisma, der endgültigen Trennung der oströmischen (griechisch-orthodoxen) Kirche von der weströmischen. Die Folgen waren unübersehbar und wirken noch heute nach.
Vorerst aber rückten Rom und der Osten näher zusammen. Im Hinblick auf die Musik bedeutet dies, daß die Quellen des Ostens, die bisher die christliche Musik gespeist hatten, wieder reicher und üppiger fließen konnten. Byzanz, eingebettet zwischen die griechischen Reiche und den Vorderen Orient, wurde zu einem neuen Zen-

trum der Kunst und Kultur. Denn die antike Welt, noch längst nicht untergegangen, spendete noch immer mit vollen Händen. So erwuchs auf den Schultern der Antike stehend eine bedeutende Kultur, die in Architektur, Malerei, Literatur und Musik großartige Werke hinterlassen hat.

Die Hagia Sophia (griechisch: »Heilige Weisheit«) in Konstantinopel wurde zum Zentrum, aber auch zum Symbol der byzantinischen Kunst. Dieses Bauwerk ist nicht nur Architektur und als solche eine Verschmelzung von asiatischem Rundbau und hellenistischer Basilika, sondern es ist auch die Verwirklichung einer neuen religiösen und kultischen Idee: Die Kuppel ist in der Anschauung des Ostens die Wohnung Gottes. In der Kuppel erfüllt sich für den Gläubigen das Einswerden mit dem Göttlichen, die Kuppel ist Ziel und Ende zugleich. Rom sah die östliche Entwicklung nicht ohne Mißtrauen. Es wehrte sich sogar. Aber zu der politischen Ohnmacht, die eine Folge der Verlegung des kaiserlichen Wohnsitzes war, trat die kirchliche Ohnmacht, die eine neue Entwicklung des Glaubens im Osten nicht hindern konnte. So blieb für Rom nur die eine Aufgabe – Bewahrerin der Tradition zu sein.

Byzantinische Kirchenmusik

Auch in Byzanz wurden die Psalmen der Bibel gesungen. Man schob aber zwischen die Psalmverse frei gedichtete Verse ein und nannte sie Troparien. Sie sind schon im 5. Jahrhundert nachweisbar. Der Hymnik in Rom entspricht die byzantinische Hymnendichtung. Ihre Blütezeit ist das 6. bis 7. Jahrhundert. Ihre Form wurde Kontakion genannt. Ein Kontakion besteht aus zwanzig bis dreißig gleichgebauten Strophen, die eine bis drei anders gebaute Strophen einleiten und beschließen. Herkunft und Ausgangspunkt des Hymnensingens sind für Rom und Byzanz die gleichen: Syrien und der syrische Sänger Ephrem von Edessa (gest. 373 n. Chr.). Im 7. und 8. Jahrhundert tritt zu dem Kontakion, es langsam verdrängend, der Kanon. Der Kanon setzt sich aus neun Oden zusammen. Jede Ode hat meist vier Strophen. Diese neun Oden sind Einschübe zu den neun biblischen Oden oder Lobgesängen. Einer dieser Lobgesänge ist das Magnifikat, die Lobpreisung Mariä.

Allein der Kanon beweist einen Reichtum der Form, den Rom nicht erreicht hat. Die römische Kirchenmusik kennt zwar auch die zwischen die Psalmverse eingefügte Antiphon. Diese ist aber im Text immer gleich, während es sich beim Kanon um textlich verschiedene Strophen handelt. Musikalisch ist sowohl die Antiphon als auch die Odenstrophe ein Refrain, also eine immer wiederkehrende Melodie. Auch diese Melodien überflügeln die römischen mit ihrer Fülle und Schönheit. Ihre Herkunft ist im einzelnen ebensowenig nachzuwei-

Christus als Orpheus mit der Lyra, Byzantinisches Museum Athen. Die Verschmelzung des antiken Gottes des Gesanges, der die Unterwelt bezähmt hat, mit Christus ist ein besonders eindringliches Zeugnis von der Einheit antik-christlichen Denkens und Empfindens.

sen, wie die derjenigen, welche die römischen Christen sangen. Ihr Nachhall ist die griechisch-orthodoxe Kirchenmusik, die uns die Liturgie dieser Kirche oder auch die russische Kunstmusik zuträgt. Man denke an Rimskij-Korsakows Osterouvertüre oder an Mussorgskijs Krönungsszene in seiner Oper »Boris Godunow«. Offensichtlich ist, daß im Osten die Hymnodie den Vorrang vor der Psalmodie hat; mit anderen Worten, daß die freie Dichtung religiöser Texte in höherer Gunst steht als der Vortrag der biblischen Psalmen. Rom hat immer – auch späterhin – gegen neue Texte eine gewisse Abneigung gehabt und durch Konzilbeschlüsse die üppig wuchernde dichterische Phantasie zu beschneiden versucht. Es schien ihm sicherer, auf dem Fundament des Bibeltextes zu stehen, als allzu blühender Erfindung – auch wenn sie durch religiöse Ekstase ausgelöst wurde – Raum zu geben. Dem Osten, dessen Fabulierkunst bekannt ist, machte die dichterische Ausschmückung der religiösen Gedanken und Empfindungen andererseits mehr Freude, als deren einfache und schmucklose Aussage. Diese verschiedene Einstellung der gespaltenen Kirche zur Kirchendichtung und zur Musik hat neben vielem anderen das Verhältnis beider Kirchen zueinander oft getrübt. Nie ist es jedoch zu einem Bruch gekommen.

Den Sänger des Kontakion, Romanus, der in der ersten Hälfte des 6. Jahrhunderts sang, hat man als den größten Kirchensänger aller Zeiten bezeichnet. Die Meister des Kanons sind Andreas von Kreta, gest. um 730, und Johannes von Damaskus, gest. um 750. Als Beispiel mag die Übertragung einer ersten Ode aus einem Kanon stehen, der sich in der Handschrift eines Athos-Klosters findet. Der Berg Athos, der Heilige Berg, ist bis heute durch das weltverneinende Denken und die asketische Lebensführung seiner Mönche zum Symbol der Ostkirche geworden *(Ntb. 4)*.

Johannes Monachus: 1. Ode aus einem Kanon

Notenbeispiel 4

Weltliche Hymnen

Es gab in Byzanz aber auch eine weltliche Musik, die gleichfalls eine Hymnodie war. Nur waren ihre Lobpreisungen nicht »Hymnen der neuen Gnade«, wie man die kirchlichen Hymnen genannt hat, sondern sie galten dem Kaiser; sie gehörten zu seiner öffentlichen Lobpreisung und zum Hofzeremoniell. Über das Programm einer solchen Feier und die Texte der Gesänge sind wir durch das Zeremonienwerk des Kaisers Konstantin VII. (Porphyrogenius, gest. 959) wohl unterrichtet. Von der Musik ist allerdings wenig erhalten. Sie erklang zu Ehren des Kaisers, der Kaiserin, der kaiserlichen Familie oder höfischer Würdenträger und wurde von zwei Chören vorgetragen. Diese Chöre setzten sich aus Hofbeamten und Laien zusammen. Man unterschied die Partei der »Blauen« und die der »Grünen«. Je eine silberne Orgel begleitete, vielleicht in Oktaven mitgehend, den Gesang. Dazu gesellte sich Instrumentalmusik, die von Trompetern, Hornisten, Pfeifern und Cymbalspielern ausgeführt wurde. Das doppelchörige Singen der beiden Hofparteien, das auf eine Praxis in der Kirche von Antiochia zurückgeht, weist andererseits bedeutsam in die Zukunft. In der Markuskirche in Venedig sollen sich zwei den silbernen Orgeln der byzantinischen Hofparteien nachgebildete Orgeln befunden haben. Dies wäre bei der engen politischen Verbundenheit Venedigs mit dem Orient nicht weiter verwunderlich. Daß aber gerade in demselben Venedig das Prinzip des mehrchörigen Musizierens wiedergeboren wurde, das der abendländischen Musik für eine wichtige Wegstrecke den Stempel einer besonderen Eigenart aufdrücken sollte, zeigt die Verbindungswege auf, die Byzanz mit dem Westen verknüpfen.

Politische, religiöse und künstlerische Voraussetzungen

Es ist nicht verwunderlich, daß das Wechselspiel der politischen, religiösen und künstlerischen Kräfte zwischen Rom und Byzanz zu allen Zeiten groß gewesen ist. Rom und Byzanz waren die beiden Pole der frühchristlichen Welt. Der Funke der Kommunikation sprang dauernd über. Die Aufnahmebereitschaft der beiden Hälften war einmal größer und einmal kleiner. Auch Spannungen sind nicht ausgeblieben. Die West-Ost-Achse der damaligen Welt war trotz der Erschütterungen, die Rom durch den Einbruch der germanischen,

teils von Ostrom unterstützten Völker erleiden mußte, fest gefügt. Es ist jedoch nicht zu leugnen, daß Rom durch das ständige Anwachsen der politischen und kulturellen Macht des Ostens im Laufe der Zeit mehr und mehr an Boden verlor und – durch Fremdherrschaft bedrückt – zurücktrat. Als es, um der gefährlichen Isolierung zu entgehen, folgerichtig Anschluß an die erstarkende Macht der fränkischen Kaiser und an die Universalmonarchie Karls des Großen suchte und fand, änderte sich die Situation im Westen. Es entstand ein neuer Schwerpunkt, das Abendland. Folgerichtig drehte sich auch die Ost-West-Achse um 90 Grad nach Süd-Nord. Um die Wende des 1. Jahrtausends war dieser Vorgang im wesentlichen beendet. Byzanz und seine Kultur erlagen einer großartigen Starre, die auch durch das von den Rittern der Kreuzzüge für kurze Zeit errichtete lateinische Kaisertum (1204–1261) nicht gelöst wurde, die es aber auch 1453 den Türken leichtgemacht hat, nach dem Fall Konstantinopels das Ende des oströmischen Reiches zu besiegeln.
Der Einfluß der byzantinischen Kunst auf das Abendland wäre einer ausführlichen Darstellung wert. In der Musik ist der Nachweis durch die gleiche Herkunft der Melodien schwer. Leichter und vielleicht auch eindringlicher ist er in der Architektur und in der bildenden Kunst aufzuzeigen.
Als der große Belisar am Ende des Jahres 539 als Sieger in das noch nie bezwungene Ravenna einzog und damit das durch Theoderich gegründete Gotenreich in Italien stürzte, fand er in Ravenna einen unvollendeten Kirchenbau vor: San Vitale. Die Kirche wurde erst 547 geweiht. »Ihre Erbauung begleitet daher den Fall der Goten und verherrlicht schon den Sieg Ostroms, wo der Kaiser Justinian zu gleicher Zeit den Prachtbau der Sophienkirche aufrichtete, welcher sich in der Gestalt San Vitales spiegelt. Diese Basilika ist von so reinem byzantinischem Charakter, daß sie in der Geschichte der Kunst um so mehr als das Monument der Architektur und Malerei der justinianischen Periode gelten muß, weil wie deren Bauten in Konstantinopel selbst außer der Sophienkirche sich so wenig Ursprüngliches erhalten hat. Dies betrifft namentlich die Mosaiken, mit denen die byzantinischen Basiliken in der Zeit Justinians so reich geschmückt waren, die aber dort alle untergegangen sind.« Mit diesen Worten beschreibt Ferdinand Gregorovius, einer der

deutschen Romfahrer des 19. Jahrhunderts und Chronist der italienischen Geschichte, San Vitale in Ravenna.
San Vitale ist ein überkuppelter Achteckbau, den im Inneren Pfeiler und eine Galerie von Arkaden (= kleine Mauerbögen auf Säulen in fortlaufender Reihe) tragen. In dieser Form hat die Kirche auf die Achteckbauten der Palastkapelle in Aachen, auf St. Gereon in Köln, auf Ottmarsheim im Elsaß und andere eingewirkt. Neben den Mosaiken mit der Darstellung Christi auf der Weltkugel, des Märtyrers Vitalis und des Gründers der Kirche S. Ecclesius zeigt die Tribuna auf zwei gegenüberliegenden Wänden die Darstellung eines Hofzeremoniells. Auf der einen Seite ist Justinian mit seinem Gefolge neben Heiligen zu sehen, auf der anderen Seite die Gemahlin Justinians, Theodora, die einst eine byzantinische Schauspielerin war.
Beide, Justinian und Theodora, umgibt ein Nimbus, ein Strahlenkranz, wie man ihn später in bildlichen Darstellungen um das Haupt des Heilands gelegt hat und wie ihn Johann Sebastian Bach in der Matthäuspassion durch Streicherklänge um die Worte Christi gebreitet hat. Es fällt nicht schwer, sich die Musik zu diesem höfischen Festzug vorzustellen. Der Glanz der Mosaiken macht das Umdeuten der Farbe in Töne leicht. Und es ist reizvoll zu denken, daß man damals, wie heute im Mosaik, die Sänger und Instrumentalisten nicht sehen konnte, da sie nach persischer Sitte hinter einem Vorhang verborgen waren. Es wäre nicht das einzige, was uns von byzantinischer Musik noch unbekannt und verborgen ist – auch die byzantinische Notenschrift können wir erst seit dem Anfang unseres Jahrhunderts lesen.

Einfluß der byzantinischen Musik

Wir kehren jetzt nach Westrom zurück. Seit dem 3. Jahrhundert war der Bischofssitz Rom das Zentrum des westlichen Kirchengesanges. Wie die Anfänge der Psalmodie liegen auch die der Hymnodie im Osten.
Dort hatte der heilige Ignatius von Antiochia (um 100) einst die Engel gesehen, welche die Heilige Dreieinigkeit im Wechselchor feierten. Er führte diese Art des Singens in seine Kirche ein. In Ostsyrien hatte der heilige Ephrem (um 306 bis 373) in Edessa

»Madrashe« gesungen, frei gedichtete Sologesänge von strophischer Form, in denen dem Chor der Refrain zufiel. Diese Gesänge sind für den oströmischen Dichtersänger Romanus von nachdrücklicher Wirkung gewesen, sind wohl aber auch die Voraussetzung des Hymnensingens für das Abendland geworden.
Als Mittler zwischen Ost und West wird gern Hilarius von Poitiers (gest. 366) genannt. Wichtiger noch sind die Grundlagen, die das Abendland sich selbst geschaffen hat. Die Kirchenväter Ambrosius, Bischof von Mailand (340–397), und Augustinus, beide heiliggesprochen, sind die Väter des abendländischen Hymnensingens geworden. Beide wußten um die Macht der Musik, über die Chrysostomus (354–407) schreibt: »Denn nichts erhebt die Seele auf ähnliche Weise, nichts beflügelt sie so, befreit sie vom Irdischen, löst sie von den Körperfesseln, gibt ihr Liebe zur Weisheit ein und läßt sie alle dem irdischen Sein gehörigen Dinge spöttisch mißachten, wie der melodische Gesang und der auf der Zahl beruhende Bau heiliger Hymnen.« Es ist heute nicht mehr möglich, den Anteil der beiden Kirchenväter an Hymnendichtung und Hymnenmusik voneinander zu trennen. Sicherlich gehen einige Texte auf Ambrosius zurück, auch ist es wahrscheinlich, daß Ambrosius die Texte mit bereits vorhandenen Melodien versehen hat.
Augustinus (354–430) dagegen hat in seinen sechs Büchern über Musik die Auseinandersetzung seiner Zeit mit der Musik in Fluß gehalten und hat dann das noch immer griechisch-pythagoreische Denken über Musik mit christlichem Geist erfüllt. Wie stark aber dieses Denken durch das Erlebnis der Musik beeinflußt war, darüber gibt folgende Stelle in den »Confessiones« des Augustinus Aufschluß: »Wieviel habe ich geweint bei Deinen Hymnen und Cantica, da die Stimmen Deiner süß-klingenden Kirche mich heftig bewegen.« Und an anderer Stelle: »Aber auf der anderen Seite gedenke ich auch meiner Tränen, die mir der Kirchengesang in der ersten Zeit nach der Wiedergewinnung meines Glaubens entlockte, und ich erinnere mich, daß ich auch jetzt noch nicht eigentlich durch den Gesang bewegt bin, sondern durch das, was gesungen wird, indem es mit flüssiger Stimme und zusammenstimmender Melodie ertönt, und dann muß ich doch wieder den großen Nutzen dieser Einrichtung anerkennen.« Demnach sind die Hymnen nicht nur Ge-

sänge eines überquellenden Herzens, sondern auch eine Einrichtung der Kirche. Hymnen waren schon in Syrien von der Gemeinde gesungen und – wie wir wissen – sogar von rhythmischem Händeklatschen und Tanzschritten begleitet worden. Die Hymnen sollten nach dem Willen des Ambrosius auch Gemeindegesang werden. Deshalb gab ihnen Ambrosius die einfache Form des Textes (jeder Vers war ein vierjambischer Achtsilber) und fügte Melodien hinzu, die sich syllabisch dem Text zuordneten. Syllabisch heißt, daß zu jeder Textsilbe nur eine Note gehört. Das Gegenteil davon ist Melismatisch, dort können viele Noten zu einer Textsilbe treten und dadurch dem Gesang die Struktur geben, die wir heute ungefähr mit Koloratur bezeichnen. Die syllabische Form des Hymnus war also eine einfache Form. Alles ging darauf hinaus, die Gläubigen mitsingen zu lassen und auf diese Weise den ganzen Menschen zu erfassen. Den Gegensatz bildeten die Psalmmelodien, die von den Klerikern vorgetragen wurden und die deshalb kunstvoll und reich melismatisch sein konnten. Eine Gegenüberstellung einer sogenannten Gregorianischen Psalmmelodie mit einem Hymnus zeigt den für die Zukunft der Musik wichtigen Gegensatz zwischen kunstvoll erdachter und einfach empfundener Musik auf. Sind dies doch die beiden Möglichkeiten des Musikerfindens und Musikaufnehmens schlechthin. Als Schlußstrophe gehörte zum Hymnus die in dessen metrische Form gebrachte kleine Doxologie. Es ist anzunehmen, daß diese unter allen Umständen von der Gemeinde gesungen wurde, während die Hymne selbst, entgegen der ursprünglichen Absicht, wechselweise von zwei Chören vorgetragen wurde, die bei der Doxologie den Gemeindegesang verstärkten. Das Hymnensingen gehört noch heute zum Gebrauch der katholischen Kirche.

Rom blieb in diesen wilden Jahrhunderten der germanischen Invasionen, die das weströmische Reich schließlich vernichteten und in deren Gefolge Rom erobert, geplündert, zerstört wurde, dennoch der Schoß der Kirche und wahrte deren Tradition, auch im Bereich des Kirchengesanges. Hier gab es verschiedene Gesangs-»Dialekte«, die liturgischen Melodien wurden also auf sehr unterschiedliche Weise gesungen. Man kannte neben der römischen Liturgie die gallikanische im westlichen Frankenland, die mozarabische in Spanien, die keltische in England und Irland und schließlich die ambrosianische in Mailand. Dazu kamen die Gesänge der Ostkirche, also die der byzantinischen Kirchenmusik, und nicht zuletzt das hymnische Singen in der Westkirche selbst. Diese verwirrende Vielfalt des kirchlichen Musizierens beendete eine Reform, die mit dem Namen des Papstes Gregor des Großen verbunden ist, der 604 n. Chr. starb.

Reform der Kirchenmusik

Die Reform, die die Musik in der Kirche vereinheitlichen und genau festlegen sollte, war jedoch nicht nur eine musikalische. Sie hatte auch organisatorische und geistige Hintergründe. Mit einer einheitlichen Liturgie konnte die Gefahr einer Zersplitterung oder sogar Abspaltung der von Rom aus weit entfernt liegenden Christengemeinden viel leichter gebannt werden. Auch der christlichen Idee war besser gedient, wenn zur gleichen Stunde in allen Klöstern und Kirchen der Christenheit die gleichen Melodien erklangen und die gleichen Worte gesprochen wurden. Dieses geistige Band erwies sich stärker als alle Verordnungen und Ermahnungen Roms.
Die Reform Gregors bestand 1. in einer Ordnung der Kirchengesänge, die ein Buch (Antiphonale Missarum) enthielt, das mit einer goldenen Kette am Altar der alten Peterskirche befestigt war, 2. in der Festlegung der liturgischen Formen und 3. in der Errichtung der Schola cantorum in Rom. Dort wurden die Gesänge gelehrt. Geistliche aus aller Welt kamen zu den Schulungskursen, um nach der Rückkehr an ihre Wirkungsstätte diese Gesänge zu pflegen und weiter bekannt zu machen. Diese Einrichtung war so erfolgreich, daß bald ähnliche Schulen im Frankenreich unter Pippin und Karl dem Großen gegründet werden konnten. Sie entstanden in Metz, Rouen, Tours, Fulda, Eichstätt, Würzburg, vor allem aber in St. Gallen und etwas später auf der Insel Reichenau im Bodensee.
Über die päpstliche Schola cantorum in Rom sind wir durch einige päpstliche Verordnungen unterrichtet, die wahrscheinlich aus dem 8. Jahrhundert stammen. Daraus ergibt sich, daß die päpstliche Sängerkapelle aus sieben Sängern bestand, zu denen noch die Knaben kamen. Im Norden wurden diese Schulen Musteranstalten der Erziehung. In vielen der nach ihnen sich ausrichtenden Klosterschulen wurde die Musik Grundlage der Bildung. Musik gehörte

zu dem sogenannten Quadrivium der sieben freien Künste, zusammen mit Arithmetik, Geometrie und Astronomie. Ohne das Studium dieser Fächer konnte niemand Geistlicher oder Lehrer, Philosoph oder Theologe werden. Kirche, Erziehung und Bildung gehen in diesen Schulen ihre erste, bis heute gültige Bindung ein.

Gregorianischer Choral

Wie sah nun eine solche Weise des Gregorianischen Chorals – so nannte man die durch die Gregorianische Reform ausgewählten und festgelegten Gesänge – aus? Notenbeispiel 5 zeigt eine einfache Psalmodie. Der melodische Bogen ist hier wirklich ein Bogen. Die Melodie steigt bis zu einem Ton, der die Quinte des Ausgangstones ist, fällt ungefähr in der Mitte wieder ab, um von neuem den schon oft wiederholten Ton zu erreichen. Am Schlusse senkt sich der Melodiebogen *(Ntb. 5)*.

Einfache Psalmodie

Ae- ta- te quin- ta prae- va- lu- it Da- vid   in fun- des et la- pi- de con- tra Go- li- am.

Notenbeispiel 5

Den ersten Anstieg nennt man Initium. Der folgende oft wiederholte Ton ist der Reperkussionston, der auch Psalmton genannt wird. Wie schon erwähnt, kann er durch Wiederholung beliebig viele Textsilben aufnehmen. Der Reperkussionston ist es auch, der durch seine Wiederholungen beim Vortrag Gregorianischer Choräle von besonders eindringlicher Wirkung ist und am stärksten im Ohre haftet. Dann folgt der erste Abstieg, der die Mediatio bildet. Ein zweites Initium führt wieder zum Reperkussionston, den letzten Abstieg nennt man Finalis. Alle diese Melodien – es gibt deren sehr viele –, die heute im sogenannten Graduale und Missale aufgezeichnet sind, werden einstimmig ohne jede instrumentale Stütze vorgetragen. Man bedient sich ihrer bei Gebeten und Lesungen der Messe und des Offiziums (Nebengottesdienst, Stundenämter).
Wenn zu jeder Note eine Silbe gehört, sprechen wir vom syllabischen Stil. Zwischen diesem und dem melismatischen liegt eine großartige Entwicklung. Zu jeder Entwicklung gehört der Wille, zu ver-

feinern, reicher zu machen, ja auch zu komplizieren. Kommt noch dazu, daß durch das Reichermachen neue Werte des Ästhetisch-Schönen oder auch der religiösen Empfindung erschlossen werden, so ist der Drang unaufhaltsam, der den Himmel auf die Erde reißen möchte. Der ersehnte Himmel ist in diesem Falle ein neuer Klang. Er liegt vor in der verzierten Psalmodie, vor allem aber in der voll-melismatischen Solopsalmodie. Bei einer verzierten Psalmodie ergibt sich der neue Klang nicht nur aus einer größeren Anzahl von Tönen, sondern auch aus merkwürdigen Zusammenfassungen öfter wiederkehrender Tongruppen *(Ntb. 6)*, hier mit a, b und c bezeichnet.

Notenbeispiel 6

Wir sehen in ihrer unregelmäßigen Wiederkehr ein Prinzip der Wiederholung und Variierung, wie es in den sogenannten Maquâmen der arabischen Musik vorkommt. Dies gibt uns nochmals einen Beweis für die orientalische Abstammung dieser Melodien. Notenbeispiel 7 zeigt den klanglich blühenden melismatischen Stil auf seinem Höhepunkt. Hier ist es das Wort »Gloria«, das einen durch den ganzen Oktavraum schwingenden Bogen erzeugt hat. In diesen Melismen, die ähnlich auch das Wort »Alleluja« möglich gemacht hat, liegt bereits wieder ein neuer Ansatzpunkt zu einer noch reicheren Entwicklung *(Ntb. 7)*.

Notenbeispiel 7

Interessant ist eine Gegenüberstellung dieser Psalmweisen mit einer Hymnenmelodie. Beim ersten Vers der Hymnenmelodie sind beispielsweise das Versmaß und die Gliederung des Textes sehr einfach, und so muß auch die Melodie eine einfache sein. Sie kennt keinen melismatischen Schmuck, fast könnte sie ein Volkslied sein, und sicherlich gehen Hymnenmelodien auf uns unbekannte Volkslieder zurück *(Ntb. 8)*.

Hymnus

Con- di- tor al- me si- de- rum   Ae- ter- na lux cre- den- ti- um,   Chri- ste re- demp- tor om- ni- um,   Ex- au- di pre- ces sup- pli- cum.

Notenbeispiel 8

Etwas anderes aber verrät die kunstvolle Arbeit: Betrachten wir die über die Noten gesetzten mit a und b bezeichneten Klammern, so sehen wir, daß das Ende der einen Verszeile dem Anfang der zweiten Verszeile melodisch gleich ist, ebenso der Anfang der dritten Verszeile eine Abwandlung des Endes der zweiten Verszeile darstellt und daß die gleiche Tongruppe nochmals am Ende der vierten Verszeile auftaucht. Das sind Beziehungen der Teile untereinander, die sich von den wahllos in den Gregorianischen Choral eingestreuten Melodieformeln wesentlich unterscheiden. Der kreisenden, reich verzierten Melodiebildung mit zufällig eingestreuten Melodiegruppen der Psalmodie steht der regelmäßig gegliederte Hymnus mit engen Beziehungen der melodischen Schlußphasen gegenüber, der orientalischen Melodiebildung die abendländische Melodiebildung. Über die geistesgeschichtlichen Voraussetzungen dieser Melodiebildungen hat der Verfasser bereits in seiner Schrift »Die Form in der Musik« berichtet.

Psalmodie und Hymnodie gehören derselben christlichen Liturgie an, aber während die eine die Tradition, die Verbindung mit dem Orient wahrt, ist die andere – zwar aus dem Gebrauch des Orients erwachsen – eine Neuschöpfung des Abendlandes. Die weitere Geschichte der abendländischen Musik gibt dieser Behauptung recht: Im Gregorianischen Choral hütet die katholische Kirche bis heute ihre große und großartige Tradition. Der dem Volkslied nahe Hymnus aber wurde zu dem Acker, aus dem die Sequenz, das geistliche Lied des frühen Mittelalters, erwachsen konnte.

Die ersten Notenbeispiele des Gregorianischen Chorals sind uns handschriftlich erst aus dem 8. und 9. Jahrhundert erhalten. Sie sind in Neumen aufgeschrieben. Neuma (griechisch) bedeutet Wink oder Zeichen. Diese Zeichen sind waagerechte oder schräge Striche, Punkte und Häkchen. Es gibt deren ungefähr dreißig. Die Neumen, den

Bewegungen der Hand des dirigierenden Chorleiters nachgebildet (es handelt sich um eine rein vokale Notenschrift), zeigen nur das Steigen oder Fallen der Melodie auf. Rhythmische Hinweise über Längen und Kürzen der einzelnen geben sie nicht.

Neumen

Die Notenschrift war in keiner Weise einheitlich. Man unterscheidet die Metzer, St. Gallener, die langobardischen, aquitanischen und mozarabischen Neumen. Dem Mangel dieser Notenschrift in bezug auf die absolute Tonhöhe und auf die Größe der einzelnen Melodieschritte versuchte man Anfang des 10. Jahrhunderts abzuhelfen, indem man Neumen mit Buchstaben verband wie beispielsweise mit den sogenannten Romanus-Buchstaben. Um das Jahr 1000 kamen die Notenlinien auf, die man dazu benutzte, um einige Töne ihrer

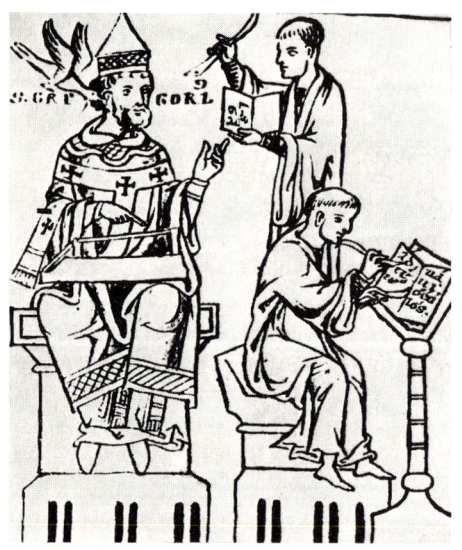

Papst Gregor I. (590–604) diktiert Choräle, inspiriert durch die heilige Taube. Nach ihm, der als Fürst der Musik dargestellt ist, wurde die Reform der christlichen abendländischen Musik benannt.

Tonhöhe nach auf einer Linie festzulegen. Die erste Linie bezeichnete die Tonhöhe des F des Basses, auf der zweiten wurde C angenommen, die anderen dazwischenliegenden Noten konnte man nach diesem Abstand aufteilen. Zur deutlichen Unterscheidung gab man diesen Linien eine verschiedene Farbe. Die F-Linie wurde rot, die

Notenlinienbedeutung bei Guido von Arezzo

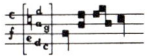

Notenbeispiel 9

C-Linie grün oder gelb gefärbt. Später hat Guido von Arezzo (gest. um 1050) vier Linien im Terzenabstand angeordnet. Die Form der Neumen war quadratisch oder die eines Hufnagels (gotische Hufnagelschrift) *(Ntb. 9)*.

Musiktheorie

Mit Guido von Arezzo wurde bereits einer der bedeutendsten Theoretiker des Mittelalters genannt. Der Römer Anicius Manlius Severinus Boethius (etwa 475 bis 524), der Kanzler Theoderichs in Ravenna, hat in seinen fünf Büchern »De institutione musicae« die antike Musiktheorie an das Abendland weitergereicht. Als Neupythagoreer war für ihn die Musik eine »Wissenschaft«, die in gleicher Weise wie andere Wissenschaften einen Baustein am neuen Weltgebäude des christlichen Denkens bedeutete. Zwischen diesem Denken und der praktischen Musikausübung bestanden allerdings kaum irgendwelche Verbindungen. Von großer Tragweite war die durch Boethius überlieferte Anschauung der Dreigliederung der Musik in Musica mundana, Musica humana und Musica instrumentalis.

Ein späterer Theoretiker, Hugo von St-Victor (etwa 1096 bis 1141) gibt von dieser Anschauung im 2. Buch des »Didascalicon«, einem philosophisch-theologischen Werk, ein besonders klares Bild. Es heißt dort: Über die dreifache Musik. Es gibt drei Arten von Musik: Weltenmusik, Menschenmusik, Instrumentenmusik. Die Weltenmusik ertönt in den Elementen, in den Planeten, im Zeitenlauf; in den Elementen: in Zahl, Gewicht und Maß; in den Planeten: in Stellung, Bewegung und Wesensart; im Zeitenlauf: im Wechsel von

Tag und Nacht; im Monatslauf: im Zu- und Abnehmen des Mondes; im Jahreslauf: im Wandel von Frühling, Sommer, Herbst und Winter.
Die Menschenmusik ertönt im Körper, in der Seele sowie in der Verknüpfung beider. Die Körpermusik ertönt im vegetativen Leben, demzufolge der Körper wächst, und diese Musik kommt allem zu, was als Lebewesen ins Dasein tritt; sie ertönt in den Säften, aus denen der Menschenleib aufgebaut wird; diese Musik ist den Sinnesdingen gemeinsam. Die Körpermusik liegt auch in den Tätigkeiten, und zwar entspricht sie besonders den vernünftigen, die unter Leitung des Mechanischen stehen. Wenn diese Tätigkeiten nicht das rechte Maß überschreiten, sind sie gut, so daß nicht damit, wodurch der menschlichen Schwäche abgeholfen werden soll, die Begierlichkeit genährt wird, wie Lucan im Lobe Catos ausführt...
Die Seelenmusik ertönt in den Tugenden, wie Gerechtigkeit, Frömmigkeit und Mäßigkeit; in den Seelenkräften, wie dem vernünftigen, zornmütigen und begehrenden Strebevermögen. Die Musik zwischen Körper und Seele ist jene natürliche Zuneigung, durch die die Seele an den Körper nicht mit leiblichen Banden, sondern affekthaften Regungen gebunden wird, um eben den Körper zu bewegen und empfindungsfähig zu machen; zufolge dieser Zuneigung hat niemand noch sein Fleisch gehaßt (Ephes. 5,29). Die Musik besteht darin, daß man das Fleisch liebe, aber noch mehr, daß man den Leib hege und die Tugend nicht zerstöre.
Die Instrumentenmusik ertönt durch Schlagen, wie dies beim Tympanum und den Saiten geschieht, durch Blasen, wie bei Flöten und Pfeifen, durch Singen, wie bei Liedern und Gesängen. Auch gibt es drei Arten von Musikern: die erste, die ein Lied ersinnt, die zweite, die Instrumente handhabt, die dritte, die Instrumentalleistung und Komposition der Lieder beurteilt.

Die Kirchentonarten

Nach diesen Spekulationen war die Musik nicht nur ein das Leben verschönernder Beitrag, sondern sie war das Leben selbst. Den philosophisch-ästhetischen Denkern standen andere gegenüber, die sich mit der Musiktheorie nur in Hinblick auf die Musizierpraxis beschäftigten. Sie schrieben über Tonarten und Tonleitern. Abt Flacus Alcuin (gest. 804) und Aurelianus Reomensis (um 850) sind zu nennen. Man unterschied vier Haupttonarten, die authentischen Tonarten, und die davon abgeleiteten Nebentonarten, die plagalen. Notenbeispiel 10 zeigt die 8 Kirchentonarten des Mittelalters. Durch ein Kreuz ist der Reperkussionston bezeichnet (wir entsinnen uns seiner Bedeutung für die Melodiebildung des Gregorianischen Chorals).

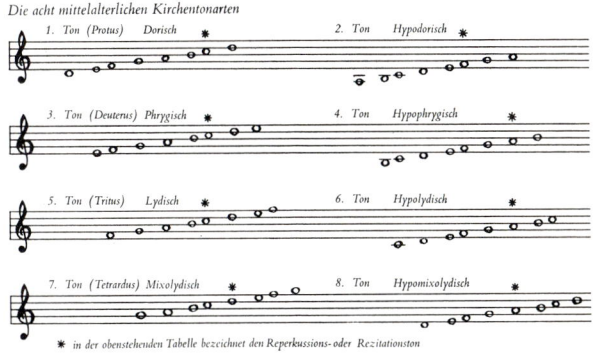

Notenbeispiel 10

Modus	Ältere Benennung	Jüngere Benennung	Skalenausschnitt	Finalis	Tenor
I	Protus authentus	dorisch	d–d	d	a
II	Protus plagalis	hypodorisch	a–a	d	f
III	Deuterus authentus	phrygisch	e–e	e	(h) c
IV	Deuterus plagalis	hypophrygisch	h–h	e	(g) a
V	Tritus authentus	lydisch	f–f	f	c
VI	Tritus plagalis	hypolydisch	c–c	f	a
VII	Tetrardus authentus	mixolydisch	g–g	g	d
VIII	Tetrardus plagalis	hypomixolydisch	d–d	g	(h) c

Wir stellen auch fest, daß uns die griechischen Bezeichnungen der Tonarten wiederbegegnen. Nur sind die Namen scheinbar vertauscht. Bei den Griechen begann die dorische Tonleiter auf e, bei der gleichnamigen Kirchentonart beginnt sie auf d; Phrygisch begann bei den Griechen auf d, bei den Kirchentonarten auf e. Die lydische Skala wurde im Griechischen von e aus gebildet, während sie jetzt zu f gehört.

Dies war kein Irrtum der Mönche, wie man oft liest, sondern der Ausgangspunkt ihrer Ordnung war ein anderer. Sie legten die Transpositionen der griechischen Leitern, also deren Versetzung auf eine andere Tonstufe, ihrer Benennung zugrunde und übernahmen dadurch nicht die Reihenfolge der antiken Oktavgattungen. Und noch etwas mutet griechisch an. Den einzelnen Kirchentönen wird auch im Mittelalter – ähnlich wie in der Ethoslehre der Griechen – ein bestimmter Charakter zuerteilt: dorisch = ernst und nachdenklich, phrygisch = verklärt, lydisch = freudig, mixolydisch = feierlich. Noch Johann Sebastian Bach wußte um diesen Ausdruckscharakter der alten Kirchentonarten. In dem Choral »O Haupt voll Blut und Wunden« in der Matthäuspassion findet man einen phrygischen Schluß.

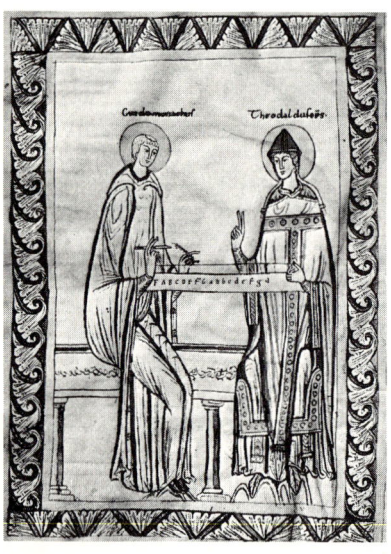

Guido von Arezzo (um 980 bis 1050), der große Musiktheoretiker des Mittelalters, mit Bischof Theodal von Arezzo am Monochord. Miniatur im 12. Jahrhundert aus dem Codex Vindobonensis 51.

Solmisationssilben

Eine Tonartenlehre nach Hexachorden hat Guido von Arezzo durch seinen »Micrologus de disciplina artis musicae« eingeführt. Das Hexachord faßt sechs Töne zu einer Gruppe zusammen. Die Bezeichnung der Töne erfolgt durch die sogenannten Solmisationssilben. Dies ist ein von Guido erfundenes System, um die einzelnen Töne mit Namen zu belegen. Die Sänger sollten zugleich beim Singen eines Tones auch dessen Namen nennen. Eine Tonwortmethode, wie sie auch in unserer Zeit in verschiedenen Ausformungen (Tonika-Do-Methode der Agnes Hundoegger, Tonwortsystem von Carl Eitz und Richard Münnich) in der Musikerziehung mit Erfolg Eingang gefunden hat. Beim Solfeggiensingen der italienischen Gesangsschulen ist die Guidonische Solmisation noch heute

Die Hexachorde

	1	2	3	4	5	6	7	
E							la	E la
D						la	sol	D la sol
C						sol	fa	C sol fa
H/B						B fa	H mi	B fa H mi
A					la	mi	re	A la mi re
G					sol	re	ut	G sol re ut
F					fa	ut		F fa ut
E				la	mi			E la mi
D			la	sol	re			D la sol re
C			sol	fa	ut			C sol fa ut
H/B			B fa	H mi				B fa H mi
A		la	mi	re				A la mi re
G		sol	re	ut				G sol re ut
F		fa	ut					F fa ut
E	la	mi						E la mi
D	sol	re						D sol re
C	fa	ut						C fa ut
H	mi							H mi
A	re							A re
Γ	ut							Γ ut

üblich. Für die Silben benutzte Guido die Anfangssilben eines an Johannes den Täufer gerichteten Sängerhymnus:
»*Ut* queant, laxis *re*sonare fibris *mi*ra gestorum *fa*muli tuorum *Sol*ve polluti *la*bii reatum, Sancte Johannis.« Die Chorknaben bitten hiermit ihren Schutzherrn, den hl. Johannes, sie vor Heiserkeit zu schützen. In der Hexachordtabelle des Guido von Arezzo heißt die tiefste Note Γ = Gamma, anstatt G. Die übrigen Töne tragen Bezeichnungen des Alphabets. Jeweils mit g oder c oder f beginnt ein neues Hexachord (siehe Tabelle S. 61).

Auch die Guidonische Hand muß erwähnt werden. Den einzelnen Tönen entspricht eine bestimmte Stelle der Hand. Bei den Chorroben brauchte Guido nur auf diese Stelle zu zeigen – der Sänger wußte dann, welchen Ton er zu singen hatte.

Westfranken, St. Gallen, Reichenau

Im 9. Jahrhundert, nach 850 war das Kloster Jumièges bei Rouen in der Normandie von den Normannen verwüstet worden. Einer der Mönche fand Zuflucht in dem Kloster St. Gallen unweit des Bodensees. Er führte ein Antiphonar mit sich, das im Anhang Gesänge in neuer textlicher und musikalischer Form aufwies. Einem klugen Manne, Notker Balbulus in St. Gallen, gefielen diese neuen Weisen so sehr, daß sie ihn zu eigenen Versuchen anregten.

Mit der Übertragung westfränkischen Kulturgutes auf ostfränkischen, alemannischen Boden beginnt ein neues Kapitel der abendländischen Musik. Diese Sequenzen, so nannte man die Gesänge, sind eine besondere Ausformung aus der Praxis des Tropierens. Tropus heißt »Wendung«. Es handelt sich dabei um textlich und musikalisch neue Wendungen, die man in die alten Kirchengesänge an bestimmten Stellen einfügte. Tropen sind also Einschübe, die Bereicherung brachten. Außerdem gaben sie den kirchlichen Musikern und Sängern zum erstenmal die Möglichkeit, neue eigene Musik zu schaffen. Wenn sie auch noch der Stütze der alten Melodien bedurften, der Weg zu einer abendländischen Musik war frei geworden. Das Tropieren ging folgendermaßen vor sich: In das Kyrie einer Messe fügte man beispielsweise an einer textlich geeigneten

König David mit seinen Musikern. Illustration aus dem Psalterium aureum der St. Gallener Stiftsbibliothek, entstanden im 9. Jahrhundert (links). Notker Balbulus, der Stammler (um 840 bis 912), lebte im Kloster St. Gallen. Ihm verdankt die Sequenz Form und Bedeutung.

Stelle eine neue Melodie mit einem neuen Text ein, oder man benutzte ein Melisma und legte diesem in syllabischer Manier einen neuen Text unter. Der neue Text mußte natürlich mit dem alten in einen vernünftigen Zusammenhang gebracht werden. Vorbilder für dieses Unterfangen fanden sich in den Einschüben in die neun biblischen Oden, die die oströmische Kirche sang. Dort nannte man die Einschübe »Kanon«.

Tuotilo in St. Gallen

In gleicher Weise wie Notker Balbulus dichtete und sang Tuotilo in St. Gallen, der 915 starb. Er fügte auch in andere Messegesänge Texteinschaltungen in der Art der Tropen ein. Als Einleitung und Einschiebsel zum Introitus der dritten Weihnachtsmesse »Puer natus est nobis« heißt es in deutscher Übersetzung (der ursprüngliche Text steht hier kursiv): »Heute soll von uns besungen werden der Knabe, den zeugte geheimnisvoll vor den Zeiten der Vater, und welchen in der Zeit gebar die Mutter. Wer ist jener Knabe, den ihr als so großer Lobsprüche würdig verkündet? Sagt es uns, damit wir Mitlobende sein können. Denn dieser ist es, von dem der Weissagende und auserwählte Psalmist Gottes in seiner Voraussicht lange vorher bemerkte, daß er auf die Erde kommen werde. Und also sagte er voraus: *Ein Knabe ist uns geboren, den die Jungfrau Maria gebar, und ein Sohn ist uns gegeben, dessen Herrschaft...« (Ntb. 11).*

Notenbeispiel 11

Bei der Sequenz sind es die Melismen des Alleluja, die bei dessen letzter Wiederholung nach dem Psalmvers tropiert werden. Notker erzählt im Vorwort zu seiner Sequenzsammlung, wie er darauf gekommen sei. Er habe als Knabe Mühe gehabt, diese langen textlosen Melodien, nämlich die auf die Vokale des Wortes Alleluja, im Gedächtnis zu behalten. Angeregt durch den Flüchtling aus St-Jumièges habe er diesen Melismen in syllabischer Form neue dichterische Texte unterlegt. Seine Aufzeichnungen berichten wohl von dem äußeren Anlaß. Unmittelbare Vorbilder für seine Dichtungen waren die Hymnen der byzantinischen Mönche *(Ntb. 12).*

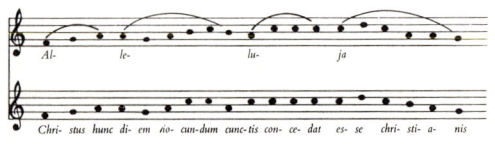

Notenbeispiel 12

Evangeliar des Tuotilo, gest. 915 als Mönch zu St. Gallen. Elfenbeindeckel vom Ende des 9. Jahrhunderts mit der Darstellung Christi in der Mandorla im Kreis musizierender Engelchöre (links). Liturgischer Gesang mit Neumen, der frühesten abendländischen Notenschrift. Miniatur aus dem Graduale des Luitherus.

Die Sequenzform

Der Gesamtaufbau der Sequenz ist nach einem alleinstehenden Einleitungsvers durch das Verspaar gekennzeichnet. Die Verszeilen dieser Paare sind gleich lang. Die Verse der Paare unter sich haben verschiedene Silbenzahl. Die Melodien folgen dieser Gliederung. Im Verspaar wird die Melodie der ersten Verszeile von der zweiten wiederholt. Jedes neue Verspaar hat eine neue eigene Melodie. Es entsteht die Form einer fortschreitenden Wiederholung: aa – bb – cc – dd und so weiter. Wenn man dazu noch feststellen kann, daß die Schlußphasen jeder zweiten Verszeile gleich gebaut sind, so entsteht das Bild einer Mannigfaltigkeit und Differenziertheit der Form, ähnlich wie beim Hymnus: Beziehung der Formteile untereinander, ein brückenmäßig verbundenes Ineinander der Formteile gegenüber dem Nacheinander der orientalischen Melodien. Da zu diesen auch die Alleluja-Jubilationen gehören, so nimmt es nicht wunder, wenn sich später die Sequenz von ihnen löst, um sich mit neuen Melodien dem Gleichbau der Strophen des Hymnus anzuschließen. Beispiele hierfür sind die Reimsequenzen des 12. Jahrhunderts.

Aus diesen Vorgängen lassen sich interessante Dinge über den Strukturwandel der musikalischen Form in der Zeit, die zwischen Morgenland und Abendland vermittelt, ablesen, Vorgänge innerhalb der Form, die keineswegs auf die Musik beschränkt sind. Ein Beispiel aus der Architektur, der damals führenden Kunst, soll dieses erläutern. Die Basilika, die älteste Form der christlichen Kirche, geht auf die antike Markthalle zurück. Sie stellt ein von Säulen getragenes längliches Rechteck, ein Langschiff, dar. Ein rechtwinklig gelegtes Querschiff begrenzt die Ausdehnung des Langschiffes. Den Schnittpunkt beider Schiffe bildet die Vierung. Ein Halbrund – die Apsis genannt – schließt das Langschiff ab. Das scheinbar unbegrenzte Ausdehnungsbestreben des Langschiffes ist der scheinbar willkürlichen Reihung der Melodieteile des Gregorianischen Chorals vergleichbar. Beide Formteile – die beliebige Anzahl der Säulen der Basilika und die beliebige Anzahl der Reperkussionstöne und der eingestreuten Melodieformeln – stehen gleichsam beziehungslos zueinander. Man könnte die Säulenreihe oder auch die Tonreihe willkürlich verlängern, ohne daß es zu einer Gliederung käme. Die spätere christliche Basilika denkt und baut anders. Sie läßt im Langschiff nicht nur Säulen aufeinanderfolgen, sondern Pfeiler – Säule – Pfeiler – Säule. Sofort entsteht eine Gliederung: Der Raum zwischen zwei Pfeilerabständen hebt sich von dem nächsten ab. Einen solchen Formteil nennt man ein Joch. Werden die tragenden Teile eines Joches hüben und drüben durch ein Gewölbe verbunden, so wird die Raumverbindung aller Teile noch enger. Es entsteht zum erstenmal ein unmittelbares »Gegenüber« der Teile. Aus dem Nacheinander der Bauelemente ist ein Gegenüber durch gruppierende Querverbindung geworden. Nichts anderes zeigt die Sequenzform: Dem Nacheinander der Verspaare aa – bb – cc usw. wird Gliederung durch die melodisch gleichen Schlußphasen der Verspaare auferlegt; es entsteht eine Bogenbeziehung von Schlußgruppenpfeiler zu Schlußgruppenpfeiler. Dieser Sieg der Gruppe über die Reihe ist der Sieg des jungen Abendlandes über den Osten.

Hermannus Contractus

Der bedeutendste Sequenzdichter nach der Zeit der St. Gallener Mönche wurde Hermannus Contractus (der Lahme), ein Mönch, der im Kloster Mittelzell auf der Insel Reichenau im Bodensee lebte. Hier war, durch reiche kaiserliche Schenkungen begünstigt, ein Kloster gegründet worden, das für einige Jahrhunderte ein Mittelpunkt der abendländischen Kultur werden sollte. Die Wand- und Buchmalereien der Reichenauer Mönche geben uns noch heute eine Vorstellung von dem neuen Kunstwollen, das inmitten der landschaftlichen Weite des Bodensees Brücken zwischen einer langsam erstarrenden Vergangenheit und einer nach Ausdruck des religiösen Gefühls heftig drängenden Gegenwart schlug.
Hermannus Contractus ist der Sänger des »Ave praeclara maris stella« und gleichzeitig der Autor der »Musica«, einer Schrift, die uns am klarsten über die Musik des Mittelalters unterrichtet. Als weitere Sequenzdichter sind Berno von der Reichenau (gest. 1048) und Adam von St-Victor (gest. Ende des 12. Jahrhunderts im Kloster St-Victor bei Paris) zu nennen. Der letztere führt uns wieder dorthin, wo die Sequenz hergekommen war. In Frankreich, im Kloster St-Martial von Limoges, war in einer parallelen Entwicklung zur Insel Reichenau ein wichtiges Zentrum der Sequenz entstanden. Zeugnis davon geben die Handschriften, Tropare und Sequentiare aus St-Martial, die sich heute in der Pariser Nationalbibliothek befinden.

Leich und Estampie

Die Sequenz hat auch zwei weltliche Gegenstücke, ein vokales, den Lai oder Leich, und ein instrumentales, die Estampie. Die Form der fortschreitenden Wiederholung verbindet beide mit der Sequenz. Auch ist das Bestreben der Sequenz, die Schlußteile der Verspaare melodisch durch Wiederholung miteinander zu verbinden, sowohl der Estampie als auch dem Lai eigentümlich. Allerdings verzichtet der Lai manchmal auch auf diese Formteilbeziehung, an ihre Stelle tritt in der zweiten Zeile die Variation, also: a a_1, b b_1, c c_1 ... oder auch die Verdopplung der Verspaare: a a a a, b b b b ... Ein Beispiel einer Estampie ist der »Lamento di Tristano«, ein instrumentaler Tanz aus einer englischen Handschrift des 14. Jahrhunderts.

Er zeigt im ersten Teil Verspaare mit gleichen Endungen. Ein zweiter, angehängter Teil ist »la Rotta« überschrieben (Rotta = keltisch Chrotta, ein mittelalterliches Saiteninstrument) und bringt Takt- und Tempowechsel, ist aber melodisch auch wiederum mit dem ersten Teil verbunden. Wir sehen, daß auch die weltliche Musik keineswegs primitive Volksmusik ist, sondern bereits Kunstmusik von hoher Prägung.

Groß ist die Zahl derer gewesen, die in den Klöstern des Abendlandes Sequenzen gedichtet und mit Melodien versehen haben. Unter ihnen waren der heilige Thomas von Aquino (1227–1274), dem die Fronleichnamssequenz »Lauda Sion salvatorem«, und Papst Innozenz III., dem die Pfingstsequenz »Veni sanctae spiritus« zugeschrieben wird. Thomas von Celano (gest. um 1250) schrieb »Dies irae«, das heute zur Totenmesse gehört, und Jacopone da Todi (gest. 1306) das »Stabat mater«. Die beiden zuletzt genannten Sequenzen sind Spätwerke der Gattung, bei denen sämtliche Verse in der Art des Hymnus gleich gebaut sind. Die Kirche sah die Vielfalt der sich im Gottesdienste einnistenden Sequenzen nicht ohne Bedenken. Schien doch nicht allein durch ihre Zahl, sondern auch durch die Möglichkeit, höchst persönliche Empfindungen durch Wort und Ton zur Sprache zu bringen, die Tradition und das Ordnungswerk der Gregorianischen Reform ernstlich bedroht. Aus diesen Gründen verbot das Tridentiner Konzil (1545–1563) die Vielzahl der Sequenzen und ließ nur noch vier gelten: die Oster-, Pfingst- und Fronleichnamssequenz, dazu das »Dies irae« und erst im 18. Jahrhundert das »Stabat mater«.

Das geistliche Drama

Aus der Praxis des Tropierens ist auch das geistliche Drama des Mittelalters entstanden. Seine Anfänge sind die Einleitungstropen zum Weihnachts- und Osterintroitus *(Ntb. 13).* Es sind gerade die Einschübe in die liturgischen Texte, die zur Darstellung, zur Rappresentazione, gereizt haben. Das geistliche Spiel, erst in der Kirche veranstaltet, später als »Mysterium« auch vor die Kirche verlegt, ist der Anfang der mittelalterlichen Mysterienspiele, großer, teils prunkhafter Aufführungen, wie sie heute noch in Frankreich oder in Bayern und Tirol als Passionsspiele durchgeführt werden.

Notker Balbulus: Sequenz »Haec est sancta solemnitas«

Notenbeispiel 13

Von der mit dichterischem Schwung unternommenen Schilderung wirklicher Vorgänge bis zu ihrer szenisch-dramatischen Darstellung ist immer nur ein kleiner Schritt. Auch die Grundlagen des abendländischen Theaters liegen wie die des antiken Dramas im Kultisch-Religiösen. Als sich um 1600 die Schöpfer der Oper beider Voraussetzungen, der antikischen und der mittelalterlichen, bedienten, war der Impuls nicht mehr ein religiöser, sondern ein humanistisch-philologischer. Nichts beweist besser den Wandel der die abendländische Kultur tragenden Ideen.

Umbrien und Kastilien

In seinem Ballett »Nobilissima Visione« schildert Paul Hindemith das Leben des heiligen Franziskus von Assisi. Dieser war ein sehr frommer Mann, der schon in jungen Jahren der Welt und ihrem Treiben Valet gesagt hatte, um Gottes Lob zu predigen, nicht nur den Menschen, sondern auch den Tieren. So heißt der letzte Satz in Hindemiths Komposition, eine groß angelegte Passacaglia, »Incipiunt laudes creaturarum«. Großartiger ist der »Sonnengesang« des heiligen Franziskus nie erklungen.

Lauda und Cantiga

Lob und Preis Gottes ist auch der Sinn der Lauda. Laudae sind volkstümliche Lobgesänge, die im Umkreis des heiligen Franziskus entstanden waren, als seine Lehre eine religiöse Volksbewegung ausgelöst hatte. Diese Gesänge, im 13. und 14. Jahrhundert sich oft wiederholend, haben etwas seltsam Ekstatisches. Die religiösen Empfindungen, die sie auslösten, sind der Mystik verschwistert, jener Anschauung der Dominikaner Eckart, Suso, Tauler, daß das unmittelbare Erleben Gottes nur Begnadeten möglich sei, deren Sehnsucht die innige Verbindung mit Gott ist. Das Bild des sich kasteienden und in Heiligensehnsucht sich verzehrenden Mönches ist aus dem 14. Jahrhundert nicht wegzudenken. Das Wort Susos, daß »der Leib verdorren müsse, um daß die Seele blühe«, bestimmte ihr weltverneinendes Denken und Tun.

Die Lauda gehört – nicht der Form, aber dem Inhalt nach – zum Umkreis der Sequenz; das heißt in diesem Falle, daß sie noch stärker das Volkstümliche in der Dichtung und in der Musik pflegt als die Sequenz und der Hymnus. Man sang die Lauda nicht im Gottesdienst; Sänger waren die Laudesi, die sich in Bruderschaften zusammenschlossen. Diese Brüder sangen ihre Loblieder bei Zusammenkünften und Prozessionen, ausnahmsweise wohl auch einmal am Ende des Gottesdienstes. Die Popularität der Lehre des heiligen Franziskus, aber auch die Tatsache, daß der Troubadourgesang in Italien und Spanien nie festen Fuß gefaßt hat, erklärt die Verbreitung des Laudensingens.

Die musikalische Form der Lauda ist eine andere als die der Sequenz. Die Lauda gehört zu den sogenannten Refrainformen, und sowohl der Troubadourgesang als auch die mehrstimmige Musik des 14. Jahrhunderts bedienen sich ihrer. Sie besteht aus Refrain, zwei »piedi« (Füße) und einer »volta«, der wiederum der Refrain folgt, also: R – a a b – R. Die Volta kann dabei melodisch und rhythmisch dem Refrain gleich sein. Auch bei dem Refrain einer Lauda des Jacopone da Todi ist dies der Fall. Refrain, Piedi und Volta haben nach der Art der Sequenz die gleiche melodische Schlußformel *(Ntb. 14)*.

Notenbeispiel 14

In Spanien gab es am Hofe Ferdinands III. von Kastilien und seines Sohnes Alfons X., des Weisen (1252–1284 König von Kastilien), eine bedeutsame Musikpflege. Maurische und jüdische Spielleute, Troubadours aus Frankreich, durch die Aufstände der Albi-

Portico de la gloria in Santiago di Compostela, 12. Jahrhundert. Die Ältesten der Apokalypse sind mit Instrumenten dargestellt: gezupfte Fidel, Psalterium, Achtformfidel, Drehleier. Santiago di Compostela war im Mittelalter ein berühmter europäischer Wallfahrtsort.

genser vertrieben, musizierten am Hofe des Königs weltliche und geistliche Cantigas. Das spanische Wort »Cantiga« bedeutet »feierlicher Gesang«. Alfons X. hat selbst Cantigas gedichtet und wohl auch teilweise mit Melodien versehen. Vierhundertdreiundzwanzig Lobgesänge auf die Allerseligste Jungfrau und ihre Wundertaten hat er hinterlassen. Nach jedem zehnten der Lieder ist eine Loora (Lobgesang) eingefügt. Die uns erhaltenen Prachthandschriften zeigen neben Text und Melodien eine Fülle von Miniaturen mit Darstellungen der Instrumentalisten. Wir bekommen mehr als dreißig Instrumente vorgestellt und sehen Spielleute mit Guitarra morisca (maurisch), Viella, Laute, Glockenspiel, Schalmei und Doppelflöte. Die Gitarre, von griechisch »Kithara«, kam durch die Mauren nach Italien. Sie hat keinen bauchigen Rücken wie die Laute, sondern ist ein Zargeninstrument mit Bünden und Schalloch.

Von der Vielle gibt Johannes de Grocheo in seiner »Theoria« eine Beschreibung. Es heißt dort: »Mag auch das eine oder andere Instrument mit seinem ernsten Ton mehr die Gemüter der Menschen bewegen, wie bei Festen, Speerspielen und Turnieren der Klang der Trommel und Trompete, so werden doch auf der Vielle alle musikalischen Formen feinfühlender unterschieden... Ein guter Künstler spielt auf der Vielle jeden Cantus, jede Cantilene und allgemein jede musikalische Form.« Demnach war die Vielle das Universalinstrument des Mittelalters.

Die Laute (von arabisch »al'út«) ist eines der ältesten Musikinstrumente überhaupt; sie war schon in Ägypten und in den vorderasiatischen Kulturen bekannt. Lateinisch nannte sie sich testudo (Schildkröte), vielleicht in Erinnerung an die Sage von Merkur und der Schildkröte.

Die Schalmei ist ein altes Doppelrohrblatt-Instrument zwischen dem antiken Aulos, dem mittelalterlichen Bomhart und der seit 1690 gebräuchlichen Oboe.

Die Doppelflöte gehört zu den Blockflöten. Sie hat in der Kunstmusik keine große Bedeutung gehabt.

Die Geißler

Die Form der Marienlieder Alfons des Weisen ist die des Virelai, die mit Vorsängern und Chor ausgeführt wird. Ihrer Herkunft und ihren Vorbildern nach vereinen die Melodien Tradition und Gegenwart. Manche klingen an den Gregorianischen Gesang oder an Sequenzmelodien an, andere verwenden Troubadourweisen, Tanz- oder Wallfahrtslieder. Ein wichtiger Teil dieser Wallfahrts- und Prozessionslieder sind die Gesänge der Geißler oder Flagellanten. In Erinnerung an das Leiden Christi und in der Hoffnung auf Erbarmen hatten sich, durch unglückliche politische und soziale Verhältnisse begünstigt, um die Mitte des 13. Jahrhunderts in Mittelitalien die Bruderschaften der Geißler gebildet. Vor dem düsteren Hintergrunde großer sozialer Umwälzungen und Erschütterungen – das Sterben des Ritterstandes und das Aufblühen der Städte waren die Ursachen – zogen Büßer und Geißler, oft zu mehr als tausend, durch die europäischen Lande. Das Jahr 1349 gab der Bewegung neuen Auftrieb. 1348 war die Pest aus Asien nach Europa einge-

schleppt worden. Da man einer Ausbreitung dieser Seuche, die in den engen unhygienischen Städten die Bevölkerung um mehr als die Hälfte verminderte, machtlos und verzweifelt gegenüberstand, glaubte man, in Gebet, Gesang und Marter die einzige Hoffnung auf Hilfe zu haben. Über die deutschen Geißlerlieder sind wir durch eine von dem Kaplan Hugo von Reutlingen verfaßte Chronik gut unterrichtet. Er unterscheidet Fahrten- und Prozessionslieder und die Lieder, die zur eigentlichen Geißelung gesungen wurden. Mit Fahnen und Glockengeläut zogen die Geißler in die Stadt ein. Bekleidet waren sie mit schwarzen Mänteln, auf die rote Kreuze aufgeheftet waren. Auf dem Kopf trugen sie dunkle spitze Hüte. Auf dem Platz vor der Kirche entblößten sie die Oberkörper, schlugen sich und sangen. Dann stürzten sie nieder, so daß ihre Leiber in der Form eines Kreuzes lagen, schlugen sich wieder und sangen.
Das bekannteste Prozessionslied war: »Nu ist die betfahrt so here.« Besonders charakteristisch ist hier die eingeschobene Rufzeile »Nu helf uns der hailant« und die nach jeder Melodiezeile eintretende Pause, die – wahrscheinlich nur von Schritten ausgefüllt – dem Gesang und der Bewegung das Stockende gaben, das vielleicht heute noch in den Springprozessionen nachwirkt *(Ntb. 15)*.

Notenbeispiel 15

Es handelte sich also um Gesang und Bewegung. Ein neuer Bezirk der Musik wurde dadurch erschlossen. Der in Oxford lebende Franziskaner und bedeutende Physiker Roger Bacon (1215–1294) schreibt darüber: »Außer diesen Teilen der Musik aber, die sich auf den Ton beziehen, gibt es andere, die Sichtbares zum Gegenstand haben, nämlich die Gestik, welche Exsultationen und Körperwendungen aller Art umfaßt. Denn Gesten werden durch ähnliche Bewegung und entsprechende Ausführung mit Gesang, Instrument und Metrum in Übereinstimmung gebracht, damit eine allseitige Ergötzung der Sinne statthabe, nicht nur des Gehörs, sondern auch des Gesichts. Denn wir bemerken, daß die Kunst der Instrumentalmusik, des Gesangs, des Metrums und des Rhythmus nicht zur völligen Sinnesergötzung führt, wenn nicht gleichzeitig Gesten, Exsultationen, Körperwendungen dazukommen, erst wenn dies alles in passenden Verhältnissen zu allseitiger Übereinstimmung gelangt, ergibt sich eine völlige lustvolle Befriedigung beider Sinne.«

Musik zur lustvollen Befriedigung oder auch Aufreizung der Sinne, das ist das Neue, das wir in dem Grenzgebiet zwischen geistlicher und weltlicher Musik kennengelernt haben. Die Musica humana und mundana erklärt Bacon für nicht existent, die Musik der Zahl und des Denkens lehnt er ab. Er hört in der Musik nur den sinnlich aufzunehmenden Ton – »Musik zur Ergötzung des Gehörs«.

Im Bereich der Langue d'oc –
Das einstimmige weltliche Lied

Unter Langue d'oc versteht man die französischen Dialekte südlich der Loire. Im weitesten Sinne bezeichnet Langue d'oc aber auch den größten Teil der Provinzen südlich der Loire, neben dem Limousin die Auvergne, die südliche Dauphiné und selbst die Gascogne. Es ist das Land der ritterlich-höfischen Sänger, die sich Troubadours nennen.

Der Troubadourgesang verdankt seine Entstehung einer neuen veränderten Weltanschauung. Nach den Kämpfen um Rom, dem Zusammenbruch der gotischen Reiche und des Langobardenreiches auf italienischem Boden, nach der Aufrichtung der Haus- und Großmacht der Karolinger, nach der Gründung des Heiligen Römischen Reiches Deutscher Nation 962 durch Otto I. – dramatischen Ereignissen in einer tausendjährigen Geburtsstunde unserer Kultur – folgte eine Zeit der Beruhigung und des Atemholens. Der Ritter und der Mönch, der Streiter Gottes, werden sich ihrer kulturellen

Aufgaben bewußt. Kampf und Krieg treten langsam hinter diesen zurück. Eine Welle der Empfindsamkeit, fast könnte man von Romantik sprechen, geht durch die europäischen Lande. In ihrem Gefolge entsteht die »romantische« Idee der Kreuzzüge. Diese waren ein kriegerisches Unternehmen mit dem Ziel, den Ungläubigen die Stätten zu entreißen, an denen der Heiland gelebt hatte, ein Unternehmen, für das sich traumwandlerisch die Blüte des europäischen Rittertums zur Verfügung stellte. Ein Ritterheer ohne Nachschub, ohne Kenntnis der klimatischen Verhältnisse eines fremden Landes, nur getragen von der Idee eines christlichen Auftrages, zog aus, um Jerusalem zu erobern. Der Zusammenbruch der verschiedenen Kreuzzüge war der Zusammenbruch einer europäischen Gemeinschaftsidee, einer gemeinschaftlichen Sache. Dies wog besonders schwer und schlug Wunden, die erst heute unsere Gegenwart zu schließen versucht.

In Zeiten, in denen das Gefühl und das Herz stärker sprechen als männliches Denken und Planen, tritt die Frau – oder sagen wir besser: das Frauliche – hervor. Das geschah auch jetzt. War es bisher nur dem Manne vorbehalten, in klösterlicher Gemeinschaft zu leben, so erlangt die Frau nunmehr das gleiche Recht. Zahlreiche Nonnenklöster entstehen, die es sich zur Aufgabe machen, Kranken und armen Menschen zu helfen. Gleichzeitig werden sie jedoch Pflegestätten hoher feinsinniger Kultur. Hildegard von Bingen dichtet dort die erste abendländische Naturlyrik. Der kostbare Teppich von Bayeux, der die Eroberung Englands durch die Normannen darstellt, wurde 1066 von Nonnen im dortigen Kloster gestickt. Neben die Verehrung für Christus, der in den frühen Mosaiken und Fresken meist als Pantokrator, als Herrscher oder als Weltenrichter erscheint, tritt nun – auf die Lehren Bernhards von Clairvaux zurückgehend – die Verehrung für die Gottesmutter Maria. Ihr erbaut man in den aufblühenden Städten Dome und Kirchen und weiht sie »unserer lieben Frau«. Marien- und Frauendienst stehen jedoch nicht, wie es die Romantik dargestellt hat, im Verhältnis von Ursache und Wirkung.

Die Anfänge der Troubadourdichtung sind älter als die Marienverehrung. Beide entspringen nur der gleichen romantischen Wurzel und leihen sich gegenseitig christliche und höfisch-ritterliche

Züge. Auch die Anschauung, daß die literarischen Vorbilder für die Troubadourdichtung die weltliche Liebeslyrik der Antike (Ovid und Horaz) oder persisch-arabische Dichtungen gewesen seien, läßt sich nicht aufrechterhalten. Enger scheint die Verbindung der Troubadourdichtung zu der mittellateinischen Klerikerdichtung zu sein. Die Mischung von geistiger und sinnlicher Liebe findet sich hier wie dort. Trotzdem kann auch hier nicht von Vorbild und Nachahmung die Rede sein. Der allgemeine soziale Umschwung und eine neue Wertschätzung des Individuums im Gefolge einer neuen aufkeimenden Humanität, die in der ersten »Renaissance« der Kunstgeschichte um 1200 eine Parallele hat, genügen zur Erklärung der ritterlichen Liebesdichtung vollauf.

Auch in der Musik läßt sich die These von der Herleitung des ritterlichen Singens vom Volkslied nicht aufrechterhalten. Sicherlich ist manches aus der Fülle des Volksliedes und des Volksgutes herübergeweht worden, aber im ganzen ist die Troubadourweise viel zu kunstvoll, die Regeln ihres Aufbaues viel zu höfisch – zeremoniell, als daß der leichte melodische Flugsand des Volksliedes dafür genügt hätte. Eher könnte man sagen, daß ritterliche Weisen schließlich zum Volkslied geworden sind. Die Umstände und Voraussetzungen des ritterlichen Singens sind keineswegs einfach. Man kann sie auch nicht irgendwo ableiten, sondern muß sie aus der ganzen Breite eines veränderten Lebensgefühls in einer anders gewordenen Welt verstehen.

So ist auch das Singen keineswegs auf Liebeslieder beschränkt geblieben, es gab auch Dienstlieder (Sirventes), lobende oder auch spöttische Lieder, die an den Lehnsherren gerichtet waren, Trauerlieder, Wechselgespräche zwischen dem Liebhaber und dem Wächter oder dem Tod. Unter den Liebesliedern muß man das Lied für die verehrte ritterliche Frau von dem Liebeslied unterscheiden, das man in weltlicher Umgebung sang und das dem Besitz eines Bauern- oder Hirtenmädchens galt. Die adlige Frau, die der Troubadour besang, war meistens verheiratet. Das Liebeswerben wurde dadurch von vornherein zum Verzicht verurteilt. Eine herbstliche Resignation liegt daher oft über den Dichtungen. Das kultivierte Spiel mit dem Gefühl, in strenge Regeln ritterlicher Konvention gefaßt, ist oft wichtiger als das Gefühl selbst. Als Richard Wagner daher in seinem »Tannhäuser« die echte und große Liebe zwischen Tannhäuser und Elisabeth schildern wollte, mußte er sie zur Nichte des Landgrafen machen. Als Gattin wäre ihr Einsatz und ihr offenes Bekenntnis zu Tannhäuser, der die »sündige Lust des Venusberges geteilt« hat, unmöglich gewesen.

Die musikalischen Formen dieses höfischen Singens sind äußerst reichhaltig und verschieden. Man teilt sie in vier Gruppen ein: Litaneiform, Rondoform, Sequenzform und Hymnus. Sequenz und Hymnus sind uns der Form nach schon bekannt. Die Litaneiform ist eine einfache Reihungsform: a b, a b... in fortwährender Wiederholung. Am Schluß kann ein Refrain stehen. Bei den Rondoformen steht ein Refrain am Anfang und am Schluß. Dazwischen finden wir die schon bei der Lauda erwähnte Gruppe a a b. Im Deutschen bezeichnet man sie als Barform und nennt die Teile zwei Stollen und Abgesang. Zu der Rondoform gehören als Formen, die auch in der mehrstimmigen Musik noch Bedeutung haben, Virelai und Ballade. In diesen Rondoformen haben Abgesang und Refrain meist die gleiche Melodie *(Ntb. 16)*.

Notenbeispiel 16

Im Liebesliedchen eines unbekannten Troubadours ist die Melodie der beiden Stollen gleich. Hier steigt die Melodielinie, mit frischem Terzschritt beginnend, von g' bis zum f''. Besonders charakteristisch wird dieser höchste Ton f'' mit einem guten Quartschritt erreicht. Von diesem Höhepunkt aus fällt die melodische Linie. Sie fängt sich aber im Schwunge und verharrt auf der Quinte d'. Der Abgesang, auf den der gleichgebildete Refrain folgt, beginnt wieder mit der Terz. Seine melodische Linie schwingt aber im Gegensatz zu der aufsteigenden der Stollen abwärts, erhebt sich noch einmal zur Quarte c' und sinkt dann auf den Ausgangston zurück. Eine solche

Melodiebildung ist kein Zufall. Sie ist wohldurchdacht: Dem Aufstieg des ersten Teiles folgt der Abstieg des zweiten, und während der Aufstieg den Raum bis zur Septime durchläuft und damit der Melodie einen besonderen Impuls verleiht, bewegt sich der Abstieg nur im Raum der Quinte. Dem Schwunge steht ein Auspendeln zur Ruhe gegenüber. Beiden Teilen gleich ist die sequenzartige Bildung einzelner Takte. Unter Sequenz versteht man nämlich nicht nur die uns bekannte Form, sondern man spricht auch von Sequenz, wenn man die Wiederholung einer Tongruppe von einer anderen Tonstufe aus meint. In dem erwähnten Liebesliedchen steht Takt 3 zu Takt 2 im Sequenzverhältnis, oder im Abgesang sind die Takte 3 und 4 sequenzartig gebildet.

Der Musiker hat nicht wie beispielsweise der Naturwissenschaftler oder der Mathematiker für alles genaue und exakte Bezeichnungen. Zum Teil gilt in der Musik das gleiche Wort für zweierlei Dinge, die etwas ganz Verschiedenes, gar nicht Zusammenhängendes und sich Bedingendes bedeuten. Nur der Ursinn des Wortes Sequenz, von dem lateinischen Wort sequi (= folgen) herkommend, rechtfertigt die beiden Bezeichnungen. Cum sequentia heißt es in einem Meßantiphonar des 8. Jahrhunderts von Mont-Blandin. Es steht dort unter den Allelujaversen und meint die syllabische Textunterlegung unter diese Gesänge. Eine Wiederholung des Gleichen auf einer anderen Tonstufe ist aber auch eine »Folge« und deswegen auch eine Sequenz. Eine Parallele für diese Doppelbedeutung bildet das Wort Kadenz: Einmal meint es die Verbindung der Dreiklänge auf der 1., 4. und 5. Stufe, zum andern bedeutet es den solistischen Einschub kurz vor dem Ende eines Satzes eines Solokonzertes oder einer Arie.

Die nordfranzösischen Trouvères

Die Anfänge des Troubadourgesanges liegen in der zweiten Hälfte des 11. Jahrhunderts, das Ende in der zweiten Hälfte des 13. Jahrhunderts. Ein Jahrhundert nach ihren Anfängen greift die Singekunst auch nach Nordfrankreich über. Dort nennt man die singenden Ritter Trouvères. Auch ihr Singen endet im 13. Jahrhundert. Unterschiede zwischen Troubadour- und Trouvèregesängen bestehen nur in der Sprache. Faßt man die südfranzösischen Dialekte unter der Bezeichnung Langue d'oc zusammen, so nennt man die nördlichen Langue d'oil. Formen und Melodien sind die gleichen. Die ritterlichen Sänger sind adliger Abstammung. Unter ihnen gibt es Herzöge, sogar Könige. Zu den Troubadours gehören beispielsweise Wilhelm IX. von Aquitanien, Cercamon und Marcabru, Bernart de Ventadour, Peire Vidal, Raimbaud de Vaqueiras. Trouvères sind König Richard Löwenherz, Blondel de Nesles, Thibault de Champagne, König von Navarra. Als einer der spätesten im Dienste des Grafen Artois ist Adam de la Halle zu nennen. Sein Werk hat in Arras eine Schule gebildet.

Im 14. Jahrhundert ging in Nordfrankreich die Pflege des Singens auf die Bürger über. Sie schlossen sich zunftartig zusammen und nannten sich Puis. Eine parallele Erscheinung im deutschen Minnegesang sind die Meistersinger. Die Autorschaft der Troubadours als Dichter und Sänger ist nicht immer leicht festzustellen. Dichter und Sänger in einem zu sein ist der erstrebte ideale Zustand. Der Troubadour Folquet von Marseille sagt: »Ein Vers ohne Musik ist wie eine Mühle ohne Wasser.« In der Praxis sieht es wieder anders aus; denn der Troubadour musiziert nicht allein. Der bei Turnieren, Zusammenkünften oder Sängerwettstreiten singende Ritter wurde von seinem Ménestrel oder Jongleur begleitet. Diese waren Berufsmusikanten, fahrende Sänger und Gaukler, die für eine Zeitlang bei einem Ritter eine feste Anstellung gefunden hatten. Sie begleiteten den Gesang ihres Herrn auf einem Instrument, auf der Fidel, der Leier oder auf dem Portativ (= kleine Orgel), und fügten seinen Liedern Vor-, Zwischen- und Nachspiele hinzu. Auch waren sie im allgemeinen die musikalischen Berater des Ritters, ja in manchen Fällen wohl auch die Komponisten seiner Lieder. Von einem rührenden Verhältnis zwischen einem König und seinem Ménestrel erzählt die Geschichte von Richard Löwenherz, der, als er vom 3. Kreuzzug heimkehrte, auf Burg Dürnstein an der Donau gefangengesetzt wurde, bis er durch die Lieder seines Spielmanns Blondel befreit wurde. Diese Geschichte hat später den Stoff für eine Oper »Richard Löwenherz« (1784) von dem Franzosen André Ernest Modeste Grétry hergegeben. Stoff und Musik der Oper leiten zur Romantik über, die die ihr wesensähnliche Romantik des Minnesangs wiederentdeckt hatte.

Meister Heinrich Frauenlob als Pfeiferkönig (links), Miniatur aus der Heidelberger Liederhandschrift im 14. Jahrhundert. Trotz des frühen Zusammenschlusses der Musik unter dem Schutz des Pfeiferkönigs gab es zu allen Zeiten das fahrende Volk der Musikanten: Possenreißer, Masken und Sänger auf dem Markusplatz in Venedig.

Eine der gleichfalls im 18. Jahrhundert aufgefundenen Minnesängerhandschriften ist die Manessische Liederhandschrift, die sich heute in der Universitätsbibliothek Heidelberg befindet. Eine ihrer Illustrationen zeigt den deutschen Minnesänger Heinrich Frauerkönig als Pfeiferkönig, umgeben von Trommler, Flötenbläser, Schalmeibläser, Psalteriumspieler (zitherähnliches Instrument) und Sackpfeifer. Hier befindet sich der Musiker in einer neuen sozialen Stellung. Ursprünglich standen die Fahrenden außerhalb der menschlichen Gesellschaft. Sie waren vogelfrei. Man konnte nach dem »Sachsenspiegel«, einem der Handbücher des Rechts in der damaligen Zeit, einen Fahrenden töten, ohne bestraft zu werden. Als Akrobat und Jahrmarktsschreier mag mancher unter ihnen gewesen sein, der sich nicht in die bürgerliche Ordnung seiner Zeit fügen wollte. Aber andererseits liebte man die Fahrenden auch. Sie brachten

Abwechslung in das Einerlei des Lebens auf der Burg, in der Stadt, im Dorf. Sie waren vor allem Nachrichtenübermittler, denn sie kamen herum und hörten viel. Wer anders hätte auch in dieser Zeit, in der es keine Zeitung gab, von den kleinen und großen Geschehnissen der Welt berichten sollen?

Als die fahrenden Sänger und Musiker hoffähig wurden, hob sich ihr Stand. Im 13. Jahrhundert gab es bereits eine »Gewerkschaft«, wie man heute sagen würde, einen berufsständischen Zusammenschluß der Musiker, die Nicolaibrüderschaft in Wien. Es gab aber auch den »Fidler- und Pfeiferkönig«, der ein Adliger sein mußte. Er war der Schutzherr der neuen Berufsverbände und berief auch den festlichen Pfeifertag ein. Im Verhältnis des Spielmanns zur Kirche hatte sich ebenfalls manches geändert. Eine kleine Schale, die das Städelsche Museum in Frankfurt am Main aufbewahrt, zeigt in Emailarbeit eine auf den Händen stehende Akrobatin, deren Attraktionen von einem Spielmann mit einer Fidel begleitet werden. Diese Jahrmarktszene ist von Engelsköpfchen auf dem Schalenrand umgeben. Die Schale stammt übrigens aus Limoges, dem Mittelpunkt der Emailkunst. Es ist dasselbe Limoges, das in seinem Kloster St-Martial die Handschriften mit Beispielen frühester Mehrstimmigkeit aufbewahrt hat, dasselbe Limoges, das den Landschaften des Troubadourgesanges unmittelbar benachbart ist – ein sehr schönes Beispiel der Strahlkraft einer Landschaft.

Fünftausend Gedichte und etwa zweitausend Melodien der Troubadours und Trouvères sind in Handschriften erhalten geblieben. Diese Zahl erlaubt einen guten Überblick. Die Musik ist in der Quadratnotation aufgeschrieben. Da über den Rhythmus keine Angaben gemacht werden, ist der rhythmische Vortrag noch umstritten. Man hat geglaubt, daß man beim Vortrag dieser Weisen dem Rhythmus des Textes mit betonten und unbetonten Silben folgen könne, aber auch das stimmt nicht. Wahrscheinlich liegt die sogenannte »Moduslehre« zugrunde, die aus den Versmaßen der antiken Dichtung übernommen wurde und die auch späterhin in der mehrstimmigen Musik von größter Bedeutung ist.

Die antiken Sprachen legten den Sprachrhythmus nicht durch Hebung und Senkung, also durch betonte und unbetonte Silben, fest, sondern durch Längen und Kürzen. Die verschiedene Anordnung von Längen und Kürzen ergab sechs Modi. Sie heißen: (die Länge ist mit –, die Kürze mit ᴗ bezeichnet)

1. Modus: Trochäus = – ᴗ
2. Modus: Jambus = ᴗ –
3. Modus: Daktylus = – ᴗ ᴗ
4. Modus: Anapäst = ᴗ ᴗ –
5. Modus: Spondeus = – –
6. Modus: Tribrachys = ᴗ ᴗ

Man geht von der letzten Silbe der Zeile aus, die den Reim bildet, und stellt rückwärtszählend fest, um welchen Modus es sich handelt. Verbindet man Sprachlänge und -kürze mit entsprechenden langen und kurzen Notenwerten, so ergibt sich eine Rhythmisierung, die von hohem Ordnungssinn, frei von subjektiver Willkür, zeugt. Zu den rhythmischen Schwierigkeiten gesellen sich solche der Melodiebildung, des Wort-Ton-Verhältnisses und nicht zuletzt Unklarheiten und Rätselhaftigkeiten des Textes. Gerade aber diese Schwierigkeiten und Geheimnisse des künstlerischen Gestaltens wurden als höfisch-ritterlich empfunden. Der Abstand des ritterlichen »dunklen Stiles« zu dem volkstümlichen Musizieren der unteren Schichten, aber auch zum Musizieren der Spielleute sollte auf jeden Fall gewahrt werden.

Ein reizvolles Werk des Trouvèregesanges ist das Liederspiel »Jeu de Robin et de Marion«. Sein Schöpfer Adam de la Halle wurde um 1237 in Arras geboren, er starb 1286 in Neapel. Adam de la Halle, der den Beinamen li Bossu (der Bucklige) trug, hat neben seinen einstimmigen Liedern dreistimmige Rondeaus und Motetten komponiert. Hierin stellt er die Verbindung des einstimmigen Trouvèresingens zur mehrstimmigen Kunstmusik her. 1283 war er als Ménestrel des Grafen Robert II. von Artois nach Neapel an den Hof Karls von Anjou, des Königs von Sizilien, gekommen. Dort ist sein Spiel von Robin und Marion entstanden. Sie sind das erste berühmte Liebespaar der europäischen Literatur.

Wechselweise singen sie in einstimmigen Melodien die Geschichte ihrer Liebe. Einmal tritt eine Blockflöte und am Schluß ein Schlagzeug hinzu. Wenige Jahre nach der Hinrichtung des blutjungen letzten Hohenstaufenkaisers Konradin durch Karl von Anjou auf dem Marktplatz von Neapel singt der Bucklige aus Arras im Anblick des Golfs von Neapel die Geschichte eines französischen Liebespaares. Wieviel »Europäisches« umschließt allein schon dieser eine Satz!

Der deutsche Minnesang

Den Anstoß zum deutschen Minnesang gaben Liebe und Politik. Der deutsche Kaiser Friedrich Barbarossa hatte sich 1156 mit Beatrix von Burgund vermählt. Zu ihrem Hofstaat gehörte der Trouvère Guiot de Provins. Er sang 1184 auf dem Hoffest in Mainz, das französische und deutsche Ritter zusammenführte. Der Text seines Liedes sei mitgeteilt. Die Form ist ein sogenannter reduzierter Strophenlai, der aus Verkürzungen des Strophenlais (siehe Sequenz) hervorgegangen ist. Das Gedicht spricht von Liebe und Verzicht:

> Meine anfängliche Freude
> ward mir in Bedrängnis verwandelt.
> Ach, ich weiß nicht warum,
> aber so bleibt mir
> der Glaube und die Hoffnung,
> welche die Liebe in mich gelegt hat.
> Wenn ich durch guten Glauben
> Buße haben muß,
> So weiß ich aus mir keine Regel,
> außer daß ich darin meinen Tod sehe.

Die ersten deutschen Minnesänger, Heinrich von Veldeke und Friedrich von Hausen, der 1187 Barbarossa nach Frankreich begleitete, folgen durch Übersetzungen und Übertragungen den französischen Vorbildern. Allerdings hat der deutsche Minnesang auch eine deutsche Wurzel, nämlich das volkstümliche Lied und die Vagantenpoesie. Vaganten waren herumreisende Scholaren, Studenten also, die, wie es üblich war, von Universität zu Universität zogen. Aber auch entlaufene Mönche, Existenzen ohne Halt und Bindung gehörten zu ihnen. Sie erzählten und sangen in Wirtshäusern und Herbergen, um sich Obdach und Wegzehrung zu verdienen. Sie hatten ein dankbares und willfähriges Publikum, auch dann noch, wenn ein Mönch etwa die heilige Messe parodierte. Wir besitzen eine bedeutende Sammlung dieser Vagantengesänge, allerdings nur ihre Texte, nicht die Musik. Sie sind aufgezeichnet in einer Handschrift aus Bayern, die wahrscheinlich im ersten Drittel des 13. Jahrhunderts ein Unbekannter schrieb, »Carmina burana« nach dem Kloster Benediktbeuren genannt, wo sie aufbewahrt wurde. Die Sprache dieser Gesänge ist zum größten Teil Latein, einige mittelhochdeutsche Verse stehen dazwischen. Die Texte sind moralisch oder politisch, es finden sich aber auch Liebes- und Tanzlieder, Trink- und Spiellieder, ja sogar geistliche Sprüche dazwischen. Die Verbindung zum Minnesang belegen einzelne eingestreute Strophen Reinmars von Hagenau und Walthers von der Vogelweide. Die unerhört lebendigen, eine ganze Sitten- und Kulturgeschichte spiegelnden Lieder haben einen Komponisten unserer Gegenwart zur Vertonung angeregt. Carl Orff hat in seinen »Carmina burana« gezeigt, wie stark uns Äußerungen eines freien diesseitsbejahenden Menschentums gerade heute wieder anrühren. Es gibt Gestalten in der Geschichte, derer sich die Romantik des 19. Jahrhunderts bediente, um an ihnen die Größe der deutschen Vergangenheit aufzuzeigen. Sie hat ihnen durch ihre Bewunderung, die nicht frei von Selbstgefälligkeit und Überheblichkeit war, keinen Gefallen getan. Dazu gehören Erwin von Steinbach, der Erbauer des Straßburger Münsters, Albrecht Dürer, Hans Sachs und beider bürgerliches Nürnberg. Dazu gehört auch Walther von der Vogelweide, der wirklich nicht nur auf einer Blumenwiese Tandaradei gesungen hat. Er war ein ritterlicher Mensch des glanzvollen Zeitalters der Stauferkaiser. Dies bedeutet Glanz, aber auch die Ahnung kommender schwerer Zeiten.

Walther von der Vogelweide, der um 1170 in Österreich geboren war, hat beides besungen. Er gehörte zum Gefolge des Kaisers und hat zuletzt dem großen Friedrich II. gedient. Dieser schenkte ihm in Würzburg Haus und Hof. Dort ist Walther um 1230 gestorben. Das Volk liebte die Zartheit seiner Minnelieder (in unserer Gegenwart hat sie Hans Pfitzner vertont). Mehr noch haben dem Kaiser seine politischen Spruchgedichte gegen die Feinde des Reiches, zu denen Rom gehörte, genützt. Von den dazugehörigen Melodien sind nur drei erhalten. Sie fanden sich 1909 in einem Buchdeckel des Staatsarchivs in Münster in Westfalen. Die einzige vollständig erhaltene Melodie ist die des Palästinaliedes; die beiden anderen, die zu Spruchdichtungen gehören, sind Fragmente. Das Palästinalied hat wohl Friedrich II. auf seinen Kreuzzug begleitet. Es war aber keinesfalls ein Soldatenlied für den Chor der Kreuzfahrer. Man sang es eher im abendlichen Kreise der Ritter *(Ntb. 17)*.

Notenbeispiel 17

Das Gedicht, auf ein früheres Kreuzlied Walthers von 1217 zurückgehend, schildert in volkstümlicher Weise den ersten Anblick des gelobten Landes. Die Melodie zeigt Barform. Während sie im ersten Stollenteil nur den Anfangston d umkreist, durchläuft der zweite Teil den Raum bis zur Quinte a. Dieser horizontalen Haltung des Stollens steht eine weit ausgreifende Melodiebildung des Abgesangs gegenüber: im ersten Teil von der Quarte a' ausgehend, den Terzraum bis zum c' ausfüllend, im zweiten Teil von c' jäh den ganzen Oktavraum durchlaufend, um bis zum c abzustürzen. Folgerichtig muß auf diesen Aufbruch die Beruhigung folgen. Sie bringt der letzte Teil, zu dem Walther von der Vogelweide höchst kunstvoll wieder den zweiten Teil des Stollens verwendet. So entsteht aus Kreisen, Wachsen, Aufbruch, Absturz und Ausgleich eine Melodie, die durch Vielfalt, Knappheit und Beziehungsreichtum der Teile besticht.

Der Name Walthers von der Vogelweide steht nicht allein für den deutschen Minnesang. In Bayern, Schwaben, Thüringen, Sachsen – überall gab es singende Adlige und Ritter: Wolfram von Eschenbach, Tannhäuser, Ulrich von Lichtenstein, Reinmar von Zweter, Heinrich von Meißen, genannt Frauenlob, Gottfried von Straßburg, Reinmar von Hagenau (Reinmar der Alte), Heinrich von Morungen und viele andere mehr. Zwei Gesänge aus diesem Kreise sind uns wohlbekannt: Gottfried von Straßburgs »Tristan« und Wolfram von Eschenbachs »Parzival«. Bekannt ist auch der »Sängerkrieg auf der Wartburg«, der tatsächlich im Jahre 1207 unter dem Landgrafen Hermann von Thüringen stattgefunden hat. Nehmen wir dazu noch die »Meistersinger«, so ist das Werk Richard Wagners zur Hälfte aufgezählt. Der romantische Minnesang und die deutsche Romantik des 19. Jahrhunderts haben eine gemeinsame Wurzel: das Lied. Und doch ist das »Romantische« niemals schlechter verstanden worden als von der Romantik des 19. Jahrhunderts.

Die Formen des Minnesangs wurden schon genannt, das Liebeslied und der politische oder soziale Spruch. Dazu kamen Tagelieder oder Wächterlieder (alba) und der aus der Sequenz abgeleitete Leich. Einen Ménestrel hatten die deutschen Sänger nicht, sie begleiteten sich selbst auf der Fidel oder der Harfe. Das Instrument stützte die Stimme im Einklang. Die wichtigsten uns überlieferten Quellen sind die Jenaer Liederhandschrift mit 91 Melodien und die Kolmarer Liederhandschrift mit 107 Melodien, die im 14. beziehungsweise 15. Jahrhundert aufgezeichnet wurden; die große Heidelberger Liederhandschrift oder Manesse-Handschrift, die nur Dichtungen ohne Melodien enthält, dafür ist sie aber reich an Miniaturen; die Weingarten-Handschrift, die in Konstanz entstanden ist, sie enthält ebenfalls keine Melodien. Die fehlenden Weisen müssen aus Meistersinger-Handschriften, die sie allerdings größtenteils wesentlich verändert haben, erschlossen werden. Eine Sonderstellung in der Jenaer Handschrift nehmen die Frühlings- und Liebeslieder des Witzlav von Rügen ein. Ihre Frische und Natürlichkeit verbindet sie mit den Liedern Neitharts von Reuental. Beide sangen die Lieder des Volkes für das Volk. Bauernspott und derbe Minne haben ihnen den Tadel der höfischen Sänger eingetragen. Das Volk hat sie wohl geliebt. Denn schon in der nächsten Generation wird es selbst singen.

Das Singen steigt über den verarmten Adligen bis zu dem Bürger und bis zu den Bauern hinab. Kein Zufall ist es, daß jetzt Österreich und Süddeutschland besonders auf den Plan treten. Das Volkslied durchdrang hier leichter und geschmeidiger alle Lebenskreise und Stände als im Norden. Ja, selbst im kirchlichen Bereich ist es hier zu Hause. Österreichischer und bayrischer Barock, Kirche und Schloß zu einer jubelnden Einheit verschmelzend, wirkt wie eine spätere Rechtfertigung einer weltlich-kirchlichen Lebens- und Geisteshaltung, die bereits dem Zeitalter des Minnesangs eigentümlich war. Nur so ist eine Erscheinung wie der Benediktinermönch Herman, genannt Münch von Salzburg, deutbar. Am Hofe des weltfrohen Erzbischofs Pilgrim von Salzburg hat er seine Lieder gesungen, die eine Handschrift aus Mondsee im Salzkammergut, jetzt in Wien, bewahrt hat. Der Münch von Salzburg erhielt 1390 eine Ritterpfründe, hat volkstümliche Übersetzungen lateinischer Hymnen und Sequenzen besorgt. Die Sequenz »Stabat mater« wurde zu »Christi Mutter stand voll Schmerz«, aber auch das Kindelwiegenlied »Joseph, lieber Joseph mein« hat er deutsch gesungen. Auf Wunsch seines Herrn dichtete Herman weltliche Lieder. Die Überschrift eines Wächterliedes, ein Dreigespräch zwischen den Liebenden und dem Wächter, heißt: »Daz haiszt dy trumpet und ist auch gut zu blasen.« Die Anlage der auf Naturtönen über d aufgebauten Stimme des Wächters läßt sogar an die Mitwirkung eines Blasinstrumentes denken. Der Vergleich mit Adam de la Halles Liederspiel drängt sich auf. Und wie dieser hat Münch von Salzburg, der Ohrenzeuge großer mehrstimmiger Entfaltung der Kunstmusik, auch mehrstimmige Lieder geschrieben. Auch diese bewahrt die Mondseer Handschrift. Eines der mehrstimmigen Lieder trägt den Zusatz: »Ain tenor von hübscher melody... darauf nicht yglicher kund übersingen.« Man übersang also die Hauptmelodie durch eine zweite Stimme und legte ihr wohl auch eine neue Instrumentalstimme unter. In einer kleinen Handschrift aus Lambach steht sogar: »Ain radel von drein Stymmen.« Es ist ein Kanon des Münchs von Salzburg. Der Text lobt Gänsebraten und kühlen Wein am Martinstag.

Der »letzte Minnesänger« Oswald von Wolkenstein (um 1377 bis 1445) stammt von der Burg Wolkenstein in Tirol. Neben seinen Liedern schrieb er vierzig zwei- und dreistimmige Gesänge. Sein abenteuerliches Leben im Dienste des Kaisers Sigismund, in dessen Gefolge er am Konzil in Konstanz teilnahm und 1432 als Vorsteher der kaiserlichen Kanzlei nach Rom reiste, und nicht zuletzt seine Reiselieder, zum Beispiel »Ich rühme viel Heidelberg oben, droben auf dem Berg«, machten ihn zum Sänger des Volkes. Sein deutsches Lied »Wach auff, myn hort«, eine Melodie, die im Lochheimer und

Oswald von Wolkenstein: »Wach auff, myn hort«

Notenbeispiel 18

Rostocker Liederbuch einstimmig erscheint, hatte ursprünglich eine zweistimmige Fassung *(Ntb. 18)*.
Bedeutsam sind des Wolkensteiners Nachdichtungen von kirchlichen Gesängen, Sequenzen und Hymnen geworden. Diese Praxis wurde bald allgemein. Wir erkennen daran den Wunsch und die Forderung einer Zeit, die bürgerlicher geworden, von der Kirche Verständlichkeit des Wortes und der Lehre forderte. Verständlichkeit aber konnte nur die Muttersprache, der Landesdialekt geben. Auf diese Weise sind zum Beispiel aus »veni sancte spiritus« – »Komm, Heiliger Geist«; aus »Media vita« – »Mitten wir im Leben sind« geworden. Aus altem kirchlichem Gedankengut und neuer volkstümlicher Weise wird das deutsche Kirchenlied, man nennt es Leise, geboren. Neuschöpfungen aus dem gleichen Geiste treten hinzu. Heinrich von Laufenberg (gest. 1460) sei nur mit einem, aber seinem schönsten Liede »Ich wölt, daß ich daheime wer« genannt. Bis zur Reformation ist das geistliche Lied des Mittelalters die immer neue Quelle religiös-musikalischer Erbauung geblieben. Ja, sie speist auch noch Luthers protestantisches Kirchenlied.

Der Meistersang

Das Abgleiten des Singens in die bürgerliche Sphäre war eine Folge der allgemeinen sozialen Umwälzungen. Als Erbe einer künstlerischen Idee hat das Bürgertum mit größter Liebe, aber geringerem Können weitergesungen. Etwas zu lieben und zu üben, ohne sein Tun verantworten zu müssen, ist das Vorrecht des Dilettanten. Die Meistersinger waren Dilettanten. Diese Feststellung mindert nicht das Interesse und die Sympathie für ihr Tun.

Die ersten Singschulen der Meistersinger wurden von kirchlichen Bruderschaften betreut. Das ändert sich späterhin, als die Singschulen eine rein weltlich-bürgerliche, mit Zunftgebräuchen verbundene Einrichtung wurden. Die Kirche überließ daraufhin den

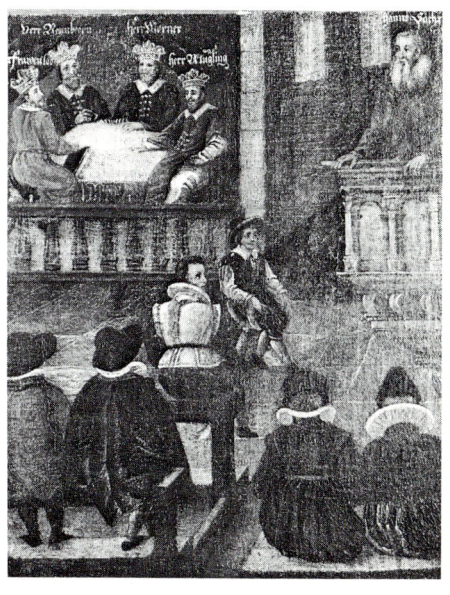

Singschule der Nürnberger Meistersinger, Germanisches Museum Nürnberg. Das Bild der bürgerlichen Musikpflege zur Zeit von Hans Sachs, wie sie Richard Wagner in den »Meistersingern« schilderte.

Meistersingern den Kirchenraum nur noch zu den öffentlichen Sitzungen. Die Meistersingerzunft wiederum nahm an den Kirchenfesten mit Abzeichen und Fahnen teil. Das bedeutet aber keineswegs, daß die Meistersinger nur kirchliche Weisen gesungen hätten. Kirchliches und weltliches Singen hielt sich die Waage. Im ersten Akt von Richard Wagners »Meistersingern« lehrt im Kirchenraum von Sankt Katharinen in Nürnberg David, der Lehrjunge des Hans Sachs, den Ritter Stolzing, der sich an einem Preissingen beteiligen will, die Regeln der Singekunst. Es ist bezeichnend, daß es jetzt der Ritter ist, der von der bürgerlichen Singezunft lernen muß, was ehemals der Ritterstand als eine freie Übung des künstlerischen Geistes gepflogen hatte. Bei Richard Wagner heißt es:

David   Mein Herr! der Singer Meister-Schlag
gewinnt sich nicht in einem Tag.
In Nüremberg der größte Meister,
mich lehrt die Kunst Hans Sachs;
schon voll ein Jahr mich unterweist er,
daß ich als Schüler wachs.
Schuhmacherei und Poeterei,
die lern ich da all einerlei:
hab ich das Leder glatt geschlagen,
lern ich Vokal und Konsonanz sagen;
wichst' ich den Draht gar fein und steif,
was sich da reimt, ich wohl begreif;
den Pfriemen schwingend,
im Stich die Ahl,
was stumpf, was klingend,
was Maß und Zahl –
den Leisten im Schurz –
was lang, was kurz,
was hart, was lind,
hell oder blind,
was Waisen, was Mylben,
was Kleb-Sylben,
was Pausen, was Körner,
Blumen und Dörner,

    das alles lernt ich mit Sorg und Acht:
    wie weit nun, meint ihr, daß ich's gebracht?

Walther Wohl zu 'nem Paar recht guter Schuh?

David Ja, dahin hat's noch lange Ruh!
    Ein »Bar« hat manch Gesätz und Gebänd;
    wer da gleich die rechte Regel fänd,
    die richtige Naht
    und den richtigen Draht,
    mit gutgefügten »Stollen«,
    den Bar recht zu versohlen.
    Und dann erst kommt der »Abgesang«,
    daß der nicht kurz und nicht zu lang
    und auch keinen Reim enthält,
    der schon im Stollen gestellt. –
    Wer alles das merkt, weiß und kennt,
    wird doch immer noch nicht »Meister« genennt.

Walther Hilf Gott! Will ich denn Schuster sein? –
    In die Singkunst führ mich lieber ein.

David Ja, hätt ich's nur selbst erst zum »Singer« gebracht!
    Wer glaubt wohl, was das für Mühe macht?
    Der Meister Tön und Weisen,
    gar viel an Nam und Zahl,
    die starken und die leisen,
    wer die wüßte allzumal!
    Der »kurze«, »lang« und »überlang« Ton,
    die »Schreibpapier«-, »Schwarz-Dinten«-Weis;
    der »rote«, »blau« und »grüne« Ton,
    die »Hageblüh«-, »Strohhalm«-, »Fengel«-Weis;
    der »zarte«, der »süße«, der »Rosen«-Ton;
    der »kurzen Liebe«, der »vergeßne« Ton;
    die »Rosmarin«-, »Gelbveiglein«-Weis;
    die »Regenbogen«-, die »Nachtigall«-Weis;
    die »englische Zinn«-, die »Zimtröhren«-Weis;
    »frisch Pomeranzen«-, »grün Lindenblüh«-Weis;
    die »Frösch«-, die »Kälber«-, die »Stieglitz«-Weis;

	die »abgeschiedene Vielfraß«-Weis;
	der »Lerchen«-, der »Schnecken«-, der »Beller«-Ton;
	die »Melissenblümlein«-, die »Meiran«-Weis;
	»Gelblöwenhaut«-, »treu Pelikan«-Weis;
	die »buttglänzende Draht«-Weis ...
Walther	Hilf Himmel! Welch endlos Töne-Geleis!
David	Das sind nur die Namen: nun lernt sie singen,
	recht, wie die Meister sie gestellt;
	jed Wort und Ton muß klärlich klingen,
	wo steigt die Stimm, und wo sie fällt.
	Fang nicht zu hoch, zu tief nicht an,
	als es die Stimm erreichen kann;
	mit dem Atem spart, daß er nicht knappt
	und gar am End ihr überschnappt.
	Vor dem Wort mit der Stimme ja nicht summt,
	nach dem Wort mit dem Mund auch nicht brummt;
	nicht ändert an »Blum« und »Koloratur«
	jed Zierat fest nach des Meisters Spur;
	verwechselt ihr, würdet gar irr,
	verlört ihr euch, und kämt ins Gewirr: –
	wär sonst euch alles gelungen,
	da hättet ihr gar »versungen«!
	Trotz großem Fleiß und Emsigkeit
	ich selbst noch bracht es nie soweit,
	sooft ich's versuch und's nicht gelingt,
	die »Knieriem-Schlag-Weis« der Meister mir singt,
	wenn dann Jungfer Lene nicht Hilfe weiß,
	sing ich die »eitel Brot- und Wasser-Weis«! –
	Nehmt euch ein Beispiel dran,
	Und laßt von dem Meister-Wahn!
	Denn »Singer« und »Dichter« müßt ihr sein,
	eh ihr zum Meister kehret ein.
Walther	Wer ist nun Dichter?
David	Wer »Dichter« wär?
	Habt ihr zum »Singer« euch aufgeschwungen

und der Meister Töne richtig gesungen,
füget ihr selbst nun Reim und Wort,
daß sie genau an Stell und Ort
paßten zu einem Meister-Ton,
dann trüg't ihr den Dichterpreis davon.

Walther Nun dies noch: wer wird »Meister« genannt?

David Damit, Herr Ritter, ist's so bewandt:
der Dichter, der aus eignem Fleiße
zu Wort und Reimen, die er erfand,
aus Tönen auch fügt eine neue Weise:
der wird als »Meistersinger« erkannt.

Diese Lektion ist keine dichterische Erfindung. Alles, was David sagt, stand in der »Tabulatur«. Die Angehörigen der Meistersingerzunft gliedern sich in Schüler, Schulfreund, Singer, Dichter und Meister. Der Schüler muß lernen, »Weisen« oder »Töne« der älteren Meister zu gebrauchen, sie in Wort und Ton umzugestalten oder gar neue Weisen zu erfinden. Die Weisen haben Namen, die mehr kurios als unterscheidend sind. Um auch den nichtschöpferischen Liebhaber des Singens von der Zunft nicht ausschließen zu müssen, hatte man die Singekunst in Regeln und Gesetze eingesperrt, bei deren genauer Anwendung auch der Laie etwas »Richtiges« machen konnte. Was aber »richtig« ist, muß noch nicht Kunst sein. Der freien Kunst des Minnesangs war im Panzer des Regelzwanges der Atem abgeschnürt. Beim Vortrag und Wettbewerb wurden die in der Tabulatur niedergelegten Regeln von dem »Merker« überwacht und bewertet. Aus alledem ergibt sich ein Bild deutsch-bürgerlicher Vereinsmeierei. Auf das zukünftige deutsche Lied haben die Meistersinger keinen Einfluß mehr gehabt.
Immerhin gab es einige Meister darunter, deren Melodien der Musikgeschichte angehören; an erster Stelle Hans Sachs (1494–1576), Hans Volz, Hans Rosenplüt. Hans Sachsens »Silberweise« ist eine Umdichtung des Salve regina des Hermannus Contractus von der Reichenau im Geiste des neuen protestantischen Glaubens *(Ntb. 19)*. Örtlich beginnt Mainz, durch das auch der Troubadourgesang nach Deutschland eingeschleust wurde. Ein Minnesänger, Heinrich von

Hans Sachs: »Silberweise«

Sal- ve ich gruß dich scho- ne / Rex Chri- ste in dem thro- ne / der du tre- gest die kro- ne / mi- se- ri- cor- di- ae.

Notenbeispiel 19

Meißen, ist es, auf dessen Anregung die erste Singschule in Mainz gegründet wurde. Dies geschah um 1370. Es folgen Kolmar, Augsburg, Nürnberg, Straßburg, Freiburg, Ulm, Zwickau, Prag, Danzig und Breslau. Der Meistersang umfaßt den Süden und, jenseits der Elbe, auch den Norden Deutschlands; aber eben auch nur Deutschland. In Frankreich und Italien war kein Boden für diese bürgerliche Musikkultur. Das gleichzeitige italienische Madrigal oder die französische Chanson sind mehrstimmige Kunstformen für ein kultiviertes Musizieren auf einer anderen gesellschaftlichen Ebene. Immerhin ist die Streuung der Meistersingerei als Folge des Troubadour- und Minnesangs über große Teile Deutschlands hinweg eine Tatsache, die die Kraft des »Liedes« beweist. Die Blütezeit des Meistersingens ist der Zeitraum von 1440 bis 1600. Später verfallen die zum Verein umgebildeten Schulen. Der letzte Meistersinger, der Ochsenwirt von Memmingen, starb 1876.

Frühe Mehrstimmigkeit im Bereich der Langue d'oc

Das Kloster St-Martial in Limoges war ein Zentrum der Sequenzdichtung und -musik. Seit Wilhelm IX., Herzog von Aquitanien, sangen in der Provence die Troubadours. Beides geschah im Bereich der Langue d'oc.

Auch jetzt müssen wir uns ihr wiederum zuwenden, um den wahrscheinlichen Ausgangspunkt der mehrstimmigen Musik zu finden. Immer mehr zeigt es sich, daß hier, südlich der Loire, das Geburtsland der abendländischen Musik zu suchen ist. Rom und Byzanz haben das antike Erbe an das Christentum weitergereicht. Die mittelalterliche Musikkultur aber entsprang dem Gebiet südlich und nördlich der Loire.

Musica enchiriadis

Die ersten Beispiele zweistimmiger Musik finden sich in einem anonymen Traktat »Musica enchiriadis« (enchiriadis = Handbüchlein), der wahrscheinlich in der zweiten Hälfte des 9. Jahrhunderts entstanden ist. Allerdings gibt es keinen Beweis dafür, daß diese Schrift dem gleichen Kernland entstammt. Weder der flandrische Mönch Hucbald von St-Amand, den man bisher für den Verfasser der »Musica enchiriadis« hielt, noch der 867 in Frankreich lebende irische Mönch und Philosoph Johannes Scotus oder Erigena, der in seinem Hauptwerk »De Divisione« über den mehrstimmigen Gesang spricht, haben im Süden Frankreichs gelebt und geschrieben. Aber nach allem bisher Gesagten kann nur in diesem Zentrum der Kultur das Wunder der Mehrstimmigkeit geschehen sein. Denn ein Wunder bleibt es auf jeden Fall, daß Musik zum ersten Male nicht nur im Nacheinander, sondern durch ein Übereinander der Töne gehört wird. Ein Wunder ist es auch, daß dieser Vorgang auf die abendländische Musik beschränkt geblieben ist. Keine Musikkultur der Erde hat gleiches gewollt. Den Willen des Abendlandes aber beweist die Jugend und die Kraft seiner Klangvorstellungen. Denn nur aus dem Klangwollen heraus kann die Mehrstimmigkeit erklärt werden, alle anderen Deutungsversuche verblassen vor dieser Wirklichkeit; auch dann, wenn man nordischen Sinn für die ornamentale Linie, gotische Architektur (was besonders gern geschieht) oder ähnliches heranzieht. Das sind Erscheinungen, die zeitlich parallel verlaufen, die man auch vergleichen kann, die aber nicht ursächlich zusammenhängen. Ein neuer Klang ertönt, wann er will – wir werden die Ursache seiner Geburt nicht ergründen können. Wir können sein Auftreten nur registrieren und den Klangleib zergliedern. Notenbeispiel 20 zeigt den Anfang eines Organums. Organum wurde damals allgemein der mehrstimmige Gesang genannt. Auffallend ist das Satzbild: Note gegen Note; lateinisch heißt dies: punctus contra punctum. Ursprünglich bezeichnet das Wort Kontrapunkt nur diese Struktur des mehrstimmigen Satzes; erst später versteht man unter Kontrapunkt auch das Verhältnis meh-

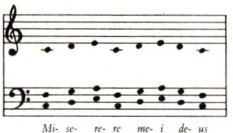

Mi- se- re- re me- i de- us

Notenbeispiel 20

rerer Noten in der einen Stimme zu einer Note mit längerer Dauer in der anderen Stimme. Die andere überraschende Erscheinung ist die, daß sich die Stimmen nur im Abstand von Quarte, Quinte und Oktave bewegen, und zwar ist dies die Regel in der frühen Mehrstimmigkeit. Dort, wo sie auftritt, erscheint sie als sogenanntes Quinten- und Quartenorganum. Fragen wir nach dem Warum dieser Erscheinung, so müßte man antworten: Weil man erstens wußte, daß Oktave, Quinte und Quarte die reinsten Intervalle sind, und weil man in den Quint- und Oktavmixturen der Orgel ein unmittelbares Vorbild hatte. Es bedurfte nur der Nachahmung dieses aus der Mixtur gewonnenen Zusammenklanges durch die menschlichen Stimmen. Nichts beweist eindringlicher, daß der Klang der Vater der mehrstimmigen Musik ist *(Ntb. 21)*.

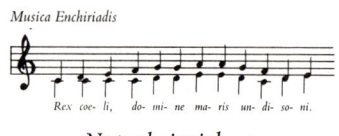

Notenbeispiel 21

Auch später zeigt zwar das Satzbild Note gegen Note, aber etwas anderes ist hinzugekommen. Bevor die Oberstimme – es ist eine Sequenzmelodie – die Quarte f erreicht, verharrt die Unterstimme auf c, um sich dann allerdings zusammen mit der Oberstimme in Quarten fortzubewegen. Es entsteht eine gleichsam liegende Unterstimme, die sich durch das Liegenbleiben von der Oberstimme trennt. Zum ersten Male wird etwas bisher Gekoppeltes voneinander getrennt. Der Weg zur Selbständigkeit der Stimmen ist damit beschritten. Später hat man das Verhältnis einer liegenbleibenden Stimme zu einer sich bewegenden Seitenbewegung oder im instrumentalen Bereich die liegende Stimme Bordunbaß genannt. Der nächste entscheidende Schritt zur Verselbständigung der Stimmen ist die Gegenbewegung. Sie tritt dann ein, wenn die eine Stimme steigt, während die andere gleichzeitig fällt, oder umgekehrt. Durch die Gegenbewegung wird den Stimmen eine neue größere Freiheit gegeben. Man nannte diese Satzweise mit ihrer Gegen- und Parallelbewegung Diaphonie. Nicht immer wurden die

Notenbeispiel 22

Stimmen in dieser Weise aufgeschrieben. Wir müssen annehmen, daß die Sänger, im mehrstimmigen Singen bald geübt, die Stimmen nach den Regeln ihrer Kunst frei improvisierten *(Ntb. 22)*.

Organa von St.-Martial in Limoges

Wie schon erwähnt, ist wiederum das Kloster St-Martial in Limoges Mittelpunkt des mehrstimmigen Singens. Ein Beispiel aus seinen Handschriften zeigt bereits etwas anderes: Die Hauptmelodie liegt – ob es nun eine Gregorianische oder eine Sequenzmelodie ist – jetzt in der Unterstimme, die Töne der Hauptmelodie werden länger ausgehalten, um der Oberstimme, der Organalstimme, die Möglichkeit zu mehreren Tönen zu geben. Die Dauer des Aushaltens der unteren Stimme ist dabei verschieden. Jeder über einer solchen liegenbleibenden Note entstehende Melodieabschnitt der Oberstimme wurde clausula oder punctus genannt *(Ntb. 23)*.

Offen bleibt die Frage nach dem rhythmischen Zusammenklingen der Stimmen. Es ist anzunehmen, daß die Textsilben – wenigstens

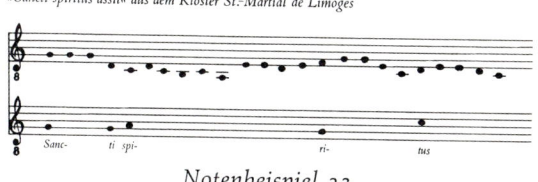

Notenbeispiel 23

in der Frühzeit – in beiden Stimmen zusammen gesungen wurden. Aber wie wußte der Sänger der Oberstimme, wie viele Noten er singen könne, bevor der Sänger der Unterstimme mit seiner »Pfundnote« weiterschritt? Die metrische Ordnung durch die Modi (Längen und Kürzen des antiken Versmaßes) reichte dazu nicht aus. Nach vielen Versuchen kam man um 1260 zur Mensuralnotation. Diese – auf Franko von Köln zurückgehend – legte fest, welchen Zeitwert eine Note hat, das heißt, wie viele kleinere Notenwerte in einem größeren enthalten sein können.

Winchester-Tropar

Eine weitere Sammlung zweistimmiger Kompositionen – sie ist mit über einhundertundfünfzig Stücken die größte – findet sich in einem Tropar aus Winchester in England. Sie ist um das Jahr 1000 entstanden. Die Frage, ob diese englischen Organa wirklich englisch sind, ob sie also durch Ausstrahlung der französischen Vorbilder oder aus eigener englischer Praxis entstanden, ist schwer zu beantworten. England kennt sicherlich schon sehr früh eine selbständige Mehrstimmigkeit. Was uns davon an Beispielen entgegentritt, liegt allerdings wesentlich später als der Beginn der Mehrstimmigkeit in Frankreich. Immerhin kommt dieser englischen Mehrstimmigkeit eine große Bedeutung zu: Sie ist weniger spekulativ, sie ist reiner Klang. Dazu würde etwas anderes stimmen: In dem gleichen Winchester wurde 980 die umgebaute Kathedrale mit einer ungeheuren Orgel eingeweiht. Sie hatte sechsundzwanzig Bälge und vierhundert Pfeifen, und ihr Ton war so laut, daß man ihn in der ganzen Stadt hörte und Frauen beim ersten Hören ohnmächtig umgefallen sind. Es war eine Doppelorgel, die zwei Mönche »einträchtigen Herzens« miteinander spielten. Sicherlich spielte der eine die Hauptstimme und der zweite die hinzugefügte Organalstimme. Ob das Wort Organum mit dem Wort Orgel zusammenhängt, ist wahrscheinlich, aber nicht bewiesen. Die Abbildung einer solchen Doppelorgel findet sich unter den Zeichnungen des »Utrechter Psalters«.

Dieser soll in der Gegend von Reims entstanden sein. Somit wären wir wieder am französischen Ausgangspunkt. Nun kommt aber das Merkwürdige: Die Vorbilder zum Utrechter Psalter sucht man in Alexandria, dem großen Mittelpunkt der spätgriechischen hellenistischen Welt. Nordafrika – Frankreich – England! Man sieht, die Ströme der Antike speisen noch immer eine bereits völlig veränderte Welt und Kultur.

Einfacher sind die Beziehungen zwischen der Abtei St-Martial in Limoges und einer Handschrift, dem sogenannten Codex Calixtinus des Wallfahrtsortes Santiago di Compostela in Spanien zu erklären. Limoges war die Sammelstation für die Santiagopilger. Daß sich in dem Codex Calixtinus zum erstenmal ein dreistimmiges Organum befindet, sei besonders vermerkt.

Paris – Die Schule von Notre-Dame

Zeit und Ort der frühen Mehrstimmigkeit und die Entstehung der gotischen Kathedralen sind nicht voneinander zu trennen. Das schönste Beispiel hierfür bietet im 12. und 13. Jahrhundert die Kathedrale Notre-Dame in Paris. Baugeschichte und Musikgeschichte fallen zusammen. Die hundert Jahre zwischen 1150 und 1250 sehen beides, die Ausbildung des hochgotischen Stiles mit spitzbogigen Rippengewölben, den dreiteiligen Aufbau der Langschiffwände mit Arkaden, Triforien, Lichtgaden und die Reife der mehrstimmigen Musik bis zur rhythmisch- und melodisch-komplizierten Vierstimmigkeit.

Die Meister Leonin und Perotin

Ein Engländer, der vielleicht in Paris studiert hatte, schrieb um 1280 über die Musikpflege an Notre-Dame: »Und merke, daß Magister Leonin nach dem, was man sagt, der beste Organist war; er verfaßte das große Organumbuch über das Graduale und Antiphonar zur Bereicherung des Gottesdienstes, und es war im Gebrauch bis zur Zeit Perotins des Großen, der es verkürzte und Klauseln oder Punkte verfertigte, die noch viel besser waren, da er der beste Diskantist war und noch besser als Leonin.« Nach der Aufzählung verschiedener Werke Perotins fährt er fort: »Das Buch oder die Bücher des Magister Perotin waren im Gebrauch bis zur Zeit des Magister Robert de Sabilone, und im Chor der Hauptkirche zur

Heiligen Jungfrau in Paris, und von seiner Zeit an bis auf den heutigen Tag.« Wir kennen die Namen der Hauptmeister von Notre-Dame nur durch diesen Bericht eines Anonymus. Er enthält aber noch mehr, was erklärt werden müßte. Magister Leonin, der »optimus organista«, ist der Komponist des »Liber organi«. Das Werk enthält zweistimmige Sologesänge für Messe und Offizium (Stundengottesdienste) während des ganzen Kirchenjahrs. Das große Organumbuch heißt genau: Magnus liber organi de gradali et de antiphonario. Mit Organum wurde der mehrstimmige Gesang bezeichnet, de gradali heißt, daß das Buch Stücke für die Messe enthält, und mit antiphonario sind Kompositionen für die Nebengottesdienste, in erster Linie Matutin und Vesper, gemeint.

Magister Perotinus Magnus, genannt »optimus discantor«, um 1200 lebend, bearbeitete den »Liber organi«, indem er Klauseln und Punkte hinzufügte. Unter Klauseln versteht man Teilstücke, die den Organa Leonins eingefügt werden konnten. An einer bestimmten Stelle des Textes wurde die organale Struktur, die Melismen (also mehrere Noten über einer langen Haltenote der Unterstimme), aufgegeben und eine Partie eingefügt, bei der nun auch die Unterstimme, die man Tenor nannte (von tenere = halten), in kleinere Notenwerte aufgeteilt wurde. Auf diese Weise entstand ein Satzbild, das nicht so:

sondern so aussieht:

Notenbeispiel 24

Perotinus setzt nicht mehrere Noten gegen eine, sondern Note gegen Note. Im Gegensatz zum ersten Beispiel, dem organalen, hat man im zweiten Falle von diskantierenden Partien gesprochen. Perotin komponierte aber auch neue Stücke, die zum erstenmal drei- und vierstimmig waren. Gerade die Quadrupla, also die vierstimmigen Sätze, sind als die Höhepunkte der Kunst Perotins viel bewundert worden.

Die Kompositionen der Notre-Dame-Schule sind in vier großen Handschriften überliefert worden. Die älteste, mit F bezeichnet, befindet sich in Florenz. Sie stammt wohl aus der Mitte des 13. Jahr-

hunderts. Fünfzig Jahre jünger sind zwei Handschriften in Wolfenbüttel, mit W 1 und W 2 bezeichnet. Die vierte befindet sich in Madrid (Ma genannt). In Frankreich wurden die Handschriften F und W 2 geschrieben, in England W 1 und Ma in Spanien.
Im Bericht des englischen Reisenden heißt es aber noch weiter, daß die Bücher des Perotin im Chor der Hauptkirche zur Heiligen Jungfrau in Paris bis auf den damaligen Tag in Gebrauch waren. Wie haben wir uns einen solchen Gottesdienst im Chore von Notre-Dame nach der Vollendung der Kathedrale vorzustellen?
Ein Festgottesdienst begann nach dem Staffelgebet auf den Altarstufen mit dem Introitus. Introitus (Eingangsgesang) gehört mit Offertorium (Darbringungsgesang) und Communio (Austeilungsgesang) zu den Proprium de tempore, Teilen der Messe. Damit bezeichnet man die Teile der Messe, deren Gesänge nach den kirchlichen Festen in den verschiedenen Jahreszeiten wechseln. Von den Propriumsätzen bilden Introitus, Offertorium und Communio die Antiphon zum Psalm. Antiphon ist der Vorgesang zu den Psalmversen, der aber auch zwischen jedem Psalmvers wiederholt wurde. Die Psalmverse sang man einstimmig mit den alten Gregorianischen Melodien. Es folgte, gregorianisch gesungen, Kyrie eleison (griechisch; Herr, erbarme dich unser), darauf das Gloria (Ehre sei Gott in der Höhe), das zu Zeiten der Buße und Trauer fortfällt. Dann kamen die Lesungen Oration und Epistel. Vor diesen schreitet der Diakon feierlich zum Lesepult – sein Weg mag bei der bedeutenden Tiefe des Chores von Notre-Dame nicht kurz gewesen sein. Die Pause des Schreitens füllt die Musik aus. Damit gelangen wir zu einer zweiten, neben dem Organum wichtigen musikalischen Form der Notre-Dame-Zeit, zum Conductus, einem liturgischen Geleitgesang (conducere = geleiten).

Organum und Conductus

Die Form des Conductus erklärt man am besten durch eine Gegenüberstellung zum Organum. Das Organum ruht auf einem Tenor, der eine Gregorianische Melodie und dessen Text meist Prosa ist. Der Conductus hat im Tenor eine neu komponierte Melodie, die nicht gregorianisch ist; der Text ist eine strophische freie Dichtung. Jede Strophe hat die gleiche Melodie. Und während im Organum der

Tenor in langen Notenwerten atmet und die Oberstimmen in viel kürzeren Notenwerten, also in einem rascheren Tempo, ablaufen, zeigt der Tenor des Conductus keine Verbreiterung der Notenwerte, und seine Oberstimmen bewegen sich zu diesem Tenor in gleicher rhythmischer Bewegung. Auf diese Weise entsteht ein mehr kompaktes, einheitliches Satzbild, das sich von dem des »schweifenden Organums« wesentlich unterscheidet *(Ntb. 25)*.

Notenbeispiel 25

Wenn allerdings die Tenorstimme des Conductus von Grund aus melismatisch ist, so werden es auch die Oberstimmen sein müssen; seine Rhythmik ist fast immer dreizeitig. Die Anwendung des Conductus bleibt schließlich nicht nur auf Geleitgesänge beschränkt, auch geistliche Lieder und ernste weltliche Gesänge in lateinischer Sprache werden in seiner Form komponiert. Gerade die letzteren zeigen an, woher der Conductus kam – von den einstimmigen Troubadourweisen, von der Sequenz, ja von den refrainhaltigen volkstümlichen Reigenliedern, die die Chorknaben im Klosterhof gesungen und getanzt haben. Die Notre-Dame-Handschrift in Florenz zeigt einen Sonderband Reigenlieder mit einem verzierten Anfangsbuchstaben, in dem fünf Chorknaben dargestellt sind, die einen Reigen aufführen.

In der Messehandlung fortschreitend, folgt das Graduale (Gesang an den Stufen des Altars). Jetzt hören wir zum erstenmal ein Organum. Keinesfalls aber wird das ganze Graduale mehrstimmig gesungen. Graduale und Alleluja wurden responsorial vorgetragen, das heißt im Wechsel zwischen Solist (Priester) und Chor. Die Meister von Notre-Dame haben nur die solistischen Teile mehrstimmig komponiert; die Chorteile wurden einstimmig gesungen. Diese Praxis hat zu der Annahme verführt, daß die mehrstimmigen, ehemals solistischen Teile auch jetzt noch nur von wenigen solistischen Sängern ausgeführt wurden. In einer der berühmtesten Gradualkompositionen des Perotin, seinen Quadrupla zum zweiten Weihnachtsfeiertag »Sederunt principes«, ein Werk, das zu seiner Zeit schon so berühmt war, daß der Auftraggeber, Bischof Odo von Sully (gest. 1208), in seinem Testament die Sänger dieses Quadruplums besonders bedachte, wird nur das erste Wort »Sederunt« solistisch mehrstimmig gesungen, die übrigen Worte singt der Chor einstimmig. Der zweite Teil wurde ganz von Solisten vorgetragen, nur das letzte Wort »tuam« sang wieder der Chor.

Die musikalische Struktur einer solchen mehrstimmigen Partie, also eines Organums, sieht folgendermaßen aus: Über einer Melodie des Gregorianischen Chorals in der Unterstimme bauen sich die übrigen Stimmen von unten nach oben gezählt auf. Sie heißen Tenor, Duplum, Triplum, Quadruplum. Die Unterstimme, der Tenor, wird nun, der St-Martial-Tradition folgend, entweder stark gedehnt (eine Note kann in unserer Notation über fünfzig Takte ausgehalten werden) oder an bestimmten Stellen auch in kürzeren Notenwerten aufgezeichnet. Im ersteren Falle entstehen in den Oberstimmen reich melismatische, frei improvisierte Teile. Man hat sie »organum« genannt. Im zweiten Falle erzwingt die »kürzere« Unterstimme auch in den übrigen Partien eine streng rhythmische Gliederung. Diese Teile heißen »discantus« *(Ntb. 26)*.

Leoninus: Organum »Hec dies«, Codex Wolfenbüttel 677

Notenbeispiel 26

Das Beispiel zeigt bei den Worten »hec dies« eine organale Struktur, bei dem Wort »Domino« und dem Anfang von »quoniam«

eine Diskantusstruktur, die aber bereits mit den Silben »niam« wieder zugunsten des organalen Stils aufgegeben wird. In den Diskantuspartien entsteht durch das gleichzeitige Singen beider Stimmen in kürzeren Notenwerten eine Rhythmik, die dreiteilig ist. Dies ist die schon bei dem Troubadourgesang erwähnte Modalrhythmik, die in ihrer Abfolge von Längen und Kürzen auf die Versfüße der antiken Dichtung zurückgeht. In unserem Beispiel würde es sich bei dem Wort »Domino« in der Oberstimme um Länge und Kürze, also um den trochäischen Modus handeln. Die Auflösung in kleinere unterteilende Notenwerte ist dabei durchaus möglich, wenn nur der Grundrhythmus als solcher erkennbar bleibt *(Ntb. 27)*.

Ersatzklausel Perotins, Handschriften Florenz und Wolfenbüttel 1206

Notenbeispiel 27

Wie schon erwähnt, hat Perotin für die zweistimmigen Organa des Leonin Ersatzklauseln geschrieben. Sie werden an den Stellen eingefügt, an denen in der Gregorianischen Choralmelodie der Tenor durch Melismen in kürzeren Notenwerten auftritt. Diese Klauseln sind meist streng modal rhythmisiert. Die Klausel auf das Wort »Domino« beispielsweise steht in der Oberstimme im ersten Modus. Diese Modalrhythmik ist das erste die Zeit messende Ordnungsschema in der abendländischen Musik. Immer ist es darum gegangen, dem Ablauf der Zeit – die Musik ist im wesentlichen eine Zeitkunst – eine rhythmisch-metrische Ordnung aufzuerlegen. Bis in unsere Gegenwart hinein hat man die Zeit in der Musik immer gemessen. Erst in der jüngsten Musik – man hat dabei von der elektronischen Musik gelernt – ist man zum Wägen der Zeit übergegangen. Nicht mehr rhythmisch errechnete, in metrische Normen festgelegte Zeit bestimmt den Ablauf der Komposition, sondern die vom Interpreten subjektiv empfundene Zeit, die Zeit nämlich, mit der er die Teile der Komposition nach freiem Ermessen zeitlich ordnet, ergibt Form und Struktur der Musik *(Ntb. 28)*.

Die sechs Modi

1. Modus
2. Modus
3. Modus
4. Modus
5. Modus
6. Modus

Notenbeispiel 28

Motetus

Als ein Teil des Graduale oder Alleluja kann statt des Organum auch ein Motetus gesungen werden. Der Motetus (man sollte in der Notre-Dame-Zeit noch nicht von Motette sprechen) ist die dritte Großform der Notre-Dame-Schule. Der erste Motetus begegnet uns allerdings außerhalb der Notre-Dame-Schule schon um 1100 in den St-Martial-Handschriften. Es handelt sich dort um eine liturgische Melodie, die den Tenor darstellt, und eine darübergesetzte neue Stimme, die gleichzeitig zu dem liturgischen Text der Unterstimme einen anderen, frei gedichteten Text in der Oberstimme singt. Damit ist das Hauptmerkmal des Motetus schon genannt: Die verschiedenen musikalischen Stimmen singen verschiedene Texte, zu jeder Melodie gehört also ein anderer Text *(Ntb. 29)*.

Motetus »Aucun qui ne - Jure - T. Maria«, Handschrift Montpellier

Notenbeispiel 29

Der Vorgang, der zu dieser Merkwürdigkeit geführt hat, ist dem ähnlich, der die Sequenz ins Leben rief. In beiden Fällen handelt es sich um eine Textunterlegung unter eine vorhandene Melodie. Seltsam ist nur, daß es sich beim Motetus um gleichzeitig gesungene verschiedene Texte handelt. Sogar die Sprachen der Texte können unterschiedlich sein. Während die eine Stimme lateinisch singt, interpretiert die andere einen französischen Text. Die Texte selbst sind meist in Versform geschrieben. Ursprünglich sind sie in ihrem Inhalt mit dem Text der Tenormelodie insofern verbunden, als sie einen Kommentar, eine erklärende oder schmückende Textauslegung der Tenorworte darstellen. Bei zwei verschiedenen Texten in den beiden Oberstimmen zu einem Tenor spricht man von einem Doppel-Motetus. Auch bei drei verschiedenen Texten wird noch gern ein inhaltlicher Zusammenhang gesucht – selbst dann noch, wenn das Thema von zwei verschiedenen Seiten angesehen wird. In einer Doppelmotette mit dem Tenor »Gaudebit« beispielsweise lobt die eine Stimme die guten Priester, die andere prangert die falschen Priester an als die grausamen Henker der Kirche.

Eine Folge der verschiedenen Texte ist auch die unterschiedliche modale Rhythmik in den Oberstimmen. Man bedenke, welche Zusammenpressung scheinbar sich nicht ineinanderfügender Teile: verschiedener Text, verschiedene Sprache, verschiedener Rhythmus, verschiedene Melodik und nicht zuletzt noch verschiedene Instrumente – denn den Tenor müssen wir uns im Gegensatz zu den vokalen Oberstimmen bald instrumental ausgeführt denken. Zusammen ergibt dies ein Bild, dem nicht die absolute Verständlichkeit der einzelnen Teile, sondern im Gegenteil das Zusammenklingen, der Klang alles ist. Die Texte und Sprachen kann man – gleichzeitig gesungen – nicht mehr verstehen. Verschiedenen Rhythmus und verschiedene Melodie kann nur ein sehr geübtes Ohr trennen, vokale und instrumentale Musik sind ein absoluter Gegensatz, aber alles zusammen gibt einen neuen Klang.

Nichts ist falscher, als die Polyphonie der mittelalterlichen Musik fein säuberlich in Stimmen zerlegen zu wollen, um ihre Führung herauszuarbeiten. Es kommt auf einen Klangraum an, der wie das weiße Rauschen in der Akustik, unter dem man das gesamte Klangspektrum versteht, alles Klangliche vom Ton bis zum Geräusch umfaßt. Nicht Verstand und Theorie haben das Wundergebäude der Notre-Dame-Mehrstimmigkeit geschaffen, sondern einzig und allein der Wille zu einem neuen Klang, dem der gotische Kirchenraum mit hundertfältigen Brechungen an Rippen, Diensten, Gewölben und Seitenschiffen seine Größe und Weite gegeben hat. Der Anteil des Verstandes an der frühen Mehrstimmigkeit beschränkt sich nur auf das Rhythmische.

Es ist kein Wunder, daß diese herrliche Klangform des Motetus nicht auf den Kirchenraum beschränkt blieb. Bald kann der Tenor auch eine weltliche Melodie sein. Die Oberstimmentexte, geistliche oder weltliche, werden heiter, ja lustig. Der Motetus löst sich aus der liturgischen Gebundenheit und wird, zumal in der anspruchsvollen Form des vierstimmigen Motetus (ein Tripel-Motetus mit drei verschieden textierten Oberstimmen), zu einem höchst kultivierten Spiel des Klanges.

Pythagoras. Figur am Westportal der Kathedrale von Chartres vom 12. Jahrhundert. Darstellung der Musikausübung in geistiger Zucht.

Wir kehren jetzt zu unserem Gottesdienst zurück. Auf das Graduale folgt das Alleluja. Auch für dieses finden sich mehrstimmige Organa in den Handschriften der Notre-Dame-Meister. In den Zeiten der Trauer tritt an die Stelle des Alleluja der Tractus (gezogener, klagender Gesang). Ihm folgt die Sequenz. Zur Lesung des Evangeliums kann wiederum ein Conductus überleiten. Das Credo schließt die Vorbereitung zur Opferhandlung ab. Die Teile der Opferdarbringung – Opferungsgebet, Offertorium (Darbringungsgesang), Praefatio (Einleitungsrede zum Abendmahl), Sanctus (zum Ordinarium gehörig) und Kanon (Einsetzungsworte) – werden, soweit es sich nicht um Lesungen handelt, einstimmig gesungen. Es folgt die Wandlung der Hostie in den Leib Christi. Das anschließende Opfermahl mit Paternoster, Agnus Dei, Friedensgebet, Communio (Austeilungsgesang), Schlußgebet und Ite missa est (Geht, die Gemeinde ist entlassen, daher der Name Messe) bringen gleichfalls keine mehrstimmige Musik. Am Ende des Festgottesdienstes aber kann wiederum ein mehrstimmiger Motetus stehen. Ein solcher Festgottesdienst im Raume von Notre-Dame, mit einem großen Aufgebot von kostbar gekleideten Klerikern, mit feierlicher strenger einstimmiger Choralmusik und festlicher mehrstimmiger, von Instrumenten begleiteter Vokalmusik brachte wohl die glanzvolle Steigerung des Gottesdienstes, die Bischof Odo von Sully erwartet hatte, als er 1199 anordnete, daß das Fest des heiligen Stefanus (es ist der 2. Weihnachtsfeiertag) feierlicher als bisher zu begehen sei.

Klangmusik und Raum, Klangraum und Raumklang, Farbe und Licht ergeben jetzt eine Einheit von vollkommener Schönheit. Diese neu gefundene Einheit aber ist nicht nur eine optische und akustische, sie ist auch eine geistige. Sie entspricht dem theologisch-philosophischen Weltbild der Epoche, das man das scholastische genannt hat. Die folgenden Worte des heiligen Thomas von Aquino, des großen Schülers des Albertus Magnus, am Anfang seiner Abhandlung »Über die Musikkunst« (De arte musica) geben davon Zeugnis:

»Da wir es uns zur Aufgabe setzen, über die Musik einiges Notwendige zum Nutzen der Sänger abzuhandeln, ist es erforderlich, daß wir gemäß den Absichten des höchsten Urhebers die subtilsten ihr zugrunde liegenden Regeln verstehen lernen. Da die Musik unter den sieben freien Künsten allein den Vorsitz führt, wie Aristoteles schreibt, so ist es die Musik, die in der triumphierenden und streitenden Kirche Gott wohlgefällig ertönt, jene Musik, welche die Heiligen in ihre Andachtsübungen aufnahmen, durch die die Sünder Verzeihung erflehen, durch die die Traurigen gestärkt werden, durch die die Geistesgestörten Erleichterung empfinden, durch die die Kämpfenden ermutigt werden. Denn wie Isidor im Buch der Etymologien sagt, ist die Schande nicht geringer, nicht singen zu können, als von Wissenschaft nichts zu verstehen, da doch die Heiligen mit den Engeln und Erzengeln, mit den Thronen und Herrschaften und mit der ganzen himmlischen Heerschar unaufhörlich täglich singen: Heilig, heilig und so weiter. Daraus geht klar hervor, daß sie die vornehmste aller Wissenschaften ist und daß jeder sie in gehöriger Weise vor allen anderen kennen muß. Und dies läßt sich auch beweisen. Denn keine Wissenschaft wagte es, außer der Musik allein, in den Kirchenraum einzudringen.«

Wie schon erwähnt, enthalten die Notre-Dame-Handschriften auch Stücke für die Offizien (Stundengebete), in erster Linie für Matutin (um vier Uhr früh) und Vesper (um sechs Uhr abends). Zum Abschluß der Nebengottesdienste gehören auch die zahlreichen zweistimmigen Benedicamus-Einleitungen, die dem vom Diakon gesungenen Benedicamus Domino vorangehen. Sie sind eine Form des Conductus und wie dieser gleichfalls auf einen strophischen Text komponiert.

Ars antiqua

Die auf Perotin folgende Zeit, in der die Ausstrahlungen der Notre-Dame-Kunst erst fruchtbar werden, hat man die Zeit der Ars antiqua (alte Kunst) genannt. Sie reicht bis etwa 1320. Jetzt aber ist alles im Fluß. Zum Erlebnis des durch die Mehrstimmigkeit gewonnenen neuen Klanges tritt ein Neues mit dem Einbruch des Verstandesmäßigen, der »Recherches« (denn immer noch ist die Musik eine Wissenschaft) in den Bereich des Klanges. Dieser Einbruch kommt vom Rhythmischen her. Die Modalrhythmik der Altmeister von Notre-Dame, auf den Längen- und Kürzen-Rhythmus des antiken Verses aufgebaut, ergab in ihrer Dreiteiligkeit auf die Dauer eine tändelnde Monotonie. Es lag nahe, auf Änderung zu sinnen. Der Motetus bot hierzu manche Ansatzpunkte; die verschiedenen Texte der einzelnen Stimmen gaben vielleicht die Anregung zu der Einführung gleichzeitig-verschiedener »modi« in den Oberstimmen. Auch kamen von dem Tenor her, der jetzt auch ein weltliches Lied sein konnte, neue Impulse.

Meister der Mensuraltheorie

Der Starre der Modalrhythmik trat die neue Mensuralrhythmik entgegen. Im ersten Drittel des Jahrhunderts ist die Umwandlung von der modalrhythmischen Schematisierung zur Mensur, das heißt zur Bezeichnung bestimmter Dauerwerte der Töne durch die Notenformen, abgeschlossen. Franko von Köln und Franko von Paris sind die Lehrmeister der Mensuraltheorie. Diese kennt folgende Dauerwerte der Noten *(Ntb. 30).*

Notenbeispiel 30

Mit dem Hinweis auf die göttliche Dreifaltigkeit sind diese Notenwerte mit Ausnahme der Maxima dreizeitig, im Gegensatz zu der heute gewohnten Zweiteiligkeit, nach der eine ganze Note zwei Halbe, eine halbe Note zwei Viertel und so weiter hat. Demnach hat eine Longa drei Breves, eine Brevis drei Semibreves. Das Verhältnis ändert sich, wenn nur eine oder zwei Breves zwischen den Longae stehen – dann werden sie zusammengerechnet, sie »imperfizieren« sich. Die dazu erforderlichen Regeln findet der weiterforschende Leser in Hand- und Lehrbüchern der Notationskunde, beispielsweise im »Handbuch der Notationskunde« von Johannes Wolf, desgleichen die komplizierten Vorschriften für die Bezeichnung von bestimmten Notengruppen, die man Ligaturen genannt hat.

Den Durchbruch der Zweiteiligkeit brachte erst ein Werk, das Epoche gemacht hat, der Traktat »Ars nova« von Philipp de Vitry, Bischof von Meaux (1325). Seitdem gibt es neben der Dreiteiligkeit auch die Zweiteiligkeit der Notenwerte und ihre Erweiterung durch kleinere Notenwerte, durch Semibrevis und Minima. Ein Komponist am Ende des 13. Jahrhunderts, Petrus de Cruce aus Amiens, teilte die Brevis, die ursprünglich nur eine Zählzeit galt, sogar in sieben kleinere Notenwerte. Da die Semibrevis sich wieder in drei Minimae einteilen läßt, kann man die Brevis in neun Teile zerlegen und die Longa demnach in siebenundzwanzig. Die Dreizeitigkeit nannte man das tempus perfectum (vollkommenes Zeitmaß). Am Anfang der Notenlinie erscheint der Kreis als das Symbol für das Perfekte, Vollkommene. Die Zweizeitigkeit hat man tempus imperfectum genannt (unvollkommenes Zeitmaß). Sie wird durch einen Halbkreis auf der Notenlinie bezeichnet. Wir kennen diesen Halbkreis als Zeichen für geraden Vierviertakt. Ist er durchstrichen, so bedeutet dies, daß die Zähleinheit von den Vierteln auf die Halben übergeht. Man nennt dies alla breve. Breve bedeutet Brevis, den eigentlichen Grundwert der Mensuralrhythmik.

Ars nova

Ars nova, der Titel einer Schrift über die Mensuralnotation, bezeichnet nicht nur die neue Kunst, sondern meint darüber hinaus neue Kunst in einer neuen Zeit. Diese ist das 14. Jahrhundert wahrhaftig gewesen. Der politisch-soziologisch rasche Abstieg des ritterlichen Menschen der Stauferzeit, das Aufblühen der Städte und damit verbunden die Forderungen des Bürgertums, die Geißel der Pest, die Auflösung des scholastischen Weltbildes durch die Mystik, der in einem harten Umbruch vollzogene Stilwandel in der Kunst – sie alle haben das Gesicht des in diesem Jahrhundert leidgeprüften Abendlandes grundlegend verändert. Auch in der Musik ist der ursprüngliche Begriff Ars nova seit Hugo Riemann, dem großen Theoretiker des 19. Jahrhunderts, nachträglich zu einem musikalischen Epochenbegriff ausgeweitet worden. Wir verstehen heute alles Neue darunter, welches das 14. Jahrhundert in der Musik gebracht hat: die einstimmige Musik verschwindet fast völlig; abendländische Musik ist von jetzt an ausschließlich mehrstimmige Musik; die Vorliebe für rhythmische Komplikationen in der Musik nimmt zu; die weltliche Musik erlangt das Übergewicht über die geistliche. Einstimmige Musik wird nur noch – wir wissen es bereits – in der höfischen Tradition (die Spätblüte des Troubadour-, Trouvère- und

Doppelmotetus aus dem Roman de Fauvel »Firmissime - Adesto - Tenor«

Notenbeispiel 31

Minnegesangs) oder im Bereich des geistlich-weltlichen volkstümlichen Singens (Lauda, Geißlerlieder, Meistergesang) gepflegt. Kirchliche und weltliche Kunstmusik sind, und das ist jetzt selbstverständlich, ausschließlich mehrstimmig.

Die Vorliebe für rhythmische Komplikationen hängt eng zusammen mit der Mensuraltheorie und mit der ständig wachsenden Freude an der rhythmischen Beweglichkeit der Oberstimmen und ihrer rhythmischen Gegensätzlichkeit. Typisch dafür ist der Anfang eines Doppelmotetus aus dem Roman de Fauvel, einem mit Musikstükken durchsetzten französischen Roman *(Ntb. 31).*

Isoperiodik und Isorhythmik

Ein neues Ordnungsprinzip stemmt sich dieser freischweifenden Rhythmik entgegen, man nennt es Isoperiodik und Isorhythmik. Bei beiden geht es um die Wiederkehr eines »Gleichen«. Bei der Isoperiodik handelt es sich um die Wiederkehr gleicher Abschnitte, die durch gleiche Einschnitte begrenzt sind bei verschiedenem melodischem Material; bei der Isorhythmik werden Abschnitte einer oder auch mehrerer Stimmen, die rhythmisch aufgeteilt sind, durch unmittelbare Aneinanderreihung wiederholt. Dabei bleiben die rhythmischen Vorgänge genau erhalten, während die melodischen, also die Tonhöhen, sich ändern. Das Ganze läuft auf eine Reihenbildung hinaus, bei der Isoperiodik auf eine Reihenbildung der Formenteile, bei der Isorhythmik auf eine rhythmische. Vergleichend könnte man an die melodische Reihe in Arnold Schönbergs Methode des Komponierens mit zwölf aufeinander bezogenen Tönen oder, mit allen Vorbehalten, an die Passacaglia oder Chaconne denken. Diese beiden Instrumentalformen des 17. Jahrhunderts weisen eine ständig wiederkehrende rhythmisch und melodisch beibehaltene Baßstimme auf, über die die anderen Stimmen Variationen errichten. Der Vergleich hinkt etwas, da dabei auch das Melodische gleichsam isomelodisch ist, andererseits erfährt er wieder eine Rechtfertigung, da bei der Isorhythmik nicht nur die tiefe Stimme, sondern auch die übrigen Stimmen an diesem Prinzip teilnehmen können, das heißt, daß bei der Passacaglia und Chaconne auch die Ober- oder Mittelstimmen Rhythmus und Melodie des »Basso ostinato« (ostinato = hartnäckig) vortragen können. Die Anfänge

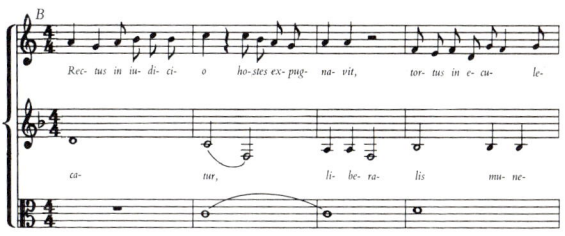

Notenbeispiel 32

von zwei (im ganzen sind es vier) isorhythmischen Partien sind bei einem Doppel-Motetus gegenübergestellt. Wir sehen, daß alle drei Stimmen isorhythmisch gebaut sind *(Ntb. 32)*.

Guillaume de Machaut

Die Gedanken und das Werk Philipp de Vitrys nutzend, ist Guillaume de Machaut zum Meister der isorhythmischen Messe und Motette geworden. Machaut wurde um 1300 in der Champagne geboren. Durch großes Wissen und weite Reisen in diplomatischen Missionen des französischen Hofes und im Dienste des Herzogs von Berry, später des Dauphins, galt er schon seinen Zeitgenossen als ein großer Dichter und Musiker und nicht zuletzt als ein guter Europäer. Er starb 1377 als Kanonikus in Reims. Seine Messe von 1365 ist die erste vollständige vierstimmige Vertonung der Ordinariumteile der Messe. (Diese Teile der Messe wurden in der Zeit der Notre-Dame-Meister noch gregorianisch, also einstimmig, gesungen.) Nur eine dreistimmige Vertonung der Ordinariumteile, die Messe von Tournai um 1320 von einem unbekannten Meister, war vorausgegangen.

Die mehrstimmige Kirchenmusik hatte es in dieser Zeit gar nicht so leicht. Eine Bulle des Papstes Johann XXII. von 1325 aus Avignon, der damaligen Residenz der Päpste, wandte sich gegen die neue Musik mit ihrer ständigen Bewegung der Oberstimmen und mit ihren rhythmischen Spitzfindigkeiten. Unter Androhung von Kirchenstrafen verlangte der Papst, daß die alte Form des einstimmigen Gesanges wiederhergestellt werden solle. Er meinte sogar, daß in der Kirche nur die Intervalle Oktave, Quinte und Quarte erlaubt seien. Wir sehen, schon damals versuchte man in der Musik etwas aufzuhalten, was nicht aufzuhalten ist.

Machauts Hauptwerke sind seine weltlichen Kompositionen. Notenbeispiel 33 soll über Form und Inhalt dieser Musik Aufklärung geben. Das Stück ist Chanson balladée überschrieben. Das ist jedoch eine nur von Machaut gebrauchte Bezeichnung. Allgemein sagte man »Virelai«. Der Text ist ein sehnsüchtiges schmerzliches Liebeslied. Es ist strophisch, und die Verse sind gereimt. Wir dürfen annehmen, daß auch der Text von Machaut stammt. Gleichzeitig Dichter und Komponist zu sein ist eine der Voraussetzungen für diese hohe

Kunst. In dieser zweistimmigen Komposition liegt die Hauptstimme jetzt in der Oberstimme. Das ist neu. Wissen wir doch, daß bisher der Tenor als tiefste Stimme der Träger der Melodie war und deshalb als Hauptstimme angesehen wurde. Jetzt nennt man die obere Stimme Cantilena, die Mittelstimme heißt Tenor und die Unterstimme Contratenor. Das Verhältnis der Stimmen hat sich umgekehrt. Und nicht nur das, denn auch die obere Stimme ist wie die andere hinzutretende *frei* erfunden. Das Prinzip einer übernommenen, schon anderweitig verwendeten Melodie, eines Cantus firmus, ist aufgegeben. Das bedeutet sehr viel. Zum ersten Male ist die Freiheit aller Stimmen im kontrapunktischen Satze gewährleistet, und die Oberstimme ist die wichtigste, belebteste und vom aufnehmenden Ohr bevorzugte Stimme. Dies bleibt so bis in unsere Gegenwart *(Ntb. 33).*

Notenbeispiel 33

Auch in dieser Machautschen Komposition ist die Oberstimme der Melodieträger, die zweite Stimme müssen wir uns instrumental ausgeführt denken. Die Melodieabschnitte fallen eindeutig mit den Textabschnitten zusammen; die musikalische Form besteht aus einem Refrain, der die ersten sechzehn Takte umfaßt. Es folgen neun Takte, die wiederholt werden. Dies sind die beiden »Stollen«. Beim Abgesang stellen wir fest, daß dieser wiederum dem Refrain gleich ist, und am Ende wird der Refrain nochmals wiederholt. Die Form sieht demnach folgendermaßen aus: Refrain – a a b – Refrain, wobei b gleich dem Refrain ist. Kennen wir diese Form, so kennen wir die Form des Machautschen Virelai, von denen er 32 schrieb.

Seine 40 Balladen und 20 Rondeaus weisen die gleichen Formteile auf: Refrain und Barform, wenn auch in anderer Anordnung der Teile. Bei der Ballade sind Abgesang und Refrain nicht gleich, also: a a b – c. Das Rondeau, aus der volkstümlichen Tanzmusik übernommen, bringt erst einen Refrain (a b), dann eine mit der ersten Hälfte des Refrains übereinstimmende Partie (a), dann die erste Hälfte des Refrains (a), dann eine zum ganzen Refrain passende Partie (a b) und schließlich den Refrain noch einmal: a b – a a – a b – a b.

Machaut stand eine Zeitlang im Dienste des Herzogs von Berry (1340–1416), in dessen Auftrag die »Stundenbücher« »Très belles heures« in Brüssel und »Très riches heures« in Chantilly, kostbare Werke der niederländischen Buchmalerei, entstanden sind. Sie weisen viele Züge auf, die dem 14. Jahrhundert eigen sind und die sich auch in der Musik feststellen lassen: eine gewisse Gespreiztheit und Geziertheit, verbunden mit einer künstlichen Naivität. Vor allem aber: Es sind Sittenbilder des bürgerlichen Lebens, die ein Feudalherr sich malen ließ. Nichts zeigt klarer die Situation des 14. Jahrhunderts als dieses Nebeneinander von sozialen Gegensätzen in einer veränderten Welt.

Italien im 14. Jahrhundert

Im Bereich der Ein- und Auswirkungen der Notre-Dame-Schule lagen England und Italien. Hier wird der Klang der Mehrstimmigkeit zur »süßen eindrucksvollen Schönheit« (Dante), dort zur »gotischen barbarischen Erfindung«, wie Jean Jacques Rousseau, der französische Philosoph der Aufklärung im 18. Jahrhundert, die mehrstimmige Musik allgemein genannt hat. Florenz, der Geburtsort der italienischen Kunst, ist auch die Wiege der italienischen Musik.

Im Purgatorio seiner »Divina Commedia« trifft der Florentiner Dante Alighieri (1265–1321) seinen längst verstorbenen Jugendfreund Casella. Dieser hatte Dantes frühe Gedichte vertont, und nun bittet er ihn: »Wenn neue Pflicht dir nicht verbietet, den Hochgesang der Minne noch zu pflegen, an dem so oft ich meine Sehnsucht stillte, so bitt' ich, gib von diesem Trost ein wenig für meine

Musik, die die wilden Tiere besänftigt, und Musik als Lebensfreude und Unterhaltung: Orpheus als Lautenspieler, Relief am Campanile des Domes von Florenz (rechts). Triumph des Todes, Fresko im Camposanto von Pisa.

Seele, die mit ihrem Leib auf dieser Wanderung so müde wird.«
Und Casella singt aus Dantes »Convivio« das Lied: »Die Minne, die in meinem Geiste spricht.«
Es ist ein Lied der Sehnsucht nach Wahrheit und Weisheit. Von den Melodien dieser Gesänge ist keine erhalten. Casella ist vor 1300 gestorben; von Dante, der auch komponiert haben soll, kennen wir keine Note. Die italienische Musik, die große europäische Lehrmeisterin, beginnt wesentlich erst im 14. Jahrhundert und dann bereits mehrstimmig.
Die den Italienern eigentümlichste Form ist das Madrigal. Die Texte sind Gesänge der großen italienischen Dichter der Frührenaissance: Dante Alighieri, Petrarca (1304–1374) und Boccaccio (1313–1375). Die Musik hat Weichheit und Süße. Die Form des Madrigals ist zwei oder dreiteilig, ein darauffolgender Schlußteil hat Refrainwirkung. Wie alle Madrigale der ersten Jahrhunderthälfte ist auch das mitgeteilte Madrigal aus dem Codex Rossi

(Rom) zweistimmig. Die Melodie hat italienische Rundung und Weichheit und ist von einer sanften Rhythmik getragen, die nur im letzten Teil etwas krauser wird. Welche Stimme als die Hauptstimme anzusehen ist, kann man oft schwer sagen. Immerhin hat die Unterstimme nicht mehr das Gewicht einer Cantus-firmus-Stimme, da eben auch ihre Melodie frei erfunden ist *(Ntb. 34)*.

Madrigal aus dem Codex Rossi: Cum altre ucele

Notenbeispiel 34

Boccaccio läßt die Geschichte des »Decamerone« von jungen Florentiner Edelleuten erzählen, die sich aus der Furcht vor der Pest in einer Villa der Toscana zusammengefunden haben. Am Ende des ersten Tages heißt es: »Nach dem Essen ließ die Königin die Instrumente bringen und befahl der Gesellschaft, sich zu einem Tanze aufzustellen, den Lauretta führen sollte, während Emilia, von Dioneos Laute begleitet, ein Lied zu singen hatte. Auf diesen Befehl begann Lauretta einen Tanz und führte ihn, und Emilia sang dazu mit innigem Gefühle.« Nehmen wir an, daß dieser kultivierte Kreis auch Madrigale gesungen hätte, dann würden wir nicht nur den landschaftlichen, sondern auch den geistigen Raum kennen, in dem das Madrigal geboren wurde und zu dem es gehört. Immer ist es ein besonderes Glück, wenn sich große Literatur und Musik in einer Generation zusammenfinden.

Jacopo da Bologna und Giovanni da Cascia (Johannes de Florentia) sind die Namen großer Florentiner Madrigalkomponisten. Das Wort Madrigal leitet man gern von mandra = Herde ab. Das würde sich nur auf die lyrisch-empfindsamen Texte beziehen lassen. Andere Deutungen des Wortes sind noch weniger wahrscheinlich. Das spätere Madrigal des 16. Jahrhunderts, eine Großform der italienischen mehrstimmigen (fünfstimmigen) Musik, hat mit dem Trecentomadrigal nur den Namen und die Lyrik der Texte (Petrarca) gemein. Die Musik ist etwas ganz anderes. Es kommt in der Musikgeschichte häufig vor, daß gleiche Formbezeichnungen zu verschiedenen Zeiten etwas ganz Verschiedenes bedeuten, wie Chanson, aber auch Sonate, Sinfonia.

Caccia und Ballata

Etwas Lustiges ist die Caccia. Das Wort bedeutet Jagd. Wie bei der Jagd einer dem andern nachläuft, so jagen sich hier die Stimmen, und zwar sind es die gleichen Stimmen, von denen die eine nur später einsetzt als die andere. Es entsteht eine Form, die wir später Kanon nennen *(Ntb. 35).*

Wenn wir noch einmal an die Starre des Quintenorganum in der Frühzeit der Mehrstimmigkeit zurückdenken und nun das muntere Nacheinander zweier Stimmen hören, können wir ermessen, welche Lockerheit der Stimmführung jetzt gewonnen ist. Noch wichtiger

Caccia »Aposte messe veltri«

Notenbeispiel 35

aber ist die erreichte Gleichberechtigung der Stimmen. Keine ist mehr Hauptstimme, das Nacheinander macht sie ebenbürtig. Wenn dazu noch der Realismus des Textes kommt – es handelt sich wirklich oft um Jagd- oder andere lebendige Szenen –, dann sollte man diese Form, die in der französischen »Chace« ein Gegenstück hat, keinesfalls dem Herbst des Mittelalters, sondern dem Frühling der Neuzeit zurechnen. Zur Vollständigkeit sei erwähnt, daß ein Unterschied der Nationen besteht. Die französische Chace, die dreistimmig war, wurde rein vokal ausgeführt, die italienische Caccia fügt den beiden vokalen Oberstimmen als Unterstimme eine Instrumentalstimme hinzu.

Die Mischung vokaler und instrumentaler Stimmen ist auch der italienischen Ballata eigen. In der Form ist sie dasselbe wie das französische Virelai oder die Chanson. Nur tritt bei ihr zwischen vokale Ober- und Unterstimme gern eine Instrumentalstimme.

Francesco Landini

Die Freude an der neuen Form und an dem neuen Klang findet viele und verschiedene Wege zur Realisierung. Die Träger dieses Aufbruchs in der Musik sind zahlreich. Derjenige, dem seine Zeit den Lorbeer reichte – es geschah tatsächlich 1364 in Venedig durch den König von Zypern –, war Francesco Landini, der 1324 in Fie-

Francesco Landinô: Ballata »Angelica beltà«

Notenbeispiel 36

sole bei Florenz geboren wurde, Organist an San Lorenzo in Florenz war und 1397 starb. Die Zeitgenossen haben ihn, der in der Jugend erblindete, als Organist und Sänger der Ballata zärtlich geliebt. Sein Biograph Villani berichtet um 1440: »Als er groß geworden war, so daß er den Wohllaut der Melodie begreifen konnte, begann er mit Kunst, zunächst mit der Stimme, dann auf Saiteninstrumenten und auf der Orgel Musik zu machen.« Daß er vom Gesang herkam, bezeugen der Wohllaut und die »Süßigkeit« seiner Werke.

Eine Ballata »Angelica beltà« des Francesco Landini *(Ntb. 36)* ist dem »Squarcialupi-Codex« entnommen, der sich in der Biblio-

Eine Seite aus dem Squarcialupi-Codex der Biblioteca Laurenziana in Florenz. Diese prachtvolle Handschrift hat uns viele Kompositionen der Florentiner Meister aus dem 14. und 15. Jahrhundert überliefert.

thek Laurenziana in Florenz befindet. Dieses Werk ist in der zweiten Hälfte des 15. Jahrhunderts entstanden und ist nach seinem ehemaligen Besitzer, dem Organisten Antonio Squarcialupi (1417 bis 1480), benannt. Es enthält 352 Kompositionen und damit den größten Teil der uns bekannten weltlichen Musik Italiens im 14. und 15. Jahrhundert. Dieser Codex ist besonders prachtvoll ausgestattet.

Der Text der Ballata ist folgender: »Engelgleiches Wesen, herabgestiegen zur Erde, damit jeder, der da sehen will, Schönheit sehen möge, Tugend, Anmut und Liebenswürdigkeit.« Dieser zum Lob einer Frau gesungene Text könnte auch der Schönheit schlechthin gelten, oder besser noch, der Schönheit der Landschaft und der Stadt, in denen er entstanden ist. Die Frage nach der Hauptstimme des zweistimmigen Satzes kann offenbleiben. Eine der Stimmen muß in jedem Fall instrumental ausgeführt werden. Man könnte an eine Vielle denken, ein Instrument, das fünf Saiten hatte und mit dem Bogen gestrichen wurde. Johannes de Grocheo, ein Mönch, der um 1254 an der neugegründeten Pariser Universität, der Sorbonne, lehrte und der uns in einer Musiklehre über die Formen der Notre-Dame-Schule unterrichtet hat, schreibt über die Vielle: »Mag das eine oder das andere Instrument mit seinem ernsten Tone mehr die Gemüter der Menschen bewegen, wie bei Festen, Speerspielen und Turnieren der Klang von Trommel und Trompete, so werden doch auf der Vielle alle musikalischen Formen feinfühlender unterschieden ... ein guter Künstler spielt auf der Vielle jeden Cantus, jede Cantilene und allgemein jede musikalische Form.« Wie gut paßt die Charakteristik dieses Instrumentes, eines Universalinstrumentes der damaligen Zeit, zu Landinis »feinfühlender« Musik!

Die italienische Ars nova verdankt der französischen viel, und es gibt sogar einen italienisch-französischen Mischbereich, worin sich die Kunst beider Länder überschneidet. Besonders wichtig ist eine Handschrift der Kapitelbibliothek von Ivrea im italienischen Alpenvorland, die Werke – Doppelmotetten, Ordinariumsätze, Chaces und Rondeaus – aus dem Umkreis der päpstlichen Residenz in Avignon enthält. 1309–1417 war Avignon im Rhonetal auch landschaftlich ein Grenzbereich zwischen Frankreich und Italien, Residenz der Päpste und später eines Gegenpapstes. Das künstlerische

Gewicht verlagert sich in dieser Zeit von Rom nach Avignon. Wiederum übernimmt die Langue d'oc das Erbe und die Stellvertretung Roms.

Die Handschrift Chantilly hingegen weist französische Stücke auf und solche, die vielleicht am Hofe der Anjou in Neapel geschrieben wurden. Eine Handschrift Turin schließlich enthält Musik vom Hof der Lusignan auf Zypern, die französischer Herkunft waren. Dem musikalischen Mischbereich in Südfrankreich, Neapel und auf Zypern, zu dem im letzteren Falle noch orientalische Einflüsse kamen, ist eine erstaunliche rhythmische Lebendigkeit, ja Kompliziertheit eigen. Sie überrascht uns nicht; denn das rhythmische Element, das

Darstellung der Musica mundana, humana und instrumentalis aus einer Notre-Dame-Handschrift in der Biblioteca Laurenziana Florenz (rechts). Die Bibliothek ist im Kreuzgang der Kirche San Lorenzo untergebracht. Dort befindet sich das Grabmal des Francesco Landini, des großen Meisters der Florentiner Musik im 14. Jahrhundert.

die rationale Komponente im Klanggeschehen dieser Zeit darstellt, mußte schließlich in der Spätzeit zu einem immer freieren Spiel des Geistes werden.

England

Zwei Erscheinungen bestimmen den Klang der Musik Englands, die Terz und die Durtonalität. Wahrscheinlich hat man in England schon früher mehrstimmig gesungen als anderswo. Die früheste Nachricht über mehrstimmiges Singen stammt von einem Bischof Aldheim, der 640–709 gelebt hat. Ein volkstümliches mehrstimmiges Singen im nördlichen England beschreibt Giraldus Cambrensis in seiner »Descriptio Cambriae« um 1200. Das erste schriftlich erhaltene Beispiel ist ein zweistimmiger Hymnus auf den heiligen Magnus vom Ende des 13. Jahrhunderts.

Entscheidend aber ist, daß das Hauptintervall dieses englischen zweistimmigen Singens die Terz darstellt. Wir fragen erstaunt, wieso die Terz? Wissen wir doch, daß in der Tonleiterbildung nach dem Quintenprinzip des Pythagoras die Terz als unvollkommene Konsonanz angesehen werden mußte, da die pythagoreische Terz zur mathematisch reinen Terz einen Unterschied von $81/80$ aufweist. Diese Feststellung war ja gerade der Grund, weswegen das Mittelalter der Terz keinen Zutritt zum strengen mehrstimmigen Satz vergönnte und nur Oktave, Quinte und Quarte als reine Konsonanzen gelten ließ. Auch in England wird man gewußt haben, daß zwei Töne im Quintabstand besser verschmelzen als im Abstand der Terz, und dennoch musizierte man in Terzen. Dies kann nur seinen Grund in der Freude gerade an diesem Klang gehabt haben. Er war in der Anschauung der Zeit kein normaler Klang, sondern ein Mischklang, mit einer gewissen Unreinheit behaftet, aber er war »fetter, gewürzter und süßer«. Er war sinnlicher, aggressiver als der kultivierte Klang der reinen Intervalle. Das ist es, was man mit Rousseau vielleicht als »barbarisch« bezeichnen könnte. Dazu stimmt auch die Herkunft dieses Klanges. Er kommt aus der Volksmusik, aus dem »vulgariter iubilar« der Engländer, von dem ein Engländer des 14. Jahrhunderts, Johannes Tinctoris, spricht. Wie kam es aber, daß in England die Volksmusik die Keime der Mehrstimmigkeit in sich barg, während auf dem Kontinent die Mehrstimmigkeit erst am Ende eines langen Reifeprozesses höchst kultivierter und komplizierter Kunstübung stand?

Die irischen Mönche

Die bildende Kunst Englands im ersten nachchristlichen Jahrtausend kennt zumal in der Miniaturmalerei der irischen Mönche nur die abstrakte Linie und das anorganische Ornament, etwas sehr Unsinnliches und Naturfernes also. Trotz der auch den irischen Mönchen nicht unbekannt gebliebenen römisch-antiken Kultur – Irland ist allerdings nie römische Provinz gewesen – gibt es keine Nachbildung einer Pflanze, eines Tieres oder gar eines Menschen. Alles setzt sich in unrealistische Linien um. Der naturferne Linien-Stil des Ornaments könnte in der Linearität der frühen französischen Mehrstimmigkeit eine gewisse Parallele haben. In der frühen englischen Musik finden wir nichts davon. Es ist merkwürdig, daß wir hier – genau wie in der englischen Dichtung – fast von einem »Naturalismus« sprechen können. In der ältesten Lyrik Irlands findet sich folgendes Fragment: »Kleines Getöse, liebliches Getöse, zarte Musik der Welten, ein Kuckuck mit süßer Stimme auf Wipfeln, Sonnenstäbchen spielen im Sonnenstrahl, die jungen Rinder haben... des Berges liebgewonnen.« Und nun das kleine, liebliche Getöse, die zarte Musik der Welten in der Musik: der Sommerkanon aus dem Kloster Reading vom Anfang des 14. Jahrhunderts *(Ntb. 37).*

Fast ist es nicht zu glauben, daß das großartige, abstrakt ferne Linienornament der Miniaturmalerei und die liebliche, sinnlich-nahe Literatur und Musik einer Kultur angehören. Beide, Literatur und Musik, sind »natürlich« – sie müssen deswegen nicht volkstümlich sein –, die erstere in ihrer Naturschilderung und die Musik in der Verwendung des Zusammenklanges, den das Ohr bis heute als besonders eingängig aufnimmt: den Klang der Terz. Als etwas anderes kommt noch die Durtonalität hinzu. Der Sommerkanon ist dafür ein schönes Beispiel. Vier kanonisch geführte Oberstimmen werden von einem gleichfalls textierten zweistimmigen Ostinato getragen. Der Zusammenklang der sechs Stimmen ergibt einen etwas kompakten Klang, der aus Durdreiklängen besteht und daher auch in

Der »Sommer-Kanon«

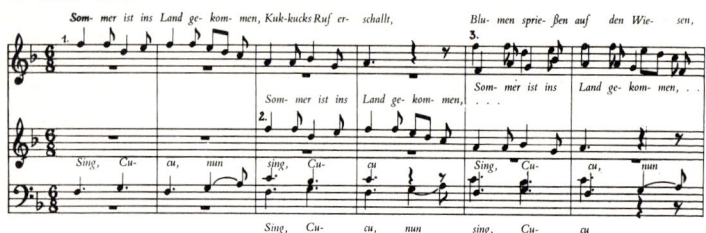

Notenbeispiel 37

der Melodiebildung wiederum die Terz (beim Kuckuckruf) bevorzugt. Diese Vorliebe für melodische Quint- und Terzschritte steht im schärfsten Gegensatz zu dem sekundmäßigen Schreiten des römisch-gregorianischen Gesanges.

Faux bourdon

Von hier aus gesehen, ist auch das sogenannte »faux bourdon« des 14. Jahrhunderts kein Rätsel. Unter Faux bourdon (ursprünglich Discantus, seit 1430 erst Faux bourdon genannt) versteht man einen Satz, der auf einen Cantus firmus mit parallel laufenden Terzen und Sexten aufgebaut ist, die von Quint- und Oktavenkonsonanzen ausgehen und wiederum in diese zurückkehren *(Ntb. 38)*.

Notenbeispiel 38

Das erste erhaltene Beispiel dieses Discantus-Prinzips ist ein dreistimmiger Conductus »Beata viscera Mariae virginis« um 1300.

Man hat in den Kreisen der Wissenschaft viel an der Erscheinung des Faux bourdon herumgerätselt. Vor allem ist die Frage nach der Hauptstimme in der Faux-bourdon-Manier noch nicht entschieden, wie auch der Name, der »falscher Baß« heißen könnte, die Unklarheiten noch mehr erhöht hat. Halten wir uns an den Begriff einer Ballung von Tönen, die weniger Melodie als Klang sein wollen. So verwendet Beethoven im letzten Satz seiner Klaviersonate op. 2 Nr. 3 faux-bourdon-ähnliche Akkordfolgen. Auch dieses »Thema« soll nicht Melodie, sondern Evolution des Klanges sein. Sie wird den Zeitgenossen höchst eigenwillig in den Ohren geklungen haben.
Der neue Klang der englischen Musik ist nicht der Ausgangspunkt der mehrstimmigen abendländischen Musik, wie es die Romantik gesehen und behauptet hat. Er ist neben der mehrstimmigen Musik der Langue d'oc und der Süße italienischer Trecento-Madrigale ein neuer Klang. Vielleicht für diese Zeit das »Erlebnis des Klanges« schlechthin.

Einflüsse der Notre-Dame-Schule

Auf diese mehrstimmige Musik Englands trifft sehr bald die theoretisch-rationalistische Musik Frankreichs und deren anderer Klang. Die Verbindung zwischen beiden Ländern stellte die Politik her. 1066 hatte Wilhelm I., der Eroberer, aus der Normandie kommend, das englisch-normannische Doppelreich gegründet. Heinrich III. (1189–1199) beherrschte neben England noch etwa ein Drittel Frankreichs. Erst im 15. Jahrhundert gehen alle englischen Besitzungen in Frankreich verloren. In der Musik stellt die Verbindung der schon erwähnte englische Reisende, der sogenannte Anonymus IV, her, der uns über die Schule von Notre-Dame unterrichtete. Eine der Notre-Dame-Handschriften, die Wolfenbütteler Handschrift I, wurde am Anfang des 14. Jahrhunderts in England geschrieben. Sie enthält neben drei- und vierstimmigen Formen der Notre-Dame-Schule Kompositionen englischer Herkunft für Ordinariumteile der Messe und für marianische Votivmessen.
Die Frucht dieser Auseinandersetzung mit der Notre-Dame-Schule bilden die »Worcester-Fragmente« aus der Zeit um die Wende des 13. und 14. Jahrhunderts. Neben einigen Notre-Dame-Kompositio-

nen sind die meisten Stücke englischer Herkunft. Sie sind in vielem weniger kompliziert als die französischen Vorbilder, ihre Melodik ist weniger melismatisch, ihre Rhythmik zwangloser. Eine Vermischung der Formen zwischen Organum, Conductus und Motetus ist festzustellen, ebenso die Vorliebe für die Vertonung von Ordinariumteilen der Messe – ein Vorgang, der dann wiederum in Frankreich Schule gemacht und zu den ersten französischen Vertonungen sämtlicher Ordinariumteile der Messe als Ganzes geführt hat. Nicht zuletzt muß aber in diesen Stücken auf die Verwendung von Terz und Sexte als Konsonanzen hingewiesen werden. Damit ist das »englische Prinzip«, zu dem auch das Faux bourdon gehört, in die Kunstmusik eingebaut worden. Allerdings half in diesem Falle die Musiktheorie nach. Das schlechte Intervallverhältnis der Terz wurde zurechtgerückt und die Terz und ihre Umkehrung, die Sexte, als vollkommene Konsonanzen anerkannt. Denn schon um 1300 fragte Walter Odington, ob die große und kleine Terz nicht von den meisten für Konsonanzen gehalten würden, da sie doch auf jeden Fall lieblicher klängen. Er meint, daß Terzen in der Praxis doch nach dem Verhältnis 5 : 4 und 6 : 5 gesungen würden und deshalb konsonant seien. Der Einbau dieser Neuerung in das Pythagoreische Quintensystem gelang ihm allerdings noch nicht.

John Dunstable

Dem großen Komponisten John Dunstable (um 1370 bis 1453) gelang dann der Zusammenschluß aller bisherigen Möglichkeiten der Mehrstimmigkeit. Der Anfang einer seiner Motetten zeigt ein dreistimmiges Stück, dessen Oberstimme die Hauptstimme ist, die von zwei Instrumentalstimmen getragen wird. In ihrer Melodik sind volkstümliche englische, aber auch italienische Einflüsse unverkennbar. Bei rhythmischer Einfachheit ist das Zusammentreffen der Stimmen bei fließender Unterstimme fast immer ein gleichzeitiges, wir würden heute sagen, ein beinahe akkordisches. Diese Gleichzeitigkeit der Stimmen ist Conductus-Stil. Weiter ist die Verwendung von Terzen in der Melodie für den Zusammenklang so bestimmend, daß dadurch der ganze Habitus des Stückes terzmäßig wird. Darauf kommt es aber vor allem für die Zukunft an *(Ntb. 39)*. Dunstable war ein berühmter Mann. Seine Grabschrift in der Ste-

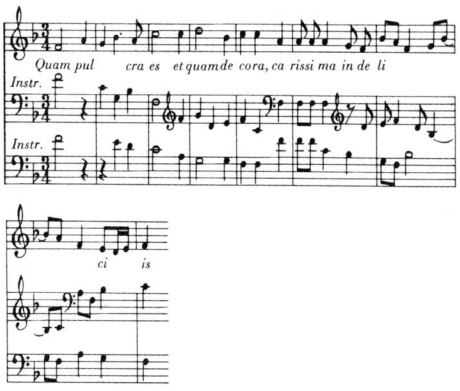

Notenbeispiel 39

fanskirche von Walbrock lautet: »Dieser Mann, o Musik, war dein Fürst, dein Ruhm, dein Licht. Er, der diese schöne Kunst durch den Weltenraum verbreitete.« Das letztere hat er wahrhaftig getan. Ohne das Werk Dunstables hätte der Theoretiker Johannes Tinctoris, der in der zweiten Hälfte des 15. Jahrhunderts geschrieben hat, nicht von einer »neuen Kunst« sprechen können, die auf die Engländer – deren Haupt Dunstable sei – zurückgehe. Die Nutznießer dieser neuen Kunst waren dann die sogenannten franko-flämischen Meister.

Zwei kleinere Bezirke im Bereich der Ausstrahlung der französischen mehrstimmigen Musik waren Spanien und Deutschland. Das spanische Gegenstück zu den Worcester-Fragmenten ist die Handschrift von Las Huelgas. Sie enthält das Repertoire eines spanischen Frauenklosters und zeigt ebenfalls wie in England eine Vorliebe für Vertonungen des Ordinariums. Deutschland ist in der gleichen Zeit musikalisches Randgebiet. In Bamberger und Helmstedter Handschriften finden sich Beispiele mehrstimmiger Kompositionen. Das schönste ist eine Motette aus Wimpfen: »Brumans est mors« (dräuend ist der Tod). Merkwürdigkeiten sind Stücke aus der Mondsee-Wiener Handschrift aus dem 15. Jahrhundert, die – »Das nachthorn« oder »Dy trumpet« überschrieben – die Naturbläsermelodik, also Quinten und Quarten, und ausgesprochene Durtonalität aufweisen *(Ntb. 40)*.

Guilelmus Monachus: Dreistimmiges Instrumentalsätzchen

Notenbeispiel 40

Der Anfang eines dreistimmigen Instrumentalstückes des Guilelmus Monachus aus dem 15. Jahrhundert demonstriert noch einmal das Prinzip des Faux bourdon und des Gymel, wie man die Kopplung der Töne im Terzintervall nannte.

Der Hennegau und die franko-flämischen Meister

In früheren Darstellungen der Musikgeschichte wurde dieses Kapitel »die Niederländischen Meister und die Niederländische Schule« überschrieben. Unwillkürlich dachte der damalige Leser an das Königreich der Niederlande, an Holland. Diese Bezeichnung aber ist ungenau, denn die Niederlande als politischen Begriff gab es um 1400 noch nicht. Eine Republik der Vereinigten Niederlande existiert erst seit der Utrechter Union 1579. Und auch aus einem anderen Grunde ist die Bezeichnung falsch. Unter der großen Zahl der Komponisten findet sich nur einer, Jakob Obrecht aus Bergen op Zoom, der in den heutigen Niederlanden geboren wurde. Die anderen, Dufay, Binchois, Josquin de Près und Orlando di Lasso sind in der jetzt französisch sprechenden Provinz Heinaut, dem ehemaligen Hennegau, geboren worden. Dieser aber umfaßt Teile Nordfrankreichs und des heutigen Südbelgien (Wallonien).

Politischer und künstlerischer Mittelpunkt

Ist der Hennegau der Geburtsort der Musik des 15. und 16. Jahrhunderts, so ist Burgund deren erste Pflegestätte. Burgund lag im Schnittpunkt der damaligen Politik, der Handelswege und der Wege des künstlerischen Austausches, die von Paris nach dem Osten und von Italien (Florenz) nach England führten. Am gleichen Ort trafen sich auch die musikalischen Einflußsphären des Dreiecks und des Dreiklangs Paris–Florenz–England. Zum Ruhme des burgundischen Staates trat die Pracht seiner Kunst. Das Herzogtum Burgund, zu dem auch die »Niederlande« gehörten, war unter Philipp dem Guten

Herzog Philipp der Gute mit dem burgundischen Hof. Eine der frühesten Illustrationen höfischen Tanzes von einem unbekannten Meister um 1430. Prächtig gekleidete Gestalten bewegen sich in Zweier- und Dreiergruppen zum Klang von Blasinstrumenten. Daraus entwickelten sich die Tanzformen der Suite.

Genter Altar von Hubert und Jan van Eyck. Zwei Flügel mit singenden und musizierenden Engeln, die Positivorgel, Harfe und Tenorfidel spielen. Das niederländische Meisterwerk entstand 1432.

und Karl dem Kühnen zu einer politischen Vormachtstellung gekommen, deren Erbe 1477 durch die Heirat Maximilians I. mit Maria von Burgund das Haus Habsburg antrat. Dem Aufstieg und Wohlstand der burgundischen Städte folgten die habsburgischen niederländischen Provinzen. Antwerpen wurde der Mittelpunkt des Welthandels. 1548 schloß Karl V. die siebzehn Provinzen der Niederlande zu einem Staatenbund, dem »Burgundischen Kreis«, zusammen. Der Aufstand der Niederlande 1566 unter der Regierung Philipps II. von Spanien, den Schiller erzählt und Goethe im »Egmont« zur Idee der Freiheit gedeutet hat, machte der burgundischen Blütezeit ein Ende.

In der Kunst sah das burgundische Zentrum der europäischen Kultur die Entstehung des Genter Altars (1432), ein Werk der Brüder Hubert und Jan van Eyck, die Werke Claus Sluters, des ersten großen »Renaissance«-Bildhauers nördlich der Alpen, der in der Kartause von Champmole den herrlichen Mosesbrunnen schuf; die Plastik der Grabkapelle von Brou formte Konrad Meit im Auftrag von Margarethe von Österreich, der Tochter Maximilians und Statthalterin der Niederlande, zum Andenken an ihren früh verstorbenen heißgeliebten Gemahl. Inmitten dieser burgundischen Pracht – so nannte sich vor einigen Jahren eine große europäische Ausstellung dieser Schätze – erklang auch Musik. Es waren die Werke der ersten Generation der franko-flämischen Meister, deren Hauptmeister Guillaume Dufay (geb. um 1400 im Hennegau, gest. 1474 in Cambrai) und Gilles Binchois (geb. um 1400 in Mons im Hennegau und ebendort 1460 gestorben) sind.

Eine zweite Generation vertreten die Namen Johannes Ockeghem (geb. um 1430 in Flandern, gest. 1495 in Tours) und Jakob Obrecht (geb. um 1430 in Bergen op Zoom, gest. 1505 in Ferrara). Zur dritten Generation gehören bedeutende Meister wie Josquin de Près (geb. um 1450 in Condé-sur-l'Escaut im Hennegau, gestorben 1521 in seiner Vaterstadt) und Heinrich Isaak (geb. um 1450 in Flandern, gest. 1517 in Florenz). Für die vierte Generation stehen Nicolas Gombert (geb. 1490 in Flandern, gest. um 1560 in Tournay), Jacobus Clemens non Papa (um 1510 bis 1556) und die frankoflämischen Meister, die in Italien gewirkt haben: Adrian Willaert, Philipp Verdelot, Jakob Arcadelt, Cyprian de Rore.

An einzelnen Beispielen dieser franko-flämischen Meister werden wir allgemeine Form- und Stilfragen ablesen können, aber auch etwas von dem verspüren, was als der »neue Klang« einer neuen Epoche der Musikgeschichte zu bezeichnen ist.

Weltliche Musik

In Burgund wurde die weltliche Musik bevorzugt; an erster Stelle steht die Chanson. Sie ist eine Schwester der mehrstimmigen Formen des 14. Jahrhunderts, der Rondeaus und Balladen Guillaume de Machauts, und zu ihr gehört auch die Dreistimmigkeit. Die Oberstimme ist nun endgültig als Hauptstimme anzusehen. Die beiden Unterstimmen sind entweder beide instrumental oder auch nur eine von ihnen. Keineswegs besteht die Verpflichtung, ein Werk nur vokal oder nur instrumental aufzuführen. Gerade die Mischung ist üblich. Allerdings ist festzustellen, daß die Vorliebe für rein vokales Musizieren wächst und die weitere Entwicklung nicht zugunsten des instrumentalen Anteils verläuft *(Ntb. 41)*.

Notenbeispiel 41

Erst in der zweiten Hälfte des 16. Jahrhunderts wird sich dies ändern. Die Form der Chanson ist die der französischen Tradition wie in unserem Beispiel ein Rondeau – a a b b – mit Refrain. Unmittelbar anregend und erregend aber ist der neue Klang, wir könnten ihn auch Wohllaut nennen, dieser Chanson. Im »Champion des dames« bescheinigt Martin Le Franc den Chansonmeistern Dufay und Binchois, daß sie eine neue Art besäßen, »frische Konsonanz« zu machen, und meint, daß sie dies von den Engländern gelernt hätten. Das könnte sich auf die Bevorzugung der Terz, aber auch auf die Vorliebe für die Durtonalität beziehen. Die Sanglichkeit der Oberstimme und die sanfte Rhythmik wären dann ein italienisches Erbteil. Zum Hervortreten der Durtonalität gehört im Bereich der Harmonik noch ein Neues, nämlich die »Funktionalität« gewisser Harmoniefolgen, also die Beziehung einzelner Akkorde zueinander im Sinne der späteren Kadenz. Vorerst bezieht sich dies nur auf Dominante und Tonika, also auf den Dreiklang auf der 5. und 1. Stufe *(Ntb. 42)*.

Kadenzartiger Schluß bei Dufay

Notenbeispiel 42

Aus unserem Beispiel ist eine solche Kadenzbildung – allerdings noch unvollständig – abzulesen. Es zeigt sich schon jetzt der Ausgangspunkt der späteren dominantischen Kadenz, hier durch die Führung des Leittones fis nach g. All diese Neuerungen zusammen ergeben den neuen Klang, den man als »burgundisch« ansprechen könnte. Wenn auch verschiedentlich dieser Begriff abgelehnt wird, so ist er doch in Verbindung mit der eben erwähnten »Burgundischen Pracht« viel zu greifbar, als daß man ihn als überflüssig abtun könnte.

1436 hatte Dufay ein Werk zur Einweihung des Domes von Florenz geschrieben. In Brunelleschis Domkuppel, diesem Wunderwerk der Form und der Technik, ist die Motette »Nuper rosarum flores« zuerst erklungen, eine Vermählung italienischer Architektur mit der Musik des Nordens, ähnlich der Wechselwirkung zwischen südlicher und niederländischer Kunst in den Bronzetüren des Florentiner Baptisteriums von Lorenzo Ghiberti (1378–1455).

Motettenform als Grundform

Die Motette des 15. Jahrhunderts war eine andere geworden als die des 14. Jahrhunderts. Das auffallendste Merkmal dieser Wandlung ist, daß sie den Vortrag verschiedener Texte nicht mehr kennt. Alle Stimmen singen jetzt die gleichen Worte, was wiederum an den Conductus erinnert. Aufgegeben wurde auch die weltliche Motette. Dafür hat sie im geistlichen Bereich gewonnen. Motetten sind jetzt alle geistlichen Kompositionen, die nicht zum Meßordinarium gehören, also auch Propriumgesänge, Antiphontexte, aber auch biblische und in seltenen Fällen frei gedichtete geistliche Texte. Die Motettenform ist in jeder Weise eine »freie« Form: Sie ist spätehin nicht an einen Cantus-firmus-Vortrag oder an eine liturgische Choralmelodie gebunden und nimmt in der Liturgie keinen festen Platz ein, da sie nur bei der Wandlung der Messe oder am Schluß des Gottesdienstes erklingt. Vielleicht ist es diese Freiheit gewesen, die den Weg zu ihrem Siegeszug im 15. und 16. Jahrhundert geöffnet hat, weit über ihr eigentliches Anliegen hinaus.

Die Motette konnte ihre Form auch anderen musikalischen Formen aufzwingen und wurde so zur Hauptform in der Musik des 16. Jahrhunderts. Sie entsteht aus dem Nacheinander verschiedener, mehr oder weniger ähnlicher oder auch gegensätzlicher Teile und ist daher eine Reihungsform. Aber diese Teile sind nicht primär melodischer, sondern textlicher Gliederung; d. h., die Länge einer Textphrase, eines Textabschnittes bestimmt auch den musikalischen Teil. Dieser wiederum ändert seine Gestalt nach den Anforderungen des Textes, bei Josquin de Près auch schon nach den Forderungen des Inhaltes. Auf diese Weise reihen sich mehrere verschiedene Abschnitte aneinander, die jeweils von einer anderen thematischen Substanz ausgehen. Die Verbindung stellt die Verarbeitung des jeweils gültigen thematischen Materials dar. Sie geschieht durch Fortspinnung des »Themas« in kontrapunktischer Manier und Arbeit.

Die verschiedenen Themen weichen nun aber keinesfalls derartig voneinander ab, daß wir vom ersten, zweiten oder dritten Thema sprechen könnten. Geringe Veränderungen der Substanz lassen den Zusammenhang dieser Themen in Struktur, Melodik und Rhythmik bestehen; denn eine Reihung verschiedenster Teile ergäbe ja ein Mosaik von Bausteinen, welches dem Wesen des Kontrapunktes genau entgegengesetzt wäre, der ein ständiges Fließen der Stimmen erstrebt. Gerade dieses Fließen der Stimmen aber über Einschnitte und Gliederungen hinweg macht diese Form so dicht. Der Dichte durch Übereinanderschichtung der Teile – die verschieden rhythmisierten und textierten Stimmen des Motetus – folgt die Dichte eines kontrapunktisch verknüpften Nacheinanders. Wäre das erstere Prinzip gotisch, könnte man jetzt von einer Renaissance-Manier sprechen, die sich auch an der Renaissance-Architektur ablesen ließe. Hier wäre auch die Beliebtheit und die Vormachtstellung dieser Form und ihre Einwirkung auf andere Formbildungen in unserem Zeitalter zu erklären – in der musikalischen Formwerdung

eines Urprinzips der Renaissance. Diese Einwirkungen sind wahrhaft erstaunlich: In der geistlichen Musik stehen die Messe und die Passion und auch die Bearbeitungen des protestantischen Chorals unter dem Einfluß der Motettenform. Im vokalen weltlichen Bereich sind ihr Madrigal, Chanson, Villancico, deutsches Chorlied verpflichtet, und selbst bei der Entstehung der ersten Instrumentalformen, bei Kanzone und Ricercare, steht sie Pate.
Bei Dufays Florentiner Domeinweihungs-Motette handelt es sich um ein Frühwerk sowohl Dufays als auch der Motettenform. Noch liegt ein Cantus-firmus-Tenor im alten konstruktiven Sinne zugrunde, aber das starre Prinzip der Isorhythmik wurde aufgegeben. Die Oberstimmen variieren in vier Tenordurchführungen. Langsam lockert sich das Cantus-firmus-Prinzip zugunsten einer reicheren Korrespondenz der Stimmen, wobei das motettische Grundprinzip der Einheit von Text- und musikalischer Gliederung immer deutlich gewahrt bleibt.

Cantus-firmus-Messe

Als Beispiel eines Messesatzes sei »Et incarnatus« und »Crucifixus« aus der Messe »La sol fa re mi« von Josquin de Près aus dem Jahre 1502 zitiert *(Ntb. 43)*. Schon der Name der Messe, »La sol fa re mi«, ist merkwürdig. Was bedeutet das? Es sind die Solmisationssilben des Guido von Arezzo, die die Töne a g f d e bezeichnen. Sie

Josquin des Près: »Et incarnatus« aus der Messe »La sol fa re mi«

Notenbeispiel 43

kehren im Tenor der Messe transponiert ständig wieder. Die Messe hat also noch einen Cantus firmus; dieser ist aber keine Choralmelodie mehr, sondern besteht, wie wir sehen, aus einer Folge frei gewählter Töne. Er könnte auch eine schon bekannte Melodie sein, und diese müßte nicht einmal eine kirchliche, sondern könnte sogar eine weltliche sein. Auf jeden Fall gibt diese Cantus-firmus-Melodie der Messe ihren Namen. Hat der Komponist zum Beispiel als Cantus firmus ein französisches Soldatenliedchen »L'homme armé« gewählt, so heißt die Messe »Missa l'homm armé«.
Hat die Messe ein Thema, das nur aus einzelnen Noten besteht, so heißt sie »Missa sopra voces musicales«. »Missa sine nomine« ist eine Messe ohne jede Bindung an einen bestimmten Cantus firmus. Man nimmt aber nicht nur einen fremden Cantus firmus als Baufaktor, sondern auch ganze Teile fremder Kompositionen, Motetten, Chansons und Madrigale, das heißt mit allen Stimmen als Anknüpfungs- und Ausgangspunkt in die Messe hinein. Dieses Verfahren hat man »Parodie« genannt. Aus mehreren solcher Flickstücke entsteht die Quodlibet-Messe. Dies alles erscheint uns seltsam, nicht so sehr der Unbedenklichkeit wegen, mit der Weltliches und Geistliches im kirchlichen Raum verbunden wird (das tat die bildende Kunst an Wasserspeiern, Kapitälen und Chorgestühl auch), sondern wegen der musikalischen Struktur schlechthin. Gerade jetzt, als es möglich geworden war, den polyphonen Satz vom Cantusfirmus-Gerüst zu lösen, baut man dieses wieder ein und dazu nicht einmal ein eigenes, sondern ein fremdes! Der Grund liegt vielleicht in dem Hauptproblem jeder Messekomposition: Wie können die fünf großen Sätze des Kyrie, Gloria, Kredo, Sanctus und Agnus Dei, die textlich so verschieden sind, musikalisch zu einer Einheit zusammengefaßt werden?
Die Cantus-firmus-Melodie, obwohl durch die langen Notenwerte kaum hörbar, sondern nur lesbar, war das Band, das die Teile zusammenhielt. Sie kehrt in allen Sätzen wieder, oder aber die Sätze reihen sich an ihr auf. Das geschieht auch dann, wenn zum Beispiel der erste Satz die Melodie nicht aufgebraucht hat. Dann setzt der zweite Satz dort ein, wo der erste die Melodie verließ. In unserem Messebeispiel steht dem fast homophon-akkordisch gebildeten Incarnatus ein polyphones Crucifixus gegenüber. In seinen ersten Tak-

ten sehen wir zwischen Baß und Sopran eine große Ähnlichkeit, in vielem sogar eine Gleichheit der Melodien, die nacheinander, um einen Takt getrennt, mit der gleichen Melodie einsetzen. Es handelt sich hier um das Prinzip der Imitation und des Kanons. Der Kanon ist die strenge Form der Imitation (Nachahmung), beides sind kontrapunktische Erscheinungsformen, die auf die italienische Caccia zurückgehen, beide sind ein bedeutsames Formungsmittel der Musik in der Hand der franko-flämischen Meister. Doch keineswegs sind sie das Formungsmittel, wie oft behauptet wird. Es gibt Meister wie Johannes Ockeghem, die sie seltener anwenden. Für die Fortspinnung und Verarbeitung eines thematischen Materials innerhalb der Motettenform sind sie jedoch ausgezeichnet geeignet in ihrer linearen Schreibweise, wobei die Stimmen horizontal übereinander erfunden werden. Sie sind auch das Mittel, um die Starre der Kompositionsweise, die zu einem Cantus firmus neue Stimmen erfindet, aufzulockern und um damit einem Kompositionsprinzip Raum zu schaffen, das allen Stimmen Gleichberechtigung gibt.

Josquin de Près

Im »Resurrexit« der Messe von Josquin de Près wird der Satz überraschenderweise zweistimmig, und die imitatorisch geführten Stimmen bekommen durch Terz- und Quintintervalle ebenso wie durch den Rhythmus eine besondere Lebendigkeit. Auch ist an dieser Stelle der Cantus firmus »La sol fa re mi« über sechs Takte hinweg nicht anwesend. Man könnte diese Pause ebenso wie von der Musik auch vom Text aus erklären, der lautet: »am dritten Tage wiederauferstanden«. Ebenso soll die aufsteigende Sechzehntelfigur bei den folgenden Worten »ascendit in coelum« wohl das Auffahren gen Himmel darstellen. In der Tat ist bei Josquin de Près dieser »Ausdruck« in der Musik zum ersten Male ein wesentlicher Baufaktor geworden. Der Josquin-Schüler Adrianus Petit Coclicus bezeichnet diese Art von Musik als »musica reservata« und meint damit den Ausdruck, der nur für den gebildeten Hörerkreis – mit Verständnis und Gehör für diese Dinge – reserviert bleibt. Zweierlei sind die Anregungen, die von der Musik Josquin de Près' ausgingen: einmal eine neue freie Art der Stimmführung, die den Wohlklang des kontrapunktischen Satzes brachte, zum anderen eine neue

Ausdruckskunst, die ein neues Zeitalter der Musik heraufgeführt hat. Palestrina und Orlando di Lasso sind die Erben der Kunst Josquin de Près'. Seine Zeit hat ihn innig geliebt. Martin Luther nannte ihn verehrend »der Noten Meister« und sagte: »Die andern haben's machen müssen, wie die Noten wollten. Bei ihm mußten die Noten, wie er wollte.« Seine kadenzierenden Schlüsse verglich man mit dem Himmelsblick der Gestalten in Gemälden Raffaels.

Vorbereitung des A-cappella-Stiles

Der den Sinnen schmeichelnden Musik Josquin de Près' – eine Frucht langer italienischer Aufenthalte – steht die nordische Musik des Johannes Ockeghem und Jakob Obrecht gegenüber. Sie sind die Meister der »Niederländischen Künste«, also der komplizierten kontrapunktischen Werke, die weniger den Sinnen als dem Geist etwas geben wollten. In Rätselkanons, bei denen man den Einsatz der anderen Stimmen durch Wortspiele erraten muß, in dem sechsunddreißigstimmigen Kanon »Deo gratias« des Ockeghem hat sich der Geist erhärtet, und der musikalische Stil ist kontrapunktisch kraus geworden. Immerhin hat der Wunsch nach ständigem Fließen der von keinem Taktstrich eingeengten Stimmen den A-cappella-Stil vorbereitet, der im Werke Josquins und Palestrinas den Stimmen die Möglichkeit des freien Ausschwingens gab. Das Klangbild der mittelalterlich gebundenen (Cantus firmus) mehrstimmigen Musik weicht langsam dem freien (Durchimitation) der Renaissance. Diese Verwandlung war den franko-flämischen Meistern der drei ersten Generationen als große Aufgabe gestellt. Nach dem Durchgang durch das Komplizierte stand am Ende das Ergebnis des einfachen schönen Klanges. Schon die nächste Generation wird ihn allerdings mit neuer Fracht, mit »Ausdruck«, beladen.
Guillaume Dufay schrieb Messen, Messesätze, Magnifikats (das Ordinarium der Vesper), Motetten, Hymnen und Chansons. Die Hymnenkompositionen Dufays zeigen einen dreistimmigen Satz, in dem die vorher einstimmig gesungene liturgische Hymnenmelodie in der Oberstimme des mehrstimmigen Satzes wiederkehrt. Die Anregungen John Dunstables für die Auskolorierung des Cantus firmus tragen hier ihre ersten Früchte. Über ein Freundschaftsverhältnis zwischen Dunstable und Dufay wissen wir zuwenig. Es ist

Drei Zeitgenossen im 15. Jahrhundert: die franko-flämischen Meister Guillaume Dufay und Gilles Binchois, durch Orgel und Harfe symbolisiert (rechts). Links die Grabplatte des blinden Musikers Konrad Paumann in der Münchner Frauenkirche.

sicher, daß sich Dunstable seit 1422 — er stand vorher im Dienste des Grafen von Bedford — meist in Frankreich aufgehalten hat.
Gilles Binchois, der seit 1430 der burgundischen Hofkapelle angehörte, gilt neben Antonius Busnois (gest. 1492), der gleichfalls als Sänger in der Hofkapelle Karls des Kühnen um 1467 Dienst tat, als der Hauptmeister der burgundischen Chanson. Er schrieb deren zweiundfünfzig und etwa ein Dutzend geistlicher Liedsätze. Von beiden Meistern sind einige Messen und Messesätze, von Busnois auch Motetten, in den Trienter Codices erhalten.
Johannes Ockeghems elf Messen, zehn Motetten und zwanzig Chansons haben den hochpolyphonen fließenden Stil geprägt und dessen europäische Gültigkeit durchgesetzt.
Die Gesamtausgabe des Werkes von Jakob Obrecht enthält vierundzwanzig Messen, zweiundzwanzig Motetten, einige Chansons und die erste vierstimmige Passion »nach Matthäus«.
Auch Josquin de Près' Werke sind Messen, Motetten, Chansons,

die bereits einer der ersten Notendrucker des 16. Jahrhunderts, Petrucci, in Venedig gedruckt hat, die aber auch Pierre Atteignant in Paris und Tilman Susato in Antwerpen veröffentlicht haben. Mit dem Werk Josquin de Près' endet das Zeitalter der mittelalterlichen Musik; seine Auseinandersetzung mit der italienischen Musik hat Josquin die Unruhe in der Polyphonie, ähnlich wie Albrecht Dürer die »Unruh im Gemälde«, überwinden lassen. Renaissancehafte Lebensfülle und ein neuer humanistischer Ausdruck, Musica reservata, waren der Lohn für seine Bemühungen.

Im Umkreis der franko-flämischen Schule

Um die Mitte des 15. Jahrhunderts wird endlich auch der Osten, aus damaliger Sicht die Länder bis zur Elbe und an der Donau, von den ersten Wellen der mehrstimmigen Musik getroffen. Jedoch haben diese auf ihrem Weg bis dorthin viel von ihrer ursprünglichen Kraft verloren. In den deutschen Gauen bringen ihre Wasser nur das bescheidene Pflänzchen des Volksliedes zum mehrstimmigen Sprießen. Das Volkslied war neben dem Minnegesang allerdings auch das einzige, was Deutschland in der Musik bisher hervorgebracht hatte.

Die handschriftlichen Liederbücher des 15. Jahrhunderts fassen zum ersten Male zusammen, was Generationen im Volkslied empfunden und gesungen haben. Das 1455 geschriebene Lochamer Liederbuch in Nürnberg, genannt nach seinem Besitzer Wolflein von Lochamer, enthält allerdings nur wenige mehrstimmige Sätze. Dafür schenkt es uns eine Fülle von einstimmig aufgezeichnetem Volksgut. Bei den mehrstimmigen – dreistimmigen – Sätzen liegt die Liedweise in der Mittelstimme. Ober- und Unterstimme sind frei erfunden. Um sie auszuführen, wird man sich der Instrumente bedient haben, die die Hausmusik damals zur Verfügung hatte: Violinen in Quartstimmung, Gamben mit Bünden und in Quartstimmung oder Blockflöten *(Ntb. 44)*.

Im Anhang des Lochamer Liederbuches finden sich auch rein instrumentale Bearbeitungen einiger Volksmelodien. Sie sind für ein Tasteninstrument, Positiv (eine kleine Hausorgel), Klavichord oder

»Der Wald hat sich entlaubet«

Notenbeispiel 44

Spinett gesetzt. Über einem methodischen Lehrgang des instrumentalen Kontrapunktes, der vorangeht, stehen die Worte: »Fundamentum organisandi Magistri Conradi Paumann ceci de Nurenberga ann. 1452.« Konrad Paumann, der blinde Organist von St. Sebaldus in Nürnberg, hat dieses Lehrwerk geschrieben. Weit über die mehrstimmige Volksliedbearbeitung hinaus ist es für die Entwicklung eines freien selbständigen Orgelspiels wichtig geworden. Die Anfänge der freien Instrumentalformen wie Toccata oder Präambulum liegen hier. Die Unterstimmen der Stücke sind in Buchstaben aufgezeichnet, die man aus der Buchstabentafel, der Tabula, gewonnen hatte. Diese entsprach der Abfolge der Töne A H C D E F G a ... Bald zeichnete man für Orgel und Laute alle Stimmen in »Tabulatur« auf. Paumann soll auch die Lautentabulatur erfunden haben, indem er die Griffstellen auf den fünf oberen Saiten mit dem Alphabet laufend durchbezeichnet und dann die Stimmen untereinander aufgeschrieben hat. Die Notationsweise der Tabulatur ist bis zum Ende des 16. Jahrhunderts üblich gewesen.

Paumann selbst kam zu großem Ruhm, er konzertierte vor Kaiser Friedrich III. und den Herzögen von Mantua und Ferrara, er wurde in Italien zum Ritter geschlagen und war bis zu seinem Tode (1473) seit 1467 Hoforganist in München. Sein Grabstein zeigt ihn mit

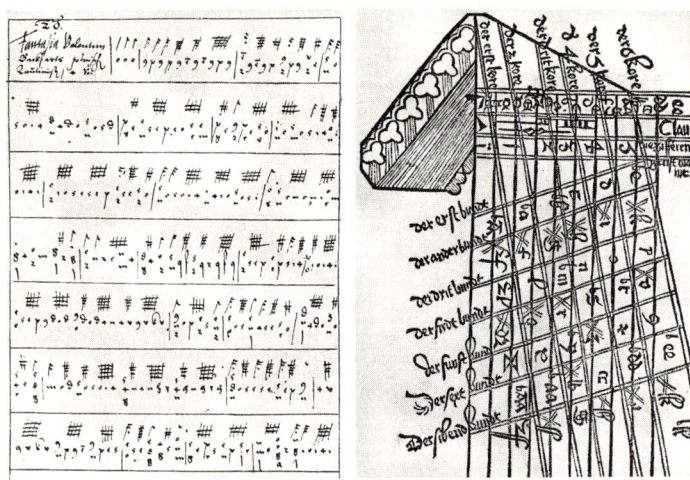

Handschriftliche Lautentabulaturen vom Ende des 16. Jahrhunderts, Codex Bakfark (links), und ein Lautenkragen mit Tabulaturbezeichnung aus Sebastian Virdungs »Musica getutscht«, Basel 1511, einem wichtigen Quellenwerk für die damalige Instrumentenkunde.

den Instrumenten, die er in neuer Weise zum Klingen brachte: Portativ, Laute, Flöte, Harfe und Geige. Paumann war kein altdeutscher Kleinmeister. Ihm gelang es, wie Albrecht Dürer, europäisch zu werden.

Ein anderes in Nürnberg entstandenes Liederbuch ist das Schedelsche Liederbuch in München, das Liederbuch des Hartmann Schedel um 1460. In ihm überrascht der vierstimmige Satz des Liedes »Es taget vor dem Walde«. Das Glogauer (Berliner) Liederbuch, um 1477 bis 1488 geschrieben, enthält zahlreiche mehrstimmige Volksliederbearbeitungen. Darunter befinden sich »Ach Elslein, liebes Elselein« und »Es liegt ein Schloß in Österreich«. In diesen dreistimmigen Sätzen liegt die Volksliedmelodie in der Oberstimme. Den einfachen Sätzen entspräche eine Bläserbegleitung, auf die durch den textlosen dreistimmigen Bläsersatz »Das Jäger Horn« wohl auch hingewiesen wird. In dem Rostocker Liederbuch um 1470 bis 1480 kommen keine mehrstimmigen weltlichen Liedsätze vor. Diese Liederbücher haben Kenner für Liebhaber geschrieben. Ihre Weisen erklangen bestenfalls im geselligen Kreis ihrer Besitzer. 1455 aber hatte Johannes Gutenberg in Mainz den Buchdruck erfunden. Die neue Form der Verbreitung geistigen Gutes kam auch dem Lied zustatten. Die ersten gedruckten Liedsammlungen erschienen 1512 bei Oeglin in Augsburg, im gleichen Jahr bei Arnt von Aich in Köln und 1513 bei Schöffer in Mainz. Nach zwanzigjähriger Unterbrechung folgen 1534 und 1544 Ott in Nürnberg (»Gute und neue Liedlein«), 1535 Egenolf in Frankfurt, 1536 Schöffer und Apiarius in Straßburg und 1539-1566 Forster in Nürnberg mit seinem fünfteiligen »Auszug guter und neuer teutscher Liedlein«.

Polyphone Liedkunst

Es ehrt die deutsche Musik und ihre Meister, daß es ihnen gelungen ist, deutsches Lied und europäische Polyphonie miteinander zu verschmelzen. Dies geschah auf folgende Weise: Die Liedmelodie der Canti firmi lag im Tenor (daher auch die Bezeichnung Tenorlieder); der musikalische Aufbau mit Vor- und Zwischenspielen gliederte sich nach Vers und Melodie des Liedes. Zwangsläufig durchdrang die gewonnene Klarheit im Einfachen den ganzen polyphonen Satz, und die Krausheit des Kontrapunktischen löste sich in schlichte gesangliche Linien. Ursprünglich ist nur der Cantus firmus gesungen worden, die anderen Stimmen waren Instrumenten anvertraut. Spätestens um 1530 aber wurden die Sätze rein vokal musiziert. Vielleicht erklärt sich durch diesen Wechsel der Aufführungspraxis die zwanzigjährige Unterbrechung in den Liedsammlungen.

Generationsgemäß lassen sich die deutschen Komponisten wie folgt aufzählen:

um 1440 geboren: Adam von Fulda (um 1445 bis 1505), Heinrich Finck (1445-1527)

um 1460 geboren: Paul Hofhaimer (1459-1537), Thomas Stoltzer (um 1470 bis 1526)

um 1490 geboren: Ludwig Senfl (um 1490 bis um 1555), Arnold v. Bruck (um 1480 bis nach 1554), Sixt Dietrich (um 1490 bis 1548), Lorenz Lämlin (um 1485 bis vor 1539), Thomas Sporer (um 1485 bis 1534) um 1510 geboren: Kaspar Othmayr (1515–1553), Jobst von Brant (um 1510 bis 1570).

Anfänge des Notendrucks

Der Notendruck kam nicht nur dem bürgerlichen Liebhaber der Musik, sondern auch den Hofkapellen zugute, die eine Pflegestätte der Musik besonderer Art darstellten. Sie waren größtenteils durch fürstlichen Willen zur Repräsentation entstanden. Die größten Meister der Zeit haben sie aufgebaut und geleitet, so Adam von Fulda als Leiter der Torgauer Hofkapelle; Heinrich Finck und Arnold von Bruck waren Hofkapellmeister in Wien, Thomas Stoltzer war ungarischer Hofkapellmeister in Budapest, Heinrich Isaak leitete die Hofkapelle Maximilians I., Ludwig Senfl war Leiter der kaiserlichen Kantorei in Innsbruck und anderen kaiserlichen Residenzen, Orlando di Lasso dirigierte die kurfürstliche Hofkapelle in München. In den sieben Bänden der Trienter Codices, einer Sammlung von 1864 Kompositionen aus der Mitte des 15. Jahrhunderts, auf Veranlassung des kaiserlichen Sekretärs Johann Hinderbach, des späteren Bischofs von Trient, geschrieben, haben wir das Repertoire der Hofkapelle Kaiser Friedrichs III. vor uns. Neben zahlreichen deutschen Sätzen, Messen und Motetten stehen französische, englische und italienische. Die Komponisten gehören zu den franko-flämischen Meistern, wie Dunstable und viele andere.

Auch in Frankreich hatte der Notendruck der polyphonen Liedkunst, der Chanson, den Weg bereitet. Der Pariser Verleger Pierre Atteignant veröffentlichte zwischen 1528 und 1552 über fünfzig Sammlungen mit über 1500 Chansons. Von Dufays und Binchois' Entfaltung der Melodie bei einfacher rhythmischer Deklamation ausgehend, hat die Chanson im 16. Jahrhundert ihren Höhepunkt in der französischen Ausprägung erreicht. Um 1570 ist sie, auch Air oder Air de Cour genannt, die Hauptform der französischen weltlichen Musik. Der Einfluß der Polyphonie der franko-flämischen Meister hatte der Chanson weder Leichtigkeit noch Eleganz genommen. Im Gegenteil, der Kontrapunkt half ihrer Neigung zu strophischer, syllabischer Versvertonung in akkordischer Manier wieder auf und leistete ihr als Programmchanson wesentliche Hilfestellung. Der Begriff »Programmchanson« kennzeichnet die französische Vorliebe für Tonmalereien. Schlachtenbilder (Jannequin schrieb die »Schlacht bei Marignano«), Straßenszenen, Jagdbilder, Imitationen der Vogelrufe (die Parallele zu Olivier Messiaen, einem französischen Meister unserer Gegenwart, ist sicher nicht nur eine äußerliche) sind der Gegenstand textlicher und musikalischer Kleinmalereien – Nachahmungstendenzen, die durch die Musica reservata in Fluß gekommen waren. Die Meister der Chanson, die uns auch bei dem italienischen Madrigal wiederbegegnen werden, sind Nicolaus Gombert (geb. um 1490, gest. 1560 wahrscheinlich in Tourain), Adrian Willaert (geb. um 1490 in Brügge oder Roulers, gest. 1562 in Venedig), Jacobus Clemens non Papa (geb. um 1510, gest. 1555), Jakob Arcadelt (gest. vor 1572) und schließlich die Franzosen Clément Jannequin (geb. um 1485 wohl in Châtellerault, gest. um 1560) und Claudin de Sermisy (gest. 1562). Die »oltramontani«, die nach dem Süden wandernden franko-flämischen Meister, werden uns noch als Kirchenmusiker beschäftigen müssen. Auch Spanien besaß in Cristóbal Morales (geb. um 1500 in Sevilla, gest. 1553 in Málaga) einen Meister des hochpolyphonen Stils, dessen Kirchenmusik schon zu seinen Lebzeiten in Deutschland (Verleger Rhaw in Wittenberg) hochgeschätzt war.

Europäische Komponisten

Nicht das Nationale in der Musik der franko-flämischen, deutschen, französischen, italienischen und spanischen Meister ist das entscheidende. Im Gegenteil, hinter der europäischen Gültigkeit des polyphonen melodischen Stiles tritt es weit zurück. Zum erstenmal muß jetzt in der Musikgeschichte von Europa gesprochen werden; es ist wirklich ein europäisches Zeitalter gewesen. Sein musikalischer Kulturraum umspannt im Kreisbogen Südengland, Frankreich, Spanien, Italien und weitet sich zum erstenmal nach Österreich, nach Franken, Thüringen, Sachsen und dem deutschen Osten aus. Aber nicht nur das: Innerhalb dieses geographischen Raumes sehen wir einen künstlerischen Austausch durch europäische Wanderungen; ein Vorgang, der neu erscheint, wenn man an die relativ begrenzte Ausstrahlung der bisherigen Mittelpunkte Langue d'oc, Paris, Südengland und Florenz denkt. Die Wanderungen der Meister der Musik stehen bedingt und bedingend im Zusammenhang mit den Wanderungen der musikalischen Formen. Geburt und Entwicklung der Formen schienen bisher nur an ein enges Zentrum gebunden zu sein. Gewiß, man reichte die Formen weiter, aber erst dann, wenn sie »reif«, wenn sie »fertig« waren. Jetzt werden sie erst fertig durch das Weiterreichen. Erst durch den Beitrag mehrerer Nationen werden sie das, was sie sind: vollendeter Ausdruck gemeinsamen europäischen Formenwillens.

Von der um 1400 geborenen Generation – der Engländer John Dunstable (geb. 1370, gest. 1453 in London) und die franko-flämischen Meister Guillaume Dufay (geb. 1400 zu Chimay im Hennegau, gest. 1474 zu Cambrai) und Gilles Binchois (geb. 1400 in Mons im Hennegau, gest. 1460) – war Dunstable bestimmt im Süden, Dufay von 1419 bis 1444 erst am Hofe der Malatesta in Pesaro und Rimini, dann in der päpstlichen Kapelle, zuletzt beim Herzog von Savoyen tätig; Binchois stand im Dienst des englischen Grafen Suffolk. Sein Lebensweg führte ihn über Padua 1436 zur burgundischen Hofkapelle, er starb in Lille.

Die nächste Generation, die durch Jakob Obrecht (geb. um 1430 in Utrecht, gest. 1505 in Ferrara), Johannes Ockeghem (geb. um 1430 in Flandern, gest. 1495 in Tours), Heinrich Isaak (geb. 1450 in Brügge [?], gest. 1517 in Florenz), Alexander Agricola (geb. 1446, gest. 1506 in Valladolid), Heinrich Finck (geb. 1445, gest. 1527 in Wien), Paul Hofhaimer (geb. 1459 bei Salzburg, gest. 1537 in Salzburg) vertreten wird, füllt durch Geburtsort und Tätigkeitsbereich bereits den ganzen oben erwähnten musikalischen Kulturkreis. Dazu geben die beruflichen Stellungen der Meister – auch kulturgeschichtlich-soziologisch gesehen – ein umfassendes Bild von den künstlerischen Aufgaben in diesem Zeitraum. Diese waren nicht nur kirchliche und fürstliche Zweck- und Repräsentationsaufgaben, sondern auch Verpflichtungen gegenüber dem europäischen Geist. Man wird Musik im Sinne der europäischen Humanitas, wie sie Erasmus von Rotterdam und die Besten seiner Zeit vertraten, letzten Endes kaum anders empfunden haben: als ein Mittel zur Versittlichung der Welt.

Obrecht war ursprünglich als Kathedralkapellmeister in Utrecht tätig und ging 1474 als Kantor an den Hof von Ferrara. In die Heimat zurückgekehrt, unterrichtete er den größten Denker seiner

Zeit Erasmus von Rotterdam, war dann Sänger und Kapellmeister an der Kathedrale von Cambrai, an St-Donant in Brügge, Kapellmeister an Notre-Dame in Antwerpen, 1500 Propst an St. Peter in Thourout, wieder in Antwerpen, 1503 in Innsbruck; 1505 starb er in Ferrara. Ockeghems Lebensweg geht von Flandern über Antwerpen 1453 an den Pariser Königshof und schließt mit der Aufgabe als Trésorier (eine Ehrenstellung) der Abtei St-Martin in Tours; 1469 reist er auf Kosten des Königs nach Spanien. Trotz dieses scheinbar engeren Lebensweges ist Ockeghem der aufgeschlossenste und größte europäische Komponist zwischen Dufay und Josquin de Près.

Heinrich Isaak wurde 1480 als Prinzenerzieher an den Hof Lorenzo di Medicis nach Florenz berufen, wurde Organist an San Giovanni und später an Brunellescos Dom S. Maria del Fiore; es folgten Rom und 1484 Innsbruck (neben Hofhaimer); 1494 war er Hofkomponist Kaiser Maximilians in Augsburg und zwischen 1497 bis 1500 am Hofe Friedrichs des Weisen in Torgau tätig. 1508 schrieb er im Auftrag des Konstanzer Domkapitels – er hatte 1507 in Konstanz den Staatsmann und Dichter Machiavelli empfangen – den Choralis Constantinus, einen ganzen Jahrgang vielstimmiger Offizien. Seit 1514 war er Geschäftsträger des Kaisers Maximilian am Florentiner Hofe – ein europäisches, wahrhaft fürstliches Leben, umflossen vom Glanz der Persönlichkeit des ihm befreundeten Kaisers Maximilian. Der Deutsche Alexander Agricola war Hofkantor in Mailand und Mantua, seit 1491 Sänger in der Kapelle Philipps des Schönen, mit dem er 1505 nach Spanien ging. Heinrich Finck war am Hofe dreier polnischer Könige tätig, wurde 1510 als Hofkapellmeister Herzog Ulrichs nach Stuttgart berufen und stand der Hofkapelle Maximilians nahe. 1520 war er Komponist des Domkapitels in Salzburg und seit 1525 Hofkapellmeister Kaiser Ferdinands I. in Wien. Der gebildete, lebenslang mit Humanisten eng befreundete Paul Hofhaimer stand zunächst im Dienst Kaiser Friedrichs III. in Graz, im Jahre 1479 ernannte ihn Erzherzog Sigmund von Tirol und Innsbruck zu seinem Hoforganisten; mit Maximilian war Hofhaimer 1494 in Mecheln. Von vielen Höfen – Torgau, München, Passau – gesucht, verdiente er seinen Unterhalt als Lehrer und diente den Fuggern als Organist von St. Anna in Augsburg; 1515 wurde er in Wien zum Ritter geschlagen und geadelt und siedelte vier Jahre später als Domorganist nach Salzburg über. Dort starb er über einer Komposition von fünfunddreißig Horaz-Oden, die sein Freund, der Schweizer Ludwig Senfl, beendet hat.

Die nächste Generation, die durch Adrian Willaert, Nicolaus Gombert, Pierre de la Rue (geb. 1460 in Flandern, gest. 1518 zu Kortryk), Thomas Stoltzer (geb. um 1470 in Schweidnitz, wahrscheinlich ertrunken 1526 nach der Schlacht bei Mohács), Ludwig Senfl (geb. um 1490 in Zürich, gest. zwischen 1540 und 1555), durch den Josquin-Schüler und Lehrer Willaerts Jean Mouton (geb. 1470 im belgischen Luxemburg, gest. 1522 zu St-Quentin) und Clement Jannequin repräsentiert wird, steht im Schatten von Josquin de Près. Dieser, ein Schüler Ockeghems, wurde 1450 in Condé im Hennegau geboren. Als Sänger war er von 1474 bis 1479 in Mailand und 1484–1486 in Rom in der päpstlichen Kapelle. 1495 wurde er als Domchordirektor nach Cambrai berufen, kam 1500 nach Paris, 1503 nach Ferrara und kehrte dann nach Rom an den Hof des Kardinals Ascanio Sforza zurück. Josquin starb 1521 als Präbendar in seiner Heimat Condé. Willaert finden wir 1516 in Rom, dann in Ferrara. Ob er am Hof in Pest neben Stoltzer angestellt war, ist nicht sicher, eher besteht die Möglichkeit, daß er bei der Witwe König Ludwigs, der Statthalterin der Niederlande, tätig war. 1527 wurde er zum Kapellmeister der Markuskirche in Venedig ernannt und in dieser Eigenschaft Lehrer Andrea Gabrielis, Nicolo Vincentinos, Giuseppe Zarlinos und seines Amtsnachfolgers Cyprian de Rore. Letzterer war 1516 in Antwerpen oder Mecheln geboren und war vor seiner Berufung an die Markuskirche Hofkapellmeister in Ferrara und Parma. Er starb 1556 in Parma. Gombert, ein Schüler von Josquin de Près, kam 1520 als Kapellsänger nach Brüssel, hielt sich in den Jahren 1532 bis 1552 in seiner Pfründe in Tournai auf und wurde 1537 zum Hofkapellmeister Kaiser Karls V. ernannt.

De la Rue, ein Schüler Ockeghems, war als Sänger im Dienste Philipps des Schönen in Brüssel tätig; als Besitzer einer Pfründe starb er in Kortryk. Stoltzer lebte wahrscheinlich in Dresden und Brünn und wirkte bis zu seinem Tode als ungarischer Kapellmeister. Senfl, ein Schüler Isaaks, war Hofkapellsänger und später Kammerkomponist Maximilians I. in Augsburg und seit 1523 Intonator

der bayrischen Hofkantorei in München. Über die letzten fünfzehn Jahre dieses bedeutenden Mannes wissen wir nichts. Die Wirren der Reformation, der er sicherlich nahestand, haben seltsamerweise seine Spur verwischt. Ein Abenteurerleben – man denkt an Gestalten des 18. Jahrhunderts – hat Adrian Petit Coclicus geführt. Um 1500 im Hennegau geboren, wurde dieser Josquin-Schüler päpstlicher Sänger in Rom, um nach einer raschen Karriere zum Bischof und Beichtvater des Papstes aufzusteigen. Eingekerkert und entflohen, tritt er 1545 in Wittenberg zum Luthertum über. Über Frankfurt an der Oder folgt er dem Ruf des Herzogs Albrecht nach Königsberg, von wo er wegen Bigamie verjagt wurde. 1552 wandte er sich nach Nürnberg, erhielt 1556 einen Ruf an die dänische Hofkapelle in Kopenhagen und starb dort 1563 an der Pest. Die Musiktheorie dankt ihm sein »Compendium musices« 1552 und die vierstimmigen Psalmen »Musica reservata«, ein Titel, der zum Stilbegriff der neuen, auf Josquin zurückgehenden Ausdrucksmusik wurde. Dagegen zeigt das Leben des Madrigalmeisters Philipp de Monte, geb. 1521 zu Mecheln, eine gerade, folgerichtige Entwicklung: Italien – im Dienst des Königs von England – Neapel – seit 1568 kaiserlicher Hofkapellmeister in Prag, wo er 1603 gestorben ist. Orlando di Lasso war ein wahrhaft europäischer Meister nicht nur durch die Stationen seines Lebens, sondern durch die Bedeutung seines Werkes für die europäische Musik. Er wurde 1532 zu Mons im Hennegau geboren, kam als Chorknabe unter Ferdinand Gonzaga nach Sizilien und Mailand, es folgte Neapel, 1553 wurde er zum Laterankapellmeister in Rom ernannt und reiste dann nach England und Antwerpen. Seit 1556 war er Mitglied der Münchner Hofkapelle, die er selbst seit 1560 bis zu seinem Tode im Jahre 1594 leitete.
Gleichaltrig mit Orlando di Lasso ist Jacobus de Kerle, der Sachverständige des Trienter Konzils. Er wurde 1531 zu Ypern geboren und war Kirchensänger in Orvieto. Dann rief ihn der Kardinal Otto Truchseß von Waldburg an seinen Hof in Augsburg, und 1562 war er wieder in Rom; es folgen Dillingen, Ypern und wiederum Rom. 1568 ist er wieder in Augsburg, dann in Cambrai und in Köln. Er starb als Mitglied der kaiserlichen Kapelle in Prag 1591.
Wir sehen das großartige Bild einer europäischen Musikergemein-

schaft von seltener Dichte der persönlichen Beziehungen und fruchtbarster Überschneidung der Wirkungskreise. Die Einheit ihrer musikalischen Sprache war die natürliche Folge; eine Einheit, die aus der Auseinandersetzung mit den gleichen musikalischen Stilproblemen entstanden war. Es waren sehr gewichtige darunter.
Der bedeutende Schweizer Glareanus (geb. 1488), der in Basel und Paris klassische Sprachen lehrte, wurde 1512 vom Kaiser Maximilian zum Poeta laureatus gekrönt und starb 1563 in Freiburg im Breisgau. Er hatte in seinem Hauptwerk »Dodekachordon« 1547 das System der Kirchentonarten um zwei weitere Oktavgattungen C und A, ionisch und äolisch, erweitert (ionisch entspricht Dur und äolisch Moll), zwei Tonarten, die die Praxis längst kannte.
Gioseffo Zarlino, der repräsentative Theoretiker der venezianischen Schule, hatte in seinen »Istitutioni harmoniche« 1558 diese Mannigfaltigkeit der Kirchentonarten eingeengt und sie auf zwei Grundformen, eben die zuletzt hinzugekommenen Dur- und Molltonarten, beschränkt. Sie blieben fortan die beiden einzigen Tongeschlechter. Nur Dorisch hat sich noch bis zu Johann Sebastian Bach als Kirchentonart erhalten. Wenn aber Beethoven seinen »Dankgesang eines Genesenden an die Gottheit« im Streichquartett a-Moll op. 132 noch in der lydischen Tonart schreibt, so ist dies in jener Zeit nur ein bewußtes Zurückgreifen und Historisieren zugunsten eines feierlichen Ausdrucks.

Die humanistische Idee

Kunst- und geistesgeschichtlich nennt man das 15. und 16. Jahrhundert das Zeitalter der Renaissance. Renaissance heißt Wiedergeburt. Man meint damit die Wiedergeburt der Antike, ihrer Geistes- und Formenwelt. Wenn aber etwas wiedergeboren wird, muß es vorher nicht mehr dagewesen sein. Von einem Verschwinden der antiken Vorbilder und ihrer Nachwirkungen aus der abendländischen Geistesgeschichte kann aber bis zu diesem Zeitpunkt keine Rede sein. Über die großen Stätten der Transformation: Byzanz, Rom, Nordfrankreich mit seiner Kathedralplastik des 12. Jahrhunderts, über Florenz mit Proto- und Frührenaissance des frühen 15. Jahrhunderts fließt der Strom antiken Geisteserbes stetig und ungebrochen. Neu daran ist nur die Aufnahmebereitschaft und die

Aufnahme durch das Abendland. Die Aufnahmebereitschaft steigert sich jetzt zu größter Intensität, ja zum vorbehaltlosen Enthusiasmus. Die Aufnahme selbst aber hat sich grundlegend gewandelt. Sie ist geistig geworden. Das will sagen, daß nicht nur die Realität der antiken Formen- und Gedankenwelt Gegenstand der Aneignung ist, sondern daß der abendländische Mensch die ganze Fülle antiken Wesens, ja, die antike Seele aufgreifend, sein Leben und Denken an und mit ihnen ändert. Mit anderen Worten: Nicht so sehr der Antike selbst, sondern der Idee der Antike gelten die Bemühungen eines neuen durch die Antike veränderten abendländischen Menschentums. Man hat diese Haltung Humanismus genannt. Da es sich in beiden Fällen um Menschentum handelt – das Gebende des antiken Menschen und das Nehmen des abendländischen –, wohl auch mit Recht. Menschentum aber ist kein Ding. Es kann nur in Rede und Schrift existent werden – so ist die Antike jetzt weniger eine greifbare haptische oder optische Angelegenheit mehr, sondern sie ist eine geistige, literarische geworden. Das kann ein Mehr oder ein Weniger sein. Für unsere Epoche bedeutet der Humanismus jedoch viel, ja für eine gewisse Zeit sogar alles.

Humanisten waren also gelehrte Männer, die das, was sie in der Antike entdeckt oder sittlich und ästhetisch von ihr gelernt hatten, mit dem abendländischen Denken zu verschmelzen versuchten. Das Resultat ihrer Bemühungen war ein neues geistiges Gesicht Europas, dessen Züge jetzt durch Streben nach Schönheit im Sinne Platons und Liebe und Duldsamkeit im Sinne Christi durch die Überwindung der Weltgegensätze verändert werden sollten. Dem ersteren galt die Gründung einer platonischen Akademie 1459 durch Cosimo von Medici in Florenz nach dem Vorbild der jetzt wieder aufgebauten Lehrstätte Platons auf dem Markt in Athen; dem zweiten ein 1438 in Florenz tagendes Konzil, welches unter Teilnahme griechischer Gelehrter die Wiedervereinigung der römischen und griechischen Kirche zum Ziel hatte; Bestrebungen, die gerade in unseren Tagen wieder gegenwärtig sind. Die bedeutendsten Geister der Zeit haben ihr Leben und Denken der neuen humanistischen Idee verschrieben. Nicolaus von Cues, dem großen Kirchenfürsten, Erasmus von Rotterdam, dem Freund und Feind Martin Luthers, dem unglücklichen Thomas Morus, dem sanften mäßigenden Melanchthon, den Päpsten Roms und den großen italienischen Fürstenhöfen in Florenz, Ferrara und Neapel danken wir das zum ersten Male unverhüllte, nicht von Krieg und Menschenhaß verzerrte Antlitz Europas – wenn auch nur für eine kurze geschichtliche Stunde.

Musik als Ausdruck oder Affekt

Die Musik konnte für diesen großen geistigen Aufbruch des Abendlandes, gemessen an den anderen Künsten, nur einen bescheidenen Beitrag leisten. Von einer Wiedergeburt der in praktischen Beispielen bis dahin unbekannten antiken Musik konnte ja keine Rede sein. Von größter Bedeutung ist jedoch die Wandlung, die die Musik unter dem Eindruck und dem Einfluß des Neuen einer »neuen Zeit« selbst erlebt. Es wurde schon erwähnt, daß Renaissance und Humanismus die Idee der Antike im Herzen trugen, sich deren geistiger Kräfte bewußt wurden, um sie mit der Idee des Christentums zu einer »Konkordanz« (Cues) der Schönheit und Liebe zu vereinen. Die Musik will das gleiche. Nur führt ihr Weg nicht wie der der anderen Künste zu einer Neugeburt im und aus dem Geiste der Antike, sondern zu einer Neugeburt der Musik aus sich selbst. Die Antike ist ihr nicht Mittel, sondern nur Anstoß. Zum ersten Male öffnen sich Bezirke der Musik, die bisher der Musik als Symbol, Zahl, Wissenschaft verschlossen, jetzt neu sind. Wenn man bisher von der Musik als der Idee des Geistigen sprechen konnte, müßte man von jetzt an den Begriff Musik als Idee des sinnlich Darzustellenden und Erlebbaren, mit anderen Worten, Musik als Ausdruck oder, wie man später sagen wird, als Affekt gelten lassen. Dieser Vorgang ist einschneidend und entscheidend. Die Grenze zwischen mittelalterlicher und neuer Musik wird damit überschritten. Die Folgen sind unübersehbar und bis heute wirksam. Seltsam ist nur der Widerspruch zu den anderen Künsten. Diese gehen vom realen Erlebnis der Antike im Augenblick ihres allmählichen Schwindens zum geistigen Erlebnis der Antike über. Die Musik, die die griechische Musiktheorie während des Mittelalters verarbeitet und ausgesogen hatte, verläßt die Vorstellungen, die die antike Musik gehabt hat, und wendet sich neuen Ufern zu, die mit antiker Fracht nicht erreichbar gewesen wären. Welcher Stilmittel hat sich die Musik auf ihrem neuen Wege zu Schönheit und Liebe bedient?

Der A-cappella-Stil

Der Begriff der Schönheit konnte sich in der Musik nur an einem neuen Klang bilden. Diesen brachte der von den franko-flämischen Meistern vorbereitete A-cappella-Stil Palestrinas. In den Raumweiten seines Chorsatzes singen sich alle Stimmen ohne Cantus-firmus-Bindung frei aus. Zusammen mit den Regeln einer vorsichtigen Dissonanzbehandlung ergab sich ein Raumzusammenklang gemäß und konform den von krönender Kuppel geschlossenen Rundbauten der Renaissance. Zarlino spricht es aus, wenn er ein Gesangsensemble genußreicher als jedes beliebige Instrumentalspiel findet, wenn nur die Stimmen im Sinne des ausgeglichenen Klanges gut zueinander passen (Istitutioni harmoniche). Der Schönklang des Chorsatzes, der bis heute in der Kirchenmusik Gültigkeit hat, ist damit erreicht. Zur Schönheit eines Chorsatzes gehört aber auch der vom Chor gesungene Text und seine Verständlichkeit. Die Textverständlichkeit ist im wahrsten Sinne zu einer Kardinalfrage des Jahrhunderts geworden. Es ist bekannt, daß bei einem polyphonen Satz, in dem alle Stimmen zu gleicher Zeit eine andere Textsilbe singen, der Text kaum zu verstehen ist. Auch ist dem Schönklang das gleichzeitige Singen von verschiedenen Vokalen und Konsonanten nicht gerade förderlich. Von beiden Gesichtspunkten aus ist man zur Reform geschritten. Es war – von außen gesehen – die Kirche, die zuerst den Stein ins Rollen brachte. Die Kirche macht ja nicht Musik um ihrer selbst willen, Musik ist ihr ein Mittel mehr, um die Heilswahrheiten festlich und eindringlich verkünden zu können. Es kommt nicht darauf an, wie, sondern was gesungen wird. Und dieses Was sind nun einmal die biblischen, liturgischen und hymnischen Texte. Verstand man diese im Gefüge der polyphonen Stimmen nicht mehr, wurde die Musik überflüssig, ja, sie wurde zum Feind.

Genau das waren die Anschauungen der Kardinäle, die sich auf dem großen Tridentiner Reformkonzil 1554–1563 nach dem Willen des Papstes Pius IV. mit kirchenmusikalischen Fragen beschäftigen sollten. Über mangelnde Textverständlichkeit, Verwendung von Instrumenten, über das Eindringen des »Lasziven und Unreinen« in die Kirchenmusik hatte man schon lange geklagt. Selbst ein Erasmus von Rotterdam hatte dazu Stellung genommen. Jetzt hätte man gern alle polyphone Musik – man sagte damals Figuralmusik – in der Kirche verboten; übriggeblieben wäre dann nur die einstimmige Musik des Gregorianischen Chorals. Es ist dem hinzugezogenen »Sachverständigen«, dem flämischen Komponisten Jacobus de Kerle, zu danken, daß er dem Konzil durch seine »Preces speciales« 1561 beweisen konnte, daß polyphoner Satz nicht unbedingt zu Textunverständlichkeit und weltlichem Ausdruck führen muß. Er fand einen polyphon und homophon gemischten Stil, das heißt, er verteilte Kontrapunktisches und Akkordisches gleichmäßig auf die Komposition und gab den Worten, auf die es der Kirche besonders ankommen muß, einen akkordischen Satz mit auf den Weg, während er bei den Worten, die jeder kannte, beispielsweise Kyrie eleison, auf dem hochpolyphonen Stil seiner Zeit verharrte. So wurde er der »Retter der Kirchenmusik« und nicht Palestrina, über dessen Anteil an dieser Reform noch einiges zu sagen sein wird.

Die Kirche hätte jedoch nicht verhältnismäßig leichtes Spiel gehabt, wenn nicht auch von innen her, von der Musik selbst, eine gewisse Nonchalance dem Text gegenüber bestanden hätte. Es zeigt sich daran, daß es Kompositionen gibt, in denen es der Komponist den Sängern überließ, den Text selbst mit den Noten in Verbindung zu bringen. Ein Beweis mehr, daß es den Komponisten mehr auf die melodische Linie, also auf das rein Musikalische ankam als auf den Text. Der »schöne Klang« gilt mehr als das ihn tragende Wortgerüst. Wiederum steht diese Tendenz der Musik im Gegensatz zu den textrevisionistischen, sprachwissenschaftlichen und literarischen Bemühungen dieses Zeitalters.

Musica reservata

Von noch größerer Tragweite jedoch wurden die Auseinandersetzungen der Musik mit den humanistischen Ideen des Renaissancezeitalters. Die von antikem und christlichem Gedankengut genährte Anschauung des Menschen als Ebenbild Gottes verlangte auch von der Musik eine neue »menschliche« Haltung. Musik ist nicht nur ein Teil des göttlichen Weltgebäudes, welches der Mensch ehrfürchtig bestaunt – also nicht in erster Linie eine Musica mundana –, sondern Musik ist jetzt eine Sache des menschlichen Herzens und des menschlichen Gefühls. Ein neuer Bezirk, der in der mittelalterlichen

Ordnung noch nicht existent war, denn Musica humana bedeutet die konsonante und harmonische Verbindung von Körper und Vernunft des Menschen, nicht das Verhältnis der Musik zu seinen Empfindungen. Die Affektwirkung der Musik hatte schon Aristoteles beschäftigt. Jetzt greift man seine Gedanken begierig auf. Der Philosoph und Arzt Hieronymus Cardanus (1501–1571) sagt:
»Die Augen zeigen alle seelischen Affekte an, ja auch Charaktereigenschaften, besonders aber Freude und Trauer. Wie die Ohren den Augen in dieser Hinsicht weit unterlegen sind, so übertreffen sie jene in zwei Punkten: beim Weitergeben einer Lehre und bei der Erregung seelischer Affekte. Es gibt drei Arten von Unterschieden eines Tones: einen hohen, einen tiefen und einen mittleren. Diese (gehen aus) von einer schnellen oder einer langsamen oder einer mittleren (Bewegung). Sie gehen laut, leise oder in einer Mittelart vor sich nach der Stärke des Anstoßes, sanft und rauh (sind sie) nach der Natur des (Klang-) Werkzeugs. Es gibt (Tonbewegungen, die) in selteneren, häufigeren oder, in mittleren (Abständen erfolgen), dann aber auch schlechtklingende, wohlklingende oder eine Mittelart. Daher erregt der Ton allein unter allen Dingen, die eine Sinneswahrnehmung hervorrufen können, die Affekte hauptsächlich deshalb, weil er allein mit einer offenkundigen Bewegung verbunden ist. Ein lauter, rauher, rasch folgender und nicht wohlklingender (Ton) also erregt wirklich ganz zu Zorn und Kämpfen, so daß er den Menschen seiner selbst vergessen macht. Daher läßt man mit Recht in Schlachten besonders zu Beginn Trompeten und Trommeln auflärmen und erheben die Soldaten ein Kriegsgeschrei ... Sanfte, in seltenen Abständen erfolgende, leise und gefällige (Töne) bewirken Aufmunterung. Tiefe (Töne), endigend in mittlerer (Lage?) und aus rauhen und mittelhohen (?) gemischte, langsame und leise (Töne) bewirken Enthaltsamkeit und Besonnenheit ... Schließlich merke: Entsprechend der Art der Bewegung, welche die Affekte in der Seele hervorrufen, wähle die Art der Töne aus, um dieselben Affekte zu erwecken. Denn auf Töne sprechen die Menschen mehr als auf andere Sinneseindrücke an, weil ein Ton etwas ganz Einfaches ist und nur nach allgemeinen Unterschieden verändert wird ... Die Töne, die so große Freude bringen, verleiten aber auch selbst zur Maßlosigkeit, wenn sie Leute zu übertriebenen Mu-

sikfreunden machten. So die Wasserorgel, deren Pflege Nero, bis zum Wahnsinn verzückt durch ihren wunderlieblichen Klang, selbst während der Gefahren für Leben und Reich nicht aufgab, während Feldherren mit ihren Heeren abfielen und sein Ende offenbar bevorstand. Sie enthält Wasser und aus mehreren Pfeifen gibt in das Wasser hineingetriebene Luft eine mit einem Gesäusel verbundene Tonbewegung von sich. Vitruv überliefert ihre Anlage. Aber da bekanntlich zu Neros Zeiten Vitruvs Bücher allgemein verbreitet waren, scheint es mir nicht wahrscheinlich, daß etwas dem Nero so teuer gewesen sein sollte, was nach einer so allgemein zugänglichen Angabe gebaut war. Daher muß man, meine ich, Vitruvs Vorschrift eher für eine schematische Anweisung als für eine Berechnung halten. Aber nicht nur dem kaiserlichen Schlemmer gefielen Musikinstrumente so sehr, sondern auch David, den tapferen König und ernsten Mann, nahm der süße Ton des Psalteriums gefangen, der auch den Wahnsinn Sauls linderte. Man darf nicht glauben, daß der Klang dieses Instruments gewöhnlich war, dessen die Heilige Schrift so oft gedenkt und das man allein unter den übrigen für geeignet zum Lobe Gottes hielt. Es enthält 72 Saiten, hat genau Dreiecksform, und sein Klang ist unvergleichlich. Wir kennen auch andere Instrumente, deren Meisterung einzigartiges Vergnügen schafft, so wenn man Trompeten, Trommeln, Pfeifen, Flöten, einer Lira, Hörnern (Zinken), einer Laute, Phorminx, Syrinx, einem Heptachord, einer Orgel, einer Sambyke Töne entlockt. Die wassergetriebenen Instrumente täuschen Vogelsang vor, wenn du sie nicht siehst. Es ist aber so, wie wenn du sagst: Hörner (Zinken) sind menschlichen Stimmen sehr ähnlich, nämlich solche mit zugefügten Grifflöchern, während sie sonst ohne diese die Soldaten zum Kampfe aufriefen. Daher sagt Vergil: ›Laut tönten die Hörner mit ihrem Klang.‹«

Das Werk Orlando di Lassos

Am Werk Orlando di Lassos, des »belgischen Orpheus«, der seit 1556 zur Münchner Hofkapelle gehörte, sei weiteres erklärt. 1565 hatte er seine Bußpsalmen geschrieben, 1584 wurden sie gedruckt. In einer Erklärung zu den Miniaturen, die dieser Prachtband enthält, heißt es, daß sich der Komponist »in höchst angemessener Weise mit klagendem und jammerndem Tonfall nach Bedarf dem

Gegenstand und den Worten angepaßt habe, indem er die Kraft der einzelnen Affekte ausdrückte und den Gegenstand so, wie wenn er sich wirklich abspielte, vor die Augen stellte, so daß man in Zweifel sein kann, ob er die Süße der Affekte den klagenden Tönen zum Schmuck gereicht oder die klagenden Töne der Süße der Affekte«. Auch in diesem Vorwort wird der Begriff »Musica reservata« für diese Art des Ausdrucks und der Darstellung des Außermusikalischen verwendet. In Orlando di Lassos »Magnum opus musicum«, einer Sammlung von 516 Motetten, die 1604 seine Söhne zum Druck befördert haben, gibt die Motette »In hora ultima« sehr eindringliche Beispiele veranschaulichender nachahmender Musik. Es heißt dort, daß in der letzten Stunde des Menschen alles vorüber sein wird: Tuba, Flötenton, Kythara, Scherzen, Lachen, Springen, Lieder und Gesänge *(Ntb. 45)*.

Orlando di Lasso: Motette »In hora ultima«

Notenbeispiel 45

Es nimmt nicht wunder, daß sich in Lassos zweitausend Tonsätzen, die, außer den Motetten, Psalmen, französische Chansons, deutsche Liedbearbeitungen, italienische Villanellen und Madrigale umfassen, viele weitere Beispiele dieser Ausdrucksmusik finden lassen. Dabei dürfen wir den Begriff keineswegs zu eng fassen oder gar die Darlegung und Zurschaustellung subjektiver Gefühle des Komponisten erwarten. Musica reservata bedeutet im allgemeinen nur Nachahmung, Nachahmung eines Außermusikalischen, einer menschlichen Bewegung körperlicher oder geistiger Natur oder auch der Natur und der natürlichen Erscheinungen wie Licht, Dunkel, Himmel und Erde, Wind und Wasser selbst. Die Richtung der Affektmusik ist damit von vornherein festgelegt. Von jetzt an wird die Musik das

Streben nach dem subjektiven oder auch humanen Ausdruck nicht mehr aufgeben. Nur an wenigen Stellen wird späterhin noch einmal der Felsen der Musik als einer Idee des Geistigen aus dem Meer der Ausdrucksmusik aufragen.

Der »Odenstil«

Neben den ferneren mittelbaren Beziehungen zwischen der Antike und der Musik unseres Zeitalters gibt es aber auch enge, unmittelbare. Sie liegen an der Peripherie der musikalischen Vorgänge, bilden aber gleichzeitig einen interessanten Beitrag zum Wort- und Tonverhältnis. Zwischen 1494 und 1497 hatte Konrad Celtes, der »deutsche Erzhumanist«, den Komponisten Petrus Tritonius beauftragt, für seine Vorlesungen an der Universität Ingolstadt die Oden des Horaz, eines im römischen Reich und in der Zeit der Renaissance gleich gefeierten Dichters, zu vertonen. Tritonius schrieb der Textverständlichkeit zuliebe einen mehrstimmigen Satz Note gegen Note, dem dazu ohne Taktstriche noch das Gleichmaß des vermeintlichen griechischen Versmaßes auferlegt wurde. Das Resultat war der »Odenstil«, eher eine philologische Neuordnung zum gehobenen Vortrag Horazscher Oden als eigentliche Musik. Immerhin haben sich auch große Komponisten wie Ludwig Senfl und Paul Hofhaimer mit dem gleichen Problem abgegeben. Als Tritonius dazu überging, diesen Kompositionsstil auch auf Aktschlußchöre allegorischer Festspiele, die Celtes für den Kaiser Maximilian geschrieben hatte, anzuwenden, kam es sogar zu einer gewissen Nach- und Weiterwirkung dieses Experimentes. Im Gesangsunterricht der Lateinschulen oder bei den Aufführungen von lateinischen Schuldramen ist man auch weiterhin dem Odenstil treu geblieben. In Frankreich haben Hofdichter und Hofmusiker (Claude le Jeune, 1528–1601) die Sache etwas eleganter angefaßt. Sie schrieben und vertonten französische Verse in antikisierender Weise, in einem akkordischen Satz, der metrisch Längen und Kürzen aneinanderreihte. Die französische Dichtkunst hat sich späterhin gegen diesen Versuch gewehrt. Immerhin haben solche Bemühungen das große klassizistische Zeitalter der französischen Literatur im 17. Jahrhundert vorbereiten helfen. Chanson mesurée hat man die auf diese Weise entstandenen Werke genannt.

Der Triumphzug Maximilians

Für die Zeitenwende vom Mittelalter zur neuen Zeit ist die Gestalt des Kaisers Maximilian I. zum legendären Symbol geworden. Er hat das Leid seiner Zeit tragen müssen; den Verlust Burgunds an Frankreich nach dem Tode seiner Gattin Maria, politische Mißerfolge, den unglücklichen Krieg gegen die Schweizer Eidgenossen – aber er hat auch das neue diesseitige Lebensgefühl des Zeitalters der Renaissance in sich getragen und sich in ihrem Sinne mit Glanz und Pracht umgeben. Die Holzschnittfolge »der Triumphzug Maximilians« von Hans Burgkmair, einem der großen deutschen Künstler neben Albrecht Dürer, gibt davon Zeugnis. Wo Glanz und Pracht ist, darf die Musik nicht fehlen.

Einer der Festwagen zeigt Musikanten mit Streich- und Holzblasinstrumenten und Harfen. Burgkmair schreibt dazu: »Ich hab die sueszen Melodey, Von Saitenspill gar manicherley, Quintern, Lautten, Tammerlin, Das alles nach des Kaisers Sin, Rauschpfeiffen grosz dartzu auch klein, die Harpfen mit getzogen ein.« In einem anderen Holzschnitt kommt Burgkmair mit Pauken und Trompeten daher; wiederum ein anderer zeigt den Hoforganisten des Kaisers, Paul Hofhaimer, am Orgelpositiv.

Ein Zeitgenosse, Joachim Vadians, schreibt 1517 über Hofhaimer: »Im Spiel der Hände und Füße und in seinem Fingersatz, den man meisterhaft nennt, wie auch immer er ihn zur Anwendung bringt, hat er nach allgemeiner Übereinstimmung keinen, der ihm gleichkommt, geschweige denn, ihm überlegen ist.« Der Kaiser hat Hofhaimer, der im Orgelspiel die Verzierungstechnik der Paumann-Nachfolge auf ein edles Maß zurückführte, 1515 zum Ritter geschlagen und geadelt.

Hofhaimer lebte in Innsbruck und Augsburg nach dem Willen des Kaisers »zu kainer handtierung dann allein seiner freyn Kunst«. Er starb als Hoforganist in Salzburg, seine letzte unvollendete Arbeit war die Vertonung der Oden des Horaz. Sein Freund Ludwig Senfl hat sie vollendet, derselbe, der auch die Trauerode auf den Tod des Kaisers Maximilian I. (12. Januar 1519) geschrieben hat.

Mitteldeutschland

Mit dem Sterben der ersten Generation der »Renaissancemeister« in der Musik – Isaak, Hofhaimer, Finck, Adam von Fulda, Josquin de Près, Antoine Brumel, Pierre de la Rue, Alexander Agricola, Jean Mouton – ist das große Zeitalter der europäischen Musik noch keineswegs zu Ende. Im Gegenteil, noch einmal bildet sich ein neues Zentrum, das den immer breiter werdenden Strom aufnimmt, um ihm gleichzeitig neue, sehr »moderne« Strömungen zuzuleiten: das Zentrum ist Venedig.

Luther und die Reformation

An dieser Stelle muß der Verfasser ein Kapitel einschieben, das die Geistesgeschichte geschrieben hat. Es beginnt in der Weite großer humanistischer europäischer Gedanken und endet in der mitteldeutschen Enge orthodox verhärteter Anschauungen: Martin Luther und die Reformation. Über Luthers Tat und ihre Folgen soll an dieser Stelle nicht gesprochen werden: Hier genügt die freudige Feststellung, daß Martin Luther ein musikliebender Mann gewesen ist, der – ein Bewunderer und Freund Josquins und Senfls – die polyphone Musik hat gelten lassen, auch dann noch, als er sich der Kräfte bewußt wurde, die vom volkstümlichen Lied her seiner Kirche zuflossen. Wollen wir doch bedenken, daß das erste evangelische Gesangbuch »Geystliche gesangk Buchleyn«, das Luthers Freund und musikalischer Berater Johann Walter (Kapellmeister in Torgau) 1524 in Wittenberg herausgegeben hat, zweiunddreißig Lieder in drei- und sechsstimmigen Tonsätzen enthält, bei denen die Choralmelodie im Tenor liegt.

In seiner Vorrede zu den »Symphoniae jucundae« (1538) sagt Martin Luther: »Wo aber die natürliche Musica durch die Kunst gescherfft vnd polirt wird, da sehet und erkennet man erst zum teil (denn gentzlich kans nicht begrieffen noch verstanden werden) mit großer verwunderung die große und vollkommene weisheit Gottes in seinem wunderbarlichen werck der Musica, in welcher vor allem das seltzam und wol zu verwundern ist, das einer eine schlichte weise oder Tenor (wie es die Musici heißen) her singet, neben welcher drey, vier oder fünff andere stimmen auch gesungen werden, die umb solche schlichte Weise oder Tenor, gleich als mit jauchtzen gerings herumbher, vmb solchen Tenor spielen vnd springen vnd mit mancherley art vnd Klang dieselbige weise wunderbarlich zieren vnd schmücken vnd gleich wie einen Himlischen Tantzreien führen. Also das die jenigen, so solches ein wenig verstehen vnd dadurch bewegt werden, sich des hefftig verwundern müssen vnd meinen, das nichts seltzamers in der Welt sey, denn ein solcher Gesang mit viel Stimmen geschmückt. Wer aber dazu kein lust noch liebe hat vnd durch solche lieblich Wunderwerk nicht beweget wird, das mus warlich ein grober Klotz sein, der nicht werd ist, das er solche liebliche Musica, sondern das wüste, wilde Eselgeschrey des Chorals, oder der Hunde oder Säue Gesang und Musica höre.«

Sicherlich ist Luther nicht nur als Musikliebhaber, sondern auch als klug wägender Kirchenmann – er war Augustinermönch und kannte die Gedanken des heiligen Augustin über die Musik – für die Beibehaltung der Musik im Gottesdienst eingetreten. Dies geschah ganz im Gegensatz zu Calvin und Zwingli und ihrer reformierten Kirche. Luther ging sogar noch weiter. Sein Gedanke des allgemeinen Priestertums führte dazu, auch die Gemeinde tätig an der Musik teilnehmen zu lassen: Der Gemeindegesang wurde ein wichtiger Teil des evangelischen Gottesdienstes. Die Hauptworte der Messe, wie Kyrie, Gloria und Kredo, wurden durch Gemeindelieder ersetzt. Luther schrieb drei Schriften über die Neuordnung des evangelischen Gottesdienstes: »Von Ordnung Gottesdiensts in der Gemeinde«, 1523; »Formulae missae«, ebenfalls 1523, und »Deutsche Messe und ordnung Gottesdiensts« 1526. Für seine Kirche hat er selbst sechsunddreißig Lieder gedichtet. Dazu tat er etwas Naheliegendes, er übersetzte die alten lateinischen Texte und dichtete sie um. Auf diese Weise wurde aus dem Te Deum »Herr Gott, dich loben wir«, aus der Antiphon Media vita »Mitten wir im Leben sind«. Aber auch umgedichtete Volkslieder sind Choräle geworden, in gleicher Weise Neudichtungen nach Psalmentexten wie »Ein feste Burg«. Der Musiker Luther hat mindestens zwanzig dieser Texte auch mit Melodien versehen. Die lutherischen Choräle wurden in die bald erscheinenden Gesangbücher und Kirchenliederbearbeitungen

aufgenommen. Neben Walters Gesangbuch wurde das bedeutendste »Newe deudsche Geistliche Geseng ... für die gemeinen Schulen«, das 1544 der Verleger Georg Rhaw in Wittenberg herausgab. Die Sammlung enthält 123 polyphone Choralbearbeitungen von Rhaw, Senfl, Stoltzer und Sixt Dietrich. Da die Choräle in polyphoner Bearbeitung nur vom Chor vorgetragen werden konnten, folgten für den Gemeindegesang auch bald einstimmige Gesangbücher. 1529 erschien eines von Klug mit Luthers »Ein feste Burg« und 1545 das »Bapstsche Gesangbuch«. Die Gemeinde sang nach diesen Büchern den Choral ohne jede Begleitung. Damit war jedoch die Verwendungsmöglichkeit der Choralmelodien noch nicht zu Ende; denn als Prä- oder Postludium wurden sie auf der Orgel vorgetragen.
Sämtliche Verwendungsarten des Chorals im Gottesdienst haben Schule gemacht und sind zur Grundlage neuer und bedeutender Stilformen geworden. Der mehrstimmig gesetzte Choral mit dem Cantus firmus im Tenor oder im Diskant hat vor allem unter dem Einfluß der Liedmotette Orlando di Lassos bei seinen Nachfolgern Leonhard Lechner (um 1553 bis 1606, Nürnberg und Stuttgart) und Johann Eccard (1553–1611, Königsberg und Berlin) zu Höhepunkten des polyphonen Satzes geführt. Der Hauptmeister wurde Michael Praetorius (1571–1621), der in seinen »Musae Sioniae« 1244 Tonsätze über 537 Choralmelodien schrieb. Ein großes Repertoire dieser Choralbearbeitungen hat schließlich Erhard Bodenschatz in Schulpforta (gest. 1636) in dem Sammelwerk »Florilegium Portense« zusammengefaßt; ein Werk, nach dem auch noch Johann Sebastian Bach gegriffen hat, wenn er nach seinen kirchlichen Vorschriften »Motettenmusik« im sonntäglichen Gottesdienst aufführen mußte.

Choralbearbeitungen

Der einstimmige von der Gemeinde gesungene Choral hat schließlich zu Choralbearbeitungen im akkordischen Satz mit der Melodie in der Oberstimme geführt. 1586 hat Lucas Osiander »Fünfzig Lieder und Psalmen« in dieser Satzweise herausgegeben. Im 17. Jahrhundert wurde Johann Hermann Scheins Leipziger »Cantional« 1627 das bedeutendste Werk der einfachen Choralbearbeitung. Hans Leo Haßler schrieb Choralbearbeitungen in zwei verschiedenen Fassungen: »Psalmen und christliche Lobgesänge simpliciter gesetzt« 1608, das heißt akkordisch und »fugweis«, also kontrapunktisch »komponiert«, 1607.

Der Solovortrag des Chorals auf der Orgel führte zum Choralvorspiel bei Buxtehude, Pachelbel, Boehm und anderen. Johann Sebastian Bach gab dem Choralvorspiel schließlich die endgültige Form, aber auch den Ausdruck mit auf den Weg.

Die Musik im protestantischen Gottesdienst bedurfte zu ihrer Verwirklichung einer praktischen Organisation. Luther fand sie in den städtischen Kantoreien, in denen Knaben- und Männerstimmen sich zur Pflege des Kirchengesanges freiwillig zusammenfanden. Die Knaben erhielten in der Lateinschule eine tüchtige musikalische Bildung. Dort war der Kantor zugleich Musik- und Lateinlehrer. Fünf Singstunden in der Woche, der Gesang in der Kirche und der Kurrende zur Weihnachtszeit, Gesang bei Hochzeitsfesten und am Grabe bildeten den Aufgabenkreis der Scholaren. Die Liebe zur Musik nahmen sie mit in das spätere tätige Leben. Zahllos sind die Werke, die Kapellmeister, Kantoren und Organisten bis zu Johann Sebastian Bach für diese Institutionen geschrieben haben. Die »geistliche Chormusik« op. 11 von Heinrich Schütz, im Friedensjahr 1648 für die Thomaner geschrieben, und Johann Sebastian Bachs Kantaten und Passionen für den gleichen Chor der Leipziger Thomaskirche seien schon an dieser Stelle genannt.

Die Reformation hat durch den ihr folgenden Bildersturm unzähliges bedeutendes Kunstgut in den Kirchen der protestantischen Lande, die ursprünglich neun Zehntel Deutschlands umfaßten, zerstört. In der Musik hat der neue Glaube den Weg zu zahllosen bedeutenden Kompositionen frei gemacht. Wie in der »Renaissance« geht auch in der »Reformation« die Musik ihren eigenen, von den allgemeinen Zeittendenzen getrennten Weg. Der Weg ihrer Eigenentwicklung ist dafür um so folgerichtiger: Einstimmiger protestantischer Gemeindegesang und akkordischer, von der Orgel übernommener Satz lassen bereits Zukünftiges, nämlich Monodie (begleitete Einstimmigkeit) und Generalbaßbegleitung (akkordische Begleitung durch ein Tasteninstrument) vorausnehmend ahnen. In beiden Erscheinungen erfüllt sich die Überwindung der Polyphonie.

Der Hugenottenpsalter

Auch die Kirchenmusik der Hugenotten in Frankreich stand vor denselben kirchlichen und musikalischen Problemen und fand die gleichen Wege. Claude Goudimel, in seinen sonstigen Werken ein Meister der A-cappella-Polyphonie, vertonte in seinem »Hugenottenpsalter« die von Clément Marot und Théodor Bèze umgedichteten Psalmtexte in drei Fassungen: als Motetten im hohen kontrapunktischen Stil (1551), im einfachen kontrapunktischen Satz unter Verwendung der hugenottischen Melodien im Volkston (1564) und in einer Bearbeitung der gleichen Melodien in ganz einfachen Sätzen (1565). In Frankreich wurden diese Ansätze zu einer neuen Kirchenmusik tatsächlich in einer Nacht, der Bartholomäusnacht, die den neuen Glauben und seine Anhänger zerbrach, vernichtet. Auch Goudimel wurde 1572 in Lyon als Hugenotte erschlagen.

Venedig

Im Verlauf des 16. Jahrhunderts schwindet der Glaube des abendländischen Menschen an die Glaubensgewißheit, an die Religion dahin. An ihre Stelle tritt eine andere, aus neuer Lebenserfahrung gewonnene Glaubensoffenbarung: die Vernunft. Das 16. Jahrhundert ist daher nicht nur ein Abschluß, sondern auch ein Anfang, der Anfang unseres Zeitalters und unserer Gegenwart. Wenn sich hier wiederum ein Wandel der Glaubensgewißheit anbahnt, so mindert dies nicht die Bedeutung des »Zeitalters der Vernunft«. Bis zu seiner Proklamierung in der Musik durch René Descartes bedurfte es allerdings noch vieler Voraussetzungen. Diese schuf künstlerisch und theoretisch die sogenannte venezianische Schule. Sie entstand aus italienischen und franko-flämischen Stilforderungen. Als ihr Begründer gilt Adrian Willaert, der um 1490 in Brügge geboren wurde. Er war Schüler des großen Josquin-Schülers Jean Mouton. Nach Aufenthalten in Rom und Ferrara kam Adrian Willaert 1527 als Kapellmeister an den Markusdom in Venedig. Hier wurde er der Lehrmeister der sogenannten Mehrchörigkeit, der neuen Formen der Instrumentalmusik und des Madrigals. In seinem Schüler und späteren Amtsnachfolger Gioseffo Zarlino (geb. 1517 bei Venedig, gest. 1590 in Venedig) fand die venezianische Schule ihren Theoretiker. Mit dieser Feststellung ist nicht nur das Wirken Willaerts umrissen, mit ihr sind gleichzeitig die Errungenschaften aufgezählt, die das »Neue« der venezianischen Schule ausmachen. Durch sie wurde Venedig zum Mittelpunkt der modernen Musik in der zweiten Hälfte des 16. Jahrhunderts.

Mehrchörigkeit

Die Mehrchörigkeit hat viele Voraussetzungen: den antiphonalen Vortrag des Gregorianischen Chorals und der Sequenz, das schon erwähnte Hofzeremoniell am byzantinischen Kaiserhof und die Messesätze Ockeghems mit deutlicher Trennung der Chorteile; 1520 wurde bei einer Zusammenkunft des englischen und französischen Königs eine Messe von zwei Nationalchören gesungen. Den entscheidenden Schritt aber tat Willaert, als er 1550 seine achtstimmigen Vesperpsalmen für die Aufführung in San Marco doppelchörig schrieb. Im Dom von San Marco, der nach dem Vorbild der Apostelkirche in Konstantinopel errichtet wurde, befanden sich auf zwei gegenüberliegenden Emporen zwei Orgeln, an denen seit 1490 auch zwei Organisten tätig waren. Fügte man jeder Orgel ein Vokal- oder auch Instrumentalensemble hinzu, so ergab sich die Möglichkeit eines wechselweisen Musizierens – hier könnte man an das byzantinische Vorbild denken – oder auch eines gleichzeitigen Musizierens der Chöre. Dieses Prinzip war gänzlich ohne Vorbild. Durch die in ihm ruhenden Möglichkeiten zur Klangsteigerung entstand etwas Neues, der Klang des Frühbarocks. Das Werk Andrea Gabrielis (um 1510 bis 1586) führte ihn herauf, im Werk seines Neffen Giovanni Gabrieli (1557–1612) erreichte er seine größte Fülle und Breite. Andrea Gabrieli war Schüler Willaerts und wurde 1566 der Nachfolger des Orgelkomponisten Claudio Merulo (1533–1604) als Organist an der zweiten Orgel in San Marco. Seine sechs- bis sechzehnstimmigen »Cantiones sacrae« (1578) sind das Vorbild Giovanni Gabrielis geworden, der dieses in seinen »Symphoniae sacrae« bis zur Klangfülle des zwanzigstimmigen Satzes übersteigerte. Giovanni Gabrieli war 1575–1579 bei Orlando di Lasso in München, bevor er 1568 an den Markusdom berufen wurde. Süden und Norden stehen im regen Austausch der Kräfte. Ein Mitschüler Giovanni Gabrielis während seines Studiums bei seinem Oheim Andrea war der Deutsche Hans Leo Haßler, ein Schüler Giovannis wiederum war Heinrich Schütz.

Die Mehrchörigkeit schenkt der Musik einen neuen Stil. Es ist ein Raumstil, der zum ersten Male den Ton-Ort in die Form und in die Wirkung der Musik einbezieht. Sicherlich war auch die polyphone Musik »geortete« Musik, denn die Komponisten – teilweise in engem Verhältnis zu der Kirche stehend, für die sie schrieben – wußten, wie ihre Musik dort klingen würde. Im allgemeinen aber spielte es kaum eine Rolle, wo eine Musik zur Aufführung kam. Wenn jetzt der Raum für die Musik vorgeschrieben und in sie einbezogen wird, ändert sich etwas sehr Wesentliches, zumal für den Hörer. Je nach seinem Standpunkt wird er die einzelnen Chöre näher oder ferner hören. Wechselt er den Standpunkt während der Aufführung, wird er im Klang der Musik herumwandern können, so daß er von allen Seiten von Musik umgeben ist.

Raum wird Gestalt und Wirkung. Diese Erkenntnis ist eine sehr gegenwärtige. Gerade die Musik unserer Tage sieht sich wieder vor ähnliche Aufgaben gestellt. Der Auftraggeber ist allerdings nicht mehr der äußere Raum, sondern eine räumliche Werkstruktur, die die Raumbegriffe »nah und fern« sich einverleibt. Daß »nah und fern« aber nicht nur etwas Räumliches, sondern auch etwas Dynamisches (Tonlautheit), nämlich laut und leise, bedeuten, hatte man schon in Venedig festgestellt. War in der bisherigen Musik ein bestimmter Stärkegrad im Verlaufe eines Satzes kaum verlassen worden, so ergaben sich jetzt Möglichkeiten einer kontrastierenden Dynamik. Ein Chor, ein zweiter Chor, vielleicht noch geteilt in Frauen- und Männerstimmen, Orgel, ein Chor von Streichinstrumenten, ein Chor von Bläsern, einzeln, gemischt, schließlich alle zusammen ergaben ein Klangbild von unerhörtem Reichtum und großer Vielfältigkeit. Kontraste standen unvermittelt nebeneinander, denn kein Crescendo ließ die Chöre verschmelzen, und kein Decrescendo ließ sie sich trennen. Hart stießen die klanglichen Schnittflächen aneinander. Stufe für Stufe baut sich dieses Klangbild neben- und übereinander auf. Man hat diese Dynamik Terrassendynamik genannt. Sie ist die Dynamik des Barockzeitalters schlechthin geworden. Größere oder kleinere Klanggruppen wechseln sich ab, in der Laut-

stärke abrupt nebeneinandergestellt. Die letzte Konsequenz dieses Prinzips sind die reizvollen Echowirkungen der Barockmusik.
Dynamik, die auf eine solche Weise Flächen gliedert, wird auch formbildend. Der Wechsel zwischen Tutti und Concertino im Concerto grosso und im Solokonzert, aus einer dynamischen Kontrastreihung entstanden, hat die Form des Konzertes im 17. und 18. Jahrhundert bestimmt. Bis zur Stilwende, die in die letzten Lebensjahrzehnte Bachs und Händels fällt, hat die venezianische Dynamik Gültigkeit gehabt. Nicht die Mehrchörigkeit – diese geht mit den Deutschvenezianern, deren bedeutendster Heinrich Schütz ist, äußerlich zu Ende. In der Bach-Form mit ihrem Wechsel von fester und lockerer gefügten Teilen hat sie sich umgeformt und vergeistigt.

Neue Formen der Instrumentalmusik

Zu allen Zeiten ist Musik auf Instrumenten gespielt worden. Am Anfang der abendländischen Musik stand jedoch der christliche Gesang. Instrumentalmusik in der Kirche war erst verpönt, später umstritten. Beim Tanz und beim weltlichen Lied konnten die Instrumente jedoch nicht fehlen. Die wenigen erhaltenen Beispiele beweisen nicht die mangelnde Pflege der volkstümlichen Musik – das Gegenteil war der Fall. Nur dürfen wir nicht erwarten, daß die Mönche, die als einzige schreibkundig waren, sich der Mühe unterzogen hätten, gerade weltliche Musik aufzuzeichnen. Man bedurfte dieser Aufzeichnungen auch kaum, denn durch die Kette der Spielmannsgenerationen wurde die Kunst und Kunstfertigkeit des Instrumentenspielens von Hand zu Hand und von Mund zu Mund gereicht. Im Zeitalter der Notre-Dame-Schule und der Ars nova wächst der Anteil der Instrumente durch instrumentalen Vortrag des Tenors bei Motetus, Ballade und Chanson. Er tritt zurück im Zeitalter der Vokalpolyphonie und schwillt wiederum an, als man es unternimmt, Vokalstimmen durch Instrumentalstimmen zu ersetzen. Das letztere Prinzip leitet einerseits zur Monodie über, andererseits führt es das Zeitalter der Instrumentalmusik herauf.
Jetzt bestand die Aufgabe der Generation darin, neue Formen für die Instrumentalmusik zu finden. Eine freie Improvisation auf dem Instrument hätte noch keine neue Kunstgattung ergeben. Diese bedurfte einer Neuordnung der von vokalen Bindungen freigewor-

denen Instrumente durch die Form. Es boten sich drei Möglichkeiten an: entweder neue Formen zu erfinden oder alte Vokalformen auf neue Instrumentalformen zu übertragen oder aber die schon bestehende instrumentale Tanzmusik auf Niveau und Stil der zeitgenössischen Kunstmusik zu übertragen. Von diesen drei Wegen waren der zweite und der dritte leichter zu begehen als der erste.

Vom Ricercare zur Fuge

Für die Übertragung alter Vokalformen kam nur die Grundform des polyphonen Zeitalters, die Motettenform, in Frage. Ihre Übertragung auf die Orgel führte zum Ricercare. Adrian Willaerts »Fantasie e Ricercari« wurden 1549 zum ersten Male gedruckt. Ihnen folgten Claudio Merulos gewichtige Orgelwerke. Um die Motettenform auf eine Gruppe von Instrumenten zu übertragen, bedurfte es eines Umwegs, der über die französische Chanson führte. Diese hat ebenfalls Motettenform. 1530 hatte der Pariser Verleger Pierre Atteignant »Chansons musicales reduictes en tabulature des orgues etc.« herausgegeben. Sie wurden zum Vorbild der venezianischen »Canzon francese«, der »Intavolature cioè Recercari Canzoni Himni Magnificat« des Girolamo Cavazzoni (1542) und der »Canzoni e sonate a 3 – 22« für Instrumente des Giovanni Gabrieli (1615).

Da die Motettenform eine Form mit mehreren Themen ist, so sind es auch Ricercare und Kanzone. Die einzelnen thematischen Episoden erfahren eine reiche kontrapunktische Verarbeitung nach dem Schema a – Verarbeitung, b – Verarbeitung, c – Verarbeitung und so weiter. Ricercare bedeutet Suchstück, und das, was man suchen soll, ist wohl das immer wiederkehrende Thema im Geflecht der kontrapunktischen Stimmen. Schon bei Giovanni Gabrieli folgt dem stets einstimmig vorgetragenen Thema die Antwort – der Vortrag des Themas in einer anderen Stimme – im Abstand der Quinte. Auch strebt das motivische Material der Themen zur Vereinheitlichung, zur Konzentrierung. Das Ricercare ist eine Vorform der Fuge und benennt mit seinem etwas rätselhaften Namen nicht nur eine Form, sondern auch einen der wichtigsten Formvorgänge, der in seiner Bedeutung weit über die Geschichte einer musikalischen Form hinausgeht.

Von der Kanzone zur Sonate

Die Kanzone leitet die Geschichte der Sonate und der von ihr abstammenden Formen, wie Konzert, Ouvertüre usw., ein. Canzoni e sonate nennt Gabrieli seine mehrthemigen Instrumentalstücke und setzt damit den Begriff der Kanzone dem der Sonate gleich. Die Sonate »Pian e forte« von 1597 trägt den Namen Sonate zum erstenmal als Formbezeichnung. Bisher bedeutete »Sonate«, im Gegensatz zur Kantate, dem Singstück, keine Form, sondern ein Klang-, also ein Instrumentalstück. Giovanni Gabrieli gibt auch der Sonate die Struktur, die er der Doppelchörigkeit abgewonnen hatte. Die Sonate Pian e forte ist für Violenensemble und Posaunen geschrieben. Bei den Posaunen darf man nicht an die heutigen denken, es waren eng mensurierte, silbrig und hell klingende Instrumente. Form und Klang entsprechen den uns bereits geläufigen Vorstellungen von Mehrthemigkeit und Mehrchörigkeit.

Zu den Formen der Übertragung gesellen sich neue Formen, die aus der Improvisation, aus dem Präludieren und dem Anspielen der Instrumente gewonnen werden. In ihrem Aufbau sind sie demnach frei und meist auch einthemig. Ihre Struktur wächst aus der Technik und dem Klang der Instrumente, vor allem der Orgel. Ihre Namen sind: Präludium, Präambulum, Toccata, Fantasia und im Spanischen Tiento, das heißt Tasten mit dem Blindenstab, allerdings bezeichnet man in Spanien damit auch das Ricercare.

Von der dritten Möglichkeit, der Aufnahme der instrumentalen Tanzsätze in den Kreis der Kunstmusik, macht die venezianische Schule nur wenig Gebrauch.

Als venezianische Errungenschaft bezeichnete der Verfasser den ausdrückenden Stil in der Musik. Er verbindet sich mit dem Madrigal und der frühen Monodie. Beide Begriffe müssen erklärt werden. Das italienische Madrigal des 16. Jahrhunderts hat mit dem Florentiner Madrigal des 14. Jahrhunderts wenig gemein, es sei denn die Vorliebe für lyrische, empfindsame Texte. Musikalisch handelt es sich um zwei grundverschiedene Dinge. Neben dem Cinquecento-Madrigal gibt es zwei weitere, mehr volkstümliche Formen mehrstimmiger italienischer Liedmusik, zu denen das Madrigal in bewußt geförderten Gegensatz tritt: Frottole und Villanella.

Villanella und Frottole

Die Frottole – das Wort bedeutet Flause oder Nichtigkeit – stammt aus Florenz und Mantua, die Villanella (Bauernliedchen) aus Neapel. Gedruckt wurden die ersten Sammlungen in der ersten Hälfte des 16. Jahrhunderts zu Venedig. Musikalisch bedeuten die beiden Formen eine Reaktion auf den kunstvollen Satz der franko-flämischen Meister. Der Form nach sind sie Strophenlieder mit Refrain. Der komplexe Satz, meist Note gegen Note, ist vierstimmig und dreistimmig bei der Frottole und dreistimmig bei der Villanella. A cappella oder auch nur mit Sopran und Instrumenten vorgetragen, betont die frühe Villanella durch einfache Begleitung mit Terz und Quinte ihre bäuerliche, süditalienische Abstammung. Die Frottole ist im Umkreis des Florentiner Karnevals als Aufzugslied der Masken am Ende des 15. Jahrhunderts entstanden und in Mantua als ironisch überlegene Gesellschaftskunst gepflegt worden. Die Villanella nähert sich späterhin dem Madrigal und nimmt schließlich vier- und fünfstimmig dessen kunstvollen Satz auf. Die »Canzonetten« von Adriano Banchieri (1565–1634), die Tanzlieder von Baldassare Donati (um 1530 bis 1603), dem Nachfolger Zarlinos, und die »Villanelle napolitane« oder »Balletti« »Amor im Nachen« und »An hellen Tagen« mit Fa-la-la-Refrain von Giovanni Giacomo Gastoldi (um 1556 bis 1622) sind heute noch allgemein bekannt.

Die beiden letzten Drittel des 16. Jahrhunderts werden in der bildenden Kunst als die Stilphase des Manierismus bezeichnet. Der Manierismus, die Kühle der Distanz suchend, stellt den Menschen

Antonius Capreolus: Frottole (Anfang)

Notenbeispiel 46

gern in seinem Spiegelbild dar, wie beispielsweise Parmigianinos Selbstporträt im Konvexspiegel. Auch Frottole und Villanella sind ein Spiegelbild der Menschen ihres Zeitalters. Der manieristischen Lebensangst antwortet das derbere Leben durch Ironie und Persiflage seiner selbst *(Ntb. 46)*.

Das italienische Madrigal

Das Madrigal trägt manieristische Züge in der Kompliziertheit der Struktur und in seinen Textausdeutungen. 1530 gilt als sein Geburtsjahr; damals erschien der »Canzoniere« des Kardinals und Dichters Pietro Bembo, der unter seinen Vorbildern Petrarca am meisten geliebt hat. Die dichterische Form des Madrigals gehört zu den »rime libre«, den freien Versen. Unregelmäßige Zeilen, aus elf und sieben Silben gemischt, die keinen Strophenbau aufweisen, bilden die Form. Die Werke Petrarcas (Gesänge an Laura), Ariosts und Tassos, die man begierig nach Madrigaltexten durchsuchte, gaben auch musikalisch den Wertmaßstab: Auf höchster dichterischer Stufe erwuchs ein kunstvoller musikalischer Satz. Er ist mehrstimmig (fünfstimmig) und wird a cappella vorgetragen. Die überwiegend polyphonen Teile werden teilweise von homophonen Partien abgelöst.

Das italienische Madrigal wird nicht von Italienern, sondern von franko-flämischen Meistern in Italien geschaffen: von Jakob Arcadelt (Florenz, Rom, Paris, gest. vor 1572), Philippe Verdelot (Venedig, gest. vor 1567), Adrian Willaert (Venedig), Cyprian de Rore (geb. 1516, gest. 1565 in Venedig). Venedig, Florenz und Parma sind ihre Wirkungsorte und damit die Pflegestätten des Madrigals. Durch die Italiener Constanzo Festa und Alfonso della Viola kommen Rom und Ferrara hinzu. Als sich in der Folgezeit Orlando di Lasso, Philipp de Monte (gest. 1603), Giovanni Pierluigi Palestrina und Giovanni und Andrea Gabrieli des Madrigals annahmen, erreichte es seine hohe klassische Zeit. Luca Marenzio (um 1550 bis 1599), Carlo Gesualdo, Fürst von Venosa (von 1560 bis 1614) und Claudio Monteverdi sicherten ihm eine üppige Nachblüte, an deren Duft sich noch Heinrich Schütz berauscht hat. Als Sammelpunkt aller modernistischen Bestrebungen und Tendenzen des 16. Jahrhunderts kommt dem Madrigal eine ähnliche Bedeutung zu wie der Oper.

Nicola Vicentino, der 1511 in dem Venedig benachbarten Vicenza geboren wurde, hat die Venezianer die »Erfinder der neuen Harmonie« genannt. Die neuen harmonischen Klänge, dem Madrigal besonders eigentümlich, waren jedoch nicht Selbstzweck, sondern eine Folge des Wortes. Das Wort wurde die Herrin der Harmonie. In ihr fand es seinen Ausdruck, einen Ausdruck, der alle Bezirke von der zartesten traumhaften Empfindung bis zu einem derb schildernden Realismus umspannte.

Die Gefahr des Abgleitens in rein illustrierende Musik verhinderte ein manieristisches »Als ob«. Die Manier (die nach Goethe nicht einfache Nachahmung der Natur sein kann) ließ dem Künstler nicht die Freiheit der persönlich erlebten Aussage, sie legte ihm den Zwang der Form und der gesellschaftlich-musikalischen Konvention auf. Diesem Zwang haben sich die Komponisten des Madrigals gefügt, trotz der scheinbar subjektiven Hingabe an kühne Harmonien. Die Kühnheit dieser Harmonien war oft erstaunlich. Der Anfang von

Tintoretto, Musizierende Frauen (um 1550). Dresden, Gemäldegalerie. Viola da gamba, Positiv, Querflöte, Psalterium, Lira da braccio sind die beliebtesten Instrumente der Zeit. Manieristische Grazie der Körper steht im Wettstreit mit dem Wohllaut der Musik.

Gesualdos »Moro lasso al mio duolo« ist ein bezeichnendes Beispiel für Chromatik, die Akkordrückungen nach sich zieht *(Ntb. 47)*.

Notenbeispiel 47

Gilt diese dem Ausdruck des Schmerzes, so schreitet sie in Luca Marenzios Madrigal »Solo e pensoso« (Petrarca) mit dem Text »In schwerem und bedächt'gem Schritte« *(Ntb. 48)*.

Notenbeispiel 48

Madrigalismen sind aber nicht nur Chromatik und Harmonik. Alle ausdeutende Musik im Sinne der Musica reservata gehört dazu, sei es, daß Marenzio das Entschwinden eines Traumbildes durch eine aufsteigende musikalische Figur darstellt oder Gesualdo das »schöne Feuer« des liebenden Herzens in auf und ab wogenden Sechzehntelketten malt wie in seinem Madrigal »Dolcissima mia vita«. Schließlich gehört zum Madrigal die realistische Darstellung außermusikalischer Vorgänge. Denken wir an die »Londoner Straßenrufe« des

Engländers Orlando Gibbons, die einen englischen Wochenmarkt mit dem Geschrei der Verkäufer und der Glocke des Polizisten darstellen. In gleicher Weise hat man den Markt der Florentiner Käseweiber oder Jagdszenen musikalisch illustriert. Das Losungswort des Madrigals war Freiheit: Freiheit von den Kirchentonarten und ihren Kadenzen, Freiheit der Harmonik zugunsten einer neuen Textausdeutung und damit eines neuen Wort-Ton-Verhältnisses – eine Freiheit, die aber auch die Glut des Ausdrucks voll entfachen konnte. Daß diese Freiheit nicht schrankenlos war, verdankt sie dem Bedingtheitsgefühl des Menschen im manieristischen Zeitalter. Am Rande sei vermerkt, daß selbst das Leben Gesualdos im Zeichen eines düsteren Ereignisses, einer »maniera«, stand: Er, der Fürst, hatte seine ihm untreue Gattin ermordet.
Der Weg des Madrigals führt zur Dramatik. Auf den Venezianer Tizian, den »Farbprächtigen«, folgte in der Malerei der Dramatiker Tintoretto, auf die Meister des Seicento-Madrigals der Dramatiker Claudio Monteverdi, der die venezianische Schule zu neuem Ruhm führte und die Florentiner Monodie mit der venezianischen Moderne verband.
Zum Drama gehört das Satyrspiel. In diesem Falle heißt es Madrigalkomödie. Sie besteht aus mehreren aneinandergereihten Madrigalen, die Rede und Gegenrede einzelner Personen in mehrstimmigem Satz vortragen; ein mehrstimmiger Dialog also, den man auch szenisch dargestellt hat. Orazio Vecchi (um 1550 bis 1605) schuf das liebenswürdige Musterbeispiel »L'Amfiparnasso« (gedruckt 1597 in Venedig), die erste Opera buffa neben dem Dramma per musica der Florentiner Camerata. In der Frühgeschichte der Oper hat die Madrigalkomödie ihren festen Platz.

Im Umkreis der venezianischen Schule

Villanella und Madrigal sind das Geschenk Venedigs an den Norden. In Deutschland nehmen sich die Komponisten, die im mitteldeutschen Raum leben, dieser liebenswürdigen und kultivierten Kunstgattungen besonders an. In dem später als Elbflorenz bezeichneten, aber auch schon damals italianisierten Dresden hatten bereits

1566 der aus den Niederlanden stammende Hofkapellmeister Le Maistre (gest. 1577 in Dresden) »Deutsche Kanzonetten« und Antonio Scandello (geb. 1517 in Bergamo, gest. 1580 in Dresden), Kapellmeister neben Le Maistre, »Neapolitanische Canzonen« (vierstimmige Villanellen) geschrieben. Der gleichfalls aus den Niederlanden stammende Jakob Regnart (geb. um 1540 in den Niederlanden, gest. 1599 in Prag), der schon als Knabe an den kaiserlichen Hof gekommen war und bis zum kaiserlichen Vizekapellmeister aufstieg, machte die Gattung durch seine »Kurtzweilige teutsche Lieder zu dreyen stimmen nach art der Neapolitanen oder welschen Villanella« (1576–1579) in Innsbruck und Prag bekannt.

Hans Leo Haßler

Der »Elsheimer« der Musik ist Hans Leo Haßler gewesen (geb. 1564 in Nürnberg, gest. 1612 in Frankfurt am Main). Adam Elsheimer (1578–1610), der Maler, und Hans Leo Haßler, beide einer Generation angehörend, fanden in Italien sich selbst; Elsheimer in kleinformatigen italienischen Landschaftsdarstellungen, die er mit höchst lebendigen Figuren ausstaffierte, Haßler in seinen italienischen Madrigalen zu fünf bis acht Stimmen (1596), in »Neue teutsche Gesang« (1596) und im »Lustgarten« (1601). Beide sind, zwanzig Jahre alt, über die Alpen gewandert, Haßler nach Venedig zu Andrea Gabrieli, Elsheimer nach Rom. Sie waren die ersten derer, die seither als Kunststudenten voll Sehnsucht und mit heißem Herzen nach dem Süden gezogen sind. Sie alle suchten die Schönheit, die man in der Musik Klang nennen könnte, wie vor ihnen Dürer und nach ihnen die nazarenischen Maler und der junge Franz Liszt. Elsheimer und Haßler eint schließlich ein früher Tod.

Haßler hatte sich eine gute musikalische Bildung schon bei Leonhard Lechner (geb. um 1553 im Etschtal, gest. 1606 in Stuttgart) in Nürnberg erworben, bevor er zusammen mit Giovanni Gabrieli bei dessen Onkel Andrea studierte. Lechner hatte 1575 »Motectae sacrae« und 1586 »Neue lustige teutsche Lieder nach Art der welschen Canzonen« herausgegeben. Seine Johannespassion von 1593 ist das bedeutendste Werk der Gattung vor den Passionen von Heinrich Schütz. Haßler war also über die deutsche Musik wohlinformiert, als er sich in Venedig den modischen Neuerungen verschrieb.

1585 kehrte er nach Deutschland zurück, um Organist am Augsburger Dom und Kammerorganist am Hofe der Fugger zu werden. 1595 hat ihn der Kaiser geadelt. 1602 ernannte ihn Nürnberg zu seinem städtischen Oberkapellmeister, 1608 folgte er einem Ruf des Kurfürsten nach Dresden. Während der Kaiserkrönung des Kaisers Mathias ist er in Frankfurt am Main, dem Geburtsort Adam Elsheimers, gestorben. Es war Haßler gelungen, das Natürliche nicht nur der italienischen volkstümlichen Kanzonetten, sondern auch des deutschen Liedes mit dem madrigalistischen Stil zu verbinden. Neu ist der Ausdruck einer Innigkeit, die man gern als deutsch anspricht (»Fein's Lieb, du hast mich gfangen«, »Jungfrau, dein schön G'stalt«) *(Ntb. 49)*.

Hans Leo Hassler: »Jungfrau dein schöne Gstalt«

Notenbeispiel 49

Die Melodie von Haßlers »Mein g'müt ist mir verwirret« diente später den Chorälen »Herzlich tut mich verlangen« und »O Haupt voll Blut und Wunden«. Nichts beweist besser die Ausdruckskraft der Haßlerschen Melodie als ihre Verwendung für zwei verschiedene Texte, die nur der Schmerz des Herzens eint. Haßler vermochte Einfaches von Kunstvollem zu trennen. Evangelische Kirchenlieder, die er »Psalmen und christliche Lobgesänge« nannte, komponierte er 1607 »fugweis«, das heißt im kontrapunktischen Stil, und 1608 »simpliciter gesetzt«, das heißt im einfachen akkordischen Stil. Haßlers »hohe« Kunst sei mit seinen »Cantiones sacrae« (1591), die 48 lateinische Motetten enthalten, und seinen »Sacri concentus«, 44 Vokalsätzen zu fünf bis zwölf Stimmen, angesprochen.

Im Haßler-Stil schrieb Johann Hermann Schein (geb. 1586 in Grünhain, gest. 1630 in Leipzig), der spätere Thomaskantor in Leipzig, 1609 sein »Venuskränzlein«, fünfstimmige A-cappella-Sätze. Die dreistimmigen »Waldliederlein« (1621), die fünfstimmigen Madrigale der »Hirtenlust« (1624) und des »Studentenschmaus« (1626) bringen jedoch manches Neue. Die Mitgift des Generalbasses (eines akkordischen Satzes für ein Tasteninstrument) zeigt das noch etwas schwerfällige Bemühen, hinter den modernen italienischen Anregungen nicht zurückzubleiben, ein Kennzeichen aller deutschen Musik im Zeichen der Stilwende um 1600. Interessant ist die Vorbemerkung zu den »Waldliederlein«. Schein erklärt darin dem unerfahrenen Musiker, welche Aufführungsmöglichkeiten sich für dieses Werk ergeben. Die Angaben vermitteln einen guten Einblick in die allgemeine Aufführungspraxis seiner Zeit.

In folgenden Arten kann musiziert werden: 1. indem alle Stimmen – die beiden Soprane und der Baß – a cappella oder in ein corpus, mit Begleitung von einem Akkordinstrument, gesungen werden; 2. und 3. unter Oktavversetzung der beiden Oberstimmen oder nur der obersten, so daß sie von Tenören gesungen werden; 4. indem die beiden Soprane gesungen, der Baß dagegen einem Blas- oder Streichinstrument übertragen wird; 5. indem nur die oberste Stimme gesungen, die zweite dagegen auf Violine oder Flötlein und der Baß wie unter 4. gespielt wird; 6. indem man die beiden Oberstimmen – oder auch nur die erste – über einen corpus singt. Diese Hinweise sind heute noch für die Aufführungen von Werken dieser Zeit wichtig und interessant. Heinrich Schütz, der mit Schein befreundet war, meinte nach dessen Tod: »Er ist vornehmlich fürtrefflich gewesen in dem Stylo madrigalesco, in welchem er keinem Italiener, viel weniger einem anderen etwas nachgeben dürfen. Seine Villanellen seyn von der Zeit sehr hoch geachtet worden und hat er die Texte dazu selbst getichtet.«

Scheins Werke für die Kirchenmusik lassen sich mit denen der Deutsch-Venezianer Jakob Handl (lat. Jacobus Gallus, geb. 1550 in Reifnitz, gest. 1591 in Prag; Betätigung in Wien, Olmütz und Prag), Hieronymus Praetorius (geb. 1560 in Hamburg, gest. 1629 in Hamburg, Organist der Jacobikirche in Hamburg) und Michael Praetorius (geb. 1571 in Kreuzburg, gest. 1621 in Wolfenbüttel; Schüler in Torgau, Organist in Frankfurt an der Oder, Kapellmeister in Wolfenbüttel) zusammenfassen. Die Einheit ist eine stilistische. Mehrchörigkeit, die Fülle vokaler und instrumentaler Strukturen und Formen, höchste Ausdrucksfähigkeit sind auch in den Händen der Deutschen die Stilmittel der venezianischen Schule. Die Kühnheit, mit der sie mit ihnen umgehen, übersteigt manchmal das italienische Maß. Der Dramatiker unter ihnen ist Johann Hermann Schein mit seinen geistlichen Konzerten »Opella nova«. Alle Möglichkeiten von der mehrchörigen Motette bis zum Generalbaßkonzert schöpft Michael Praetorius aus. Sein Hauptwerk »Musae Sioniae« (8 Bände, 1605–1610) enthält 1244 Gesänge. Der Einbezug des evangelischen Chorals in die italienischen Stilelemente sichert dem Kirchenlied eine neue barocke Wirkung.

Italienische Stilelemente

Dem größten der Deutschvenezianer und dem einzigen, der in Venedig studierte, Heinrich Schütz, ist es vorbehalten geblieben, die Verschmelzung deutscher und italienischer Stilelemente zu einer endgültigen zu machen. Er faßte in ähnlicher Weise das Erbe der Venezianer und des 16. Jahrhunderts zusammen, wie Bach das Erbe von Schütz und das des 17. Jahrhunderts. Noch bedurfte es der theoretischen Zusammen- und Überschau.

Michael Praetorius

In Michael Praetorius fand die Generation den ersten Enzyklopädisten der Tonkunst. Sein »Syntagma musicum« umfaßt drei Bände. In ihnen hat Praetorius »das führnehmste so einem Capellmeister ... sonderlich jetziger Zeit, da die Music so hoch gestiegen / das fast nicht zu glauben / dieselbe nunmehr höher werde kommen können / zu wissen von nöthen sein wird / begriffen und verfasset«. Der erste Band (1614–1615) enthält Analekten zur Liturgie, kirchliche und weltliche Musik aller Zeiten; Band II (1618–1619) eine Überschau über das gesamte Musikinstrumentarium; Band III eine Formen-, Notations- und Aufführungskunde im Hinblick auf die neue »italienische Manier« der konzertierenden Mehrchörigkeit, »damit nach dem Exempel der Italorum auch in Germania nostra patria die Music gleich als andere Scientiae und Disciplinae nicht allein excolieret, besonders auch propagiert und zu Gottes einigem Lob und Preis, auch gottesfürchtigen Herzen seliger Recreation und Ergötzlichkeit weit ausgebreitet werden möge«. Die Aufzählung der Musikinstrumente im zweiten Band ist für unsere Kenntnisse besonders wichtig. Praetorius teilt die Instrumente ein in Fundamentinstrumente: Orgel, Clavicymbalum, Viola da Gamba, Tief- und Erzlaute; in blasende Ornamentinstrumente: Posaune, Trompete, Zink, italienisch Cornetto (ein Holzblasinstrument mit Kesselmundstück), Schalmei, Pommer (Schalmei in Baßgröße), Sordun (eine Vorform des Fagotts), Rankett (ein Doppelrohrblattinstrument wie auch das Krummhorn), Fagott; und in besaitete Ornamentinstrumente: Violen, Violinen (an zweiter Stelle) und Zupfinstrumente: Laute, Theorbe (Baßlaute), Harfe. Da aber Musik Klang ist, unterscheidet Praetorius Instrumente mit »penetrantem und tapferem Klang«, wie die Trompete und die Violine, und Instrumente mit »stillem und lieblichem Klang«, wie ihn die Viola und die Blockflöte verströmen.

Daß das Zeitalter neben dem prunkvollen, tapferen Klang der Mehrchörigkeit den weichen Klang besonders geliebt hat, geht aus einem Urteil des Baldassare Castiglione (1478–1529), des Freundes Raffaels, der ihn malte, in seinem Buch vom »Cortegiano« über den solistischen Vortrag der Viola hervor: »Viel schöner als der gewöhnliche Gesang ist der Gesang der Viola, weil da die ganze Lieblichkeit sozusagen in einer Stimme besteht... aber am allermeisten gefällt mir das rezitierende Singen zur Viola, das den Worten eine große Schönheit und wunderbare Wirkung verleiht.«

Wandel im Instrumentenbau

Auch im Instrumentenbau bricht eine neue Zeit an. Nicht nur, daß sich das Instrumentarium der Komponisten von dem des Mittelalters löst, daß also die Zusammensetzung eines Orchesters eine andere wird – auch Form und Aussehen der Instrumente selbst ändern sich. Der bedeutsamste Vorgang ist die Ausbildung des Violen- und Violinentypus, der sich jetzt endgültig von den Formen der mittelalterlichen Zupfinstrumente löst. Im Mittelalter waren die Formen ihrer Resonanzkörper fast gleich. Jetzt erhalten die Körper der Streichinstrumente die Ausbuchtungen, die durch die wachsende Saitenzahl bedingt sind. Aber auch innerhalb der Streichinstrumente findet eine neue Ordnung statt. Dem Violentypus mit spitzem Hals, flacher hinterer Decke und sichelförmigen Schallöchern tritt der Violinentypus mit oben und unten gerundetem Körper, gewölbter Decke und f-förmigen Schallöchern gegenüber. Jeder der beiden Typen hat Familien gebildet, das heißt, sie wurden chorisch vom Diskant bis zum Baß durchgebaut. Bei den Violen als Armviole (a braccio, daher Bratsche) und als Knieviole (a gamba), bei den Violinen als Violine, Bratsche, Violoncello und Kontrabaß. Die heutige Bratsche oder Viola gehört demnach zu den Violinen. Der Violentypus kommt andererseits noch beim Kontrabaß vor. Wir wissen, daß der Violintypus den Violatypus in der Folgezeit weitgehend verdrängt hat.

Zur Geschichte des Klaviers wäre zu sagen, daß ein Traktat des 15. Jahrhunderts schon Cembalo (= Flügel) und Klavichord kennt. Der Unterschied beider Instrumente besteht darin, daß beim Cembalo die Saiten durch einen Federkiel angerissen, beim Klavichord dagegen durch eine Tangente von unten angerührt werden. Während der Klang des Cembalos zwar rauschend ist, der einzelne Ton aber rasch verklingt, kann das intimere und empfindsamere Klavichord den Ton durch verschiedenen Anschlag in Dauer und Klang nuancieren. Das in dem erwähnten Traktat genannte Hammerklavier ist wieder in Vergessenheit geraten. Es mußte am Anfang des 18. Jahrhunderts neu erfunden werden.

Jan Pieterszoon Sweelinck

Ein nördlicher Venezianer, ob durch Studium bei Zarlino in Venedig oder durch das Studium der Werke Zarlinos, ist ungewiß, war Jan Pieterszoon Sweelinck. Er wurde 1562 in Deventer geboren. Seit 1580 bis zu seinem Tode 1621 war er Organist der Alten Kirche zu Amsterdam, derselben Kirche, an der auch sein Vater und später sein Sohn Dirk das gleiche Amt ausübten. Sweelinck hat das Hauptwerk Gioseffo Zarlinos »Institutioni harmoniche« übersetzt und daraus seine Kompositionsregeln abgeleitet. Zarlino hat die Vielzahl der Kirchentonarten auf die beiden Tongeschlechter Dur und Moll eingeengt, er hat also einer Entwicklung die theoretische Rechtfertigung gegeben, die in der praktischen Musik schon vorher Dur und Moll den Kirchentonarten vorgezogen hatte. Zarlino nennt

den Durdreiklang die »harmonische Proportion« (vom Verhältnis
der Saitenlängen beim Monochord ausgehend 15 : 12 : 10), den
Molldreiklang die »arithmetische« (6 : 5 : 4). Er sah den Molldreiklang
als Spiegelbild des Durdreiklanges an und wurde so zum
Begründer der dualistischen Molltheorie. Zarlino bietet in seinem
Hauptwerk aber auch eine bedeutende Kontrapunktlehre und behandelt
musikästhetische Fragen. Die Vierstimmigkeit vergleicht er mit
den vier Elementen, den Baß mit der Erde und den Sopran mit dem
Feuer, um auf diese Weise die Vierstimmigkeit zum Grundelement
des musikalischen Satzes zu machen. Noch wichtiger ist sein Beitrag
zur Nachahmungstheorie des 16. Jahrhunderts: Der Text, die Worte
sind für Zarlino Natur und damit Vorbild für die Musik, welches
»durch die Harmonie nachgeahmt« werden müsse. Es sind dies Gedanken,
schon von Aristoteles vorgedacht, die dem Begriff »musica
reservata«, den Adrian Petit Coclicus in seinem »Compendium musices«
geprägt hatte (Coclicus' Motettensammlung aus dem Jahre
1552 trägt gleichfalls den Titel »musica reservata«), neue Nahrung
gegeben haben.

Sweelinck, ein weitdenkender Geist, verschmilzt die italienischen
Anregungen mit anderen, nicht weniger wichtigen. Italienisch ist
im Titel der fünfstimmigen Chansons (1584) die Hinzufügung
»accomodées tant aux Instruments comme à la voix«; italienisch
ist die Stütze seiner 1619 erschienenen Sammlung von fünfstimmigen
Motetten »cum basso continuo ad organum« durch einen Instrumentalsatz
auf der Orgel; italienisch ist die Verwendung der Instrumentalformen
Toccata, Fantasia und Ricercare für die Orgel. Den
letzteren verdankt die Orgelmusik bedeutende Werke, denen ein
Streben zu thematischer Vereinheitlichung gemeinsam ist. Sie verbinden
die Teile durch ein Thema, das, ostinat in den verschiedenen
Stimmen wiederkehrend, einen ständig anwesenden Cantus firmus
bildet, zu dem sich jeweils neue Kontrapunkte gesellen. Die Großform
der Stücke ist meist dreiteilig. Sweelincks Fantasia chromatica
für Orgel oder Klavier ist ein herrliches Beispiel barocker Kraft,
mit der er auf ein chromatisch fallendes Thema klanglich kühne
Blöcke türmt. Sweelinck hätte ohne seine Kunst der Variation diese
Dichte eines Satzes nie erreicht. Dieses Können durchdringt sein
gesamtes Werk und führt zum Zusammenschluß aller Formenteile,

ein Strukturprinzip, aus dem später die einthemige Fuge Bachs hervorgehen sollte. Mit seinen Choralvariationen und Variationen über weltliche Melodien hat Sweelinck ebenso für die Variationsform Bedeutsames geleistet. Die religiösen Spannungen seines Zeitalters haben auch ihn gezwungen, seine Weltanschauung festzulegen. Er tat es mit der Vertonung des calvinistischen Psalters, wobei er Melodien des Kantors von St-Pierre in Genf, Loys Bourgeois (geb. um 1510 in Paris), des Schöpfers des Hugenottenpsalters, verwendete.

Gleichklang von Musik und Poesie

William Shakespeare sagt in dem Gedicht »Der verliebte Pilger« (London 1599):

> Wie sich Musik und Poesie verbinden
> zu süß geschwisterlichem Gleichgeschick,
> solln unsre Herzen zueinander finden,
> denn Dichtung lieb ich und du liebst Musik.
>
> Du gibst dich Dowlands Melodien hin,
> von ihres Wohlklangs Zauber eingehüllet,
> ich nenne Spenser meinen Hochgewinn,
> der mir den Geist mit Herrlichkeit erfüllet.
>
> Und wie dich Phöbus' Lautenspiel beglückt,
> die Königin Musik, in stiller Stunde,
> bin ich in holde Trunkenheit entrückt,
> ertönet mir das Wort aus seinem Munde.
>
> Ein Gott ist beider Gott, die sich verbinden,
> in mir und dir wirst du sie beide finden.

Der Dichter spricht aus, was das Zeitalter bewegt: Gleichklang von Musik und Poesie. Die Vereinigung beider ist eines der Hauptanliegen auch der Musik Englands im Zeitalter Shakespeares, das man politisch das Elisabethanische nennt. Durch den Sieg der Engländer über die spanische Armada im Jahre 1588 hatte England die Vormachtstellung Spaniens eingenommen. Der politischen Aufgabe folgte die künstlerische, nämlich auf dem Boden einer großen Vergangenheit der Nation eine große Zukunft zu schaffen. In der Musik waren seit Dunstables Zeiten die Quellen verschüttet worden, jetzt brachen sie wieder auf. Die Neuordnung der englischen Kirche, bedingt durch ihre Unabhängigkeitserklärung 1531 unter Heinrich VIII., schuf die Voraussetzungen für eine neue Kirchenmusik. Ihre Grundlage wurde die von dem Verleger John Day 1560 herausgegebene Sammlung kirchlicher Werke. Im Anthem fand England seine ihm gemäße kirchenmusikalische Form. Es handelt sich bei diesem ursprünglich um Psalmenvertonungen im doppelchörigen motettischen Prinzip. Später löst die Kantatenform mit Arie und Rezitativ die motettische ab.

Englische Madrigalkunst
England hat sich der italienischen Lehrmeisterin immer besonders gern gefügt. Am bereitwilligsten wurde das Madrigal aufgenommen. 1588 erschien eine Sammlung italienischer Madrigale in englischer Übersetzung unter dem Namen »Musica Transalpina«. Damit beginnt die Blütezeit der großen englischen Madrigalkunst. Ihre Träger sind: William Byrd (geb. 1543 vermutlich in Lincoln, gest. 1623 in Stondon), Thomas Morley (geb. 1557, gest. 1602 in London), John Dowland (geb. 1563 in Westminster, gest. 1625 oder 1626 in London), Orlando Gibbons (geb. 1583 in Cambridge, gest. 1625 in Canterbury), John Wilbye (geb. 1575 in Diss, gest. 1631 in Colchester), Thomas Weelkes (geb. um 1570 in England, gest. 1623 in London). Ihnen gelang die Verbindung von Musik und Poesie in gleicher Weise wie ihren Vorbildern Luca Marenzio und Giovanni Gastoldi. Eine neue Note fügten sie der kultivierten italienischen Gesellschaftskunst durch »anmutigen Humor und Ausgelassenheit« (nach Thomas Morleys Worten) hinzu. Eine gewisse volkstümliche Haltung bildet daher ein besonderes Charakteristikum des englischen Madrigals. Denken wir an Gibbons' erwähnte »Londoner Straßenrufe«!
Die gleiche, schon dem frühen Sommerkanon eigene Atmosphäre zeichnet auch die Catches, drei- und mehrstimmige Kanons auf lustige Texte, aus. Noch ist der Melodien John Dowlands zu gedenken, von denen Shakespeare in seinem Gedicht spricht. Es handelt sich

um einstimmige, von der Laute begleitete Gesänge, die 1597 unter dem Titel »Songs or Ayres« erschienen waren. Dowland stand nach längeren Reisen in Frankreich, Deutschland, Italien und Dänemark als berühmter Lautenspieler im Dienste des englischen Königs. In »des Wohlklangs Zauber eingehüllt« waren diese Lieder in der Einfachheit ihrer Empfindung »Musik für stille Stunden«.

Virginalmusik

Den bedeutsamsten Beitrag zur neueren Musikgeschichte aber leisteten die englischen Meister durch ihre Musik für das Virginal. Dies ist ein Spinett, also eine Kleinform des Cembalos. Obwohl reine Instrumentalmusik, verzichtet die Virginalkunst keineswegs auf Poesie oder poetische Idee. Die Stücke tragen oft programmatische Titel, um das Ohr und den Sinn des Hörers nicht nur durch die Töne, sondern auch durch das Wort in eine bestimmte Richtung zu

John Bull (1563–1628). Gemälde von 1580. Einer der Hauptmeister der englischen Virginalmusik, die er auch auf dem Kontinent bekannt machte, in der Tracht des Elisabethanischen Zeitalter.

lenken. Der Umkreis der Schilderungen und musikalischen Darstellungen reicht vom Glockengeläute (Byrds »The Bells«), impressionistischen Stimmungsbildern, wie das vom herbstlich fallenden Laub, bis zu Naturszenen, Naturereignissen und Schlachtengemälden. Seit den englischen Virginalisten gibt es neben der absoluten Instrumentalmusik diese Art von Programmusik mit mehr oder weniger Realistik des dargestellten Vorwurfs bis auf den heutigen Tag.

Noch größer sind die klaviertechnischen und formalen Errungenschaften der Virginalmusik. Durch Passagen, Akkordbrechungen, reiche Ornamentik entsteht zum erstenmal eine freie, lebendige Musik für Tasteninstrumente. Durch die Technik, Variationen über eine im Baß immer wiederkehrende Melodie (Basso ostinato) oder Grounds zu schreiben, griffen die Virginalisten das Prinzip der Variation auf, führten es in kühnster Weise an die Charaktervariation heran und reichten es an die europäische Musik weiter. Von den 297 Tonsätzen des »Fitzwilliam Virginal Book«, der bedeutendsten Handschrift der Virginalmusik (um 1570 bis 1625), sind 225 Stücke Variationen über Lieder und Tänze. Die Form dieser Variationen schlägt merkwürdigerweise eine Brücke zu einer Tanzform des Mittelalters, der schon erwähnten Estampie: a a – b b – c c ... wobei der zweite Teil jeweils nicht Wiederholung, sondern Variation bedeutet *(Ntb. 50)*.

Meister der Virginalmusik sind neben den Madrigalisten Byrd, Gibbons, Munday, Morley, John Bull (geb. 1563 in Somersetshire, gest. 1628 in Antwerpen) und Giles Farnaby (geb. um 1560 in Truro,

Notenbeispiel 50

gest. um 1620). Sie alle waren hochgeachtete Musiker in den höchsten Stellungen des Landes: William Byrd Organist der königlichen Kapelle der Königin Elizabeth I., desgleichen Gibbons (später an der Westminster-Abtei), John Bull Musikprofessor am Gresham-College, Oxforder und Cambridger Doktor und ein durch seine Konzertreisen berühmter Orgelspieler. Die europäische Wirkung ihres Werkes entspricht der Verehrung und dem Beifall ihrer Zeitgenossen im Zeitalter der Königin Elizabeth I.

Mit dem italienischen Hofstil und Hofzeremoniell waren auch italienische Maskenspiele an den englischen Hof gekommen. Die Hofmaskeraden der Königin, die Volkslied und Volkstanz nicht verschmähten, wurden zum Vorbild für die volkstümlichen allegorischen Maskenspiele. Musikalisch nahmen sie alles auf, vom Volkslied bis zum Madrigal, vom Volkstanz bis zur Kanzone und zum Ricercare. Die Tänze der Maskenspiele, Pavanen, Gagliarden, Couranten und vor allem die Jig (Gigue), gaben der kontinentalen Suite reiche Anregungen. Die englischen Wandermusikanten, die im Verein mit den Shakespeares Werke darstellenden Komödianten um 1600 nach Deutschland gekommen waren, haben die Tänze auf dem Festland bekannt gemacht. Es kommt ihnen für die deutsche Musik die gleiche Bedeutung zu wie dem Werk Shakespeares für die deutsche Literatur.

Musik in Spanien

Das italienische Madrigal, die neue Instrumentalmusik und venezianische Mehrchörigkeit finden den Weg auch nach Spanien. Dort treffen sie auf ein höchst eigenständiges folkloristisch gebundenes Musizieren. Das 16. Jahrhundert ist politisch und wirtschaftlich das Goldene Zeitalter Spaniens. Seinen Ruhm künden die Künste und die Künstler: Miguel de Cervantes, der Dichter; El Greco, der Maler; Antonio de Cabezón, der »spanische Bach«, der »neue Orpheus des Zeitalters«. Der Canciero und der Villancico sind Formen des spanischen weltlichen polyphonen Liedes. Sie sind der Frottola und der niederländisch-französischen Chanson in gleicher Weise verpflichtet, haben aber dennoch im Rhythmischen und Melodischen viel von Spaniens sehr alter Volksmusik bewahrt. Durch die Wechselfälle der spanischen Geschichte bedingt, sind orientalisch-arabische

Einflüsse, ähnlich denen in der portugiesischen Musik, nicht zu überhören. Diese haben sich vor allem in Andalusien in einer reichen, manchmal krausen Ornamentik niedergeschlagen. Der blinde Organist und Musikprofessor an der Universität von Salamanca, Francisco Salinas (geb. 1513 in Burgos, gest. 1590 in Salamanca), berichtet in seinem Werk »De musica libri septem«, dem die Musiklehre des Venezianers Zarlino zugrunde liegt, über die Volksmusik seines Landes. Juan Vázquez hat die Ornamentik des Volksliedes einem neuen lyrischen Ausdruck untergeordnet. Er wurde zum Schöpfer des spanischen Madrigals. Während jedoch Kastilien und Andalusien eher am Villancico festhielten, wurde Katalonien die eigentliche madrigalistische Landschaft Spaniens. Die Musikerdynastien der Vila und Flecha, die auch bedeutende Organisten waren, haben der Musik Kataloniens ihre Eigenart erhalten und die ihrige gegeben. Mateo Flecha hat auch geistliche, der Jungfrau Maria gewidmete Madrigale geschrieben.

Der Pflege des Singens stand die des Spielens nicht nach. Für Harfe, Laute und Streichinstrumente, von denen die Vihuela (Viola) für die Kunstmusik am beliebtesten war, und später auch für Gitarre entstand eine umfangreiche Literatur. In ihr nehmen Tanzsätze wie Sarabande, Chaconne und Folia einen breiten Raum ein. Für die Streichinstrumente schrieb der Toledaner Diego Ortiz einen »Tratado de glosas (Ornamente), sobre cláusulas (ostinate Themen im Baß) y ottos puntos de música de violones«. Es ist ein Lehrbuch der Improvisation über einen gleichbleibenden Baß. Da Ortiz darin auch lehrt, wie Viola und Tasteninstrument gleichzeitig improvisieren können, indem das Klavier einen mehrstimmigen Satz vorträgt, zu dem die Viola einen freien Kontrapunkt spielt, oder aber, daß das Klavier der Improvisation der Viola mit Harmonien folgt und dabei eine immer wiederkehrende Baßmelodie spielt, ergibt sich bereits die Praxis des Basso ostinato, der Variationen über einem Grundbaß. Dieses Prinzip ist von den ehemaligen Tanzformen Passacaglia und Chaconne übernommen worden und hat später, losgelöst vom Tanz, zu einer Kunstform mit gleichem Namen geführt. In dieser haben Bach, Händel, Brahms und Hindemith bedeutende Werke geschrieben.

Die Improvisation auf der Orgel, die Fantasie also, haben die Spanier Tiento genannt. Sie kannten das Tiento in freier oder höchst kunstvoller kontrapunktischer Technik. Das Tiento entspricht daher sowohl der italienischen Toccata als dem Ricercare. Sein Hauptmeister ist der blinde Antonio de Cabezón (geb. 1510 bei Burgos, gest. 1566 in Madrid), Spaniens berühmtester Orgelmeister unter Philipp II. Sein Sohn Hernando hat 1578 aber auch seine »Obras para música de tecla (Taste), arpa y vihuela« herausgegeben. Es sind Übungsstücke, Hymnenbearbeitungen, Transkriptionen flämischer Motetten, Tientos und so weiter.

Welche Bedeutung der Improvisation zugemessen wird, geht aus dem Titel eines Lehrbuches für Orgel- und Klavierspiel von Thomas de Sancta Maria (1565) hervor: »Arte de tañer fantasia.« Phantasie bedeutet in Spanien »Einfalt« und kunstvolle ornamentale und kontrapunktische Arbeit.

Über Victorias und Morales' große polyphone Kirchenmusik soll in dem folgenden Palestrina-Kapitel gesprochen werden. Der Palestrina-Stil hat es der neuen Musik des 17. Jahrhunderts nicht leicht gemacht, sich in Spanien durchzusetzen. Unter dem Neuen ist sowohl die Monodie als auch die klanglich-espressive Chortechnik der Venezianer zu verstehen. Mateo Romero, ein Flame, seit 1596 Leiter der königlichen Hofkapelle in Madrid und später in Portugal, gest. 1647, hat ihr in seinen geistlichen Werken große Wirkungen abgewonnen. Juan Bautista Comes (1568–1643) schrieb »Danzas del Santísimo Corpus Christi« für Soli und mehrstimmige Gesänge mit Harfe als Generalbaßinstrument, Beispiele für den Tanz am Altar, wie ihn die »Seises« (Chorknaben) vor dem Altar in der Kathedrale von Sevilla tanzen. Im Zusammenhang mit dieser darstellenden Musik sei schließlich auch der Musik für das spanische Theater gedacht. Villancicos Romances mit Gitarrenbegleitung, Solo- und Chorlieder gehörten zu den Bühnenstücken Gil Vicentes, Lucas Fernández' und Lobe de Ruedas. Auch das Jesuiten- und humanistische akademische Theater Spaniens haben sich in ihren »Autos« (sakramentale Einakter) ihrer angenommen. In den »Danzas para el Santísimo Sacramento« des Jesuitenpaters Juan de Bonifacio in Valladolid sangen zu Beginn des Stückes ein brasilianischer Indianer, ein Mexikaner und ein Japaner ein gemeinsames Lied. Das kolonisierende Spanien umfaßte in diesem Jahrhundert die Welt.

Römischer Exkurs

Während der venezianischen Schule das Bestreben eigentümlich ist, in der Musik fortzuschreiten (was mit Fortschritt nichts zu tun hat), pflegt Rom und die römische Schule das Beharrende und Bewahrende, das, was man Tradition nennt, ein Wort, das keinesfalls Gewesenes oder Erstarrtes bedeutet, sondern nur dann angewendet werden sollte, wenn man die Folgerichtigkeit und die Kontinuität zwischen Vergangenem und Gegenwärtigem bezeichnen will.

Giovanni Pierluigi Palestrina

Der Meister, der die Kraft besaß, die Tradition der Musik zur lebendigen Gegenwart zu machen, war Giovanni Pierluigi aus Palestrina, dem antiken Praeneste in den römischen Bergen. Vermutlich 1525 geboren, sang Palestrina fünf Jahre als Chorknabe an Santa Maria Maggiore in Rom. Von 1544 bis 1551 war er Organist und Kapellmeister des Domes seiner Heimatstadt. 1551 berief ihn Papst Julius III. zum Singemeister des Knabenchores und als Kapellmeister an die Capella Giulia von San Pietro und 1555 zum Sänger der Capella Sixtina. Durch Paul IV. (Palestrina hat zehn Päpste erlebt) wurde er, der kein Kleriker, sondern sogar verheiratet war, wieder entlassen, erhielt jedoch später das Kapellmeisteramt an San Giovanni in Laterano und dann an Santa Maria Maggiore. 1571 wurde er als Nachfolger Animuccias in das Kapellmeisteramt von San Pietro zurückgeholt. Bis zu seinem Tode hat er dieses Amt neben seiner Tätigkeit als Konzertmeister des Fürsten Buoncompagni und als Studiendirektor der Musikschule Giov. Maria Naninos (geb. um 1545 in Tivoli, gest. 1607 in Rom), eines Schülers von Palestrina und späteren Kapellmeisters der Sixtina, innegehabt. Als Palestrina, der »Fürst der Musik«, 1594 starb, wurde er in der Capella nuova der Peterskirche beigesetzt.

Die Gesamtausgabe des Werkes Palestrinas umfaßt 950 Nummern. Sie alle (bis auf die frühen Madrigale, die Palestrina in der Widmung seiner Hohelied-Motetten an den Papst als Jugendsünden bezeichnet hat) sind Kirchenmusik, und zwar, bis auf 8 Orgelricercari, vokale Kirchenmusik. Der A-cappella-Stil, also der kontrapunktische vielstimmige Vokalstil, der durch zwei Jahrhunderte hindurch Gültigkeit gehabt hatte, erreicht im Werk Palestrinas seine höchste Vollendung und seinen Abschluß zugleich. Palestrina, am Ende einer Stilepoche stehend, faßt die Vokalmusik in gleicher Weise zusammen, wie später Johann Sebastian Bach Vokal- und Instrumentalmusik zu einer ähnlichen Synthese und zu krönendem Abschluß führt, bevor der Morgen der klassischen Musik anbricht. Die Folge ist eine Steigerung aller bisherigen Stilmittel. Bei Palestrina bedeutet das Polyphonie, kunstvolle kontrapunktische Erscheinungsformen wie Kanon und so weiter und ein neues Wort- und Tonverhältnis durch Geltenlassen der grammatikalischen Forderungen des Wortes. Es kommt aber noch mehr dazu. Nicht nur die großen Melodiebögen sind für Palestrinas Individualstil kennzeichnend, sondern auch der Platz und die Luft zwischen den Stimmen. Es entstehen Raumweiten innerhalb des vielstimmigen Gefüges. Die Musik Palestrinas löst sich von der stimmlichen Gebundenheit und festen Klanglichkeit der Werke der franko-flämischen Meister. Sie wird frei und schafft sich einen neuen Klang, den man im Gegensatz zum äußeren Klang der venezianischen Mehrchörigkeit als inneren Raumklang bezeichnen könnte. Jetzt erst erhält die Musik die Möglichkeit, Raumweiten zu durchfluten, Raumweiten, wie sie in gleicher Weise die Baumeister des Barockzeitalters gebaut haben. Palestrinas Stellung in der Kunstgeschichte ist der Michelangelos vergleichbar.

Durch selbstgeschriebene Gesetze hat Palestrina Stimmführung und Dissonanzbehandlung in seiner Musik geregelt. Sie sind gültig bis zum »Gradus ad Parnassum« des berühmten Kontrapunktlehrers Josef Fux und galten in gleicher Weise noch für die Kirchenmusik des 19. Jahrhunderts. In diesen Gesetzen weist sich Palestrina als der große Traditionalist aus, der sich venezianischer Chromatik und Espressivität verschloß. In einem anderen Falle jedoch hat er die Zeichen der Zeit verstanden und zu nutzen gewußt. Papst Marcellus II., der nur 22 Tage regierte, hatte den Sängern seiner Kapelle Vorhaltungen gemacht, daß ihr Gesang am Karfreitag zu rauschhaft gewesen sei. Er müsse verlangen, »daß man die Worte verstehen könne«. Damit war das ausgesprochen, was einige Jahre vorher das Tridentiner Konzil in gleicher Weise beschäftigt hatte. Darüber hinaus war die Forderung, daß man die Worte verstehen müsse,

das Schicksalsgesetz der Musik auf ihrem Wege von der Polyphonie zur Monodie.
Palestrina schrieb 1567 sein zweites Buch Messen. An letzter Stelle steht die »Missa Papae Marcelli«, vermutlich 1562–1563 komponiert. In ihr ist das Wort-Ton-Verhältnis auf eine Weise gelöst, die dem Wunsch des Papstes Marcellus Genüge getan hat. Alle der Kirche wichtigen Glaubenssätze sind in einem syllabischen (zu jeder Silbe gehört nur eine Note) und daher mehr akkordisch wirkenden Satz vertont, während die kontrapunktischen Teile sich auf die allgemein bekannten liturgischen Formeln wie Kyrie eleison, Sanctus beschränken. Da dieser Palestrina-Stil alsbald als Vorbild angesehen wurde, hat Palestrina die Kirchenmusik in seiner Weise gerettet. Auf die Entscheidungen des Tridentiner Konzils hat er keinen Einfluß gehabt, ebensowenig wie auf die Neuausgabe der Gregorianischen Melodien des Graduale, der Editio Medicaea, die 1641 abgeschlossen wurden.
Die Aus- und Nachwirkungen des Riesenwerkes Palestrinas waren gewaltig; er schuf 326 Motetten, teilweise bis zu zwölf Stimmen; 93 Messen bis zu acht Stimmen, Hymnen, Offertorien, Lamentationen, Litaneien und Magnifikat. Ein Stil der Tradition und der großen Dimensionen war Rom besonders gemäß. Ihn pflegten Ruggiero Giovanelli, der 1625 verstorbene Amtsnachfolger Palestrinas, der schon erwähnte Palestrina-Schüler Giovanni Maria Nanino, Felice Anerio (gest. 1614 in Rom) und Francesco Suriano (gest. 1621 in Rom), die beide an der Neuausgabe der Editio Medicaea mitgewirkt haben.
Aus einer Haltung, die der römischen ähnlich war, erwuchs der polyphone Stil der Musik Spaniens im 16. Jahrhundert. Auch er stand der Vergangenheit näher als der venezianischen Gegenwart. Trotzdem gelang es der spanischen Musik, in der Art eines »mittelalterlichen Barock« kontrapunktische Strenge mit einer anderen Seite der spanischen Mentalität, mit Leidenschaft und religiöser Verzückung zu verbinden. Das Resultat ist eine strenge, leidenschaftliche Polyphonie.
Mit Palestrina befreundet und ihm künstlerisch nahe ist der Alt-Kastilianer Thomás Luis de Victoria, der nach 1540 geboren wurde, am Collegium Germanicum in Rom studierte und dort zum Kreis

der Oratorianer um Filippo Neri gehörte. 1578 kehrte er als Organist und Kapellmeister am Barfüßerkloster nach Madrid zurück. Er starb 1611. Mit seiner vier- bis zwölfstimmigen Kirchenmusik stellt er sich mit Palestrina und Orlando di Lasso auf eine Stufe. In Andalusien begründete der Sevillaner Christóbal Morales (geb. um 1500 in Sevilla, gest. 1553 in Málaga) eine Schule. Auch er war in Rom; der päpstliche Kapellsänger kehrte 1545 als Domkapellmeister nach Toledo zurück. 1551 ging er in gleicher Eigenschaft nach Málaga. Geistig und künstlerisch Morales eng verwandt ist dessen Amtsnachfolger in Málaga, der Sevillaner Francisco Guerrero (1528–1599), der zuletzt die Kapelle der Kathedrale von Sevilla leitete. Die Souveränität der spanischen Meister in der Behandlung traditioneller Stilmittel ist erstaunlich. Der Altmeister des »römischen Stiles«, Giovanni Pierluigi Palestrina, starb 1594 in Rom. In demselben Jahr (oder nur kurze Zeit danach) fand in Florenz die szenische Aufführung eines Dramma in musica statt, wie man später die Oper nannte.

Florenz

Die Florentiner Oper ist nicht die Lehrmeisterin der Monodie gewesen; diese wäre auch ohne die Oper zu einer der großen Erscheinungsformen der Musik geworden. Doch die Oper lieh ihr ihre propagandistischen Mittel. Dadurch wurde die Monodie bekannt und auf ihre Weise die Lehrmeisterin der gesamten europäischen Musik – nicht nur der vokalen, sondern auch der instrumentalen. Unter Monodie versteht man in der Musik eine akkordisch begleitete Einstimmigkeit. Die Frage ist berechtigt, wie es inmitten der Hochzeit der polyphonen Musik zu dieser Einstimmigkeit kam. Die Monodie entstand durch das Gesetz des Gegensatzes, das jedem künstlerischen Fortschreiten auferlegt ist. Alles unmittelbar aufeinander Folgende ist Gegensatz. Alles Übernächste ist dem ersten wieder ähnlicher als dem ihm unmittelbar Vorhergehenden: Hier herrscht das Gesetz der Spirale oder auch das Gesetz der Generationen Großvater–Vater–Sohn.

*Monodie als Grundform
geistlicher und weltlicher Musik*
Der Gegensatz zur kontrapunktischen Vielstimmigkeit konnte nur Weniger-Stimmigkeit, ja Einstimmigkeit sein. Sie trat in dem Augenblick auf, als die Polyphonie ihren Höhepunkt erreicht hatte, den Höhepunkt in der Anzahl der Stimmen (Benevolis Messe zur Einweihung des Salzburger Domes hat dreiundfünfzig Stimmen), aber auch den Höhepunkt der kontrapunktischen Arbeit vieler nach kunstvollen Regeln geführter Stimmen. Beider Ereignisse war man in der Mitte des 16. Jahrhunderts müde geworden. Die Unzufriedenheit war allgemein. Man wollte nicht mehr Kompliziertes, sondern Einfaches hören. Bereits zwei Generationen später betont Descartes die Vorliebe des Ohres für zwar einfache, aber zusammengesetzte Klänge! Solche Dinge liegen in der Luft. Sie wurden greifbar und spruchreif, als die Kirche sich ihrer annahm. Das im Zeichen der Gegenreformation stehende Tridentiner Konzil (1545–1563) hatte sich auf Betreiben des Papstes Pius IV. auch mit kirchenmusikalischen Fragen beschäftigt. Ein Kollegium von mehreren Kardinälen bildete den Ausschuß, als Sachverständigen hatte man sich des flämischen Komponisten Jacobus de Kerle (geb. 1531 in Ypern, gest. 1591 in Prag) versichert.
Die Anklage, die sich wenig von denen unterscheidet, die man immer wieder gegen die »neue« Musik erhoben hat, lautete in einer Formulierung des Humanisten Erasmus von Rotterdam: »Eine verkünstelte und theatralische Musik haben wir eingeführt in die Kirche, ein Geschrei und Getümmel verschiedener Stimmen, wie es meines Erachtens wohl niemals in den Theatern der Griechen und Römer gehört worden ist. Von Hörnern, Trompeten, Pfeifen, Schalmeien wird alles durchrauscht, mit ihnen wetteifern menschliche Stimmen. Verliebte, unzüchtige Gesänge lassen sich hören, welche sonst nur die Tänze der Buhlerinnen und Spaßmacher begleiten. In die Kirchen rennt man wie vor die Bühne, des Ohrenkitzels wegen. Dafür besoldet man mit großem Aufwande Orgelmacher und Scharen von Knaben, deren Jugend darüber hingeht, solche Dinge zu lernen und die aller bessern Bildung fremd bleiben . . .«
Als Antwort darauf komponierte Jacobus de Kerle 1561 für das Konzil die »Preces speciales«, Werke, die einen polyphonen mit

einem homophonen Stil in ausgewogener Weise vermischen, Textverständlichkeit gewährleisten und sich in einem gemäßigten Ausdruck von jedem Experiment fernhalten. Kerles Musik gefiel allgemein. In der 22. Session am 17. September 1562 kam es zu einem Konzilbeschluß. Darin erkannte man die zeitgenössische mehrstimmige Musik an, obwohl man ursprünglich jede polyphone Musik in der Kirche verbieten wollte. Allerdings blieben die Forderungen nach Verständlichkeit des Textes, nach Wahrung der kirchlichen Würde (Pia gravitas) und nach Verzicht auf alles Lasciorum aut impurum (auf das Weltliche und Unreine) bestehen. Gleichzeitig beschloß man eine Reform des römischen Breviers und des Missale. Eine Kardinalskommission wurde mit der Durchführung und Überwachung der Beschlüsse beauftragt.

Wir sollten diese Vorgänge in ihrer Bedeutung für die Musikgeschichte nicht überschätzen. Die Tridentiner Beschlüsse haben keine neue Epoche der Musik heraufgeführt. Im Gegenteil, sie waren Beschlüsse einer Reaktion. Reaktion aber ist immer unfruchtbar. Die innere Wandlung der Musik war längst im Gange und hätte auch ohne das Tridentiner Konzil zum gleichen Ziel geführt. Was unter »Weniger-stimmig-Werden« der Musik zu verstehen ist und was »in ein corpus«, also mit Begleitung von Akkordinstrumenten singen, zu bedeuten hat, geht aus der erwähnten Vorrede der »Waldliederlein« von Johann Hermann Schein hervor. Man konnte demnach mehrstimmige A-cappella-Gesänge auch in der Art aufführen, daß man nur einzelne Stimmen singen, die andern von Instrumenten spielen ließ. Ebenso war es möglich, daß nur die oberste Stimme gesungen und die anderen, einen akkordisch-homophonen Satz vorausgesetzt, von einem Tasteninstrument gespielt wurden. Solche Arrangements von Frottolen und Madrigalen für Gesang und Laute haben Willaert und vor allem die spanischen Lautenmeister vorgenommen, während Luzzasco Luzzaschi monodieartige Madrigale für Solostimme und als Duette und Terzette mit Cembalobegleitung schrieb. Bei dem letzteren Verfahren ergab sich die Möglichkeit – zumal wenn man die oberste Stimme nur solistisch besetzte –, daß die Stimme in neuer Weise konzertieren, die langen Notenwerte in kürzere auflösen und damit gleichzeitig einen Ausdruck verbinden konnte. Die rein akkordische Begleitung eines Tasten- oder Lauteninstrumentes gab diesem Gesang, der das Wort und seinen Sinn verständlich machte, eine feste Stütze. Die Monodie war geboren. In seiner Vorrede zur »Nuove musiche« (1601), die einstimmige Arien und Madrigale mit Basso continuo (akkordische Begleitung eines Tasteninstrumentes) enthält, schreibt Giulio Caccini (geb. um 1545 in Rom, gest. 1618 in Florenz): »Da ich mich nun überzeugte, daß Hervorbringungen im Sinne unserer Tage kein anderes Vergnügen bewirken, als dasjenige, was durch die Harmonie dem Ohre allein gewährt wird, daß ohne das Verständnis der Worte das Gemüt nicht gerühret werden könne, kam mir der Gedanke, eine Art Gesang, gewissermaßen einer harmonischen Rede gleich, aufzuführen, wobei ich eine gewisse edle Verachtung des Gesanges an den Tag legte, hin und wieder einige Dissonanzen berührte, den Baß aber ruhen ließ, ausgenommen da, wo ich, dem gemeinen Gebrauch zufolge, seiner mit den Tönen der durch Instrumente ausgeführten Mittelstimmen mich bedienen wollte, irgendeinen Affekt auszudrükken, wozu sie allein brauchbar sind.« Vorausgegangen war 1581 eine Schrift in Dialogform »Della musica antica e della moderna« von V. Galilei, dem Vater des Astronomen und Physikers Galileo Galilei. Vincenzo war ein bedeutender Lautenist und hatte auch die antiken Hymnen des Mesomedes veröffentlicht. In der obigen Schrift hatte er festgestellt, daß die antike Musik gerade deswegen starke Wirkungen erzielte, weil sie – wie man wußte – einstimmig gewesen war. Er folgerte daraus, daß man des großen Aufwandes der kontrapunktischen Mittel nicht bedürfe, um eindrucksvolle Musik zu machen. Allerdings hatte auch schon Zarlino, der Lehrer Vincenzo Galileis, gefunden, daß eine instrumentalbegleitete Monodie gefälliger wirkte als ein Gesangsensemble. Galilei war bei der Theorie nicht stehengeblieben. In seinen »Klageliedern des Jeremias« und in dem »Lamento des Ugolino« aus dem »Inferno« von Dantes Göttlicher Komödie (um 1590) für Gesang und Lautenbegleitung schrieb er die ersten Monodien. Die Musik ist verlorengegangen.

Generalbaßmusik

Die neue monodische Musik erhielt eine praktische, wesentliche Hilfe durch das Prinzip des Generalbasses oder Basso continuo. Die Gepflogenheit, den A-cappella-Satz zu intavolieren, also alle Stimmen in einem spielbaren Satz für Orgel zusammenzufassen, um auf diese Weise den Chor zu stützen, besteht schon seit der zweiten Hälfte des 15. Jahrhunderts. Neu ist seit ungefähr 1620, daß man diese Tabulatur vereinfacht. Nur der tiefste Ton des Akkordes wird aufgeschrieben, und die andern dazugehörigen Töne werden mit Zahlen bezeichnet, falls es sich nicht nur um einen Dreiklang handelt. Die Praxis, mit bezifferten Bässen zu spielen, nennt man Generalbaß oder Basso continuo spielen. Ursprünglich nur auf die Monodie beschränkt, war bald eine Musik ohne Generalbaß nicht mehr vorstellbar. Aus einer spielpraktischen Bezeichnung wird eine Strukturbezeichnung der Musik. Man spricht von Generalbaßmusik, ja von einem Generalbaßzeitalter.

Durch die Verminderung des kontrapunktischen polyphonen Anteils und der Stimmenzahl war die Musik im Laufe des 16. Jahrhunderts akkordischer geworden. Die in Akkorden zusammengefaßten Töne der Mittelstimmen werden zum Gerüst, das den Baß und die Oberstimmen zusammenhält. Man könnte auch sagen, sie werden der Hintergrund, von dem sich die konzertierenden Außenstimmen abheben. Jedenfalls glaubte man jetzt, auf dieses Akkordgerüst, das den harmonikalen Charakter der scheinbar noch immer kontrapunktischen Musik betont, nicht mehr verzichten zu können. Erst mit der Klassik, wenn alle Stimmen – auch die melodischen – vollständig von der harmonischen Aufgabe und dem harmonischen Geist durchdrungen sein werden, wird man dieses Prinzip wieder aufgeben.

Noch einmal sei es gesagt: Musik von dem Zeitalter der italienischen Musik bis zu derjenigen Bachs und Händels ist Generalbaßmusik und wird mit Begleitung eines Cembalos oder der Orgel aufgeführt. Es gibt allerdings Ausnahmen, dann heißt es: »Col basso continuo, se piace« = mit Basso continuo, wenn es beliebt. Der Mantuaner Domkapellmeister Ludovico Grossi da Viadana (geb. 1564, gest. 1645 in Gualtieri) hat das Prinzip des Generalbasses zwar nicht »erfunden«, er hat es aber als einer der ersten angewandt in seinen »Cento concerti ecclesiastici a 1, 2, 3, 4 voci con il basso continuo per sonar nell'organo« (1602). Es sind geringstimmige Kirchenkonzerte, deren fehlende Stimmen im Generalbaß zusammengefaßt sind *(Ntb. 51)*. Die Möglichkeit zum Konzertieren der Oberstimmen

Notenbeispiel 51

hat Viadana weitgehendst benutzt. Sein Satz ist aufgelockert und hell. In seinen »kleinen geistlichen Konzerten« folgt Heinrich Schütz diesem Vorbild.

Frühgeschichte der Oper

Im letzten Jahrzehnt des 16. Jahrhunderts war die Monodie dramatisch geworden; die Oper hatte sich ihrer angenommen. Über ihre Entstehung und Frühgeschichte berichtet der Florentiner Giovanni Battista Doni, seit 1640 Universitätsprofessor in seiner Vaterstadt, im 9. Kapitel seiner Schrift »Della musica scenica«:

»Zu allen Zeiten ist man gewohnt gewesen, zwischen die dramatischen Handlungen irgendeine Art von Musik einzuschalten, sei es, daß man zwischen einen Akt und den folgenden sogenannte Intermedien (Zwischenstücke) gab oder daß man gleich an den Akt selbst ein passendes Nachspiel anfügte. Aber der Zeitpunkt, von dem an man begann, ganze (vollständige) Dramen zu singen, ist noch frisch in unserm Gedächtnis... die dramatische Musik machte dann einen bemerkenswerten Fortschritt mit der Einführung des erwähnten rezitativischen Stils. Dieser ist allgemein anerkannt und wird heute schon von vielen Musikern gehandhabt. Überall ergötzt er zweifellos mehr als die alte Madrigalenkunst, weil diese dem Sinn der Worte Abbruch tut. Dieser Rezitativstil nun entstand ebenfalls in Florenz und in der behandelten Zeit; auf die Bühne kam er jedoch erst gegen 1600... Es lebte damals in Florenz Herr Johann Bardi aus dem Geschlecht der Grafen von Vernio (derselbe, der dann in den Dienst des Papstes Clemens VIII. gesegneten Andenkens berufen, von diesem zärtlich geliebt und zum Kammerherrn ernannt wurde). Bardi war Edelmann, mit einer Menge adliger Tugenden ausgestattet, vor allem besaß er Liebe zum Altertum und zur Musik. Diese Kunst hatte er besonders studiert, ihre Theorie sowohl wie die Praxis, er komponierte für jene Zeit hervorragend geschickt. Bardis Haus war ferner der stetige Mittelpunkt der ergiebigsten Studien, gewissermaßen die Blüte einer Akademie. Hier versammelten sich oft die jungen Edelmänner, um ihre Mußezeit in künstlerischen Übungen und in gelehrten Gesprächen zu nützen. Ganz besonders unterhielten sie sich sehr häufig über musikalische Fragen und suchten sich darüber klarzuwerden, wie man die so gelobte und angesehene, aber mit andern edlen Gütern unter dem Vordringen der Barbaren seit Jahrhunderten verschwundene Musik der Alten wieder in Gebrauch setzen könne. Man wurde vor allem darüber einig, daß man, da die heutige Musik im Ausdruck der Worte ganz unzureichend und in der Entwicklung der Gedanken abstoßend war, bei dem Versuch, sie der Antike wieder näherzubringen, notwendigerweise Mittel finden müsse, die Hauptmelodie eindringlich hervorzuheben und so, daß die Dichtung klar vernehmlich sei und die Verse nicht verstümmelt würden. Bei den Musikern stand damals Vincenzo Galilei in ziemlichem Ansehen. Er machte nun für jenen gelehrten und kunstliebenden bardischen Kreis, der für ihn schwärmte, mancherlei zurecht; unter andern verfaßte er mit dessen Hilfe und auf Grund der eigenen schönen Fähigkeiten und unausgesetzter Beobachtungen jene bekannte Abhandlung über die Mängel der heutigen Musik, die inzwischen gedruckt und in zwei Auflagen verbreitet ist. Dadurch zu weiteren neuen Versuchen ermutigt und besonders entschieden von Herrn Johannes (Bardi) unterstützt, wurde nun Galilei der erste, der Gesänge für eine Stimme komponierte, und zwar setzte er die leidenschaftliche Klage des Conte Ugolino aus Dantes Feder in Töne und trug sie selbst mit Begleitung eines Chores von Violen sehr rührend vor. Ohne Zweifel gefiel die Sache allgemein, obgleich es nicht an Nebenbuhlern fehlte, die, vom Neid getrieben, anfangs lachten. Der Erfolg veranlaßte Galilei, in demselben Stil Abschnitte aus den Klageliedern des Propheten Jeremias zu behandeln, diese wurden in religiösen Versammlungen aufgeführt. Zum bardischen Kreise gehörte damals auch Giulio Caccini aus Rom, noch ein junger Mann, aber ein meisterlicher und geistvoller Sänger. Dieser fühlte sich zu der neuen Art von Musik hingezogen, widmete sich ihr mit großem Eifer und komponierte viele Stücke mit Begleitung nur eines Instrumentes. Das war in den meisten Fällen eine Theorbe... Aber im rezitativischen Stil war nicht Marenzio, sondern Jacopo Peri aus Florenz der Mitbewerber und Nachahmer des Caccini. Auch Peri war ein gewandter Komponist und ein berühmter Sänger, im Tastenspiel ein Schüler des Cristofano Malvezzi, der sich ebenfalls diesem Stile widmete, auszeichnete und die größte Anerkennung einerntete. In der Liebe zur Musik, in ihrer und der Musiker Förderung erhielt Giovanni Bardi einen Nachfolger in Sig. Jacopo Corsi, der überhaupt für alle edlen und künstlerischen Angelegenheiten eintrat, so daß sein Haus, solange er lebte, eine beständige Herberge der Musen und die freundliche Empfangsstätte ihrer Anhänger war, mochten es Fremde oder Einheimische sein. Mit Corsi war Sig. Ottavio Rinuccini in jener engsten Freundschaft verbunden, wie sie nur dann von Dauer zu sein pflegt, wenn sie sich auf Verwandtschaft der Neigungen gründet. Da nun, wie jedermann weiß, Rinuccini ein ausgezeichneter befähigter Dichter war, in dessen Werken Natürlichkeit, Pathos und Anmut, die ja am besten zur Musik passen, wunderbar hervortraten, und da Dichtung und Musik Schwestern sind und zusammengehören, so ergab sich für sie von selbst die Gelegenheit, wechselseitig die eine wie die andere Kunst zu vervollkommnen und das Gefallen daran auf die bei Corsi verkehrende kunstbegeisterte Gesellschaft zu übertragen. Das erste Drama nun, das in dem so gefundenen neuen Musikstil dargestellt wurde, war die ›Dafne‹, ein Hirtenstück von Rinuccini. Es wurde im Hause Corsis in jener Komposition, die sowohl von Peri wie von Caccini herrührte, unter beträchtlicher Teilnahme der ganzen Stadt aufgeführt. Später wurden noch andere vollständige Märchen und Dramen aufgeführt, vor allem mit fürstlichem Aufwand bei der Hochzeit der Allerchristlichsten Königin von Frankreich die ›Euridice‹, eine Dichtung, ebenfalls von Rinuccini, komponiert zum großen Teil von dem genannten Peri (der, wie er in der ›Dafne‹ den Apollo gegeben hatte, auch hier einige Rollen selbst übernahm). Einzelne Abschnitte waren von Caccini in Musik gesetzt. Das war im Jahre 1600. In demselben

Jahr und für dieselbe Gelegenheit führte man auch das ›Rapimento di Cefalo‹ auf, an dem Caccini den größten Anteil hatte. Einen großen Beifall fand auch Rinuccinis ›Arianna‹, die mit passender Musik von Sig. Claudio Monteverde, gegenwärtig Kapellmeister der Republik Venedig, versehen wurde. Monteverde hat das Hauptstück seiner Komposition veröffentlicht: Es ist das ›Lamento der Arianna‹ selbst, vielleicht die schönste Komposition, die bis auf unsere Tage in dieser Art überhaupt entstanden ist... Da nun diese drei Musiker mit viel Gelehrigkeit und Aufmerksamkeit den so nützlichen Lehren folgten, mit denen die beiden Edelleute ihnen beistanden, indem sie ihnen fortwährend außerordentliche Ideen zutrugen und sie zu einer so unabhängigen und feinen Einsicht führten, wie sie ein so neues und bedeutendes Unternehmen verlangte – darum haben sie von der Welt ein unumgängliches Lob geerntet und in dem Kreis der Tonsetzer einen Ehrenplatz erhalten. Sie haben die musikalische Kunst auf einem Hauptgebiete bemerklich verbessert, nämlich im Ausdruck, und den Gesang zur Tonsprache erhoben. Und so ergibt sich denn, daß die eigentlichen Baumeister der dramatischen Musik die Herren Jacopo Corsi und Ottavio Rinuccini sind, die ersten aber, die in jenem Stil Bauten ausführten, waren die drei erwähnten Musiker. In unserer Stadt aber und bei ihren Bürgern hält man viel auf die musikalische Kunst.«

Der Bericht bedarf der Ergänzung. Dramatische Handlungen, in die Musik eingeschaltet wurde, waren a) das liturgische Drama (Mysterienspiel); b) die Liederspiele des Mittelalters wie »Le Jeu de Robin et de Marion« von Adam de la Halle; c) Renaissancedramen, in denen bei einem Auftritt wichtiger Personen Musik erklang; in Vicenza wurde 1585 der »Oedipus« des Sophokles mit Musik von Andrea Gabrieli aufgeführt; d) Humanisten- und Schuldramen mit Chorgesängen und instrumental begleiteten Sololiedern; e) Intermedien (Zwischenaktszenen) mit eigener lustiger Handlung, mit Liedern, Tänzen und Chören versehen, sie wurden in Venedig als Rappresentazioni bezeichnet; f) Pastoral- (Hirtendrama) und g) Madrigal-Komödien.

Das Pastoraldrama

Das Pastoraldrama ist durch seine Stoffe der Oper besonders nahe. Es geht in Atmosphäre und Stimmung auf die Gesänge Anakreons, des frühen griechischen Dichters der Liebe, und auf die ländlichen Idylle der Spätantike von Theokrit und Vergil zurück, die das Leben der Hirten in Wald und Flur, in Einsamkeit und Genügsamkeit schildern. Arkadien, im Westen der griechischen Peloponnes-Halbinsel, wurde in der Vorstellung der Dichter zum paradiesischen Hirtentraumland. Vielbewunderte Hauptwerke der Pastoralpoesie des Renaissancezeitalters waren »Aminta« (1577) von Torquato Tasso und »Pastor fido« (1581) von Guarini, ein Stück, das noch Goethe geliebt hat. Die Handlung des Aminta sei kurz erzählt: Aminta, der Hirte, liebt die Nymphe Silvia. Diese jedoch – amazonenhaft nur der Jagd ergeben – vermag die Liebe eines Mannes nicht zu erwidern. Aminta befreit sie, als sie ein Satyr, der sie beim Baden im Waldteich überrascht hatte, an einen Baum band. Doch auch diese edle Tat entzündet nicht Silvias Herz. Als kurze Zeit danach Aminta ein blutiger Schleier gebracht wird, der nach dem Botenbericht Zeugnis gibt von Silvias Tod durch den Angriff eines wilden Ebers, beschließt Aminta zu sterben. Er stürzt sich von einem Felsen. Aber ein Dornbusch, ein beliebtes Requisit des barocken Theaters, fängt ihn auf. Den Ohnmächtigen findet Silvia. Jetzt liebt sie ihn. Der Fröhlichkeit der Hirten und Nymphen, die zum Fest ihrer Liebe kommen, steht nichts mehr im Wege.

Wie nahe ist einem solchen Vorwurf die Musik, wie nahe aber auch ein solcher Stoff der Oper, die mit der Darstellung des Schicksals der Nymphe Dafne, die von Apollo bedrängt, sich in einen Lorbeerbaum verwandelt, ihr erstes Werk geschrieben hat! Den Text dichtete nach der antiken Sage Ottavio Rinuccini, der Dichter des Florentiner Kreises, die Musik – die verloren ist – schrieb Jacopo Peri. Die Aufführung fand im Hause des Grafen Corsi statt, der als Nachfolger des Grafen Bardi seit 1592 in seinem Hause Dichter, Musiker und Gelehrte vereinigte, um mit ihnen über Kunst, Antike und Wiederbelebung des antiken Dramas zu sprechen. Wie so oft in der Kunst, sind große Ereignisse mit weitreichenden Folgen aus einem kleinen, exklusiven Kreis weniger von einer Idee inspirierter Menschen hervorgegangen. Die Dichter der Camerata (so nannte man die Vereinigung), Rinuccini und Chiabrera, und ihre Musiker, Cavalieri, Vincenzo Galilei, Giulio Caccini und Jacopo Peri, wollten keine Opern schreiben. Ihre Idee war die Wiederaufführung antiker Dramen, eine Idee, die der Zeit der Renaissance und des Humanismus wohl anstand. Sie wußten, daß das griechische Drama mit Musik verbunden, sie wußten auch, daß diese Musik einstimmig gewesen war. Was lag näher, als die antiken Stoffe mit der neuen Monodie zu verbinden? Das war letzten Endes auch alles, was sie getan haben. Aber aus einem Experiment erwuchs fast ohne ihr Zutun eine neue Form der Kunst, die Oper.

Bedeutsamer war das zweite Ereignis der Operngeschichte: 1600 wurde zur Hochzeit des Königs Heinrich IV. von Frankreich mit Maria von Medici in Florenz die »Euridice« von Rinuccini und Peri aufgeführt. In der Widmung des Werkes wiesen beide, Dichter und Musiker, auf das antike Vorbild hin. In einer längeren Vorrede legt Peri seine musikalischen Absichten und Ziele dar. Einmal wollte er einen Tonsatz schaffen, der zwischen Rede und Gesang eine Art Mitte hält, und zum anderen kam es ihm auf die Begleitharmonie an. Die Stimme des Sängers soll so lange auf demselben Akkord bleiben, bis logische oder grammatikalische Gründe die Harmonie zur Änderung zwingen. Als Instrumente verlangt Peri ein Gravicembalo, ein Chitarrone, eine große Lyra und eine große Laute, Akkordinstrumente also, die einzeln und auch im Zusammenspiel einen vollen und reichen Klang ergeben. Die Instrumente wurden hinter der Bühne gespielt *(Ntb. 52)*.

Der Bericht der Botin Dafne ist kennzeichnend. Wie im antiken Drama ist nicht die dramatische Szene, sondern der Botenbericht das dramatische Kernstück der Frühoper. Durch ihn erfährt man die Vorgänge, die eigentlich die dramatische Handlung ausmachen. Die neuen musikalischen Mittel erscheinen jedoch anspruchslos und für das zu Schildernde dürftig. Denn auch hierfür steht nur die begleitete einstimmige Melodie zur Verfügung, die wiederum an einen Sprechgesang gebunden ist. Der Intervallraum, in dem sie sich bewegt, beträgt kaum mehr als eine Quinte, selten eine Oktave. Die metrisch-rhythmischen Werte sind Halbe, Viertel, punktierte Viertel und Achtel. Und doch – welche Wirkung! Auch heute noch wird sich kein aufmerksames Ohr ihr entziehen können. Es ist eine

Jacopo Peri: »Euridice«

Notenbeispiel 52

Wirkung des Einfachen, den nüchtern-großartigen Linien und Flächen der Florentiner Renaissance-Architektur etwa in den Innenräumen der Badia am Fuße des Fiesolaner Berges oder der Pazzi-Kapelle neben Santa Croce vergleichbar. Eines allerdings unterstützt die Dramatik: die Folge der begleitenden Akkorde. Bei den Worten »...da...oh, welch furchtbar Schicksal! Spitz'ger Natter Heimtücke...« rücken die Harmonien von C-Dur, c-Moll, D-Dur, h-Moll,

E-Dur nach a-Moll. Das ist Ausdruck durch Schürzung der harmonischen Mittel: Dramatik. Die Oper der Florentiner Camerata wäre das Experiment eines kleinen philologisch-humanistisch gebildeten Kreises geblieben (Caccini vertonte gleichfalls Rinuccinis Euridice, Marco da Gagliano schrieb 1608 eine »Dafne« für Mantua), wenn nicht das Genie sich ihrer angenommen hätte.

Mantuanisch-venezianischer Exkurs

Claudio Monteverdis »Orfeo« faßt zusammen und steigert, was die neue Kunstform bisher anregte: Hinwendung zur Antike, den aus der Monodie resultierenden rezitativischen Stil, die Darstellung der Affekte, den Anteil der Instrumentalmusik, die Möglichkeit des Konzertierens der Hauptstimmen und nicht zuletzt das Menschlichwerden der Musik in einem ganz neuen Sinne. Claudio Monteverdi wurde 1567 in Cremona geboren. Er studierte bei dem Madrigalisten Marco Antonio Ingegneri (geb. um 1545 in Verona, gest. 1592 in Cremona) in Cremona. 1590 wurde Monteverdi Geiger und Sänger, 1601 Kapellmeister am Hofe der Gonzaga in Mantua. 1613 ging er als erster Kapellmeister an die Markuskirche nach Venedig, 1632/33 wurde er zum Priester geweiht. Er starb am 29. November 1643. Hinter diesen dürren Angaben verbirgt sich ein schweres Leben: berufliche Kämpfe am Hofe des prunkliebenden Vincenzo I. gegen die Vorgesetzten de Wert und Giovanni Gastoldi, schlechte Bezahlung, ein achtjähriger Kampf gegen den Bologneser Kanonikus und Musiktheoretiker Artusi (geb. um 1540, gest. 1613 in Bologna), der Tod der Gattin 1607, die Verhaftung seines jüngsten Sohnes Massimiliano, der Arzt geworden war, durch die Inquisition, die Plünderung von Mantua im Juli 1630, die Pest in Venedig, die in sechzehn Monaten vierzigtausend Opfer forderte, ein langes, einsames Alter. Während und zwischen diesen Ereignissen schuf ein großer Mensch ein Werk, das in seiner Gesamtheit zu den bedeutendsten der Musik gehört. Es gliedert sich in Madrigal, Oper und Kirchenmusik. Selbständige Instrumentalkompositionen hat Monteverdi – hierin ist er Schütz vergleichbar – nicht geschrieben.

Das gewaltige Madrigalwerk beschäftigte Monteverdi zeit seines Lebens, von den dreistimmigen Kanzonetten von 1584 bis zu dem Doppelband des VIII. Madrigalbuches von 1638. Die Madrigale sind ein Leitfaden für den Monteverdi-Stil, zugleich aber auch ein Spiegel der allgemeinen Situation der Musik in den entscheidenden Jahren des Stilwandels. Die ersten Madrigalbücher enthalten mehrstimmige Sätze ohne Begleitung, dann tritt Basso continuo hinzu, zuerst ad libitum, später als Hintergrund für solistisch werdende Stimmen. In den Scherzi von 1607 ist bereits die Mitwirkung von Instrumenten, zwei Violinen, Baß und Baßlaute oder Cembalo vorgesehen. Die Sammlung von 1619 heißt folgerichtig bereits »concerto«. In den »Scherzi Musicali cioè Arie et Madrigali in stil recitativo« von 1632 erscheinen monodische Sololieder für eine Singstimme mit Basso continuo.

Das neue Verhältnis der Musik zum Wort

Das Urerlebnis der Musik Monteverdis ist das Wort. Diese Behauptung klingt seltsam, sie läßt sich jedoch auch im allgemeinen aus der großen Wandlung der Musik um 1600 rechtfertigen. Musik ist nicht mehr Wort und Ton in irgendeinem wechselnden Wort-und-Ton-Verhältnis, sondern Musik wird Ton durch das Wort. Und hier ist der Sinn des Wortes das entscheidende. Die Empfindungs- und Vorstellungs-Erregung, die vom Wort ausgeht, wird auf die Musik übertragen. Jedem Wortsymbol entspricht ein Tonsymbol. Diese Forderung hört nicht bei der textgebundenen Musik auf, auch die Instrumentalmusik bekommt einen neuen ausdrückenden Sinn. Die musikalische Figur, losgelöst vom Wort, wird selbständiger Ausdrucksträger. Sie ist daher nicht mehr eine reine Tonfolge, sondern eine Tonfolge mit einem bestimmten, verabredungsgemäß festgelegten Sinn.

Nicht die Ablösung der Vokalmusik durch die Instrumentalmusik – es kann davon auch gar keine Rede sein, die Instrumentalmusik tritt vielmehr zur Vokalmusik hinzu – ist der große Vorgang der Musikgeschichte um 1600, sondern das neue Verhältnis der Musik zum Wort. Das durch die Instrumentalmusik zurückgedrängte Wort findet einen neuen Zugang zur Musik, der tiefer liegt als bisher. Er führt zu den Quellen, die jenseits aller Worte und aller Musik liegen. Claudio Monteverdi war es, der diese Musik zum erstenmal »aussprach«: in der Naturnachahmung der frühen Madrigale, in den bewegten Darstellungen der Schäferpoesie, in der Rappresentazione von Tassos »Combattimento di Tancredi e Clorinda«, in einem Teil seiner Kirchenmusik (Vesper von 1610) und schließlich im kultischen griechischen Drama, dem »Orfeo« und der »Arianna«. Monteverdi war sich bewußt, daß er eine neue Musik geschaffen hatte. Er nannte sie »Seconda pratica«. In seinem Vorwort zur Madrigalsammlung von 1605 spricht er von einem theoretischen Werk, das »Melodia ovvero seconda pratica musicale« oder »Secondo pratica, ovvero Perfettione della moderna musica« heißen und seiner Musik den theoretisch-ästhetischen Unterbau und ihre Rechtfertigung geben sollte.

Monteverdi hat dieses Werk niemals geschrieben; in einem Brief von 1633 an einen unbekannten Empfänger gibt er jedoch nochmals nähere Erklärungen: »... bei diesem Anlaß füge ich hinzu, daß auch ich noch eines schriebe, aber befürchten müsse, daß meine schwachen Kräfte nicht ausreichen, um damit zum erwünschten

Der Lautenspieler, Gemälde von A. M. Carracci im 17. Jahrhundert. Zu der Zeit war die Laute eines der wichtigsten Instrumente.

Ende zu gelangen... Der Titel des Buches wird folgender sein: Melodie oder auch Zweite musikalische Praxis. Zweite (was ich darunter verstehe): nach Art der Moderne gesehen. Erste: nach Art der Antike gesehen. Ich teile das Buch in drei, den drei Teilen der Melodie entsprechende Teile: Im ersten spreche ich über den Ausdruck (die Darstellung), im zweiten über die Harmonie und im dritten über den rhythmischen Teil; ich bin der Meinung, daß es der Welt nicht unwillkommen sein wird, denn ich habe in der Praxis die Erfahrung gemacht, daß ich, als ich im Begriffe war, die Klage der Ariadne zu schreiben, kein Buch fand, das mir den natürlichen Weg zur Naturnachahmung gezeigt hätte oder das mich erleuchtet hätte, ich solle Nachahmer sein, Plato ausgenommen, durch eine seiner Erkenntnisse, die aber so tief verborgen lag, daß ich mit meinem schwachen Gesicht das wenige, das er mir zeigte, kaum erkennen konnte. Ich sage, es hat mich große Anstrengung gekostet, die mühsame Arbeit zu vollbringen, die zu tun notwendig ist, um das wenige zu tun, was ich an Naturnachahmung geleistet habe, und deshalb hoffe ich nicht zu mißfallen. Wenn es mir aber gelingt, wie ich so gerne möchte, zu einem Ende zu kommen, so würde ich mich damit zufriedengeben, eher weniger in den neuen Kompositionen gelobt zu werden, denn vielmehr in den althergebrachten; und dieser neuerlichen Anmaßung wegen bitte ich neuerlich um Vergebung.«

Ziel und Gipfel der »Naturnachahmung« und damit der Seconda prattica war Monteverdis »stile concitato« (erregter Stil), mit anderen Worten: die naturnachahmende dramatische Monodie. Ihr Weg führte vom Madrigal bis zu Monteverdis eigenster, großartigster Schöpfung, zur Rekonstruktion des griechischen Dramas, der Oper.

Monteverdis Madrigalbücher

In den Madrigalbüchern IV und V erscheint zum erstenmal Monteverdis kühne, am Ausdruck sich entzündende Harmonik. Die Texte sind vielfach Guarinis »Pastor fido« entnommen, jenem theatralischen Stück der Hirtenpoesie, das für seine Zeit, in viele Sprachen übersetzt, ein Welterfolg war. Die Schmerzen, Qualen, Seufzer des Textes haben in Vorhalten, Chromatik, Dissonanzen und Querstandsbildungen das ihnen gemäße Tonsymbol gefunden. Auf die frei eintretende None bei der Klage »Ahi lasso« in dem Madrigal »Cruda Amarilli« sei hingewiesen *(Ntb. 53)*. Artusis Angriffe gegen Monteverdi stützten sich auf diese, dem Bisherigen widersprechenden Gesetzlosigkeiten. Den Standpunkt des Musikers mit dem des Wort-Musikers zu vereinen, lag noch außerhalb der der Zeit angenehmen Vorstellung vom Musikalisch-Schönen.

Claudio Monteverdi: »Ahi lasso«

Notenbeispiel 53

Im VIII. Buch »Madrigali Guerrieri« steht die Rappresentazione »Combattimento di Tancredi e Clorinda« von 1624. Sie ist Tassos Hauptwerk, seinem Epos »Gerusalemme liberata« (»Das befreite Jerusalem«) Canto XII, Vers 52 ff. entnommen. Dieses Werk, im Karneval 1624 in Venedig im Palazzo des Mocenigo, eines Gönners Monteverdis, aufgeführt, hat nach dem Vorwort der gedruckten Partitur die Zuschauer bis zu Tränen gerührt. Folgende Handlung wurde im monodischen Stile von einem Testo (Erzähler) vorgetragen: Der Kreuzritter Tancred besiegt die heidnische Amazone Clorinda, als er sie in einsamer Gebirgsgegend trifft. Sterbend bittet sie ihren Überwinder, sie zu taufen. Mit den Worten »die Himmel öffnen sich, ich gehe hin in Frieden« (die erste Sterbeszene in der Geschichte der Oper) stirbt sie als Christin. Zu dem Gesang des Erzählers wurden durch zwei Schauspieler in Kostüm und Maske Kampf, Taufe und Tod dargestellt. Der musikalische Anteil des kämpfenden Paares ist gering und beschränkt sich gemäß dem Text auf einige wenige Ausrufe und Worte. Das Ganze, ein Stück dramatischer Monodie, wird von einem Violenquartett und Cembalo begleitet.

In der Vorrede zum V. Madrigalbuch hatte Monteverdi geschrieben: »... Il moderno Compositore fabrica sopra li fundamenti della verità ...« (Ein moderner Komponist baut auf den Fundamenten der Wahrheit). Die Wahrheit einer realistischen Darstellung führt in »Combattimento« zu kühnen Neuerungen und musikalischen Erfindungen. Nach wenigen Takten einleitender Erzählung und einem kurzen Streicherritornell überschreibt Monteverdi die folgende Episode mit »Motto del Cavallo«. Im Rhythmus der galoppierenden Pferde schildert er das Herannahen der Kämpfer. Nach den Worten der Streiter, die zum Kampfe herausfordern, vergleicht der Testo in edlem Gesang die Szene mit der eines antiken Dramas. Für die musikalische Darstellung des Kampfes hat Monteverdi die Technik des Pizzikatos und des wallenden Tremolos als erster den Streichinstrumenten abgewonnen. Die Tauf- und die Sterbeszene umgibt er mit weichen Streicherakkorden, die bis auf den Strahlenkranz der Harmonien um die Christusworte in Bachs Matthäuspassion nachwirken. Als am Schluß mit dem Lebenshauch der Sterbenden die letzte Melodie entschwebt, triumphiert der Stilo concitato. Für die Schilderung von Ritt und Kampf bis zu Tod und Verklärung hat er sich als ein Stilmittel von einmaliger Wirkung erwiesen.

Unter den »Madrigali Amorosi« des VIII. Madrigalbuches findet sich ein weiteres Werk in genere rappresentativo. »Il Ballo dell'Ingrati« (Der Tanz der Spröden) kam 1608 bei einer Hochzeitsfeierlichkeit in Mantua zusammen mit der »Arianna« Monteverdis zur Aufführung. Den Mittelpunkt des Werkes bildet eine Tanzszene. Die französischen »Ballets de cour«, eine Vorform der französischen Oper, die Monteverdi auf einer Reise mit Vincenzo I. nach Flandern 1599 kennengelernt hatte, mögen als Anregung für dieses liebenswürdige Werk gedient haben. Es schildert die Qualen der Frauen und Mädchen, die auf Erden spröde waren und in der Unterwelt, in Plutos Reich, für ihre Lieblosigkeit bestraft werden. Die Mahnung Cupidos am Schluß, es ihnen nicht nachzutun, mag ihre Wirkung nicht verfehlt haben.

Der Geist des Madrigals verweht vor dem Anhauch der Humanitas in den Opern Monteverdis. Ein späterer Brief Monteverdis an den Textdichter des Orfeo, an Alessandro Striggio, vom November 1615 macht klar, in welcher Weise Monteverdi vom »Menschlichen« ausgeht. In dem Brief handelt es sich um ein Monteverdi zugesandtes neues Textbuch zu einer Favola marittima »La nozze di Tetide e di Peleo«: »... wie soll ich, liebster Freund, die Sprache der Winde

nachahmen, wenn sie nicht sprechen, und wie soll ich durch sie die Empfindung bewegen? Arianna erschütterte, weil sie eine Frau war, und Orfeo bewegte gleichermaßen, weil er ein Mensch und kein Wind war! Arianna inspirierte mich zu einer Klage und Orfeo zu einem Gebete ...«
»La Favola d'Orfeo« wurde während des Karnevals 1607 zweimal an verschiedenen Orten in Mantua uraufgeführt. Das Textbuch des Alessandro Striggio, Violinist und Lyraspieler am Mantuaner Hofe, nennt sich bezeichnenderweise »Favola Pastorale«. Das Zeitlos-Menschliche des Orpheus-Mythos bedurfte des Hintergrundes des einfachen Lebens. Die Verbindung mit der Schäferpoesie als Vorform der Oper – ein gutes Beispiel für geschichtliche Systematik – bleibt bewahrt. Vor diesen Hintergrund stellt Striggio die Sage in ihrer alten Form: Als Orpheus, der Bezwinger der Unterwelt, sich gegen das Geheiß der Götter nach der befreiten Gattin umwendet, erleidet sie zum zweiten Male den Tod. Ein »Augen-Blick« genügt, um dem Künstler, dessen Lied und Gesang selbst die Furien der Unterwelt besänftigten, Liebe und Leben zu rauben. Am Schluß beugt sich die Fabel der antiken Tradition unter die höfische Konvention des Zeitalters: Eine Festoper konnte nicht als Schicksalstragödie schließen. Striggio findet die Lösung, die auch Calzabigi-Gluck noch gemäß ist; Apollo versetzt das liebende Paar unter die Sterne.
Die Bindung des Stoffes an Schäferidyllik und Trionfo (höfisches Festspiel) erhöht seine Spannung. Monteverdi ist sich dessen wohl bewußt gewesen. Er sucht die Spannungen in gleicher Weise in der Musik. Was er jedoch Tradition und Konvention hinzufügt, ist Revolution. Monteverdis Orfeo ist das revolutionärste Werk der Musik aller Zeiten. Monteverdi hätte, angesichts der Orfeo-Partitur, die gleichen Worte aussprechen können, die Arnold Schönberg seinem »Buch der Hängenden Gärten« mit auf den Weg gab, als er meinte, daß es ihm zum erstenmal gelungen sei, einem Ausdrucks- und Formideal näherzukommen, das ihm seit Jahren vorschwebe. »Es zu verwirklichen, gebrach es mir bis dahin an Kraft und Sicherheit. Nun ich aber diese Bahn endgültig betreten habe, bin ich mir bewußt, alle Schranken einer vergangenen Ästhetik durchbrochen zu haben.«

Das große Orchester

Tradition im »Orfeo« ist die Zusammensetzung des großen Orchesters. Es kennt noch nicht das Übergewicht des uns heute gewohnten Streicherklanges. Dem »Zufallsorchester« (wie Michael Praetorius es nannte) der Intermedien ist es stärker verpflichtet als einem neuen Klang: 2 Gravicembali, 2 Contrabassi da Viola, 10 Viole da brazzo, 1 Arpa doppia, 2 Violini piccoli alla Francese, 2 Chitarroni, 2 Organi de legno, 3 Bassi da Gamba, 4 Tromboni, 1 Regale, 2 Cornetti, 1 Flautino alle vigesima Seconda (piccolo), 1 Clarino, 3 Trombe sordine, dazu noch, nur in der Partitur erwähnt: Arpe, Ceteroni (Riesenzithern) und Flautini.

Monteverdi behandelt diesen alten Instrumentenklang nicht nur als Klang, sondern gibt ihm einen neuen Sinn, den Sinn des Ausdrucks.

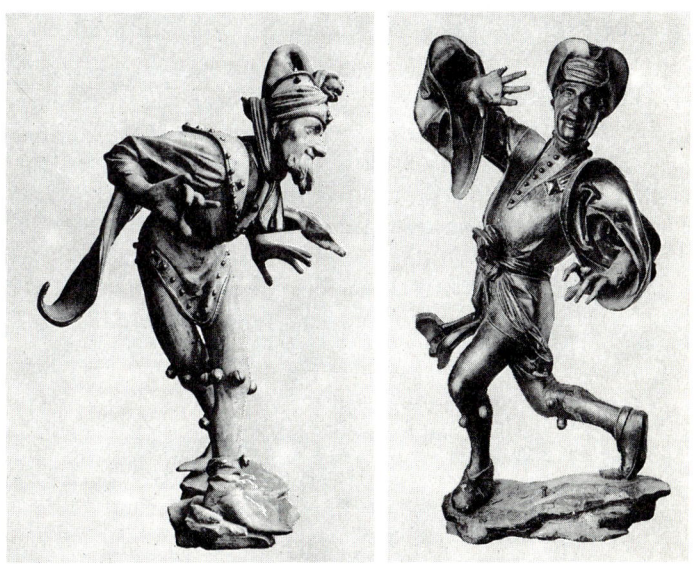

Moriskentänzer, Holzplastiken des Erasmus Grasser (um 1450 bis 1518) im Tanzsaal des alten Münchner Rathauses. Musik wird zu plastischer tänzerischer Bewegung.

Piccoloflöte und kleine Violinen (Quartgeigen) schildern die Welt der Hirten und begleiten deren Gesang. Regale (kleine tragbare Orgeln) und Blechbläser malen die Unterwelt, Orfeo singt zur Harfe, der Fährmann Charon zum Regal, die Unheilsbotin zum Klang der tiefen Laute. Klang, bisher ein Phänomen des Zufalls der Anwendung, wird zum Ausdrucksklang. Er ist es, abgesehen von den variablen Besetzungsmöglichkeiten der Sing- und Spielmusik des 20. Jahrhunderts, bis heute.

Konvention sind die Toccata des Anfangs, nach der Vorschrift der Partitur »con tutti gli strumenti« (mit allen Instrumenten gespielt), und die Moresca des Schlusses. Beide Formen gehören dem Trionfo, dem höfischen Festspiel der Renaissance an. Die Toccata Monteverdis ist die Vorläuferin der späteren Sinfonia, der Ouvertüre der Oper, die noch nicht in einem musikalischen und einem das Kommende vorbereitenden Zusammenhang mit der Oper steht, sondern nur Musik sein will, die Aufmerksamkeit erregen und Festliches vorbereiten soll. Die Moresca ist ein Tanz, der im »Orfeo« nach der Erschütterung des Dramas die Stimmung der Freude wiederherstellt. Aus dem Maurischen kommend, auch als Mohrentanz bezeichnet, ist die Moresca ein mit Schellen und Hacken getanztes derbes Spiel, um den Besitz einer Frau werbend. In München, wo dieser Tanz um 1560 unter Orlando di Lasso am Hofe getanzt wurde, hat sich auch eine bildliche Darstellung erhalten. Die Moriskentänzer im Tanzsaal des alten Rathauses in München von Erasmus Grasser (1450–1518), Holzfiguren von unerhörter Kühnheit und Lebendigkeit der Bewegung, künden vom Einklang der europäischen Kulturen und Künste *(Ntb. 54).*

Claudio Monteverdi, Anfang der Moresca aus »Orfeo«

Notenbeispiel 54

Opernmelodie

Madrigalistische Tradition und höfische Konvention sind im Werke Monteverdis – die Chöre seiner Opern und seine Kirchenmusik einbezogen – die Kräfte, die die Revolution möglich gemacht haben. Diese ist im »Orfeo« ohne Beispiel. Ihre Träger sind Orfeos Lied, der Botenbericht und Orfeos Totenklage im II. Akt, der Dialog mit Charon und die Arie des Orfeo im Höllenakt, schließlich die Instrumentalsätze. Mit Orfeos Lied »Ecco pur ch' a voi ritorno« ist die italienische Oper geboren, das heißt: die Oper des italienischen Volkes, die bis heute von ihm geliebt wird. Von jetzt an wird man in Italien nie mehr auf die Verbundenheit der Opernmelodie mit dem Lied verzichten. Diese Melodie könnte ein Volkslied sein, aber auch Verdi könnte sie geschrieben haben *(Ntb. 55)*.

Claudio Monteverdi, Lied des Orfeo, I. Akt

Notenbeispiel 55

Orfeo singt sein Lied nach der Regieangabe der Partitur »commosso e felice«. Der Auftritt der Botin zerschneidet die Stimmung der Bewegung und des Glückes. In der folgenden Episode spannt Monteverdi zum erstenmal den monodischen Bogen zu einer großen Opernszene: die Schreckensrufe der Botin von fern, das Erschrecken der Hirten, der Auftritt der Botin, der Bericht vom Tode Euridices, Orfeos Totenklage, das Duett der Hirten und der Schlußchor ergeben eine nach dramatischen Gesetzen und Forderungen nach der Einheit der Musik gestaltete Opernszene, welche diejenigen Glucks und Richard Wagners, ja, fast mehr noch, die Szenen in Alban Bergs »Wozzeck« vorausnimmt.

Die Mittel der musikalischen Dramatik sind in Monteverdis Händen Melodie und Harmonie. Die Melodie, gebunden an den Sprechstil der Monodie, gewinnt durch die Nachahmung der Rede eine Lebendigkeit, von der Monteverdi meint, daß er sie von Platon, dem großen griechischen Philosophen, gelernt habe, die aber nicht griechisch, sondern die der italienischen Sprache ist. Sequenzbildungen, also Wiederholung melodischer Phasen auf chromatisch steigender Tonfolge, sollen die wachsende Empfindung, das Intervall der Quarte, der verminderten und übermäßigen Quarte nach madrigalistischem Gebrauch, Schmerz und Verzweiflung ausdrücken. Der stärkste Ausdruck liegt jedoch in Monteverdis Harmonien. Sie manifestieren sich in kühner, an keine Kadenz gebundener Folge, in chromatischen Rückungen und im Zusatz frei eintretender Dissonanzen (Septimen und Nonen). Die Worte der Unheilsbotin »La tua diletta sposa è morta« (Deine geliebte Gattin ist tot) begleitet die Harmoniefolge E-Dur – cis-Moll – gis-Moll – G-Dur – a-Moll. Als Orfeo den Entschluß faßt, sich nach der Gattin umzusehen, folgen – die Unsicherheit des Entschlusses kennzeichnend –, durch einen halben Pausenakt getrennt, c-Moll und E-Dur. Am Schluß der großen Koloraturarie im Unterweltakt stützen Orfeos Worte »Rendete-mi il mio ben, rendete-mi il mio ben, rendete-mi il mio ben, Tartarei numi« (gebt mir die Geliebte wieder, Götter des Tartarus) bei sequenzartig aufsteigender Melodie die Harmonien B-Dur – G-Dur – C-Dur – A-Dur – d-Moll – B-Dur – g-Moll – Es-Dur – D-Dur – G-Dur. Hier scheint aller Ausdruck in dem großen Lamento des Orfeo zu gipfeln. Seine letzten Worte »Addio, Terra, addio Cielo e Sole, addio« auf chromatisch steigender Melodie und Harmonie sind ein Abschiedsgesang (bei den letzten Worten Clorindas im »Combattimento« bedient sich Monteverdi der gleichen Mittel), wie ihn die italienische Oper trotz Verdis »Traviata« und »Aida« und Puccinis »Bohème« nie wieder gesungen hat. In einer kurzen Sternstunde hat sich die Idee des griechischen Dramas mit abendländischer Empfindung verschwistert. Die Schwestern des Monteverdischen Orfeo sind Goethes »Iphigenie« und Helena im II. Teil des »Faust«.

Monteverdis Instrumentalmusik

Monteverdi hat nicht nur an den Gesang und die begleitenden Harmonien neue Anforderungen gestellt, zu dem dramatisch-musikalischen Aufbau seiner Opern gehört auch die Instrumentalmusik. »Orfeo« enthält sechsundzwanzig Orchesterstücke, die nicht nur die Akte verbinden, sondern auch innerhalb dieser Akte die Handlung verdeutlichen und die Dramatik steigern, wenn an wichtigen und beziehungsreichen Stellen die gleichen Sinfonien und Ritornelle immer wieder aufklingen. Einer dieser Sätze drückt Hirten- und Liebeslust aus, ein anderer malt feierlich-schauerlich die Unterwelt. Ihre verschiedenartige Instrumentierung macht sie zu Charakterstücken. Die Tatsache des Einbruchs der Instrumentalmusik in die Oper ist einer der die Zukunft entscheidenden Vorgänge. Ohne die Instrumentalmusik wäre auch die Kantate und die dramatische Passion nicht existent. Zwischen Vokal- und Instrumentalmusik steht Orfeos große Arie »Possente Spirto«. Durch ihre Forderung nach Koloratur weckt sie die Lust am Konzertieren der Stimmen und der Instrumente. In der Folgezeit löst das konzertierende Element die Oper vom Musikdrama der Florentiner und macht den Weg frei zur Musizieroper der Neapolitaner. Die Form der erwähnten Orfeo-Arie ist die der Variationsarie, die einzelnen strophisch wirkenden Teile stehen also im Variationszusammenhang. Mehrstrophige Lieder sind Orfeos oben erwähntes »Ecco pur« und »Vi ricorda, o boschi ombrosi«. Kommen dazu noch das »Arioso« als Steigung des monodischen Rezitativs der Florentiner und die Ritornelle der Instrumentalsätze, so ist der Reichtum der Monteverdischen Formen aufgezählt. Nur ein Genie vermochte sie fast aus dem Nichts zu schaffen.

Lamento d'Arianna

Bereits 1608 kam ein neues Werk Monteverdis in Mantua zur Aufführung. »Arianna« ist wiederum ein Lamento. Arianna beweint den Geliebten, den ihr nicht der Tod, sondern das Leben genommen hat. Der Florentiner Rinuccini hatte die antike Sage von der von Theseus auf Naxos verlassenen Ariadne zu einer musikalischen Favola umgestaltet. Das Textbuch ist erhalten geblieben, Monteverdis Musik ist bis auf »La piú essential parte dell'Opera« (aus einem Brief Monteverdis an Alessandro Striggio), das »Lamento d'Arianna«, verlorengegangen. Die Zeitgenossen haben Monteverdi bescheinigt, daß er mit diesem Stück die Größe der antiken Musik erneuert habe. Wir kennen zu wenig von der antiken Musik, wenn man aber an die Größe antiker Trauer im Drama oder in der Darstellung griechischer Grabstelen denkt, muß man dem zustimmen. Dieser Klagegesang hat jedoch nicht nur die Zeitgenossen bis zu Tränen gerührt, er ist zum Vorbild für alle Klagegesänge – und nicht nur die der weltlichen Musik – bis zum Ende des 17. Jahrhunderts geworden. Die Zahl seiner Nachahmungen ist nicht zu übersehen. Monteverdi selbst hat Anteil daran. 1614 veröffentlichte er im VI. Madrigalbuch den gleichen Gesang als fünfstimmiges A-cappella-Madrigal und 1640 in »Selva Morale e Spirituale« als »Pianto della Madonna« (Marienklage). »Selva Morale e Spirituale« heißt moralischer und geistlicher Hain, sicherlich ein allgemeiner, barockhumanistischer Titel. Da ihn aber Monteverdi wählte, sagt er vielleicht noch mehr aus.

Einheit von kirchlicher und weltlicher Musik

Oper, Madrigal und Kirchenmusik sind für Monteverdi eine Einheit, ein moralischer und geistlicher Hain. Keineswegs ist es jedoch weltlicher Unglaube Monteverdis, der die Einheit möglich macht, sondern der Glaube an einen neuen, aus dem rein Menschlichen kommenden Ausdruck in der Musik. Wie konnte das Menschliche im antiken kultischen Drama ein anderes sein als im christlichen Glauben? Diese Einheit, von Richard Wagner gesucht, aber nicht gefunden, war Monteverdi ein selbstverständlicher Besitz. Verhältnismäßig spät – nicht vor 1610 – kam Monteverdi zur Kirchenmusik. In diesem Jahre erschien die »Vespro della Beata Vergine« (Marienvesper). Aus vierzehn Teilen bestehend, darunter zwei Magnifikat, ist die Vesper schon dem Umfang nach ein außerordentliches Werk. Sie ist es noch mehr durch den Aufwand der Mittel: Cornetti, Posaunen, Flöten, Schalmeien, Orgel, Violen, Violinen, Gamben und Kontrabässe, sechs-, sieben- und achtstimmige Chöre, ja ein zehnstimmiger Doppelchor. Dazu kommt die solistische konzertierende Haltung vieler Vokalpartien und nicht zuletzt die affektbeladene Sprache der Monodie. Die Bindung der Vielheit in die Einheit ist vollkommen, in gleicher Weise, wie es die Einheit aus dem Geist der griechischen Tragödie und aus der Musik christlicher Lobgesänge selbst ist.

Monteverdi hat auch Kirchenmusik in der Prima prattica geschrieben: Er hat sich hier an den polyphonen Stil des 16. Jahrhunderts ge-

halten. Gleichzeitig mit der Vesper hat er die Messe »In illo tempore« veröffentlicht, eine Missa da cappella a 6 voci. Sie baut sich auf zehn Motiven (die Monteverdi »fughe« nennt) einer gleichnamigen Motette des franko-flämischen Meisters Nikolaus Gombert auf. Als Parodiemesse (durch die Übernahme fremder Themen) und sechsstimmige, kontrapunktisch reiche (durch kanonische Imitationen) Vokalmesse ist sie Kirchenmusik der Tradition, einer Tradition, deren Hüter Monteverdi in der Kirchenmusik in gleicher Weise gewesen ist, wie er sie in seinen Madrigalen und Opern zerbrach. Diese Haltung Monteverdis hat manches Rätsel aufgegeben, obwohl es keines zu sein brauchte. Igor Strawinskij, der seinen traditionsgebundenen »Canticum sacrum« gleichfalls für die Markuskirche in Venedig geschrieben hat, sagt: »Man knüpft an eine Tradition an, um etwas Neues zu machen. Die Tradition sichert auf solche Weise die Kontinuität des Schöpferischen.«
Diese blieb Monteverdi bis in das hohe Alter erhalten. Von 1630 bis 1639 hat er nur geistliche Musik geschrieben und sich mit seinem großen Theoriewerk beschäftigt. Der Schlußstein des Monteverdischen Werkes konnte aber nicht der Gedanke, das theoretische Werk, es mußte die Tat sein. Im Alter von 72 Jahren schrieb Monteverdi nochmals fünf Opern. Nicht der äußere Anlaß – die Eröffnung des ersten öffentlichen Opernhauses in Venedig, das Teatro Tron di San Cassiano 1637 – hatte sie hervorgerufen, sondern, dem alten Verdi des »Othello« und »Falstaff« ähnlich, der Wille zur letzten Aussage, die das Werk eines Lebens in das Zeitlose hebt. Von diesen fünf Opern sind nur zwei erhalten, wobei die Echtheit des »Ritorno d'Ulisse« (Rückkehr des Odysseus) trotz der Bearbeitung Luigi Dallapiccolas für den Maggio Fiorentino 1942 teilweise noch immer in Zweifel gezogen wird. So bleibt »L'incoronazione di Poppea« (1642). Man hat dieser »Krönung der Poppea« Konzessionen an den venezianischen Opernstil, an den Geschmack des Publikums vorgeworfen. Aber römische Kaisergeschichte (Nero), allegorische Götterfiguren, komische Nebenpersonen, das Zurücktreten des Chores, die deutliche Trennung von Rezitativ, Ritornell und Arie sind nur Mittel, das »Drama« zu überwinden. Das »Menschliche« ist nicht nur auf den feierlichen Höhen des Kultes zu Hause, es lebt auch in der Buntheit und in der Vielfalt der Welt.

Menschlich ist nicht nur das Schwere, sondern auch das Leichte. In der Leichtigkeit, die in das Licht der Schönheit getaucht ist (das Schlußduett zwischen Nero und Poppea), hat Monteverdi – wie Verdi in der heiteren Schlußfuge seines »Falstaff« – alle Erdenschwere überwunden.

Rom

Die Kräfte der Monodie scheinen unerschöpflich. Zu den Formen des Solomadrigals und der Oper in Florenz, Mantua und Venedig kamen in Rom die der geistlichen, aber auch der komischen Oper, des Oratoriums und der Solokantate. Die Quelle der Monodie, vom Wort gespeist, wurde zum Strom. Aber Rom wäre nicht Rom, wenn es nicht die Kraft zur Verwandlung gehabt hätte. Zur Verità (Wahrheit) der Florentiner Monodie trat die römische Bellezza, die Schönheit der Melodie.

Der Römer Emilio del Cavalieri (geb. um 1550 in Rom, gest. 1602 in Rom), der seit 1589 Intendant am Florentiner Hof war, wird als einer der Schöpfer des neuen monodischen Stils angesprochen. Bereits 1600 brachte er in Rom eine »Rappresentazione di anima e di corpo« (Widerstreit zwischen Seele und Leib) zur Aufführung. Allegorische Figuren, wie Rat, Verstand, verdammte Seelen, selige Geister, sind die Träger der Handlung. Musikalisch unterscheidet sich das Werk in seinen Rezitativen und kurzen akkordischen Chorsätzen nicht von denen der Florentiner Camerata.

Trotzdem ist aus der Idee des antiken Dramas, aus der Vorstellung von antiker Musik *(Ntb. 56)*, aus moralisierenden Betrachtungen und dem neuen monodischen Stil etwas Neues entstanden: die geistliche Oper, die sich später mit dem Oratorium vereinigt. Rom blieb keineswegs dabei stehen. Auch hier gab es 1606 ein Pastoraldrama »Eumelio« von Agostino Agazzari, »La morte d'Orfeo« (Der Tod des Orpheus) von Steffano Landi 1619, »La Galatea« von Vittorio Loreto 1639. Rom wird sogar der Geburtsort der ersten abendfüllenden Buffo-Oper (komische Oper), und ihr Schöpfer ist ein Kardinal und späterer Papst (Clemens IX.), Giulio Ruspigliosi. Er schrieb zwei Opernlibretti, »Che soffre speri« und »Dal male il bene«, die Mazzochi und Marazzoli komponiert haben.

Emilio del Cavalieri: »Aria cantata e sonata, al modo antico«

Notenbeispiel 56

Das Schauspiel, das die Oper bietet, ist imponierend. In rund fünfzig Jahren erfaßt sie den gesamten Bereich zwischen der Idee des kultischen antiken Dramas und der Darstellung christlicher Allegorie einerseits und stellte sich das Problem des Gesamtkunstwerkes (der Florentiner Kirchenkapellmeister Marco Zanobi da Gagliano verlangt in seiner für Mantua geschriebenen »Daphne«, daß jede Geste und jeder Schritt der Darsteller mit der Musik übereinstimmen müsse!), das der komischen Opernszenen (selbst in Landis »La morte d'Orfeo« sind sie zu finden) und der komischen Oper andererseits.

Der Oratoriendialog

Ist die Florentiner Monodie die Mutter, so ist Rom der Vater des Oratoriums. Im Gegensatz zur Oper verzichtet dieses auf die Szene und die Darstellung der aus der Bibel, Heiligengeschichte und Allegorie entnommenen Stoffe. Das Oratorium stellt das Dramatische nicht dar, es berichtet nur davon durch den Mund eines Erzählers, des »testo«. Die Aufteilung des Stoffes aber auf Einzelpersonen und Chöre geschieht in gleicher Weise wie in der Oper. Man unterscheidet das Oratorio latino und das Oratorio volgare. Beider Formen Wurzeln liegen in Rom. Das Oratorio volgare ist die ältere Schwester. Durch die Herkunft aus dem Volk ist seine Sprache italienisch. Die Lauda, volkstümliche Dichtung und Musik aus dem Umkreis des Volksheiligen Franz von Assisi, war es, die der später heiliggesprochene Filippo Neri (geb. 1515 in Florenz, gest. 1595 in Rom) für seine Andachtsübungen der Laienbrüder im Oratorio Santa Maria di Valicella als musikalische Umrahmung übernahm. Diese Dialog-Lauda hatte Strophenform und wurde dreistimmig gesungen. Dem neuen Stil folgend, ersetzte man nach 1600 die Dialog-Lauda durch den Oratoriendialog. Seine Texte waren freie Dichtungen nach biblischen Stoffen in Versen. Die Musik benutzte das monodische Rezitativ. Die Lauda erscheint nur noch in der Form betrachtender lyrischer Schlußchöre. Kein Titel als der des Hauptwerkes dieser Gattung »Teatro armonico spirituale di Madrigali« von Giovanni Francesco Anerio (Rom 1619) verrät uns besser, was der Oratoriendialog sein will: geistlich-harmonisches Opernmadrigal. Folgerichtig überwiegen erzählende und dramatische Affektdarstellungen.

Oratorio volgare und Oratorio latino

Schon Cavalieri hatte seine Rappresentazione für die 1575 vom Papst bestätigten Tagungen der Congregazione dell'Oratorio geschrieben. Seit 1640 ist das Oratorio volgare ganz im Schlepptau der Oper. Der Chor tritt allmählich zurück, Arie und Rezitativ, sich deutlich trennend, pflegen in der Weise der Oper schönen und virtuosen oder dramatischen Gesang. Die Beliebtheit dieser Oratorienform ist allgemein. Auf Rom folgen Florenz, Bologna, Modena, Venedig und Wien. Der Name Alessandro Stradellas (geb. um 1642 in Montefestino, gest. 1682 in Genua), der sechs Oratorien geschrieben hat, stehe für viele. Sein »S. Giovanni Battista«, ein strahlendes Werk, hat vielleicht Georg Friedrich Händel inspiriert, der 1708 seine beiden ersten Oratorien »Resurrezione« und »Trionfo del Tempo« in Rom zur Aufführung brachte. In Wien hatte Kaiser Leopold I. (gest. 1705) selbst acht Oratorien geschrieben. Sie wurden in der kaiserlichen Familienkapelle zur Feier des Santo sepolcro, des Heiligen Grabes, in der Fastenzeit aufgeführt.

Das Oratorio latino, das Oratorium in lateinischer Sprache, gehört im Gegensatz zum volkstümlichen Oratorium der Laienbrüder offiziell zur Liturgie des Gottesdienstes. Seine Texte sind nach 1600 lateinische Dialoge, denen das Bibelwort, meist das des Alten Testamentes, zugrunde liegt. Das Oratorium umschloß zwischen seinem zweiten und dritten, dem letzten Teil, die Predigt. Die Breitenwirkung des Oratorio volgare hat das Oratorio latino nicht erreicht, wohl aber eine einsame Höhe durch das Werk Giacomo Carissimis (geb. 1605 in Marino, gest. 1674 in Rom). In Tivoli wirkte er als Domorganist, in Assisi als Kapellmeister. Seit 1628 war er Kapellmeister in San Apollinare in Rom und Chormeister am Collegium Germanicum. Von seinen fünfzehn Oratorien sind dreizehn erhalten. Seinem »Jephta« liegt die Geschichte des Freibeuters Jephta zugrunde, der vor einem Kampf gelobte, er werde dasjenige Lebewesen Jahve opfern, das ihm nach seiner Rückkehr auf der Schwelle seines Hauses zuerst begegnen würde. Es war nicht, wie er hoffte, der Hund, sondern seine Tochter, die ihn freudig begrüßte. Getreu dem Gelübde brachte er sie mit ihrer Zustimmung dem Gott zum Opfer dar. Im »Jephta« steht am Anfang die Erzählung des Testo, der vom Aufbruch zum Kampf berichtet. Seine Partie ist solistisch. Dagegen gibt es bei Carissimi aber auch Erzählungen, die chorisch oder im Duett vorgetragen werden; allerdings ist die strophisch-ariose Form selten.

Die Chöre der dem Feldherrn folgenden Heerscharen und der die Heimkehrenden erwartenden Menge sind von großer Schönheit und Lebendigkeit. In allen Oratorien Carissimis haben die Chöre, die in der Art des Chores der antiken Tragödie handelnd oder betrachtend an den Vorgängen teilnehmen, besonderes Gewicht. Akkordisch im Satz, die Gefühlsregungen der Menge höchst eindringlich wiedergebend, sind die Chöre dramatischer und musikalischer Mittelpunkt zugleich. Die Rezitative Jephtas und seiner Tochter berichten von Gelübde, Kampf und Sieg, Heimkehr, Opfer und Abschied. Die Feierlichkeit der lateinischen Sprache legt ihnen im Ausdruck eine gewisse Zurückhaltung auf. Gerade diese Distanz zum darzustellenden Stoff ist es wohl, die das Oratorium von der Oper unterscheidet. Echtes Pathos und Größe bedeuten immer Abstand vom Dramatischen. Die Szenen des Jephta, die von dem Entschluß zu sterben, von Trauer und Abschied berichten, sind in dem Rezitativ der Tochter mit einem Klagerefrain des Chores und in dem Trauerchor des Schlusses von hoher ergreifender Schönheit. Die Schönheit der Melodie verbindet sich mit der Trauer um die Vergänglichkeit. Beides umfaßt der Begriff Rom bis heute.

Die Aufführungen der Oratorien Carissimis fanden in San Marcello unter der Mitwirkung der bedeutendsten Künstler statt. Die Hörer gehörten zur geistlichen und weltlichen Aristokratie Roms. Der Gegensatz zwischen Oratorio latino und Oratorio volgare schwindet jedoch mit dem Tode Carissimis. Um 1700 sind beide kaum noch zu trennen.

Die Solokantate

Daß Carissimi neben seinen Oratorien auch Solokantaten geschrieben hat, erscheint folgerichtig; denn die Feierlichkeit des lateinischen Oratoriums bedurfte der graziösen, ja humoristischen Ergänzung. Die Parallele zur geistlichen und komischen Oper Roms ist offensichtlich. Die Solokantate für eine oder auch mehrere Singstimmen mit Basso continuo und später auch mit Instrumenten kommt vom Madrigal her. Mit ihm hat sie die poetischen Stoffe gemeinsam. Sie reichen von der Idylle bis zur episch-balladesken Erzählung. Was Monteverdi in seiner Selbstverteidigung gegen Artusi schrieb (Scherzi 1607): »L'orazione sia padrona dell'armonia e non serva« (die Rede ist die Herrin der Musik, sie dient nicht), gilt auch für die Solokantate. Sie will das Wort ausdrücken und den Sinn der Worte darstellen. In ihr verbinden sich Wahrheit und Echtheit der dargestellten Gefühlsbewegungen, Melodien, die die dramatische Rede nachahmen, und kühne, dissonanzenreiche Harmonien. Die römische Solokantate dankt diese Anregungen Claudio Monteverdi. Was sie ihrerseits hinzufügt, ist die deutlichere Trennung arioser und rezitativischer Elemente, deren reiche, lebendige Abfolge – vor allem aber die Süße der Melodie. In den Solokantaten liebt Carissimi liedhafte Formen, aber auch Variationen mit Wiederkehr des ariosen Themas, Formenelemente, die seinen Oratorien fremd sind. Seine Melodien, die er in weiche Harmonien bettet, führen die Zeit des schönen Gesanges, des Belcantos, herauf.

Neben Carissimi ist in Rom Luigi Rossi (geb. 1598 in Torre Maggiore, gest. 1653 in Rom), der für Paris einen »Orfeo« schrieb, als Kantatenmeister mit über hundert Werken zu nennen. In Norditalien führen Bologna und Venedig. Alessandro Stradellas Kantaten mit Instrumentalbegleitung wurden das Muster dieser Gattung. Mit seinen orchesterbegleiteten Arien, in denen ein Melodieinstrument gern mit der Singstimme konzertiert, weist er auf Alessandro Scarlatti und Georg Friedrich Händel hin. Scarlatti, der Schüler Carissimis, verlieh der Solokantate den Glanz des neapolitanischen Opernstiles. In seiner Solokantate »Su le sponde del Tebro« dialogisiert die Singstimme mit einer Trompete, begleitet vom Streichorchester und Continuo (auch Händel liebt noch die Trompetenarien). Alle Süße, aber auch allen Elan der italienischen Kantilene hat Scarlatti über dieses Werk ausgegossen. Durch ihn verschmilzt die Solokantate mit der Oper. Der Italiener Agostino Steffani (Hannover) und Georg Friedrich Händel (London) haben sie nach dem Norden verpflanzt. Man hat dort ihre sinnliche, heitere Schönheit wohl nie ganz verstanden. Zu Hause war sie nur in Italien. Immerhin hat aber auch Johann Sebastian Bach Kantaten für Singstimmen und Instrumente geschrieben.

Der Triumph der Monodie blieb nicht auf die Vokalmusik beschränkt. Noch erstaunlicher fast ist der Einfluß der Monodie auf die Instrumentalmusik. Da in ihr das Wort ausgeschaltet ist, bedurfte es anderer Mittel. Diese waren theoretisch zusammengefaßt in der Lehre von der subjektiven Musik, in der Musik des konzertierenden Stils. Ihre Ausführung versah die Melodiestimmen mit Verzierungen, Läufen, Trillern, Akkordbrechungen. Giovanni Gabrieli hatte durch Übertragung der französischen Chansonform auf die Canzon francese für Instrumente große feierliche Klangmassen doppelchörig einander gegenübergestellt. Mit seiner »Sonata con tre violini e basso se piace« schrieb er auch das erste monodische Instrumentalstück. Die Kanzone und Sonate wurden zum Sammelbecken aller neuen subjektiven Musik.

Girolamo Frescobaldi

Es war der Römer Girolamo Frescobaldi (geb. 1583 in Ferrara, gest. 1643 in Rom), Organist der Peterskirche und als Orgelspieler eine europäische Berühmtheit, der der Freiheit der instrumentalen Mon-

Zwei Titelblätter des 17. Jahrhunderts: Michael Praetorius »Theatrum Instrumentorum seu Sciagraphia« mit der Darstellung einer Messe (links). Girolamo Frescobaldi »Toccaten und Canzonen«.

odie die ihr gemäße Form gab. Er bildete das Ricercare aus einem Thema, aber sein Wille zum Teil war stärker als der zur Einheit. Daher ist die Kanzone, die Gegenspielerin des Ricercare, seine Domäne. In seinen Variationskanzonen bindet er die deutlich getrennten, entweder fugenartig oder auch frei aufgebauten Teile durch das Prinzip der Variation. Die daraus entstehende mehrteilige, aber dennoch zyklische Instrumentalform hat das Zeitalter der Sonate, des Concerto grosso und des Solokonzertes eingeleitet. In seinen Capricci, die auch oft programmatische Titel tragen, sind die Variationsteile dem Affekt, aber auch dem Metrum nach verschieden. Sie führen zur Freiheit der Toccata. In der Vorrede des Toccatenbuches »Toccate e Partite« von 1614/16 verbindet Frescobaldi die Freiheit der Form mit der Freiheit des Vortrages. Er schreibt dort: »Man muß diese Stücke in der Art der modernen Madrigale vortragen, die, obschon schwierig, dennoch für die Aufführung erleichtert werden durch den Wechsel im Zeitmaß, indem man bald schmachtend, bald rasch singt, bisweilen den Ton gleichsam in der Luft hemmt, wie es gerade der Ausdruck des Affektes verlangen mag und der Sinn der Worte.« Frescobaldi, der bei Luzzaschi studiert hatte, hat sich im ersten Jahrzehnt des 17. Jahrhunderts in den Niederlanden aufgehalten. 1608 gab er in Antwerpen fünfstimmige Madrigale heraus. Er ist einer der wenigen, deren Wanderjahre vom Süden nach dem Norden geführt haben. Sein Stil, der Strenge und Freiheit verbindet, ist auf diese Weise besonders gut zu erklären. Im Werk seiner deutschen Schüler Jakob Froberger und Johann Kaspar Kerll ist er als Stil und Geist einer europäischen Gemeinschaft lebendig geblieben. Noch Johann Sebastian Bach hat 1714 auf nicht weniger als 104 Seiten Toccaten, Kanzonen und Ricercari aus Frescobaldis »Fiori musicali« (1635) abgeschrieben. Ein besseres Zeugnis für Frescobaldis Nachwirken und Nachruhm kann es kaum geben.

Venedig

Beugt sich in Rom die Monodie unter die Forderungen der geistlichen Musik, so stellt ihr die Freiheit der weltlichen Musik der Republik Venedig neue Aufgaben. Sie wurden vordringlich durch die Entwicklung der venezianischen Instrumentalmusik und durch die Eröffnung des ersten öffentlichen Opernhauses, des Teatro S. Cassiano im Jahre 1637. Bis 1700 wurden in Venedig sechzehn Opernbühnen gegründet. Die Oper war aus der höfischen Atmosphäre ihrer Geburt zum Volke herabgestiegen. Der veränderte Schauplatz und der soziologische Wandel des Opernpublikums konnten auf die Kunstform und die innere Struktur der Oper nicht ohne Einfluß bleiben.
Ein Publikum, das sich durch eine bezahlte Eintrittskarte das Recht zum Opernbesuch erworben hat, will das sehen, was ihm gefällt. Die von vielen nicht mehr verstandenen antik-mythologischen Stoffe traten jetzt hinter die »accidenti verissimi« (die wahren Begebenheiten) zurück, deren Parallelen zur venezianischen Gegenwart man in der römischen Geschichte fand. Mit Ausstattungen und Theatermaschinerie buhlte die Oper um die Gunst des Publikums. Dieses wiederum bevorzugte bestimmte Sängerinnen und Sänger,

die sich – dieser Auszeichnung bewußt – von ihrem Theaterdirektor teuer bezahlen ließen. Die Primadonna und der Primo uomo beherrschten die Bühne. Sie beherrschten aber auch die Komponisten, die ihnen die Musik auf den Leib schreiben, das heißt für den jeweiligen Sänger komponieren mußten, auch wenn das Fundament der Wahrheit, von dem Monteverdi ausgegangen war, dadurch ins Wanken kam. Der das Publikum weniger interessierende Chor, der außerdem den Unternehmer viel Geld kostete, trat mehr und mehr zurück. Auch die Ausbildung arioser Teile, der zwei- und dreiteiligen Arie in Verbindung mit dem vorausgehenden Rezitativ, und feststehende volkstümliche Melodie- und Formentypen, wie Lamento, venezianisches Gondellied und so weiter, erleichterten dem Hörer die Aufnahme der Oper und erhöhten den Genuß. Nicht zuletzt erheiterten ihn komische Opernszenen. Unter ihnen wiederum erfreuten sich Satire und Parodie auf die heroisch-mythologische Oper besonderer Beliebtheit. Für diese Neuerungen wurden die Idee des antiken Dramas, humanistischer Geist, die Strenge und Reinheit der frühen Monodie, der die Handlung begleitende und reflektierende Chor und schließlich die höfische Exklusivität des einmaligen Ereignisses aufgegeben. In der Geschichte der Überwindung des Individuums durch die Masse ist die venezianische Oper ein frühes und bedeutsames Kapitel.

Cavalli und Cesti

Keineswegs bedeutet Verfall, was Wandlung ist. Venedigs Opernkomponisten nach Monteverdi waren Meister. Pier-Francesco Cavalli (geb. 1602 in Crema, gest. 1676 in Venedig) schrieb zweiundvierzig Opern für Venedig, wo er Kirchensänger und seit 1668 Kapellmeister an San Marco war. Das feierliche Monteverdi-Rezitativ ist auch die Grundlage des Cavallischen Opernstils. In gleicher Weise übernimmt er die Instrumentalformen Monteverdis. Neu ist die formale Verdichtung des Ariosos zur dreiteiligen Arie. Die Arie »Piangete, Amori« aus Cavallis »Ormindo« (1644) hat Händelsche Melodiekraft und Form. Die Tonwiederholungen in der Furienbeschwörung der Medea aus der Oper »Giasone« nehmen die der Furienszene in Glucks Orpheus voraus. Cavalli schrieb auch Ensembles vom Duett bis zum Quartett. Durch sie kann er auf die

Mittel der Chorsteigerung an den Aktschlüssen zum großen Teil verzichten. Die Knappheit und Prägnanz des Cavalli-Stils verbindet ihn mit dem Reformstil Glucks. Der Geist, nicht etwa nur die Form der römischen Oper, mag auf beide nicht ohne Einfluß gewesen sein. Noch Spontinis Opern werden zum letztenmal von ihm genährt.

Als Antipode Cavallis bezeichnet man gern Marc'Antonio Cesti. Er wurde 1623 in Arezzo geboren und studierte vermutlich bei Carissimi in Rom. Seit 1652 stand er im Dienste des Erzherzogs von Innsbruck, von 1666 bis 1669 war er Vizekapellmeister unter Leopold I. in Wien. Er starb 1669 in Florenz. Höchsten Ruhm erntete er mit der Festoper zur Vermählung Leopolds I. in Wien »Il Pomo d'oro«, der die Geschichte von Paris und Helena zugrunde liegt. Die Inszenierung kostete hunderttausend Taler, eine Aufwendung, die zeigt, welche Bedeutung man der Oper als Mittel der Repräsentation, ja als Mittel der Politik zumaß. Oper und Politik standen von jetzt an in einem engen Zusammenhang. Nicht nur, daß man die Oper für politische Zwecke verwendete – sie hat auch Politik gemacht, wie die französische Operngeschichte beweist. Der Musik Cestis, von dessen etwa einhundertfünfzig Opern elf erhalten sind, rühmt man besonders Zartheit und lyrische Empfindung nach. Liebesduette, die er zu großen musikalischen Szenen ausbaut, sind Höhepunkte seiner Kunst. Mehrteilige Symphonien als Operneinleitung, teilweise in fugiertem Stil, gehören ebenso wie geschlossene Arien- und Ariettenformen zu seinem Opernstil. Da dieser auch die Aufnahme possenhafter Elemente und volkstümlicher Melodien nicht verschmäht, war er des breiten Erfolges gewiß. Der komischen Seite der venezianischen Oper hat sich besonders Pietro Andrea Ziani angenommen. Zusammenfassend ergibt sich das Bild eines Stiles, der – auf der Breite der Publikumsoper aufbauend – der Oper das gibt, was sie immer brauchen wird: ein wohlausgewogenes literarisches und musikalisches Schema. In Venedig stand nun die Musik an Stelle des Dramas, und in diesem Rahmen wuchsen vielfältige, aber einfache Formen, die den Stimmen und Instrumenten die Möglichkeit des Konzertierens gaben. Das Tor für den neapolitanischen Opernstil hatte sich schon in Venedig weit geöffnet.

Wie schon vermerkt, hält die instrumentale Monodie der vokalen die Waage. Kein anderer Ort als Venedig hatte eine größere Berechtigung, Träger der Entwicklung der Instrumentalmusik zu werden. Jene Formen und Ideen, die das Werk Giovanni Gabrielis einschloß, reichten völlig aus, um die Vorherrschaft der venezianischen Musik für die nächsten hundert Jahre zu sichern. Die 1584 erschienenen Ensemblesätze »Canzoni a sonare« des Florentino Maschera (1540–1580) aus Brescia und die Sammlung »Canzoni e Sonate« aus dem Jahre 1615 von Andrea und Giovanni Gabrieli hatten die verschiedenen Möglichkeiten der Kanzonenform, viele in Tempo, Takt, Satzart und Ausdruck wechselnde Teile zu einer Einheit zusammenzubinden, weitgehend gesteigert. Der Klang der Mehrchörigkeit, ein Kontrastklang, war dabei eher eine Hilfe als ein Hindernis. Der Steigerung der Stimmenzahl bei Giovanni Gabrieli zwischen drei und zweiundzwanzig und der Vermehrung der Teilabschnitte bis zu zehn und mehr folgte allerdings eine Reduktion. Über Vier- bis Sechsstimmigkeit ging die kommende Instrumentalmusik kaum hinaus. Giovanni Gabrieli selbst hatte noch mit seiner »Sonata con tre violini e basso se piace« die Anregung gegeben. Mit diesem Werk begann nicht nur die Geschichte der Triosonate (eine mehrsätzige Komposition für zwei konzertierende Instrumente mit Basso continuo, wobei der Baß durch eine Gambe oder ein Violoncello verstärkt wurde) und der Violinsonate, sondern der monodischen Instrumentalmusik überhaupt.

Salomone Rossi (um 1587 bis um 1628) hatte 1613, zweifellos unter dem Einfluß der »Scherzi musicali« Monteverdis, mit seinen »Varie Sonate« die ersten Triosonaten für zwei Violinen und Basso continuo und der Brescianer Biagio Marini (geb. 1597 in Brescia, gest. 1665 in Venedig) 1617 zwei Violinsonaten in seinen »Affetti musicali« in Venedig herausgegeben. Aus der Triosonate erwuchsen zwei zyklische Formtypen: der eine in der Gegenüberstellung von langsamen, kantablen mit lebhaft imitatorischen Sätzen und ein anderer, der tanzmäßige Stücke zu einer Form außerhalb der Suite vereinigte. Man nannte diese Formen später Kirchen- und Kammersonate. Die neuen Bezeichnungen erschienen zum erstenmal 1637 bei Tarquinio Merula (geb. um 1600, gest. nach 1652; er war Domkapellmeister in Bergamo und Cremona und später Titularkapellmeister des Kölner Doms) in seinen »Canzoni overo Sonate con-

certate da chiesa e da camera«. Biagio Marinis Violinsonaten verbinden den Stile concitato der Oper mit ausgesprochen violinistischer Spieltechnik. Erstaunlich ist, wie sich diese bewegte Haltung einer Form unterordnet, die ihrerseits im Wechsel von langsamen und schnellen Teilen das Metrum ändert und an die Kirchen- und Kammersonate mit ihren Kontrasten denken läßt.
Trio und Duo (Violinsonaten) prägen die frühen Formentypen der Kirchen- und Kammersonate am überzeugendsten aus. Giovanni Legrenzi (geb. 1626 in Clusone, gest. 1690 in Venedig), Direktor des Conservatorio dei Mendicanti in Venedig, Kapellmeister an San Marco und venezianischer Opernkomponist, und Giovanni Battista Vitali (geb. um 1644 in Cremona, gest. 1692 in Modena), Vizehofkapellmeister in Modena, haben die »klassische« Sonate des 17. Jahrhunderts in ihrer klassizistischen Form voll Eleganz und Würde begründet. Legrenzis Form ist der vielteiligen Kanzone noch näher als Vitalis ausgewogene Kirchensonatenform, die allerdings oft noch fünfsätzig statt viersätzig ist. Den Ausgleich zwischen der Vielteiligkeit der Kanzone und die ausgewogene Folge der Teile brachte das Werk Arcangelo Corellis.

Rom

Corelli hat sechsmal zwölf, insgesamt 72 Werke geschrieben: op. 1, 12 Sonate da chiesa a tre (1683); op. 2 12 Sonate a camera a tre (1685); op. 3, 12 Sonate a chiesa a tre (1689); op. 4, 12 Sonate a camera a tre (1694); op. 5, 12 Sonate a Violino e Violone o Cembalo (1700); op. 6, 12 Concerti grossi (1712).
Hinter der Klarheit dieser Werkordnung steht die geistige Klarheit des Musikers, hinter der weisen Beschränkung des Werkes auf Instrumentalmusik der Mensch Corelli, dem Maßhalten und Zucht selbstverständliche Gaben sind. Die Trennung der Formen in Triosonate, Violinsonate, Concerto grosso ist bei Corelli eine endgültige. Jede dieser viersätzigen Formen erscheint im Zyklischen als Kirchen- oder Kammersonatenform. Aus der freien Vielteiligkeit der Kanzone herauswachsend, findet die Kirchensonate die Erfüllung der Form in der Ausgewogenheit der langsam-gesanglichen und schnell-fugierten Sätze. Die Kammersonate mit ihrer freien Satzfolge und den

tanzmäßigen Sätzen verleugnet dagegen nicht Herkunft von der Suite, zum Beispiel Preludio – Allemande – Sarabande oder Corrente – Giga oder Gavotta.
Die edle Einfalt des Maßhaltens gibt dem Werk Corellis die stille Größe der Klassizität. Bis in die maßvolle Verwendung der damals üblichen Verzierungen hinein bewahrt sein Werk die gleiche Haltung. Ein bekanntes und bedeutendes Beispiel ist die letzte der Violinsonaten »La Follia«. Ein Vergleich der Musik Corellis mit Gemälden von Nikolaus Poussin, der auch in der Privatsammlung des Musikers vertreten war, ist überzeugend.
Der Größe des Werkes entspricht die des Menschen. Arcangelo Corelli wurde 1653 in Fusignano (Diözese Faenza) geboren. Als Dreizehnjähriger kam er nach Bologna. Mit siebzehn Jahren wurde er auf Grund seines hervorragenden Violinspiels in die Accademia filarmonica aufgenommen, die gleiche Ehrung, die rund hundert Jahre später Wolfgang Amadeus Mozart widerfuhr. Corellis Lehrer in Bologna war der Begründer der Bologneser Geigenschule, Ercole Gaibara. Zwischen 1670 und 1675 ist der Aufenthalt Corellis unbekannt. Ein Studienaufenthalt bei Lully in Paris ist ebensowenig wahrscheinlich wie eine Reise im Sommer 1679 nach München, Heidelberg, Ansbach und Düsseldorf. Für beide Behauptungen gibt es keine Beweise. Durch Quellen belegt ist Corellis Aufenthalt in Rom seit 1675 und der eigentliche Beginn seiner glänzenden römischen Karriere im Jahre 1681. In diesem Jahre hat Corelli sein der Königin Christine von Schweden gewidmetes op. 1 veröffentlicht. Die Königin von Schweden hatte 1659 abgedankt, um zum Katholizismus überzutreten und in Rom leben zu können. Ihr Wohnsitz, der Palazzo Riario, später Corsini, der Sitz der Accademia dei Lincei, wurde zum Mittelpunkt einer großzügigen und glänzenden Kunstpflege. Am Hofe der »Pallas nordica« trafen sich Künstler und Gelehrte zu Gesprächen und Aufführungen. Die Gemäldesammlung des Palazzo Corsini gibt noch heute Zeugnis des künstlerischen Geschmacks, der bestimmt wurde durch den Architekten und Bildhauer Bernini, durch den Maler Guido Maratta und durch die Musiker Corelli, Alessandro Scarlatti, Bernardo Pasquini, Marco Marazzoli und viele andere. Hochbarocke Klassizität paart sich mit üppiger Festfreude und repräsentativem Aufwand. Einige Proben

zu den Musikaufführungen hat in Corellis Wohnung dessen Schüler Georg Muffat 1682 »mit großer Lust und Verwunderung« gehört. Muffat, der später Kapellmeister und Pagenmeister in Passau wurde, berichtet darüber in der Vorrede zu seiner hochbedeutenden Werksammlung »Auserlesener mit Ernst und Lust gemengter Instrumentalmusik erste Versamblung« (Passau 1701). Zum erstenmal hat Muffat den »Stylum« des Concerto grosso, den Stil der Gegenüberstellung eines Instrumentalensembles und eines »Tertz'l« (eines Terzettes aus zwei Streichinstrumenten und Basso continuo) mit Verwunderung gehört. Zum erstenmal hat ihn auch der Aufwand für ein Streichorchester mit einhundertfünfzig Mitwirkenden in Erstaunen versetzt.

1687 wurde Corelli zum Maestro di Musica des Kardinals Benedetto Panfili ernannt. Ihm widmete er seine Triosonaten op. 2. Die Widmung der Triosonaten op. 3 an den Herzog Francesco II. von Modena reicht nicht aus, um eine Tätigkeit Corellis am Modeneser Hofe zu begründen. 1689 trat Corelli in die Dienste Pietro Ottobonis, des Neffen des Papstes, der mit achtzehn Jahren schon Kardinal und Vizekanzler der Kirche war. Wie Winckelmann später in Kardinal Albani, so fand Corelli in Kardinal Ottoboni nicht nur einen Mäzen, sondern auch einen Freund. 1700 wurde Corelli zum »Guardiano della sezione strumentisti della Congregazione ed Accademia di Santa Cecilia« und 1706 zum Mitglied der Accademia degli Arcadi ernannt. In gleicher Weise wie dem Präsidenten der Altertümer Roms, Johann Joachim Winckelmann, hat die Gesellschaft Europas dem ersten Instrumentalisten und Komponisten Roms gehuldigt. Zu den Schülern und Bewunderern Winckelmanns gehörte Johann Wolfgang von Goethe, zu denen Corellis Alessandro Scarlatti und Georg Friedrich Händel. Den »Parnaß«, den Anton Raphael Mengs (1728–1779) als erstes klassizistisches Gemälde an die Decke der Villa Albani gemalt hatte – es gab ihn in Rom um 1700 schon auf Erden. Der Kirche und ihren Trägern kommt der Ruhm zu, den geistigen Raum für diesen Austausch der Götter und Geister geschaffen zu haben. Die vielbewunderten Feste der Villa Albani und die Konzerte der Ottoboni in der Cancelleria und in den Palazzi Riario und Panfili hat der Adel der Gesellschaft im Mittelpunkt der Welt dem Adel des Geistes geschenkt.

Corellis glänzende gesellschaftliche Stellung ist auf seine Tätigkeit und Lebensführung nicht ohne Einfluß geblieben. Es gehörte zu den großen Auszeichnungen, bei Corelli als Violinschüler angenommen zu werden. Ähnlich wie später Franz Liszt auf der Altenburg in Weimar hat Corelli in Rom einen »künstlerischen Hof« unterhalten. Sein letztes Werk, die Concerti grossi op. 6, widmete er dem Kurfürsten Johann Wilhelm von der Pfalz. Die Drucklegung des Werkes hat er nicht mehr erlebt. Depressionen und Scheu vor den Menschen haben sein Alter einsam gemacht. Er starb 1713 im Palazzo Ermini in Rom. Durch einen besonderen Erlaß des Papstes Clemens XI. wurde Corelli in der Kirche Santa Maria della Rotonda, dem antiken Pantheon, beigesetzt. Sein Grabstein vermerkt, daß ihn der Kurfürst von der Pfalz 1715, also zwei Jahre nach seinem Tode, zum »Marchese de Ladenburg« (bei Heidelberg) ernannt habe. Die Verleihung eines fürstlichen Titels setzt den Schlußpunkt hinter ein Leben und Werk, das wahrhaft fürstlich zu nennen ist.

Wieder zurück nach Venedig

Der prunkvollen Schwere des römischen Concerto grosso stand die Leichtigkeit des venezianischen Solokonzertes gegenüber. Schon die Reduktion des Konzertes für mehrere Solisten und Orchester auf Konzerte für ein Soloinstrument mit Orchester bedeutete eine Verminderung des Gewichts. Die neu gewonnene Leichtigkeit war aber nicht nur eine äußere, sie lag innen – in Form und Struktur des Solokonzertes.
Der Veroneser Geiger Giuseppe Torelli (geb. 1658 in Verona, gest. 1709 in Bologna), der Venezianer Tommaso Albinoni (geb. 1671 in Venedig, gest. 1750 in Venedig) und der Bologneser Violoncellist Giuseppe Maria Jacchini (gest. 1727) haben um 1700 die ersten Konzerte für eine Solovioline oder ein Violoncello mit Orchester veröffentlicht. Die eigentliche und eigentümliche Form gab dem **Solokonzert** jedoch Antonio Vivaldi (1675–1741).
Der Wille zur Angleichung an die Dreiteiligkeit der Scarlattischen Opernsinfonia mag erklären, daß die zyklische Viersätzigkeit des Concerto grosso zugunsten der Dreisätzigkeit des Solokonzertes auf-

gegeben wurde. Der Verfasser glaubt noch etwas anderes zu sehen. Die Hauptformen in der Musik des 17. Jahrhunderts sind zweiteilig: die Sätze der Kirchen- und Kammersonate, die Tanzsätze der Suite, Rezitativ und Arie, zum Teil die letztere selbst. Dort, wo die Formen dreiteilig sind, bei Ouvertüre, Fuge, Toccatenfuge (fünfteilig), handelt es sich bei der Wiederkehr des dritten oder fünften Teiles nicht um die Wiederkehr des gleichen; der erste Teil wird also nicht wörtlich wiederholt.

Die Formen des 18. Jahrhunderts sind dreiteilig, mit der ausschließlichen Tendenz, durch Wiederkehr des gleichen die Form abzurunden. Dies bedeutet die wörtliche Wiederkehr des ersten Teiles: Sonatensatz, Menuett und Scherzo, Da-capo-Arie, dreiteilige Liedformen. Diese Erscheinung als zufällig anzusehen wäre absurd. Ob einmal Zweiteiligkeit und ein anderes Mal Dreiteiligkeit mit der Wiederkehr des gleichen als Form empfunden und gestaltet wird, bedeutet einen grundsätzlichen Wandel der musikalischen Formvorstellung und damit des gesamten musikalischen Weltbildes.

In diesem Formwandlungsprozeß offenbaren sich die großen revolutionären Ideen an der Wende des 17. zum 18. Jahrhundert – nicht in dem angeblichen Stilumbruch der Musik nach Bachs Tode, den es nicht gegeben hat und mit dem Bach nicht das mindeste zu tun hatte. Woher ein solcher Wandel der Formvorstellung kommt, der die Struktur der Musik bis in ihre Grundfesten aufwühlt – wer vermag es zu deuten? Auf alle Fälle ist er größer als der berühmte Stilumbruch um 1600, der die Ablösung der Mehrstimmigkeit durch den monodischen akkordischen Satz und die Ablösung der Vokalmusik durch die Instrumentalmusik sah. Damals ging es um einen Wandel des musikalischen Satzes, diesmal geht es um einen Wandel der Form. Dieser aber liegt tiefer. Den Wandel des Satzes erzwingt das Handwerk der Kunst, den Wandel der Form aber schenkt eine Idee, die nicht aus dem Bereich der Materie, sondern aus dem des Geistes kommt. Um den Umbruch der zweiteiligen Form zur dreiteiligen um 1700 zu verstehen und ihn zu erklären, bedürfte es daher eines Wissens um alle Erscheinungen der Geistesgeschichte in dieser Epoche.

Die Musikgeschichte kann jedoch feststellen, daß die neue Dreisätzigkeit des Vivaldischen Solokonzertes Epoche gemacht hat. Nicht

Arcangelo Corelli, Antonio Vivaldi, Alessandro Scarlatti, die Meister des Concerto grosso, des barocken Solokonzertes und der neapolitanischen Oper im 17. und 18. Jahrhundert.

nur die italienischen Zeitgenossen Vivaldis haben sie geliebt – auch Johann Sebastian Bach hat sich ihr in seinen Violin- und Klavierkonzerten und in den Brandenburgischen Konzerten bedingungslos verschrieben. Georg Friedrich Händel folgt ihr in seinen Orgel- und Oboenkonzerten. Sicherlich wurde die zyklische Dreiteiligkeit ohne eine Wiederholung in Verbindung mit der ständigen Wiederkehr des gleichen – des Tuttithemas nämlich – als ein besonderer Reiz empfunden. In den Konzerten Vivaldis umschließen vier Tutti drei Soloepisoden oder sechs Tutti fünf Concertinoteile. Thematisch erwachsen die Concertinoteile aus dem Tutti, oder sie haben eine selbständige Thematik, die sich mit Läufen, Akkordzerlegungen, Doppelgriffen und so weiter verbindet. Auch Ordnung kann Leichtigkeit erzeugen; das Vivaldische Solokonzert ist ein Beweis dafür.

Die Mittelsätze Vivaldis, die Süße der Melodie mit Gondolierarhythmus und Pizzikatobegleitung verbinden, beschwören in gleicher Weise den Zauber Venedigs wie Antonio Canalettos topographisch genaue Veduten, die exakten Aufbau mit der schimmernden venezianischen Atmosphäre verschmelzen. Die Schlußsätze entsprechen in der Form, nicht in der Thematik, dem ersten Satz. Vivaldi hat mehr als hundert Konzerte geschrieben. Unter ihnen befinden sich Konzerte für Oboe, für Fagott, zwei Trompeten, ja sogar für Mandoline. Die meisten der Konzerte schrieb er jedoch für eine, zwei, drei und vier Violinen. Als op. 1 hatte er zwölf Kammertriosonaten und als op. 2 und op. 5 achtzehn Soloviolinsonaten herausgegeben. Zwölf Concerti op. 3 mit dem Titel »Estro armonico« und die Konzerte »Die vier Jahreszeiten« aus op. 8 werden heute am meisten gespielt. Sechs Flötenkonzerte tragen die Opuszahl 10. Vivaldi hat einem Teil seiner Konzerte programmatische Titel mitgegeben, die wie die »Vier Jahreszeiten« – das beliebte Thema der Park- und Porzellanplastik des 18. Jahrhunderts – musikalische Abwandlungen des Zeitgeschmacks bedeuten. Es nimmt daher nicht wunder, daß sich Vivaldi in gleicher Weise wie der Instrumentalmusik auch der wortgebundenen Musik, der Oper und dem Oratorium, verschrieben hatte. Er schuf 38 Opern, davon 22 für Venedig. Sie sind heute fast unbekannt. Seine Oratorien »Juditha triumphans« und »Beatus vir«, von denen aus man auf seine Opern schließen kann, sind Meisterwerke. Das Gleichmaß der Form und des Klanges ist vollkommen. Diese Dinge mit Tradition und Schematismus abtun zu wollen ist falsch. Zu allem, was Erfolg hat, gehört ein gewisser Grad von Schematismus. Wenn das Schema so vollkommen gehandhabt wird wie bei Vivaldi, ist es nicht nur nützlich, sondern auch schön.

Antonio Vivaldi wurde 1675 in Venedig geboren und war wie sein Vater Kirchengeiger an San Marco. Sein Lehrer war Giovanni Legrenzi, der Direktor des Conservatorio dei Mendicanti in Venedig, einer der ersten Meister der Triosonate und Komponist bedeutender Oratorien und Solokantaten. Da Vivaldi den Titel eines Kapellmeisters des Herzogs Philipp von Hessen führte, ist anzunehmen, daß er von 1707 bis 1713 am Hofe von Mantua, wo der Hessenprinz Statthalter war, tätig gewesen ist. 1703 wurde Vivaldi zum Priester geweiht. »Il prete rosso« ist nun der Beiname des Rothaarigen. 1716 wurde er Konzertmeister des venezianischen Mädchenkonservatoriums Ospedale delle pietà. Die Jahre zwischen 1725 und 1735 verbrachte er als Impresario auf Reisen. Er starb 1741 in ärmlichen Verhältnissen in Wien.

Begründer der klassischen Instrumentalmusik

Die Nachwirkungen des Werkes von Arcangelo Corelli und Antonio Vivaldi waren unübersehbar. Beide haben das Fundament gelegt, auf dem die Instrumentalmusik der Klassik weiterbauen konnte.

Sie entstammt einem guten und fruchtbaren Grund. Die Namen derer, die mit am Werke waren, seien ebenfalls genannt.

Der Veroneser und später Münchner Kammerkonzertmeister Evaristo Felice Dall'Abaco (geb. 1675 in Verona, gest. 1742 in München).

Tommaso Albinoni (geb. 1671 in Venedig, gest. 1750 in Venedig). Seine Instrumentalwerke hat Johann Sebastian Bach geschätzt und seine Themen teilweise als Fugen bearbeitet. Albinoni schrieb Triosonaten, Violinsonaten, Sinfonien und Konzerte. Seine Opern sind heute vergessen.

Francesco Geminiani (geb. 1674 in Lucca, gest. 1762 in Dublin), Violinschüler von Arcangelo Corelli und Kompositionsschüler von Alessandro Scarlatti. Konzertmeister in Neapel, Geigenlehrer in London und Paris. Er schrieb Violinsonaten und Concerti grossi, aber auch zahlreiche theoretische Abhandlungen. Corellis Solosonaten op. 5 hat er als Concerti grossi bearbeitet.

Francesco Maria Veracini (geb. 1690 in Florenz, gest. 1750 bei Pisa) erregte als Kammervirtuose in Venedig, in London und Dresden und bei dem Grafen Kinsky in Prag großes Aufsehen. Seine Violinsonaten op. 1 (Dresden 1721) und op. 2 »Sonate accademiche« (London 1744) gehören zu den besten ihrer Zeit.

Benedetto Marcello (geb. 1686 in Venedig, gest. 1739 in Brescia) war Jurist und Ratsmitglied in Venedig. Er war jedoch mehr als ein »Nobile dilettante«, wie er sich selbst bezeichnete. Er hatte bei Gasparini und vielleicht auch bei Lotti studiert. Die erste Vertonung italienischer Psalmparaphrasen machte ihn berühmt. Er schrieb auch klangprächtige Klavier-, Violoncello- und Flötensonaten und Instrumentalkonzerte, ebenso Kantaten, Oratorien und feierliche Kirchenmusik. Als Opernkomponist weniger erfolgreich, rächte er sich an der Gattung und schrieb eine Satire »Il teatro alla moda« (1722). Darin tadelte er die Auswüchse des Theaters, seine Gewohnheiten und seinen Schematismus. Die Kritik betraf jedoch nur die Äußerlichkeiten eines zur Routine gewordenen Opernbetriebes. Eine Reform der Oper hat die kulturgeschichtlich interessante Schrift nicht eingeleitet. Diese blieb der französischen Musikästhetik und, auf ihr fußend, Raniero di Calzabigi und Christoph Willibald von Gluck vorbehalten.

Pietro Locatelli (geb. 1695 in Bergamo bei Venedig, gest. 1764 in
Amsterdam) war Violinschüler von Corelli und als Komponist und
Violinvirtuose ein berühmter Mann. Er veröffentlichte Concerti
grossi, Violinkonzerte, Triosonaten, Introduzioni (Ouvertüren).
Giuseppe Tartini (geb. 1692 in Pirano, gest. 1770 in Padua) war
seit 1721 Konzertmeister an Sant'Antonio zu Padua. Veracini und
Geminiani, die der Schule Corellis nahestanden, gehörten zu seinen
Vorbildern. Tartini war ein bewunderter Violinvirtuose. Seine Bo-
gen-, Doppelgriff- und Trillertechnik hat Schule gemacht. Seine
Schüler waren Johann Gottlieb Graun (geb. 1702 in Wahrenbrück,
gest. 1771 in Berlin), der Lehrer Wilhelm Friedemann Bachs und
Konzertmeister Friedrichs II. in Berlin, Pietro Nardini (geb. 1722
in Livorno, gest. 1793 in Florenz), Konzertmeister unter Niccolò
Jommelli in Stuttgart und Hofkonzertmeister in Florenz, und der
Turiner Virtuose und Londoner Konzertmeister Gaetano Pugnani
(geb. 1731 in Turin, gest. 1798 in Turin). Von Leopold Mozart geschätzt, ist Nardini als Instrumentalkomponist auf die Violinkonzerte
des jungen Mozart, dem er in Stuttgart und in Florenz begegnete,
nicht ohne Einfluß geblieben. Die Zahl der Soloviolinkonzerte Tartinis beträgt rund einhundertvierzig, die seiner Violinsonaten etwa
einhundertfünfzig. Die »Teufelstrillersonate« ist ein echtes Virtuosen-
stück, das andererseits romantische Visionen E. T. A. Hoffmanns
vorausnimmt. Dr. Carl Burney (geb. 1726 in Shrewsbury, gest. 1814
in Chelsea), ein englischer Musiker, erzählt in seinem »Tagebuch
einer Musikalischen Reise durch Frankreich und Italien« 1772 folgende Anekdote, »woraus man sieht, bis zu welchem Grade Tartinis
Einbildungskraft durch den Geist der Komposition befeuert wurde«:
»Es träumete ihn in einer Nacht 1713, er habe ein Bündniß mit
dem Teufel gemacht, der ihm versprach, bey aller Gelegenheit zu
seinen Diensten zu seyn, und während dieses Traumes gelänge ihm
alles nach Wunsche. Sein neuer Diener kam seinen Wünschen zuvor, und that allemal noch mehr, als er verlangte. Kurz, es kam ihm
vor, als ob er dem Teufel seine Violine gäbe, um zu sehen, was
für eine Art von Tonkünstler er wäre. Zu seinem großen Erstaunen
hörte er ihn ein Solo so außerordentlich schön spielen, und es mit
so ungemeinem Geschmacke und mit solcher Genauigkeit vortragen,
daß es alles übertraf, was er in seinem Leben je gehört oder gedacht

hatte. Seine Verwunderung und sein Vergnügen war bey dieser Gelegenheit so groß, daß er außer Stand gesetzt wurde, Athem zu schöpfen. Er erwachte in der Heftigkeit dieser Empfindung, nahm so gleich seine Geige zur Hand, in der Hofnung, das zu spielen, was er so eben gehört hatte; aber umsonst. In deß setzte er damals ein Stück, welches vielleicht das beste von allen seinen Werken ist, und welches er die Teufelssonate nannte, doch war es soweit unter demjenigen, was er im Schlafe gehört hatte, daß er sagte, er würde sein Instrument zerbrochen, und die Musik auf ewig verlassen haben, wenn er ohne sie seinen Unterhalt zu finden gewußt hätte.«

Doppelgriffe auf der Violine haben Tartini zum erstenmal auf die Differenz- oder Kombinationstöne aufmerksam gemacht, die als dritter Ton beim Zusammenklingen zweier Intervalltöne entstehen. Tartini gilt daher neben dem Deutschen Andreas Sorge als der Entdecker der Kombinationstöne. Diese akustische Erscheinung stellt eines der beiden Naturvorkommen von Tönen dar: Bei jedem Erklingen eines Intervalls treten Kombinationstöne auf, während (und dies ist das andere Naturvorkommen von Tönen) beim Erklingen eines Tones Obertöne auftreten. Tartini hat seine Entdeckung später naturphilosophisch mystifiziert. Erst das 19. Jahrhundert (Helmholtz) hat die Kombinationstöne physikalisch exakt errechnet. Paul Hindemith machte sie in seiner Reihe II zum erstenmal der Musiktheorie dienstbar.

Paris

Im 17. Jahrhundert ist Frankreich das Musterbeispiel einer zentralistischen Kunstpflege. Paris ist der künstlerische Mittelpunkt des großen Landes. Ja, man könnte diesen Mittelpunkt noch mehr einengen: Die französische Kunst bestimmt der königliche Hof.

Das Hauptanliegen der französischen Kunst in diesem Jahrhundert war die Ordnung, nicht nur die Ordnung in den Kunstwerken, sondern auch die der Kunstpflege. Für beides hat das humanistische Zeitalter Frankreichs gesorgt. 1570 gründete der Dichter und Musiker Baïf (1532–1589) zusammen mit dem Musiker Thibaut de Courville die Académie de poésie et musique. 1571 vom König bestätigt, wurde sie die Vorläuferin der 1635 von Richelieu gegründeten Académie française, bei der allerdings die Musik nicht besonders berücksichtigt wurde. Baïfs Académie hatte sich die Aufgabe gestellt, einer musikalischen Renaissance den Weg zu bereiten. Er selbst dichtete Verse in antiken Maßen und veranlaßte die Musiker, danach eine »musique mesurée à l'antique« (gemessene Musik im Stil der Antike) zu schreiben. Die einzelnen Stimmen werden demnach nicht mehr kontrapunktisch erfunden, sondern folgen gleichzeitig dem strengen Rhythmus der Worte. In dieser geordneten Deklamation und Musik haben Claude Lejeune (1528–1600) und Jacques Mauduit (1557–1627) interessante Werke hinterlassen.

Neue Ordnung

Zu Beginn des 17. Jahrhunderts erhielt die europäische Musik eine neue Ordnung durch Frankreichs größten Denker, René Descartes (1596–1650). Descartes hatte als dreiundzwanzigjähriger Offizier ein »Compendium musicae« verfaßt und sich 1649 in »Les passions de l'âme« (Die Leidenschaften der Seele) mit der musikalischen Affektenlehre auseinandergesetzt. Der Philosoph Hegel meinte: »Mit Cartesius hebt in der Tat die Bildung der neueren Zeit, das Denken der modernen Philosophie wahrhaft an.« Dieser Satz könnte in gleicher Weise auf die »moderne Musik« angewendet werden. Das physikalische Denken Descartes' hat der neueren Musiktheorie eine andere Richtung gegeben, seine psychologischen Erkenntnisse aber brachten der praktischen Musik die rationalistisch gebändigte Affektenlehre des 17. und 18. Jahrhunderts. In einem Brief Descartes' an seinen Mitschüler, den Pater Marin Mersenne (1588–1648), vom Jahre 1629 ist zum erstenmal von den Obertönen die Rede. Descartes hatte Mersenne die Niederschrift seines »Compendium musicae« mit der Bitte um Geheimhaltung übergeben. In dem gleichen Jahr war Mersennes Schrift »Von den Schwierigkeiten der Musik« erschienen. In dieser hatte er mitgeteilt, daß beim Erlöschen des Grundtones einer tönenden Saite mehrere höhere Töne vernehmbar werden, Töne, die aus der Teilung der Saite in drei und fünf Teile hervorgehen. Es handelt sich um die Duodezime und die Terz der zweiten Oktave. Descartes stellt dazu fest, daß diese mitklingenden Töne wahrscheinlich durch Abteilungsbildungen der mitschwingenden Gesamtsaite entstehen. So nahe war Descartes an der

Erkenntnis der Obertöne. Ein falscher Gedanke ließ ihn jedoch die Schwelle der Erkenntnis nicht überschreiten: Er glaubte, daß dieser Zerfall der Saite in schwingende Unterabteilungen nur bei fehlerhaften, bei »falschen Saiten«, vorkäme.

Die Obertonreihe, die Mersenne ahnte, hat der taubstumme Physiker Joseph Sauveur (1653–1716) 1701 berechnet und erklärt. Obertöne sind beim Ertönen eines Grundtones mitklingende Töne von einfachsten Schwingungsvielfachen. Sauveurs Entdeckungen gingen von der Errechnung der Schwingungszahl der Töne aus, die bisher noch nicht möglich gewesen war. Seit der Antike konnte man nur die Proportionen der Saiten oder Luftsäulen bestimmen. Durch das Monochord des Pythagoras kannte man die Proportionsfolge der Intervalle: 1:2 Oktave, 2:3 Quinte, 3:4 Quarte, 4:5 Terz, 5:6 kleine Terz, 3:5 große Sext, 5:8 kleine Sext und so weiter. Die Schwingungen eines Tones konnte man nicht feststellen. Sauveur gelang diese Feststellung durch die »Schwebungen«. Er bediente sich zweier Orgelpfeifen (ges und g), die zu einem tieferen Tone, es, die kleine und große Terz bilden. Dadurch stehen sie untereinander im Verhältnis 24 zu 25. Sauveur stellte fest, daß jede 24. Schwingung der tieferen Pfeife ges mit jeder 25. der höheren Pfeife g zusammentraf. Durch Klangverstärkung war dieses Zusammentreffen hörbar. Vier dieser Schwebungen pro Sekunde sagten nun aus, daß die höhere Orgelpfeife einem Ton von hundert und die tiefere einem von sechsundneunzig Schwingungen pro Sekunde entsprechen mußte. Durch die Möglichkeit, die Tonhöhe zu bestimmen, konnte jetzt die Musik zum erstenmal so erklingen, wie sie aufgezeichnet war. Die Vorstellung des Komponisten beispielsweise von E-Dur konnte mit einem Vertauschen der Tonart durch den Interpreten nicht verfälscht werden (noch Bach schreckt in den Bearbeitungen seiner Konzerte davor nicht zurück). Vom akustisch fixierten Grundton ging Sauveur aus, als er nun auch das Gesetz einer dem Lichte vergleichbaren, spektralen Anordnung der Obertöne erkannte. Wie die im Prisma eines Lichtstrahls erscheinenden Farben in ihrer Reihenfolge unabänderlich sind, so ist auch das Nacheinander der Obertöne von der Natur gegeben und feststehend. Änderungen sind erst in der Gegenwart mit Hilfe elektroakustischer Geräte und Instrumente möglich geworden.

In einer Obertonreihe wächst die Schwingungszahl von Oberton zu Oberton um 64 und bildet eine Intervallreihe, die nicht mehr eine Proportionsfolge, sondern das Vielfache der Grundeinheit darstellt: 1 : 2 Oktave, 1 : 3 Duodezime oder Quinte, 1 : 4 Doppeloktave und so weiter. Auf der Obertonreihe baut sich unmittelbar von jedem Grundton aus der Dur-Dreiklang auf, als 4 : 5 : 6, mittelbar auch der Moll-Dreiklang, als 10 : 12 : 15. Die Obertonreihe ist die Reihe der Naturtöne, die z. B. bei Blasinstrumenten von einem bestimmten Grundton aus ohne Hilfe von Ventilen oder Zügen durch Überblasen erzeugt werden kann. Die Natur schien in der Obertonreihe folgendes zu bestätigen: 1. den Grundton als tonliches Zentrum, 2. den Dur-Dreiklang als naturgegebene Tatsache, 3. den Terzaufbau der Zusammenklänge als ein Grundgesetz der Akkordbildung.

Jean-Philippe Rameau hat daraus in seinem »Traité de l'Harmonie« (1722) die Folgerung gezogen, daß der Dreiklangaufbau der Musik mit Bezug auf ein tonales Zentrum naturgegeben sei und daß somit »diese Betrachtungsweise der Zahlenverhältnisse der Töne ... die ganze und einzige Musik repräsentiere und ausdrücke, welche die Natur uns selber liefert«. So formulierte es Fontenelle, der ständige Sekretär der Pariser Akademie der Wissenschaft, in seinem Bericht über Sauveur. Rameau fand weiter, daß die »verschiedenen Aufeinanderfolgen der Dreiklangtöne nicht selbständige neue Harmonien ergeben, sondern Umkehrungen desselben Grundgebildes seien«, (Sext- und Quartsextakkord). Rameaus Auffassung, daß eine Hauptharmonie alle anderen Akkorde auf sich bezieht und daß alle Melodiebildung nur eine Folge der Harmoniegrundlage sei, daß also auch die Melodie sich aus Tönen bilden müsse, die zum Grunddreiklang in einem »harmonischen« Verhältnis stehen, hat eine neue Epoche in der Musik eingeleitet. Der »Newton« der Harmonie – so nannte man Rameau im Hinblick auf den großen englischen Physiker und Mathematiker Isaac Newton (1643–1727) – wurde zum »Vater der Harmonielehre«, die bis zu ihrer Ablösung durch andere Theorien in unserem Jahrhundert Gültigkeit behalten hat. Der Ausgangspunkt dieser umwälzenden Vorgänge waren Descartes' Gedanken über die Obertöne, denen sich folgerichtig Erörterungen über den hohen Konsonanzgrad der großen Terz als dritte der Konsonanzen und über die Synkope als dissonierende Kraft anschlossen. Die mathematische »geometrische« Anschauung und Methode hat Descartes für Wissenschaft und Kunst in gleicher Weise verbindlich erklärt. In der Malerei folgen ihr der holländische Maler Jan Vermeer (1631–1675) und der Lothringer George La Tour (1593 bis 1652).

Einen ersten Versuch zur Systematisierung der musikalischen Affektenlehre hat Descartes in seinem »Compendium musicae« unternommen. Die Affekte sind für Descartes psychologisch bedingt. Ihre musikalische Darstellung kann aber nicht willkürlich oder frei sein. Durch Nachdenken über ihre psychologischen Ursachen können die Affekte in der Musik unter Kontrolle gebracht werden. Über die Affektwirkung von Ton, Metrum und Tempo heißt es im »Compendium musicae«:

»Der Zweck des Tones ist, zu erfreuen und in uns verschiedene Gemütsbewegungen hervorzurufen. Denn man kann Melodien erfinden, die traurig und doch angenehm sind. Über eine derartige Verschiedenheit darf man sich nicht wundern: gefallen uns doch die Elegien- und Tragödiendichter um so mehr, je mehr Trauer sie in uns erregen.

Das Mittel zum Zweck oder der bemerkenswertesten Eigenschaften des Tones sind zwei: seine Verschiedenheit hinsichtlich seiner Dauer oder Zeit und seiner Kraft in der Höhe und Tiefe. Von der Qualität des Tones, wodurch und womit er am besten erzeugt wird, handeln die Physiker. Und scheint die menschliche Stimme vor allem dazu am geeignetsten zu sein, weil sie der Natur unseres Geistes am meisten entspricht.

Wenige bemerken, wie das Zeitmaß oder der Niederschlag bei einer stark figurierten oder von vielen Stimmen gesungenen Musik von den Ohren vernommen wird. Meiner Ansicht nach geschieht dies durch eine gewisse Betonung der Stimme bei der Vokalmusik oder der Tonerzeugung bei den Instrumenten, so daß der Anfang jedes Niederschlages einen deutlicheren Ton ergibt. Dies beachten naturgemäß die Sänger und Instrumentalisten besonders bei den Weisen, nach deren Takt wir zu tanzen und springen pflegen. Gerade hierbei wird diese Regel besonders beobachtet, daß wir mit den einzelnen Körperbewegungen auch die einzelnen Niederschläge in der

Musik unterscheiden, wozu wir ja von der Musik angetrieben werden.
Denn das ist nämlich sicher, daß der Ton ringsumher alle Körper erschüttert, wie man bei Glocken oder dem Gewitter bemerken kann. Die Erforschung der Ursache hierzu überlasse ich den Physikern. Da dies jedoch unzweifelhaft ist und, wie gesagt, der Ton am Anfang eines jeden Taktes stärker und deutlicher erklingt, so muß er auch stärker unsere Gemüter erregen, durch welche wir zur Bewegung veranlaßt werden. Daraus folgt, daß sogar die Wilden zum Takt tanzen können, wenn sie angelernt und daran gewöhnt werden, weil dazu nur eine natürliche Veranlagung nötig ist.
Was die verschiedenen Gemütsbewegungen betrifft, welche die Musik allein durch die Unterschiedlichkeit des Tempos in uns erregen kann, sage ich im allgemeinen, daß ein langsames Tempo in uns träge Leidenschaften hervorruft, wie Mattigkeit, Traurigkeit, Furcht, Hochmut; das schnelle Tempo hingegen lebhafte Gemütsbewegungen, wie Freude und so weiter, entstehen läßt. Dasselbe ist von den beiden Arten des Taktes zu sagen, nämlich vom Vier- bzw. Dreivierteltakt. Der Grund hierfür ist, daß letzterer den Sinn mehr beschäftigt, weil bei ihm mehr Dinge zu beobachten sind, nämlich drei Glieder, während im anderen nur zwei enthalten sind. Eine exaktere Erforschung dieser Materie hängt von einer tieferen Kenntnis der Leidenschaften der Seele ab, wovon ich hier nicht mehr sagen möchte.«
Nach der Ansicht Descartes' wird Musik durch »irgendeine Bewegung der Lebensgeister verursacht«. Unter Lebensgeistern versteht Descartes die »beweglichsten und feinsten Teilchen des von der Herzwärme verdünnten Blutes«, die in das Gehirn dringen, von da aus in die Nerven und Muskeln gelangen und damit den Körper auf alle mögliche Art in Bewegung setzen (Descartes: »Die Leidenschaften der Seele«). Demnach wird die Musik, mit der sich nicht nur geistig-ästhetische, sondern auch körperliche Bewegung verbindet, besonders geeignet sein, das auszudrücken, was Descartes ihr zubilligt. Es ist dies Musik für Tanz und Oper.

Oper in Frankreich

Oper und Tanz sind danach folgerichtig die Hauptformen der französischen Musik des 17. Jahrhunderts. Ausgehend von den Balletsmascerades des 16. Jahrhunderts, die getanzt wurden, während ein Ansager die Handlung erzählte, hatte sich im Anfang des 17. Jahrhunderts das Ballet de cour herausgebildet. Bestehend aus einem Chor zum Lob des Königs, aus Szenen, die entweder getanzt, gesungen oder akrobatisch dargestellt wurden, und aus einem allegorischen Ballett, das der König oft persönlich anführte, nahm das Ballet de cour bald Bestrebungen auf, die, aus dem Geiste humanistischer Philosophie genährt, auf eine Wiederbelebung des antiken Dramas hinzielten. Wie wir wissen, gingen diese von Italien aus. Maria von Medici hatte bei ihrer Hochzeit mit dem französischen König Henri IV Peris »Euridice« gesehen. Sie berief den Textdichter dieser Oper, Ottavio Rinuccini, nach Paris.

Späterhin ließ der Kardinal Mazarin, ein Sizilianer (Mazarini), der wie vorher Richelieu das Schauspiel jetzt die Oper politisierte, von Staats wegen italienische Sänger und Komponisten – unter ihnen Cavalli und Rossi (»Orfeo« 1647) – nach Paris kommen. Doch die Versuche, die italienische Oper nach Paris zu verpflanzen, hatten nicht das erhoffte Ergebnis. Über die Hintergründe kann eine Äußerung Marin Mersennes in seiner »Universalharmonie« (1636/37) Aufschluß geben. Es heißt dort: »Die Italiener beobachten in ihren Rezitativen mehrere Dinge, die die unseren entbehren, weil sie, soviel sie können, die Leidenschaften und Affekte der Seele und des Geistes, zum Beispiel den Zorn ..., die Schwächen des Herzens und mehrere andere Leidenschaften mit so sonderbarer Gewalt darstellen, daß man beinahe urteilen könnte, sie empfänden dieselben Affekte, die sie im Gesang darstellen, wogegen unsere Franzosen sich damit begnügen, dem Ohr zu schmeicheln und in ihren Gesängen eine fortwährende Sanftheit gebrauchen, was deren Energie behindert.«

Jean-Baptiste Lully

Nach dem Tode Mazarins und dem Abzug der Italiener blieben bei den Franzosen Unsicherheit und Chaos zurück. Die Ordnung in dieser künstlerischen Unordnung stellte, beflügelt von einer nationalen französischen Reaktion, Jean-Baptiste Lully her. Seltsamerweise war der Schöpfer dieser französischen Oper wiederum ein Italiener. Er war 1632 in Florenz geboren, kam 1646 als Küchenjunge und später Geiger nach Paris.

Zusammen mit Jean-Baptiste Molière, dem großen klassischen Lustspieldichter Frankreichs, pflegte Lully ursprünglich die Zwischengattung des Comédie-ballets. Nach Molières Tode 1673 wandte sich Lully der Oper zu. Hier gab es bereits einen Rivalen, Robert Cambert (geb. 1628 in Paris, gest. 1677 in London), der zusammen mit dem Dichter Perrin 1659 ein Pastorale hatte aufführen lassen. Zehn Jahre später erhielt Cambert von Ludwig XIV. das Privileg, Opern aufzuführen. Mit seiner »Pomone« wurde 1671 die Académie royale de musique eröffnet. Durch Intrigen gelang es Lully, das Patent Camberts zu erhalten, als dieser in finanzielle Schwierigkeiten geriet. Mit seiner ersten Oper »Cadmus et Hermione« (1673) schuf Lully den Typus der Tragédie en musique. Daran ist mehr italienischer Herkunft, als man gemeinhin wahrhaben möchte: Nicht nur der italienische Geist humanistischer Philologie, der auch die fünfaktigen Verse des Textdichters Philippe Quinault (1635–1688) beeinflußte (drei Operntexte Lullys sind von Thomas Corneille), sondern auch der Geist der dramatischen Monodie Monteverdis. Frankreichs Beitrag ist, entsprechend dem Vorhergegangenen, das Ballett. Verschwenderisch streut Lully Tänze – Gavotten, Menuette, Bourréen – über seine Partituren aus. Die Grundlage seiner Gesänge aber bildet das Rezitativ. Es ist das Verdienst Lullys, das Rezitativ der Deklamation der französischen Sprache, manchmal in kühner Weise, angepaßt zu haben. Durch Taktwechsel, eindrucksvolle Pausen, feierlich-punktierte Rhythmen und durch Einfügung melodischer Phrasen hat es Lully bereichert und seine Ausdrucksmöglichkeiten erhöht. Auch Lullys »airs« sind keine italienischen Arien. Sie sind liedhafter und auch rezitativischer, stehen also dem italienischen Arioso nahe. Sie haben zweiteilige, dreiteilige oder Rondoform. Die großen Arien Lullys aus »Roland« und »Atys« atmen in weiten sinfonischen Bögen und sind von großer Schönheit. Ensembles bilden den Schluß der Szenen, an Aktschlüssen aber stehen Chöre, festliche feierliche Massenszenen, die mit Tänzen durchsetzt sind. Lully war ein Meister des großen Chorspieles und greift damit ein

Erbe Monteverdis auf, das die venezianische Oper mehr und mehr vergessen hatte (»Alceste« 1674 und »Armide« 1686). Das Orchester Lullys ist reicher als bisher. 1652 hatte Ludwig XIV. Lully die Leitung seines Streichorchesters, der 24 »Violons du roi«, und eines zweiten Orchesters, der »Petits Violons«, übertragen. Lully hatte das kleine Orchester zu einem Musterorchester durch die Einführung scharf pointierter Stricharten erzogen. Jetzt bildete es mit seinen hochliegenden Violinen den Grundstock des Lullyschen Opernorchesters, dem sich Holz- und Blechbläser zugesellten. Das konzertierende Prinzip des Zeitalters nützt Lully zu Klanggruppierungen innerhalb des Orchesters: In den Tanzsätzen stellte er den Tuttiteilen einen konzertierenden Teil aus zwei Oboen und einem Fagott gegenüber. Es ist dasselbe Verfahren, das im Menuett und im Scherzo der klassischen Sonate und Sinfonie das wenigerstimmige »Trio« den Hauptteilen gegenüberstellt. Die Rezitative läßt Lully nur vom Generalbaß, aber auch vom Orchester begleiten, ebenso kennt die Arie Orchester- oder nur Generalbaßbegleitung. Mit der Ouvertüre französischen Stils machte Lully der europäischen Musik ein Geschenk. Er wandte sie in Opern und Balletten an. Die französische Ouvertüre, wie man sie bald nannte, besteht aus einem feierlichpunktierten 1. Teil, einem fugierten 2. Teil im lebhaften Tempo und kehrt im 3. Teil wieder zum Rhythmus des Anfangs zurück, wobei es sich meistens nicht um eine Reprise im Sinne der Wiederholung des Gleichen handelt. Dieser dreiteilige französische Ouvertürentypus, dem die italienische Ouvertüre in umgekehrter Reihenfolge der Teile (schnell – langsam – schnell) gegenübertritt, ist bald europäisches Gemeingut geworden. Da nicht nur die Oper, sondern auch bald die Suite sich dieser französischen Ouvertüre bedienten, wuchs deren Bedeutung und Qualität. Johann Sebastian Bach hat es in seinen Orchestersuiten, in den englischen Suiten für Klavier und Partiten, der Suite in h-Moll im zweiten Band der »Clavier-Übungen« und den Goldberg-Variationen verstanden, den Formtypus Lullys seinem eigenen Formen-Grundgesetz einzuschmelzen.
Ein sicheres Empfinden ließ die Franzosen nur das von den Italienern übernehmen, was sie für nützlich und ihren nationalen Bedürfnissen als zuträglich erkannten. Indem sie andererseits eigenes hinzufügten, erstand gleichzeitig eine Ordnung, die es ihnen er-

Notenbeispiel 57

möglichte, ein Opernschema zu schaffen – die Italiener hatten es nicht gekonnt, wohl auch nicht gewollt –, eine Opernform, die sich ebenbürtig neben die Werke von Corneille und Racine stellen konnte. Was Perrin, der Dichter des ersten Opernkomponisten Cambert, erstrebte, nämlich »daß nun endlich auch unsere Sprache, unsere Dichtung und unsere Musik über die ausländische Sprache, Dichtung und Musik triumphiere«, das wollte auch Lully, und er hat es teilweise erreicht. Seine Auseinandersetzung mit der italienischen Musik hat er schließlich epilogisiert in einem »Dialogue de la musique italienne et de la musique française« aus dem »Ballet de la Raillerie« *(Ntb. 57).*

Französischer Opernstreit

Die französische Operngeschichte nennt die Opernkomponisten André Campra (geb. 1660 in Aix, gest. 1744 in Versailles), den Meister des »Opéra-ballets«, André Cardinal Destouches (geb. 1662 in Paris, gest. 1749 in Paris) und noch eine große Anzahl anderer Meister, die Prä-Ramisten. Sie meint damit die Vorgänger Jean-Philippe Rameaus (geb. 1683 in Dijon, gest. 1764 in Paris), der erst im Alter das Erbe Lullys antrat. Sein Opernwerk wurde als eine »révolution« empfunden. Die Meinungen darüber waren unter den Zeitgenossen geteilt, und ihre Urteile trennten, ja verfeindeten sie. Die beiden Parteien der Lullisten und Ramisten haben den ersten Opernstreit Frankreichs im 18. Jahrhundert heraufbeschworen. Die Lullisten warfen Rameau vor, daß er zu künstlich, zu gelehrt, zu italienisch sei, die Ramisten lehnten den erstarrten barocken Opernstil Lullys ab. Schon Rameaus Erstlingswerk »Hippolyte et Aricie«

(1733) zeigt, daß – nach einer zeitgenössischen Formulierung – »die Musik Rameaus weder ganz französisch noch ganz italienisch sei. Sie hat die Gefälligkeit und Lieblichkeit der einen, ohne monoton zu sein, und die Tiefe und das Genie der anderen, ohne gelehrt zu sein.« In Wahrheit hält sich Rameau an das Opernschema Lullys. Er erweiterte es nur. Die Form seiner Arien ist reicher, sein Orchester, bereits mit Hörnern und Klarinetten, ist blühender und beweglicher geworden. Rameaus Ouvertüren allerdings geben die Lullysche Form der französischen Ouvertüre auf. Sie sind schon fast »sinfonische Dichtungen«, die in die Stimmung oder die Handlung der Oper oder ihres ersten Aktes einführen.

Rameau war nicht so sehr ein Dramatiker, als ein Milieuschilderer. Allerdings setzt er dem barocken Naturalismus Lullys (Seestürme, Kampfgetümmel) die Forderung entgegen, »daß ein Musiker die Natur studieren solle, bevor er sie male«, das heißt nicht Darstellung der Natur an sich, sondern Nachahmung einer vernünftigen Natur, »wie der Verstand sie sich vorstellen kann« nach der Lehre des Ästhetikers Charles Batteux (1713–1780). Das Eigentliche gab Rameau wohl in seinen Tänzen. Marmontel in seinem »Versuch über die Revolution der Musik in Frankreich« schreibt darüber: »Rameau entfaltete in seinen Tänzen die ganze Fruchtbarkeit seines schöpferischen Genies, und durch die unerschöpfliche Verschiedenheit der Charaktere, die sie auszeichnen, durch die glückliche Wahl der Stellen, der Bewegungen, die sie beleben, durch die Vermischung und die Sprache der Instrumente, die er anwendete, hat er sich in diesem Genre einen Ruhm erworben, den man niemals zu verlöschen imstande sein wird.«

Rameau wurde 1683 in Dijon geboren, seine musikalische Ausbildung erhielt er in Italien, und nach seiner Rückkehr wurde er Organist in Avignon, später in Clermont (Auvergne), Paris, Lyon. Seit 1730 wieder in Paris ansässig, hatte er erst als Fünfzigjähriger seinen ersten großen Opernerfolg. Ludwig XV. ernannte ihn zum Compositeur de cabinet. Mit seinen weiteren 26 Opern hat Rameau es dennoch nicht vermocht, alle Erwartungen der Zeitgenossen zu erfüllen. Den einen war er nicht französisch, also konservativ – den anderen nicht italienisch, also fortschrittlich genug. Diese Kritik machte Rameaus Alter einsam und verbittert. Umstritten war auch der Erfolg seiner theoretischen Schriften »Traité de l'harmonie reduite à ses principes naturels« (1722) und »Démonstration du principe de l'harmonie« (1750 und 1752). Erst die Nachwelt gab Rameau recht. Sie nannte ihn Vater der Harmonielehre und ihrer Funktionslehre (Beziehung der Akkorde untereinander). Rameaus Lehre vom »Terzenaufbau der Akkorde« ist erst durch Schönbergs Lehre von den Quartenakkorden und durch seine Kammersinfonie op. 9 erschüttert worden. Es ist in der Musikgeschichte ein seltener Fall, daß ein großer schöpferischer Musiker auch zugleich ein großer schöpferischer Theoretiker ist. Bis zu Paul Hindemith und Arnold Schönberg gibt es seit Rameau dafür kein Beispiel. Die Kritik hat in diesen Fällen von zwei Angriffspunkten her leichtes Spiel. Diderot meinte sarkastisch, daß Rameaus »Frau und Tochter jederzeit sterben könnten, wenn nur die Totenglocke beim Grabgeläute den dritten und fünften Oberton klar zum Mitklingen bringen würde«! Rameau starb 1764 in Paris, acht Jahre, bevor Gluck nach Paris kam, um dort Rameaus Erbe zu verteidigen.

Französische Lautenmusik

Nicht nur die französische Oper, sondern auch die französische Instrumentalmusik erwuchs aus dem Tanz. Schon der älteste französische Musikdrucker und Verleger, Pierre Atteignant, hatte in der ersten Hälfte des 16. Jahrhunderts Tanzsätze für Laute drucken lassen. Die Laute war das bevorzugte Instrument in der Gesellschaftsmusik des 16. und 17. Jahrhunderts. Ihre Literatur war die der Suite und damit die des Tanzsatzes. Die Vorliebe für beide führte im 17. Jahrhundert zur endgültigen Festlegung der Reihenfolge der zur Suite gehörigen Tänze: Allemande – Courante – Sarabande – Gigue. Kamen Variationssätze zu den einzelnen Tänzen vor, so nannte man sie Double. Der ursprüngliche Tanz, von dem sie ausgingen, bestimmt auch jetzt noch ihren Rhythmus und Charakter. Daneben gab es die Übertragung von Vokalstücken auf die Laute und Stücke, die dem Hang der Franzosen zur naturalistischen Schilderung und Illustration entgegenkamen. Die musikalische Nachzeichnung der Porträts oder Charaktere galanter Damen und andererseits Trauermusiken zu Ehren Verstorbener (Tombeau) waren die beiden Pole, zwischen denen das bunte Dasein Anregungen genug gab. Und doch ist diese Lautenkunst nicht nur galant in dem Sinne, den das Wort im 17. und 18. Jahrhundert gehabt hat. Reichtum und Klarheit der Formen dieser Musik gaben dem Verstand Freude und Anregung – wie die Leichtigkeit der Melodie, die

Denis Gaultier: »La coquette virtuosa«

Notenbeispiel 58

Hausmusik. Kupferstich, 17. Jahrhundert. Fünfstimmiges madrigalistisches Musizieren, das von Laute und Gambe begleitet wird.

Lockerheit des durchbrochenen Satzes und die programmatischen Überschriften den Sinnen.

Die wichtigsten Lautenmeister sind Ennemond (gest. 1651) und Denis Gaultier (gest. 1672). Eine Suitensammlung von Gaultier heißt »La Rhétorique des Dieux«. Rhetorik ist nach der Definition der Zeit aber nicht nur Beredsamkeit, also Fluß der Rede – sie hat auch einen Zweck und eine Aufgabe, sie will »docere, movere, delectare« (belehren, bewegen, ergötzen). Besser könnte der Sinn der französischen Lautenmusik, die am Ende des Jahrhunderts durch die Musik für das Clavecin (= Cembalo) abgelöst wird, nicht umschrieben werden *(Ntb. 58).*

Die Clavecinisten

Der erste französische Clavecinmeister ist Jacques Champion Chambonnières (um 1602 bis 1672), der Hofclavecinist Ludwigs XIV. Zeigen seine Klavierstücke noch den Einfluß des Lautenstils, so wird dieser durch seine Schüler – die Couperins, Le Bègue, Cambert, d'Anglebert – vollständig überwunden. Der bedeutendste der berühmten Organistenfamilie an St-Gervais in Paris ist François Couperin gewesen, den man zur Unterscheidung von seinem Onkel gleichen Namens »Le Grand« nannte. Er wurde 1668 in Paris geboren, war Schüler des Organisten Thomelin; 1693 wurde er Hofclavecinist, und seit 1698 war er als Organist an St-Gervais tätig. 1733 starb er in Paris.

Couperin nennt seine Clavecinsuiten »Ordres«. In ihnen verzichtet er auf die obligatorische Folge der Tanzsätze zugunsten von »freien« Tänzen und Sätzen. Für die Kontrastwirkung und die Charakteristik der einzelnen Sätze liebt Couperin den Wechsel von Dur und Moll. Das Präludium ohne Takteinteilung, das Louis Couperin – ausgehend von Claudio Merulos Orgeltoccaten – gepflegt hatte, kennt François Couperin nicht. Über die programmatischen Titel seiner Klavierstücke äußert er sich in dem Vorwort seines ersten Klavierbuches: »Bei der Komposition meiner Klavierstücke habe ich stets einen bestimmten Gegenstand vor Augen gehabt. Verschiedene Gelegenheiten, auf die ich hier nicht näher eingehen will, brachten mir ihn nahe, und diese Übereinstimmung kommt in den Überschriften meiner Stücke zum Ausdruck. Wenn einige dieser Betitelungen ein zu vorteilhaftes Licht auf meine Person werfen sollten, so gebe ich zu bedenken, daß die einzelnen Tonstücke Porträts darstellen, die man bisweilen sehr ähnlich gefunden hat, und daß die Mehrzahl dieser treffenden Titel sich mehr der Liebenswürdigkeit der Originale anpassen, als daß sie meine eigene Kunstfertigkeit in ein vorteilhaftes Licht rücken wollen.« Die Titel selbst: Les sentiments, Les blondes, La Ténébreuse, La tendre Nanette, sind denen der zeitgenössischen französischen Kupferstiche ähnlich. Die Musik verrät dieselbe Freude an der Schilderung der Gesellschaft, aber auch an eleganter Gesellschaftskritik. Couperins Stil ist formal ein Stil der aphoristischen Kürze, melodisch ein Stil der Arabeske. Über die Ausführung der Ornamente und Verzierungen hat Couperin in seiner Schrift »L'Art de toucher le clavecin« berichtet. Die Ornamentik ist ein wichtiger Bestandteil seiner Musik, die ihr Eindringlichkeit (durch Tonwiederholungen) und Leichtigkeit zugleich gibt.

Jean-Philippe Rameau folgte Couperin mit seinen »Pièces de Clavecin« (1706), aber auch mit einem Lehrbuch über das Klavierspiel und die Mechanik der Finger. Außerdem schrieb er »Pièces de clavecin en concert« mit Violine und Bratsche oder Flöte und Violine (1741). Formal stehen sie dem italienischen Concerto nahe. Stilistisch zeigen die reich ornamentierten virtuosen Stücke den Einfluß Domenico Scarlattis.

Couperin hat zwei Triosonaten als »L'Apothéose de Corelli« und »de Lully« geschrieben. Sie zeigen, was Couperin erreichen wollte: eine Verbindung der intimen französischen Suitenkunst mit der italienischen Sonate für Streichinstrumente. Auch seine Triosonaten »Les Nations, Suites et Sonades en trio« galten dem gleichen Ziel eines künstlerischen Zusammenschlusses der Nationen. Trotzdem vermochte Frankreich auf diesem Gebiet die italienische Vorherrschaft nicht zu brechen. Den Kampf gegen die italienische Musik um eine autonome französische Kunst führte die Oper. In dem Bezirk der Violin-, Kammer- und Orchestermusik wurde er weniger heftig ausgetragen, obwohl der Geiger Jacques Aubert (geb. 1689, gest. 1753 bei Paris) in der Vorrede seiner »Première Suite de Concerts de Symphonie en Trio« 1730 einen scharfen Angriff gegen die Musik Corellis und Vivaldis unternahm. Dann überläßt er französisch-chevaleresk das Urteil den französischen Damen, die stets die künstlerischen Vergnügungen der Nation bestimmt hatten. Jean-Marie Leclair (geb. 1697 in Lyon, gest. 1764 in Paris) steht mit seinen Violinsonaten mit Continuo und seinen Violinkonzerten gleichfalls unter dem Einfluß der Italiener. Die Hinwendung zur italienischen Sonate, zur Sinfonie und zum Konzert war nicht aufzuhalten, wie die Werke von Mondonville, Pierre Gaviniès und Giovanni Battista Viotti beweisen. Auch die französische Orchestermusik ging zur Sinfonie über, nicht nur zur Kammersinfonie Sammartinis, sondern auch zur Sinfonie des Mannheimer Hofkapellmeisters Johann Stamitz. Das Solokonzert wurde erst von deutschen Virtuosen in der zweiten Hälfte des 18. Jahrhunderts nach Paris gebracht. Immerhin hatte sich Paris neben der Académie royale de musique (so hieß aber nur die Oper) 1725 mit den Concerts spiri-

François Couperin le Grand (1668–1733), Grandseigneur und Großmeister der französischen Clavecinisten. Ölbild eines unbekannten französischen Malers im Museum von Versailles um 1695.

tuels eine Pflegestätte ursprünglich für geistliche und später für sinfonische Musik geschaffen. Zum Erneuerer dieser Konzerte wurde François-Joseph Gossec (geb. 1734 in Vergnies, gest. 1829 bei Paris), zweiter Direktor der großen Oper und Oberleiter der Ecole royale de chant, dem späteren National-Konservatorium. In seinen Opern steht er Gluck, in seiner Instrumentalmusik Stamitz nahe.

Französische Orgelmusik

Selbst die französische Kirchenmusik hat an der Auseinandersetzung mit der italienischen Musik teilgenommen. Ihr Hauptmeister Marc-Antoine Charpentier (geb. 1634 in Paris, gest. 1704 in Paris) war ein Schüler von Carissimi in Rom. Da Charpentier andererseits in seinen Messen, Motetten, Kantaten (mit lateinischem Text), vor allem aber in seinen »Histoires sacrées« sich dem französischen Rezitativ Lullys zuneigt, nimmt er eine Zwischenstellung ein. Dem Kampf einer um ihn und den Italiener Lorenzani sich bildenden italienischen Partei gegen Lully machte Couperin ein Ende, der in seinen Motetten und in den schönen »Leçons de Ténèbres« einen Stilausgleich fand. Rameaus dramatische Motetten sind fast vergessen.

Der erste Meister der französischen Orgelmusik ist Jehan Titelouze (geb. 1563 in St-Omer, gest. 1633 in Rouen), aus dem damals spanischen Teil Nordfrankreichs gebürtig, Organist und Domherr in Rouen. Er übertrug das Ricercare und damit den fugierten Stil in die französische Musik. Couperin hat zwei hochbedeutende Messen zu je einundzwanzig Sätzen für die Orgel geschrieben. Diese Musik erklang abwechselnd mit den vom Chor gesungenen Gregorianischen Melodien. Charpentier schuf eine Messe »pour les instruments au lieu des orgues« (Messe für Orchester anstatt der Orgel). Nicolas de Grigny (1672–1702), Organist in Saint-Denis bei Paris, dann in Reims, verfaßte ein Orgelbuch (eine Messe, fünf Hymnen, eine Orgelpunkttokkata), welches Johann Sebastian Bach geschätzt und eigenhändig abgeschrieben hat. Die große Zeit der französischen Orgelmusik ist allerdings mit Couperin und Grigny vorüber. Das Virtuosentum tritt an die Stelle der hohen Formen und des echten religiösen Gefühls. Einer seiner Vertreter ist Louis Marchand (geb.

1669 in Lyon, gest. 1732 in Paris). Bach traf ihn 1717 in Dresden. Zu dem geplanten Wettstreit beider Orgelmeister ist es aber nicht gekommen.

Der sächsisch-thüringische Raum – Von Heinrich Schütz bis Johann Sebastian Bach

Das Kernland der Reformation und das Land, in dem Heinrich Schütz und Johann Sebastian Bach geboren wurden, gelebt und geschaffen haben, ist das gleiche. Es hat, auf gutem Kulturboden ruhend, die Kraft seiner Ausstrahlung in beiden Fällen wohl bewährt. Der Protestantismus und die Musik, die im 17. und 18. Jahrhundert in diesem Landschaftsraum entstand, sind bedingt und bedingend aufeinander angewiesen. Nicht nur deswegen, weil es sich etwa nur um Kirchenmusik handelt. Dies ist nicht der Fall. Das Chorlied und das generalbaßbegleitete Sololied, das Instrumentalkonzert und die Oper haben ebenfalls Bedeutung. Aller Grundlage ist jedoch ein bestimmtes protestantisches Lebensgefühl, das – in der Musik schwer zu definieren – die Tendenzen der sinnenfrohen Zeit der Renaissance einengt und auf Höheres verweist: man mag es Geist oder Gott nennen. In seinem Compendium musicae hatte René Descartes festgestellt: »Der Zweck des Tones ist, zu erfreuen und in uns verschiedene Gemütsbewegungen hervorzurufen.« Das ist das Erbe der Renaissance. Auch Bach hat Musik zur »Recreation des Gemütes«, zur »Gemüts-Ergötzung« geschrieben. Aber das »Jesus juva« (Hilf Jesus) am Ende seiner Partituren weist doch aus – wenn wir es sonst nicht wüßten –, daß die Musik »dem Höchsten Gott allein zu Ehren« geschrieben wurde. Hinter dieser Musik steht eine Sendung. Als höheren Auftrag sah Luther sein Werk, als Auftrag übernahmen Johann Sebastian Bach und zahllose Kantoren und Organisten ihr Amt, als Auftrag schrieben sie Musik. Sie alle »konnten nicht anders«, wie Luther auch. Was nach der Seite des unmittelbaren Affektes dabei verlorenging, bedeutete Dimensionsgewinn nach der Seite des Geistigen, ja, führte in den bedeutendsten Werken der Epoche noch einmal in die Bezirke des Spekulativen und Mystischen.

Zwei Gesichter hat die Musik dieses Jahrhunderts, das eine wendet

sich sinnenfroh dem Süden zu, das andere blickt nördlich in den kühleren Raum protestantischer Geistigkeit. Das eine umfaßt mit seinem Blick Europa, das andere einen Ausschnitt, in dem starke geistige, revolutionäre Kräfte zu einem Ausgleich drängen. Es ist kein Zufall, daß in diesem Raum auch das politische Schwergewicht des Schmalkaldischen und vor allem des Dreißigjährigen Krieges lag.
Die stilistische Zweiheit der Musik reicht hinein bis in ihre Struktur. Es gibt eine »alte« und eine »neue« Musik. Die alte Musik ist die kontrapunktisch-polyphone Musik, die, wie man gerne sagt, im A-cappella-Stil ihre Erfüllung und Vollendung gefunden hat, die aber andererseits keineswegs ihrer Auflösung entgegenging. Noch immer ist, zumal im Norden, das musikalische Gewissen ein kontrapunktisches, und alle hohe Kunst richtet sich nach ihm. Die neue Musik ist das monodische Prinzip und damit im Zusammenhang stehend, Generalbaß und akkordischer Satz. In ihnen liegen die stärksten Kräfte der neuen Ausdrucksmusik beschlossen. Wie stark selbst ein Musiker von der Größe und Tiefe eines Heinrich Schütz (1585–1672) noch mitten in der Auseinandersetzung zwischen den Strukturprinzipien der Musik steht, beweist der Titel seiner »Geistlichen Chormusik« von 1648: »›Musicalia ad Chorum Sacrum‹ / das ist: Geistliche Chor-Music / mit 5., 6. und 7. Stimmen / beydes Vokaliter und Instrumentaliter zu gebrauchen. Aufgesetzet durch Heinrich Schützen / Churfürstl. Durchl. zu Sachsen Capellmeistern / Worbey der Bassus Generalis, auf Gutachten und Begehren / nicht aber aus Nothwendigkeit / zugleich auch zu befinden ist.«
Selbst noch in einem Werk der mittleren Schaffenszeit stellt Schütz die Aufführung mit oder ohne Instrumente, mit oder ohne Generalbaß in das freie Ermessen der Ausführenden. Ein Spiegelbild der Freiheit in stilistischen Dingen, die – um 1600 der Musik zum ersten Male gewährt – eine Parallele zur stilistischen Situation unserer Gegenwart darstellt.

Heinrich Schütz

Heinrich Schütz wurde als Sohn einer wohlhabenden Gasthofbesitzerfamilie 1585 zu Köstritz (Reuß) geboren. 1591 übernahmen die Eltern das Weißenfelssche Besitztum »Zum Schützen«, früher

»Zur Güldenen Sackpfeife«. Dort wurde der Landgraf Moritz von Hessen auf den hochmusikalischen Knaben aufmerksam. Er nahm ihn mit auf das Gymnasium Mauritianum in Kassel und verschaffte dem späteren Marburger Studenten der Rechte ein Stipendium für einen dreijährigen Musikunterricht bei Giovanni Gabrieli in Venedig. Der Ausgangspunkt des Schützschen Werkes wurde dadurch die venezianische mehrchörige Motette, das geistliche Konzert, prunkhaft mit Instrumentalmusik durchsetzt, und das italienische Spätmadrigal. Folgerichtig sind seine ersten Werke fünfstimmige italienische Madrigale, die er als Gesellenstück nach Kassel sandte. Aber schon op. 2, die mehrchörigen Psalmen Davids, zeigen den Gegensatz der Stilmittel: flächiger akkordischer Satz und lineare Polyphonie, getragen von einer durch kühne Harmonik gesteigerten madrigalistischen Ausdruckskunst. Auch die »Auferstehungshistorie« op. 3 von 1623, die vierstimmigen »Cantiones sacrae« op. 4 von 1625 und die nach dem frühen Tode der geliebten Gattin geschriebenen Madrigale nach Texten des deutschen Dichters Martin Opitz sind mit dem gleichen Recht als »venezianisch« anzusprechen, wie die Vertonungen des Cornelius Beckerschen Reimpsalters op. 5 von 1628 in ihrer Rückwendung zum generalbaßlosen strengen Satz, Note gegen Note, »deutsche Tradition« zu nennen wären. Noch einmal folgt ein italienisches Experiment, die Oper »Dafne«. Dann erfolgt die Klärung. Als Dreiundvierzigjähriger ging Heinrich Schütz, der 1614 nach einigen Auseinandersetzungen mit dem hessischen Landgrafen in den Dienst des sächsischen Kurfürsten getreten war, zum zweiten Male nach Venedig, um den Stilwandel der Musik, der zwischen dem Werk Giovanni Gabrielis und dem des neuen Kapellmeisters von San Marco, Claudio Monteverdi, lag, kennenzulernen. Die Frucht des zweiten venezianischen Aufenthaltes sind die Symphoniae sacrae I op. 6 von 1629. Es sind Solokonzerte auf lateinische Texte mit obligaten Instrumenten. Sie gehören der Gattung »Geistliches Konzert« an. Zu dieser sei folgendes vermerkt:
Die »neue« Musik Venedigs hatte ihre Forderungen in gleicher Weise an die geistliche wie an die weltliche Musik gerichtet. Zusätzlich wurde das geistliche Konzert im 17. Jahrhundert zum großen Feld der Auseinandersetzung zwischen den venezianischen Neuerungen und dem protestantischen Choral; venezianische Dop-

pelchörigkeit, der neue Klang und Klangaufwand, der neue Ausdruck, die Praxis des Generalbasses und vor allem das »Konzertieren« der Stimmen und Instrumente suchten Bindungen an den protestantischen Choral. Andererseits wurden sie, wie fast ausschließlich bei Schütz, zum Selbstzweck kirchlichen Musizierens. Die Bezeichnung »Concerto« oder »Konzert« bedeutet nicht nur etwas Allgemeines, wie damals etwa die Begriffe Kanzone oder Sonate – Namen, die man fast ohne Unterscheidung gebrauchte –, sondern »Konzert« hängt mit einer bestimmten Praxis, eben der des Konzertierens, eng zusammen. »Konzertieren« aber ist ein Grundbegriff der Musik des 17. Jahrhunderts, es bedeutet das Solistisch-Werden der einzelnen Stimmen.

Die Zeit der Polyphonie hatte das Konzertieren nicht gekannt, denn polyphones Musizieren bedeutet Gemeinschaftsmusizieren, bedeutet die Unterordnung des einzelnen oder der einzelnen Stimme unter das Ganze, unter die Gemeinschaft der Stimmen. Jede solistische Regung würde diese Gemeinschaft sprengen. Die großen vierseitigen Notenpulte, noch heute in italienischen Kirchen zu finden, auf die man die einzelnen Stimmbücher, getrennt nach den Stimmgruppen, legte – so daß der im Kreis gruppierte Chor nur weniger Taktierzeichen des Vorsängers bedurfte – sind Sinnbild des Gemeinschaftsmusizierens.

Der Stil der Oper

Der Oper war die Form des Gemeinschaftsmusizierens fremd. Nunmehr standen einzelne Menschen, durch Rolle und Kostüm als Individuen hervorgehoben und getrennt, auf einer Bühne und kündeten von da aus, was sie als Einzelwesen und als Darsteller einer Rolle bewegte. An die Stelle des Gemeinschaftsausdrucks der polyphonen Musik trat der subjektive Ausdruck der Monodie. Dem notwendigen Mehr entsprach der größere Aufwand des einzelnen. Jedes Mittel, diesen Ausdruck zu steigern, mußte daher willkommen sein, auch dann, wenn er über das, was der Komponist durch Noten aufgezeichnet hatte, hinausging. Es entstand die Sängerpraxis des Improvisierens durch Diminutionen (Verkleinerung der Notenwerte), durch Koloraturen, Passagen, Triller und Läufe. Man blieb dabei nicht stehen. Auch die solistischen Instrumente praktizierten in

gleicher Weise. Johann Mattheson schreibt in »Der Vollkommene Capellmeister« 1739 über den aus dieser Praxis entstandenen »fantastischen Styl«:
»Denn dieser Styl ist die allerfreieste und ungebundenste Setz-, Sing- und Spiel-Art, die man nur erdencken kan, da man bald auf diese bald auf jene Einfälle geräth, da man sich weder an Worte noch Melodie, obwohl an Harmonie, bindet, nur damit der Sänger oder Spieler seine Fertigkeit sehen lasse; da allerhand sonst ungewöhnliche Gänge, versteckte Zierrathen, sinnreiche Drehungen und Verbrämungen hervorgebracht werden, ohne eigentliche Beobachtung des Tects und Tons, unangesehen dieselbe auf dem Papier Platz nehmen; ohne förmlichen Haupt-Satz und Unterwurff, ohne Thema und Subject, das ausgeführet werde; bald hurtig bald zögernd; bald ein- bald vielstimmig; bald auch auf eine kurtze Zeit nach dem Tact; ohne Klang-Maasse; doch nicht ohne Absicht zu gefallen, zu übereilen und in Verwunderung zu setzen. Das sind die wesentlichen Abzeichen des fantastischen Styls.«
Nicht nur Sänger und Instrumentalist erhielten neue Freiheiten, dem Kapellmeister wurde sogar die Besetzung der vokalen und instrumentalen Ensembles freigestellt. Durch Hinzufügen oder Abschwächen brachte er konzertierend den Klang bei einzelnen Gruppen nach seinem Geschmack in Übereinstimmung. Damit wäre das Wort Concerto bereits übersetzt. Es geht auf das lateinische Zeitwort concertare zurück und heißt nach dem Vokabular der italienischen Akademie »in Übereinstimmung bringen«. Die Freiheit des solistischen Musizierens wird mit der vorliegenden Komposition in Übereinstimmung gebracht. Dieser großen Aufgabe, die in humanistisch-griechischem Sinne den Ausgleich zwischen Freiheit und Gesetz suchte, hat sich das 17. und 18. Jahrhundert mit aller Intensität angenommen. Man fand die Freiheit des monodischen im Gesetz des kontrapunktischen Stiles.
Die Deutung des Wortes concertare als »sich im Wettstreit messen«, die sich bei Michael Praetorius (Syntagma musicum III) findet, würde dagegen nur etwas Äußerliches feststellen: das Gegeneinander, das »Scharmützeln« der Instrumente und Stimmen oder Stimmgruppen. Das »In-Übereinstimmung-Bringen« würde auf jeden Fall das Höhere, das Übergeordnete bezeichnen.

Symphoniae sacrae

In »Davids Klage um Absalom« aus den Symphoniae sacrae von Schütz für Baß, vier Posaunen und Continuo wird man nicht das Gegeneinander solcher seltsam konträren Klangmittel (kein Italiener hätte je für eine solche Besetzung geschrieben), sondern ihre Übereinstimmung durch die kunstvolle Arbeit Heinrich Schützens bewundern müssen. Mit den Symphoniae sacrae ist es Schütz gelungen, den »modernen« italienischen Stil seinem eigenen, den man als übergeordnet polyphon bezeichnen könnte, einzuschmelzen. Diese in jahrelanger kluger Arbeit gewonnene Synthese ist zur Grundlage des einmaligen Schützschen Personalstiles geworden. Schon sein nächstes Werk, die »Musikalischen Exequien« op. 7 – ein Requiem für Heinrich Posthumus von Reuß – gibt davon ein Beispiel. Schütz hat die Sprüche auf dem Sarg des Toten als Text benutzt. Als der Verstorbene von Engeln unter dem Gesang »Selig sind die Toten« zum Himmel geleitet wird, stimmen die Zurückbleibenden an: »Herr, nun lässest du deinen Diener in Frieden fahren.« Diese Szene – es ist wirklich ein darstellender räumlicher Vorgang – hat italienische Größe und Pathos, ähnlich der Darstellung der Himmelfahrt Mariä auf Tizians »Assunta«-Bild in der Frarikirche in Venedig.

Schütz kam nach seiner Rückkehr in Dresden bald mit den Wirren des Dreißigjährigen Krieges in Berührung. Dreimal zwischen 1634 und 1645 berief ihn König Christian IV. an den dänischen Hof. Selbst dort vergaß Schütz nie seine Dresdner Hofkapelle und die von ihm als »Capellmeister von Haus aus« betreuten Hofkapellen und Stadtkantoreien in Zeitz und Wolfenbüttel. Die »Kleinen Geistlichen Konzerte« op. 8 und 9 mit deutschen Texten für eine bis fünf Solostimmen und Generalbaß, ohne Instrumente, sind oftmals als Werke angesehen worden, die durch die Kriegszeit bedingt gleichsam aus der Armut entstanden seien. Und doch sind die »Kleinen Geistlichen Konzerte« ein großartiger Versuch, die Monodie von ihrer Eintönigkeit zu erlösen, um sie dramatischen Höhepunkten zuzuführen, sie bedeuten kein Abseits-vom-Wege, sondern sind eine wichtige Stufe im Aufstieg zu den Werken der letzten fünfundzwanzig Jahre.

1647 erschienen die Symphoniae sacrae II op. 10 auf deutsche Texte und 1650 der dritte Teil der Symphoniae sacrae als op. 12. Der genaue Titel des letzteren Werkes heißt: »Symphoniarum Sacrarum Tertia Pars, worinnen zu befinden sind Deutsche Conzerten mit 5, 6, 7, 8 nehmlich Dreyen, Vieren, Fünffen, Sechs Vokal- und zweyen Instrumental-Stimmen, als Violinen oder dergleichen, Sambt etlichen Complementen, welche aus dem Indice des allhier beygefügten geduppelten Bassi Continui auch ersehen und nach Belieben mitgebracht werden können.« Das Komplement mit »Voces et Instrumenta« soll nach Schütz' Angaben getrennt aufgestellt werden. Diese deutschen Konzerte – es sind im wesentlichen die Festmusiken für Kopenhagen – stellen die Höhepunkte der deutsch-italienischen Synthese dar und damit zugleich einen wichtigen Beitrag zum deutschen Frühbarock, dem die deutsche Kunstgeschichte trotz Elias Holl und Hans Reichle in Augsburg wenig an die Seite zu stellen hat.

Alterswerke

1648, im Jahr des Friedens, wandte sich Schütz wieder seiner Kantorenarbeit zu. Er schrieb für die Thomaner in Leipzig die schon erwähnte »Geistliche Chormusik«, fünf- bis siebenstimmige A-cappella-Sätze und die »Zwölf geistlichen Gesänge« op. 13 (1657) mit einer Messe aus deutschen Liedern für die Schulmusik. Noch immer war die letzte Stufe nicht erreicht. Nach den früheren Werken »Die sieben Worte am Kreuz« und den großartigen, weit angelegten Evangelienszenen in den Symphoniae sacrae, die bereits einem deutschen, von Carissimi ausgehenden Oratorienstil verpflichtet sind, entstanden seit 1664 das Weihnachtsoratorium mit Instrumenten und Secco-Rezitativen und schließlich die Passionen nach Lukas, Johannes und Matthäus. Durch »stetiges Studieren und Nachsinnen« hatte Schütz nach seinen eigenen Worten mit der »Historia von der Geburt Jesu Christi« noch einmal die »neue« Musik italienisch-deutscher Prägung beschworen, mit den drei Passionen der Altersreife wendet er sich scheinbar in die Tiefe der Tradition zurück. Die Passionen zeigen motettische Mehrstimmigkeit in den Chorsätzen und unbegleitetes Rezitativ für die Solisten. Diese Rezitative sind nicht Monodie, sie sind eine Art Neugregorianik in der Sparsamkeit der Linie und in ihren Tonwiederholungen, eine Gregorianik, der aber andererseits der Ausdruck des »erregten Stiles« nicht fremd ist. Die Passionen sind zeitlose Gipfel des Alters, fern der Tradition und fern der Zukunft und doch beiden tief verbunden. Das letzte Werk Schützens, ein Jahr vor seinem Tode entstanden, das doppelchörige »Deutsche Magnificat« und der 100. und 119. Psalm, ist nur zum Teil erhalten.

Das Bildnis Heinrich Schützens in der Universitätsbibliothek Leipzig zeigt einen feinnervigen, ernst blickenden, hageren Mann, den der frühe Tod der Gattin und die schwere Last des Dresdener Hofdienstes in schlimmen Kriegszeiten zu einem einsamen Menschen im Leben und in der Kunst werden ließen. Wir erfahren näheres aus der Leichenpredigt, die der kurfürstlich-sächsische Oberhofprediger Martin Geier am 17. November 1672 über Vers 54 des 119. Psalms gehalten hat. Über die letzte Lebenszeit des Meisters heißt es: »So viel des seelig Verstorbenen Kranckheit und letzten Abschied betrifft / so haben bey denselben die Kräffte und sonderlich das Gehör / etliche Jahr her sehr abgenommen / also daß er gar wenig ausgehen noch sich der Anhörung Göttlichen Worts gebrauchen können / sondern mehrentheils zu Hause bleiben müssen / daselbst er aber seine meiste Zeit mit Lesung der heiligen Schrifft und anderer geistreicher Theologorum Bücher zugebracht / auch noch immer stattliche Musicalische Compositiones über etliche Psalmen Davids / sonderlich den 119. item die Passion nach drey Evangelisten / mit großem Fleiss verfertiget / darbey sich sehr Diaetisch und Mässig gehalten; Es haben ihn auch Zeit hero etliche mahl starcke Flüsse überfallen / welchen aber durch Gebrauch nützlicher Artzneyen noch immer widerstanden / Am verwichenen 6. Novembris aber ist er zwar frisch und gesund auffgestanden und hat sich angezogen / es hat ihn aber nach 9. Uhr / als er in der Cammer etwas auffsuchen wollen / eine gehlinge Schwachheit mit einem Steck-Fluß übereilet / also daß er darüber zu Boden sincken müssen / und sich nicht helffen können / und ob wohl / als seine Leuthe zu ihm kommen / ihm auffgeholffen / auch alsbald in die Stuben in ein Bette gebracht / er sich in etwas wieder erholet und gar verständlich geredet / hat ihn doch dieser Steck-Fluß so starck zu gesetzet / daß er / nachdem er noch diese Worte von sich hören lassen: Er stellete alles in GOTTES gnädigen Willen / der Sprache nicht mehr mächtig gewesen / und da gleich der Herr Medicus alsobald zu ihm gefordert worden / und mit köstlichen Medicamentis ihm zu Hülffe zu kommen und die Natur zu stärcken allen Fleiss angewendet / ist ihm doch wenig bey zu bringen gewesen / Ingleichen sein Herr Beicht-Vater zu ihm erfordert worden / der ihm allerhand Gebeth und Sprüche vorgebethet und eingeschrien / da er denn etliche mahl durch Neigung des Haupts und mit den Händen zu verstehen gegeben daß er seinen JESUM im Hertzen habe / worauff ihn der Herr Beicht-Vater eingesegnet / Und ist er also fort als wenn er schlieffe / gantz stille liegen blieben / bis endlichen der Athem und Pulß allmehlich abgenommen und sich verlohren / und er als es 4. geschlagen / endlichen unter dem Gebeth und Singen der Umbstehenden / sanfft und seelig ohne einiges Zucken verschieden / nachdem er in die 57. Jahr Churfürstlicher Sächsischer Capell-Meister gewesen / und sein Alter gebracht hat auff 87. Jahr und 29. Tage.«

Kompositionslehre von Christoph Bernhard

Heinrich Schütz war ein Musiker von höchster allgemeiner, vor allem literarischer Bildung. Man hat sich nicht gescheut, ihm Intellekt vorzuwerfen, und übersah, daß die »barocken« Kräfte, wie Sinn für Räumliches und für umfassende Ausdrucksgebärde, in seinem Werk dem Intellekt die Waage halten. Ja, daß gerade die letzteren die Größe Schützens und das Erbe darstellen, das noch Johann Sebastian Bach bewußt oder unbewußt entgegengenommen hat. Dem Nachdenken Schütz' über die Musik verdanken wir ein bedeutendes Werk. Es ist die Kompositionslehre, die Schütz zwar nicht selbst, sondern sein Schüler Christoph Bernhard (geb. 1627 in Danzig, gest. 1692 in Dresden) um 1650 geschrieben hat. Bernhard hatte bei Schütz in Dresden und bei Carissimi in Rom studiert, war Kapellsänger und Vizekapellmeister in Dresden, später Kantor der fünf Hauptkirchen Hamburgs, eine bedeutende Stellung, die nach ihm auch Telemann und Philipp Emanuel Bach innehatten. 1674 kehrte Bernhard als Kapellmeister und Prinzenerzieher wieder nach Dresden zurück. Schütz hatte in seiner »Geistlichen Chormusik« 1648 die Kompositionslehre Bernhards, ohne dort dessen Namen zu nennen, bereits angekündigt. Es heißt da:

»Worbey ich dann zugleich hiermit offentlich protestiret und gebeten haben will / das niemand / was ietzo gedacht worden / dahin ziehen wolle / als ob dieses oder eintziges meiner ausgelassenen Musicalischen Wercke ich iemand zur Information oder gewissen Modell vorstellen und recommendiren wolte / (deren Wenigkeit ich dann selbst gerne gestehe.) besondern will ich vielmehr alle und iede / an die von allen vornehmsten Componisten gleichsam Canonisirte Italianische und andere / Alte und Newe Classicos Autores hiermit gewiesen haben / als deren fürtreffliche und unvergleichliche Opera denen jenigen / die solche absetzen und mit Fleiß sich darinnen umbsehen werden; In einem und dem anderen Stylo als ein helles Liecht fürleuchten / und auff den rechten Weg zu dem Studio Contrapuncti anführen können. Wie dann über dieses ich noch der Hoffnung lebe / auch allbereit hievon in etwas Nachrichtung habe / das ein / mir wohlbekandter / so wohl in Theoriâ als Praxi hocherfahrner Musicus / hiernechst der gleichen Tractat an das Tage-Liecht werde kommen lassen / der hierzu / insonderheit uns Deutschen auch sehr zuträglich und nutzbar wird seyn können: Welches / das es erfolgen möge / dem allgemeinen Studio Musico zum besten / ich mit Fleiss zu sollicitirn dann nicht unterlassen will.«

Schütz möchte demnach den neuen italienischen Stil in jeder Weise als Vorbild gelten lassen, rät aber dringend, vorher erst den kontrapunktischen Stil reichlich zu üben. Folgerichtig besteht der Hauptteil der Bernhardschen Kompositionslehre, der sich Tractatus compositionis augmentatus nennt, aus einer Kontrapunktlehre und wendet sich erst in zweiter Linie der sogenannten »Figurenlehre« als Nachfolgerin der Musica reservata zu. Neue Figuren, von den Manieren der Singekunst und der Rhetorik her, werden erörtert. Außerdem ist von einer deutlichen Trennung der Stilbegriffe und Schreibarten die Rede. Mit Stylus gravis ist der Kontrapunktstil der alten Motette Josquins, Willaerts, Palestrinas, Gabrielis bezeichnet. Bei ihm wird »nicht so sehr der Text, als die Harmonie in acht genommen«. Im Stylus luxurians macht der Text die Musik, »mehr gute Aria, so sich zum Text am besten reimet«. Hier greift die Figurenlehre ein, um entweder Musik und Wortausdruck im Gleichgewicht zu halten (Stylus luxurians communis) oder dem Wort ganz das Feld zu überlassen (Stylus luxurians comico, theatralis oder recitativus), »erfunden, um eine Rede in Musik fürzustellen«. Als Ab-

schluß läßt Bernhard die Lehre von den Modi, von den Kirchentonarten und die erste Fugenlehre folgen.
Als Schütz auf seine Bitte an Bernhard, er möge ihm seinen Leichentext »nach dem praenestinischen (palestrinensischen) Contrapunktstyl fünfstimmig komponieren«, zwei Jahre vor seinem Tode die Motette erhielt, dankte er mit den Worten: »Mein Sohn, Er hat mir einen großen Gefallen erwiesen durch Übersendung der verlangten Motette. Ich weiß keine Note darin zu verbessern.«
Das Werk Schützens ist in seinen Schülern in einer seltenen Weise lebendig geblieben. Zusammen mit dem Schülerkreis Jan Pieterszoon Sweelincks in Amsterdam stellen diese die deutschen Kantoren und Organisten, die wiederum das Fundament der Musik im 17. Jahrhundert bilden. Die Strahlkraft der mitteldeutschen Musiklandschaft erfaßt auch den Norden. Eine Zusammenstellung der Schüler ist aufschlußreich, und über manchen der Namen wird in anderem Zusammenhang noch vieles zu sagen sein.

Die Schüler

Schüler von Heinrich Schütz waren: Heinrich Albert (geb. 1604 in Lobenstein, Reuß, gest. 1651 in Königsberg), ein Vetter von Heinrich Schütz. Als Rechtsstudent in Leipzig wurde er unter dem Einfluß Johann Hermann Scheins Musiker und ging zusammen mit seinem späteren Textdichter Simon Dach nach Königsberg. 1630 wurde er Domorganist in Königsberg. Durch seine »Arien und Lieder« hat er einen der wesentlichsten Beiträge zur Liedkunst des 17. Jahrhunderts geleistet.
Matthias Weckmann (geb. 1619 in Niederdorla bei Mühlhausen, gest. 1674 in Hamburg). Er sang unter Schütz in der Dresdener Hofkapelle und war Schüler von J. Praetorius, Reinken und Scheidemann in Hamburg. Seit 1655 Jacobi-Organist, gründete er mit Christoph Bernhard das große Collegium Musicum, das zu einem wichtigen Mittelpunkt der norddeutschen Oratorienpflege wurde.
Adam Krieger (geb. 1634 in Driesen, gest. 1666 in Dresden) studierte bei Samuel Scheidt in Halle, war 1655–1657 der Nachfolger Rosenmüllers als Nikolai-Organist in Leipzig. Er starb als Kammerorganist der kurprinzlichen Kapelle in Dresden. Als Liederkomponist ist er einer der bedeutendsten des deutschen Barockzeitalters.

Johann Jacob Löwe (geb. 1628 in Wien, gest. 1703 in Lüneburg) studierte bei Schütz, der ihn als Kapellmeister nach Wolfenbüttel und Zeitz brachte. 1682 wurde er Organist in Lüneburg.

Constantin Christian Dedekind (geb. 1628 in Reinsdorf, Anhalt, gest. 1715 in Dresden) war ein Schüler von Christoph Bernhard und wurde 1666 erster Konzertmeister der Dresdener Oper. Er gehörte wie Johann Theile zu den bekanntesten Liederkomponisten seiner Zeit.

Johann Theile (geb. 1646 in Naumburg, gest. 1724 in Naumburg) studierte in Halle und Leipzig Jura und bei Schütz in Weißenfels Musik. 1678 wurde die Hamburger Oper mit seiner Oper »Adam und Eva oder der geschaffene, gefallene und wiederaufgerichtete Mensch« eröffnet. 1685 trat er die Nachfolge Rosenmüllers am Wolfenbütteler Hofe an. Man hat ihn »den Vater der deutschen Kontrapunktisten« genannt, wohl im Hinblick auf seine Messen im Palestrinastil.

Zu Sweelincks Schülern gehören: Samuel Scheidt (geb. 1587 in Halle a. d. S., gest. 1654 in Halle), Organist an der Moritzkirche, 1609 Hoforganist, 1619 Hofkapellmeister des protestantischen Koadjutors von Magdeburg. Seine Orgelwerke machten ihn zum bedeutendsten Orgelmeister zwischen Frescobaldi und Johann Sebastian Bach.

Sein Bruder Gottfried Scheidt (1593–1661) war 1617–1658 Hoforganist in Altenburg.

Johannes Praetorius (geb. 1595 in Hamburg, gest. 1660 in Hamburg) aus der großen Hamburger Organistenfamilie hatte seit 1612 das Amt des Nicolai-Organisten in seiner Vaterstadt inne.

Heinrich Scheidemann (geb. 1596 in Wöhrden, gest. 1663 in Hamburg) übernahm 1625 das Amt des Hamburger Katharinenorganisten. Er wurde der Lehrer seines späteren Nachfolgers Jan Adams Reinken.

Melchior Schildt (geb. 1592 in Hannover, gest. 1667 in Hannover) war Organist in Wolfenbüttel, Kopenhagen und an der Marktkirche seiner Heimatstadt, dort Nachfolger seines Vaters und seines Bruders Ludolph.

Paul Siefert (geb. 1586 in Danzig, gest. 1666 in Danzig) war seit 1623 Organist der Danziger Marienkirche. Sein Kampf gegen die

Italianisierung der Musik, in dem auch Schütz sich gegen ihn stellte, hat ihn bekannt gemacht.

Andreas Düben (1590–1662) gehört einer weitverzweigten mitteldeutschen Musikerfamilie an. 1621 ging er nach Stockholm, wo er Hoforganist und Hofkapellmeister wurde. Sein Sohn und seine Enkel waren bis 1738 in der gleichen Stellung.

Schütz und Sweelinck als Vorbild

Auch dort, wo kein Schülerverhältnis zu den beiden Polen der deutschen Musik im 17. Jahrhundert – Sweelinck in Amsterdam und Schütz in Dresden – besteht, ist das Werk der beiden »nordischen Venezianer« Vorbild und Anregung für viele Meister. Im Kernland Sachsen-Thüringen sind zu nennen: der schon erwähnte, in Grünhain (Sachsen) geborene und als Thomaskantor gestorbene Johann Hermann Schein.

Die Brüder Johann Krieger (geb. 1652 in Nürnberg, gest. 1735 in Zittau) und Johann Philipp Krieger (geb. 1649 in Nürnberg, gest. 1725 in Weißenfels). Der erstere war Schüler seines älteren Bruders und dessen Nachfolger als Kammerorganist in Bayreuth. 1681 ging er als Kirchenmusikdirektor nach Zittau, wo er auch gestorben ist. Johann Philipp hatte bei Rosenmüller in Venedig und bei Pasquini in Rom studiert. Er wurde Hofkapellmeister in Bayreuth, in Halle und Weißenfels und ist einer der bedeutendsten Komponisten der deutschen Frühoper geworden. Außerdem gehören zu den Meistern aus Sachsen-Thüringen Johann Staden (1581–1634), Organist in Bayreuth und Nürnberg; Johann Rudolf Ahle (1625–1673), Organist in Mühlhausen in Thüringen; Johann Erasmus Kindermann (1616 bis 1655), Organist in Nürnberg; Andreas Hammerschmidt (geb. 1611 in Brüx, gest. 1675 in Zittau). Er war Schüler von Christoph Demantius (geb. 1567 in Reichenberg i. Br., gest. 1643 in Freiberg i. S.), Kantor im sächsischen Freiberg. Hammerschmidt wurde Organist in Wesenstein, Freiberg und Zittau. Er galt neben Schütz als der bedeutendste Kirchenmusikkomponist seiner Zeit. Seinen Werken rühmte man im Gegensatz zu Schütz nach, daß sie leicht auszuführen seien. Der »Hammerschmidtsche Fuß« wurde zum Maßstab für einfache, volkstümliche Kirchenmusik. Johannes Beer berichtet in seinen »musicalischen Discursen« 1719: »Er ist auch, wel-

ches das höchste Stück seines unsterblichen Ruhmes, derjenige, welcher die Musik fast in allen Dorfkirchen usque ad hunc diem enthalten, welches tausend Künstler mit ihren Sprüngen und Contrafugen nicht zu tun vermögen ...!«
Johann Rosenmüller (geb. 1619 in Ölsnitz, gest. 1684 in Wolfenbüttel) ist als Vokal- und Instrumentalkomponist zu den Großen seines Jahrhunderts zu zählen. Wolfgang Caspar Printz, der Romanschreiber unter den Musikern des 17. Jahrhunderts neben Johann Kuhnau, lobt Rosenmüller »wegen der Reinligkeit seiner Compositionen«, und noch der Theoretiker Johann Adolf Scheibe stellt Rosenmüller, »der fast ganz Italien beschämte«, neben den Schöpfer der französischen Oper, Jean-Baptiste Lully. Rosenmüller studierte in Leipzig, wurde Hilfslehrer an der Thomasschule und 1651 Organist an der Nikolaikirche in Leipzig. Er wäre Thomaskantor geworden, wenn er nicht unter dem Verdacht sittlicher Verfehlungen Leipzig hätte verlassen müssen. Er ging nach Hamburg und einige Jahre nach Venedig. Seit 1674 Hofkapellmeister in Wolfenbüttel, starb er dort in hohen Ehren. Johann Kuhnau (geb. 1660 in Geising, gest. 1722 in Leipzig) wurde Rechtsanwalt und Übersetzer in Leipzig, daneben 1684 Thomasorganist. 1701 erhielt er als Nachfolger Schelles und Vorgänger Johann Sebastian Bachs das Thomaskantorat. Friedrich Wilhelm Zachow (geb. 1663 in Leipzig, gest. 1712 in Halle) war seit 1684 hervorragender Organist der Marktkirche in Halle und wurde um 1700 der Lehrer Georg Friedrich Händels.

Der norddeutsche Stil

Der norddeutsche Raum hatte sich für die Kirchenmusik des 17. Jahrhunderts seine eigenen Voraussetzungen geschaffen. Die Grundlagen des »norddeutschen Stiles« hatten die Deutschvenezianer Michael Praetorius, Hermann Schein und Heinrich Schütz und die Venezianer aus zweiter Hand, die Schüler Sweelincks, gelegt. Nun wuchs vom Norden her eigenes hinzu: ein neues Element der Musik, das man als phantastisch-schweifend bezeichnen könnte. Venezianisch- und Römisch-Prächtiges und Nordisch-Phantastisches können durchaus verschmelzen, denn beiden ist der Sinn für phantasieerfüllte Übersteigerung der künstlerischen Mittel eigen.
Der »Magier des Nordens« war Dietrich Buxtehude (geb. 1637 in

Oldesloe [Holstein], gest. 1707 in Lübeck). Über Organistenstellen in Helsingborg und Helsingör und schließlich als Nachfolger seines Schwiegervaters Franz Tunder (1614–1667), der ein Schüler des Frescobaldischülers Hecklauer war, kam er als Organist an der Marienkirche wieder nach Lübeck zurück. Daß Johann Sebastian Bach, von Buxtehudes Persönlichkeit und Werk angezogen, nach Lübeck pilgerte, war sicherlich kein Sonderfall. Gleich einem Leuchtturm überstrahlte die Weite und die Kraft der musikalischen Visionen Buxtehudes den deutschen Norden.

Nicolaus Bruhns (geb. 1665 in Schwabstedt, gest. 1697 in Husum) war Schüler Buxtehudes und Organist in Husum. Thomas Selle (geb. 1599 in Zörbig, gest. 1663 in Hamburg) hatte in Hamburg seit 1641 das Kantorenamt am Johanneum inne. Gleichzeitig war er Musikdirektor an den fünf Hauptkirchen Hamburgs. Joh. Adam Reinken (geb. 1623 in Wiedeshausen, gest. 1722 in Hamburg) wurde nach einem Studium bei Heinrich Scheidemann 1663 dessen Nachfolger als Katharinenorganist in Hamburg. Ihm spielte 1720 Johann Sebastian Bach vor, als er sich um die Nachfolge des damals Siebenundneunzigjährigen bewarb. Bachs Improvisationskunst bewundernd, sagte Reinken: »Ich dachte, diese Kunst wäre gestorben, ich sehe aber, sie lebt in Ihnen noch.«

Vincent Lübeck (1654–1740) saß seit 1702 an der Nicolai-Orgel zu Hamburg. Buxtehudesche Anregungen hat er mit einem eigenen, sehr persönlichen Stil verschmolzen.

Die Trennungslinie des Glaubens zwischen Nord- und Süddeutschland trennt auch die Musik beider Landschaften. Die nordischen Ströme fließen nach dem Süden und kommen von dort gewichtig zurück. Die vorliegende Darstellung verzweigt sich nun mehr und mehr.

Süddeutschland

Landschaftlich im Grenzbezirk lebend und wirkend, ist Johann Pachelbel (geb. 1653 in Nürnberg, gest. 1706 in Nürnberg) Protestant, und seine Choralbearbeitungen und Kantaten gehören in den Umkreis der mitteldeutschen Kantorenmusik. Am Regensburger protestantischen Gymnasium wurde er Organist, 1674 unter Kaspar Kerll Hilfsorganist an St. Stefan in Wien, 1677 Hoforganist in Eisenach, wo er Johann Sebastian Bachs älteren Bruder Johann Christoph unterrichtete. 1678 ging er nach Erfurt, 1690 als Hoforganist nach Stuttgart. Es folgte Gotha, und 1695 kehrte er als Organist von Sankt Sebald nach Nürnberg zurück.

Johann Kaspar Kerll (geb. 1627 in Adorf im Vogtland, gest. 1693 in München) studierte in Wien bei Valentini und in Rom bei Carissimi und Frescobaldi, wurde 1656 Münchner Hofkapellmeister und 1677–1684 Organist am Stefansdom in Wien.

Schüler von Frescobaldi in Rom war auch Johann Jakob Froberger (geb. 1616 in Stuttgart, gest. 1667 in Héricourt). 1637 war er Hoforganist in Wien. Dieses Wiener Amt verließ er zweimal, um in Italien zu studieren. Er brachte Frescobaldis Toccatenstil mit nach Deutschland. 1650 konzertierte er in Brüssel, Paris und London. Er starb als Kammervirtuose der Herzogin Sybilla von Württemberg.

Der Passauer Kapellmeister Georg Muffat (geb. um 1645 in Schlettstadt, gest. 1704 in Passau) studierte sechs Jahre bei Lully in Paris, war erzbischöflicher Organist in Salzburg, ging 1681/82 zu Corelli und Pasquini nach Rom, um 1687 seine Lebensstellung in Passau zu finden. Sein Werk gehört zur Geschichte der Suite und vor allem des Concerto grosso, über das er in seinen Vorreden ausführlich berichtet hat.

Sein Sohn Gottlieb Muffat (geb. 1690 in Passau, gest. 1770 in Wien) gehört als Schüler Joseph Fux' und Wiener Hoforganist zu Wien und seiner Umwelt im 18. Jahrhundert.

Die deutsche Oper

In der Besprechung der Kunstgattungen und der Formen, deren sich deutsche Komponisten des 17. Jahrhunderts bedient haben, muß die Oper an erster Stelle stehen. Das erscheint verwunderlich, ist sie doch die jüngste unter ihnen allen. Gerade aber als die jüngste der Formen hatte sie die Kraft der Verwandlung, nicht nur ihrer selbst, sondern des gesamten Weltbildes der Musik. Die Kräfte, die ihr in hohem Maße zur Verfügung standen, waren nicht nur formbildende, sondern vor allem Kräfte des Ausdrucks und der Darstellung. Vom Ausdruck her gewinnt alle zukünftige Musik einen neuen Sinn. Wie war das möglich? Diese neue Musik will etwas, was die alte noch nicht gewollt hatte, was sie gar nicht wollen konnte. Sie will etwas »zur Schau stellen«, für das bisher kein

Schauplatz da war. Es ist gleichgültig, ob man das »Neue« Ausdruck, Gefühl, Darstellung oder Symbol benennt. Es handelte sich in jedem Falle um einen neuen Bereich der Musik. Durch die Oper erschlossen, konnte er vom Schauplatz des Theaters in die Breite wirken. Ein Forum, das nicht nur eine Welt für sich, sondern jetzt wirklich die Welt bedeutete. So kam es, daß der Stylus theatralis nicht nur auf das Theater beschränkt blieb, sondern zum Stilelement aller Musik wurde, die ausdrücken oder darstellen wollte. Dieses Ziel hatte aber nicht nur die weltliche, sondern auch die Kirchenmusik. War diese erst einmal einbezogen, war der Wandel der Musik vollkommen.

Kein Geringerer als Heinrich Schütz hat die erste deutsche Oper

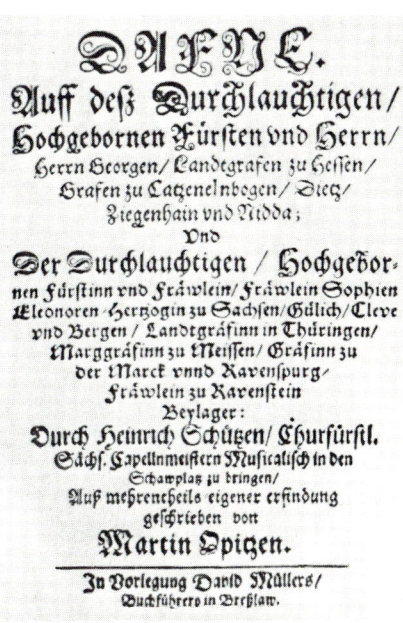

Titelblatt zum Textbuch der von Heinrich Schütz komponierten ersten deutschen Oper »Dafne«, aufgeführt zu einer Fürstenhochzeit 1627 im Schloß Hartenfels bei Torgau. Der Text stammt von Martin Opitz, die Musik ist leider verlorengegangen.

geschrieben. Die »Pastoral-Tragikomödie von der Daphne« wurde 1627 anläßlich einer Fürstenhochzeit im Schloß Hartenfels bei Torgau aufgeführt. Martin Opitz, der Meister der deutschen Dichtung im Barockzeitalter, hatte Rinuccinis Dichtung mit einigen Veränderungen ins Deutsche übertragen. Die Musik Schützens ist verlorengegangen. Vor der zweiten italienischen Reise geschrieben, wird ihr Monteverdis Stylo concitato noch unbekannt gewesen sein. Die Sänger der Daphne werden so gesungen haben, wie der Evangelist der Schützschen Auferstehungshistorie, »wie man es in gemeinen, langsamen und verständlichen Reden zu tun pfleget«, vor allem aber in »rechter Muttersprach«. Die »Daphne« war das Experiment eines Deutschvenezianers.

Leichter war es, die italienische Oper selbst ins Land zu holen. Über Salzburg und Wien kam sie 1629 nach München, 1662 nach Dresden und fand schließlich in Hannover eine wichtige Pflegestätte. Hier wirkte seit 1688 der Venezianer Agostino Steffani (geb. 1654 in Castelfranco, gest. 1728 in Frankfurt a. M.) als Kapellmeister und Komponist italienischer Opern. Steffani war auch künstlerisch Kosmopolit. Er fand Gefallen an der französischen Oper und übernahm die Form der französischen Ouvertüre.

Gegenüber den Italienern war der deutsche Anteil gering. Wiederum auf einen Opitzschen Text, »Judith«, hatte Matthaeus Apelles von Loewenstern eine Oper mit großen Chorsätzen und Solopartien geschrieben. Sigmund Gottlieb Staden (geb. 1607 in Nürnberg, gest. 1655 in Nürnberg) nahm Stücke aus den »Gespräch-Spielen« des Nürnbergers Philipp Harsdörfer und vertonte sie. Schon die Titel – »Seelewig« heißt eines – zeigen die Richtung dieser deutschen Frühoper auf: die Verbindung des alten religiösen Theaters mit der neuen italienischen Form. Dies mußte zu Zwitterbildungen führen. Da die großen deutschen Fürstenhöfe die italienische Oper zu Gaste luden, blieben für die deutsche Oper nur die kleineren Residenzen und die bürgerlichen Messestädte übrig. Hier entfaltete sie in der Hand tüchtiger Meister eine emsige Tätigkeit: in Weißenfels, wo Johann Philipp Krieger wirkte, in Wolfenbüttel, dem Wirkungsfeld der Herzogin Sophie Elisabeth und des Schützschülers Johann Jacob Löwe, in Braunschweig, wo Johann Sigismund Kusser (Cousser), Georg Kaspar Schürmann und Karl Heinrich Graun

tätig waren, und in Baden-Durlach. Dazu kamen die Messestädte Leipzig (Nikolaus Adam Strungk, 1640–1700, schrieb 160 Opern für Leipzig), Nürnberg und vor allem Hamburg. Umgeben und umspielt von den italianisierenden großen deutschen Fürstenstädten – obwohl Kaiser Leopold in Wien mehrere deutsche Singspiele vertonte – ist Mitteldeutschland mit seinem Außenposten Hamburg das Zentrum der deutschen Frühoper. Während aber die mitteldeutschen Opernexperimente oft nur von kurzer Dauer waren, bietet Hamburg das Bild einer fortlaufenden Entwicklung. 1678 wurde im Theater des Ratsherrn Schott am Gänsemarkt die Oper »Adam und Eva oder der erschaffene, gefallene und wiederaufgerichtete Mensch« von dem Schützschüler Johann Theile aufgeführt.
Auch die deutsche Oper gibt sich humanistisch; aber ihr Humanismus ist nicht mehr der der Antike, sondern der des Christentums, gemäß den Forderungen, die der Prediger und Operntextdichter Heinrich Elmenhorst in Hamburg aufgestellt hatte: »Die Oper Spielende bilden ab die Tugend im Leiden und die Laster in ihrer Blüte, lehren aber dabey im Ausgange der Laster Fall und Strafe, hergegen der Tugend Ehr und Belohnung.« Der deutschen Oper erwuchsen damit Aufgaben, die schon einmal an ganz anderer Stelle, im Zentrum des alten Glaubens, in Rom gestellt, zur allegorisch-moralisierenden römischen Frühoper und in den Gebetsstunden des Filippo Neri zum Oratorium geführt hatten. Aber das Barockzeitalter kannte nicht nur das dem Jenseits zugewandte Lebens- oder besser Todesgefühl, sondern es genoß das Dasein mit derselben Wollust, mit der es auch die Darstellungen und Vorstellungen vom Tode auskostete. Die Hamburger Oper gibt ein Beispiel. Trotz aller Warnungen und moralischen Schriften von seiten der Kirche stellt sie die allegorisch-moralischen Figuren in die Requisitenkammer. Auf der Bühne herrschen realistische Opernszenen mit Darstellungen von Liebe und Haß, Blut (das vor allem!) und Rache. Dazwischen tummelt sich Hanswurst, und die Maschinenwunder der Barockbühne tun ein übriges, um das Publikum in Atem zu halten. Welch ein Fest, wenn die Taten, Gefangennahme, Verurteilung und Hinrichtung des gefürchteten Seeräubers Störtebeker auf der Bühne dargestellt wurden! Schuld an dem Verfall der Oper trug die deutsche Dichtung. Sie hatte im Jahrhundert des

großen Krieges nichts zu bieten, was dem großen Zeitalter der französischen Literatur im 17. Jahrhundert oder den Bemühungen Zenos in Italien ebenbürtig gewesen wäre. Gottsched und seine Leipziger Reform des deutschen Theaters kamen für Hamburg zu spät. Es ist aber eines der Gesetze der Oper, daß sie nur auf dem guten Grund einer wirklichen Dichtung oder im Umkreis eines dichterisch großen Zeitalters wachsen kann.

Musikalisch ist das Bild weitaus erfreulicher, so daß es nicht einer gewissen Tragik entbehrt, wenn Dichter und Musiker einer Generation so wenig gleichwertig waren. Rezitativ und Arie waren auch die beiden Formen der deutschen Oper. Und doch bestand ein Unterschied. Die italienische Arie wuchs aus dem hohen Stil des Recitativo accompagnato, von edler Kraft und Würde des Ausdrucks getragen, um sich bald zur klaren zwei- und später dreiteiligen Form zu finden. Die deutsche Arie bildete sich aus dem Lied. Sie setzte also in einer einfacheren Zone der Melodie und des Ausdrucks an, um sich aus dieser Freiheit, die allerdings auch Vielfalt ist, schwerer zu einer bestimmten Form zu bekennen. Dies änderte sich erst, als der nachmalige Hamburger Bürgermeister Lukas von Bostel als Opernlibrettist die Arie für die in der Oper vorkommenden »Standespersonen« durchsetzte (»das sonstige Volk« blieb beim Lied) und als mit Reinhard Keiser (geb. 1674 bei Weißenfels, gest. 1739 in Hamburg) ein Komponist nach Hamburg kam, der berufen gewesen wäre, die deutsche Oper in die Hände Mozarts zu legen. Keiser, als Sohn eines Organisten geboren, hatte in Leipzig bei Schelle studiert und war mit Kusser (geb. 1660 in Preßburg, gest. 1727 in Dublin) von der Braunschweiger Oper aus nach Hamburg gekommen. Kusser, ein Schüler Lullys, führte die Hamburger Oper auf eine bedeutende künstlerische Höhe, ging aber schon nach wenigen Jahren als Kapellmeister nach Nürnberg, Augsburg und Stuttgart und wurde schließlich Kapellmeister des Vizekönigs von Irland. Er hatte so den Weg für Keiser in Hamburg frei gemacht. Johann Gottfried Walther schreibt 1732 in seinem »Musicalischen Lexicon«: »Keiser (Reinhard), Hochfürstl. Mecklenburgischer Capellmeister, ohnweit Weißenfels gebürtig, hat, nebst vielen Kirchenstücken und anderen Sachen, ungemein viele Opern in die Musik gebracht, welche, nach Matthesonii Verzeichnis, in der 22., 23. und

24sten Betrachtung seines Musicalischen Patrioten, alle auf dem Hamburgischen Theater in nachstehenden Jahren aufgeführt worden sind.« Es folgt eine Aufzählung der Keiserschen Opern seit 1694 und seiner weltlichen und geistlichen »Sing-Gedichte oder Cantaten mit einer Stimme und Instrument«. Von den 126 Opern, die Keiser geschrieben hat, sind 26 erhalten. Sie weisen Keisers liebenswertes Talent aus, das sich mehr der Lyrik und der Idylle verschrieben hatte als dem italienischen Pathos und italienischer Dramatik. Auch er geht vom Lied aus. Selbst dort, wo er italienische Arien schreibt, wird diese Bindung nicht aufgegeben. Vieles erinnert bei Keiser schon an Mozart, dem die italienische Arienform nicht mehr eine Verpflichtung bedeutete. Aber auch die französische Oper Lullys muß Keiser gekannt haben. Zu Beginn des zweiten Aktes der Oper »Crösus« (Hamburg, 1711 und 1730) steht eine Szene mit Bauernhütte und Schalmei und Sackpfeife spielenden Bauern, die in der natürlichen Gefälligkeit ihres Sechsachteltaktes und ihrer Terzen- und Quintenmelodik an die Szene der Najaden, die Naturwesen sind, in Richard Strauss' »Ariadne auf Naxos« erinnert. Wie Richard Strauss hat Keiser auch den neuen Klang eines neuen Orchesters entdeckt: Er fügte seinem Orchester mit Oboen, Fagotten, Flöten und Trompeten das Waldhorn, gelegentlich sogar die Harfe hinzu.

Auch der von Walther erwähnte Johann Mattheson (geb. 1681 in Hamburg, gest. 1764 in Hamburg) hatte Opern für Hamburg geschrieben, in denen er selbst als Sänger auftrat. Aber nicht durch seine Opern lebt er für die Nachwelt. Mattheson war einer der bedeutendsten Musiktheoretiker und Kritiker seiner Zeit. Eine Reihe seiner Werke beschäftigt sich mit der Musizierpraxis des Orchesters, wobei »Der Vollkommene Capellmeister« sein bestes Werk ist. Dem Hamburger Opernwesen ist »Der musicalische Patriot« (1728) gewidmet, in den »Grundlagen einer Ehrenpforte« (1740) findet sich umfangreiches biographisches Material über bedeutende Zeitgenossen. Mattheson hat auch die englische Biographie über seinen Freund Georg Friedrich Händel von G. Mainwaring übersetzt. In Matthesons »Ehrenpforte« liest man die amüsante Selbstbiographie Georg Philipp Telemanns (1681–1767). Auch dieser hat etwa 60 Opern, zum größten Teil für Hamburg, geschrieben. Ja, selbst der junge

Georg Friedrich Händel gehörte zu den Hamburger Opernkomponisten. 1705 hatte seine Oper »Almira« am Gänsemarkt großen Erfolg. Jedoch konnten selbst Komponisten vom Range Keisers, Telemanns und Händels den Verfall der Hamburger Oper nicht aufhalten. Zwischen 1733 und 1741 schlossen fast alle deutschen Opernhäuser. Die italienische Oper hatte in ganz Europa gesiegt. Wenn auch so das äußere Bild einer deutschen Oper erloschen war, so war es doch keineswegs ihre Wirksamkeit und ihr Einfluß. Die Kräfte einer neuen musikalischen Idee, eines neuen Klanges veränderten fast sprunghaft Struktur und Wesen der Musik auch außerhalb der Oper. Vor allem war es die geistliche Musik, die sich den immer stärker werdenden Forderungen der Oper nicht entziehen konnte. Sie erlag dem Ansturm ihrer Struktur (generalbaßbegleiteter Satz), ihrer Form (Rezitativ und Arie), dem Klangrausch der Instrumentalmusik und vor allem der Verführung durch den Ausdruck und die Empfindung. Die Geschichte der Kantate gibt hierfür ein Beispiel.

Die Kantate

Das geistliche Konzert Heinrich Schützens, unbegrenzt nach Form und Inhalt, hatte der Kantate den Weg bereitet. Alle diesem zur Verfügung gestellten Elemente: Chorigkeit (auch Mehrchörigkeit), Solostimmen, Monodie, Generalbaß, begleitender oder auch selbständiger Instrumentalsatz sind ebenfalls die der Kantate. Damit setzte sich die Kantate eindeutig von der älteren Motette ab, die von diesen Formungselementen nichts wußte. Andererseits war an einen plötzlichen Verzicht auf die Motette nicht zu denken, hatte sie doch seit der Zeit der franko-flämischen Meister sowohl dem alten Glauben als auch dem protestantischen als Choral- und Spruchmotette treu gedient. In der nun folgenden Zeit des Übergangs zwischen Motette und Kantate, die noch alle Möglichkeiten offenließ, konnten besonders phantasieerfüllte Werke reifen: ein- oder mehrchörige Werke mit Continuo oder Instrumenten, aber auch solistische Werke für eine oder mehrere Stimmen mit Continuo und Instrumenten. Keine dieser Formen enthält noch das, was die Kantatenform erst ausmacht, den Wechsel von Rezitativen und Arien, begleitet von Instrumenten und Continuo.

Der Text einer Kantate konnte die Strophe eines Kirchenliedes, biblische Texte oder die Epistel des betreffenden Sonntags, dramatische biblische Szenen als »Dialoge« und schließlich freie neugedichtete Textzusätze sein. Seit 1680 bestand die Kantate aus einem Bibelspruch, den der Eingangschor in der Form der Motette vortrug, einer reflektierenden Umdichtung dieses Textes in ariosen Gesängen und der Choralstrophe für den Chorabschluß. Der eigentliche Kantatentypus wurde schließlich um 1700 fixiert. Der in Hamburg als Geistlicher wirkende Erdmann Neumeister hatte ihn geschaffen, als er mehrere Jahreszyklen von Kantatentexten herausgab. Den ersten Kantatenjahrgang komponierte Johann Philipp Krieger in Weißenfels, den zweiten Philipp Heinrich Erlebach in Rudolstadt, den dritten und vierten Georg Philipp Telemann in Eisenach und Johann Sebastian Bach in Weimar.

Nach Neumeisters Worten »siehet eine Cantata nichts anders aus, als ein Stück aus einer Opera, von Stylo recitativo und Arien zusammengesetzt«. Da in seinen früheren Dichtungen auch der Chor fehlt, sieht eine solche Kantate wirklich wie eine Oper aus, und sie ist es auch, zumindest in der Eindringlichkeit der Wortausdeutung. Und wenn auch Johann Sebastian Bach als Thomaskantor sich schriftlich verpflichten mußte, daß seine Kirchenmusik »nicht opernhafftig herauskomme«, so konnte und mochte er auf dieses Gran Opernhaftigkeit nicht verzichten, das eben zu der »Seconda pratica« um 1720 gehörte. Allerdings hat Bach den Chor beibehalten, den auch Neumeister in späteren Texten wieder eingeführt hat. Und wenn wiederum Bach in späterer Zeit sich mit Texten von Kirchenliedern begnügte, so war dies nicht nur ein Schritt in die Vergangenheit, sondern auch ein Schritt, der aus der Opernhaftigkeit der Musik seiner Zeit herausführte.

Die geographische Einteilung in einen mitteldeutschen, norddeutschen und süddeutschen Raum ist eine gute Hilfe, wenn man den Wandlungen der Kantatenform in der Hand der Komponisten nachgehen will. In Sachsen (Freiberg, Zwickau) waren die »Gespräche zwischen Gott und der Seele« von Andreas Hammerschmidt (geb. 1611 in Brix, gest. 1675 in Zittau), geistliche Konzerte in madrigalistischer Manier, Hauptwerke einer volkstümlichen Gattung. In Thüringen (Mühlhausen) schrieben Johann Rudolf Ahle (1625 bis

1673) und sein Sohn Johann Georg Ahle (1651–1706) Dialoge, neue geistliche Arien und geistliche Andachten. In Leipzig führten die Thomaskantoren Sebastian Knüpfer (1633–1676), Johann Schelle (1648–1701) und Johann Kuhnau (1660–1722) Kantaten von Amts wegen im sonntäglichen Gottesdienst auf. Die Kantaten von Friedrich Wilhelm Zachow (1663–1712) aus Halle sind Strophenlieder, die durch Rezitative unterbrochen werden. In Weißenfels schrieb Johann Philipp Krieger (1649–1725) neben seinen Opern zahlreiche Kantaten, in gleicher Weise dem Hofe und der Kirche dienend. Vielleicht der größte Kantatenmeister seiner Zeit aber war Johann Rosenmüller (um 1620 bis 1684), der in Leipzig, Venedig und Wolfenbüttel lebte. Die drei- bis siebenstimmigen »Kernsprüche mehrenteils aus Heiliger Schrift« und die edlen »Lamentationes Jeremiae« für Baß und Orgel sind nur ein Teil seines großen Vokalwerkes. Wie bei Schütz spannt sich auch in Rosenmüllers Werken der Bogen von ausdrucksstarker Monodie in der Form von kleinen geistlichen Konzerten bis zur polyphonen Weite der Schlußfugen seiner Chorpsalmen. Von Rosenmüller aus gesehen muß man bedauern, daß der späteren Kantatenform, wie sie auch Bach pflegte, mit ihrem stereotypen Wechsel von Rezitativ und Arie in Form und Inhalt Grenzen gezogen wurden.

Bedeutendes zur Geschichte der Kantate hat Hamburg aufzuweisen. Matthias Weckmann (1619–1674) und Christoph Bernhard (1627 bis 1692) schufen sich dort in ihrem großen Collegium musicum ein Instrument für die Kantaten- und Oratorienpflege. Das Ergebnis dieser Bemühungen waren Werke, die, »Motetto Concertato« überschrieben, noch nicht den Wechsel zwischen Rezitativ und Arie, wohl aber den zwischen Solo- und Chorpartien aufwiesen. In Lübeck entstand durch Franz Tunder und Dietrich Buxtehude ein Mittelpunkt der Kantatenmusik, dessen Ausstrahlungen sogar Johann Sebastian Bach getroffen und von Arnstadt nach Lübeck gezogen haben. In Buxtehudes Kantaten fand Bach Sologesänge im Arienstil, ein noch wenig entwickeltes Rezitativ, vor allem aber Chöre, die von der Motette her kamen. Buxtehudes berühmte Abendmusiken, die an den beiden letzten Trinitatissonntagen und an den Adventssonntagen im Anschluß an den Nachmittagsgottesdienst unter Mitwirkung des Schulchores der Katharinenschule und der

Ratsmusik stattfanden, waren zusammengesetzte Kantaten. Sein 1908 in der Universitätsbibliothek Upsala zusammen mit Schützens Weihnachtsoratorium aufgefundenes »Jüngstes Gericht« erstreckte sich über fünf Sonntage. Durch Umfang und Aufwand, vor allem aber durch das innere Format der Buxtehudeschen Kompositionen ist in diesem Falle die Grenze zwischen Kantate und Oratorium bereits überschritten. Buxtehudes Schüler Nikolaus Bruhns (1665–1697) folgte seinem Meister in klangfrohen koloraturreichen Kirchenkantaten. Georg Böhm (1661–1733) schrieb Kantaten für die Johanneskirche in Lüneburg, die wohl Bach als Schüler des Lüneburger Gymnasiums gehört haben mag.
Im Süden geben die »Sacrae cantiones« von Johann Kaspar Kerll (1627–1693) in Wien und München Zeugnis von den Anregungen, die das geistliche Konzert von dem Oratorium Carissimis (Kerll war Carissimi-Schüler) erhalten hatte. Auch im Werk des Erasmus Kindermann (1616–1655) aus Nürnberg, der bei Cavalli in Venedig studiert hatte, kreuzt sich italienische Moderne mit einer Tradition, die das Neue eher besinnlich und auswählend als stürmisch aufnimmt; es sind vor allem motettische Werke mit Continuo oder Werke für Singstimme mit Instrumenten und Continuo.

Oratorium und geistliches Konzert

Zwischen Oper und Kantate nimmt das Oratorium eine Mittlerstellung ein. Gottfried Walther berichtet in seinem »Musicalischen Lexicon« über das Oratorium folgendes: »Oratorio, eine geistliche Opera oder musicalische Vorstellung einer geistlichen Historie in den Capellen oder Cammern großer Herrn, aus Gesprächen, Soli, Duo und Trio, Ritornellen, starken Chören etc. bestehend. Die musicalische Composition muß reich an allen seyn, was nur die Kunst sinnreiches und gesuchtes aufzubringen vermag.«
Mit der Oper haben allerdings Heinrich Schützens frühe »Historie von der freuden- und gnadenreichen Geburt Jesu Christi« (1623) und sein spätes Weihnachtsoratorium (1664) außer der von Violen begleiteten Monodie des Evangelisten wenig gemein. Die Historie von der Geburt Jesu Christi ist als erstes deutsches Oratorium anzusprechen. Der Text folgt der »Resurrectio domini Jesu Christi« von Antonio Scandellus (geb. 1517 in Bergamo, gest. 1580 in

Dresden), der in Dresden tätig war. Schützens Werk gliedert sich in sieben Teile, ähnlich dem Aufbau seiner »Sieben Worte Jesu am Kreuze«. Symmetrie entsteht durch Eingangs- und Schlußchor und durch zwei zwischen die Szenen eingeschobene Zwischenspiele. Diese bringen die Chöre – in den Szenen kommen keine Chöre vor – und lassen die Gegenpartei des Dramas, die Hohenpriester, sprechen. Dies ist aus der Form entstehende oder sie erzeugende Dramatik. Auch die geschlossenen Formen der Intermedien, der Zwischenspiele, haben dieselbe gliedernde und dramatische Aufgabe. Während Scandellus die Worte Jesu vierstimmig setzt, sagt Schütz in der Vorrede: »Wann in der Histori bisweilen nur eine Person redet, als nemlich ... habe ich ein Duo gesetzet, und sonderlich des Herrn Christi Person, mit einem Alt und Tenor, können beyde Stimmen oder nur eine gesungen, die andere instrumentaliter gemacht oder auch wol si placet gar ausgelassen werden.« Für die Partie des einstimmig singenden Evangelisten läßt Schütz verschiedene Besetzungen zu. Doch zieht er die Begleitung von vier Viole da gamba der Orgel vor. Bei den Chören kann rein vokal, aber auch mit Begleitung der Instrumente »pleno choro musicieret werden«. Im Weihnachtsoratorium hat Schütz die Teile Intermedien genannt. Es sind deren acht, die von einer chorischen Introduktion, die verlorengegangen ist, und dem »Beschluß« gerahmt werden.

Schützens Auferstehungshistorie und Weihnachtsoratorium sind Sonderfälle. Sie stehen in ihrem Verzicht auf die Monodie bei den Worten der Sololoquenten (Einzelsprecher) außerhalb der Carissimi-Nachfolge, die, durch seine Schüler vertreten, dem Oratorium alles gegeben hatte, »was die Kunst sinnreiches und gesuchtes (das heißt wohl Auserwähltes) aufzubringen vermochte«: Alessandro Scarlatti in Neapel, Kaspar Kerll in Wien und München und Christoph Bernhard in Hamburg. Während aber im Süden das Oratorium der Oper immer näherkam, so daß es in der Fastenzeit wirklich zum Opernersatz wurde (daß dieser nicht immer ein guter ist, bezeugen Walthers Worte »in Rom, sonderlich zur Fastenzeit, ist nichts gemeineres, als solche Oratori«), suchte es im Norden Anschluß an das geistliche Konzert. Ähnlich der Frühform des Oratoriums, der erzählenden Lauda, waren es Dialoge mit Rede und Gegenrede, die an Stelle der Motette ihren Platz im protestantischen

Gottesdienst erhielten. In Hamburg pflegte Christoph Bernhard zusammen mit Matthias Weckmann diese Gattung in seinem fünfundzwanzig Mitglieder zählenden Collegium Musicum. Andreas Hammerschmidts »Dialoge oder Gespräche zwischen Gott und einer gläubigen Seele« wurden schon erwähnt. Als Dresdener Vizekapellmeister (1688) schrieb Nicolaus Adam Strungk ein Osteroratorium. Wie im Süden das Oratorium alle Formen der kirchlichen, aber auch der weltlichen Musik (Villanella, Kanzonetta, Madrigal) aufnahm, so machte es sich im Norden alle Möglichkeiten der Monodie und der konzertierenden Formen zu eigen.

Eine Erweiterung der Form durch Einbeziehung freier lyrischer Dichtungen und Betrachtungen unter dem Einfluß der geistlichen Kantaten Erdmann Neumeisters mit Seccorezitativ, Arie, Choral und Chor macht das Oratorium auch in Deutschland mehr und mehr zur »geistlichen Opera«. Wiederum führt der Norden mit Hamburg und Lübeck. In Hamburg schrieben Oratorien: Johann Mattheson, Georg Philipp Telemann und Reinhard Keiser; in Lübeck warben Dietrich Buxtehudes Abendmusiken für die Gattung. Die Tradition führte sein Schwiegersohn und Nachfolger Johann Christian Schieferdecker (gest. 1732) weiter, dem wiederum Johann Paul Kunzen (gest. 1757) folgte. Auf diesem breiten Unterbau des römisch-neapolitanischen und deutschen Oratoriums ruht Georg Friedrich Händels gewaltiges englisches Oratorienwerk.

Die Passion

Zum Oratorium gehört auch die Passion. Allerdings hat sie ihre eigene Geschichte. Sie begann mit der Lesung der Leidensgeschichte am Altar durch mehrere Priester mit verteilten Rollen im feierlichen, reichen Lektionston. Der Verkünder der Worte Christi sprach tief und langsam, der Evangelist in normaler Tonhöhe und der Sprecher der Turba Judaeorum hoch und rasch. Später setzte man für die Turbae, die Volksmenge, einen Chor ein. Bedeutende Beispiele der Vertonung einer solchen dramatischen Passion haben Orlando di Lasso mit seinen vier Passionen und Ludovico da Vittoria hinterlassen. In der Blütezeit des polyphonen Stiles wurde der Bibeltext in allen Teilen mehrstimmig komponiert, also auch die Einzelrollen wurden in gleicher Weise wie die Chorsätze vertont. Das älteste

Beispiel ist die Motettenpassion Jakob Obrechts, die um 1500 entstanden ist. Der lateinische Text wurde nun aus allen vier Evangelien zusammengesetzt, um auf diese Weise alle sieben Worte Christi am Kreuz musikalisch darstellen zu können. Man spricht von Evangelienharmonie. In dieser Form wurden Passionen geschrieben von Galliculus (1538), Resinarius (1543), Jacobus Gallus (1587), Gesius (1588). Eine Mischung zwischen dramatischer Choralpassion und Motettenpassion ist die Johannespassion von Scandellus (1561). Der einstimmige Lektionsvortrag bleibt dem Evangelisten vorbehalten, die Worte Christi sind vierstimmig gesetzt, die übrigen Rollen mehrstimmig-motettisch in wechselnder Besetzung.
Das große Zeitalter der Passion begann mit der Reformation. Johann Walther stellte mit seiner »Matthäuspassion« um 1580 das deutschsprachige Vorbild auf. Er schrieb Rezitative auf der Grundlage des von Luther übersetzten Matthäusevangeliums und vertonte die Turbae in einfachen akkordischen Sätzen. Walther, der auch eine Johannespassion schrieb, folgten Meiland, Mancinus (um 1610), Vulpius (1613). Andere protestantische Kirchenmusiker schrieben deutsche Motettenpassionen: Joachim von Burgk (1568), Leonhard Lechner (Johannespassion 1594) und Demantius (1631). Heinrich Schütz, der in seiner Auferstehungshistorie sich der Mischform (Rezitativ des Evangelisten von einem Gambenquartett begleitet, Jesus und Sololoquentenworte zweistimmig und generalbaßbegleitet) bedient hatte, griff in seinen drei Passionen, Matthäus-, Lukas- und Johannespassion, auf die älteste Form der Passion – unbegleitetes Rezitativ für alle Sololoquenten einschließlich Christus und unbegleitete Chöre – zurück.
Die Schützschen Passionen sind ihrer Struktur nach archaisch-feierlich. Trotzdem wird ihr Klang und ihre Wirkung durch die Idee der ausdrucksgeladenen Monodie bestimmt. Diese, in der Umwelt der Oper entstanden, war es auch, die das Schicksal der folgenden Passionsvertonungen bestimmte. Die empfindsame Dichtung drang in Sologesängen und Chorälen in die Passion ein. Die Johannespassion von Thomas Selle (1643) enthält betrachtende Chöre auf Psalmentexte. Christian Flor in Lüneburg (1667) schrieb für seine Matthäuspassion neun Soloarien mit Orchester. Bei Sebastiani in Königsberg gliederte sich die Passionsdarstellung durch Choräle, die

die Gemeinde an den Haupteinschnitten sang. Johann Theile fügte dem Passionstext vierstimmige eigene Chorarien und Arien über freie madrigalische Dichtungen mit Instrumentalritornellen hinzu. Nach 1700 übernahm in der Kunstgattung der Passion wieder Hamburg die Führung. Parallel zur Kantatendichtung Erdmann Neumeisters kann man auch in der Passion »Reime und Verse verwechseln und mischen, wie man will«, wenn nur »die von selbst fließende Lieblichkeit durchgehendst beobachtet wird«. Die Hamburger Passionsdichter Postel, Hunold und Brockes folgten diesen Ratschlägen und schrieben Arien, die »allemal einen Affect oder ein Morale oder sonst etwas Besonderes in sich halten«. Brockes führte den Evangelisten wieder ein, Telemann, Keiser und Mattheson waren die Komponisten dieser geistlichen Opern. Johann Sebastian Bach stemmte sich in seinen Passionen gegen das Abgleiten in die Sphäre einer tränenreichen Lyrik und verbindet Teile der Brockes-Texte mit Bibelworten und Choral. Doch er hielt eine Entwicklung nicht auf: Der »Tod Jesu« von Karl Heinrich Graun, dem Kapellmeister Friedrichs II. von Preußen, wurde nicht mehr in der Kirche, sondern im Theater uraufgeführt (1755).
Die Motette, im 15. und 16. Jahrhundert die Urform aller Vokalkompositionen, trat nun hinter der Kantate, dem Oratorium und der Passion weitgehend zurück. Als Spruchmotette in deutscher Sprache – die Texte sind den Psalmen und Evangelien entnommen – kam sie im Zuge realistischer Textausdeutung noch einmal im protestantischen Gottesdienst zu reicherem Leben. Meiland, Gesius, Eccard, Haßler, Demantius, Lechner waren ihre Komponisten. Als Freiluftmusik pflegte sie die Kurrende beim Straßen- und Begräbnissingen, wie beispielsweise Rosenmüllers fünfstimmige Begräbnisgesänge. Johann Sebastian Bachs fünf Motetten – gegenüber etwa zweihundert erhaltenen Kantaten – nähern sich der mehrsätzigen Kantate. Obwohl a cappella komponiert, gibt es zu diesen Motetten Orchesterstimmen von Bachs eigener Hand. Die Anwesenheit von Instrumenten war in erster Linie ein technisches Hilfsmittel zur Unterstützung der Singstimmen. Der Hör-Eindruck für die Gemeinde war jedoch mehr oder weniger der einer Kantate.

Das Generalbaßlied

Das Lied des 17. Jahrhunderts bildet die Wasserscheide zwischen Vokal- und Instrumentalmusik. Seine Ströme befruchten beide. Man muß zwischen dem mehrstimmigen Lied mit Generalbaß und dem einstimmigen weltlichen und geistlichen Generalbaßlied unterscheiden. Das erstere löste das italienische Madrigal ab. Indem es ihm in den engeren bürgerlichen Verhältnissen des Nordens seinen »Klang« nahm, fügte es – die Zeichen der Zeit nicht verkennend – den modischen Generalbaß hinzu. So Heinrich Albert in den »Terzetten mit Generalbaß« seiner »Kürbishütte«, vertonte Sinnsprüche, die die Freunde des Dichters in die Kürbisse seiner Gartenlaube geritzt hatten. Sebastian Knüpfer schrieb »Deutsche Kanzonetten und Madrigale« (1663). Johann Theile und Erasmus Kindermann pflegten, teils auch humorig, diese einfache Form des Gesellschaftsliedes. Über einer Geschichte des weltlichen deutschen Generalbaßliedes sollte ein Satz aus einer Vorrede Heinrich Alberts stehen: »Ich bitte aber, man solle nicht dafür halten, daß ich mit meinen Melodeyen gedächte, große Kunst an den Tag zu geben.« Er meint, »daß vielleicht ein Jeder, der etwas singen kann, leichtlich eine Melodey oder Weise, die nachmals durch Gewohnheit gut scheinen würde, zuwege bringen sollte«.

Ganz gewiß handelt es sich bei dieser Gattung nicht um große Kunst, und man sollte bedenken, daß die Großmeister der Epoche, Heinrich Schütz und Johann Sebastian Bach, dem weltlichen Lied in ihrem Schaffen keinen oder nur einen bescheidenen Raum gegeben haben. Andererseits aber ist das Liedhafte noch immer ein wichtiger Wesensteil der deutschen Musik, wobei unter »liedhaft« das Melodisch-Geschlossene und formal in Abschnitte-sich-Gliedernde verstanden werden soll. Die Aufgabe des Liedhaften erscheint wichtiger als die Existenz des Liedes selbst. Doch lohnt sich auch dessen Betrachtung. Der Typus des generalbaßbegleiteten Kunstliedes hat sich aus der Auseinandersetzung der italienischen Monodie mit dem volkstümlichen deutschen Lied, wozu auch der protestantische Choral gehört, gebildet. Er wäre nicht möglich gewesen ohne den Willen der deutschen polyphonen Musik zur Wenigerstimmigkeit. Ein klanglicher Schrumpfungsprozeß führte also zum Verzicht der Unterstimmen eines mehrstimmigen Satzes auf vokale Ausführung und damit zu einem Satzbild, das nur der Oberstimme »das Lied« beließ, während die übrigen Stimmen – im bezifferten Baß aufgezeichnet – vom Generalbaßinstrument übernommen wurden. In den acht Bänden der »Arien« von Heinrich Albert kann man diesen Vorgang gut ablesen. Er schreibt fünfstimmige Begräbnislieder und läßt ihnen die zweite Fassung in der »oben erwähnten Manier wie einen Klavierauszug« folgen. Alberts Arien enthalten neben den Liedern, die der Königsberger Domorganist für kirchliche Zwecke, Begräbnisse und Hochzeiten schuf, eine große Zahl weltlicher Lieder. Unter ihnen findet sich das von Simon Dach gedichtete Lied »Anke von Tharau« zur Hochzeitsfeier der Tharauer Pfarrerstochter Anna Neander, aber auch die Festkantate zur Begrüßung des gefeierten Dichters Martin Opitz in Königsberg 1638. Alberts größere Liedformen folgen italienischen und französischen Vorbildern.

Dichter und Komponisten des Liedes fanden sich meist in einer Stadt oder in einer Landschaft zusammen. Außer dem Königsberger Kreis gab es Zentren des deutschen Liedes in Hamburg, in Sachsen (Dresden), Thüringen und Frankfurt am Main. In Hamburg schrieb Johann Rist (1607–1667) weltliche und geistliche Lieder, die von verschiedenen Kleinmeistern in Musik gesetzt wurden (Peter Meier, Johann Schop). Andreas Hammerschmidt vertonte die »Kunst des Küssens« von Paul Fleming. Christian Dedekind, der Konzertmeister Heinrich Schützens, schreibt in seiner »Älbianischen Musenlust« Lieder zu Texten der besten Dichter seiner Zeit. Eine liebenswerte Erscheinung unter den Liedkomponisten ist Adam Krieger, geboren 1634 zu Driesen in der Neumark, gestorben 1666 in Dresden, Schüler von Samuel Scheidt, Nikolai-Organist in Leipzig als Nachfolger Rosenmüllers und Organist in Dresden. Er schrieb die Texte seiner Lieder selbst und gab ihnen Melodien mit auf den Weg, die eine frühe Romantik aufklingen ließen. Fünfstimmige Instrumentalritornelle trugen das Ihrige dazu bei, das Lied in eine bestimmte Ausdruckssphäre einzuhüllen. »Harmonische Freude musikalischer Freunde« nennt Philipp Heinrich Erlebach, Hofkapellmeister in Rudolstadt (gest. 1714), seine Liedersammlung, die konzert- und arienhaft das Lied mit Instrumentalteilen durchsetzt. Händels »Deutsche Arien« folgen ihr nach.

Das Kirchenlied

Ist das weltliche Lied ein grünendes Zweiglein am weit ausladenden Baum der Musik des Barockzeitalters, so ist das Kirchenlied eine seiner Wurzeln. Die junge Kraft der Reformationszeit klingt in ihm noch nach einhundertfünfzig Jahren nach. Noch dem 16. Jahrhundert gehören Philipp Nicolais »Wachet auf« und »Wie schön leucht' uns der Morgenstern« an. Johann Hermann Schein sang: »Mach's mit mir Gott«, Paul Fleming: »In allen meinen Taten«, Heinrich Albert: »Gott des Himmels und der Erden«, Georg Neumark: »Wer nur den lieben Gott läßt walten«, Johann Rist: »O Ewigkeit, du Donnerwort« und »Ermuntre dich, mein schwacher Geist«. Die Lieder Paul Gerhardts »Fröhlich soll mein Herze springen« oder »Du meine Seele singe« haben Johann Grüger, Georg Ebeling und Johann Hintze mit Weisen versehen. »Lobe den Herren, den mächtigen König der Ehren« hatte Georg Christof Strattner vertont, J. K. Ahle »Morgenglanz der Ewigkeit«. Wir sehen, die schönsten Melodien der evangelischen Kirche finden sich in den Gesangbüchern (»Praxis pietatis melica« 1658) des 17. Jahrhunderts. Es waren dieselben, die die Canti firmi der Spruchmotetten und Kantaten, der Orgelchoräle und Orgelvorspiele bildeten. Ihre Saat ging hundertfältig auf.

Es ist ein Opernkomponist, Johann Wolfgang Franck (geb. um 1641 in Nürnberg), der für die Oper am Gänsemarkt in Hamburg vierzehn Werke schrieb, der sich aber auch in seinen »Geistreichen Liedern« (1681–1685) nach Texten des Hamburgers Pfarrers Heinrich Elmenhorst noch einmal der »Veroperung« des Kirchenliedes widersetzte. An seiner Seite standen Georg Böhm, der die dritte Auflage des Werkes mit Beiträgen versah, und Johann Löchner (1645–1705), der in seiner »Geistlichen Singstunde« (1670) und seinem »Poetischen Andachtsklang« (1675) bereits auf Johann Sebastian Bach und sein »Schemelli-Gesangbuch« hinweist. Am Ende des Jahrhunderts hatte die Opernarie auch über das Kirchenlied gesiegt. Es verlosch im Feuer einer naiven Empfindsamkeit des Rokokozeitalters.

Prinzip des Kontrastes

Die Kategorie, die die Formen der wortgebundenen Musik des 17. Jahrhunderts veränderte oder neu gebildet hat, war der monodische

Ausdruck. Er war durch die Oper auch in die ander[...]
Musik eingedrungen und hatte – seiner Art nach agg[...]
Adern der Musik mit seinem Blut gefüllt. Der s[...]
Formenkörper war die Folge des Wirkens dieser inneren K[...]
Ausdruck ist also nichts Statisches, sondern etwas, was Bewegung
hervorruft; Bewegung wiederum bedeutet Veränderung, die nicht
immer kontinuierlich sein muß, sondern auch Ab- und Umbrüche
aufweisen kann. Das Nebeneinander oder Gegenüber von Teilen,
zwischen denen eine Bewegung und damit ein Wechsel liegt, nennen wir Kontrast. Ist die Vokalmusik des 17. Jahrhunderts Ausdrucksmusik, so muß auch der Kontrast in ihr zu finden sein. Er ist
es in hohem Maße. Ja, man könnte nicht nur seine Existenz feststellen, man könnte sogar sein Entstehen, sein Werden und Wachsen – eine ganze Geschichte des Kontrastes – erkennen: von der
gleichmäßig fließenden Monodie bis zur deutlichen Trennung der
Ausdruckszonen in Arie und Rezitativ.

Immer ging es um die Klarheit der Grenzen, um die Eindeutigkeit
in der Gegenüberstellung dieser Teile. Sie war – wir wissen es jetzt –
am Anfang keineswegs vorhanden. Erst Schritt für Schritt wurde
sie dem fortlaufenden Bericht der frühen Oper, dem Text der Bibel
in der Passionsgeschichte und in den Psalmen abgerungen. Um 1700
ist das Ziel erreicht. Nach dem Prinzip des Kontrastes gliedern sich
in Arie und Rezitativ die Oper, das Oratorium, die Kantate, die
Passion. Ein Grundbegriff des Barockzeitalters ist damit aufgezeigt:
der Kontrast. Die Musikgeschichte sollte sich nicht scheuen, diesen
Terminus als einen Begriff, der vieles klären würde, in ihr Denken
aufzunehmen, ist er doch ein Urbegriff des Barockzeitalters, der in
der Kunstgeschichte viel dazu beigetragen hat, gerade über das Trennende hinweg im Kontrast Zusammenhänge zu sehen.

Das Barockzeitalter ist im Gesamtbild des menschlichen Daseins
voller Kontraste, voller Widersprüche und Spaltungen geistiger und
weltanschaulicher Art in jedem einzelnen. Die Lebensgewißheit des
Zeitalters, in der Formulierung Ortega y Gassets, war von der
Religion auf die Naturwissenschaft übergegangen. Die Religion
selbst hatte sich in einen katholischen und protestantischen Glauben
gespalten, der Protestantismus wiederum in Orthodoxie und Pietismus, die Form des sozialen Zusammenlebens in Fürstenhof und

...rgertum. Aber selbst im Leben des einzelnen herrschte Gespaltenheit: Dem oft grenzenlosen Lebenszugriff stand eine märtyrerhafte Freude an der Realistik des Todes gegenüber. Die Musik trennt nationale Stile und Manieren, höfische und bürgerliche Musik, sie unterscheidet den Stilus gravis für die liturgische Musik, den Stilus luxurians für die geistliche und weltliche Konzertmusik, den Stilus theatralis für die Ausdrucks- und Opernmusik. Erst die Kontraste der Einrichtungen und Anschauungen machten nun die Welt aus. Welch ein Gegensatz zu dem Nebeneinander gleicher, harmonisch sich ineinanderfügender Teile in der Kunst, im Denken und im Leben der Renaissance, die mit den Hammerschlägen Luthers an die Kirchentür von Wittenberg für Deutschland zu Ende ging! Die Instrumentalformen der Musik sind ein Spiegel dieser geistigen Situation.

Die Sonate

An erster Stelle steht die Sonate. Ihre Geschichte ist eine Geschichte des Kontrastprinzips in der Musik. Giovanni Gabrieli hatte den Formbegriff Kanzone mit dem Formbegriff Sonate gleichgesetzt. Als eine Übertragung der Motettenform konnte die Kanzone = Sonate nur eine Reihungsform melodisch und rhythmisch divergierender Teile sein. Ein Neues trat jedoch hinzu: venezianische Doppelchörigkeit und mit ihr der erste Kontrast. Er war klanglich-dynamischer Art. Die erste Station in der Entwicklung einer Form war erreicht, der Zeitpunkt: das Jahr 1597.
Am Ende des 17. Jahrhunderts hatte die Sonate keine Kanzonenform mehr, sondern sie war nun viersätzig; die Doppelchörigkeit wurde aufgegeben, und auch sonst änderte sich manches. Scheinbar bestand keine Verbindung mehr zwischen Sonate (Kanzone) und Kirchen- und Kammersonate, wie man die späteren Formen nannte. Sonate wäre demnach etwas, was zwei ganz verschiedene Dinge bezeichnete, ohne daß zwischen beiden eine Verbindung bestünde? Diese Vorstellung ist absurd und ließe sich leicht durch die Geschichte aller künstlerischen Formen widerlegen: Es gibt keine Sprünge in der Kunst. Alle künstlerische Entwicklung, auch die der Formen, ist kontinuierlich, da nur eines aus dem anderen wachsen kann, das Vorhergehende vom Gegenwärtigen aufgenommen und beides an das Zukünftige weitergereicht wird. Das

Späte ist nur möglich, weil das Frühe schon da war. Geschichte ist System, ein System des aufeinander Folgenden und dadurch sich Bedingenden. Es muß also auch zwischen der frühen und späteren Sonate das Verhältnis des sich Bedingenden bestehen: man findet es im Kontrast. Der dynamische Kontrast der Doppelchörigkeit verschwand in nachvenezianischer Zeit aus den Instrumentalformen, ein neuer trat jedoch hinzu, der Kontrast schnell – langsam. Er hatte sich in der Praxis, die einen ungeraden Takt schneller musizierte als einen geraden, schon vorbereitet. Jetzt war er da, ohne an ein bestimmtes Metrum gebunden zu sein; er erschien als Selbstzweck eines neuen Gestaltungswillens.

Giovanni Gabrielis »Sonata pian e forte« erschien 1597. Bereits 1617 veröffentlichte Biaggio Marini sein op. 1 »Affetti (wie bezeichnend!) musicali«. Darin befindet sich die Sonata »La Gardana« für Violine oder Cornetto (Zinken). Der Zinken ist ein Holzblasinstrument, das mit Doppelrohrblatt geblasen wurde. Um 1620 stand er im Wettstreit mit der Violine auch für solistische Aufgaben. In Marinis Sonate, deren Teile ineinander übergehen, ändert sich sechsmal das Tempo im Wechsel von Grave und Allegro. Trotz der scheinbaren Regellosigkeit dieses Vorganges entsteht allein durch die Aufeinanderfolge der Kontrastteile eine klare Form. Bewundernswert ist, wie es Marini, der wohl Schüler Claudio Monteverdis gewesen ist, gleichzeitig gelang, diese Form mit der affettuosen Haltung des monodischen Stiles zu verbinden. Die Violine, die Marini in die Sonate eingeführt hat, tritt zwar an die Stelle des Sängers, bewahrt aber trotzdem ihre Eigenart. An gleicher geschichtlicher Stelle stehen die Violinsonaten Giovanni Legrenzis (geb. 1626 bei Bergamo, gest. 1690 in Venedig). Auch sie sind mit ihrem Nebeneinander improvisatorisch wirkender Teile der Kanzone näher als der kommenden Kirchensonate.

Der als Kontrastprinzip anerkannte Tempowechsel hat die Loslösung von der Kanzone wesentlich beschleunigt. Nun erfuhr er eine Steigerung durch die Trennung der Langsam- und Schnell-Teile und deren Aufgliederung in Sätze. Vier Sätze: langsam – schnell – langsam – schnell bildet die Sonateneinheit. Ihr Strukturkontrast, akkordisch-homophon für die langsamen und fugiert-polyphon für die raschen Sätze, betont den Gegensatz noch mehr. Noch bedurfte es der klaren Gliederung der einzelnen Sätze in sich. Sie geschah nach dem Schema der zweiteiligen Form II:A:II II:B:II. Beide Teile werden wiederholt. Die Harmoniegrundlage war die Abfolge von Tonika-Dominante, die am Wiederholungszeichen erreicht war. Im B-Teil ging der Weg von der Dominante über die Subdominante zur Tonika zurück. Statt der Dominante konnte aber auch die Paralleltonart (in C-Dur ist es a-Moll) angegangen werden. Die Form der sogenannten Kirchensonate war damit geschaffen. Arcangelo Corelli (geb. 1653 bei Imola, gest. 1713 in Rom) hat sich ihrer bevorzugt bedient. Bei der Kammersonate war die Situation eine andere. Ihre weltliche Stellung erlaubte ihr eine stärkere Annäherung an die Suite, mit der sie verschmolz, nicht nur im tanzartigen Charakter mancher raschen Sätze, sondern noch mehr durch die Übernahme von Sätzen der Suite, vor allem der Gigue, die sich in der Kammersonate wie in der Suite gern an die letzte Stelle setzte. Es gibt sogar Kammersonaten mit der Satzfolge Allemande – Courante – Sarabande – Gigue, also mit reinen Suitensätzen. Dadurch entsteht auch in der Kammersonate oft ein Wechsel von langsamen und raschen Sätzen, aber er ist weniger regelmäßig und weniger obligatorisch als in der Kirchensonate. Daß die Verschiedenheit der Sätze wiederum den Kontrast zwischen ihnen steigert, ist nicht zu überhören. Die Zweiteiligkeit der einzelnen Sätze bleibt wie in der Suite auch in der Kammersonate gewahrt.

Die sogenannte Triosonate ist kein besonderer Formtypus. Der Name bezieht sich nicht auf die Form, sondern auf die Aufführungspraxis. Die Triosonate wird von zwei konzertierenden Soloinstrumenten (Violine, Flöte und so weiter) ausgeführt, zu denen sich die Gambe – sie entspricht in der Violenfamilie dem Violoncello – gesellt, während das Cembalo den drei kontrapunktischen Stimmen die harmonische Stütze hinzufügt. Die erste Triosonate schrieb Salomone Rossi (um 1587 bis 1628) für zwei Violinen und Basso continuo.

Zu der Sonatenform des Barockzeitalters gehört auch das Konzert. Zum Begriff des »concertare« – »Übereinstimmung von Freiheit und Gesetz« – tritt noch ein weiterer hinzu: der Kontrast. Konzert bedeutet demnach: solistische mit mehrstimmiger Musik und Kontrast in Übereinstimmung bringen. Das ist eine große Aufgabe. Sie würde rechtfertigen, das Barockzeitalter, wie man vorgeschlagen hat, das Zeitalter des konzertierenden Stiles zu nennen, ein Begriff, der besser wäre als »Generalbaßzeitalter«, da er nicht nur die Struktur der Musik, sondern auch ihre neue Haltung, ihren neuen Sinn bezeichnen würde. Ein Vorläufer der Konzertform ist die Konzertsinfonie, Konzerte ohne Solopartien, wie sie Giuseppe Torelli (geb. 1658 in Verona, gest. 1709 in Bologna) und Evaristo Felice Dall'Abaco (geb. 1675 in Verona, gest. 1742 in München) für die Kirche geschrieben haben. Sie sind dreiteilig, in der Folge schnell – langsam – schnell, und stehen im Gegensatz zu der ebenfalls dreiteiligen Opernsinfonia oft in Moll.

Das Concerto grosso

Die eigentliche instrumentale Großform des Barockzeitalters ist das Concerto grosso. Seine Form ist die der Kirchen- oder Kammersonate. Nur nahm sie jetzt noch das Concertino und Tutti auf. In allen Sätzen des Concerto grosso gliedert sich der Ablauf in Tutti- und Concertino-Episoden, es wechseln also Teile, in denen das volle Orchester spielt, mit solchen ab, die nur von wenigen konzertierenden Instrumenten vorgetragen werden. Dadurch entsteht ein neuer Kontrast, ein Kontrast der Dynamik (ähnlich dem der Doppelchörigkeit) und des Klanges. Das Concertino besteht in der Regel aus zwei konzertierenden Instrumenten (in erster Linie Violinen) und Continuo (einem Tasteninstrument, mit Gambe oder Violoncello). Der klangliche Unterschied zwischen den Teilen ist auf diese Weise groß und eindringlich. Eine Norm für die Anzahl der Tutti- und Concertinoteile gibt es nicht. Oft sind es sechs Tutti- und fünf Concertinoteile. Die zweiteilige Form wird dadurch zerstört; es entsteht eine Reihungsform der Teile, die durch zweierlei jedoch zusammengebunden ist: die harmonische Abfolge der Tuttiblöcke im Sinne einer erweiterten Kadenz (etwa Tonika – Dominante – Parallele – Subdominante – Tonika) und das thematisch-motivische Material. Dieses kann einheitlich sein; es kann nur ein Thema sowohl für die Tutti- als auch für die Concertinoteile oder es kann für Tutti und Concertino jeweils verschiedenes thematisches Material verwendet werden. In jedem Fall bedeutet Tutti die Wiederkehr des gleichen, dagegen Concertino eine Veränderung in auszierender, »konzertierender« Manier.

Das Solokonzert

Das Solokonzert, das Torelli und Albinoni geschaffen haben und das Vivaldi einer besonders reichen Blüte zuführte, ist einerseits vom Concerto grosso abzuleiten, da das Concertino hier in wenigerstimmiger Form erscheint: Statt der drei Instrumente spielt nur eines, zunächst war es eine Violine, später auch eine Oboe und bei Vivaldi die verschiedensten Instrumente. Die zyklische Form allerdings unterscheidet sich wesentlich vom Concerto grosso; das Solokonzert hat nur drei Sätze in der Abfolge schnell – langsam – schnell. Die gleiche Folge hat Alessandro Scarlatti nach mannigfachen Experimenten für seine Opernsinfonia verwendet. Er stellte damit das Muster für die sogenannte italienische Ouvertüre auf, während die französische Ouvertüre ja die Teilfolge langsam – schnell – langsam zeigte. In beiden Fällen handelt es sich nicht um Sätze. Die kontrastierenden Teile gehen ineinander über. So stellt die Wiederkehr des langsamen oder schnellen Teiles keineswegs eine Wiederholung des gleichen dar. Das thematische Material ist in den meisten Fällen ein dreifaches. Den äußeren Rahmen einer Konzertaufführung als kultivierte Musikpflege in einem akademischen Kreis beschrieb Adriano Banchieri, der Gründer der ältesten Musikakademie in Bologna, in seiner Schrift »Discorsa sulla favella di Bologna« 1626: »Die Musiker, die der Akademie als Mitglieder angehören, sind sämtlich Komponisten, singen und spielen fast alle ein Instrument, als: Monochord, Laute, Chitarrone, Pandore, Posaune, Cornett, Pfeife, Flöte, Violone und Violine. Der Saal, in dem die Akademien abgehalten werden, ist mit vergoldetem Stuckwerk geschmückt und mit einem geräumigen Podium versehen, auf dem sich die Akademiker produzieren. An den Wänden hängen vortreffliche Gemälde von Guido Reni, Caracci, Guercino u. a. und die in Öl gemalten Wappen Bologneser und fremder Akademiker in goldenen Rahmen. Die Reihenfolge bei diesen öffentlichen Musikübungen ist diese: Man beginnt mit verschiedenen Konzerten für eine oder mehr Stimmen unter Begleitung oben genannter Instrumente. In der Mitte der Unterhaltung besteigt dann ein ›Virtuose‹ das Katheder und hält eine Ansprache oder Rede über irgendeine merkwürdige Materie aus der Musik, worauf man fortfährt zu konzertieren.«
Das der Sonate eigentümliche Kontrastprinzip schreibt den Weg von

der Kanzone zur Kirchen- und Kammersonate vor. Und noch mehr: Auch das Concerto grosso, das Solokonzert, die Ouvertüre wären als Form ohne das Kontrastprinzip nicht denkbar. Die Geschichte dieser Formen hat Italien geschrieben. Das will jedoch nicht besagen, daß Deutschland im 17. Jahrhundert keinen Anteil an der Entwicklung dieser Formen gehabt hätte. In den meisten Fällen handelt es sich allerdings um Übernahmen aus dem italienischen Formenschatz. Johann Rosenmüller suchte eine Verbindung der Sonate mit der Suite. An den Anfang seiner Kammersonaten op. 3 aber stellte er statt der Pavane eine Sinfonia nach der Art der venezianischen Ouvertüre. Diese wiederum ist eine Kanzone mit einer beliebigen Folge langsamer und schneller Teile. Johann Kuhnau schrieb in seinen »Clavierübungen« 1689 und 1692 neben Suiten eine Sonate für Klavier. In seinen »Frischen Klavierfrüchten« 1696 sind es sieben Sonaten, mit denen Kuhnau nach seinen eigenen Worten die Triosonate auf das Klavier übertragen hat. Kuhnaus »Musicalische Vorstellung einiger biblischer Historien in sechs Sonaten auf dem Clavier« von 1700 sind keine Sonaten, sondern suitenartig zusammengefügte Sätze, mit programmatischen Überschriften und Hinweisen versehen.

Drei- und sechsstimmige Violinsonaten schrieb der Virtuose Nicolaus Adam Strungk (geb. 1640 in Braunschweig, gest. 1700 in Dresden). Der berühmteste Geiger seines Zeitalters war Heinrich Ignaz Franz Biber (geb. 1644 in Wartenberg, gest. 1704 in Salzburg). Er war seit 1670 in Salzburg als Kapellmeister tätig. 1690 wurde er vom Kaiser geadelt »ob seiner zu höchster Perfektion gekommenen Applikation in der Musik«. Seine sechzehn Solosonaten »Zur Verherrlichung von fünfzehn Mysterien aus dem Leben Mariae« (1675), seine Triosonaten, vor allem aber seine acht Sonaten für Solovioline zeigen ihn als Meister nicht nur der Form, sondern auch der Spieltechnik. Die deutschen Geiger haben vor allem das Doppelgriff- und Akkordspiel auf ihren Instrumenten gepflegt. Durch die Scordatura (das Umstimmen einzelner Saiten des Streichinstrumentes) suchte man die Schwierigkeiten des akkordischen Spieles zu meistern.

Für die Geschichte des Concerto grosso sind die Vorreden wichtig, die Georg Muffat, der Schüler Corellis, seinen eigenen Arbeiten in dieser Gattung mit auf den Weg gegeben hat. 1701 veröffentlicht, haben sie Corellis Concerto-grosso-Praxis in Deutschland bekannt gemacht.

Den Epilog zu diesem Einschmelzungsvorgang einer italienischen Form in die deutsche Musik spricht von der Höhe seiner Werke aus in jedem Fall Johann Sebastian Bach, nicht nur im »Italienischen Konzert«, sondern auch in den Violinsonaten, in den Brandenburgischen Konzerten, in den Sonaten und Suiten für Geige allein und nicht zuletzt in seinen Solokonzerten, den eigenen und den italienischen Bearbeitungen.

Die Suite

Schon mehrfach war der Verbindung der Sonate mit der Suite gedacht worden. Die Suite stellt eine Folge von Tanzstücken dar. Zu allen Zeiten haben die Menschen getanzt, und zu jeder Zeit hat es Musikanten gegeben, die zum Tanz aufspielten. Die ältesten Beispiele der abendländischen Musik sind Tänze des frühen Mittelalters, die man Estampi genannt hat. Aus dem 13. und 14. Jahrhundert sind in englischen, französischen und italienischen Handschriften derartige ein- und zweistimmige Tanzsätze erhalten. Im 15. Jahrhundert werden die Tänze bereits in Vor- und Nachtanz geschieden. Ein frühes Beispiel hierfür ist schon die Estampi »Lamento di Tristano«, die noch dem 14. Jahrhundert angehört. Dort steht dem langsamen Teil des Anfangs im Dreiertakt in umgekehrter Reihenfolge wie später ein rascher »la Rotta« überschriebener Viervierteltakt gegenüber. (Die »Rotta« ist ein mittelalterliches Streichinstrument.) Später ist der Vortanz ein gemessen geschrittener Tanz im geraden Takt, dem der gesprungene Nachtanz in ungeradem Takt folgt, ein Prinzip, das aus der Bewegung des Tanzes hervorging. Wiederum handelt es sich um einen Kontrast, allerdings nicht um einen ästhetischen, sondern um einen aus der körperlichen Bewegung geborenen.

Die Namen dieser gegensätzlichen Tanzpaare sind in Deutschland: Dantz und Hupfauf oder auch Proportz (proportio tripla oder Dreiertakt); in Italien: Padovana oder Paduana oder Pavane (Pfauentanz) und Gagliarda (Galliarde), auch Passamezzo und Saltarello; in Frankreich spricht man vom Basse danse und Tourdion oder

Branle. Der Branle steht sowohl im geraden als auch im ungeraden Takt. Die Geschichte der Suite begann mit der Aufnahme derartiger Tanzpaare in italienische Lautentabulaturen des 16. Jahrhunderts und in deutsche Klaviertabulaturen seit 1550 (Elias Amerbach). Seit 1530 hatte aber auch der französische Verleger Pierre Atteignant in Paris Tanzsätze für Orchester gedruckt. Deutsche und niederländische Verleger folgten, wie Hesse in Breslau und Phalèse in Antwerpen. Wichtige Anregungen kamen auch aus England. Dort waren Orchestertanzsätze bei Maskenfesten in Gebrauch. Die englischen Komödianten, die die Dramen Shakespeares zuerst in Deutschland aufführten, brachten diese Tanzsätze mit. Sie sind nicht allein nach tänzerischen, sondern auch nach rein musikalischen Forderungen komponiert. Sie zeigen das Bemühen um Vereinheitlichung durch Beibehalten der gleichen Tonart, ja der gleichen Thematik in allen Sätzen. Der entscheidende Schritt von der Gebrauchs- zur Kunstmusik war somit getan.

In Deutschland schrieb Hans Leo Haßler »Lustgarten newer teutscher Gesäng, Balleti, Galliarden und Intraden mit 4, 5, 6 und 8 Stimmen.« Paul Peuerl (um 1570 bis 1625), als Organist der protestantischen Schulkirche in Steyr (Österreich) tätig, komponierte viersätzige Suiten, deren Sätze er Paduana, Intrada, Dantz und Galliarde nannte. Bedeutsam für die Zukunft wurde, daß er Vor- und Nachtanz verknüpfte, und zwar blieben Melodie und Harmonie dieselben, während sich das Metrum vom Zweischlag zum Dreischlag änderte. Es wurden also gewissermaßen nur die Taktstriche versetzt. Dieses Prinzip führte zur deutschen Variationssuite, bei der das Material aller Sätze dem Thema des ersten Satzes entnommen und in freiester Weise den folgenden Sätzen zugrunde gelegt wird. Hauptwerke der Gattung sind: Johann Hermann Scheins »Banchetto musicale« (1617) mit der Reihenfolge der Tänze Paduana (Zweischlag), Galliarde (Dreischlag), Courante (Dreischlag), Allemande (Zweischlag), Tripla (Dreischlag) – und Samuel Scheidts »Ludi musici« (1621 bis 1622), das vier- bis siebenstimmige Paduanen und Galliarden enthält.

Die Orchestersuite ist der Beitrag, den Deutschland für die Gattung geleistet hat. Johann Rosenmüller verzichtete auf die alten Tanztypen Pavane und Galliarde und setzte an ihre Stelle Allemande, Courante, Sarabande. Ihnen voran geht jetzt eine Sinfonia, ein einleitendes Orchesterstück in der Form einer venezianischen Ouvertüre, die aus einer Aneinanderreihung vieler durch das Tempo getrennter Teile besteht. Dasselbe tat Lully, als er seinen Ballettsuiten eine französische Ouvertüre vorausgehen ließ. Von jetzt an gehört zur Suite – eine Ausnahme sind Bachs französische Suiten – eine Ouvertüre, ein Präludium oder Präambulum. Bedeutende Suiten-Ouvertüren schrieben Georg Muffat und Georg Philipp Telemann.

Johann Jacob Froberger übertrug die Suite auf das Cembalo. Er erhob die Abfolge der Sätze Allemande – Courante – Sarabande – Gigue zum Gesetz, verzichtete aber andererseits auf den Variationszusammenhang der Sätze (eine Ausnahme sind die suitenartigen Variationen »Schweiget mir vom Weibernehmen«). Auch programmatische Hinweise, ähnlich denen der englischen Virginalisten, waren ihm nicht fremd, wie das »Präludium zum Grillenvertreiben« erweist. Im einzelnen sei zu diesen Tänzen gesagt: Die Allemande ist ein deutscher Tanz im geraden Takt, auftaktig, von gemessener gezirkelter Bewegung, der als Nachtanz die Courante, ein französischer Tanz, folgt. Die Courante steht im Dreiertakt, ihr Tempo ist lebhaft und rasch. Das oftmals punktierte zweite Viertel ergibt einen synkopisch wirkenden Akzent auf dem leichten Taktteil. Der Sarabandenrhythmus gibt diesem Tanz eine gravitätische, gespreizte Wirkung. Er stammt aus Spanien, man hat ihn mit dem spanischen Hofzeremoniell in Verbindung gebracht. Die Gigue war als »Jig« ursprünglich eine Tanzeinlage in den englischen Singspielen der Shakespeare-Zeit. Sie steht im Sechsachtel- oder Zwölfachteltakt. Die Gigue ist der kontrapunktisch am meisten gearbeitete Satz der Suite. Der zweite Teil bringt oft die Umkehrung des Themas. Wiederum war es Lully, der die Vierzahl dieser Tänze durch Einschübe, meist an vorletzter Stelle, bereichert hat. Die Namen dieser Tänze sind: Menuett, Gavotte, Bourrée, Rigaudon, Air. Sie unterscheiden sich, ausgenommen die spätere Form des Menuetts, wenig von den obligatorischen vier Sätzen der Suite. Die Form ist in jedem Fall eine zweiteilige. Die beiden Teile, die motivisch mehr oder weniger zusammenhängen, werden in sich wiederholt. Frobergers Suitenkunst führten der markgräflich-badische Hofkapellmeister

Johann Caspar Ferdinand Fischer (gest. 1746) in Rastatt und der lüneburgische Organist Georg Böhm weiter; Fischer, indem er durch Ouvertüre, neue Tänze und reiche Verzierungstechnik die deutsche Suite wieder französisierte (Le Journal du Printems 1695, Musicalisches Blumen-Büschlein 1696, Blumen-Strauss 1735), während Böhms Suiten-Ouvertüren nicht ohne Einfluß auf die Suiten Johann Sebastian Bachs geblieben sind.

Die Fuge

Das Prinzip der Formbildung durch Reihung der Kontraste ist eingängig und einprägsam. Das Formprinzip der Konzentration ist es nicht. Aber auch die Konzentration gehört zu den künstlerischen Urbegriffen des Barockzeitalters. Jede Grundrißdisposition einer Kirche, jede Schloßanlage, jeder Bildaufbau (Bassano) gibt davon Zeugnis. Ebenbürtig neben die Konzentrationsformen der bildenden Kunst tritt in der Musik die Fuge. Vielleicht gebührt ihr sogar ein Vorrang vor allen anderen. Schon der Weg der Fuge vom mehrthemigen Ricercare zur einthemigen Fuge ist ein Weg der thematischen Konzentration. Doch geht es hier um mehr. Die Wandlung der Form vom Ricercare zur Fuge ist nicht nur die Wandlung einer musikalischen Form, sie ist die Wandlung einer Idee und somit ein Anliegen des abendländischen Menschen in der Gesamtheit seiner geistigen Situation. Wie das Einwölben des basilikalen Kirchenschiffes nicht nur ein bautechnisches Problem des frühen Mittelalters, sondern die Idee einer Epoche war – die Idee der Überwindung des Gesetzes der Schwere im Raum –, so ging es bei der Fuge um die Verschmelzung der Vielheit der Teile in die Einheit der thematischen Substanz, ein Vorgang, der zur Überwindung des »Nacheinander« in der Zeit geführt hat. In dem einen Fall werden die Gesetze des Räumlichen, im anderen die der Zeit verneint und relativiert. Beide Male handelt es sich um einen Triumph des menschlichen Geistes über die Materie. Gewiß leistet der allgemeine Wechsel der Formen zwischen zwei Zeitaltern Vorschub. Die Renaissance formt ihren Schönheitsbegriff aus dem harmonischen Nebeneinander sich zum Ganzen fügender Teile. Das Barockzeitalter fordert die bedingungslose Unterwerfung der Teile unter das Ganze. Nichts schmälert jedoch den Sieg des Geistes, dem es in der Fuge gelang,

aus einem zeitlichen Nacheinander der musikalischen Vorgänge zu einer fast räumlich einthemigen Form durchzustoßen. Auf diesem Weg gibt es viele Stationen. An jeder steht ein Meister.
Nicht nur die äußere Form wandelt sich vom mehrthemigen Ricercare zur einthemigen Fuge, sondern auch die innere. Damit ist das Thema selbst und der harmonische Grundriß der Fuge gemeint. Im Ricercare fließen die Stimmen nach den Gesetzen des Kontrapunktes. Das Harmonische spielt eine untergeordnete Rolle. Selbst die Antwort auf das Thema in der zweiten Stimme muß nicht in der Quinte (die Dominante als harmonischer Bezirk) erscheinen. In der späteren venezianischen Schule wurde diese Freiheit aufgehoben. Die Quintbeantwortung wurde zur Regel, aber nicht nur das. Das neue Fugenthema selbst schien einer einfachen harmonischen Grundlage nicht mehr entbehren zu können. Die Melodietöne sind nicht mehr rein melodisch erfundene Töne, sondern sie gehören zu Harmonien, die ihre Intervallschritte regeln. Gerade das Thema aber bestimmt vielleicht mehr als in anderen Formen den Gesamtablauf der Fuge. Seine motivisch gebundene Harmonik überträgt sich auf die folgenden Teile der Fuge. Es entstehen harmonische Flächen oft von großer Ausdehnung, an deren Anfang das Thema in der neuen Tonart steht. Dazwischen aber vermitteln Zwischenspiele, deren Aufgabe es ist, von einer Tonart in die andere zu modulieren. Auf diese Weise entsteht ein Grundrißschema, das bei einer zweistimmigen Fuge so aussehen könnte:
Thema – Antwort in der Dominante – Zwischenspiel – Thema in der Paralleltonart – Antwort in deren Dominante – Zwischenspiel – Thema in der Subdominante – Antwort in der Tonika (denn diese ist die V. Stufe der Subdominante). Eine Coda, vielleicht auf einem Orgelpunkt (ausgehaltener Ton auf dem Grundton der Dominante), und Schlußkadenz zur Tonika schließt das Ganze ab.
Die Teile nennt man Exposition oder erste Durchführung, Zwischenspiele, zweite und dritte Durchführung und Coda. Zu dieser Gliederung der Fuge durch harmonische Flächen tritt noch eine andere. Der Rhythmus sucht eine neue Ordnung. Er findet sie in der Akzentrhythmik. In dieser sagt jede erste Note nach dem Taktstrich: Ich bin betont, und auch die den halben Takt bezeichnende Note sagt das gleiche, im Viervierteltakt das dritte Viertel oder im Sechs-

achteltakt das vierte Achtel. Gleichzeitig wird das rhythmische Verhältnis der Stimmen untereinander neu geordnet. Zu den Achteln der einen Stimme gehören in der anderen jetzt Sechzehntel oder Viertel, auf jeden Fall rhythmische Werte im Verhältnis eins zu zwei. Dem freien Fließen der kontrapunktischen Stimmen wird auf diese Weise ein Netz harmonischer und rhythmischer Ordnungen übergeworfen, das auch auf die Melodie nicht ohne Einfluß bleibt. Keine Kategorie – Melodik, Harmonik, Rhythmik – hat mehr den Vorrang. Jede verzichtet auf einen Teil ihrer Selbständigkeit zugunsten der anderen und des Ganzen. Das Urprinzip des Barockzeitalters bestimmt auch die innere Form der Fuge. Man hat diese Struktur konstruktive Polyphonie genannt; nicht eben glücklich, handelt es sich doch weniger um eine Konstruktion, sondern darum, daß das Gesetz erfüllt würde, das Gesetz der Einheit und des musikalischen Zusammenhangs.

Die Form der dreiteiligen Fugen Sweelincks, die immer wieder neue Kontrapunkte einem ständig wiederkehrenden Cantus firmus des Fugenthemas aufbürden, übernahm sein großer Schüler Samuel Scheidt. Die klar dreiteilig gegliederte Form mit einem »gesetzten«, individuellen Thema, aus der sich nun auch »Gegensatz« und »Zwischenspiele« deutlich herausheben, hieß bei Scheidt zum ersten Male Fuge. Formen, die über diese Dreiteiligkeit hinausgehen, bezeichnete er als Fantasia (zum Beispiel »Ich ruf zu Dir, Herr Jesus Christ«). Scheidt gelang es, eine polyphone Gestaltung von Anfang bis Ende durchzuführen. Die Definition, die Michael Praetorius in seinem »Syntagma musicum« von Ricercare und Fuge gab, stimmt jetzt: »Ricercare enim idem est, quod investigare quaerere, exquirere, mit Fleiß erforschen und nachsuchen. Dieweil in tractierung einer guten Fugen mit sonderbarem Fleiss und nachdenken aus allen Winkeln zusammengesucht werden muß, wie und uff mancherley Art und Weise dieselbe ineinandergefügt, geflochten, dupliert, per directum et indirectum seu contrarium ordentlich künstlich und anmuthig zusammengebracht und bis zum Ende hinausgeführt werden könne.«

Auf dem Weg zur Konzentration hatte die Fuge bei Sweelinck und Scheidt einen wichtigen Punkt erreicht. Der Weg war vorgezeichnet und schien nicht mehr allzuweit. Da erwuchs der Fuge in der Kanzone eine gefährliche Gegenspielerin. Ricercare und Kanzone waren ursprünglich Schwestern, sie hatten die gleiche Abstammung, nämlich die Übertragung der Motettenform auf die Musik für Orgel oder Instrumente. Geschwister entwickeln sich aber oft sehr verschieden. Während das Ricercare die Vielteiligkeit der Form durch Konzentration auf einen Formteil zu überwinden suchte, bewahrte die Kanzone ihre Vorliebe für die Teile, ja, sie vermehrte sie und bemühte sich, deren Kontraste immer schärfer herauszustellen. Frescobaldis Kanzonen, Toccaten, Kapriccios enthalten mehrere, knappe, scharf geprägte Themen. Ihre Gegensätzlichkeit wird durch Umschlag vom Vierviertaktakt im zweiten Teil in Dreivierteltakt, durch Eindringen der homophonen Satzweise und vor allem durch Frescobaldis Vorschriften über wechselnde Affektdarstellung der Teile immer stärker betont. Im Kapriccio mit vielen bizarren Sondereinfällen und Vortragsfreiheit wurde der der Fuge am weitesten entfernte Pol erreicht, zumal dann, als Frescobaldi oder sein Schüler Johann Kaspar Kerll dem Kapriccio programmatische Titel mit auf den Weg gaben (Kuckuck, Der steyrische Hirt, Battaglia). Auch Johann Jacob Froberger folgte in der Verbindung von kleinen, in Variationszusammenhang stehenden Fugen mit freien Teilen dem Vorbild seines Lehrers Frescobaldi.

Die Tatsache, daß nicht nur im Süden, sondern auch im Norden bei den deutschen Orgelmeistern dieselbe Vorliebe für die mehrgliedrige Form zu finden ist, mag seltsam scheinen. Zur Erklärung bedarf es jedoch kaum des Schulzusammenhanges, den man früher zwischen Frescobaldi und Franz Tunder, dem Schwiegervater Buxtehudes, zu finden glaubte. Formideen liegen in der Luft. Sie bedürfen zu ihrem örtlichen Erscheinen nicht der Verbindung untereinander. Präludium und Fuge bei Dietrich Buxtehude bestehen nicht aus zwei voneinander getrennten Sätzen, deren einer »frei« und deren anderer »streng« (fugiert) gebaut ist, sondern Präludium und Fuge bei Buxtehude sehen folgendermaßen aus: kurzes Präludium – Fuge – freies Zwischenspiel – zweites Fugato – glänzender Toccatenschluß. Die beiden Fugenteile können einen Variationszusammenhang der Themen aufweisen. Die Toccatenteile aber sind es, die die Phantastik der norddeutschen Meister, ihr schweifendes Gefühl für das Grenzenlose aufnehmen. Bei Johann Adam Reinken stehen zwei Fugenteile zwischen freien Teilen, die der Spielmanier mit figurativen Elementen Raum geben. Die gleiche Aneinanderreihung von fest und locker gefügten Teilen zeigen die Fugen und Fantasien Weckmanns. Noch kühner durch Virtuosität und Gefühlsüberschwang sind die fünfteiligen Fugen Nicolaus Bruhns, der Schüler von Buxtehude und Organist in Husum war. Nichts drückt die Phantastik dieses »Magus des Nordens« besser aus als die Tatsache, daß er Violinsonaten zum Vortrag brachte, die virtuos dem Doppelgriff- und Akkordspiel huldigen, während er sich, gleichzeitig vor der Orgel sitzend, auf dem Orgelpedal begleitete. Fünfteilig sind auch die Fugen Vincent Lübecks (Präludium und Fuge E-Dur: toccatenartige Einleitung – erste Fuge – Zwischensatz – zweite Fuge über das variierte Thema der ersten Fuge, aber im Dreivierteltakt – Toccatenschluß) und Georg Böhms, der Buxtehude nahesteht. Böhm stammte aus demselben Ohrdruf, in dem Johann Sebastian Bach bei seinem Bruder Johann Christoph, einem Pachelbelschüler, aufwuchs. Als Organist der Johanneskirche in Lüneburg ist Böhm aber auch in den letzten Schuljahren des lüneburgischen Gymnasiasten Johann Sebastian Bach ein wohl allsonntäglich erlebtes Vorbild gewesen.

Die entscheidende Anregung zur einthemigen Fuge Johann Sebastian Bachs kam nicht aus dem Norden, aus dem Buxtehudekreis, sondern aus dem Süden Deutschlands. Noch einmal müssen wir uns Johann Kaspar Kerll zuwenden. Er schrieb einthemige Fugen ohne freie Teile. Das Fugenthema ist dabei bereits auf der harmonischen Grundlage der Kadenz errichtet und die lineare Stimmführung in große harmonische Flächen eingebunden. Italienische Einflüsse, von Carissimi herkommend, sind dabei wirksam gewesen. Kerlls Magnifikatzyklus wurde das Vorbild der Magnifikatfugen Johann Pachelbels, der 1674 Hilfsorganist unter Kerll an St. Stefan in Wien war. Pachelbels Fugen (Versetten) haben zwar nicht die Kraft, den großen Zusammenhang herzustellen; der Atem des Themas reichte nicht aus, um große Strecken zu füllen. Den Weg zur Einthemigkeit aber hat Pachelbel, wenn auch noch als bescheidenen Nebenweg, aufgezeigt.

Da nun das Phänomen der einthemigen Fuge Johann Sebastian Bachs immer enger eingekreist ist, kann man ermessen, welche gewaltige Arbeit des Zusammenfassens dennoch geleistet werden mußte, um das Ziel zu erreichen. Daran ändert auch nichts der Hinweis auf ein unmittelbares Vorbild für Bachs Wohltemperiertes Klavier. 1715 hatte Johann Caspar Ferdinand Fischer Präludien und Fugen in zwanzig Tonarten herausgegeben, ein Werk, das er »Ariadne musica« nannte. Die verhältnismäßig kurzen Stücke zeigen zum erstenmal einen inneren thematischen Zusammenhang zwischen Präludium und Fuge auf. Der Band wirkt wie ein Skizzenbuch zu Bachs Wohltemperiertem Klavier, das ihm manche thematische Anregung (Präludium) verdankt. Mattheson nennt in seinem »Vollkommenen Capellmeister« 1739 nur einige »wenige gute Contrapunctisten« und Fugenkomponisten. Im 20. Hauptstück, Paragraph 129, heißt es: »Wir schlagen schließlich unsern Kunstbeflissenen die Partituren der wenigen guten Contrapunctisten zu Mustern in der Ausübung vor, deren Arbeit man fleißig nicht nur spielen (denn viele können eine erlernte Fuge gut spielen, und wissen doch kaum, worin sie bestehet), sondern genau durchgehen, untersuchen, und nach obiger Anleitung eine Zergliederung bringen muß, damit man ihnen die Künste ablerne, solche nachahme und unsre gegebene Grund-Sätze wol anwende. Die mir bekannten großen Meister in Fugen sind vor andern, Bach, Fux, Händel, J. A. Krieger, Kuhnau, Theile, Telemann, Walther etc. Niemand zu nahe geredet.«

Philipp Emanuel Bach aber schrieb an den ersten Biographen seines Vaters, an Johann Nikolaus Forkel: »Ausser Froberger, Kerll und Pachelbel hat er (der Vater) die Werke von Frescobaldi, den Bad. Kapellmeister Fischer, Strunck, einige alte gute französische, Buxtehude, Reinken, Bruhns und den Lüneburgischen Böhm geliebt und studiert ... Obige Favoriten waren alles starke Fugisten.«

Choralvorspiel und Variation

Zu den freien Formen müssen auch das Choralvorspiel und die Variation gerechnet werden. Beide gehören zusammen. Samuel Scheidt legt im ersten Versus seiner Choralbearbeitungen den Choral als Cantus firmus in die Oberstimme. Es folgen eine Reihe »Verse«, die den Cantus firmus bei reicher kontrapunktischer Arbeit auch in den anderen Stimmen bringen. Auch Verse, die als Bicinium (zweistimmig) im doppelten Kontrapunkt gearbeitet sind, und »Choralis in cantu colorato« gehören dazu. Bei Pachelbel liegt die

Choralmelodie in gedehnten Notenwerten in der Oberstimme, wobei die übrigen Stimmen die jeweilige Choralzeile imitieren oder ihr einen fugierten Unterbau geben. Seine »Musikalischen Sterbensgedanken« sind Choralvariationen mit freier, vom Cantus firmus unabhängiger Thematik. Georg Böhm schrieb Choralvorspiele, die den Cantus firmus in der Oberstimme reich auszieren oder, wie man sagt, »colorieren«. In gleicher Weise wie Johann Sebastian Bach folgte den letzten beiden Johann Gottfried Walther (geb. 1684 in Erfurt, gest. 1748 in Weimar) in reich kontrapunktischen Choralvorspielen. Während Matthias Weckmann an der Choralvariation der Tradition festhielt, führten ihr andere norddeutsche Meister durch reiche improvisatorische Teile, vielfältige Kolorierung und starke Ausdruckstendenz neue Kräfte zu. Diese waren durch die auf Konrad Paumann folgende »Schule der Koloristen« – Arnold Schlick (gest. nach 1517 in Heidelberg): »Tabulaturen etlicher Lobgesänge und Liedlein« 1512; Hans Kotter (Organist in Freiburg), Elias Nikolaus Amerbach (Thomasorganist in Leipzig) – und durch theoretische Werke wie »Spiegel der Orgelmacher und Organisten« 1511 von Arnold Schlick und »Musica getutscht« 1511 von Sebastian Virdung genährt worden. Jetzt führen sie zur Choralfantasie, deren Meister Scheidemann, Tunder, Buxtehude und Bruhns sind. Die Fantasie trat an die Stelle der Variation und damit rückte der Kontrast an die Stelle der Konzentration.

Samuel Scheidts Variationen über Volkslieder gaben auch der Klaviermusik stärkste Anregungen. Frobergers Variationssuite »Auf die Mayerin« sei erwähnt. Pachelbel faßte weltliche Liedvariationen im »Hexachordum Apollinis« zusammen. Johann Sebastian Bachs »Goldbergvariationen« sind Abschluß und Vollendung der Gattung zugleich.

Die Familie Bach

Eine Aufzählung der deutschen Komponisten im 17. Jahrhundert wäre nicht vollständig ohne »die Bache«. Das war der Name für die Stadtpfeifer, Organisten und Kantoren, die den Namen Bach trugen und die wesentlichsten Stellungen in ganz Thüringen während mindestens 150 Jahren besetzt hielten. Wir kennen ihre Namen aus der von Johann Sebastian Bach angelegten und von Philipp Emanuel Bach fortgesetzten Genealogie »Ursprung der musicalisch-

Bachischen Familie«. Die heutige Forschung zählt seit Hans Bach, der um 1520 in Wechmar geboren wurde, über fünfzig Namen. Der zweite der Familie ist Veit (Vitus) Bach, der um 1550 gleichfalls in Wechmar zur Welt kam, ein ehemalig deutscher Auswanderer, der »wegen der Religion aus Ungarn vertrieben wurde«, starb 1619 als Bäcker und Müller in seinem Heimatort. Seine Musikliebe und Musikpflege sind überliefert. Eine Tafel am Bachhaus in Wechmar berichtet: »In diesem Hause betrieben Veit Bach um das Jahr 1600 und später sein Sohn Hans Bach das Bäckergewerbe. Hans hatte auch in Gotha die Musik gelernt und daneben mit Meisterschaft fortgesetzt. Mehr als hundert Nachkommen dieser Familie Bach haben in sieben Generationen der Welt große Tonkünstler und Musikgelehrte und in Johann Sebastian Bach einen der ausgezeichnetsten Tonsetzer, die je gelebt haben, den größten Kontrapunktisten und Orgelspieler aller Zeiten gegeben.« Ein Bruder des Veit Bach war Caspar Bach, der bereits Berufsmusiker war und als Stadtpfeifer und Stadthausmann (Türmer) in Gotha und Arnstadt lebte. Ein weiterer, vielleicht jüngerer Bruder war Hans Bach, der Spielmann. Nach einer Stadtpfeiferlehre in Gotha wurde er Spielmann und Narr am Stuttgarter Hof. Er starb 1615. Im Nachlaß Philipp Emanuel Bachs fand sich ein Bild, das ihn mit narrenhafter Frisur, Halskrause und Geige darstellt. Darunter stehen die Worte: »Hier sihst du geigen / Hannsen Bachen / Wenn du es hörst so / mußtu lachen / er geigt gleichwol / nach seiner Art / und tregt ein hipschen / Hans Bachen Bart.«

Dem Spielmann folgten in langer Reihe Stadtpfeifer und Organisten. An ihnen ließe sich eine ganze Geschichte des Musikerstandes und seiner sozialen Einordnung in die Gesellschaft des 17. Jahrhunderts ablesen. In der Rangordnung standen die Stadtpfeifer und Ratsmusikanten an unterster Stelle. Ihre Herkunft von den Spielleuten und dem fahrenden Volk hatte man noch nicht vergessen. Immerhin hatten sie sich durch zunftartigen Zusammenschluß und bürgerliche Lebensführung im 17. Jahrhundert eine achtbare Stellung im sozialen Gefüge der Städte erworben. Stadtpfeifer und Ratsmusiker wurden vom Rat der Stadt angestellt. Als Bläser, Streicher und Schlagzeuger mußten sie bei den Festlichkeiten der Stadt, bei Empfängen, Tafelmusiken, Umzügen, aber auch bei Beerdigungen mitwirken. Auch zur Kirchenmusik konnten sie herangezogen werden, ein Stadtpfeifer konnte in Ausnahmefällen gleichzeitig sogar Organist und Schulmusiker sein. In gleicher Weise mußten sie im Collegium musicum der Schulen und Universitäten aushelfen. Nicht zuletzt gehörte das Abblasen, der Dienst des Turm- und Feuerblasens, zu den Aufgaben eines Stadtpfeifers. Es ist viel Segen von der Einrichtung dieser Stadtmusiker ausgegangen. Musik und Musiker gehörten wirklich zum bürgerlichen Leben, von der Wiege bis zum Grabe.

Zwischen Organisten und Kantoren bestand im 17. Jahrhundert ein großer sozialer Unterschied. Der Organist war nur Musiker, der Kantor aber hatte – wie der Pfarrer auch – studiert. »Organisten, schlechte Christen« heißt ein Spottvers jener Zeit. Der Organist hatte den Gemeindegesang auf der Orgel zu begleiten, er mußte ihn durch Choralvorspiele einleiten und durch Nachspiele ausklingen lassen. Weiter hatte er die im Rahmen des Gottesdienstes geeigneten Orgelstücke auszuwählen, die kleine Präludien, aber auch große Toccaten und Fugen sein konnten. Der Kantor leitete die Kantorei. Sie bestand aus freiwilligen Sängern aus der Stadt, zu denen die Schulchöre hinzutreten konnten, und aus Instrumentalisten, die vielfach von den Ratsmusikanten gestellt wurden. Kantaten, Motetten, geistliche Konzerte, Abendmahlsmusik (protestantisches Magnifikat, Vesperpsalmen) mußten außer den Passionen allsonntäglich aufgeführt und in vielen Fällen auch vom Kantor komponiert werden. Gleichzeitig mußte dieser auch in der Schule unterrichten, eine Pflicht, die sowohl dem Bruder Johann Christoph Bach als auch Johann Sebastian Bach eine Bürde gewesen ist. Der Enge dieses kirchlich-bürgerlichen Musizierens stand die glanzvolle Musikpflege am fürstlichen Hofe gegenüber. Hofmusiker oder gar Hofkapellmeister zu werden war daher das Ziel jedes Musikers. Im Dienst oder durch das Mäzenatentum der Höfe hat die deutsche Musik des 17. Jahrhunderts ihre Verbindung mit der europäischen Musik bewahrt.

Johann Sebastian Bach

In der sächsisch-thüringischen Musiklandschaft wurde Johann Sebastian Bach 1685 in Eisenach geboren. Die erwähnte Familienchronik berichtet unter Nr. 24: »Joh. Sebastian Bach, Joh. Ambrosii Bachens jüngster Sohn, ist gebohren in Eisenach An. 1685. d. 21ten Merz. Ward (1) Hofmusikus in Weimar bey Herzog Johann Ernesten An. 1703. (2) Organist in der Neuen Kirche zu Arnstadt 1704. (3) Organist zu St. Blasii Kirche in Mühlhausen An. 1707. (4) Kammer und Hoforganist in Weimar, An. 1708. (5) an eben diesem Hofe An. 1714 Concertmeister zugleich. (6) Kapellmeister und Director derer Kammer Musiken am Hochfürstl. Anhalt Köthenschen Hofe. An. 1717. (7) Wurde von dar An. 1723. als Director Chori Musici u. Cantor an der Thomas Schule nach Leipzig vocirt; allwo er noch bis jetzo nach Gotts H. Willen lebet, u. zugleich von Haus aus als Kapellmeister von Weißenfels u. Cöthen in function ist... Starb 1750 d. 30 Julius« (Zusatz von der Hand Philipp Emanuels).

Man sagt gern, daß Bach die Formen der Musik nicht vermehrt oder geändert habe, sondern daß sie in seinen Händen die gleichen geblieben seien wie bisher: Präludium und Fuge, Toccata, Fantasie und Fuge, Suite und Partita, französische Ouvertüre, Kirchen- und Kammersonate, Rezitativ und Arie, Choralvorspiel und Choralfantasie, Kantate, Motette, Vokalfuge, Passion. Nur gelegentlich habe er durch Verschmelzung Mischformen geschaffen: Chöre in Form von Ouvertüren, Arien und Duette in Konzertform, Mischung von Arioso und Rezitativ, Mischung von Konzert- und Sonatenform und dergleichen mehr. Das ist richtig. Bachs eigener Beitrag zu der Musik seiner Zeit war nicht Verwandlung, sondern Vollendung. Das wäre viel, ist aber wohl nicht alles. Nach dem Zeugnis des Sohnes Philipp Emanuel ist Johann Sebastian Bach »bloß durch eigenes Nachsinnen schon in seiner Jugend zum reinen und starken Fugisten geworden«, mit anderen Worten, in den Besitz seiner großen Fertigkeiten im Tonsatz gelangt. Am meisten hat Bach über die italienische Konzertform nachgedacht. Das geschah nach dem Gebrauch der damaligen Zeit nicht nur durch das Lesen der Partituren, sondern durch deren Abschrift und Bearbeitung. Bach hat hauptsächlich in der Weimarer Zeit, aber auch noch in Leipzig für sein Studentenorchester an der Leipziger Universität Konzerte nach fremden Vorlagen bearbeitet. Auf diese Weise entstanden sechzehn Klavierkonzerte, vier Orgelkonzerte und ein Konzert für vier Klaviere.

Zehn der Konzerte gehen auf Violinkonzerte und Concerti grossi von Antonio Vivaldi zurück, eins auf ein Oboenkonzert von Marcello, ein weiteres auf ein Violinkonzert von Telemann. Drei Konzerte sind Bearbeitungen nach Werken des Herzogs Johann Ernst von Weimar. Dieser war ein Neffe des regierenden Herzogs und ein Schüler Bachs. Er starb 1715, nur neunzehn Jahre alt. Die Originale zu den übrigen Konzerten sind nicht bekannt. Die Bearbeitung von einundzwanzig Konzerten erfordert Zeit und Kraft, Energien, die Bach nicht zur Komposition eigener Werke, sondern zur Bearbeitung fremder verwendete. Seine Bemühungen um die italienische Konzertform sind ihm diesen Verzicht wert gewesen. Drei spätere Werke Bachs tragen den Hinweis auf ihre Herkunft im Titel: das »Italienische Konzert« aus dem II. Band der Klavierübungen, die »Aria variata alla maniera italiana«, die zu den frühen Klavierwerken gehört, und die Trauerode »Im italienischen Stil« für die 1727 verstorbene Kurfürstin Christiane Eberhardine von Sachsen. Andere Werke, wie die Brandenburgischen Konzerte und die Violinkonzerte, die diesen Hinweis nicht im Titel führen, sind trotzdem der italienischen Konzertform tief verpflichtet.

Die Faszination, die das italienische Konzert auf Bach ausgeübt hat, ist gut zu verstehen. Die Musik seiner Jugend war die der norddeutschen Meister Georg Böhm, Reinken, Buxtehude gewesen. Dazu kam die durch seinen älteren Bruder vermittelte Kenntnis der Kunst Pachelbels, die mit der Definition des »phantastischen Stils«, wie sie Mattheson gab, in Verbindung gebracht werden könnte. Durch die wenige Jahre nach ihrem Erscheinen bereits auch in Deutschland bekannt gewordenen Konzerte Antonio Vivaldis lernte Bach einen anderen Stil kennen, den Mattheson den zur »Kammer gehörigen Instrumentalstil« nannte. Der Unterschied des »phantastischen Kirchenstiles« und des Kammerstiles kam Mattheson »eines Theils, als frische, blaue Elb-Lächse, und andern Theils als im Rauch vergüldete Fläch-Heringe aus der Ostsee vor. Diese kitzeln die Zunge, und ihr derbes Wesen erwecket Lust zum Trunk, jene hergegen sind ansehnlich und voller Milden, safftigen Fleisches, obgleich nicht so reizend.«

Nun, es geht nicht allein um Ohrenkitzel. Der Unterschied zwischen deutscher Kirchenmusik und italienischer Konzertmusik ist ein

Unterschied der Form, und wiederum nicht nur einer äußeren, sondern auch einer inneren Form, die man vielleicht mit Haltung bezeichnen könnte; eine Haltung gegenüber der Ungehaltenheit der Formenteile, eine statische, stehende Form gegenüber schweifender Formphantastik. Für Bach ist das Italienerlebnis – obwohl er Italien nie gesehen hat – dasselbe gewesen wie für Dürer, Händel, Goethe und wie für viele große schöpferische Menschen des Nordens: das Erlebnis der Form. Goethe spricht es in der italienischen Reise aus: »Ich dachte wohl hier was Rechts zu lernen, daß ich aber so weit in die Schule zurückgehen, daß ich so viel verlernen, ja durchaus umlernen müßte, dachte ich nicht. Nun bin ich aber einmal überzeugt und habe mich ganz hingegeben, und je mehr ich mich selbst verleugnen muß, desto mehr freut es mich. Ich bin wie ein Baumeister, der einen Turm aufführen wollte und ein schlechtes Fundament gelegt hatte, er wird es noch beizeiten gewahr und bricht gern wieder ab, was er schon aus der Erde gebracht hat, seinen Grundriß sucht er zu erweitern, zu veredeln, sich seines Grundes mehr zu versichern und freut sich schon im voraus der gewissen Festigkeit des künftigen Baues.«

Als Bach das italienische Formerlebnis erfuhr, mag es nicht ohne Erschütterung abgegangen sein. Aber ähnlich wie später Mozart das Bach-Erlebnis seiner Musik einschmolz, so geschah es auch hier: Bach assimilierte seinem Werk die Vivaldische Form. Das Formschema eines Vivaldi-Satzes sei am Beispiel des ersten Satzes aus dem dritten Konzert op. 3 erläutert. Dieses Konzert hat Bach übrigens nicht bearbeitet. Das erste Tutti in G-Dur stellt den Haupt- und den Nebengedanken auf. Harmonisch durchmißt dieser Teil die Kadenz und schließt wieder in der Tonika. Es folgt das erste Concertino, das die bisher aufgestellte Thematik figurativ variiert. Ein Tutti bringt den Hauptgedanken nochmals in G-Dur. Es folgen Concertino – Tutti in D-Dur – Concertino – Tutti in h-Moll – D-Dur – G-Dur – Concertino; im nächsten Tutti erscheint jetzt der Nebengedanke, dem das Tutti in G-Dur folgt. Der Tonartenkreis, den der Satz durchläuft, geht von der Tonika zur Dominante, erreicht die Parallele und geht zur Tonika zurück. Die Subdominante wird nicht auf eine längere Strecke hin angesprochen. Das Tutti erscheint sechsmal, das Concertino viermal.

In den Bearbeitungen Vivaldischer Konzerte folgte Bach dem Vivaldischen Formenschema und seinem Aufbau der Teile. Er tat es aber auch in seinem »Italienischen Konzert«, das wohl 1734 in Leipzig entstanden ist. Es stellt einen Versuch dar, die Konzertform auf ein Konzert für ein zweimanualiges Cembalo zu übertragen. Das Unternehmen war einmalig und kühn. Der erste Satz hat folgende Gliederung: Tutti F-Dur – Concertino F-Dur – Tutti C-Dur – Concertino d-Moll – Tutti B-Dur – Concertino g-Moll – Tutti F-Dur – Concertino C-Dur – Tutti F-Dur. Ein Vergleich der Konzerte Vivaldis und Bachs zeigt die gleiche hinreißende Klarheit des formalen Aufbaus und den gleichen an die Einfachheit der Kadenz gebundenen harmonischen Grundriß. Der dynamische Kontrast der Teile, bei Vivaldi in aller Intensität Klang werdend, ist bei Bach auf die Klangmöglichkeiten eines Cembalos zurückgeführt. Die Gleichheit der Ecksätze bei Vivaldi und Bach scheint vollkommen. Im zweiten Satz des italienischen Konzertes allerdings ahnt man die Herkunft des Meisters aus der Heimat des phantastischen Stiles. Während die Süße der Vivaldischen Kantilene nur ergötzen will, will Bach bewegen.

Von bestechender Klarheit der Form ist auch Bachs Violinkonzert in E-Dur, das etwa 1720 in Köthen entstanden ist. Auch dieses hat Bach später zu einem Klavierkonzert umgearbeitet. Zwischen den Hauptpfeilern des Tutti in E-Dur – cis-Moll – E-Dur liegen die dem Concertino überlassenen Teile. Die Länge der beiden Eckteile zeigt das Verhältnis 1 : 2. Am Anfang der ersten Concertino-Episode schalten sich kleinere Tutti-Einsätze häufig ein, desgleichen im letzten Tuttiteil zahlreiche Concertino-Einschübe. Auch dadurch ist das Gleichgewicht zwischen den Teilen in jeder Weise hergestellt.

Unter den sieben Klavierkonzerten, die Bach nach eigenen, vielleicht aber auch fremden Violinkonzerten geschrieben hat, befindet sich das Klavierkonzert in f-Moll. Seine Vorlage ist nicht bekannt. Der Aufbau des ersten Satzes vermittelt weitere Erkenntnisse. Tutti und Concertino in f-Moll bilden eine Gruppe, der sich eine zweite, Tutti und Concertino in As-Dur (Parallele), anschließt. Ein Zwischenteil schiebt sich ein. Er ist an thematischer Verarbeitung und an harmonisch-modulatorischen Vorgängen besonders reich. Man sollte ihn jedoch nur dann Durchführung nennen, wenn man sich darüber klar ist, daß die Durchführung der klassischen Sonatenform etwas ganz anderes ist und eine andere Herkunft hat. Die Durchführung ist ihrer Natur nach ein wahrhaft »unitalienischer« Teil. In Bachs Klavierkonzert wird sie durch den Tutti-Einsatz in b-Moll abgeschlossen. Ein folgendes Concertino moduliert über Des-Dur nach dem Tutti in f-Moll zurück, von dem allerdings nur der zweite Teil erscheint. Ein Orgelpunkt auf dem Dominantgrundton C (der Orgelpunkt ist von der Fuge übernommen und hat mit dem Orgelpunkt vor der Reprise der klassischen Sonate nichts zu tun) leitet zum Schlußtutti über. Es entsteht eine dreiteilige Form.

1. Teil: Tutti und Concertino in f-Moll
   Tutti und Concertino in As-Dur
2. Teil: Modulatorischer Mittelteil
   Orgelpunkt
3. Teil: Tutti und Coda in f-Moll

Bei dieser Dreiteiligkeit drängen sich Begriffe wie Durchführung und Reprise zwar auf, lassen sich aber wegen ihrer Gebundenheit an die klassische Sonatenform eigentlich nicht anwenden. Diese äußere Dreiteiligkeit wird nun gebändigt durch eine innere Zweiteiligkeit. Sie spannt ihren ersten Bogen von der Tonika über die Parallele zur Subdominante, ohne die Dominante zu berühren. Die Subdominant-Tonart, die an sich zum Schlusse drängt, wird auf diese Weise sehr früh erreicht. Es geschieht fast in der Hälfte des Satzes, nach 54 Takten. Auf die starke durch die Subdominante erzeugte Spannung folgt ein zweiter Bogen, der über die letzte retardierende Spannung des Orgelpunktes in die Tonikaruhelage zurückschwingt. Diese zweite Hälfte umfaßt 62 Takte.

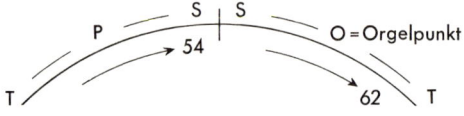

Darstellung der inneren Zweiteiligkeit im 1. Satz des Klavierkonzerts in f-Moll von Johann Sebastian Bach.

Gegenüber der durch die kurze Reprise rudimentär wirkenden Dreiteiligkeit wirkt die durch die Zweiteiligkeit herbeigeführte Halbierung des ganzen Satzes stärker; das Zweiteilige ist in das Dreiteilige gehüllt oder umgekehrt, ein Vorgang, der die Form in einer neuen großartigen Weise spannt. Fast könnte man von dem Einbruch eines illusionistischen Formprinzips sprechen, der Kompositionsweise barocker Deckengemälde ähnlich. In der Musik würde kein Italiener dieses Prinzip gesucht oder gefunden haben. Der kommenden Klassik wird es zutiefst wesensfremd sein. Die Hintergründigkeit barocken Denkens und Formens feiert hier ihre letzten großen Triumphe.

Die Bach-Form

Ein Vergleich der Bachschen Konzertform mit der Bachschen Fuge mag für den ersten Augenblick überraschen. Jedoch besteht hier eine enge Verbindung, wie die kleine zweistimmige Fuge in e-Moll aus dem I. Teil des Wohltemperierten Klavieres beweist. Sie zeigt folgenden Aufbau, wobei das Thema mit Dux und die Antwort mit Comes bezeichnet wird:

1. Durchführung
Dux in e-h-Moll Oberstimme

Comes in h-Moll – Fis-Dur
Unterstimme
1. Zwischensatz 6 Takte
modulierend nach G-Dur

2. Durchführung

Dux in G-Dur – D-Dur
Oberstimme
Comes in G-Dur –
A-Dur Unterstimme
2. Zwischensatz 4 Takte
modulierend nach a-Moll

1 Takt Oktaven-Unisono

3. Durchführung
Dux in a-e-Moll Unterstimme
Comes in e-Moll –
H-Dur Oberstimme
3. Zwischensatz 6 Takte
modulierend nach d-Moll
Vertauschung
des 1. Zwischensatzes

4. Durchführung

Dux in d-Moll –
a-Moll Unterstimme
Comes in a-Moll –
E-Dur Oberstimme
4. Zwischensatz 4 Takte
modulierend nach e-Moll
Vertauschung
des 2. Zwischensatzes

1 Takt Oktaven-Unisono
Coda: 4 Takte

Aus diesem Schema wird ersichtlich, daß der harmonische Grundriß der Fuge Tonika – Dominante – Parallele – Subdominante – Tonika umfaßt. Die Themeneinsätze und Zwischenspiele sind deutlich voneinander getrennt. Durch den Gegensatz und durch den doppelten Kontrapunkt sind die Zwischenspiele allerdings besonders eng mit dem Fugenthema, aber auch untereinander verknüpft. Die Fuge ist zweiteilig. Deutlich wird durch ein Unisono der Satz in zwei Hälften geteilt, die vollkommen gleich lang sind. Die letzten vier Takte bilden die Coda. Auch wenn man ihr die Wirkung einer Reprise zugestände, würde sie die hart gegliederte Zweiteiligkeit der Fuge nicht überspielen können. In der a-Moll-Fuge im ersten Teil des Wohltemperierten Klavieres wird eine Dreiteiligkeit (1. Durchführung – Zwischenspiel – 2. Durchführung – Zwischenspiel – 3. Durchführung) durch eine Zweiteiligkeit, die aus der Zahl der Takte gewonnen wird (1. Durchführung = 39 Takte, 2. und 3. Durchführung = 44 Takte) fast in Frage gestellt. Ähnliches geschieht in der gis-Moll-Fuge. Der Tonartenverlauf der a-Moll-Fuge ist: a-Moll = 1. Durchführung, C-Dur = 2. Durchführung, es folgt ein Orgelpunkt auf der Dominante, 3. Durchführung in a-Moll mit harmonisch stark gespannter Kadenz. Zwei kurze Zwischenspiele verbinden die Durchführungen.

Über einem ähnlich einfachen Grundrißplan hat Bach aber auch Großformen errichtet. Toccata und Fuge in F-Dur für Orgel, entstanden in den späteren Weimarer Jahren oder in Köthen, bestehen aus 609 Takten, wovon die Toccata 438 umfaßt. Ihr erster Teil ist 176 Takte lang; diese schließen ein: Kanon über einen Orgelpunkt auf F – Pedalsolo, das zur Dominante moduliert – Kanon über einen Orgelpunkt auf C – Pedalsolo – Kadenz in C-Dur. Die Toccata beginnt gleichsam mit einem tiefen Atemholen in der Ruhe der Kadenz. In dem folgenden Teil, der Konzertform hat, werden jedoch alle Kräfte entfesselt. Modulatorisch führt der Weg von F-Dur nach d-Moll, a-Moll, g-Moll. Am Ende steht ein großer Dominantorgelpunkt, der über 30 Takte lang nach F-Dur zurückleitet. Dazwischen aber eine Fülle kühnster harmonischer Vorgänge, wie von Bach früher nicht gebrauchte Zwischendominanten zur 2., 3. und 4. Stufe der Tonleiter, Kadenzen mit Betonungen der neapolitanischen Sext, 14 Takte vor dem Schluß ein Sekundakkord der 6. Stufe als Nebendominante zur neapolitanischen Sext von F-Dur. Dieser zweite Teil ist 262 Takte lang, also fast genau die Hälfte mehr als der erste Teil. Er gliedert sich in vier Abschnitte. Abschnitt eins und zwei sind wieder 176 Takte lang, Abschnitt drei und vier 86 Takte, also wiederum die Hälfte von Abschnitt eins plus zwei. Dem Ganzen der Toccata, einem zweiteiligen Torso, fehlt noch das Gegengewicht der Fuge. Diese selbst, dreiteilig, umfaßt 171 Takte, also fast genausoviel wie der erste Teil der Toccata. Es ergeben sich folgende Proportionen: 1. Teil der Toccata 176 Takte, 2. Teil der Toccata 262 Takte, Fuge 171 Takte, also 1 : 1$^{1/2}$: 1.

Auch in einem Werk von solchen Ausmaßen walten Symmetrie und Proportion der Teile, Einfachheit im Tonartengrundriß, deutliche Trennung von fester und lockerer gefügten Teilen (Kanon auf Orgelpunkt – Concertino des Orgelpedals – Kanon – Concertino usw.). Torsohafte Zweiteiligkeit der Toccata sucht Ergänzung in einem dritten Teil durch die Fuge.

Zusammenfassend wäre zu sagen: Wenn das Konzert und die Fuge Bachs eine Form aufweisen, die sich als eine Grundform beider darstellt, kann man bei der Bedeutung dieser Formen und ihrer vielfältigen Anwendung durch Bach von einer »Bach-Form« sprechen. Ihre Merkmale sind:

1. Symmetrie und proportionale Verhältnisse der Formteile, aus denen die größte Klarheit des Aufbaus resultiert; 2. Kontrast der Teile, der in der Abfolge von fester und lockerer gefügten Teilen in Erscheinung tritt (Tutti und Concertino beim Konzert, Thema und Zwischenspiel bei der Fuge); 3. einfacher harmonischer Grundriß, bestehend aus der Kadenz mit Einbezug der parallelen Tonarten, stärkere harmonische Verdichtungen im Mittelteil; 4. Vorliebe für den Illusionismus der Zweiteiligkeit in der Dreiteiligkeit oder umgekehrt.

Bach hat diese Urform in seinem gesamten Werk angewendet, sowohl im instrumentalen als auch im vokalen Bereich. Sie erklärt auch die Mischformen seiner Choralchöre in Form von Ouvertüren, Arien und Duetten in Form von Konzertsätzen, Mischung von Choral, Arioso und Rezitativ, Konzertteile in den Sonaten, Concertogrosso-Formen in den großen Orgelpräludien, sie erklärt auch, daß Bach seine Kantaten teilweise mit »Concerti« bezeichnet hat. Bach, der nie schematisch komponiert hat, ist jedoch bei einem Schema nicht stehengeblieben, er hat die Bach-Form immer neu komponiert, immer neu zusammengesetzt, er hat sie reicher in den Teilen und die Beziehungen der Teile untereinander dichter gemacht – ein Weg, der gleichzeitig zur Konzentration führt. Der Kontrast der fester und lockerer gefügten Teile tritt dabei mehr und mehr zurück. Folgerichtig erscheint die Bach-Form in den letzten Werken höchster Konzentration, in den Choralvariationen »Vom Himmel hoch«, in den Kanonteilen und Ricercari des »Musikalischen Opfers« (nicht in der Triosonate) und in der »Kunst der Fuge« in einer anderen Sinngebung oder gar aufgehoben.

In den Vokalwerken Bachs trennte sich das lockerer gefügte Rezitativ von der fester gefügten Arie, ein von der Oper eingeleiteter allgemeiner Vorgang. In jeder Da-capo-Arie (A – B – A) steht den fester gefügten Ecksätzen mit Anfangs- und Schlußritornell der besetzungsmäßig und klanglich aufgelockerte Mittelteil gegenüber. Bach verband diese allgemeine Form mit seiner eigenen. In der Kantate zum ersten Weihnachtsfeiertag (Leipzig 1723, B.W.V. Nr. 63) »Christen ätzet diesen Tag« stellt der erste Satz, Chorus genannt, eine dreiteilige Da-capo-Form dar, deren Eckteile wiederum dreiteilig sind:

      A   B   A
     aba   aba

Erkennt man das mit drei Clarinen (= Trompeten), drei Oboen, Fagott, Streicher und Schlagzeug besetzte Orchester als Tutti und den Chor als Concertino an, so ergibt sich folgendes Schema:

      A
Orchestertutti C-Dur / G-Dur
Chorconcertino C-Dur / G-Dur / g-Moll / D-Dur / G-Dur / C-Dur
Orchestertutti C-Dur / G-Dur / C-Dur
      B
Chorconcertino a-Moll
Orchestertutti a-Moll
Chorconcertino a-Moll / C-Dur / F-Dur / H-Dur / e-Moll / G-Dur
      A
da capo siehe oben

Fünf Orchestertutti umfassen vier Chorconcertinoteile. Der harmonische Verlauf geht von der Tonika zur Dominante und über einen die doppelte Dominante (D-Dur) berührenden Mittelteil zur Tonika zurück. Der B-Teil setzt mit der Parallele (a-Moll) ein und führt in seinem dritten Teilabschnitt über deren doppelte Dominante (H-Dur) wieder in die Dominante der Haupttonart. Es folgt die Wiederholung des ersten Teiles. Harmonische Verdichtungen, verbunden mit durchführungsartiger motivischer Sequenzbildung, liegen im ersten und dritten Chorconcertino.

In der h-Moll-Messe hat Bach nicht nur den Messetext in kontrastierende Formen – Chöre, Arien und Duette – aufgelöst, man findet die Bach-Form auch in den Teilen. In dem zwischen den Eckpfeilern der beiden Kyrie-Eleison-Sätze stehenden Christe Eleison für zwei Soprane, Violinen und Continuo treten sechs Tutti der Violinen zu den mit eigenem Thema konzertierenden Sopranstimmen. Die Tutti sind in diesem Fall die Einsätze der Violinen mit dem Hauptthema auf Tonika (zweimal) – Dominante – Dominantparallele – Tonika. Das Bach-Schema erscheint in einer Umdeutung: Nicht der Wechsel der kontrastierenden Teile entscheidet, sondern ihre Verschmelzung. Das mehrfach auftretende, von den Violinen vorgetragene Hauptthema kommt zu dem Fluß der konzertierenden Gesangsstimmen hinzu. Selbst einem Cantus-firmus-Chor, wie dem Schlußchor des ersten Teiles der Matthäuspassion, liegt die Bach-Form zugrunde. Vorspiel (E-Dur) – Zwischenspiel (nach cis-Moll modulierend) – Nachspiel (E-Dur) bilden die Pfeiler einer dreiteiligen Form. Jeder Cantus-firmus-Einsatz einer Choralzeile im Sopran wird durch einen später einsetzenden und dadurch gleichsam überhängenden Chorsatz – bestehend aus Alt, Tenor und Baß – fortgeführt. Nur die letzte, die zwölfte Choralzeile setzt später ein als der an dieser Stelle vorangehende Chor. Sieht man nun die jeweilige Choralzeile als den festgefügten Teil (das Tutti) an, so ergibt der überhängende Chorteil den lockerer gefügten, konzertierenden Teil. Bei dieser Betrachtung müßte man allerdings in Kauf nehmen, daß das Tutti jeweils ein anderes ist. Die zwölf Einsätze der Choralmelodie spannen aber dennoch einen verbindenden großen Melodiebogen über den ganzen Satz. Schließlich hat auch der Sinngehalt des Choraltextes »O Mensch, bewein dein Sünde groß« die gleiche, die Gläubigen fest zusammenbindende Aufgabe.

Die Bach-Form ist eine Grunddisposition der Bachschen Form, die aus Allgemeinem gewonnen, auch im allgemeinen bei Bach verwendet wird. Von ihr ausgehend, entfalten sich Formen von großartiger Vielfalt und von Reichtum. Die ständige Gegenwart der Grundform ist für Bach kein Zwang, sondern Kraft. Es mindert nicht die Meisterschaft Bachs, wenn man feststellt, daß diese Form aus den Grundgesetzen der italienischen Musik im konzertierenden Zeitalter gewonnen wurde.

Kapriccio

Die Annahme einer Grundsituation der Form bei Bach würde die Frage nach einer ähnlichen des Inhalts und des Ausdrucks rechtfertigen. Als Ausgang der Betrachtung diene Bachs »Capriccio sopra la lontanza del suo fratello diletissimo« (Capriccio auf die Abreise seines geliebtesten Bruders). Dieses Werk ist 1704 entstanden. Bach war damals neunzehn Jahre alt; sein Bruder, der drei Jahre ältere Johann Jakob, der ursprünglich Stadtpfeifer bei dem Nachfolger seines Vaters Ambrosius Bach geworden war, hatte sich 1704 entschlossen, als Obrist in schwedische Dienste zu treten. Dort führte er ein wildbewegtes Leben im Dienste Karls XII. Er nahm an dessen zahlreichen Feldzügen in Rußland und auf dem Balkan teil und tauchte eines Tages in der Türkei als Schüler des Flötenlehrers Buffardin auf. Seit 1713 aber mag er zur Ruhe gekommen sein, denn nun gehörte er der schwedischen Hofkapelle an. Als Kammer- und Hofmusikus starb er 1732 in Stockholm. Johann Sebastian Bachs Kapriccio ist ein Zeugnis für das allen »Bachen« gemeinsame Gefühl der Familienzusammengehörigkeit. Sie haben es durch regelmäßig abgehaltene Familientage bekundet. Johann Sebastian hat für eine solche Familienzusammenkunft sogar ein lustiges Quodlibet geschrieben. Auch die Abreise eines Familienmitgliedes nach einem fernen Land wie Schweden konnte nicht von ungefähr vorübergehen. Sie wurde zu einer wehmütig-traurigen Familienfeier. Diesmal war der Beitrag Johann Sebastians ein anderer, er schrieb eine Folge von Sätzen, eine Suite für Cembalo, und nannte sie »Capriccio«. Bach übernahm diese Formbezeichnung von Frescobaldi, der auch in anderen Dingen einer seiner Lehrmeister war. Kapriccio bezeichnet eine Folge von freien Teilen, in die fugierte Teile eingebettet sind. Zur Launenhaftigkeit des Kapriccio kann aber auch schon bei Frescobaldi, Johann Kaspar Kerll und anderen ein programmatischer Titel gehören. Bei Bach trägt jedoch nicht nur das Ganze Überschriften, sondern auch die einzelnen Sätze. Der erste Satz Adagio: »Ist eine Schmeichelung der Freunde, um denselben von seiner Abreise abzuhalten«; der zweite: »Ist eine Vorstellung unterschiedlicher Casuum, die ihm in der Fremde könnten vorfallen«; der dritte: »Ist ein allgemeines Lamento der Freunde«; der vierte: »Allhier kommen die Freunde, weil sie doch sehen, daß es nicht anders sein kann, und nehmen Abschied«. An fünfter Stelle steht eine »Aria di Postiglione«, und zum Schluß sehen wir den Postwagen enteilen und hören dazu eine »Fuga all'imitazione della cornetta di postiglione« (eine Fuge, die ein Posthornthema verwendet). Das liebenswürdige Werk ist das einzige aus Bachs Feder, das dem Hörer derartige Hinweise gibt. Zu diesen Hörern zählte auch Goethe, der die Fuge besonders schätzte, in der man »den Trompeter nicht nur bald nah, bald fern zu hören, sondern ihn auch im Feld reitend, bald auf einer Anhöhe haltend, bald nach allen vier Weltgegenden sich wendend und dann wieder umkehrend zu sehen glaubte, und sich wirklich Sinn und Gemüt nicht ersättigen konnten«.

Bach hatte in dieser Art des Musizierens Vorgänger. Die englischen Virginalisten und die französischen Clavecinisten hatten ähnliches unternommen. Marin Marais (geb. 1656 in Paris, gest. 1728 in Paris), der berühmte Sologambist Ludwigs XIV., hatte in einer Sonate für Gambe sogar eine Gallensteinoperation geschildert. Später haben Dittersdorf Sinfonien zu Ovids »Metamorphosen« und Pugnani eine Werther-Sinfonie geschrieben. Vielleicht hat Bach aber auch ein direktes Vorbild gehabt, möglicherweise in den 1700 entstandenen »Musikalischen Vorstellungen einiger Biblischer Historien in sechs Sonaten, auf dem Claviere zu spielen« von Johann Kuhnau, dem Amtsvorgänger Bachs. Diese dem Alten Testament entnommenen Historien zeigen in einer Folge von einzelnen Sätzen zum Beispiel in der Suonata quarta:

1. Das betrübte Hertz des Königs Hiskias über der Todespost und das sehnliche Bitten umb seine Gesundheit in einem Lamento mit

dem Vers: »Heil Du mich, lieber Herre« aus dem Liede »Ach Herr, mich armen Sünder«.
2. Sein Vertrauen, daß GOTT sein Gebet schon erhöret habe und ihm die Gesundheit gewiß geben, auch vor seinen Feinden Ruhe schaffen werde in dem Vers: »Weicht all ihr Übeltäter, mir ist geholffen schon« aus ermeldtem Liede.
3. Die Freude über seine Genesung, dabey er dann manchmal an das vorige Übel denket, dasselbe aber bald wieder vergisset.
Es ist anzunehmen, daß Bach die Biblischen Historien Kuhnaus gekannt hat. Vielleicht aber hat sich auch Bach den Inhalt der später, 1709, erschienenen »Texte zur Leipziger Kirchenmusik...« von Johann Kuhnau zu eigen gemacht. Dort meint Kuhnau, daß sich ein Komponist auf die Kunst verstehen müsse, »die Affectus zu movieren und sonsten alles schicklich zu exprimieren«. Bach konnte wohl die Leidenschaften bewegen und sonsten alles schicklich ausdrücken. Er tat es im Stile und im Sinne seiner Zeit durch musikalische Figuren, die Träger der Affektdarstellung waren. Diese musikalischen Figuren, von denen zahlreiche Musiklehren des 17. Jahrhunderts berichten, waren jedoch nicht aus der Luft gegriffen. Man hatte sie dort abgeleitet, wo sich lautliche Mitteilung um Ausdruck und Affekt bemüht: aus der Sprache und der wohlüberlegten Rede.

Die Figurenlehre

Die Lehre von der Rede hat man Rhetorik genannt. Griechen und Römer brachten die Redekunst zu höchster Vollendung. Das Mittelalter hat sie übernommen und treulich gepflegt. Schon früh verband sich die Musik mit der Rhetorik. Bereits im scholastischen Trivium gehörte sie mit Grammatik und Rhetorik zu den Artes sermonicales oder Artes dicendi (redende Künste). Seither sind die Wechselbeziehungen zwischen Musik und Rhetorik nie ganz abgerissen: Der protestantische Gottesdienst kannte den Zusammenhang zwischen Predigthören und Musikhören. Die Monodie der Florentiner Camerata ist eine Nachahmung der Redekunst. Peri und Caccini waren weitgehend darauf bedacht, Klarheit und Einteilung der Rede auch in der Musik beizubehalten. Christoph Bernhard, der Schütz-Schüler, schreibt, daß der Stylus theatralis auch Stylus oratorius genannt wurde. Monteverdis »Seconda prattica«, sein »Stilo rappresentativo und recitativo« sind aus der Rede Platons abgeleitet. Und Schütz ebenso wie Johann Sebastian Bach übernahmen den Stil der Monodie nicht als theatralische, sondern als oratorische Kunst. Das ist ein großer Unterschied. Die engste Verbindung zwischen Rhetorik und Musik stellte das 17. Jahrhundert her. »Wegen der Menge der Figuren, absonderlich in dem neuerfundenen und bisher immer mehr ausgezierten Stylo recitativo«, meinte Christoph Bernhard, daß die »Musica ... wohl einer Rhetorica zu vergleichen sei«. Wir wissen heute von hundert Figuren, von denen uns die Theoretiker berichten: Schon um 1600 hatte J. Burmeister, gestützt auf die italienischen Theoretiker, eine umfassende Figurenlehre in drei Traktaten niedergelegt. Es folgten Christoph Bernhard, der uns mit seiner »Von der Singe-Kunst oder Manier; Tractatus compositionis augmentatus; Ausführlicher Bericht von dem Gebrauche der Con- und Dissonantien« neben vielen anderen auch die Figurenlehre Heinrich Schützens übermittelte und eine große Anzahl anderer Theoretiker bis zu Johann Gottfried Walther und Johann Mattheson.

Aus der Fülle der Figuren seien einige genannt, die mit der musikalischen Figur Wortausdeutung und Affektdarstellung verbinden. Die Namen klingen gelehrt und in der Ausdrucksweise des Barockzeitalters oft schwülstig. Die Anabasis findet Anwendung, wenn etwas Aufsteigendes, Aufschwebendes oder Auffliegendes dargestellt werden soll. Jede aufsteigende melodische Linie oder harmonische Folge ist dazu geeignet. Die Katabasis bezeichnet in gleicher Weise das Hinabsteigen. Der Saltus oder Passus duriusculus ist der harte Sprung oder Schritt, der das Hinabstürzen oder Hinunterreißen mit Gewalt oder List bezeichnet. Alles Tonmalerische, wie Wind und Welle, Donner und Blitz, Erdbeben, Nachahmung von Vogelstimmen oder Musikinstrumenten, faßt der Begriff Hypotyposis zusammen. Wenn die Melodielinie zum Ausdruck des Seufzens, Stammelns oder Zweifelns durch Pausen zerrissen wird, liegt eine Tmesis vor.

Die Figurenlehre hält musikalisches Material für jeden Ausdruck bereit, den die Töne an sich nicht haben, sondern der erst durch In-Beziehung-Setzen zur Rhetorik gefunden und festgelegt wird. Der Komponist des 17. Jahrhunderts verströmt nicht sein subjektives Gefühl oder seinen Ausdruck in irgendeine Tonfolge, der er dann überläßt, dieses Gefühl und dessen Ausdruck an den Hörer weiterzuleiten, um ihn gleiches fühlen zu lassen, sondern er wendet bewußt »Ausdrucksmodelle« an. Diese sind zum großen Teil durch die Rhetorik erhärtet und leiten hier und in der Musik das Gefühl des aufnehmenden Hörers in eine bestimmte vorgefaßte Richtung. Es besteht daher ein großer Unterschied zwischen subjektiver Gefühlsdarstellung durch Musik oder der Anwendung bestimmter musikalischer Gefühls- und Ausdrucksformeln. Das eine entspringt einer romantischen Geisteshaltung, das andere der Absicht einer verstandesmäßigen Ordnung des Gefühls. Hier scheiden sich zwei Geistesepochen, die das 17. und das 19. Jahrhundert kennzeichnen. Das 18. Jahrhundert sah das Schwinden des Rational-Objektiven und das Hereinbrechen des Subjektiven. Aus diesen Spannungen hat das Werk unserer »Klassiker« Haydn, Mozart und Beethoven seine stärksten Kräfte gewonnen.

Die Frage, ob auch in Bachs Werk angewendete Figurenlehre zu finden sei, muß bejaht werden. Die Behauptung stützt sich auf ein Zeugnis und auf das Werk. 1737 hatte Johann Adolf Scheibe im VI. Stück seiner Schrift »Der critische Musicus« einen Meister angegriffen, der »der vornehmste unter den Musikanten und ein außerordentlicher Künstler auf dem Klaviere und auf der Orgel ist«. Jeder wußte, daß damit Johann Sebastian Bach gemeint war. Scheibe warf Bach vor, daß Schwülstigkeit ihn vom Natürlichen ins Künstliche, vom Erhabenen ins Dunkle geführt habe, daß sein Gesang unvernehmlich und eine Hauptstimme nicht zu erkennen sei. Bachs Werke seien höchstens wegen ihrer beschwerlichen Arbeit zu bewundern, die aber vergebens angewandt, weil sie wider die Vernunft gerichtet sei. Schließlich meinte er, Bach sei das in der Musik, »was ehemals der Herr von Lohenstein in der Poesie war«. Daniel Kaspar von Lohenstein (1635–1683) gehörte zur schlesischen Dichterschule und genoß schon damals wegen der nicht zu überbietenden Schwülstigkeit seiner Gedichte, Tragödien und seines Romans »Arminius und Thusnelda« eine zweifelhafte Berühmtheit. Der Gegensatz zwischen Bach und dem begabten, klugen Johann Adolf Scheibe ist ein Generationsgegensatz. Scheibe, 1708 in Leipzig geboren und 1776 in Kopenhagen gestorben, war der Sohn eines von Bach geschätzten Orgelbauers. 1725 waren seine Bemühungen, das Organistenamt an der Thomaskirche in Leipzig zu erhalten, wohl unter dem Einfluß Bachs gescheitert. Er leitete später die Hofkapellen in Kulmbach und Kopenhagen. Gerade die Figurenlehre war einer jüngeren Generation verdächtig geworden. Man erstrebte jetzt »eine vernünftige Nachahmung der Natur« und hielt andere Anschauungen und Theorien bereit, die in die Affektenlehre des 18. Jahrhunderts mündeten. Der Angriff hat Bach getroffen, aber er hat nicht geantwortet. Es sei, man ließe das Dramma per musica »Der Streit zwischen Phöbus und Pan«, das allerdings schon 1731 entstanden ist, als Entgegnung gelten. Zum eigentlichen Verteidiger Bachs in dem Streit mit Scheibe machte sich Magister Johann Abraham Birnbaum. Wenn Bach einem anderen die Antwort überließ, so ist anzunehmen, daß dieser andere zu Bach in einem Verhältnis stand, das einen Gleichklang der Anschauungen beider über Musik zur Voraussetzung hatte. Magister Johann Abraham Birnbaum war aber Dozent der Rhetorik an der Universität Leipzig. Sein Zeugnis über Bach als Rhetoriker wird daher auf der gleichen Kenntnis des Wesens und der Struktur der Musik Bachs beruhen wie die erwähnte Verteidigung Bachs. Jedenfalls erhält es durch diese besonderes Gewicht. Es lautet: »Die Theile und Vortheile, welche die Ausarbeitung eines musikalischen Stücks mit der Rednerkunst gemein hat, kennet er so vollkommen, daß man nicht nur mit einem ersättigendem Vergnügen höret, wenn er (Bach) seine gründlichen Unterredungen auf die Ähnlichkeit und Übereinstimmung beider lenket; sondern man bewundert auch die geschickte Anwendung derselben in seinen Arbeiten.« Das ist klar und eindeutig gesagt. Es gibt demnach keine Zweifel, daß Bach über die Rhetorik nicht nur Bescheid wußte, sondern daß er auch dieses rhetorische Wissen in der Musik besonders geschickt nutzte. Bach kannte die Figurenlehre und wandte sie in seinen Werken an. Es sei auf ein Beispiel hingewiesen: Im Schlußchor des 1. Teiles der Matthäuspassion findet sich eine Katabasis bei der Textstelle »Äußert und kam auf Erden«. Sie ist verbunden mit einer Paronomasia (Wiederholung auf der gleichen Tonstufe mit nachdrücklichem Zusatz). Der Zusatz sind hier die ersten Töne c und h. Katabasis bedeutet im Sinne der Figurenlehre (Walther, Kircher) nicht nur Herabsteigen, sondern auch Demütigung und Erniedrigung. Als »Christus sein's Vaters Schoß äußert und kam auf Erden«, stieg er herab, wurde er Mensch und nahm diese Erniedrigung zum Heile der Menschen auf sich. Die gleiche Figur der Katabasis wendet Bach auch an der Textstelle an »Er wollt der Mittler werden«, vor allem aber bei der Zeile »Für uns er hie geboren ward«. An dieser Stelle wird der Sinn der Figurenlehre besonders klar. Die Katabasis will sagen: Auch das Weihnachtswunder ist nicht nur Freude, es ist erkauft durch Hinabsteigen zur Erde und Geborenwerden für ein Leben, an dessen Ende Marter und Pein stehen. Es wird ein Sinnzusammenhang hergestellt, von dem der Text gar nicht spricht. Gerade aber aus diesen gedanklichen Verbindungen, die nicht der Text, sondern die Musik herstellt, erwächst die geistige Dichte. In ihnen findet die Figurenlehre ihre höchste Erfüllung.

In seinem »Marienleben« (Neufassung 1948) stellt Paul Hindemith ähnliche Beziehungen – selbstverständlich ohne die Figurenlehre – her. Das Lied »Geburt Christi« endet bei Rainer Maria Rilke mit den Worten »aber du wirst sehen, Er erfreut«. Bei diesen Worten nehmen die Singstimme und das Klavier den ganzen Jubel des Weihnachtswunders in großer Steigerung in sich auf. In dem folgenden Nachspiel des Klaviers bricht diese Freude aber unvermittelt ab. Es ertönen fahle, bisher unbekannte Akkorde. Sie stammen aus einem späteren, erst noch folgenden Liede, der »Pieta«, und besagen: »Die Empfindung abgrundtiefer Verzweiflung und Hoffnungslosigkeit, die der Hörer dort empfinden soll und die scheinbar so gar nicht in die freudige und hoffnungsvolle Umgebung des 7. Liedes (der ›Geburt Christi‹) paßt, will ihm zu bedenken geben, durch was ›Er erfreut‹: eben das, was nachher Maria in Verzweiflung stürzen wird, sein Leiden und seinen Tod, die trotz ihrer Furchtbarkeit der zukünftigen Gemeinde der Gläubigen Trost, Erlösung und damit Freude bescheren werden. Auch Maria selbst ist in diese überweltliche Art des ›Erfreuens‹ mit eingeschlossen, denn auch eine Phrase aus ihrem künftigen Todesgesang (Lied 13) tritt hier vorausweisend auf« (Paul Hindemith: Vorwort zur Neufassung des »Marienlebens«). Es sind die gleichen gedanklichen Beziehungen bei Bach und bei Hindemith. Verschieden sind nur die Mittel, mit denen sie hergestellt werden.

Die musikalische Figur wollte »movere, docere und delectare«, bewegen, lehren und ergötzen. Man hat bisher nicht beachtet, daß nach Bachs Äußerungen über »den Endzweck der eigentlichen Musik« die Absichten und Forderungen der Figurenlehre mit Bachs Anschauungen über Wesen und Aufgabe der Musik sich decken. Im Titel des Orgelbüchleins, das in der Weimarer Zeit entstand, heißt es: »Dem höchsten Gott allein zu Ehren, dem Nächsten drauß sich zu belehren.« An anderer Stelle meinte Bach, daß der Endzweck der Musik die »Recreation des Gemüth's und Gottes Ehre« sei. Bachs Musik will bewegen zur Ehre Gottes, belehren »Zum Nutzen und Gebrauch der lehrbegierigen musikalischen Jugend« (aus dem Vorwort des Wohltemperierten Klaviers) und erfreuen zur Erquickung des Gemüts. Zur Ehre Gottes schrieb Bach die Choräle, die Kantaten, Oratorien, Passionen, Motetten, Messen und die Orgelwerke, zur Belehrung die Schulwerke: das Orgelbüchlein, die Inventionen, das Wohltemperierte Klavier, das Clavierbüchlein für Wilhelm Friedemann und das Notenbüchlein für Anna Magdalena Bach, und zur Freude des Gemütes die Konzerte, die Suiten, die Kammermusik und die weltlichen Kantaten.

Bachs Leben

Der Vater Johann Sebastian Bachs, Ambrosius Bach (1645–1693), war Geiger und Ratsmusiker in Erfurt, seit 1670 Hof- und Stadtmusiker in Eisenach. Johann Sebastian Bach (geb. 1685 in Eisenach, gest. 1750 in Leipzig) war Anfang des Jahres 1703 Violinist im fürstlichen Kammerorchester des Prinzen Johann Ernst in Weimar; 1703–1707 Organist in Arnstadt; 1707–1708 Organist in Mühlhausen; 1708–1717 Cembalist, Violinist, Hoforganist, Hofkonzertmeister in Weimar bei dem regierenden Fürsten Herzog Wilhelm Ernst; 1717–1723 Hofkapellmeister und Direktor der fürstlichen Kammermusiken des Fürsten Leopold von Anhalt in Köthen; 1723 bis 1750 Thomaskantor in Leipzig; bis 1728 noch Kapellmeister von Haus aus in Köthen. 1729 erhielt Bach den Titel »Fürstlich weißenfelsischer Hofcapellmeister«; 1736 wurde er »Hof-Compositeur« des Kurfürsten und Königs von Sachsen und Polen, August III. Vater und Sohn Bach waren also Geiger, Stadtpfeifer, Organist, Kantor, Hofmusiker, Hofkapellmeister und Hofkomponist. Die

Musikerberufe der damaligen Zeit in ihrer künstlerischen und sozialen Stufenfolge sind damit aufgezählt. Der Wechsel von der einen zur anderen Tätigkeit war nicht immer leicht. Bedeutete er doch gleichzeitig eine Veränderung der sozialen Stellung des Musikers. Auch im Leben Johann Sebastian Bachs ist der Berufswechsel nicht ohne Erschütterung vor sich gegangen, wie Briefe und Ereignisse bezeugen. Vielleicht hatten auch die beruflichen Schwierigkeiten, die Bach (außer in Köthen) überall verfolgten, ihren letzten Grund in der Verschiedenheit der einzelnen Musikerberufe. An den einen augenblicklich gebunden zu sein, sein Ungenügen zu erkennen und den anderen zu wünschen – dieser Zustand gab Unruhe und Reizbarkeit.

Als Bach »in Arnstadt einstmals ein besonderer starker Trieb, den er hatte, bewog, so viel von guten Organisten als ihm möglich war zu hören, daß er, und zwar zu Fuße, eine Reise nach Lübeck antrat, um den dasigen berühmten Organisten an der Marienkirche, Dietrich Buxtehuden, zu behorchen« (aus dem Nekrolog in Lorenz Mizlers »Musikalischer Bibliothek«, Bd. III), hatte er sich bei seiner Rückkehr vor seinem vorgesetzten Konsistorium zu verantworten, denn um drei Monate war die gewährte Urlaubszeit überschritten. Nach dem Protokoll sagte Bach aus, »er sei zu Lübeck gewesen, um daselbst ein und anderes in seiner Kunst zu begreifen«.

In Mühlhausen geriet Bach in die heftigen Auseinandersetzungen zwischen orthodoxen und pietistischen Protestanten. Er wurde zur Stellungnahme gezwungen. Da die Pietisten die Kunst in der Kirche und damit auch die Musik ablehnten, war Bachs Standpunkt nicht zweifelhaft. Der Wechsel des Mühlhauser Organisten Bach zur Hofkapelle »Ihrer Hochfürstlichen Durchlaucht zu Sachsen-Weymar« ist durch folgenden Brief gekennzeichnet:

Magnifice, Hoch und Wohledle, Hoch und Wohlgelahrte, Hoch und Wohlweise Herren, Hochgeneigte Patroni und Herrn.

Welcher gestallt Eür: Magnificenz und Hochgeschätzte Patronen zu dem vor dem Jahre verledigten Organisten Dienste D. Blasii meine Wenigkeit Hochgeneigt haben bestellen, darneben auch dero Milde zu meiner Beßeren subsistenz mich genießen laßen wollen, habe mit gehorsahmem Danck iederzeit zu erkennen. Wenn auch ich stets den Endzweck, nemlich eine regulirte kirchen music zu Gottes Ehren und ihren Willen nach gerne aufführen mögen, und sonst nach meinem geringen vermögen der fast auf allen Dorfschafften anwachsenden Kirchen music, und oft beßer, als allhier fasonirten harmonie möglichst aufgeholffen hätte, und darümb weit und breit, nicht sonder kosten einen guten apparat der auserleßensten kirchen Stücken mir angeschaffet, wie nichts weniger das project zu denen abzuhelffenden nöthigen Fehlern der Orgel ich pflichtmäßig überreichet Habe, und sonst aller Ort meiner Bestallung mit Lust nachkommen währe: so hat sichs doch ohne wiedrigkeit nicht fügen wollen, gestalt auch zur zeit die Wenigste apparence ist, daß es sich anders, obwohl zu dieser kirchen selbst eigenen Seelen vergnügen künftig fügen mögte, über dießes demüthig anheim gebende, wie so schlecht auch meine Lebensarth ist, bey dem Abgange des Haußzinses und anderer äußerst nöthigen consumtion, ich nothdürftig leben könne.

Alß hat es Gott gefüget, daß eine Enderung mir unvermuthet zu handen kommen, darinne ich mich in einer hinlänglichen subsistence und Erhaltung meines endzweckes wegen der Wohlzufaßenden kirchenmusic ohne verdrießlichkeit anderer ersehe. Wenn bey Ihro Hochfürstl Durchlaucht zu Sachsen-Weymar zu dero Hofcapell und Kammer music das entree gnädigst erhalten habe. Wannenhero solches Vorhaben meinen Hochgeneigtesten Patronen ich hiermit in gehorsahmen respect habe hinterbringen und zugleich bitten sollen, mit meinen geringen Diensten vor dießesmahls vor willen zu nehmen, und mich mit einer gütigen dimission förderlichst zu versehen. Kan ich ferner etwas zu Dero Kirchen Dienst contribuiren, so will ichs mehr in der That, als in Worten darstellen, verharrende lebenslang

      Hochedler Herr
      Hochgeneigte Patronen und Herrn
      Deroselben

                    Dienstgehohrsamster
                    Joh. Seb. Bach

Mühlhausen, den 25. Jun. ao: 1708

Bach erhielt die Entlassung schon am 26. Juni, also einen Tag später. »Weil er nicht aufzuhalten, müsse man wohl in seiner Demission consentiren.«

Schwieriger war der Schritt vom Weimarer Hoforganisten zum Köthener Hofkapellmeister. Der Weimarer Herzog Wilhelm Ernst sah in der Berufung Bachs nach Köthen eine Intrige seines Neffen, des Herzogs Ernst August, der ein Schüler Bachs war und der die Schwester des regierenden Fürsten Leopold von Anhalt-Köthen geheiratet hatte. Als Bach mit Mitteln, die dem Herzog wahrscheinlich ungehörig schienen, die Entlassung durchsetzen wollte, ließ er Bach vom 6. November bis 2. Dezember einsperren.

Wie wenig es Bach aber »anständig seyn wollte«, daß aus dem Köthener Hofkapellmeister ein Leipziger Thomaskantor wurde, geht aus einem Brief an den Schulfreund Georg Erdmann hervor, der späterhin kaiserlich russischer Hofrat und Resident zu Danzig geworden war:

Hochwohlgebohrner Herr.

Er: Hochwohlgeb. werden einem alten treuen Diener bestens excusiren, daß er sich die Freyheit nimmet Ihnen mit diesen zu incommodiren. Es werden nunmehr fast 4 Jahre verfloßen seyn, da E: Hochwohlgeb. auf mein an Ihnen abgelaßenes mit einer gültigen Antwort mich beglückten; wenn mich dann entsinne, daß Ihnen wegen meiner Fatalitäten einige Nachricht zu geben, hochgeneigt verlanget wurde, als soll solches hiermit gehorsamst erstattet werden. Von Jugend auf sind Ihnen meine Fata bestens bewust, biß auf die mutation, so mich als Capellmeister nach Cöthen zohe. Daselbst hatte einen gnädigen und Music so wohl liebenden als kennenden Fürsten, bey welchem auch vermeinete meine Lebenszeit zu beschließen. Es mußte sich aber fügen, daß erwehnter Serenissimus sich mit einer Berenburgischen Prinzeßin vermählte, da es denn das Ansehen gewinnen wolte, als ob die musicalische Inclination bey gesagtem Fürsten in etwa laulicht werden wolte, zumahle da die neüe Fürstin schiene eine amusa zu seyn: so fügte es Gott, daß zu hiesigem Directore Musices u. Cantore an der Thomas Schule vociret wurde. Ob es mir nunzwar anfänglich gar nicht anständig seyn wolte, aus einem Capellmeister ein Cantor zu werden, Weßweg auch meine resolution auf ein vierthel Jahr trainirete, jedoch wurde mir diese Station dermaßen favorable beschrieben, daß endlich /: zumahle da meine Söhne denen studiis zu incliniren schienen:/ es in des Höchsten Nahmen wagete, u. mich nacher Leipzig begabe, meine Probe ablegete, u. so dann die Mutation vornahme. Hirselbst bin nun nach Gottes Willen annoch beständig. Da aber nun 1) finde, daß dieser Dienst bey weiten nicht so erklecklich, als man mir ihn beschrieben, 2) viele accidentia dieser Station entgangen, 3) ein sehr theurer Orth u. 4) eine wunderliche und der Music wenig ergebene Obrigkeit ist, mithin fast in stetem Verdruß, Neid und Verfolgung leben muß, als werde genöthiget werden mit des Höchsten Beystand meine Fortun anderweitig zu suchen. Solten Er: Hochwohlgeb. vor einen alten treuen Diener dasiges Orthes eine convenable station wißen oder finden, so ersuche gantz gehorsamst vor mich eine hochgeneigte Recommendation einzulegen: an mir soll es nicht manquiren, daß dem hochgeneigten Vorspruch und interceßion einige satisfaction zu geben, mich bestens befließen seyn werde. Meine itzige station belaufet sich etwa auf 700 Cr. (Couran-Thaler), und wenn es etwas mehrere, als ordinairement, Leichen gibt, so steigen auch nach proportion die accidentia; ist aber eine gesunde Lufft, so fallen hingegen auch solche, wie denn voriges Jahr an ordinairen Leichen accidentia über 100 Cr. Einbuße gehabt. In Thüring kann ich mit 400 Cr. weiter kommen als hiesiges Orthes mit noch einmahl so vielen hunderten, weg der excessiven kostbahren Lebensarth. Nunmehro muß doch auch mit noch wenigen von meinem häußlichen Zustande etwas erwehnen. Ich bin zum 2ten Mahl verheurathet und ist meine erstere Frau seel. in Cöthen gestorben. Aus ersterer Ehe sind am Leben 3 Söhne u. eine Tochter, wie solche Er. Hochwohlgeb. annoch in Weimar gesehen zu haben, sich hochgeneigt erinnern werden. Aus 2ter Ehe sind am Leben 1 Sohn u. 2 Töchter. Mein ältester Sohn ist ein studiosus Juris, die andern beyde frequentiren noch einer primam und der andere 2dam classem, u. die älteste Tochter ist auch noch unverheurathet. Die Kinder anderer Ehe sind noch klein, u. der Knabe erstgeb. 6 Jahr alt. Insgesamt aber sind sie gebohrne Musici u. kan versichern, daß schon ein Concert vocaliter u. instrumentaliter mit meiner Familie formiren kan, zumahle da meine itzige Frau gar einen saubern Soprano singet, und auch meine älteste Tochter nicht schlimm einschläget. Ich überschreite fast daß Maaß der Höfligkeit wenn Er: Hochwohlgeb. mit mehrern incommodire, deroweg eile zum Schluß mit aller ergebensten respect zeit Lebens verharrend

Er: Hochwohlgeb.

gantz gehorsamst ergebenster Diener
Joh: Sebast: Bach.

Leipzig, d. 28. Octobr. 1730.

In Leipzig nahmen Bachs berufliche Schwierigkeiten kein Ende. Es ist bezeichnend, daß er die städtischen und kirchlichen Widerstände immer wieder mit der Unterstützung seines Fürsten, des Kurfürsten von Sachsen als höherer politischer und künstlerischer Instanz zu überwinden suchte. Bachs erster Angriff richtete sich gegen Johann Gottlieb Görner, den Organisten der Paulinerkirche (der Universitätskirche), dessen Amt als Universitätsmusikdirektor und Leiter des akademischen Collegium musicum Bach für sich in Anspruch nahm. Der vierjährige Kampf wurde erst durch den Kurfürsten in Dresden beendet: Görner blieb Universitätsmusikdirektor, Bach leitete nur die Festgottesdienste der Universitätskirche.

Im Herbst 1728 weigerte sich Bach, Choräle aufzuführen, die der stellvertretende Diakon Gottlieb Gaudlitz für die Vespern der Nikolaikirche ausgewählt hatte. Bach bestand auf seinem Kantorenrecht, die passenden Choräle selbst auszuwählen. 1730 hatte er endlich seinen Anspruch durchgesetzt.

Während der 200-Jahr-Feier der Augsburger Konfession kam es zu Zwistigkeiten zwischen Bach und dem Rat der Stadt Leipzig. Der Rat war mit der Qualität der drei von Bach für diesen Anlaß bearbeiteten Kantaten nicht einverstanden. In einem Protokoll vom 2. August 1730 heißt es dazu noch: »Es tue der Kantor nicht allein nichts, sondern wolle sich auch diesfalls nicht erklären, halte die Singstunden nicht, es kämen auch andere Beschwerden hinzu, Änderung würde nötig sein...« Gleichzeitig bestrafte der Rat Bach durch Verminderung von Einkünften, die ihm bisher aus Stiftungen zugeflossen waren. Bach antwortete mit einem »Kurtzen, jedoch höchstnöthigen Entwurff einer wohlbestallten Kirchen Music nebst einigen unvorgreiflichen Bedencken von dem Verfall derselben«. Aus einer

Verteidigung wurde eine Anklage gegen den Rat der Stadt Leipzig, dem Bach mangelnde künstlerische und finanzielle Unterstützung seiner Arbeit vorwarf. In dem Entwurf heißt es:

Zu einer wohlbestellten Kirchen Music gehören Vocalisten und Instrumentisten.
Die Vocalisten werden hiesigen Orths von denen Thomas Schülern formiret, und zwar von vier Sorten, als Discantisten, Altisten, Tenoristen, und Bassisten.
So nun die Chöre derer Kirchen Stücken recht, wie es sich gebühret, bestellt werden sollen, müßen die Vocalisten wiederum in 2erley Sorten eingetheilet werden, als: Concertisten und Ripienisten. Derer Concertisten sind ordinaire 4; auch wohl 5, 6, 7 biß 8; so man nemlich per Choros musiciren will.
Derer Ripienisten müßen wenigstens auch achte seyn, nemlich zu ieder Stimme zwey.

Die Instrumentisten werden auch in verschiedene Arthen eingetheilet, als: Violisten, Hautboisten, Fleutenisten, Trompetter und Pauker.
NB. Zu den Violisten gehören auch die, so die Violen, Violoncelli und Violons spielen.
Die Anzahl derer Alumnorum Thomanae Scholae ist 55. Diese 55 werden eingetheilet in 4 Chöre, nach denen 4 Kirchen, worinne sie theils musiciren, theils motetten und theils Chorale singen müßen. In denen 3 Kirchen, als zu S. Thomä, S. Nicolai und der Neüen Kirche müßen die Schüler alle musicalisch seyn. In die Peters-Kirche kömmt der Ausschuß, nemlich die, so keine Music verstehen, sondern nur nothdörfftig einen Choral singen können.
Zu iedweden musicalischen Chor gehören wenigstens 3 Sopranisten, 3 Altisten, 3 Tenoristen, und eben so viel Baßisten, damit, so etwa einer unpaß wird (wie denn sehr offte geschieht, und besonders bey itziger Jahres Zeit, da die recepte, so von dem Schul Medico in die Apothecke verschrieben werden, es ausweisen müßen) wenigstens eine 2 Chörigte Motette gesungen werden kan.
Machet demnach der numerus, so Musicam verstehen müßen, 36 Persohnen aus.

Die Instrumental Music besteht aus folgenden Stimmen; als

2 auch wohl 3 zur	Violino 1.
2 biß 3 zur	Violino 2.
2 zur	Viola 1
2 zur	Viola 1
2 zum	Violoncello.
1 zum	Violon.
2 auch wohl nach Beschaffenheit 3 zu denen	Hautbois
1 auch 2 zum	Baßon
3 zu denen	Trompetten.
1 zu denen	Paucken.

summa 18 Persohnen wenigstens zur Instrumental-Music.

NB. füget sichs, daß das Kirchenstück auch mit Flöten, (sie seynd nun à bec oder Traversieri), componiret ist (wie den sehr offt zur Abwechselung geschiehet) sind wenigstens auch 2 Persohnen darzu nöthig. Thun zusammen 20 Instrumentisten.

Der Numerus derer zur Kirchen Music bestellten Persohnen bestehet aus 8 Persohnen, als 4. Stadt Pfeifern, 3 KunstGeigern und einem Gesellen. Von deren Qualitäten und musicalischen Wißenschafften aber etwas nach der Wahrheit zu erwehnen, verbietet mir die Bescheidenheit. Jedoch ist zu consideriren, daß Sie theils emeriti, theils auch in keinem solchen exercitio sind, wie es wohl seyn sollte.

Der Plan davon ist dieser:

Herr (Gottfried) Reihe	1 Trompette.
Herr (Johann Corenelius) Genßmar	2 Trompette.
vacat	3 Trompette.
vacat	Paucken.
H. (Christian) Rother	1 Violine.
H. (Heinrich Christian) Beyer	2 Violine.
vacat	Viola
vacat	Violoncello
vacat	Violon
H. (Johann Caspar) Gleditsch	1 Hautbois.

H. (Johann Gottfried) Kornagel ——— 2 Hautbois.
                           vacat ——— 3 Hautbois od. Taille.
Der Geselle   ——— Baßon.

Und also fehlen folgende Höchstnöthige subjecta theils zur Verstärckung, theils zu ohnentbehrlichen Stimmen, nemlich:

        2 Violisten zur 1 Violin
        2 Violisten zur 2 Violin.
        2 so die Viola spielen.
        2 Violoncellisten
        1 Violonist
        2 zu denen Flöten

Dieser sich zeigende Mangel hat bißhero zum Theil von denen Studiosis, meistens aber von denen Alumnis müßen ersetzet werden. Die Herrn Studiosi haben sich auch darzu willig finden laßen, in Hoffnung, daß ein oder anderer mit der Zeit einige Ergötzligkeit bekommen, und etwa mit einem stipendio oder honorario (wie vor diesem gewöhnlich gewesen) würde begnadigt werden. Da nun aber solches nicht geschehen, sondern in etwanigen wenigen beneficia, so ehedem an den Chorum musicum verwendet worden, succeßive gar entzogen worden, so hat hiemit sich auch die Willfährigkeit der Studiosorum verlohren; denn wer wird ümsonst arbeiten, oder Dienste thun? ... Da nun aber der itzige status musices gantz anders weder ehedem beschaffen, die Kunst üm sehr viel gestiegen, der gusto sich verwunderenswürdig geändert, dahero auch die ehemahlige Arth von Music unseren Ohren nicht mehr klingen will, und man üm so mehr einer erklecklichen Beyhülffe benöthiget ist, damit solche subjecta choisiret und bestellet werden können, so den itzigen musicalischen gustum aßequiren, die neüen Arthen der Music bestreiten, mithin im Stande seyn können, dem Compositori und deßen Arbeit satisfaction zu geben, hat man die wenigen beneficia, so ehe hätten sollen vermehret als veringert werden, dem Choro Musico gar entzogen. Es ist ohne dem etwas Wunderliches, da man von denen teütschen Musicis prätendiret, Sie sollen capable seyn, allerhand Arthen von Music, sie komme nun aus Italien oder Franckreich, Engeland oder Pohlen, so fort ex tempore zu musiciren, wie es etwa die jenigen Virtuosen, vor die es gesetzet ist, und welche es lange vorher studiret ja fast auswendig können, überdem auch quod notandum in schweren Solde stehen, deren Müh und Fleiß mithin reichlich belohnet wird, prästiren können; man solches doch nicht consideriren will, sondern läßet Sie ihrer eigenen Sorge über, da den mancher vor Sorgen der Nahrung nicht dahin dencken kan, üm sich zu perfectioniren, noch weniger zu distinguiren. Mit einem exempel diesen Satz zu erweisen, darff man nur nach Dreßden gehen, und sehen, wie daselbst von Königl(icher) Majestät die Musici salariret werden; es kan nicht fehlen, da denen Musicis die Sorge der Nahrung benommen wird, der chagrin nachbleibet, auch überdem jede Persohn nur ein eintziges Instrument zu excoliren hat, es muß was trefliches und excellentes zu hören seyn. Der Schluß ist demnach leicht zu finden, daß bey ceßirenden beneficiis mir die Kräffte benommen werden, die Music in beßeren Stand zu setzen.

Zum Beschluß finde mich genöthiget den numerum derer itzigen alumnorum mit anzuhängen, iedes seine profectus in Musicis zu eröffnen, und so dann zu reiferer Überlegung es zu überlaßen, ob bey so bewandten Umständten die Music könne fernerhin bestehen, oder ob deren mehrerer Verfall zu besorgen sey. Es ist aber nothwendig den gantzen coetum in Drey Claßes abzutheilen, Sind demnach die brauchbaren folgende: (Namenliste)

Die Motetten Singer, so sich noch erst(lich) mehr perfectioniren müßen, üm mit der Zeit zur Figural Music gebraucht werden zu können, heißen wie folgt: (Namenliste)

Die von letzterer sorte sind gar keine Musici, und heißen also: (Namenliste)

Summa 17 zu gebrauchende, 20 noch nicht zu gebrauchende, und 17 untüchtige.

Leipzig, d. 23. Aug. 1730.

Joh: Seb: Bach.
Director Musices.

17 zu gebrauchende, 20 noch nicht zu gebrauchende und 17 untüchtige Musiker! Es erhebt sich die bange Frage: Wie mag Bachs oft schwierig zu interpretierende Musik unter diesen Verhältnissen allsonntäglich erklungen sein? Übrigens hat Bach mit seinem Memorandum nichts erreicht. Es blieb alles beim alten.

Ein geringfügiger Anlaß, die Ernennung des Chorpräfekten, führte 1736 zu einem heftigen, fast dramatischen Streit Bachs mit dem

Rektor der Thomasschule, Johann August Ernesti. Es war ein Streit der Generationen und ihrer verschiedenen Anschauungen. Ernesti war ein »moderner« Schulmann, Wissenschaftler und Rationalist zugleich. Die Kunst galt ihm wenig, die Musik, selbst die Kirchenmusik gehörte nach seiner Ansicht nicht in die Schule. »Bierfiedler«, wie er die musikbeflissenen Schüler nannte, konnte man nach seiner Meinung auch anderswo werden. Die Frage, ob die Entscheidung bei der Wahl des Chorpräfekten bei ihm oder bei Bach liege, war nur der äußere Anlaß zum Aufeinanderprallen ideologischer Gegensätze. Bach hatte einen von Ernesti gewählten, aber scheinbar unfähigen Mann »mit großem Schreien und Lärmen« unter Störung des Gottesdienstes aus der Vesper der Nikolaikirche verwiesen. Der Streit wurde erst durch das Eingreifen des Kurfürsten, an den sich Bach gewandt hatte, beendet. Bei der Hochzeit der Tochter des Kurfürsten 1738 in Leipzig hatte Bach die Festkantate »Willkommen, ihr herrschenden Götter der Erde« zur Aufführung gebracht, und der Kurfürst zeichnete seinen Hofkomponisten dafür so nachdrücklich aus, daß Ernesti und der Rat der Stadt Leipzig es vorzogen, Bachs Forderungen stattzugeben.
Im Alter hatte sich der Sturm gelegt, es stand beruflich unter einem milderen, aber auch gleichgültigeren Stern.

Das Werk Bachs

Das Werk Bachs stand nach der Gepflogenheit der Zeit, da man Musik für einen bestimmten Zweck schrieb, mit der jeweiligen Berufsausübung des Komponisten in einem engen Zusammenhang.
Für die kleine Orgel in Arnstadt mit nur sechsundzwanzig klingenden Registern schrieb Bach die ersten Präludien und Fugen, teilweise mehrthemig (die virtuose Fuge in C-Dur, Peters-Ausgabe Bd. IV, 1) oder auch mehrteilig (Fantasie in G-Dur, Bd. IX, 4), Präludium und Fuge in a-Moll (Bd. III, 9) in Form und Stil seiner norddeutschen Vorbilder. Das Choralvorspiel »Wer nur den lieben Gott läßt walten« hat Vor-, Zwischen- und Nachspiele. Die Kantate »Denn Du wirst meine Seele nicht in die Hölle lassen« Ostern 1704 für vier Soli, Streicher, drei Trompeten und Pauken ist eines der frühesten Werke Bachs in dieser Gattung. Sie kennt noch die Ver-

bindung von Lied, Bibelspruch und Choral in der Art des alten geistlichen Konzertes. Was Bach bei Buxtehude in Lübeck gelernt hatte, zeigen die Orgelwerke der zweiten Arnstadter und Mühlhausener Zeit: Virtuosität. Bach erfuhr, was ein »Concerto« ist: Toccata und Fuge in d-Moll, Bd. IV, die formale, melodische und harmonische Phantastik der Toccateneinschübe (Präludium und Fuge in D-Dur), und das Erlebnis eines neuen Ausdrucks (Kleines Präludium und Fuge in e-Moll, Bd. III, 10). Mit der Ratswechselkantate »Gott ist mein König« vom Februar 1708 nahm Bach unmittelbar Anteil an dem reichsstädtischen Leben der Stadt Mühlhausen. Die Kantate hält sich im Wechsel von Chor und Arie (Arioso) an genau »betrachtete« Vorbilder Buxtehudes. Das Werk wurde zu Ehren des neuen Stadtherren gedruckt – und blieb die einzig gedruckte Kantate von fünf Jahrgängen mit je sechzig Kantaten zu Bachs Lebzeiten!

In Weimar wurde Bach durch »das Wohlgefallen seiner gnädigen Herrschaft an seinem Spielen« angefeuert, »alles mögliche in der Kunst die Orgel zu handhaben, zu versuchen. Hier hat er auch die meisten seiner Orgelstücke gesetzt« (Nekrolog von Lorenz Mizler). Er setzte sie unter dem nachdrücklichen Einfluß der italienischen Instrumentalmusik. Durch Übertragung von sechzehn Konzerten für das Klavier und fünf für die Orgel hatte sich Bach die italienische Konzertform zu eigen gemacht. Ihre Übertragung auf Präludien und Fugen (Toccata, Adagio und Fuge in C-Dur, Bd. III, 8) brachte dem Präludium die Klarheit der großen Form, wie die vielleicht erst in Köthen entstandene Toccata und Fuge F-Dur, Bd. III, 2, erweist. Der Fuge gab sie Geschlossenheit, die aus der Einthemigkeit, dem Tutti des italienischen Konzertes entsprechend, erwächst (Präludium und Fuge a-Moll, Bd. II, 8, Fantasie und Fuge g-Moll, Bd. II, 4, wahrscheinlich erst in Köthen entstanden). Die organische Durchgestaltung, in der nach Philipp Emanuel Bachs Worten »alle Lücken sich schließen, alle Linien sich runden und alle Verhältnisse sich zur herrlichen Schönheit ordnen«, ist jetzt erreicht. Neben diesen Großwerken der Form stehen Choralvorspiele und die fünfundvierzig Choräle des »Orgelbüchleins«, die – wie ein Schüler Bachs, Johann Gotthilf Ziegler, bestätigte – nach dem »Affekt der Worte« gespielt werden sollen.

Kantaten

In Weimar legte Bach auch das breite Fundament für sein Kantatenwerk. Die Texte für zwölf Kantaten schrieb der in Weimar lebende Salomo Franck, der den Kantatentypus des Pastors und Pietistengegners Erdmann Neumeister (geb. 1671 in Üchtritz, gest. 1756 in Hamburg) übernommen hatte. Neumeister, dessen »Kirchenandachten« Bach vielfach vertont hat, übertrug die madrigalische Dichtungsart, nämlich Reimprosa für das Secco-Rezitativ, auf die Kantate und näherte sie durch den Wechsel von Arien und Rezitativen der Opernszene an. Er meinte, daß eine Kantate nicht anders aussähe als ein Stück aus einer Oper. In Bachs Kantate »Der Himmel lacht, die Erde jubilieret«, Ostern 1715, stehen zwischen Sonata und Coro des Anfanges und des Schlußchorals drei Rezitative und drei Arien. Bach, auf der Höhe seines Lebens, war in der Weimarer Zeit ein hochangesehener Musiker. Konzertreisen führten ihn nach Meiningen, Kassel, Dresden, Leipzig, Halle; zu Orgelabnahmen wurde er in Mühlhausen, Halle und Leipzig herangezogen. Ein Zeitgenosse schrieb über Bach: »Mit seinen zwei Füßen konnte er auf dem Pedal solche Sätze ausführen, die manchem nicht ungeschickten Clavieristen mit fünf Fingern zu machen sauer genug werden würde.«

Konzert- und Kammermusik

Der Hofkapellmeister und Direktor der fürstlichen Kammermusiken des Fürsten von Anhalt-Köthen Johann Sebastian Bach hatte ein Orchester von achtzehn Musikern zur Verfügung. Bei der Kammermusik wirkte der Fürst oft selbst mit. Er sang, spielte Cembalo, Violine und Gambe. Da der Köthener Hof calvinistisch war, war für die Kirchenmusik nur wenig Raum. Der größte Teil der Werke Bachs in der Köthener Zeit sind daher Konzert- und Kammermusiken. Dazu kommen lehrhafte Werke, schließlich Präludien, Toccaten, Fugen für Orgel, acht Kantaten und die in Leipzig im März 1723 aufgeführte »Johannespassion«. Zu Bachs Konzertmusik gehören die »Brandenburgischen Konzerte«, die er im Auftrag des Christian Ludwig von Brandenburg, eines Sohnes des Großen Kurfürsten, 1718–1719 schrieb. Der dreisätzigen Konzertform Vivaldis folgend, wählte Bach für das Concertino jedoch Besetzungen, die einer italienischen Klangvorstellung kaum entsprechen und in der Häufung der konzertierenden Instrumente an die Frühzeit des konzertierenden Stiles bei Gabrieli, Monteverdi und Schütz denken lassen. Das dreichörige 3. Brandenburgische Konzert mutet fast wie ein »Hommage à Gabrieli« an. Die Besetzungen der Brandenburgischen Konzerte sind folgende:

1. F-Dur: Quartgeige (eine normalerweise um eine Quarte höher stehende Violine, die in diesem Fall aber nur um eine Terz höher gestimmt ist), 2 Hörner, 3 Oboen, Fagott und Streichorchester, Generalbaß.
2. F-Dur: Clarino (die alte ventillose hohe Trompete in D, Es oder F der Feldtrompeter), Flöte, Oboe, Violine, Streichorchester und Generalbaß.
3. G-Dur: 3 Violinen, 3 Bratschen, 3 Violoncelli, Generalbaß.
4. G-Dur: Violine, 2 Blockflöten, Streichorchester und Generalbaß.
5. D-Dur: Flöte, Violine, konzertierendes Cembalo, Streichorchester.
6. B-Dur: 2 Bratschen, 2 Gamben, Generalbaß.

Zu den Konzertwerken gehören die Suiten für Orchester, die Bach mit einer Ouvertüre im Stilo francese eröffnet, um ihr eine größere Anzahl von Tanzsätzen folgen zu lassen, und die Violinkonzerte in a-Moll, E-Dur und das Doppelkonzert für 2 Violinen in d-Moll. Weitere Violinkonzerte, die verschollen sind, hat Bach sich und uns wahrscheinlich durch Umarbeitung als Klavierkonzerte erhalten.

Zur Köthener Kammermusik gehören die Sonaten für ein obligates, das heißt mit einem vollständigen und selbständigen Klaviersatz bedachtes Cembalo mit einem oder mehreren Melodie-Instrumenten; daneben aber auch Generalbaßsonaten für ein oder mehrere Melodie-Instrumente, die »französischen« und »englischen« Suiten für Klavier allein (wobei die nationalen Bezeichnungen weder auf nationale noch stilistische Besonderheiten hinweisen) und die drei Suiten und drei Sonaten für Violine allein. Zusammen mit den sechs Suiten für Violoncello kommt der letzten Gruppe eine Sonderstellung zu. Zum Vortrag dieser Werke war das Doppelgriff- und Akkordspiel notwendig, das besonders in der deutschen Violinkunst gepflegt wurde. Hervorragende Vertreter waren Heinrich Ignaz Franz Biber in Salzburg und Nicolaus Adam Strungk in Dresden. Das Akkordspiel kam dem Klang zugute, besonders wenn man, wie in diesem Fall, auf das begleitende Cembalo verzichtete. In welcher Weise allerdings Bach eine mehrstimmige Fuge (g-Moll) einer einzigen armseligen Geige mit vier Saiten anvertraut, ist ohne jedes Vorbild. Man denkt an das Mystikerwort: »Wenn die Seele blüht, muß der Leib verdorren.« Den Sinn dieses Satzes hat Bach mit seinen Solosonaten und Suiten, von denen zur d-Moll-Suite die bekannte Chaconne gehört, noch einmal erschlossen.

Was Bach unter lehrhafter Musik verstand, sagte er in dem Titel seiner Lehrwerke: »Aufrichtige Anleitung, womit den Liebhabern des Klaviers, besonders aber den Lehrbegierigen eine deutliche Art gezeigt wird, nicht allein mit zwei Stimmen rein spielen zu lernen, sondern auch bei weiteren Fortschritten mit drei obligaten Partien richtig und wohl zu verfahren, zugleich auch gute ›Inventionen‹ nicht allein zu bekommen, sondern selbige auch wohl durchzuführen, am allermeisten aber, eine kantable Art im Spielen zu erlangen, und daneben einen starken Vorgeschmack von der Komposition zu überkommen.« Und weiter heißt es: »Das wol temperierte Clavier oder Praeludia und Fugen durch alle Töne und Halbtöne sowohl in Dur, wie in Moll. Zum Nutzen und Gebrauch der lehrbegierigen musikalischen Jugend, als auch zum Zeitvertreib der auf diesem Gebiete schon geschickt Seienden ...« Die zweistimmigen Inventionen, zuerst Präambeln genannt, und die dreistimmigen Inventionen, zuerst als Fantasien und dann als Symphonien bezeichnet, sind 1723 entstanden, der erste Teil des Wohltemperierten Klaviers ein Jahr früher. Aber nicht nur für den großen Kreis der Liebhaber des Klavieres, sondern auch für den engen Kreis der Familie hat Bach Lehrwerke geschrieben: das »Clavier-Büchlein vor Wilh. Friedemann Bach« und »für Anna Magdalena Bach« (die zweite Gattin), weiter »Kleine Präludien und Fugen« und streng dreistimmige Sonaten für Orgel für die beiden ältesten Söhne. Auch das »Orgelbüchlein« hat Bach 1722 vorläufig beendet.

Bachs Orgelwerke der Köthener Zeit, zu denen die Passacaglia in c-Moll gehört, sind Meisterwerke der Bach-Form an Einheitlichkeit und Geschlossenheit, aber auch Meisterwerke des Ausdrucks an Kühnheit der schweifenden Phantasie.

Werke der Leipziger Zeit

Am 5. Juni 1722 war Johann Kuhnau als Thomaskantor in Leipzig gestorben. Nachdem der Hamburger Kirchendirektor Georg Philipp Telemann und Christoph Grauper, ein Schüler Kuhnaus und Hofkapellmeister in Darmstadt, die Berufung abgelehnt hatten, wandte sich die Behörde an Bach. Im Zusammenhang mit dem Probespiel brachte Bach in Leipzig seine Kantate »Jesus nahm zu sich die Zwölf« und am 26. März 1723 seine Johannespassion in der Thomaskirche zur Aufführung. Man war sich in den Kreisen der Leipziger Ratsherren darin einig, daß man – da man den »Besten« nicht haben konnte – wenigstens einen »Mittleren« gefunden habe. Bachs Vertrag mit dem Magistrat und dem Konsistorium legte fest, daß er in den beiden Hauptkirchen St. Thomas und St. Nikolai die Kirchenmusik in gutem Zustand halten solle, daß er die Knaben nicht nur in der Vokal-, sondern auch in der Instrumentalmusik unterrichten müsse. Gleichzeitig sollte er für die Kirchenmusik der Neukirche und Peterskirche durch entsprechende Anleitung von Chorpräfekten sorgen. Und schließlich war er angehalten, es so einzurichten, daß die Kirchenmusik nicht zu lang wäre und daß sie vor allem nicht zu opernhaft herauskomme, sondern die Zuhörer vielmehr zur Andacht aufmuntere. Schon vor seiner Berufung hatte sich Bach am 2. Dezember 1714 anläßlich der Uraufführung seiner Kantate »Nun komm der Heiden Heiland« in Leipzig auf die Innenseite des Umschlags notiert: »Anordnung des Gottes Dienstes in Leipzig am 1. Advent-Sontag frühe. (1) Praeludieret. (2) Motetta. (3) Praeludieret auf das Kyrie, so gantz musiciret wird. (4) Intoniret vor dem Altar. (5) Epistola verlesen. (6) Wird die Litaney gesungen. (7) Praelud. auf den Choral. (8) Evangelium verlesen (durchstrichen: und Credo intoniret). (9) Praelud. auf die Haupt Music. (10) Der Glaube gesungen. (11) Die Predigt. (12) Nach der Predigt, wie gewöhnlich einige Verse aus einem Liede gesungen. (13) Verba Institutionis. (14) Praelud. auf die Music. Und nach selbiger wechselweise praelud. u. Choräle gesungen, biß die Communion zu Ende et sic porrò.«

Die Motette und die Kantate sind die musikalischen Höhepunkte des Gottesdienstes. Bachs lateinische Motetten gingen verloren, erhalten sind fünf Motetten auf deutsche Texte, die aber »amtliche«

Begräbnismusiken waren. Im Gottesdienst verwandte Bach wahrscheinlich die »gutten, alten gebräuchlichen Orlandischen (Orlando di Lasso), Josquinschen oder sonsten von anderen altten vornehmen, andächtigen und gravitätischen autoribus componierten Motetten«, wie es in einer Bestallungsordnung für Organisten 1644 in Wittenberg heißt. Bach fand diese lateinischen Motetten sicher in der Bodenschatzschen Motettensammlung »Florilegium Portense« (Schulpforta), die Motetten von Handl, Haßler, den beiden Gabrieli enthielt. Kantaten aber schrieb Bach etwa dreihundert. In der lutherischen Liturgie hat jedes Fest und jeder Sonntag seinen Evangelienabschnitt. Zu jedem dieser Tage gehört eine andere Kantate, genau wie jedem Tag andere Choräle zugewiesen waren. Bach hat, wenn man das Kirchenjahr zu sechzig Kantaten rechnet, fünf Jahreszyklen Kantaten geschrieben. Davon sind ungefähr zweihundert erhalten. Bachs 50. Lebensjahr war der Höhepunkt seines Kantatenschaffens. Er übernahm den Kantatentypus Neumeisters, dessen Text eine freie Dichtung war und sich musikalisch in Rezitative und Arien nach dem Schema der neapolitanischen Oper gliederte. Wenn später Neumeister und Bach wieder Bibelsprüche und Choralstrophen zuließen, so wird doch nichts an der Tatsache geändert, daß Bach mit dieser Kantatenform – wie könnte es auch anders sein – zeitgebundener erscheint als in manchen anderen Werken.
Aus der oben zitierten Leipziger Gottesdienstordnung ersieht man, daß auch die traditionellen Sätze der alten Messe Kyrie, Gloria und manchmal auch Kredo, Sanctus und das Magnifikat in lateinischer Sprache zum protestantischen Gottesdienst gehörten. Bach schrieb vier solcher Kurzmessen. Aus einer von ihnen entstand in den Jahren 1733–1738 die Große Messe in h-Moll, deren Kyrie und Gloria er dem Gesuch um Titelverleihung an König August III. in Dresden beilegte. Ein später umgearbeitetes Magnifikat schrieb Bach Weihnachten 1723. Dieser Lobgesang der Maria beim Besuch der Elisabeth (zum Offizium, dem Nebengottesdienst der katholischen Kirche gehörend) ist eines der großartigsten Werke Bachs. Bei der Knappheit der Form und der durch den lateinischen Text bedingten Objektivität tritt der Ausdruck hinter dem altehrwürdigen Sinn des Textes zurück. Erweiterte Kantaten sind auch Bachs Weihnachts-, Himmelfahrts- und Osteroratorium. Das Weihnachts-

oratorium 1734-1735 setzt sich aus sechs verschiedenen Kantaten zusammen, die ursprünglich den sechs liturgischen Feiern während der zwölf Heiligen Nächte galten. Merkwürdig ist dabei, daß siebzehn Nummern des Weihnachtsoratoriums mit Stücken aus weltlichen Kantaten Bachs übereinstimmen. Das Osteroratorium ist die große Kantate »Kommt, eilet und laufet« und das Himmelfahrtsoratorium die Kantate »Lobet Gott«.

Oratorien sind auch Bachs Passionen. Sie setzen sich aus den gleichen Formen wie die Kantaten zusammen: Chor, Rezitativ, Arie, Choral. Durch die Wechselreden des biblischen Textes und durch das Eingreifen der Volkschöre bekommt das Ganze eine Dramatik, die wiederum auf die Oper verweist. Nach der Umarbeitung der Johannespassion 1727, die mit einem Einleitungschor versehen wurde, schrieb Bach 1729 die Matthäuspassion. Ihr Textdichter war der junge Leipziger Postbeamte und Steuereinnehmer Christian Friedrich Henrici, der sich als Schriftsteller Picander nannte. Er stützte sich auf die Fassung des Passionstextes des Hamburger Ratsherrn Barthold Heinrich Brockes, die schon Bachs Johannespassion zugrunde lag. Da auch zahlreiche Kantatentexte Picanders von Bach vertont wurden, hat sein Name Unsterblichkeit erlangt. Seine leichtfertigen und leichtsinnigen weltlichen Dichtungen hätten zu diesem Nachruhm kaum ausgereicht. Aller Wahrscheinlichkeit nach hat Bach zwei weitere Passionstexte (einen davon nach dem Markusevangelium) von Picander vertont. Beide Werke sind verlorengegangen. Es ist aber möglich, daß Bach einen Teil der Markuspassion zur »Trauerode« für die verstorbene sächsische Kurfürstin Christiane Eberhardine 1727 verwendet hat. Für die Orgel arbeitete Bach in Leipzig zum Teil frühere Werke um (a-Moll, C-Dur, c-Moll, G-Dur). Nach 1735 entstand schließlich der letzte große Zyklus der Präludien und Fugen C-Dur (Bd. II, 7), e-Moll (Bd. II, 9), h-Moll (Bd. II, 10), Es-Dur (Bd. III, 1). In den Choralvorspielen übernahm Bach die von den Vorgängern Pachelbel, Böhm und Buxtehude geprägte Form: die vergrößerte Choralmelodie in der Oberstimme bei fugiertem und imitatorischem Verlauf der übrigen Stimmen, die verzierte »kolorierte« Melodiestimme über einem einfachen Satz der anderen Stimmen und das Choralvorspiel als freie Fantasie.

Für ein Gesangbuch mit fast tausend Nummern, das der Schloßkantor von Zeitz, Georg Christian Schemelli, herausgab, steuerte Bach vierundzwanzig Stücke bei. Andere hat er überarbeitet und verbessert.

Weltliche Musik

Neben der Kirchenmusik Bachs steht die weltliche. 1729 wurde ihm endlich die Leitung des von Telemann gegründeten studentischen Collegium musicum der Universität übertragen. Mit seinen Studenten musizierte er die vier Orchestersuiten, eine Reihe Konzerte für ein, zwei, drei und vier Klaviere, das Tripelkonzert für Klavier, Flöte und Violine und die Violinkonzerte.

Die weltlichen Kantaten Bachs, wie »Der zufriedengestellte Äolus« 1725, der schon erwähnte »Streit zwischen Phöbus und Pan« um 1731, die »Kaffeekantate« 1732, eine Bauernkantate »Mer hahn en neue Oberkeet« 1741, zeigen Bach auf dem Wege zum Dramma per musica.

1731 gab Bach »Clavier-Übung, bestehend in Präludien, Allemanden, Couranten, Sarabanden, Giguen, Menuetten und anderen Galanterien; denen Liebhabern zur Gemüths-Ergötzung verfertiget...« als op. 1 »in Verlegung des Autoris« heraus. Dem ersten Band folgten 1735, 1739 und 1742 drei weitere. Es ist das einzige größere Werk Bachs, das zu seinen Lebzeiten gedruckt wurde, und dazu noch im Selbstverlag! Der erste Band enthält die sechs Partiten, der zweite das Konzert »im italiänischen gusto« und die französische Ouvertüre mit darauffolgenden Tanzsätzen in h-Moll. Im dritten Teil finden sich einundzwanzig Choralvorspiele für die Orgel, die in zweierlei Fassung, kunstvoll und einfach, die Kirchenlieder des lutherischen Katechismus (die zehn Gebote) und das protestantische Kyrie und Gloria verarbeiten. Eingerahmt wird dieser musikalische Gottesdienst in Kirchenliedern von Präludium und Fuge in Es-Dur. In dem gleichen Band finden sich noch vier Duette. Sowohl ihre Placierung inmitten der protestantischen Messe, wie man den Band genannt hat, als auch ihre Struktur geben Rätsel auf. Der Versuch, die Duette liturgisch einzuordnen als Orgelmusik zum Abendmahl oder in einen Zusammenhang mit den Choralvorspielen zu bringen, ist abwegig. Warum stehen sie, die sicherlich Klavierstücke sind, aber an dieser Stelle? Sollten sie vielleicht Synthese, Abschluß und

Krönung der »Clavier-Übungen« sein, bevor Bach sich entschloß, die Goldbergvariationen als vierten Teil anzufügen? Bach sah im zweistimmigen Satz die Erfüllung alles kontrapunktischen Gestaltens. Das dritte Duett verbindet einen fugierten Vor- und Nachsatz mit einem Mittelteil, der ein Wunder der kanonischen und imitatorischen Satztechnik ist. Denkt man andererseits an die Bedeutung und zentrale Stellung, die Bach in seinen Spätwerken, dem »Musikalischen Opfer« und der Kunst der Fuge, dem Kanon gibt, so würde auch den Duetten im dritten Band der »Clavier-Übungen« eine andere Bedeutung zukommen, als nur Anhängsel für den Klavierliebhaber zu sein, der bei diesem Orgelband sonst nicht auf seine Kosten gekommen wäre. Die Stücke sind von einer Kühnheit, einer hinreißenden Modernität sondergleichen. Auch in den Goldbergvariationen des vierten Bandes ist jede dritte Variation ein Kanon von der Prim bis zur None.

Bach schrieb das Werk im Auftrag des livländischen Freiherrn Carl von Kayserling für dessen Privatcembalisten Johann Theophil Goldberg, der ein Schüler Bachs gewesen war. Diese »Aria mit 30 Veränderungen« sollte dem hohen Gönner Bachs, der russischer Gesandter in Dresden war, die Zeit in seinen schlaflosen Nächten vertreiben. Bach hat die Variationen in der Art der Passacaglia über die Baßmelodie der sarabandenähnlichen Aria geschrieben. Am Schluß vor der Wiederholung der Aria steht ein Quodlibet, in dem Bach – ein einmaliger Fall – Volkslieder »Sauerkraut und Rüben« und »Ich bin so lang nit bei dir gewest« verarbeitet. An sich steht Bach in seinem Gesamtwerk dem Volkslied so fern, wie das Kirchenlied das Fundament seiner Musik ist. Mit dem zweiten Teil des Wohltemperierten Klaviers »Neue Präludien und Fugen« 1744 endet die Reihe der Bachschen Klaviermusik.

Spätwerke

Die noch folgenden Spätwerke nehmen eine Sonderstellung ein. In seinem letzten Lebensjahrzehnt mag es Bach mehr und mehr bewußt geworden sein, daß die Musik seiner Zeit sich von Grund aus gewandelt hatte und Wege gegangen war, denen er zu folgen nicht gewillt war. Für ihn bedeutete diese Erkenntnis menschliche Absonderung und Einsamkeit, für das Werk gab sie ihm die Freiheit zur letzten eigensten Aussage. In den letzten Choralkantaten, den Orgelchorälen, den Variationen »Vom Himmel hoch«, dem »Musikalischen Opfer« und der Kunst der Fuge liegt diese vor. Die letztgültige Form dieser Aussage ist der Kanon, nicht die Fuge geworden. Der Verfasser hatte nachzuweisen versucht, daß es eine Grundform bei Bach gibt, die alle von ihm verwendeten Formen durchdringt. Ihr harmonischer Grundriß, ihre Folge von fester und lockerer gefügten Teilen ist auf den Kanon nicht anwendbar. Kanon bedeutet nicht Gliederung, sondern Fluß, ständiges Fließen der Stimmen scheinbar ohne Ende. Welche Form wäre geeigneter gewesen, das aufzunehmen, was Bach jetzt wollte? Die einthemige Fuge Bachs war der Höhepunkt einer Formidee. Für Bach aber war sie noch nicht Ende, sondern Fundament für den Kuppelbau der einthemigen Werke, die wie die Goldbergvariationen, die Variationen »Vom Himmel hoch«, das »Musikalische Opfer« und die Kunst der Fuge auf dem Fundament eines einzigen Themas ruhen. Noch immer blieb das Letzte zu tun: Der musikalische Zusammenhang nicht nur der Teile, sondern auch der musikalische Zusammenhang der gesamten Struktur mußte gewonnen werden. Er konnte nur im Kanon gefunden werden, im Kanon ist der Bezug der Stimmen Note für Note unabänderlich und unauflösbar Realität geworden. Die letzte Einheit eines musikalischen Vorgangs ist erreicht. Im Kanon wurde Bach zum Überwinder seiner eigenen Grundform, der Bach-Form. In vielen Werken, gerade den beliebtesten, ist Bach zeitgebunden, der Abstand zu manchem Werk der Zeitgenossen ist nicht so groß, wie man oft annimmt – in den Kanons der Spätwerke aber erreichte Bach eine Stufe in der Musik, die seine eigenste ist, höher und ferner als alles, was bisher erklungen war. Zum ersten Male ist die Idee des musikalischen Zusammenhangs in vollkommenster Weise Wirklichkeit geworden. Zum Beweis dienen die vier Kanons der Kunst der Fuge, die nicht als Zutaten, sondern als das Hauptstück des ganzen Werkes angesehen werden müssen. Die lockerer gefügten Teile sind aufgegeben (Kanon in der Duodezime), an ihrer Stelle steht das abgewandelte Thema. Durch diese ständige Anwesenheit des thematischen Materials in beiden Stimmen (der 2. Teil ist eine Vertauschung im doppelten Kontrapunkt: Kanon in der Duodezime, Kanon in der Umkehrung und Ver-

größerung) ist die letzte Dichte der musikalischen Zusammenhänge erreicht.
Über die letzten Lebensmonate Bachs und seinen Tod berichtet der Mizlersche Nekrolog: »Sein von Natur etwas blödes Gesicht, welches durch seinen unerhörten Eifer in seinem Studiren, wobey er sonderlich in seiner Jugend ganze Nächte hindurch saß, noch mehr geschwächet worden, brachte ihm, in seinen letzten Jahren, eine Augenkrankheit zuwege. Er wollte dieselbe, theils aus Begierde, Gott und seinem Nächsten mit seinen übrigen noch sehr muntern Seelen- und Leibeskräften, ferner zu dienen, theils auf Anrathen seiner Freunde, welche auf einen damals in Leipzig angelangten Augenarzt viel Vertrauen setzeten, durch eine Operation heben lassen. Doch diese, ungeachtet sie noch einmal wiederholet werden mußte, lief sehr schlecht ab. Er konnte nicht nur sein Gesicht nicht wieder brauchen: sondern sein im übrigen überaus gesunder Cörper, wurde auch zugleich dadurch, und durch hinzugefügte schädliche Medikamente und Nebendinge, gäntzlich über den Haufen geworfen, so daß er darauf ein völliges halbes Jahr lang fast immer kränklich war. Zehn Tage vor seinem Tode schien es sich gähling mit seinen Augen zu bessern, so daß er einstmals des Morgens ganz gut wieder sehen, und auch das Licht wieder vertragen konnte. Allein wenige Stunden darauf, wurde er von einem Schlagflusse überfallen, auf diesen erfolgte ein hitziges Fieber, an welchem er, ungeachtet aller möglichen Sorgfalt, zweyer der geschicktesten Leipziger Ärzte, am 28. Julius 1750, des Abends nach einem Viertel auf neun Uhr im sechs und sechzigsten Jahre seines Alters auf das Verdienst seines Erlösers sanft und seelig verschied... Dieß ist die kurtze Beschreibung des Lebens eines Mannes, der der Musik, seinem Vaterlande, und seinem Geschlechte, zu gantz ausnehmender Ehre gereichet.«
1773 berichtet der englische Reisende Charles Burney über Johann Sebastian Bach: »Alle itzt lebenden Organisten in Deutschland haben sich nach seiner Schule gebildet, so wie die meisten Flügel-, Clavier- und Fortepianospieler nach der Schule seines Sohnes, des vortrefflichen Carl Philipp Emanuel Bach.« Daß Bach von den Zeitgenossen unbeachtet geblieben, von der Nachwelt vergessen und erst von Zelter und Mendelssohn wieder entdeckt sein soll, ist eine

romantische Erfindung. Die Nachwelt hat sich Bachs nicht gerade angenommen – welche Nachfahren eines großen Künstlers haben dies getan? –, aber vergessen war er nicht. Bedenklicher war die Propaganda Johann Nikolaus Forkels (geb. 1749 bei Coburg, gest. 1818 in Göttingen), des Göttinger Universitätsmusikdirektors und ersten Bach-Biographen, »zur Erhaltung des Andenkens an diesen großen Mann als Deutscher und als Nationalangelegenheit«. Lange noch hat im 19. Jahrhundert der »deutsche Meister Bach« der Weltgeltung seines Werkes im Wege gestanden.

Neapel

Das Werk Bachs ist den Zeitgenossen zum größten Teil unbekannt geblieben. Auf die europäische Musik seiner Zeit hat es keinen Einfluß gehabt. Viel weniger noch bedeutet der Tod Bachs eine Stilwende in der Musik. Ein neuer Stil war schon zu seinen Lebzeiten längst im Werden. Die europäische Musik ging anderswo ganz andere Wege, die Bach kannte, denen er aber nicht folgen konnte und wollte. Erst spätere zurückblickende Generationen glaubten im Werk Bachs, zu dem sie verehrend aufschauten, eine Wasser- und Wetterscheide des Stiles in der Musik zu sehen. Bach aber war nur Gipfel, ein Gipfel großer und alter Tradition, abseits vom Strom seiner Zeit.

Das große europäische Zentrum der Musik am Anfang des 18. Jahrhunderts war Neapel. Das seit 1529 von spanischen Vizekönigen verwaltete Königreich Neapel war durch die Friedensschlüsse des spanischen Erbfolgekrieges in Utrecht und Rastatt 1713–1714 den österreichischen Habsburgern zugefallen. 1735 aber überließ Kaiser Karl VI. das Königreich Neapel-Sizilien den spanischen Bourbonen. Durch die jahrhundertelange Bindung Neapels an Spanien hatte auch die Kultur des Königreiches ein mehr spanisches als italienisches Aussehen angenommen. In der Musikgeschichte spricht man von einer neapolitanischen Schule. Was bedeutet dieser Begriff? Er beschränkt sich keineswegs nur auf die Oper, sondern umfaßt in gleicher Weise die weltliche und kirchliche Vokalmusik und vor allem auch die Instrumentalmusik. Der Stil der neapolitanischen Musik ist der musikalischste Stil, den die Musik Europas je gefunden hat. Das soll heißen, er ist nur Musik, soweit man unter Musik den schönen, auf die Sinne und die Empfindung wirkenden Ton versteht. Alle anderen Kategorien, wie Form, Ausdruck, Wort, sind der reinen Musik untergeordnet. Für diese Kategorien genügt ein Schema, das sich mit Musik füllen läßt.

Musikalische Formen

Das Schema der Form haben die Neapolitaner einerseits in der Ouvertüre, der Sinfonia, in der Konzert- und Kammermusik (Triosonate) und andererseits in der Oper und in der Solokantate gefunden. Die »italienische Ouvertüre« ist wie die französische Ouvertüre dreiteilig. Nur ist die Abfolge ihrer Teile nicht langsam – schnell – langsam, sondern schnell – langsam – schnell, also Allegro – Andante – Allegro. Da die italienische Ouvertüre mit dem Inhalt der Oper, an deren Spitze sie steht, keineswegs verbunden ist, war sie auch für Aufführungen im Konzertsaal geeignet. Dort brachte sie als Kammersymphonie (Sammartini) der klassischen Symphonie manche Anregung.

Die musikalische Grundform der Oper und Kantate wurde die Da-capo-Arie. Auch sie ist dreiteilig nach dem Schema A – B – A. Der Teil A wiederum ist in sich meist zweiteilig. Seine Wiederholung gibt dem Sänger Gelegenheit zu frei improvisierter Koloratur und freier Kadenz (= unbegleitete Koloratur). Der Teil B bildet meistens einen Kontrast zum Teil A durch eine andere Tonart und anderes Zeitmaß. Vier Orchesterritornelle, die das gleiche thematische Material der Singstimme verwenden, stehen am Anfang und nach A und wiederum vor und nach der Reprise des A, also OAO B OAO. Auf diese Weise ergibt sich eine refrainartige Form, die der klassischen Rondoform entspricht.

Die Großform der Oper besteht aus sechzehn bis achtzehn Arien, an deren Stelle auch liedmäßige Kavatinen treten können. Für den mehrstimmigen Gesang ergeben sich nur Duette. Der Chor ist aus der Oper verschwunden. Zwischen den Arien, sie handlungsmäßig und musikalisch verbindend, steht das Rezitativ. Das Recitativo secco, ein vom Cembalo begleitetes Parlando (Sprechgesang) wird zum eigentlichen Träger der Handlung, das Recitativo accompagnato (vom Orchester begleitet) leitet meist in die Empfindungswelt der ihm folgenden Arie ein. In der Arie steht die Handlung still. In ihr erfüllt und entlädt sich die jeweils auszudrückende Empfindung: Liebe und Haß, Freundschaft und Rache, Aufruf zum Kampf, Trost und Schlummer.

Die Stoffe, denen dieses Opernschema auferlegt wurde, entnahmen die beiden Hauptdichter der Epoche, Apostolo Zeno (1668–1750) und Pietro Metastasio (1698–1782), in der Hauptsache der antiken Geschichte. Ihr Vorbild war dabei die klassische französische Tragödie Racines und Corneilles. Sowohl Zeno als auch der Römer Metastasio waren Hofpoeten am Wiener Hof. Die Kaiserin Maria Theresia bezeichnete Metastasio als »die Zierde des Zeitalters«. Kein Geringerer als Goethe spendete seinen Operntexten Lob. Metastasio gab seinen dramatischen Gestalten – nach seinen eigenen Worten – die »beiden Hauptprinzipien der menschlichen Organisation, Leidenschaft und Vernunft«, mit auf den Weg. Leidenschaft und Vernunft durch Töne auszudrücken war auch das Hauptanliegen der Musik der neapolitanischen Schule. Selten sind sich die Absichten und Ziele der Librettisten und der Musiker eines Zeitalters so ähnlich, ja gleich gewesen, wie im 18. Jahrhundert. Beide waren sich darin einig, daß die Einheit des Kunstwerkes nicht durch kontrastierende Gegenüberstellung von Leidenschaft und Vernunft gefährdet werden dürfe, sondern daß ein Ausgleich zwischen beiden gefunden werden müsse. Er führte sowohl in der Dichtung als auch in der Musik zu einem von der Natürlichkeit und Wahrheit sich distanzierenden, mit anderen Worten, zu einem typisierenden Ausdruck.

Als harmonische Ausdrucksformel sei an dieser Stelle der neapolitanische Sextakkord erwähnt. Dieser in der Musik der Neapolitaner bei dramatischen Höhepunkten besonders beliebte Akkord ist ein Moll-Subdominant-Dreiklang, bei dem die Quinte durch die kleine Sexte ersetzt ist *(Ntb. 59)*.

Neapolitanischer Sext-Akkord

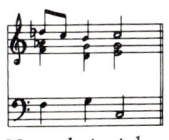

Notenbeispiel 59

Erst auf der Voraussetzung des Formenschemas und des Ausdruckstypus konnte die »schöne« Musik erblühen. Im Gluthauch der Wahrheit wäre ihre Schönheit verbrannt. Im Belcanto der menschlichen Stimme findet diese Schönheit ihre reinste Offenbarung. Berühmte neapolitanische Gesangschulen haben in langjährigem Studium die Virtuosen des Gesangs, die Primadonna der italienischen Oper und vor allem den Primo uomo, den Kastraten, ausgebildet. Der Klang der Kastratenstimme bestimmt das Klangbild der neapolitanischen Oper in gleicher Weise wie die Kastraten den Opernbetrieb. Ihren Ansprüchen, ihren Launen und ihrer Willkür waren keine Grenzen gesetzt. Die Musik lag zu ihren Füßen, die Komponisten, die Kapellmeister und ein hingerissenes, begeistertes europäisches Publikum. Kommt dazu noch die Pracht der Bühnendekoration der barocken Kostüme und der Einfallsreichtum der Bühnenmaschinerie, so ist das Bild der neapolitanischen Oper vollständig: der Rausch für Ohr und Auge ist vollkommen.

Alessandro Scarlatti

Besucht man die Bibliothek des Conservatorio San Pietro Maiella in Neapel, so erschrickt der Forschende fast vor der Fülle der Namen der Maestri der neapolitanischen Schule, die ihm aus den Partituren entgegenleuchten. Die Brücke von der venezianischen zur neapolitanischen Musik schlägt ein Großmeister, der Sizilianer Alessandro Scarlatti, der 1659 in Palermo geboren wurde. Vieles, was später der Typisierung verfällt, ist bei ihm noch lebendige Auseinandersetzung des Alten mit dem Zukünftigen. Die venezianische dreiteilige Cembalo-Arie, bei der nur die Zwischenspiele vom Orchester vorgetragen werden, ersetzt Scarlatti durch die dreiteilige, völlig vom Orchester begleitete Da-capo-Arie. Er verschmäht aber auch nicht Strophenlieder, kleine Duette, ja Ensembles. Das Scarlattische Rezitativ ist noch das alte Ausdrucksrezitativ Monteverdis und Cavallis, dem Arioso ebenbürtig. Die Trennung zwischen Rezitativ und Arie ist auf diese Weise weniger streng als später bei Scarlattis Nachfolgern. Seinen Vorbildern, dem Neapolitaner Francesco Provenzale (1627–1704) und den Venezianern Alessandro Stradella (um 1642 bis 1682) und Giovanni Legrenzi (1626–1690), verdankt Scarlatti die kontrapunktische Haltung seiner Musik. Die

Alessandro Scarlatti: »Griselda«

Notenbeispiel 60

Spätneapolitaner haben es sich im Hinblick auf den strengen Satz leichter gemacht. Meint doch sogar Philipp Emanuel Bach, daß es »einem Komponisten ganz und gar an Genie fehle«, wenn er sich »mit Kanonkünsten abgebe, anstatt wie Johann Adolf Hasse (er war der Hauptvertreter der neapolitanischen Schule in Deutschland) als listigster Betrüger, ohne auf die obligate Führung der Stimmen zu sehen, himmlische Wirkungen zu erreichen«.

Scarlatti hatte keinen Operntext Metastasios zur Verfügung, denn Metastasios erste dramatische Arbeit erschien erst ein Jahr vor dem Tode Scarlattis. Man behauptet heute, daß die Mehrzahl der 114 Operntexte, der Oratorientexte und die Texte von Hunderten von Solokantaten Scarlattis unzulänglich seien. Die Unzulänglichkeit aber hinderte ihn nicht daran, Melodien von edelster Schönheit und Leidenschaft über diese Texte auszugießen. Die dreiteilige instrumentale Opernsinfonia ist Scarlattis eigenste Schöpfung. Der Erfolg seiner ersten Oper 1679 in Rom hatte Scarlatti die Berufung als Hofkapellmeister der in Rom lebenden Königin Christine von Schweden eingebracht. 1684 ging er in gleicher Eigenschaft wieder nach Neapel, doch kehrte er noch zweimal für längere Zeit nach Rom zurück. Ein Teil einer Rezitativszene aus seiner letzten Oper »La Griselda«, Rom 1721 (Scarlatti starb 1725), ist ein Beispiel seines dramatischen Rezitativstiles *(Ntb. 60)*.

Notenbeispiel 61

Als Zeichen für die Schönheit seiner Melodie und für die Kühnheit seiner Harmonie stehe der Schluß des Ariosos aus der schon erwähnten Solokantate »Su le sponde del Tebro«. So viel Schönheit, die das neuplatonische Schönheitsideal der edlen Einfalt und stillen Größe Johann Joachim Winckelmanns vorausnahm, konnte nicht untergehen. Die Meister der neapolitanischen Schule haben sie immer wieder neu erstehen lassen *(Ntb. 61).*

Meister der neapolitanischen Schule

Der englische Reisende Charles Burney nennt 1772 in seinem »Tagebuch einer Musikalischen Reise durch Frankreich und Italien« folgende Namen der neapolitanischen Schule, deren Glanz ihn veranlaßt habe, nach Neapel zu reisen: Alessandro Scarlatti und den Sohn Domenico Scarlatti, Leonardo Vinci, Leonardo Leo, Giovanni Battista Pergolesi, Nicola Porpora, Carlo Broschi, genannt Farinelli, Niccolò Jommelli, Niccolò Piccinni und unzählige andere Komponisten, Sänger und Spieler vom ersten Range. Leonardo Vinci (geb. 1690 in Strongoli, gest. 1730 in Neapel), Hofkapellmeister in Neapel; Leonardo Leo (geb. 1694 in San Vito degli Schiavi, gest. 1744 in Neapel), der Nachfolger Scarlattis am Konservatorium S. Onofrio in Neapel, Lehrer von Jommelli und Piccinni; Nicola Porpora (geb. 1686 in Neapel, gest. 1766 in Neapel), als Komponist und Lehrer für Gesang in Venedig, Wien, Dresden,

London und Neapel tätig (in Wien unterrichtete er den jungen Joseph Haydn); Giovanni Battista Pergolesi (geb. 1710 bei Ancona, gest. 1736 in Pozzuoli); Niccolò Jommelli (geb. 1714 in Aversa, gest. 1774 in Neapel); Niccolò Piccinni (geb. 1728 in Bari, gest. 1800 bei Paris), die letzteren drei auch Meister der Opera buffa – sie alle waren Komponisten, die, nach den Worten Burneys, »was den Contrapunct und die Erfindung betrifft, vortrefflich sind. In ihrer Manier, sie auszuführen, herrscht ein Nachdruck und Feuer, dergleichen man vielleicht in der ganzen Welt nicht findet: Sie ist so hitzig, daß sie beynahe zur Wuth übergeht; und diese Heftigkeit des Genies macht, daß ein neapolitanischer Komponist in einem Stücke, welches ruhig und in einem mäßigen Feuer anfängt, das Orchester, ehe es geendigt ist, in lichte Flammen setzt... Die Neapolitaner können gleich muthigen Pferden den Zügel nicht leiden, und beschleunigen voller Unwillen ihren Lauf bis zur äußersten Schnelligkeit.« Carlo Farinelli (geb. 1705 in Andria, gest. 1782 in Bologna) war ein berühmter Kastrat, Schüler Porporas. Er lebte über zwanzig Jahre am spanischen Hof und seit 1761 in seinem Palazzo in Bologna, wo er seinerseits hofhielt. Ein anderer Kastrat, Caffarelli, kaufte sich ein Herzogtum mit dem Titel »Duca di Santi Dorato«.

Zu den Neapolitanern sind auch zwei deutsche Komponisten zu rechnen, deren Namen einen großen Klang haben: Johann Adolf Hasse und Georg Friedrich Händel. Ihr Studium bei Alessandro Scarlatti in Neapel hat ihnen jedoch den Zugang zu späteren eigenen Bereichen nicht verschlossen. Hasse war 1699 in Bergedorf bei Hamburg geboren. Die Hamburger und die Braunschweiger Oper vermittelten ihm die ersten Grundlagen seines Schaffens. 1722 ging er zu Scarlatti und Porpora nach Neapel. Der Ruhm ließ nicht lange auf sich warten. 1723 hatte er seine ersten Opernerfolge in Neapel und Venedig. 1730 heiratete er eine der berühmtesten Sängerinnen seiner Zeit, Faustina Bordoni. 1731 übernahm er die Leitung der Dresdener Hofoper. Die Chronik Dresdens im Zeitalter Augusts des Starken muß in Kunstdingen Hasses Namen mit an erster Stelle nennen. Hasse war der Richard Strauss des 18. Jahrhunderts. Der Faszination seiner Musik erlag eine Epoche. Eine Opernpremiere Hasses ist mit den Dresdener Premieren des »Rosenkavalier« und der »Arabella« zu vergleichen. Keiner der Zeitgenossen hätte geglaubt, daß Hasses Ruhm einmal verblassen könnte. Ein Originalgenie, ein beliebtes Wort des 18. Jahrhunderts, war er nicht. Er übernahm den neapolitanischen Operntypus getreulich, gab ihm aber eigenes Gepräge. In seinem Briefwechsel mit Metastasio zeigt er sich als ein »vorgluckischer« (wenn man ein solches Wort gelten lassen will) Reformator. Als erster rüttelte er an der Typenhaftigkeit der neapolitanischen Oper und setzte sich für die Erweiterung der Accompagnato-(begleiteten)Szenen, für den Chor und für selbständige Instrumentalsätze ein. Trotzdem ist die »Mitte« seiner etwa hundert Bühnenwerke und der zwölf Oratorien die Arie. Den Ausdruck seiner Musik könnte man als galant bezeichnen, in dem Sinne, wie das 18. Jahrhundert das Wort verstand, als höfisch-elegant und anmutig-rührend. Hasses Rezitativ ist von großer Wahrheit und Würde, das Orchester aber hatte nach dem Urteil des spanischen Jesuiten Estebán Arteaga (1747–1799), der in Bologna »Le Rivoluzioni del Teatro Musicale Italiana« schrieb, mehr Kraft und Leben als bei den Meistern der neapolitanischen Schule.

Dem europäischen Ruhm Hasses stand der Georg Friedrich Händels nicht nach. Man versuchte sogar, die beiden zu ihren Lebzeiten gegeneinander auszuspielen. 1735 hatte eine neugegründete Operngesellschaft in London, die der Händelschen Oper Konkurrenz machen wollte, Hasse als Komponisten verpflichtet. Er unterlag aber in gleicher Weise wie die Italiener Bononcini und Ariosti, die schon früher, vom englischen Hochadel unterstützt, Händel und sein Opernunternehmen zu Fall bringen wollten.

Henry Purcell

1720 war das königliche Haymarket-Theater als ein Bollwerk der neapolitanischen Oper im Norden mit Händels »Radamisto« eröffnet worden. Es war eine gewaltige Tat, denn Händel konnte sich auf keine englische Tradition stützen. England, das am Anfang des 17. Jahrhunderts dem Kontinent die großen Anregungen der Virginalmusik geschenkt hatte, war im Verlauf des Jahrhunderts merkwürdig unfruchtbar geblieben. Erst mit Henry Purcell (geb. 1659 in Westminster, gest. 1695 in Westminster) war ihm wieder ein Meister erwachsen, der ein englischer Bach hätte werden können, wenn sein Leben nicht allzu früh vollendet wäre. Hat Bach sich mit der italienischen Form auseinandergesetzt, so suchte Purcell die italienische Melodie. Der Kontrapunkt war für Purcell die gleiche Selbstverständlichkeit wie für Bach. Als Organist der Westminster Abbey und seit 1682 als Organist der Royal Chapel und als königlicher Hofkomponist schrieb er zweiundfünfzig Kirchenkantaten, bei denen Soli und Chöre sich versweise ablösen und die man englisch »Anthem« nennt, ferner Caecilien-Oden, Hymnen und Psalmen. Diese Kirchenmusik ist von großer polyphoner und damit geistiger Dichte. Der Schlußchor des Anthems »My heart is inditing« 1685 nimmt Händels großes Alleluja aus dem »Messias« voraus. Für die Bühne schrieb Purcell eine Reihe Schauspielmusiken (auch zu Shakespeares »Sommernachtstraum«), seine erste Oper »Dido and Aeneas« (1688) fand noch nicht die ersehnte Form einer nationalenglischen Oper. Sie führte die Gattung der Schul-masks weiter, einen Formbegriff, mit dem man festliche Aufzüge mit Chören und Instrumenten bezeichnete. Auch »Dido and Aeneas« war zur Aufführung durch eine adlige Mädchenschule bestimmt. Die nach diesem Werk auf Purcell gesetzten Erwartungen blieben in seiner nächsten Oper »King Arthur« (1691) unerfüllt. In den Ouvertüren für Trompeten und Streichorchester zu »The Fairy Queen« (1692), einer Sommernachtstraum-Variante, und zu »The Indian Queen« (1695) sind langsame und schnelle Teile in der Form der französischen Ouvertüre oder des Concerto grosso gemischt. Ein Larghettoteil in der zuerst erwähnten Ouvertüre ist von hoher italienischer Schönheit, ebenso die Arie »Die Nacht« aus der gleichen Bühnenmusik. Chromatische Baßführungen, die vor allem Purcells Lamentogesängen eigentümlich sind, geben seiner Harmonik ihren mitunter überraschenden, oft kühnen Reiz.

Georg Friedrich Händel

Für Händel war die Oper Purcells, obwohl er ihr viel verdankte, kein Ausgangspunkt seiner eigenen Opernpläne. Händel war »Neapolitaner«. Er wurde 1685, in dem gleichen Jahr wie Johann Sebastian Bach, als Sohn eines Barbiers und Hofchirurgen in Halle an der Saale geboren. Sein Lehrer war der schon oben erwähnte Friedrich Wilhelm Zachow, der ihm als Organist der Marktkirche zu Halle die ersten Eindrücke der zeitgenössischen Kirchenmusik vermittelte.

Deutsche Opern sah Händel in Leipzig von Telemann und in Weißenfels von Johann Philipp Krieger. Während seines juristischen Studiums an der Universität war Händel bereits Organist an der reformierten Schloßkirche in Halle. Hier schrieb er die ersten Kirchenkantaten. 1703 ging er als Violinist, Cembalist und Kapellmeister an die Hamburger Oper. Vier deutschsprachige erfolgreiche Opern, die bis auf »Almira« 1703 verloren sind, waren die Frucht dieses Aufenthaltes. 1706 unternahm Händel die entscheidende Reise nach Italien. Von jetzt an ist er Hans Holbein dem Jüngeren vergleichbar – auch Holbein lernte in Italien, und wie für Händel erfüllte sich auch Holbeins Leben und Werk in London. Dieselben Worte, die Händel in seiner Widmung zu den »Suites de Pièces pour le Clavecin« an die Engländer richtete, könnte auch Holbein geschrieben haben: »... und wenn dasselbe sich einer guten Aufnahme zu erfreuen hat, werde ich fortfahren, mehreres der Art herauszugeben, es für meine Pflicht erachten, mit meinem geringen Talente einer Nation zu dienen, von welcher mir eine so edle Protektion zuteil geworden.« Im Werk und in der Persönlichkeit Holbeins und Händels offenbart sich bestes Europäertum, welches humanistischem Denken und Empfinden entspricht. Europäertum und Humanismus im Geist des Erasmus von Rotterdam, dessen Bildnis Holbein vielfach gemalt hat. Wenn man das ethisch-moralische Denken des Erasmus von Rotterdam, Holbeins Menschendarstellung und die Empfindung und Dramatik in Händels Musik zusammenfassen würde, so könnte man aus dieser Dreiheit eine Geschichte des europäischen Humanismus ablesen.

In Italien

Florenz, Rom, Neapel, Venedig sind die Stationen auf Händels italienischer Künstlerfahrt. Das römische Erlebnis ist für Händel die Instrumentalmusik Corellis, wie die sechs Concerti grossi op. 3, die sogenannten Oboenkonzerte, und zwölf Concerti grossi op. 6 1739 zeigen, und das Oratorium Carissimis. Für Rom schrieb Händel 1708 seine ersten beiden Oratorien »La Resurrezione« und »Il trionfo del tempo«. Die Gestaltwerdung Italiens in Händels Werk findet sich am reinsten und schönsten in den unter Scarlattis Einfluß entstandenen neapolitanischen Solokantaten »Lucretia«, »Erwachen

Italiens«, »Apollo und Daphne«, vor allem aber in der für die Schäfer-Akademie Arcadia in Neapel geschriebenen Serenata »Acis, Galathea e Polifemo«. Händel leiht seine Musik der Erzählung Ovids von der Liebe des Hirten Acis zu Galathea, eine Liebe, die der eifersüchtige Polyphem vernichtet, indem er Acis erschlägt. Die Götter verwandeln jedoch den Toten in einen Quell. Wie alle antiken Sagen hat auch diese ihren »natürlichen« Sinn: Acis und Galathea sind das Sinnbild für das glückliche Dasein der Menschen in einer friedlichen Natur, Polyphem ist der feuerspeiende Berg, wie man ihn in Neapel gut kannte, der durch Feuer, Fels und Lava zerstört, aber durch die Veränderung der Erde auch neue Quellen fließen läßt, die der armen Erde Kräfte zu neuer, üppiger Fruchtbarkeit geben. Durch diese Sage vom Segen der Natur auch dort, wo sie zu zerstören scheint, wurde Raffael, als er in der Farnesina in Rom den Triumph der Galathea malte, in gleicher Weise bewegt und angeregt wie Annibale Carracci für sein Deckengemälde im großen Saal des Palazzo Farnese in Rom. In den beiden Eingangschören zum ersten und zweiten Teil, die zunächst die friedliche Natur schildern, im zweiten Teil das donnernde Nahen des Polyphem, und vor allem in der Quell-Arie der Galathea schrieb Händel eine Musik von hoher, der Natur abgelauschter Schönheit, aber auch von gewaltiger Dynamik. Kein späterer Komponist hat Italiens Erdgeist, seine Natur, in Gegensatz und Ausgleich in gleicher Weise erkannt und geschildert wie Händel in diesem bukolisch-dramatischen Werk.

In England

1709 debütierte Händel in Venedig erstmalig mit seiner heiteren Oper »Agrippina«. Der Fünfundzwanzigjährige war mit einem Male einer der größten Komponisten seiner Zeit. 1711 berief ihn Agostino Steffani, ehemals Münchner Hoforganist und Schüler Johann Kaspar Kerlls, jetzt Diplomat, Bischof und päpstlicher Resident für Norddeutschland, als seinen Nachfolger als Hofkapellmeister nach Hannover. Steffani, später Präsident der Academy of Ancient Music in London, wirkte als Freund und Komponist von Opern und Kammerduetten nachdrücklich auf Händel ein und bestimmte seinen Lebensweg. In demselben Jahr 1711 schrieb Händel mit seinem

»Rinaldo« die erste Oper und das »Utrechter Tedeum« für England. 1714 wurde der Kurfürst von Hannover als Georg I. König von England. Händel war sein Hofkapellmeister, gleichzeitig jedoch auch Kapellmeister des Herzogs von Chandos in Cannons. Für königliche Feste auf der Themse schrieb Händel die Wasser- und die Feuermusik, groß angelegte Suiten mit reicher Bläserbesetzung, für den Herzog von Chandos zwei Tedeums und zwölf Anthems. 1720 eröffnete Händel im Auftrag des Königs seine »Erste Akademie« im Haymarket-Theater (Royal Academy of Music). Bis zum Jahre 1728 folgten vierzehn Opernwerke. Händel benutzt zwar die Opernform der Neapolitaner, ersetzt aber deren Ouvertüre durch die französische. Sein Werk unterscheidet sich von dem der Neapolitaner durch die Größe seiner Visionen, die sich an den historischen Stoffen entzünden. Sie sind die Ursache seiner dramatisch-naturalistischen Empfindungs- und Umweltschilderungen. Durch sie wiederum werden die großen Szenen hervorgerufen, die Händel aus Rezitativ und Arioso aufbaut. Händels Neigung zu naturalistischer Schilderung ist ein hochbarocker Zug – man denke an die grausame Realistik barocker Grabmäler – das Streben, Mannigfaltiges in der Einheit zusammenzufassen, aber bereits ein Stilmerkmal der Klassik. Indem er sie vorausahnt, leitet der Neapolitaner Händel bereits eine Reform der neapolitanischen Oper ein, als deren Reformator eigentlich Christoph Willibald Gluck gilt.

Händels spätere Hinwendung zum Oratorium erklärt sich aus der gleichen Grundhaltung. Das Oratorium kann auf realistische Kleinmalerei verzichten, es bedarf aber des Pathos der großen geschlossenen Form, der Chorsätze und der dramatischen Szenen. Ob man diese Stilmerkmale als klassisch bezeichnen will oder nicht, tut nichts zur Sache. Jedenfalls sind sie neu und weisen in die Zukunft.

Opera buffa

Es kamen aber auch äußere Gründe dazu, die zu einer »Reform« bei Händel führten. Die Gattung der Oper selbst mußte eine Krise durchmachen: Der Opera seria, der ernsten Oper der Neapolitaner, war in der Opera buffa eine Rivalin erwachsen, die ihre Existenz lebhaft bedrohte. Komische Opern hatte schon der Kardinal Ruspigliosi, der spätere Papst Clemens IX., für die römischen Opernkomponisten Marazolli und Mazzochi in der Mitte des 17. Jahrhunderts geschrieben. Komische Szenen in einer Oper waren bei den Venezianern beliebt, und auch den Opern Alessandro Scarlattis waren sie nicht fremd. Die Opera buffa aber ist eine Erfindung der Neapolitaner. Kein anderer Ort Europas als das bunte, volkreiche Neapel wäre zur Geburtsstätte der Opera buffa geeigneter gewesen. Hier fand sie alles, was sie brauchte: den farbigen Abglanz des Lebens in tausend Gestalten und die natürliche Musikalität eines Volkes unter südlichem oder, wie es Winckelmann ausdrückt, unter »gleichgültigem« Himmel. Wenn nach Winckelmann Ort und Klima einen Einfluß auf die Kunst haben, so sind Neapel und die Opera buffa ein ausgezeichnetes Beispiel.

Das Volksnahe in Handlung und Musik entschied den Erfolg der Opera buffa. In vielem dem antiken Mimus und seiner Wiedergeburt durch die Commedia dell'arte verwandt, bevorzugt die Buffa – im Gegensatz zur großen Oper – den geringen Aufwand der Darstellungsmittel von Akteuren, Sängern und Musikanten. Wohlverstanden, nur der äußere Aufwand ist geringer, Libretto und Musik stehen der Seria nicht nach, ja, sie übertreffen sie teilweise in der ausgesuchten Form des Satzes und auch in der Schwierigkeit der Auseinandersetzung, die sich durch Zusammenfassung der Stimmen in den Finali ergeben. (Zum unerreichten Höhepunkt wird Mozarts Finale im zweiten Akt der »Hochzeit des Figaro«.) Ursprünglich führte man die Opera buffa als Zwischenakt zwischen den Akten der Opera seria auf. Giovanni Battista Pergolesis 1733 geschriebenes Intermezzo »La serva padrona« gilt als Meisterwerk dieser Gattung. 1732 hatte Pergolesi bereits die dreiaktige komische Oper »Il frato innamorato« zur Aufführung gebracht. »La serva padrona« ist ein Intermezzo zu Pergolesis Opera seria »Il prigioniero superbo«. Der »Magd als Herrin« liegt eine Handlung zugrunde, die nicht mehr Mythologie oder schwerterklirrende Geschichte, sondern ein winziger Ausschnitt aus dem Alltag alltäglicher Leute ist. Ein sinnenfrohes Hausmädchen erzwingt durch List und mit Hilfe des verkleideten Dieners die Heirat mit ihrem alten hypochondrischen und geizigen Dienstherren. Ort: ein Zimmer, Träger der Handlung: der Alte, der Pantalone der Commedia dell'arte; das Mädchen, die Servetta der Commedia, und der

Diener, der stumm ist, also nicht reden und singen muß. Orchester: nur Streicher und Cembalo. Genau das mußte als Reaktion auf den großen Apparat der Opera seria, auf den Dünkel ihrer Sänger und Sängerinnen, auf Pomp und Pathos kommen: die Darstellung des natürlichen Lebens, getragen von einer Musik, die dem volkstümlichen Singen und dem neuen Ton der Heiterkeit verbunden war. Die Heiterkeit der Buffa, zumal sie nicht vor der Persiflage der Seria zurückschreckte, gefiel auch den Franzosen, die in ihrer Oper nur Lullys und Rameaus schweren Deklamations- und Instrumentalstil kannten. 1752 eroberte sich eine reisende italienische Truppe mit Pergolesis »La serva padrona« Paris. Von dem sich an diesen Sieg anschließenden Opernstreit zwischen Buffonisten und Antibuffonisten wird in dem Abschnitt über die Glucksche Opernreform zu berichten sein. In ihrer französischen Schwester, der Opéra comique, erwuchs der Buffa jedenfalls eine quicklebendige Bundesgenossin.
Auch in London empfand man die Händelsche Oper als ein »teatro alla moda«, wie Benedetto Marcellos satirische Schrift über die Seria hieß, die 1721 erschienen war. 1728 hatte John Gay in London die »Beggars Opera« (Bettleroper) mit einer von Johann Christoph Pepusch zusammengestellten Musik zur Aufführung gebracht. Gemessen an ihrer italienischen und französischen Schwester war die englische Bettler- oder Dreigroschenoper von geringerem Wert. Soziale und moralische Anklagen gegen die herrschende Gesellschaftsschicht gaben ihr von vornherein eine aggressive Haltung. Musikalisch begnügte sie sich mit einer Zusammenstellung von Volksliedern und Gassenhauern. Ihre Wiederauferstehung in der »Dreigroschenoper« von Bert Brecht und Kurt Weill macht sie uns gegenwärtiger denn je. Die Gestalten der Bettleroper: Bettler, Zuhälter, Dirnen, Henker – Gestalten aus einer sozialen Unterwelt, die bisher noch nie auf der Bühne des Theaters erschienen waren –, haben die großen Helden der Geschichte in den Händel-Opern (»Muzio Scaevola« 1721, »Giulio Cesare« 1724, »Scipione« 1726, »Alessandro« 1726, »Ricardo I.« 1727, »Tolomeo« 1728 und in weiteren achtundzwanzig) zu Fall gebracht. Der Gassenhauer triumphierte über die Kantilene der Händelschen Arie. 1728 brach Händels Opernunternehmen, eine Aktiengesellschaft mit königlichem Zuschuß, wirtschaftlich zusammen. Zwei weitere, mit neuen italie-

nischen Sängern ausgestattete »Akademien« 1729 und 1734, für die Händel eigens nach Italien reiste, um die Sänger zu verpflichten, endeten in gleicher Weise, nachdem auch noch der König gestorben war und Börsenspekulationen die Aktien entwertet hatten. Händel, der dadurch sein ganzes Vermögen verlor, erlitt einen Schlaganfall. Das Abenteuer einer englischen Oper war damit vorläufig zu Ende.

Hinwendung zum Oratorium

Händel erholte sich zwar wieder in den Bädern von Aachen, seine Musik galt aber von jetzt an nicht mehr der Oper, sondern dem Oratorium. Allerdings war es nicht so, daß Händel erst nach der Opernkatastrophe lernte, Oratorien zu schreiben. Schon 1720 hatte er die »Esther« als »Masque«, als englische Spieloper, geschrieben. 1732 führte er sie wieder auf, jetzt aber als szenische Kantate ohne die Aktion der Darsteller. Der Weg zu den mehr als dreißig Oratorien, der 1733 mit »Deborah« begann, war frei.

Das Oratorium Händels umfaßt alle Ausdrucksbezirke vom Pastorale (»Messias« 1742) bis zum Musikdrama (»Herakles« 1744) und alle formalen Bezirke von der Form der Oper (»Esther«) bis zum Chororatorium (»Israel in Ägypten« 1738) mit nicht weniger als neunzehn Chören. In diesen Bereichen sind alle Bilder eingeschlossen, die je ein Komponist zu Klang werden ließ: Bilder von Völkern und Völkerschicksalen (»Judas Makkabäus«), von Charakteren großer, meist alttestamentarischer Gestalten, deren Denken, Empfindungen und Handlungen, Bilder von lieblicher und stürmischer Natur, von Krieg und Frieden. Händel hat ihnen allen mit der gleichen Meisterschaft Gestalt und Klang gegeben. Der Weg von der Szene zur Vision ist Händels Weg von der Oper zum Oratorium. Es ist der Weg von den Sinnen zum Geist. Seine Folgerichtigkeit geschah nicht durch äußere Umstände in Händels Leben, sondern ein großer denkender Mensch und höchst vitaler Künstler hat sie erzwungen. Hinter dieser Tat verblaßt alles, was an Händel zeit- und generationsgebunden erscheint. Der Titel eines Händelschen allegorischen Oratoriums von 1740 ist zugleich eine Charakteristik seines Menschen- und Künstlertums: »L'allegro, il pensieroso ed il moderato.«

Händels Oratorienwerk steht einmalig und einsam in seiner Zeit.

Sein Instrumentalwerk aber ist europäisch, europäischen Vorbildern und europäischer Tradition verpflichtet. In den Orchesterkonzerten und in der Kammermusik hat er Arcangelo Corelli zum Vorbild, in den Klaviersuiten François Couperin und Domenico Scarlatti. Die italienische Instrumentalmusik hat manchmal bereits anderes erstrebt als das, was Händel bewahrte. Diese Feststellung bezieht sich nicht nur auf die Form, sie gilt für den Ausdruck in gleicher Weise, obwohl zuzugeben ist, daß in diesen Bereichen Händel oft sein ganz persönliches Wort spricht, zum Beispiel in den Orgelkonzerten op. 4, die Händel als Intermezzi zwischen den drei Teilen seiner Oratorien, man könnte sagen, improvisierte.

Neue Form und neuer Ausdruck

Die neue Instrumentalmusik der Klassik wird in Neapel geboren. Das Neue an ihr ist der Wandel der Formen, des Ausdrucks und des Klanges. Schon bei Corelli gibt es Formenbilder wie

||: a b (b in einer Nebentonart) :||
||: c a1 b1 (b in der Haupttonart) :||

Das Schema bedeutet, daß in einer zweiteiligen durch Wiederholungszeichen gegliederten Form im ersten Teil zwei Themen auftreten. Der zweite Teil beginnt mit einer durchführungsartigen Episode (c), es folgt, leicht abgewandelt, a und b, wobei b jetzt in der Haupttonart erscheint. Der Grundriß der dreiteiligen Hauptsatzform der klassischen Sonate zeichnet sich bereits ab, ebenso ihr Inhalt, der die Wiederkehr des gleichen nach weiterer Entfernung im Durchführungsteil bis zur Tatsache der Tonarten-Gleichheit der beiden Themen erstrebt. Auch in den Opernsinfonien (Ouvertüren) Alessandro Scarlattis, die im Konzertsaal als Kammersinfonien aufgeführt wurden, zeigen sich Ansätze zum Themendualismus. Ein Revolutionär war der Mailänder Giovanni Battista Sammartini (geb. 1698, gest. 1775 in Mailand), der Lehrer Glucks. In seinen Kammersinfonien, mehr noch in einem Spätwerk, den Triosonaten op. 7, als »Sonate notturne« (nächtliche Sonaten) bezeichnet, findet er Lösungen des neuen Formproblems in einer ausgewogenen Dreiteiligkeit des ersten Satzes durch Exposition – Durchführung – Reprise, ein Satzgefüge, das von einer auffallenden Liedhaftigkeit der

achttaktigen Thematik getragen wird. Im ersten Satz von Pergolesis Triosonate Nr. 1 in G-Dur bestimmt ein aus zweitaktigen Motiven zusammengesetzter großer Satz die klassische Symmetrie des ganzen Satzes. Ein rhythmisch äußerst gegensätzliches zweites Thema moduliert von G-Dur nach A-Dur. Der Mittelteil bringt bei reicher Modulation und melodischer Verdichtung durch imitatorische Kleinarbeit der beiden Violinen das erste Thema in der Dominante und das zweite Thema in der Parallele. Die Reprise ist verkürzt, sie verzichtet auf die Motivwiederholung im ersten Thema, während das zweite Thema jetzt von C-Dur (also der Subdominante) sich nach D-Dur wendet. Der Satz mutet in seiner naiven Heiterkeit und Lebhaftigkeit wie ein Stück klassischer Musik an und steht im schönsten, reizvollsten Gegensatz zu dem barocken Andantino des zweiten und dem Fugato des dritten Satzes. Man muß sich klarmachen, was es bedeutet, mühelos und selbstverständlich das zu sagen, was erst einer folgenden Generation vorbehalten schien!
Mit sicherem Griff und größter Leichtigkeit meisterte Domenico Scarlatti (geb. 1685 in Neapel, gest. 1757 in Madrid), der Sohn Alessandro Scarlattis, Cembalist und Kammervirtuose in London, Lissabon, Neapel und Madrid, die neue Form. Domenico Scarlatti wurde in dem selben Jahr wie Bach und Händel geboren. Die Tatsache ist ein gutes Beispiel für die Gegensätze und Spannungen, die schon in einer Generation vorliegen können. Gegenüber den Traditionalisten der Generation von 1685 ist Domenico Scarlatti kühn und neu. Der Großteil seiner Klavierkompositionen, im ganzen über fünfhundert, sind einsätzige, ursprünglich »Essercizi« (Übungen) genannte Sonaten »per Gravicembalo«. In ihnen verbindet sich glänzende, an den italienischen Violinisten (Corelli) geschulte Virtuosität mit der neuen Form:

|| : a b (2. Thema in der Moll-Parallele) : ||
|| : c = Durchführung des 2. Themas durch reiche Modulation
b (also Reprise ohne das 1. Thema)
2. Thema in der Tonika : ||

wobei das Fortspinnungsmaterial, das auf das imitatorisch eingeführte Hauptthema folgt, im ganzen Satz verwendet wird. Das Schema liegt einer Sonate in c-Moll zugrunde (abgedruckt in »Das

Musikwerk«, Band »Die musikalische Klassik«, Volk-Verlag, Köln). Nicht alle Sonaten Domenico Scarlattis stoßen so weit in Neuland vor. Aber gerade ihre Gebundenheit an das alte, zweiteilige barocke Kompositions- und Strukturschema in Verbindung mit der neuen Freiheit der dreiteiligen Form, der freie Satz, in dem bei vorherrschender Zweistimmigkeit Stimmen hinzutreten und wieder verschwinden, die zwei oder vier Takte umfassende, sich ständig wiederholende Kleinmotivik seiner Themen, das Aufgreifen volksliednaher Melodik, die zum erstenmal angewendete Möglichkeit des Spielens mit gekreuzten Händen – all das macht diese Sonaten zu Kostbarkeiten als Zeugnisse eines neuen freien Stiles, die nur noch in den Cembalosonaten des gefeierten Opernkomponisten Domenico Cimarosa (geb. 1749 in Aversa, gest. 1801 in Venedig) eine Parallele haben. Durch liedhafte Thematik, Symmetrie der Teile, im ganzen durch eine gewisse Simplizität kommen Domenico Alberti (um 1710 bis 1740) und Baldassare Galuppi (geb. 1706 auf Burano, gest. 1785 in Venedig) noch näher an die klassische Sonatenform heran. Albertische Bässe nennt man noch heute einfache Dreiklangsbrechungen in der linken Hand.

Doch nicht nur die neue Form, sondern auch der neue Ausdruck des klassischen Stiles wurde in Neapel gefunden. Wiederum wie zur Zeit der Monodie ist es die Oper, von der gewichtige Anregungen ausgehen, diesmal bezeichnenderweise die Opera buffa. Von Pergolesis Melodik und Rhythmik, von der Treffsicherheit seiner musikalischen Charakteristik lernte die Klassik mehr als ihr selbst bewußt war. Pergolesis Rhythmen, die eine lange Note an eine kurze binden, haben die Musik lächeln gelehrt. Die Weichheit und Süße seiner Kantilene besonders im »Stabat mater« war für den »singenden Stil« der klassischen langsamen Sonatensätze ein unmittelbares Vorbild. Giovanni Battista Sammartini, Kirchenkapellmeister in Mailand, machte den Kontrast nicht nur durch Themendualismus zum formalen Baufaktor, sondern durch Kontrast-Dynamik auch zum ausdrückenden Element. In seinen kammermusikalischen Werken bereitete sich das neue Espressivo romantisierender Musik vor, in gleicher Weise wie bei Niccolò Jommelli, der den Ausdrucksstil seiner Opern auf die Instrumentalmusik übertrug und durch die Aufführung seiner Opern in Mannheim (er war Stuttgarter Hofkapellmeister) eine direkte Brücke zwischen dem italienischen Ausdrucksstil und der Musik der Mannheimer Vorklassik schlug. Vielleicht geht das berühmte Mannheimer Orchestercrescendo, ein starker Ausdruckseffekt, auf Impulse zurück, die Jommellis Opernstil gegeben hat. Giuseppe Sarti (geb. 1729 in Faenza, gest. 1802 in Berlin), der Lehrer Cherubinis, in Kopenhagen, Venedig, Mailand und Petersburg tätig, lenkte schließlich den neuen Ausdrucksstrom in klassizistische Bahnen.

Ein wichtiges Lehrbuch für die Klassik war auch die neapolitanische Kirchenmusik. In ihr trafen sich kirchliche, aber auch weltliche Ausdruckstendenzen, denn in der Kirchenmusik fand der weltliche Ausdruck seine Ergänzung und Vertiefung, die Kirchenmusik verdankte ihm andererseits ihre Leichtigkeit und Lieblichkeit. Der Neapolitaner Francesco Durante (geb. 1684 in Fratta Maggiore, gest. 1755 in Neapel), Direktor eines Konservatoriums in Neapel, schrieb neben zweisätzigen Cembalosonaten, die formal interessant sind, fast ausschließlich Kirchenmusik. Auch Nicola Porpora, Leonardo Leo und nicht zuletzt Alessandro Scarlatti mit seinen Messen und fünfzehn Oratorien sind Meister der Kirchenmusik. Interessant ist, wie stark hinter dieser modernen Kirchenmusik zumal bei Scarlatti noch immer die Reinheit des Palestrina-Satzes steht. Trotz allem weltlichen Einfluß ist diese Musik in der gleichen Weise fromm wie zu Zeiten der römischen Schule. Nur ihre Stellung zur Welt ist eine andere geworden. Die Bindung an die Tradition bedeutet immer eine Geborgenheit, die manches fesselt und dadurch vieles erlaubt. Das Crescendo der Ausdruckssteigerung durch die neapolitanische Kirchenmusik trug schließlich Händels Oratorien auf ihre einsame Höhe.

Buffakomponisten

Die zweite Generation der Neapolitaner, soweit sie der Opera seria verpflichtet ist, kommt bereits in den Strom der Reformideen, die die Musizierfreudigkeit zugunsten der dramatischen Wahrheit einzudämmen versuchen, während ihre Mitstreiter in der Opera buffa redselig weitermusizieren. Tommaso Traëtta (geb. 1727 in Bitonto bei Bari, gest. 1779 in Venedig), Schüler Durantes, schreibt unter dem Einfluß Rameaus und Glucks eine »Armida«, eine »Ifigenia in Tauride«, eine »Sofonisba« (Mannheim 1762). Francesco di Majo (1740–1770), mit 15 Jahren Hofkapellmeister in Neapel, gehört mit Johann Christian Bach, dem jüngsten Sohn Johann Sebastian Bachs, zu den Komponisten, die man als vormozartisch bezeichnen könnte. Domenico Terradellas (geb. 1713 in Barcelona, gest. 1751 in Rom), Schüler Durantes, und David Perez (1711–1778), als Kind spanischer Eltern in Neapel geboren, seit 1752 in Lissabon tätig, stellten in der Musik die Verbindung zwischen Italien, Spanien und Portugal her, die in der Politik bereits eine Tatsache war. Spanien und Portugal erlebten um die Mitte des 18. Jahrhunderts ihre italienische Epoche, sowohl auf dem Gebiet der Oper als auch im Bereich der zumal in Lissabon mit unerhörtem Aufwand gepflegten Kirchenmusik.

Die zweite Generation der auf Pergolesi folgenden Buffakomponisten war zwanzig bis dreißig Jahre jünger als er selbst. Dieser Altersunterschied war entscheidend. Der Kontrapunkt lag der neuen Generation nicht mehr so nahe. Die neue Leichtigkeit der Musik, deren die Opera buffa vor allem bedarf, wurde durch die Aufgabe des jetzt hemmenden kontrapunktischen Gewichtes erkauft. Die neugewonnene Freiheit gab den Komponisten Flügel. Alle Möglichkeiten der Form, vom Lied zur Arie bis zum Ensemblefinale, und alle Möglichkeiten des Ausdrucks, von der Innigkeit bis zur Dramatik, von volkstümlicher Naivität bis zu turbulenter Komik, ja Drastik, wurden zur Entfaltung gebracht. Diese Lebendigkeit setzt hervorragende Akteure und bedeutende Sänger voraus. Daß hinter den Figuren aus dem Geist der Commedia dell'arte noch Marionetten, hinter der Musik noch die tausendfach erprobte Wirkungserfahrung steht, hindert nicht die Verzauberung, die heute noch von diesen Werken ausgeht. Als Mozart diesen Figuren einen menschlichen Charakter gab und der Musik mehr Noten, erhielt die Opera buffa ein Gewicht, das ihr die Leichtigkeit und den Zustand des gefälligen und gefallenden Nichts nahm.

Die Opera buffa gefiel nicht nur in Neapel. Auch Venedig wurde ein Mittelpunkt der neuen Kunstgattung. Die Nachblüte der Commedia dell'arte in den Werken des Venezianers Goldoni gab, unterstützt von dem Geist verfeinerter Lebenskunst Venedigs, die rechte Atmosphäre. Schließlich ergriff der Buffataumel ganz Europa. An den Fürstenhöfen riß man sich um die italienische Oper, ihre Komponisten und Ausführenden. Für Neapel schrieb Nicola Logroscino (geb. 1698 in Bitonto, gest. 1765 in Palermo). Seine durchkomponierten Finali haben Schule gemacht. Giovanni Paisiello (geb. 1740 in Tarent, gest. 1816 in Neapel) war Hofkapellmeister der Kaiserin Katharina II. von Rußland und des Königs von Neapel. Ein Liebling Napoleon Bonapartes, der ihn nach Paris rief, erlebte er unter Murat die glänzende napoleonische Zeit Neapels. Sein »Barbier von Sevilla« war vor Rossinis Werk weit berühmt. Pasquale Anfossi (geb. 1727 bei Neapel, gest. 1797 in Rom) war Schüler Piccinnis und schrieb Opern für Neapel, Paris, Dresden und London, darunter eine »La finta giardiniera« (1744) vor Mozart. Seit 1791 war er Laterankapellmeister in Rom. Domenico Cimarosa (geb. 1749 in Aversa, gest. 1801 in Venedig) feierte man in Italien, Petersburg und Wien. Seine »Matrimonio segreto« (»Heimliche Ehe« 1792) mit meisterlichen Ensembles erfreut noch heute. Der Hauptmeister der venezianischen Schule war Baldassare Galuppi. Die Stationen seines Lebens sind Petersburg und Venedig, wo er Kapellmeister an San Marco war. Seine Musik, darunter über hundert Opern, ist Venedig im 18. Jahrhundert in der gleichen Weise eigentümlich wie die Darstellung der Figuren der Commedia dell'arte in der venezianischen Malerei durch Domenico Tiepolo in der Villa Tiepolo in Zianigo (Venedig) und durch Francesco Guardi. In der Opera buffa der Venezianer ist der Zauber um so größer, weil er durch Ton und Bild verdoppelt erscheint.

Die neapolitanischen Komponisten haben viel geschrieben. Mehr als hundert Opern, zahlreiche Kirchen- und Kammermusik waren für einen Komponisten keine Seltenheit. Der Stil der Leichtigkeit führte oft zur Leichtfertigkeit, in wörtlicher Deutung: zum schnell und leicht »fertigmachen«. Wer möchte leugnen, daß sich in der Musik der Spätneapolitaner auch etwas von dem breit machte, was wir gemeinhin unter leichtfertig verstehen, eine gewisse Sorglosigkeit und damit verbunden eine Qualitätsverminderung auch in künstlerischen Dingen? Als der englische Reisende Burney 1772 nach Neapel kam, hörte er viel Gutes, aber auch manches Leichtfertige. Schon am ersten Abend, am 16. Oktober 1772, sah Burney in dem Teatro de Fiorentini eine komische Oper von Niccolò Piccinni (geb. 1728 in Bari, gest. 1800 bei Paris). Dieser bedeutende Opernkomponist, unter dessen 127 Opern die Buffo-Opern die besten sind, schrieb gegen und mit Gluck ein wichtiges Kapitel der Operngeschichte, über das im Zusammenhang mit dem Werk Glucks noch berichtet werden wird. Im Reisetagebuch Burneys heißt es: »Ich langte hier etwa um fünf Uhr des Nachmittags an, und gieng denselben Abend zu dem Teatro de Fiorentini, die komische Oper ›Gelosia per Gelosia‹, welche Sgr. Piccini gesetzt hat, zu sehen. Dieß Theater ist so klein, als das Footsche in London, aber höher; denn es sind fünf Reihen Logen darin. Ungeachtet der Hof zu Portici, und eine Menge vornehme Familien auf ihren Villeggiature oder Landhäusern waren, so war doch das ganze Haus voll Zuschauer; so groß ist Piccinni's Ansehen. Eigentlich hatte diese Oper auch nichts als die Verdienste und den Ruhm des Komponisten für sich, indem sowohl die Poesie als die Sänger schlecht waren. Ich nehme eine komische Rolle aus, die Sgr. Casaccia, ein Mann voll unbeschreiblicher Laune, spielte. Sobald er erschien, gerieth das ganze Haus in Bewegung; die Lustigkeit dieses Schauspielers bestand nicht in Narrenspossen, und war nicht bloß lokal, wie es in Italien sowohl als auch an andern Orten nicht selten der Fall ist, sondern sie war von der originalen allgemeinen Art, welche zu allen Zeiten, und an allen Orten Lachen erregt. – Die Arie dieser komischen Oper ist voll schöner Stellen, und hat überhaupt eine sehr sinnreiche Instrumentalbegleitung: Ballette waren nicht dabey, so daß die drey Akten, woraus sie bestund, ziemlich lang zu seyn schienen.«

Das Reisetagebuch des Charles Burney

Von den drei Konservatorien der Stadt meinte Burney, daß »die Schüler lange Zeit den Ruhm der besten Kontrapunktisten oder Komponisten in Europa gehabt haben«. Als Burney Piccinni zum ersten Male besuchte, bat er ihn, im Hinblick auf die Konservatorien über folgende Punkte Auskunft zu geben: »1. das Alter dieser Anstalten, 2. ihre Namen, 3. die Zahl ihrer Lehrer und Schüler, 4. die Zeit, wenn man in diese Schule eintritt und wenn man sie verläßt«. Es heißt dann weiter: »Auf meine erste Frage antwortete er mir, daß die Conservatorien von alten Zeiten herstammten, welches man aus der verfallenen Beschaffenheit des einen Gebäudes sehen könnte, welches im Begriff war, einzustürzen. Auf die zweite, daß sie S. Onofrio, La Pietà und Santa Maria di Loreto hießen. Die dritte Frage beantwortete er also: Die Zahl der Schüler in dem ersten belaufe sich etwa auf neunzig, in dem zweyten auf hundert und zwanzig, und in dem dritten auf zweyhundert. Jedes habe zwey Oberkapellmeister, wovon der eine die Kompositionen der Lehrlinge durchsehe und verbessere, der zweyte auf das Singen achte, und Lektionen gebe. Es wären Untermeister da, welche Maestri secolari genannt würden, einer für die Violine, der andere für das Violonschell, einer für den Flügel, einer für die Hoboe, einer für das Waldhorn und so weiter für die übrigen Instrumente. Auf meine vierte Frage gab er mir zur Antwort: daß man Knaben von acht oder zehn bis zu zwanzig Jahren aufnehme; daß man sie auf acht Jahre verpflichtete, wenn sie jung aufgenommen würden; wären sie älter, so sey ihre Aufnahme schwerer, wenn sie anders nicht schon in dem Studium und der Ausübung der Musik etwas gethan hätten. Wenn ein Knabe einige Jahre in einem Conservatorio gewesen sey, und man finde kein Genie an ihm, so werde er entlassen, um andern Platz zu machen.«

Wie es in einem solchen Konservatorium zugeht, erfahren wir auch: »Heute früh gieng ich mit dem jungen Herrn Oliver zu dem Conservatorium S. Onofrio und besah alle Zimmer, wo die jungen Leute sich üben, essen und schlafen. Auf dem ersten Absatze der Treppe stund ein Trompeter, der auf seinem Instrumente so lange kreischte, bis er beynahe zerplatzte; auf dem andern war ein Waldhornist, der eben so laut bellete. In dem gewöhnlichen Übungssaale war ein holländisches Concert, welches aus sieben oder acht Flügeln, noch mehr Violinen, und verschiedenen Stimmen bestund, die alle verschiedene Stücke aus verschiedenen Tönen spielten: andere Knaben schrieben in dem Zimmer; weil es aber ein Heiligen-Tag war, so fehlten viele, die sonst auch in diesem Saale studiren und sich üben ... Die Betten, welche in eben dem Zimmer sind, dienen den Flügel- und andern Instrumentspielern zu Sitzen. Von dreyßig bis vierzig Knaben, die sich hier übten, konnte ich nur zwey ausfindig machen, die einerley Stück spielten: einige von denen, die sich auf der Violine übten, schienen viel Stärke in der Hand zu haben. Die Violonschellisten üben sich in einem andern Zimmer, und diejenigen, welche die Flöte, Hoboe und andere Blasinstrumente spielen, in einem dritten; ausgenommen die Trompeter und Waldhornisten, welche entweder auf der Treppe oder auf dem Boden ihre Künste üben müssen. Es sind sechszehn junge Castraten in diesem Collegio, und diese liegen oben allein, in wärmern Zimmern, als die übrigen Knaben, aus Furcht sich zu verkälten, wodurch ihre weichlichen Stimmen nicht nur zu ihren gegenwärtigen Übungen ungeschickt werden, sondern auch Gefahr laufen mögten, ganz verlohren zu gehen. Die einzigen Ferien in dieser Schule fallen in den Herbst, und dauren nur wenige Tage. Während des Winters stehen die Knaben zwey Stunden vor Tage auf, von welcher Zeit an sie ihre Übung (anderthalb Stunde zum Mittagessen ausgenommen) bis acht Uhr des Abends fortsetzen. Diese anhaltende Übung, welche einige Jahr hindurch währet, muß mit Genie und gutem Unterrichte verbunden, große Musiker hervorbringen.«

Burney urteilt über eine Kirchenmusik: »Diesen Nachmittag gieng ich, eine Musik zu hören, in die Franziskaner-Kirche, wo die drey Conservatorien, Morgens und Abends, Musik und Musiker zu einem achttägigen Feste hergeben. Diese Kirche ist groß und schön, aber allzu verziert. Die Bauart daran scheint gut zu seyn, aber sie ist so sehr übergoldet, daß ich geblendet ward, wenn ich sie betrachten wollte; und an den wenigen Orten, wo kein Gold ist, hat man eine Menge bunte Blumen angebracht. Das Orchester war zahlreich, und bestund aus mehr als hundert Sängern und Spielern. Sie standen auf einer dazu errichteten Gallerie, welche ganz übergulded und übersilbert war. Ungeachtet es eine recht gute Gesellschaft von Musikern zu seyn schien, und ihr Anführer sorgfältig und aufmerksam genug war, so machte doch die Entfernung einiger Spieler von den andern es beynahe unmöglich, allezeit genau Takt zu halten. Die Komposition war von Sgr. Gennaro Manni, und einige Stücke davon waren vortrefflich; er schlug selbst den Takt. Die Einleitung war in einem wilden Geschmacke geschrieben, worauf diese Art von Anfangs-Symphonie zur Begleitung eines wohlgearbeiteten Chores ward. Es folgten verschiedene Arien und ein Duett darauf, welche mir sehr gefielen, es herrschte Einbildungskraft und Erfindung, Licht und Schatten darin, und obgleich der Gesang nicht von der besten Gattung war, so gefiel mir doch ein Altist und Bassist ungemein.

Der Altist hatte eine so helle Stimme, als ich je gehört habe, sie drang durch das ganze Orchester in den lautesten und wildesten Theilen des Chors hervor. Er sang auch eine Arie, und da fand ich seinen Triller gut... Die Baß-Arie war so geistreich geschrieben, als ich je gehört habe, die Instrumentalbegleitung war vollstimmig, ohne die Melodie der Singstimme zu unterdrücken: die Instrumente schienen, ohne ihren Gesang zu unterbrechen, ohne zu verstümmeln, vielmehr ihn immer fortzusetzen und zu schließen, indem sie dem Sänger Zeit zum Atemholen gaben. In einem Duette zwischen zwey Discanten, war die Begleitung ebenfalls unvergleichlich, wie auch in einem mit verschiedenen Solostellen untermischten Chore. In der Folge schien der Verfasser nicht so glücklich zu seyn. Es kamen einige unbedeutende, schwerfällige Stücke darin vor; in einem der ersten war nichts neues, als daß der Accent oftmals auf der unrechten Note stund, z. E. auf der zweyten anstatt der ersten, oder im schlechten Takte auf der vierten statt der dritten. Dieß mag in komischen Opern, wo man irgend eine Laune damit ausdrücken will, angehen; allein ein so elendes Notbehelf ist unter der Würde der Kirchenmusik, woselbst in geschwinden Stücken ein ersthafter und majestätischer Stil sollte beybehalten werden. Aber eben die Neuheitsucht, welche in der italiänischen Musik solche plötzliche Veränderungen hervorgebracht hat, bringt manchmal sonderbare Concetti zur Welt.«

Schließlich sollen einige Sätze Burneys über die neapolitanische Volksmusik nicht fehlen: »Als ich heute Abend einige ächte neapolitanische Sänger, von einem Calascioncino (Zither mit nur zwei in Quinten gestimmten Saiten), einem Mandolin und einer Violine begleitet, hörte, so ließ ich die ganze Truppe zu mir herauf hohlen, doch nahm sie sich wie alle andere Gassenmusik besser in der Ferne aus; im Zimmer war sie rauh, übel stimmend und ohne Harmonie; da hingegen sie auf der Straße von allen diesem das Gegentheil schien: doch man mag sie hören, wo man will, so ist die Modulation und Begleitung sehr außerordentlich... Ich hörte diese Musikanten eine Menge neapolitanischer Lieder spielen, die durchgehends von aller andern Musik verschieden war.

Kurz vor Weihnachten kamen dergleichen Musikanten aus Calabrien nach Neapel; allein ihre Musik ist von dieser ganz verschieden: sie singen gemeiniglich in die Zither und Violine, welche sie nicht an der Schulter halten, sondern nieder hängen lassen. Paesiello hatte einiges von dieser Musik in seine komische Oper gebracht, welche itzt gespielt ward. Sgr. Piccinni versprach mir einige von diesen wilden National-Melodien zu verschaffen. Eine andere Art ist Apulien eigen, wodurch die Leute ins Tanzen und Schwitzen gebracht werden, welche von der Tarantul gebissen sind oder seyn sollen.«

Europäischer Exkurs – Christoph Willibald Gluck

In den gleichen Herbsttagen des Jahres 1773, als Burney, geblendet von dem Glanz der neapolitanischen Schule, nach Neapel eilte, war Christoph Willibald Gluck in Paris eingetroffen, um die Proben zu seiner »Iphigenie in Aulis« zu leiten. Man bewunderte und reformierte gleichzeitig. Diese Tatsache ist bezeichnend für die allgemeine Situation der Musik in der zweiten Hälfte des 18. Jahrhunderts. Denn auch Glucks Reform veränderte nicht auf einmal das Weltbild der Oper, man würdigte oder bekämpfte sie gleichzeitig mit derselben Freude, mit der man die heiteren Marionetten der Opera buffa spielen und singen sah und hörte.

Gluck wollte ursprünglich wohl kaum mehr, als die Oper von Mißbräuchen befreien, die sich langsam in der Komponier- und Aufführungspraxis eingenistet hatten. Erst später wuchsen ihm – gleichsam unter der Hand – seine neuen Opernpläne in eine Sphäre hinein, aus der ihnen die Idee des griechischen Dramas entgegenleuchtete. Jede große Tat kommt viel einfacher und natürlicher, langsamer und folgerichtiger zustande, als die Nachwelt, die sich gern an der Vorstellung eines Geniestreiches berauscht, zugeben möchte. Im Vorwort zur »Alkestis«, der zweiten Wiener Reformoper Glucks, heißt es noch: »Als ich es unternahm, die Oper ›Alceste‹ in Musik zu setzen, war es meine Absicht, all die Mißbräuche, welche die falsch angebrachte Eitelkeit der Sänger und die allzu große Gefälligkeit der Komponisten in die italienische Oper eingeführt hatten, sorgfältig zu vermeiden; Mißbräuche, die eines der schönsten und prächtigsten Schauspiele zum langweiligsten und lächerlichsten herabgewürdigt haben. Ich suchte daher die Musik zu ihrer wahren Bestimmung zurückzuführen, das heißt die Dichtung zu unterstützen, um den Ausdruck der Gefühle und das Interesse der Situationen zu verstärken, ohne die Handlung zu unterbrechen oder durch unnütze Verzierungen zu entstellen. Ich glaube, die Musik müsse für die Poesie das sein, was die Lebhaftigkeit der Farben und eine glückliche Mischung von Schatten und Licht für eine fehlerfreie und wohlgeordnete Zeichnung sind, welche nur dazu dienen, die Figuren zu beleben, ohne die Umrisse zu zerstören. Ich habe mich demnach gehütet, den Schauspieler im Feuer des Dialogs zu unterbrechen und ihn ein langweiliges Ritornell abwarten zu lassen oder plötzlich mitten in einer Phrase bei einem günstigen Vokale aufzuhalten, damit er entweder in einer langen Passage die Beweglichkeit seiner schönen Stimme zeigen könne oder abwarten, bis das Orchester ihm Zeit lasse, Luft zu einer langen Fermate zu schöpfen. Auch glaubte ich nicht, über die zweite Hälfte einer Arie rasch hinweggehen zu dürfen, wenn gerade diese vielleicht die leidenschaftlichste und wichtigste ist, nur um regelmäßig viermal die Worte der Arie wiederholen zu können ... genug, ich wollte alle jene Mißbräuche verbannen, gegen welche der gesunde Menschenverstand und der wahre Geschmack schon so lange vergebens kämpfen ... ferner glaube ich einen großen Teil meiner Bemühungen auf die Erzielung einer edlen Einfachheit verwenden zu müssen; daher vermied ich auch, auf Kosten der Klarheit mit Schwierigkeiten zu prunken. Ich habe niemals auf die Erfindung eines neuen Gedankens irgendeinen Wert gelegt, wenn er nicht von der Situation selbst herbeigeführt und dem Ausdruck angemessen war ...«

Über Glucks letztes Werk, die »Iphigenie auf Tauris«, schrieb Melchior Grimm in seiner »Correspondence littéraire«, daß dies keine Oper mehr sei, sondern eine antike Tragödie.

Die Reform ist das Herzstück des Lebens und des Werkes Christoph Willibald Glucks. Sie begann mit dem von dem Ballettmeister der Wiener Hofoper Angiolini nach Molières Vorbild entworfenen Ballett »Don Juan« (Le festin de pierre), das mit der Musik von Gluck 1761 zum ersten Male im Hoftheater aufgeführt wurde. In einer Abhandlung über Don Juan knüpft Angiolini an die Antike an: »Die höchste Stufe der alten Tanzkunst war die Pantomime, und zwar die Nachahmung von Sitten, Leidenschaften, Handlungen der Götter, Heroen und Menschen durch rhythmische Bewegungen und

Gebärden in einer eigenen Ausdrucksweise.« Durch diese Nachahmung fand man »le vraisemblable« (wie es in der Vorrede heißt), das ist die Wirklichkeitsnähe, die Gluck und sein Textdichter Calzabigi so nachdrücklich »in schöner Einfachheit« suchten.

Raniero Calzabigi

Raniero di Calzabigi (geb. 1714 in Livorno, gest. 1795 in Neapel), der vielleicht bei der Abhandlung über »Don Juan« schon Pate gestanden hatte, war im gleichen Jahre 1714 wie Gluck in Livorno geboren worden. 1773 schrieb Gluck über ihn im »Mercure de France«: »Ich würde mir einen empfindlichen Vorwurf machen, wenn ich die Erfindung einer neuen Gattung der italienischen Oper, deren Absicht der Erfolg gerechtfertigt hat, mir allein zueignen lassen wollte. Es ist der Herr von Calzabigi, dem das vorzüglichste Verdienst darum gehört; und wenn meine Musik einiges Aufsehen erregt hat, so glaube ich mit Dank erkennen zu müssen, wieviel ich ihm schuldig bin, denn er allein ist es, der mich in den Stand gesetzt hat, die Quellen meiner Kunst entwickeln zu können. Dieser Schriftsteller von viel Genie und Talent hat in seinen Gedichten ›Orpheus‹, ›Alceste‹ und ›Paris‹ einen den Italienern wenig bekannten Weg verfolgt. Denn die genannten Werke sind voll der glücklichsten Situationen, der fruchtbarsten und erhabensten Züge, die dem Komponisten Gelegenheit genug gaben, große Leidenschaften auszudrücken und eine energische, ergreifende Musik zu schaffen.«

Auch Calzabigi wurde nicht als der Schöpfer eines neuen Opernideals, als Reformator geboren. Er bemühte sich zuerst, darin Gluck ähnlich, sich mit dem auseinanderzusetzen, was seiner Generation überkommen war und was sie ihm darbot. 1752 gab er in Paris im Einverständnis mit Pietro Metastasio dessen gesammelte Dichtungen mit einer Widmung an die Pompadour und königlichem Druckprivileg heraus. Gleichzeitig veröffentlichte er, der schon mit sechsundzwanzig Jahren Mitglied der Etruskischen Akademie zu Cortona und der Arcadia in Rom war, eine Abhandlung über zwei antike Bildwerke, die er in Herkulaneum bei Neapel – er war am Ministerium in Neapel tätig – entdeckt hatte. Damit hatte der Operndichter und Humanist Calzabigi sich sein Rüstzeug erworben. Jetzt griff er die Tradition an, um sich von ihr zu lösen. In Paris, wo er

mit seinem Bruder und Casanova unter dem Schutz der Pompadour eine Staatslotterie gegründet hatte, schrieb er »La Lulliade«, ein satirisches Werk gegen Lully, Rameau und die französische Oper, das er allerdings erst wesentlich später vollendete. Als Bankrotteur mußte er aus Paris wie später auch aus Wien fliehen.
Er wurde 1761 Geheimrat bei der »Niederländischen Rechnungskammer« in Wien und machte sich bei seinen Vorgesetzten einen Namen durch seine Vorschläge für ein Tabakmonopol. In Wien kam Calzabigi wohl durch Vermittlung des Intendanten des Hoftheaterwesens, Graf Durazzo, mit Gluck zusammen. Gleiche Ideen und Gedanken beider entzündeten sich gegenseitig. Calzabigi hatte die Schrift des französischen Enzyklopädisten Diderot »Über die dramatische Poesie« mit Nutzen gelesen und dessen Ruf »Wahrheit, Natur, die Alten, Sophokles, Philoktet!« zu dem seinen gemacht. Bei Diderot und auch in der »Abhandlung über die musikalische Oper« des Grafen Algarotti in Berlin fand er Vorschläge zu einer Reform. Sie gipfelten in der Forderung, daß die Dichtung über der Musik stehen solle, denn die Musik sei eine nachahmende Kunst; daß die Dichtung aber wahr und »bedeutend« (ein noch bei Goethe gewichtiges Wort) sein müsse. Für die Musik gab es einige gute Ratschläge: daß die Ouvertüre auf die Handlung Bezug nehmen müsse, daß der Gegensatz zwischen Secco-Rezitativ, also Sprechgesang, und Arie durch die Anwendung des Accompagnato gemildert werden solle, daß die echte Empfindung an die Stelle der Routine zu treten habe. Was Calzabigi und Gluck aus diesen Ideen und Vorschlägen gemacht haben, zeigen ihre in Wien aufgeführten Opern »Orfeo ed Euridice« (1762), »Alceste« (1767) und »Paride ed Elena« (1769).
Im Vorwort zur Alkestis-Partitur steht das Horaz-Zitat: »Denique sit quodvis simplex, duntaxat et unum.« Einfachheit und Einheit war das Ziel der Gluckschen Reform, das Einfache, das in der Anschauung der Zeit das »vernünftig Natürliche« war. Der Schmerz des Orpheus um die geliebte Eurydike ist, ebenso wie der Abschied der Alkestis von der Welt, von dem Gatten und den Kindern, wirklicher Schmerz des Abschieds, nicht nur gesungener, sondern in Tönen erlebter Schmerz. Daß Gluck in der Darstellung des Menschlichen auch vor härtester Realistik nicht zurückschreckte, beweist

eine Episode, von der der Zweibrücker Hofmaler Christian Mannlich, der Gluck in Paris getroffen hatte, in seinen Tagebüchern berichtet: Die Eurydike-Rufe des verzweifelten Orpheus, die, ein genialer Einfall, in den ersten Klagechor hineinklingen, sollte der Sänger nach den Worten Glucks nicht singen, sondern schreien, »als ob ihm ein Bein abgesägt« würde.

Der Ruhm aber, eine einheitliche Handlung auf Grund echt tragischer Vorgänge aufgebaut zu haben, kommt dem Text und der Musik in gleichem Maße zu. Trotz der Mannigfaltigkeit der Mittel von Chor, Arie, Lied, Rezitativ, Ballettmusik bleibt die Einheit bei Calzabigi und Gluck gewahrt. Ein echt klassizistisches Stilprinzip hat seine Bestätigung gefunden. Die musikalische Struktur hilft auf ihre Weise mit: Gluck gibt das Secco-Rezitativ auf und ersetzt es durch das Accompagnato. Die Übergänge werden dadurch fließender, und der Strom der Empfindungen erleidet keine Unterbrechungen, die bei der harten Trennung von Secco-Rezitativ und Arie den wahren Ausdruck verhinderten und die Einheit der Handlung zerstörten.

Glucks Leben

Der 1714 zu Erasbach bei Berching in der Oberpfalz geborene Christoph Willibald Gluck hatte nach einem Universitätsstudium der Logik und Mathematik in Prag vier Jahre bei Giovanni Battista Sammartini in Mailand studiert. Durch acht erfolgreiche Opern für Mailand und Venedig, deren erste »Artaserse« er 1741 schrieb, bewies Gluck, daß er bei Sammartini, der selbst nur zwei Opern geschrieben hat, zum neapolitanischen Opernkomponisten geworden war. Sammartini wäre aber nicht einer der fortschrittlichsten Komponisten seiner Zeit gewesen, wenn er nicht Gluck auch noch anderes, seinen Geschmack für den rauschenden Klang und für Kontrastwirkungen in der Musik, mitgegeben hätte. 1745/46 ging Gluck über Paris, wo er Rameaus Opern sah, nach London, um dort seine Oper »La caduta dei Giganti« zur Aufführung zu bringen. Händels hartes Wort über Gluck als Kontrapunktiker entspringt dem Gegensatz der Anschauungen zweier Generationen. Andererseits mag Gluck zum Reformer geworden sein, als er die Oratorien Händels hörte. Bevor er soweit war, schaltete sich jedoch noch eine Lehrzeit ein, die man als »Glucks theatralische Sendung« bezeichnen könnte: Drei Jahre Wanderschaft mit der Mingottischen Operngesellschaft, einer angesehenen Wanderoper, machten Gluck mit der Opernpraxis seiner Zeit bekannt. Hamburg, Prag, Kopenhagen, Dresden, Wien waren die Stationen der Reise. Für Kopenhagen schrieb Gluck »La contesa de Numi«, für Prag »Ezio«, für eine Aufführung im königlichen Hoflager in Pillnitz an der Elbe die Serenata »Le nozze d'Ercole e d'Ebe«, für Wien »Semiramide riconosciuta«. Im ganzen schrieb er bis zum Orfeo zweiundzwanzig italienische Opern. Anläßlich der Aufführung der Oper »Antigone« 1756 in Rom wurde Gluck vom Papst zum »Ritter des Ordens vom goldenen Sporn« ernannt. Bemerkenswert ist, daß sich die späteren unter diesen Werken bereits die Reformideen Hasses und Jommellis zu eigen machten.

Der Beitrag Glucks zur Opera buffa sind zwölf Werke, die er für Wien komponierte. Dorthin kam er 1750 und wurde 1752 zum kaiserlichen Hofkompositeur ernannt. Man müßte diese Werke nicht einen Beitrag zur Opera buffa, sondern zur Opéra comique nennen, denn dieser französischen Ausprägung der Buffa sind sie eng verbunden. Auch ihre Texte gehen vielfach auf diejenigen des bedeutenden französischen Librettisten Charles Simon Favart (geb. 1710 in Paris, gest. 1792 in Paris) zurück. Durch die Beschäftigung mit dem Stil der komischen Oper lernte Gluck die Prägnanz und die Knappheit der Arienform kennen und erwarb sich die Treffsicherheit des Ausdrucks auch in den Bezirken des Komischen und Volkstümlichen. Die Einfachheit, das Grundideal seiner späteren Form, lernte Gluck sicherlich von der Opéra comique. Keine wäre als Lehrmeisterin geeigneter gewesen. Mit dem »Betrogenen Kadi« (1761) und den »Pilgrimen von Mekka«, die im Stoff Mozarts »Entführung« verwandt sind, schuf Gluck Werke, die uns heute noch in gleicher Weise erfreuen wie »Le Cinesi« im Jahre 1754 damals den kaiserlichen Hof auf Gut Schloßhof bei Preßburg. Der Beitrag Glucks zur Chinoiserie, zur China- und Türkenmode des 18. Jahrhunderts zeigt, daß sich auch Antike und Chinoiserie vereinen können. Während die Seele das Land der Griechen suchte, fanden Geschmack und Mode das Land der Chinesen.

Glucks Opernreform

So sah Glucks Werk bis 1762 aus. Kaum gab es Anlaß, in Gluck etwas anderes zu sehen als einen erfolgreichen Meister italienischer und französischer Schule. Es mußte daher kommen, wie es in Wien geschah: Seine neuen Reformopern erregten zwar Verwunderung, man brachte ihnen auch Achtung entgegen, aber zu Begeisterung oder gar zum Mitgehen und zur Nachfolge regten sie nicht an. Heißt es doch über die Uraufführung des »Orpheus« in einem Bericht, der sich auf Augenzeugen stützt: »Schon die erste Vorstellung erregte, wenn auch nicht ein ganz reines Vergnügen, so doch Überraschung und Erstaunen... Mit innigem Vergnügen bemerkte man, wie alle Mitwirkenden durch das ganze Stück, den Blick stets nach dem

Christoph Willibald Gluck (1714–1787). Büste von Jean Antoine Houdon. Der Reformator der Oper in der Zeit seiner Pariser Erfolge.

einen Ziel gerichtet, einander in die Hände arbeiteten... Der bescheidene Guadagni (Orpheus) hatte sich bei Glucks höchst natürlichen und treffenden Melodien keinen Zusatz und keine Ferma erlaubt, sondern alles im Sinne des Meisters auf das getreueste vorgetragen. Selbst der Ballettmeister beschränkte seine Tänze nur auf Pantomime, Grazie und dramatischen Ausdruck...« Glucks Enttäuschung aber findet ihren Ausdruck in der Vorrede zu der Partitur von »Paris und Helena«: »Nur in der Hoffnung, Nachahmer zu finden, entschloß ich mich, die Musik der ›Alkeste‹ herauszugeben, und glaubte mir schmeicheln zu dürfen, daß man sich beeifern würde, die von mir eröffnete Bahn zu verfolgen, um die Mißbräuche zu zerstören, die sich in die italienische Oper eingeschlichen und sie entwürdigt haben. Ich habe mich jedoch überzeugen müssen, daß meine Hoffnung vergeblich gewesen ist. Die Halbgelehrten, die Kunstrichter und Tonangeber, eine Klasse von Menschen, die unglücklicherweise sehr zahlreich ist und zu allen Zeiten dem Fortschritt der Kunst nachteiliger war als die Unwissenden, wüten gegen eine Methode, welche, wenn sie sich begründet, ihre eigne Anmaßung zu vernichten droht.« Die Verlegung der Reform von Wien nach Paris hat daher etwas Folgerichtiges, denn in Paris ging es nicht nur um eine Reform der Oper im allgemeinen, sondern gleichzeitig um die Reform der nationalen französischen Oper. Diese Aufgabe verlangte doppelte Kraft, verhieß aber auch doppelten Sieg. Gluck hat ihn errungen. Wir würden ihn jedoch ohne die Kenntnis der französischen Operngeschichte bis zum Eintreffen Glucks im November 1773 nicht verstehen.

Streit um die Oper

Nach dem Erfolg von Pergolesis Opera buffa »La serva padrona« 1752 in Paris war der Streit um die Oper nicht mehr zum Stillstand gekommen. Man wollte eine Erneuerung der französischen Oper aus dem Geist der italienischen Opera buffa. Auf der einen Seite stand Jean Philippe Rameau, der ehemals gefeierte Beherrscher der französischen Oper, und seine Anhänger, auf der anderen Seite aber die geistige Elite der Nation, die Philosophen Diderot, d'Alembert, Raynals, Baron Grimm, vor allem jedoch » le Coq et l'Arlequin« (so heißt eine Streitschrift Jean Cocteaus, der in seiner Haltung zur Musik manche Ähnlichkeit hat mit Jean Jacques Rousseau). Da die Académie Royale de Musique abwechselnd französische und italienische Opern spielte, pflegten sich die Parteien dort auch örtlich zu trennen. Um die Loge des Königs saßen die Anhänger der alten französischen Oper, um die Loge der Königin die italienische Opernpartei: Antibuffonisten und Buffonisten. Je nachdem: Man pfiff, klatschte, schrie, und da man einen Gegensatz in Kunstdingen gleichzeitig auch zum politischen Gegensatz zwischen Patrioten und Antipatrioten machte, prügelte man sich auch. Der Opernstreit wurde sogar oft wichtiger als die Politik, so daß der Berliner Kritiker Friedrich Wilhelm Marpurg (1718-1795) 1754 aus Paris berichten konnte: »Die Ankunft der Buffotruppe hat uns vor dem Bürgerkrieg bewahrt.«

Es ehrt den Vorkämpfer des Opernstreits, Jean Jacques Rousseau, daß er nicht nur über Musik geredet, sondern auch selbst Musik gemacht hat. »Devin du village« – Der Dorfwahrsager, eine kleine Oper im Stil der Italiener, machte den Philosophen und Notenkopisten, der damit seinen Lebensunterhalt verdiente, zum beliebtesten Dichterkomponisten der Franzosen und sogar des von ihm mit nicht gerade zartfühlender Kritik bedachten königlichen Hofes und der Madame de Pompadour. Am praktischen Beispiel hatte Rousseau den Komponisten gezeigt, wie man französisch auf italienische Weise zu schreiben habe. Seit dieser Stunde hatte Frankreich seine Opéra comique mit Rousseauscher Natur und sozialer Kritik. Bereits 1754 konnte die italienische Buffotruppe Paris verlassen. Was Rousseau gutgemacht hatte, verdarb er sich andererseits durch seine »Lettres sur la musique française«. In ihnen lehnte er die französische Musik, die französische Sprache, ja sogar die französische Gotik als »Barbarei und schlechten Geschmack« ab. Mit dieser Kritik war er zu weit gegangen. Die beleidigten Franzosen wandten sich von ihm und seiner Sache ab. Der Versuch, die französische Oper von der italienischen her zu reformieren, war fehlgeschlagen. Der Attaché der französischen Gesandtschaft in Wien, Du Roullet, war es, der den Entschluß faßte, das Werk durch Gluck vollbringen zu lassen. Dabei wurde er unterstützt von der ehemaligen Schülerin Glucks, Marie Antoinette, der Tochter Maria Theresias und jetzt Dauphine von Frankreich.

Glucks Eintreffen in Paris bedeutete nicht nur die Rettung der französischen Oper, sondern darüber hinaus die Rettung der europäischen großen Oper vor den ständig sich steigernden Angriffen der Opera buffa. Wenigstens für ein paar Jahre wurde die Flut der leichteren und heiteren Musik im Zentrum der europäischen Oper zum Stillstand gebracht. Denn Paris war von jetzt an das Zentrum. Glucks große Stunde war auch die seine. Paris seit 1773 ist ein ausgezeichnetes Beispiel für die örtlich wirkenden und ausstrahlenden Kräfte, die in diesem Falle die Oper in ihre europäische Zukunft getragen haben. Die Pariser Uraufführung der »Iphigenie in Aulis« am 19. April 1774 war ein großer Sieg Glucks und seiner Idee. Hundert Jahre nach der klassisch-typischen Fassung Racines hatte Du Roullet dem antiken Stoff des Euripides die klassizistisch-humane des 18. Jahrhunderts auferlegt. Gluck gab ihr durch die Musik nicht nur, wie er meinte, die Farbe, sondern die Empfindungen des zeitlos Menschlichen mit auf den Weg. Gluck meinte, er habe sich bemüht, mit der Iphigenie die Bahn der Natur nicht zu verlassen, um kein bloßer Musikant zu sein. Er wußte wohl selbst nicht, wie weit ihn der Weg der Natur geführt hatte: bis hinein in Bezirke der menschlichen Seele, die noch nie in Musik ausgedrückt und dargestellt worden waren. Daß Gluck dafür die Mittel der »schönen« Musik zur Verfügung standen, ohne daß er auf die des musikalischen Realismus zurückgreifen mußte, machte ihn zu einem Schüler der »Alten« im Sinne Winckelmanns und Lessings.

Rousseau, den Gluck klugerweise von vornherein mit Hochachtung behandelt hatte, schrieb ihm nach der Generalprobe der »Iphigenie«: »Sie haben in die Tat umgesetzt, was ich bisher für unmöglich gehalten hätte.« Daß Gluck das Unmögliche möglich gemacht hatte, eine Oper in französischer Sprache in einem neuen ausdrückenden Stil zu schreiben, hatten allerdings noch längst nicht alle verstanden. Das allmächtige italienische Opernideal gewann noch einmal Boden und Anhänger, als die Italienerpartei mit Hilfe der Dubarry Niccolò Piccinni nach Paris rief, um sein Werk demjenigen Glucks gegenüberzustellen. Es geschah mit allen Mitteln des erprobten Opernkampfes. Wie früher Buffonisten und Antibuffonisten standen sich jetzt Piccinnisten und Gluckisten gegenüber. Es ist bezeichnend, daß die Musiker, unter ihnen auch bald der in die Rolle des Gluck-

Gegners gedrängte Piccinni, sich hinter Gluck stellten. Die Gegenpartei der Philosophen und Kritiker, unter denen Rousseau nicht mehr war, trug den Streit in geistreichen Gesprächen in den Pariser Salons, in Streitschriften wie Marmontels »Versuch über die Revolution in der französischen Oper« und im »Journal de Paris« aus. Gluck ließ auf die Iphigenie in Aulis die französischen Umarbeitungen seines Orpheus und der Alkestis folgen. Skizzen zu einer Oper »Roland« verbrannte er, als er erfuhr, daß die Gegner ihrem Gewährsmann Piccinni den gleichen Stoff angetragen und aufgezwungen hatten. Mit der »Armide« 1777 verschrieb sich Gluck mehr als bisher der französischen Tradition: stofflich der Fassung durch Quinault, musikalisch eher Lully als Rameau (Armidens Zaubergarten). Mit der »Iphigénie en Tauride« (1779) aber fügte Gluck nicht nur seinen Pariser Opern, sondern auch seinem Gesamtwerk den krönenden Schlußstein ein. Die zeitlich letzte Pariser Oper »Echo und Narziß« war wirklich nur noch ein Echo, der Nachklang eines Werkes, welches bereits vollendet war. Mit der »Iphigenie auf Tauris« hatte Gluck erreicht, »eine alle Nationen gleich ansprechende Musik zu schaffen«, so hatte er sich früher einmal geäußert, »welche den lächerlichen Unterschied der Musikarten aufhebt«. Durch die Verschmelzung der deutschen und der französischen Oper hatte Gluck über die italienische Oper triumphiert. Die Oper einer europäischen Humanitas war der Lohn. Auch Gluck ging es in seiner Iphigenie um »Freiheit, Menschlichkeit und Brüderlichkeit«. Hätte man ihn so verstanden und die Revolution in den Bezirken des Geistes durchgeführt, in denen Gluck durch Musik predigte – man hätte sich 1789 den Gang auf die Barrikaden und zu den Richtplätzen ersparen können.

Glucks »Iphigenie auf Tauris« war am 18. März 1779 in Paris uraufgeführt worden. Wenige Tage später, am 6. April, kam in Ettersburg bei Weimar Goethes »Iphigenie auf Tauris« mit Corona Schröter als Iphigenie und Goethe als Orest zur ersten Aufführung. Schiller bearbeitete zehn Jahre später die aulidische Iphigenie. Gluck hat »Klopstocks Oden und Lieder beym Clavier zu Singen in Musik gesetzt« (so der Titel), Wieland wandte sich wegen seiner Opernpläne an Gluck, als er den Text zu einer »Alceste« schrieb, die der gothaische Kapellmeister Anton Schweitzer später vertonte. Goethe errichtete Glucks frühverstorbener heißgeliebter Nichte, die eine liebliche Sängerin war, in dem Monodram mit Chören »Proserpina« ein Ehrenmal. Glucks Marmorbüste von Jean Antoine Houdon (1741 bis 1828), zu Glucks Lebzeiten 1778 geschaffen, steht im Treppenhaus der Pariser Oper. Gluck, der am 15. November 1787 zu Wien starb, war nicht nur, wie seine Grabinschrift sagt, »ein rechtschaffener deutscher Mann«, sondern auch ein höchst intellektueller Europäer. In dieser Haltung ist er größer als Haydn, Mozart und Beethoven.

Wien

Wien war in der ersten Hälfte des 18. Jahrhunderts kein Brennpunkt europäisch-musikalischen Geschehens. Es war ein Außenposten der neapolitanischen Oper – und es war eine Stadt mit einer bedeutenden musikalischen Vergangenheit. In Wien gab es schon seit 1498 eine kaiserliche Hofkapelle, die von den komponierenden Kaisern Ferdinand III., Leopold und Joseph I. wohlgehütet und gefördert worden war. In Wien war der schon erwähnte Paul Hofhaimer kaiserlicher Hoforganist. In demselben Wien wurde 1668 des Venezianers Marc' Antonio Cesti (1623–1669) prunkvolle Oper »Il pomo d'Oro« aufgeführt. Jetzt wirkten hier der Venezianer Antonio Caldara (geb. 1670 in Venedig, gest. 1736 in Wien), Johann Joseph Fux (geb. 1660 in Hirtenfeld bei St. Marein, gest. 1741 in Wien) und Johann Georg Reutter (geb. 1708 in Wien, gest. 1772 in Wien) als Komponisten neapolitanischer Opern, die sie mit gewaltigen Chorszenen ausstatteten, aber auch als Komponisten wertvoller traditionsreicher Kirchenmusik. Joseph Fux schrieb daneben seinen »Gradus ad Parnassum«, ein bis heute anerkanntes Kontrapunktlehrbuch, das an die große Tradition des A-cappella-Stiles Palestrinas anknüpft. Noch verrät nichts die kommende musikalische Vorherrschaft Wiens. In der zweiten Hälfte des 18. Jahrhunderts aber spricht man von der »Wiener Klassik« und meint damit einen absoluten Höhepunkt der europäischen Musik. Denken wir doch bei dem Wort »klassisch« nicht so sehr an die Beziehungen zu dem klassischen griechischen Altertum, sondern wir sehen vielmehr in

diesem Begriff auch den Wertmaßstab für eine vollgültige künstlerische Leistung schlechthin.
In dieser Darstellung soll nicht das Wort Klassik gedeutet werden. Zahllos sind die Definitionen, zumal im Bereich der Ästhetik, vor allem im Hinblick auf den Gegensatzbegriff »Romantik«. Doch ist es wohl besser, nicht von ästhetischen Kunstanschauungen, sondern von der Musik selbst aus das zu erklären versuchen, was die musikalische Klassik weit von der ihr vorangehenden Stilepoche abhebt: den neuen Ton, den neuen Klang dieser »neuen« Musik. Der neue Ton der klassischen Musik ist eine Erfahrungstatsache. Wir alle, auch der nicht vorgebildete Laie, können ein Werk Bachs, etwa eine Fuge aus der »Kunst der Fuge«, von einem frühen Streichquartett Haydns sofort unterscheiden. Diese beiden Werke liegen zeitlich nur fünf bis sechs Jahre auseinander. Was man sofort hört, ist nicht nur der Gegensatz von Generations- und Individualstil dieser Musik, sondern der neue Ton, der bei Haydn jetzt die Musik macht. Dieser Ton ist heiter, kindlich, natürlich einfach und häufig an die Durtonalität gebunden. Wir wollen, um die Wiener Klassik recht zu verstehen, versuchen, den Ursachen dieses neuen Tones nachzugehen. Über die neuen akustisch-theoretischen Grundlagen, die man durch die Berechnung der Obertonreihe durch Sauveur geschaffen hatte, und über die Nutzanwendung dieser Erkenntnisse für die Musiktheorie durch Jean-Philippe Rameau wurde schon gesprochen. Es ist nur noch zu vermerken, daß sich Rameaus Akkordtheorie trotz einiger Vorbehalte und auch Angriffe (Mattheson) bald die musikalische Welt eroberte und der Musik Grundton- und Kadenzbezogenheit, Terzaufbau der Akkorde und Dreiklangmelodik aufzwang, die zu den wichtigsten Merkmalen der Klassik wurden. Die einfache Akkordgrundlage des klassischen Motivs, die unzähligen Themen der klassischen Musik, die nur aus Dreiklangbrechungen bestehen, die strenge einfache Kadenzgrundlage der Sätze erfahren durch die neue Theorie ihre Rechtfertigung.

Die neue Form

Auch über den Wandel der Form zwischen dem Barockzeitalter und dem der Klassik wurde schon gesprochen. Aus dem Prozeß der Gärung und Verwandlung erwächst jetzt die klassische Sonatenform mit der Satzfolge Allegro – Adagio – Menuett (durch Übernahme dieses Tanzes aus der Suite) – Allegro (Rondo). Besondere Bedeutung kommt dabei dem ersten Satz zu. Hier gesellt sich zu dem ersten Thema ein zweites, gegensätzliches. Eine darauffolgende Coda beschließt den ersten Teil, die Exposition. An ihrem Ende steht ein Wiederholungszeichen. Dieser erste Teil soll zum besseren Verständnis der Themen noch einmal erklingen. Dann folgt die Durchführung, in der die Themen des ersten Teiles oder auch nur eines von ihnen verarbeitet werden. Diese Durchführungen weisen bei Haydn und Beethoven kühne thematische Arbeit auf, bei Beethoven sogar große dramatische Spannungen. Bei Mozart bleiben die Durchführungsteile häufig Überleitungs- und Zwischenteile, die zwischen Exposition und Reprise mehr im italienischen Sinne vermitteln. Die folgende Reprise, das heißt die Wiederkehr des ersten Teiles, die jetzt beide Themen in der Haupttonart bringt, führt durch die Wiederkehr des gleichen zu Beruhigung und zu formaler Geschlossenheit des ganzen Satzes. Das, was die neue Form sucht, ist der Kontrast. Die Bedeutung dieses Urprinzips des Barockzeitalters wurde schon bei der Geschichte der Sonatenform genugsam betont. Die klassische Sonatenform bedeutete eine weitere Steigerung des Kontrastprinzips. Im Themendualismus des ersten und zweiten Themas findet es seine reinste Erfüllung, in der Durchführung eine dramatische Auseinandersetzung und in der Reprise die Ruhe der Tonartengleichheit der beiden Themen. Auch im Zyklischen der Sonatenform hat der Kontrast die gleichmäßige Pendelbewegung der barocken Sonate langsam – schnell – langsam – schnell zugunsten einer größeren Mannigfaltigkeit und Gegensätzlichkeit aufgehoben. Winckelmann hatte Mannigfaltigkeit in der Einheit als das Grundprinzip der antiken Kunst erkannt. In der Musik heißt das Gesetz jetzt »Kontrast in der Einheit«. Wir nennen die daraus entstehenden Formen »klassisch« und empfinden sie als der Musik besonders gemäß. Aber die Klassiker selbst belehren uns in ihren Spätwerken, daß eine Form ohne Kontraste vielleicht zwar weniger *Form* ist, aber dennoch eine höhere Form darstellt.

Wandel des Ausdrucks

Im Wandel des Ausdrucks erfüllt sich das Jahrhundert am stärk-

sten. Der Drang zu einer einfachen, natürlichen Grundhaltung der Kunst ist allgemein. An dieser Behauptung ändert nichts, daß die Ornamentik des Rokoko als jubelnder Abschluß des Barockzeitalters die Kunstwerke – auch die der Musik – mit einem farbigglitzernden Schleier überzogen hat. In der Tiefe löst das Zeitalter der Natur das Zeitalter der Vernunft ab, um der Nachahmung der »schönen Natur, wie der Verstand sie sich vorstellen kann«, das Wort zu reden (Naturnachahmungslehre des französischen Ästhetikers Charles Batteux, 1713–1780) und um einer Musik der seelischen Bewegung – des Affektes, wie man damals sagte – zum Durchbruch zu verhelfen. Diese neue Affektmusik erschien jetzt natürlicher, einfacher und, wie man damals meinte, auch »wahrer« als kühne musikalische Konstruktionen – man denke an die Fuge –, die das 17. Jahrhundert gepflegt hatte.
Die Tatsache, daß der Mensch jetzt wiederum der »natürliche« Mittelpunkt wurde, ist die Folge eines neuen Humanitätsideals, eines neuen humanistischen Empfindens. Die Musik ist zur Darstellung des Menschlichen ganz besonders gut geeignet. Leichter als in den anderen Künsten können wir in ihr den Klang eines neuen menschlichen Empfindens hören. Die Mittel, deren sich die barocke Figurenlehre zur Ausdrucksdarstellung bediente, erscheinen allerdings der neuen Generation zuwenig »rührend und ausdrückend«, wie es Scheibe in seinem Angriff gegen Bach im »Critischen Musicus« formuliert hatte. Die Musik bedurfte neuer Zeichen, das heißt neuer Stilmittel, um das auszudrücken, was die neue Zeit empfand. Man fand sie nicht mehr in fremden Künsten, wie zuvor die Figurenlehre in der Rhetorik, sondern in der Musik selbst: in den Tonarten, in den Intervallen, in den Dissonanzen, in der Ornamentik (den Verzierungen durch Vorschläge, Triller usw.), in den Vortragsbezeichnungen (Allegro, Adagio usw.), in der Dynamik (dem Wechsel zwischen Piano und Forte). Mit diesen Mitteln drückte man jetzt aus, wozu man früher der rhetorischen Figur bedurft hatte. All das ergab einen neuen Klang, den man als »ausdrückend und jeder vorkommenden Leidenschaft gemäß« empfand (Johann Joachim Quantz in seinem Lehrbuch »Versuch einer Anweisung, die Flöte traversière zu spielen« 1752).
Die Wege der Musik, die vom verstandesgemäß gebundenen Aus-

druck in der Musik des Barockzeitalters bis zum »Durchbruch des Menschen« führten, waren zahlreich. Wie immer konnte man nur allmählich fortschreiten. Lange blieb man an eine Lehre gebunden, die schön geordnet die Stilmittel für »das Lustige, das Prächtige, das Freche, das Schmeichelnde, das Gefällige, das Traurige« (nach Quantz) bereithielt. Die neue Freiheit schien noch der Ordnung in Ausdrucksschubfächern, die der Komponist nach Wahl ziehen konnte, zu bedürfen. Die Affektenlehre gehört zum Zeitalter des galanten und empfindsamen Stils. Er liegt zwischen barocker Vernunftgebundenheit einerseits und klassischer Bändigung und romantischer Zügellosigkeit andrerseits. Die Begriffe galant und empfindsam ergänzen sich: Galant sein ist die höfische Art der Empfindung, empfindsam sein bedarf galanter Zurückhaltung. Die musikalischen Mittel des Stiles sind kleinmotivische Thematik, reiche Ornamentik, wenigstimmiger Satz und ausgewogene, oft symmetrische Form, Bevorzugung der Durtonalität und daraus folgend eine neue Heiterkeit der Musik. Die Molltonalität wird in der Hand der empfindsamen Komponisten ein Dur unter Tränen.

Der Verfasser hat den Beginn der Klassik zeitlich zurückverlegt und örtlich verschoben. Nicht die Wiener, die Mannheimer und Philipp Emanuel Bach haben das Fundament der Klassik gelegt, sondern die neapolitanischen Großmeister und Sammartini. Vielleicht ist diese Behauptung auch aus folgendem Grund einleuchtend: Bei den Mannheimern Johann Stamitz, Xaver Richter und bei den Wienern Johann Christoph Wagenseil und Georg Matthias Monn erscheint der neue Stil bereits in einer fast rätselhaften Vollendung. Er erscheint wie vom Himmel gefallen, denn wir wissen nichts oder nur wenig über die Anfänge und über die Lehrzeit dieser Meister. Mit böhmischem und Wiener Musikantentum, mit folkloristischem Einschlag ist die Klassik aber nicht erklärt. Denn schließlich ist sie mehr. Andrerseits waren die Großmeister der europäischen Instrumentalmusik der vorangehenden Generation die oben erwähnten Neapolitaner. Ihnen ist die Kraft zu einem Stilwandel von solcher Heftigkeit und Konsequenz eher zuzuschreiben als den scheinbar traditionslosen Neulingen und Revolutionären. Jede Verwandlung setzt die Kraft der Tradition voraus. Sie war in der italienischen Musik stärker als in der deutschen.

Die Wiener Vorklassik

Zu den Wiener Vorklassikern gehören, wie schon erwähnt, Georg Matthias Monn (geb. 1717 in Niederösterreich, gest. 1750 in Wien), der Organist der Karlskirche, der eigentlichen kaiserlichen Hofkirche, war; der kaiserliche Hofkomponist Georg Christoph Wagenseil (geb. 1715 in Wien, gest. 1777 in Wien), ein Schüler von Joseph Fux, und schließlich der Hofkonzertmeister und Ballettkomponist Josef Starzer (geb. 1726, gest. 1787 in Wien). Monn und Wagenseil bemühten sich in zahlreichen Sinfonien, Triosonaten, Klavier- und Cellokonzerten, in denen sich besonders Wagenseil auszeichnete, nicht nur um den neuen Ton und um die neue Sonaten- und Konzertform, sondern führten sie darüber hinaus zu einer staunenswerten Vollendung. Man schreibt Monn sogar die Einführung des Menuetts in die zyklisch-sinfonische Form zu. (Ein ausgezeichnetes Cembalokonzert von Monn gab Arnold Schönberg 1932 als Violoncellokonzert umgearbeitet heraus.) Da diese Musiker in einflußreichen Stellungen waren, blieben ihre Werke nicht ungehört.

Die Mannheimer Schule

Mehr als die Wiener Gruppe bewunderten die Zeitgenossen allerdings die »Mannheimer«. Der Gründer der sogenannten Mannheimer Schule, Johann Stamitz aus Deutschbrod, also aus dem böhmischen Musikantenland stammend, war wahrscheinlich 1741 als Geiger nach Mannheim gekommen, um bald zum Kammermusikdirektor des Kurfürsten Karl Theodor aufzusteigen. Zweierlei war sein Verdienst: Er machte die Mannheimer Hofkapelle zum besten und diszipliniertesten Orchester seiner Zeit, und seine für das Orchester geschriebenen Kompositionen, Orchestertrios und Sinfonien, verhalfen dem neuen Stil und der neuen Form mit großem Elan zum Durchbruch. Nicht zu Unrecht sah man in seinen Werken eine Parallele zum Sturm und Drang der deutschen Literatur. Und es war sicher kein Zufall, daß in demselben Mannheim wenige Jahrzehnte später Friedrich Schillers »Räuber«, der Sturmvogel der neuen Geisteshaltung, uraufgeführt wurden.

Als ein solches Zeichen des Sturm und Drang könnte man das Mannheimer Orchestercrescendo deuten. Die Mannheimer haben es keineswegs »erfunden«, aber sie haben Crescendo-Episoden, die ihren Sinn nur von diesem dynamischen Bauelement erhalten, in ihre Instrumentalmusik eingebaut. Der zeitgenössische Liederkomponist, Schriftsteller und Ästhetiker Friedrich Daniel Schubart (geb. 1739 in Sontheim, gest. 1791 in Stuttgart), der durch den Herzog von Württemberg eingekerkerte »Gefangene vom Hohenasperg«, vergleicht das Forte des Mannheimer Orchesters mit dem Donner, sein Crescendo mit einem Katarakt. Weitere von den Zeitgenossen bewunderte Orchestereffekte sind Tremolo, Funken (hohe herausspringende Töne), Walzen, Seufzer und so weiter.

Noch wichtiger aber und bezeichnend für den Wandel der Musikauffassung ist der Wandel in der Aufführungspraxis des Mannheimer Orchesters. Man verzichtete auf den Generalbaß, auf die durch ein Akkordinstrument, zum Beispiel das Cembalo, ausgeführte harmonische Begleitung, die bisher obligatorisch war. Im Zusammenhang damit führte man gleichzeitig Hörner und Holzbläser, vor allem die Klarinetten, in das Orchester ein. Beides, die neue Form und der neue Klang, erregte Aufsehen nicht nur in Deutschland, sondern auch in Frankreich. Der französische Verleger von Stamitz' Werken nannte die neue deutsche Musik »La melodia germanica«. Die Gastspiele des Mannheimer Orchesters seit 1751 in Paris waren für die Franzosen der Anlaß, sich ihrerseits der sinfonischen Instrumentalmusik anzunehmen, die seit 1725 in den Concerts spirituels eine Pflegestätte und in François-Joseph Gossec ihren ersten Vertreter gefunden hatte. Zu den Komponisten der Mannheimer Schule gehören neben Stamitz Franz Xaver Richter (geb. 1709 in Holleschau, Mähren, gest. 1789 in Straßburg), Anton Filtz (geb. 1730 in Böhmen, gest. 1760 in Mannheim) und als nachfolgende zweite Generation die Söhne Stamitz', Karl und Anton, Christian Cannabich (geb. 1731 in Mannheim, gest. 1798 in Frankfurt am Main), Abbé Vogler (geb. 1749 in Würzburg, gest. 1814 in Darmstadt), der Lehrer Carl Maria von Webers und Franz Meyerbeers, und Franz Danzi (geb. 1763 in Mannheim, gest. 1826 in Karlsruhe), der in Karlsruhe wirkte.

Carl Philipp Emanuel Bach in Potsdam

Das Musikantentum der Mannheimer, der »singende Stil« ihrer Allegrosätze, findet ein Gegengewicht im Werk des Musikers Carl

Hauskonzert im Schloß Ludwigslust nach einem Gemälde von G. D. Matthieu. Die Hofkapelle Herzog Friedrichs des Frommen gab im Jahre 1770 ein Konzert, als Philipp Emanuel Bach dort weilte.

Philipp Emanuel Bach (geb. 1714 in Weimar, gest. 1788 in Hamburg), des zweitältesten Sohnes Johann Sebastian Bachs. Er war Hofcembalist Friedrichs II. in Potsdam und später städtischer Musikdirektor der fünf Hauptkirchen in Hamburg. Für Philipp Emanuel Bach, den »singend-denkenden Komponisten«, ist Musik »Sprache der Empfindung« oder durch eine poetische Idee ausgelöste Darstellung. Was er, der »Klopstock der Töne«, wollte, war »die kühne sprachlose Musik«, wie Klopstock sie nannte; Musik, die ohne das Mittel der Sprache von sich aus die Leidenschaften erregen und wieder stillen wollte. Dieser Idee galt sein Werk für das Klavichord, dessen letzter großer Meister er war, galten auch seine freien Phantasieformen, die so stark von der Vorstellung und dem Fluß der Rede inspiriert waren, daß sie den Dichter Heinrich Wilhelm von Gerstenberg verführten, nachträglich diesen Werken Texte zu unterlegen, eine Vertauschung des Wort-und-Ton-Verhältnisses, die nur bei dieser Musik möglich und sinnvoll war.

Ein Erfolg des denkenden Komponisten Bach war auch sein bedeutender »Versuch über die wahre Art, das Klavier zu spielen«, ein

Kompendium alles Wissenswerten über die Aufführungspraxis der Musik seiner Zeit, die im Anhang noch einmal durch sechs Sonaten vor Augen geführt wird.

Der Engländer Charles Burney veröffentlichte in dem »Tagebuch seiner musikalischen Reisen 1772/73« eine Lebensbeschreibung, die ihm Philipp Emanuel Bach selbst gegeben hatte. Burney sprach auch von dem »Tiefsinnigen und Weithergesuchten« der Musik Philipp Emanuel Bachs. Bach selbst aber meinte: »Mir deucht, die Musik müsse vornehmlich das Herz rühren, und dahin bringt es ein Clavierspieler nie durch blosses Poltern, Trommeln und Harpeggieren, wenigstens bey mir nicht.«

Philipp Emanuel Bach hat allen seinen Werken sicherlich einen »tiefen Sinn« mitgegeben, den »Preußischen Sonaten« 1742, den »Württembergischen Sonaten« 1744, den Sonaten und Rondos »Für Kenner und Liebhaber« 1779–1787, seinen 52 Klavierkonzerten, Sinfonien, Oratorien, Kantaten und Liedern. Gleichzeitig wollte er aber auch das Herz rühren. Andererseits wies ihn der manchmal etwas gewollte Tiefsinn neue Wege in der Komposition. Dazu gehört die Verdichtung des Satzes durch »Veränderungen« eines einzigen Themas, gehört sein Streben nach dem musikalischen Zusammenhang aller Teile, die sich nach »der Haupterfindung des ersten Themas schicken müssen«.

Gerade dieses zuletzt erwähnte Strukturprinzip machte auf Joseph Haydn, in dessen Entwicklung das Werk Philipp Emanuel Bachs tief eingriff, bestimmenden Eindruck. Es ist der Ausgangspunkt für das großartige Ringen Joseph Haydns um den musikalischen Zusammenhang aller Teile. Als Haydn die ersten Sonaten Philipp Emanuel Bachs zu Gesicht bekam, schrieb er: »Da kam ich nicht mehr von meinem Klavier hinweg, bis sie durchgespielt waren, und wer mich gründlich kennt, der muß finden, daß ich dem Emanuel Bach sehr vieles verdanke, daß ich ihn verstanden und fleißig studiert habe. Emanuel Bach ließ mir auch selbst einmal ein Kompliment darüber machen.« Man sieht auch daraus, daß die großen Meister der klassischen Musik nicht als »Klassiker« geboren wurden, eine Erfahrung, die übrigens auch die Kunstgeschichte in ihren Bezirken bestätigt. Klassik setzt stets Reife voraus, die erst auf der Höhe des Lebens und des Werkes erreicht werden kann.

Die Serenadenzeit

Joseph Haydn, der 1732 Geborene, hatte es besonders schwer. Durch Geburt und Generation noch eng an das Barockzeitalter gebunden, mußte er erst durch das Erbe hindurch, mußte sich erst den Kontrapunkt aus dem Fleische schneiden, wie er selbst einmal sagte, um zu dem »neuen« Ton in der Musik durchstoßen zu können. Mozart, 1756 geboren, wurde es darin leichter gemacht. Ihm, der eine Generation jünger war, blieb die Auseinandersetzung mit einer übermächtig großen Vergangenheit erspart. Als er das Werk Johann Sebastian Bachs als Dreißigjähriger erlebte, hatte er bereits die Kraft zur Einschmelzung, die er als junger Mensch kaum besessen haben würde. Beethoven wiederum konnte das Glück der dritten Generation der Klassik kaum genießen. Alsobald kamen neue, romantische Strömungen auf, die Beethoven in gleicher Weise wie Johann Wolfgang von Goethe zu schaffen machten, da sie, mit Anspruch auftretend, zur Stellungnahme zwangen.

Haydn, Mozart und Beethoven aber gemeinsam ist eine Serenadenzeit. Zunächst muß erklärt werden, was damit gemeint ist. Das Werk der drei beginnt in der Form der »locker gefügten Teile« und ausdrucksmäßig in der Unterhaltungsmusik. Erschrecken wir nicht. Es handelt sich um die kultivierte musikalische Unterhaltung, wie sie der Adel und das gehobene Bürgertum des 18. Jahrhunderts pflegten. Die Unterhaltungsmusik hat sich selbst als solche bezeichnet. Man nannte sie auch Divertimento, divertirsi aber heißt auf italienisch »sich unterhalten«. Serenade, Divertimento oder auch Kassation meinen nach Form und Zweck ungefähr das gleiche, obwohl die Grenzen fließend sind. Die Serenade, die die vielsätzige Suite oder Partita des Barockzeitalters ablöst, ist eine aus der Aufführungspraxis gewonnene fünfteilige Form. Sie beginnt mit einem Marsch, der den Aufzug der Musikanten begleitet. Zwei Menuette als höfische Tanzformen rahmen den Hauptteil, die Ständchenmusik ein; den Schluß bildet der Abmarsch der Musici. An- und Abmarsch sind nötig, denn die Serenade ist Freiluftmusik, die im Gartensaal, im Schloßhof oder Schloßpark erklang. Diese Tatsache bestimmt auch die Besetzung: Streicher mit Bläsern oder nur Bläser, sie bestimmt ebenso den inneren Wert: Man schreibt Musik nicht für die Dauer, sondern für den genußreichen Augenblick. Daran ändert nichts, daß man eine solche Musik auch im Saal oder im Appartement als Schloß- und Kammermusik »auflegen« konnte (wie man damals sagte), in gleicher Weise wie auch eine Sinfonie oder ein Streichquartett im Freien erklingen konnte. Höfisches Leben und höfische Repräsentation fanden in diesem heiteren Genre (serena = heiter) ihre Erfüllung, in einem Traum- und Kinderland der klassischen Musik. Der neue Ton, schon oft erwähnt, war »quasi scherzando« Wirklichkeit geworden.

Über die Jugend- und Mannesjahre berichtet eine Autobiographie Joseph Haydns, die später für ein Lebensbild in dem biographischen Lexikon »Das gelehrte Österreich« verwendet wurde. »Ich wurde geboren Anno 1732 den letzten Mertz in dem Marktfleck Rohrau in Unterösterreich bei Prugg an der Leythä. Mein Sel. Vatter ware seiner Profession ein Wagner und Unterthan des Grafen Harrachs, ein von Natur aus großer Liebhaber der Musik. Er spielte ohne eine Note zu kennen die Harpfe, und ich als ein Knabe von 5 Jahren sang ihm alle seine simple kurze Stücke ordentlich nach, dieses verleitet meinen Vatter mich nach Haimburg zu dem Schul Rector meinen Anverwandten zu geben, um allda die musikalischen Anfangs Gründe sammt anderen jugentlichen Nothwendigkeiten zu erlehrnen. Gott der Allmächtige (welchem ich alleinig so unermessene Gnade zu danken) gab mir besonders in der Musik so viele Leichtigkeit, indem ich schon in meinem 6. Jahr ganz dreist einige Messen auf dem Chor herabsang, auch etwas auf dem Clavier und Violin spielte.

In dem 7. Jahre meines alters hörte der Sel. Herr Kapell Meister von Reutter in einer Durchreise durch Haimburg von ungefähr meine schwache doch angenehme Stimme. Er nahme mich alsogleich zu sich in das Capell Hauss, allwo ich neben dem Studiren die singkunst, das Clavier und die Violin von sehr guten Meistern erlehrnte, ich sang allda sowohl bei St. Stephan als bei Hof mit großem Beifall bis in das 18. Jahr meines Alters den Sopran. Da ich endlich meine Stimme verlohr, mußte ich mich in unterrichtung der Jugend ganzer acht Jahr kummerhaft herumschleppen (durch dieses Elende Brod gehen viele Genie zu Grunde, da ihnen die Zeit zum Studiren mangelt), die Erfahrung traffe mich leider selbst, ich würde das wenige nie erworben haben, wann ich meinen Compositions Eyfer nicht in der Nacht fortgesetzt hätte, ich schriebe fleißig, doch nicht ganz gegründet, bis ich endlich die Gnade hatte von dem berühmten Herrn Porpora (so dazumal in Wien ware) die ächten Fundamente der Setzkunst zu erlehrnen: endlich wurde ich durch Recomendation des seligen Herrn von Fürnberg (von welchem ich besondere Gnade genosse) bei Herrn Grafen von Morzin als Direkteur, von da aus als Capellmeister bei Sr. Durchl. dem Fürsten von Esterhàzy an und aufgenommen, allwo ich zu leben und zu sterben mir wünsche. Unter andern meiner Werke haben folgende den meisten Beifall erhalten: Die Opera: Le Peschatrici. – L'incontro improvviso, welche in Gegenwart Ihre k. k. Majestät ist aufgeführt worden. – L'infedelta delusa. – Das Oratorium: Il ritorno di Tobia in Wien aufgeführt...«

Das Lexikon des Herrn de Luca fährt fort: »Haydn der Liebling unserer Nation, dessen sanfter Charakter sich jedem seiner Stücke eindrücket. Sein Satz hat Schönheit, Ordnung, Reinheit, eine feine und edle Einfalt, die schon eher empfunden wird, als die Zuhörer noch dazu vorbereitet sind. Es ist in seinen Cassationen, Quattro, Trio ein reines und helles Wasser, welches ein südlicher Hauch zuweilen kräuselt, zuweilen hebt, in Wellen wirft, ohne daß es seinen Boden und Abschuß verläßt. Die monotonische Art der Stimmen und gleichlautenden Oktaven hat ihn zum Urheber, und man kann ihr das Gefällige nicht absprechen... In Symphonien ist er ebenso männlich stark als empfindsam, in Kantaten reizend, einnehmend und in Menuetten natürlich reizend. Kurz Haydn ist in der Musik das, was GELLERT in der Dichtkunst ist«. Gellert der Musik! Wir können uns den Vergleich mit dem liebenswürdigen moralisierenden Dichter des bürgerlichen Aufklärungszeitalters wohl gefallen lassen, zumal im Hinblick auf Haydns erste Werke, die Serenaden-Quartette op. 1 und 2 von 1754–1755.

Joseph Haydn: Streichquartett op. 3 Nr. 5, 1. Satz

Notenbeispiel 62

Notenbeispiel 63

Ja, es sind Serenaden und dennoch Streichquartette. Trotz der Gebundenheit an Serenadenzeit und Serenadengeist findet Haydn, man mag es einen Zufall nennen oder nicht, den Weg zu der Kunstgattung des Streichquartettes, in der er, mehr als in jeder anderen, die Meilensteine seines Werkes gesetzt hat. Von den zwölf Streichquartetten op. 1 und op. 2 haben elf Serenadenform, meistens Presto – Menuett – Adagio – Menuett – Presto. Eines, Nr. 5 op. 1, ist dreisätzig nach der Form der Italiener: Allegro – Andante – Allegro. Mit den sechs Quartetten op. 3, die etwa zehn Jahre später entstanden, ändert sich jedoch das Bild: Die Form der Klassik ist gefunden – der Geist der Serenade geblieben. Das Streichquartett op. 3 Nr. 5 hat vier Sätze: Presto – Andante cantabile – Menuetto – Scherzando, es sind die Sätze der klassischen Sonatenform. Aber auch die einzelnen Sätze, der erste, zweite und vierte Satz, haben die Form des Sonatenhauptsatzes: Themendualismus, Durchführung und Reprise. Das Menuett mit Trio und Menuett-Dacapo ist in allen Teilen bei Zweiteiligkeit (durch Wiederholungszeichen markiert) dreiteilig unterteilt: a – b – a. Die klassische Form manifestiert sich in bestechender Klarheit. Trotzdem ist das Stück eine Serenade. Thematik, Melodik, Rhythmik, Dynamik, buffoneske Laune weisen es mühelos als eine solche aus. Ja, der zweite Satz ist noch einmal eine wirkliche Serenade, das heißt ein Ständchen, in dem die erste Violine con sordino eine schmeichelnde Melodie singt, während die übrigen Instrumente pizzicato, die klimpernde Laute nachahmend, begleiten. Wer sich den Gegensatz von galant und romantisch klarmachen möchte, sollte Schuberts Lied »Ständchen« (Leise flehen meine Lieder) diesem Streichquartettsatz Haydns gegenüberstellen. Man kann aber aus diesem Quartett noch mehr herauslesen. Die Themen der beiden Ecksätze weisen eine überraschende kleinmotivische Arbeit auf. Sie sind daher nicht eigentlich Themen im

Sinne einer die Motive bindenden Kantilene, eines über acht Takte ausschwingenden Melodiebogens, sondern sie sind eine Addition von zweitaktigen Motiven. Haydn betont die motivische Kleinarbeit gleich am Anfang des ersten Satzes noch dadurch, daß er die ersten beiden Motive nacheinander von der ersten Violine und zweiten Violine mit Bratsche und Violoncello im Unisono vortragen läßt. Durch diese Arbeit mit dem Motiv, nach »dem sich alles schicken muß« (Ph. E. Bach), hat sich Haydn den Zugang zur kleinsten Grundgestalt frei gemacht, auf der er später Sätze und Werke aufbauen wird. Das Prinzip der Reihung der Themen wird zugunsten der motivischen Verdichtung aufgegeben. Eingebettet in die Serenade zeichnet sich schon das Kommende ab. Dafür noch ein anderes Beispiel. Bei dem Einsatz der Reprise des ersten Satzes im gleichen Quartett verändert Haydn das Hauptmotiv nur um eine Kleinigkeit. Eine Veränderung, wie mit einem Silberstift gezeichnet und doch wie anders! *(Ntb. 62, 63.)* Das Hindurchpressen des Motiveinsatzes durch die Tritonusspannung f – h gibt der Melodielinie eine neue Kraft, die auf diese Weise das f des zweiten Taktes, den Grundton, mit stärkerer Wirkung erreicht als der durch viermalige Wiederholung des c (die Wechselnote d hilft noch zu dieser Fixierung) festgelegte einfache Quartschritt des Hauptmotivs. Wie von einem Lichtstrahl erhellt, leuchtet an einer solchen Stelle das Bild der späteren großen Veränderungskunst Joseph Haydns auf.

Haydn wurde geboren, den Geist der Serenade zu überwinden, für Wolfgang Amadeus Mozart aber war diese das Leben selbst. Der Gothaer Hofbibliothekar A. H. F. Schlichtegroll erzählt in seinem »Nekrolog der Deutschen«, der von 1790 bis 1806 laufend erschien, folgendes über Wolfgang Mozart, indem er Mitteilungen von seiner Schwester Nannerl verwendet: »Aber unbeschreiblich schätzbar und wichtig bleibt ungeachtet dessen dennoch das Andenken jener Menschen mit seltenen Kräften und Anlagen zu einzelnen Fertigkeiten. Sie sind Phänomene, die man anstaunt und deren treue Abbildungen der Forscher des Menschennaturells als unschätzbare Kabinettstücke ansieht, zu denen er oft zurückkehrt, um an ihnen den unbegrenzten Umfang des menschlichen Geistes zu bewundern. Zu ihnen gehört Mozart, ein Wunder von Anlagen und von früher Entwicklung derselben. Man würde das, was von ihm erzählt wird, kaum glauben können, wenn er nicht unser Zeitgenosse gewesen wäre und wenn diese Erstaunen erregenden Züge nicht von so vielen Menschen bestätigt würden.

Der genaue Zusammenhang, der zwischen den Schicksalen Mozarts mit denen seines Vaters stattfindet, erfordert eine Erwähnung des letzteren. Leopold Mozart war eines Buchbinders Sohn aus Augsburg, studierte aber in Salzburg und kam 1743 als Hofmusikus in die fürstliche Kapelle. Im Jahre 1762 wurde er Vizekapellmeister; er beschäftigte sich neben seinem Dienst am Hof und in der Metropolitankirche mit Unterweisung auf der Violine und mit Komponieren. Er war mit Anna Maria Pertl aus St. Gilgen am Wolfgangsee verheiratet, und es ist ein Umstand, der für den genauen Beobachter nicht ohne Bedeutung sein kann, daß diese Eltern des für die Harmonien so ausgezeichnet glücklich organisierten Künstlers zu ihrer Zeit für das schönste Ehepaar in Salzburg galten.

Von sieben Kindern aus dieser Ehe war nur eine Tochter, Maria Anna, und dieser Sohn (geb. zu Salzburg, den 27. Jänner 1756) am Leben geblieben; der Vater gab daher die Unterweisung auf der Violine und das Komponieren ganz auf, um alle von seinem Dienste freie Zeit auf die musikalische Erziehung dieser zwei Kinder zu wenden... Als der Vater seine siebenjährige Tochter auf dem Klavier zu unterweisen anfing, war der Sohn Mozart etwa drei Jahre alt. Der Knabe zeigte schon da sein außerordentliches Talent. Er unterhielt sich oft lange beim Klavier mit Zusammensuchen der Terzen, die er dann immer anstimmte, und bezeigte seine Freude darüber, diese Harmonie aufgefunden zu haben.

Im vierten Jahre seines Alters fing sein Vater gleichsam spielend an, ihn einige Menuette und andere Stücke auf dem Klavier zu lehren, eine Sache, die dem Lehrer ebenso leicht und angenehm wurde als dem Lehrling. Zu einem Menuett brauchte er eine halbe Stunde, zu einem größeren Stück eine Stunde, um es zu lernen und es dann mit der vollkommensten Nettigkeit und mit dem festesten Takte zu spielen. Von nun an machte er solche Fortschritte, daß er in seinem fünften Jahre schon kleine Stücke komponierte, die er seinem Vater vorspielte und ihn aufschreiben ließ... Im Juni des Jahres 1763, also im siebten Jahre des Knaben, machte die Mozartische Familie die erste große Reise außer Deutschland, wodurch nun der Ruhm des frühen Künstlers sich allgemein verbreitete. Sie gingen nach München, wo der junge Mozart ein Konzert auf der Violine beim Kurfürsten spielte und schon dazu aus dem Kopfe präambulierte. In Augsburg, Mannheim, Mainz, Frankfurt am Main, Koblenz, Köln, Aachen und Brüssel gaben sie entweder musikalische Akademien für das Publikum oder spielten bei den verschiedenen Fürsten und Großen mit ausgezeichnetem Beifall.

Im November kamen sie in Paris an, wo sie sich 21 Wochen aufhielten. Sie ließen sich vor der königlichen Familie in Versailles hören, auch spielte der Sohn in der dortigen Kapelle vor dem ganzen Hofe die Orgel. Für das Publikum gaben sie zwei große Akademien in einem Privatsaale. Sie fanden hier, wie leicht zu erwarten war, sehr ihre Welt; gleich nach ihrer Ankunft wurden der Vater und die beiden Kinder in Kupfer gestochen und überall sehr ehrenvoll behandelt. Hier war es auch, wo Wolfgang Mozart seine beiden ersten Werke verfertigte und bekanntmachte ... Er war damals sieben Jahre alt.

Den 10. April 1764 reisten sie über Calais nach England, wo sie sich bis in die Mitte des folgenden Jahres aufhielten. Schon am 27. desselben Monats ließen sich die Kinder vor den beiden Majestäten hören; ebenso im folgenden Monat, wo der Sohn auch die Orgel des Königs spielte. Alle schätzten sein Orgelspiel weit höher als sein Klavierspiel. Sie gaben nun eine große Musik zu ihrem Vorteil, wobei alle Symphonien von der Komposition des Sohnes waren. Nach einem sehr gefährlichen Halsweh, das den Vater an den Rand des Grabes brachte und das er in Chelsea überstand, kehrten sie nach London zurück und spielten wieder vor der königlichen Familie und dem vornehmsten Adel.

Es läßt sich denken, daß die Kinder, und vorzüglich der Sohn, unter dem reichen Beifall, den sie in den größten Hauptstädten Europas von allen Seiten einernteten, nicht bloß auf der nun erreichten Stufe stehenblieben, sondern sich noch immer fortbildeten. So spielten jetzt beide Kinder überall Konzerte auf zwei Klavieren; auch sang der Sohn Arien mit größter Empfindung ...

Im Juli 1765 fuhren sie wieder nach Calais und reisten durch Flandern, wo Wolfgang oft die Orgeln der Klosterkirchen und Kathedralen spielte. Im Haag hatten beide Kinder nacheinander tödliche

Krankheiten zu überstehen. Erst nach vier Monaten erholten sie sich, und dann war die erste Arbeit des Sohnes, daß er sechs Sonaten für das Klavier setzte und stechen ließ, mit einer Zuschrift an die Prinzessin von Nassau-Weilburg.

Zu Anfang des Jahres 1766 brachten sie vier Wochen in Amsterdam zu und reisten dann zum Installationsfest des Prinzen von Oranien wieder in den Haag. Der Sohn setzte für diese Festlichkeit ein Quodlibet für alle Instrumente nebst verschiedenen Variationen und auch einige Arien für die Prinzessin. Nachdem sie öfters beim Erbstatthalter gespielt hatten, reisten sie wieder nach Paris, blieben dort zwei Monate, während welcher Zeit sie zweimal in Versailles waren, gingen über Lyon durch die Schweiz und verweilten bei dem Fürsten von Fürstenberg in Donaueschingen ... Endlich kamen sie nach einer Abwesenheit von länger als drei Jahren zu Ende des Monats November 1766 wieder in Salzburg an. Sie blieben nun bis in den Herbst des folgenden Jahres in Salzburg, und Wolfgang Mozart schritt durch beständiges Studium immer dem Ziele der Vollkommenheit näher.

Im Jahre 1768 spielten die Kinder in Wien vor Kaiser Joseph, der dem jungen Mozart auftrug, eine Opera buffa zu setzen. Sie hieß ›La finta semplice‹, erhielt den Beifall des Kapellmeisters Hasse und Metastasios, wurde aber nachher nicht aufgeführt ...

Das Jahr 1769 brachten sie wieder in Salzburg zu, bis der Vater im Dezember mit dem Sohn allein, der aber noch vorher Konzertmeister beim Salzburgischen Hoforchester wurde, eine Reise nach Italien antrat ... Hatte er schon in den anderen Ländern so viele Bewunderung erregt, so kann man leicht denken, wie sehr seine Erscheinung in Italien willkommen war, wo ja die Musik wie in ihrem eigenen Boden gedeiht und die Kunst darin unter die ersten Verdienste gezählt wird. In Mailand erntete er großen Beifall im Firmianischen Hause und komponierte auch verschiedenes. Nachdem er hier einen Vertrag zur ersten Oper für den Karneval 1771 erhalten hatte, reisten sie im März 1770 weiter. In Bologna fand Mozart einen enthusiastischen Bewunderer in dem Pater Maestro Martini, einem großen Kontrapunktisten. Dieser war nebst den anderen Kapellmeistern ganz außer sich, als ihm der junge Mozart zu jedem Fugenthema, das Martini ihm hinschrieb, die dazugehörige

Antwort gab und die Fuge augenblicklich auf dem Klaviere ausführte ...

Mozart Vater und Sohn kamen zu Rom in der Karwoche an. Am Mittwochnachmittag gingen sie sogleich in die Sixtinische Kapelle, um das berühmte Miserere zu hören. Da es, der allgemeinen Sage nach, den päpstlichen Musikern unter Strafe der Exkommunikation verboten ist, diese Musik kopieren zu lassen, nahm sich Wolfgang Mozart vor, recht genau darauf zu hören und sie zu Hause aufzuschreiben. Er tat es und hielt darauf sein Manuskript im Hute, als dieses Miserere am Karfreitag wieder gegeben wurde, wodurch er noch Verbesserungen in seinem Aufsatze machen konnte. Dies wurde bald in Rom bekannt und erregte allgemeines Aufsehen. Er mußte es in einer Akademie zum Klavier singen, wobei der Kastrat Christofori zugegen war, der es in der Kapelle gesungen hatte, und durch sein Erstaunen Mozarts Triumph vollkommen machte.

Als Mozart in Neapel in dem Conservatorio alla pietà spielte, verfielen seine Zuhörer auf den Gedanken, in seinem Ringe stecke die Zauberei; er zog daher den Ring ab, und nun war erst die Verwunderung recht groß. Er gab hier noch eine große Akademie beim kaiserlichen Gesandten, dem Grafen Kaunitz, und kehrte nach Rom zurück. Hier verlangte ihn nun auch der Papst zu sehen und gab ihm dann das Kreuz und Breve als ›Militae auratae eques‹. In Bologna wurde er mit einstimmiger Wahl als Mitglied und Maestro der Accademia filarmonica aufgenommen. Man schloß ihn deshalb ganz allein ein und gab ihm eine Antiphonie vierstimmig zu setzen. Er war in einer halben Stunde damit fertig und erhielt darauf das Diplom.

Sie eilten nun, um nach Mailand zurückzukommen, weil der Sohn sich einmal zur Komposition der dortigen ersten Karnevaloper verbindlich gemacht hatte. Wäre das nicht gewesen, so hätte er auch in Bologna, Rom oder Neapel einen Opernvertrag erhalten können. Ende Oktober 1770 kamen sie in Mailand an. Hier komponierte der Sohn in seinem vierzehnten Jahre die Opera seria ›Mitridate‹, die zuerst am 26. Dezember und dann mehr als zwanzigmal nacheinander aufgeführt wurde. Auf den allgemeinen Beifall, den diese Arbeit erhielt, kann man auch noch daraus schließen, daß man ihm sogleich den schriftlichen Vertrag auf die erste Oper des Jahres

1773 gab. Die letzten Tage des Karnevals brachten sie nun noch in Venedig zu; in Verona überreichte man ihm ebenfalls das Diplom als Mitglied der Philharmonischen Gesellschaft; und so verließ er endlich Italien, wo man ihm allenthalben mit ausgezeichneter Ehre begegnet war und ihm den Namen Il Cavaliere filarmonico beigelegt hatte.

Als Mozart mit seinem Vater im März 1771 wieder in Salzburg eintraf, fand er einen Brief des Grafen Firmian in Mailand vor, der ihm im Namen der Kaiserin Maria Theresia auftrug, die große theatralische Serenata zur Vermählung des Erzherzogs Ferdinand zu schreiben. Da die Kaiserin den ältesten unter allen Kapellmeistern, den berühmten Hasse, zur Komposition der Oper bestimmt hatte, so wählte sie den jüngsten unter allen für die Serenata ›Ascanio in Alba‹ aus. Er übernahm dies Geschäft und reiste im August mit dem Vater wieder auf einige Monate nach Mailand, wo während der Vermählungsfeierlichkeiten immer mit der Opera und Serenata abgewechselt wurde.

Zur Wahl des neuen Erzbischofs in Salzburg setzte er im Jahre 1772 die Serenata ›Il Sogno di Scipione‹, brachte darauf den Winter mit dem Vater in Mailand zu, wo er die übernommene Opera seria ›Lucio Silla‹ für den Karneval 1773 schrieb, die sechsundzwanzigmal nacheinander aufgeführt wurde. Im Frühjahr des Jahres 1773 war er wieder in Salzburg. Einige Reisen, die er in diesem und folgendem Jahre nach Wien und München mit seinem Vater machte, gaben Gelegenheit zur Verfertigung mehrerer vortrefflicher Musiken, einer Opera buffa ›La finta Giardiniera‹, zwei großer Messen für die Münchner Hofkapelle usw. Im Jahre 1775 hielt sich der Erzherzog Maximilian in Salzburg auf, bei welcher Gelegenheit Mozart eine Serenata ›Il re pastore‹ setzte.

Je außerordentlicher das angeborene Talent und die schnelle Entwicklung dieses großen Künstlers war, desto mehr werden die Leser die gewissenhafte Genauigkeit rechtfertigen, mit welcher hier die stufenweise Ausbildung desselben erzählt ist. Von jetzt an dürfen wir kürzer sein. Nun hatte er den Gipfel seiner Kunst erreicht, und nun war sein Ruhm durch alle Länder von Europa verbreitet. Welche der größeren Städte er jetzt auch wählen mochte, um in ihr seine seltenen Talente der Unterhaltung des Publikums zu widmen, er war einer allgemeinen Bewunderung gewiß. Indes schien doch der große Marktplatz aller ausgezeichneten Talente in den schönen Künsten, das damalige Paris, der schicklichste Ort für ihn, da er dort schon bekannt war, dort schon ein von ihm begeistertes Publikum vorfand. Er reiste deswegen im September 1777 mit seiner Mutter nach dieser Hauptstadt des europäischen Luxus. Es würde sehr zu seinem Vorteile gewesen sein, wenn er in Paris geblieben wäre; aber er fand wenig Geschmack an der französischen Musik. Als nun im folgenden Jahre seine Mutter, die ihn dieses Mal allein aus der Familie begleitet hatte, in Paris starb, kehrte er, nachdem er eine Symphonie für das Concert spirituel nebst einigen anderen Stücken verfertigt hatte, zu Anfang des Jahres 1779 mit Freuden wieder zu seinem Vater zurück. Im November des nächsten Jahres schrieb er in München eine Opera seria für den folgenden Karneval und reiste von da aus nach Wien, wohin ihn sein Fürst, der Erzbischof von Salzburg, der sich eben dort aufhielt, berufen hatte. Seit dieser Zeit, also seit seinem vierundzwanzigsten Jahre, lebte er in Wien und trat in kaiserliche Dienste. Er erfüllte die großen Erwartungen, zu denen seine bewunderungswürdigen und früh entwickelten Gaben das ganze musikalische Publikum berechtigt hatten, und ward, um mit wenigen Worten alles zu sagen, der Lieblingskomponist seines Zeitalters.

So glänzend seine Laufbahn war, so kurz war sie auch. Kaum war er sechsunddreißig Jahre alt, als er starb. Aber er hat sich in dieser kurzen Zeit einen Namen gemacht, der nicht untergehen wird, und oft noch wird von gefühlvollen Seelen, sanft bewegt durch den Reichtum und die Schönheit seiner Harmonien, seinem Gedenken ein begeistertes und dankbares Lob gewidmet werden.«

Zwei Musiker waren es, die Wolfgang Amadeus Mozarts Hang zur Serenade in seiner frühesten Jugend förderten: Leopold Mozart, der Vater, und Johann Christian Bach, der jüngste Sohn des großen Thomaskantors. Leopold Mozart, dessen »Brauchbarer und gut geschriebener« (Marpurg) »Versuch einer gründlichen Violinschule« im Geburtsjahr seines Sohnes Wolfgang erschien, war auch ein tüchtiger Komponist brauchbarer Unterhaltungsmusik. Er schrieb »Musikalische Schlittenfahrt«, »Bauernhochzeit«, eine Sinfonia burlesca, ein Divertimento militare, aber auch Quodlibets

(eine Aneinanderreihung von volkstümlichen Liedern, die Sauf- und Freßszenen schildern). Wolfgang Mozart hat diese Art und Form nur in seinem »Gallimathias musicum«, vielleicht für den Donaueschinger Hof geschrieben, übernommen. Im übrigen hat er sich von dieser populären Unterhaltungsmusik bajuwarisch-augsburgischer Prägung des Vaters distanziert. Er schrieb niemals populär, sondern »popular«. Das eine kommt aus dem Volk, das andere neigt sich in aristokratischer Haltung zum Volk herab.
Weit größer, weil auf Wesensgleichheit beruhend, war der Einfluß Johann Christian Bachs, der 1735 in Leipzig geboren wurde. Er lernte bei seinem Bruder Philipp Emanuel, ging dann aber – bezeichnend für die Orts- und Stilrichtung der neuen Musik – nach Italien, um bei Padre Martini in Bologna, einer Zierde seines Zeitalters, Kontrapunkt zu studieren – einen Kontrapunkt allerdings, der nicht mehr der seines Vaters Johann Sebastian Bach war. In Mailand wurde der zum Katholizismus übergetretene Sohn des Thomaskantors Domorganist. Seine Heirat mit einer italienischen Opernsängerin erschloß ihm gleichzeitig die Welt der Erfolge, die Oper. Die Ernennung zum Musikmeister der englischen Königin krönte seine Bemühungen um Kirchen- und Opernmusik. Auf seine Weise löste er also Händel drei Jahre nach dessen Tod in London ab. Sein Ruhm als Opern- und Oratorienkomponist, aber auch als Klavierspieler und Lehrer war bald allgemein und fand durch Opernaufträge für Mannheim und Paris seine europäische Ausweitung. Durch die mit dem Gambisten Carl Friedrich Abel (geb. 1723 in Köthen, gest. 1787 in London) 1764–1781 durchgeführten öffentlichen Bach-Abel-Konzerte wurde Johann Christian Bach zum Organisator einer von der bürgerlichen Gesellschaft getragenen öffentlichen Musikpflege, die bald auch auf dem Kontinent zur Gründung von musikalischen Gesellschaften (in Köln, Leipzig und so weiter) mit gleichen Zielen führte. Das reich gewordene Bürgertum der Städte übernahm nicht nur die Lebensformen des Adels, sondern auch dessen kulturelle Verpflichtungen. Zahlreiche Kunstsammlungen und Berichte über die Musikpflege in bürgerlichen Palais geben davon Zeugnis. 1763 war der siebenjährige Wolfgang Mozart mit dem Vater und der Schwester auf der großen dreijährigen Wunderkindreise nach London gekommen, nachdem er vorher auch in Frankfurt, wo

ihn nach Eckermanns Bericht Goethe hörte, und in Paris konzertiert hatte.

Zwischen Christian Bach und dem Kind Mozart, das er bewunderte, bestand eine Art Seelenharmonie, die auf dem musikalischen Begriff Italien beruhte. Bach hat das italienische Erlebnis in gleicher Weise gesucht wie Mozart. Da er als der ältere es früher erfahren hatte, konnte er es dem jüngeren mitteilen. Die Mitteilung traf Mozart vielleicht tiefer als fünf Jahre später das Erlebnis Italiens selbst, zumal Mozart in Johann Christian Bachs Werk nicht den Erhitzungsstil der Neapolitaner, sondern den Stil einer italienischen Klassik fand, einen beruhigten Stil von edler und stiller Einfalt und Größe. Mit der Mannheimer Klassik hatte der Stil Johann Christian Bachs nicht allzuviel gemein. Seine Kennzeichen waren die italienische Kantilene und ein durch aristokratischen Geschmack temperierter Ausdruck. Es war die gleiche künstlerische Haltung, die Mozart noch unbewußt suchte. Mozart, der die meisten seiner Zeitgenossen, vor allem die Musiker, sehr kritisch-spöttisch betrachtet hat (seine Gabe, Menschen zu charakterisieren, ist die Grundlage für seine musikalische Charakterzeichnung), fand an Christian Bach nichts zu deuteln und zu tadeln. So zeigen die sechs Sonaten, die der neunjährige Mozart 1765 der englischen Königin widmete, selbstverständlich die Einflüsse Johann Christian Bachs. Sie mischen sich reizvoll mit Vorbildern, die Mozart früher in Paris in dem Klavierwerk Johann Schoberts (1720–1767) als solche erkannt hatte. Schobert verbindet den Mannheimer Stil, den er auf das Klavier übertrug, mit einem merkwürdigen Hang zu frühromantischer Poesie.

Das, was man den Serenadengeist nennen könnte, kennzeichnet wohl am besten ein Brief Leopold Mozarts vom 13. August 1778, in dem er dem in Paris sich ohne Ziel und Glück umsehenden Sohn rät, Christian Bach im Komponieren von kurzen, leichten und populären Kleinigkeiten, es sind die Charakteristika der Unterhaltungsmusik, zu folgen. Der Rat des Vaters wäre nicht nötig

Triothema in g-moll

Notenbeispiel 64

gewesen, denn Mozart war ihm längst gefolgt. Im Herbst 1765 hatte er drei Sonaten aus Christian Bachs op. V zu Klavierkonzerten mit dem Titel »Tre sonate del Sgr. Giovanni Bach ridotte in Concerti dal Sgr. Amadeo Wolfango Mozart« (Köchelverzeichnis 107) umgearbeitet und im gleichen Jahr eine Sonate für Klavier vierhändig nach dem Vorbild Johann Christian Bachs geschrieben.

Alle Einflüsse und Vorbilder aber wären an der Oberfläche geblieben, wenn sie nicht Mozarts innersten Kern getroffen hätten. Das, was die Serenade ausmacht, macht auch Mozarts Musik aus. Nicht etwa nur ihre Heiterkeit, sondern ihr Geist und ihre Form. An erster Stelle steht ihre locker gefügte Struktur. Mozarts Musik reiht Einfall an Einfall, in gleicher Weise wie die Serenade Satz an Satz, ohne den Willen zur Verbindung und Verdichtung. Gerade das scheinbar Zusammenhanglose wird als ästhetischer Reiz gewertet. In der Vorliebe für die Reihung ist Mozart tief der Serenade verpflichtet, in dem, was er dazutut, ist er jedoch er selbst, nur er ganz allein. Mozart stellt die gereihten Teile in einen strukturellen und ausdrückenden Gegensatz. Am Beispiel des Triothemas in g-Moll im ersten Menuett des Divertimentos (Köchelverzeichnis 287), das 1777 in Salzburg entstand und zu den beiden sogenannten »Nachtmusiken« für die Gräfin Antonia Lodron gehört, sei die Behauptung erläutert. Zwei viertaktige kleine Sätze bilden den achttaktigen großen Satz. Der Struktur nach sind Vorder- und Nachsatz verschieden, den hüpfenden Vorschlägen des Vordersatzes steht die gebundene Vorhaltkette des Nachsatzes, der steigenden Melodielinie die fallende, dem Piano des Vordersatzes das Crescendo und Forte des Nachsatzes gegenüber *(Ntb. 64)*.

Dazu kommt der Gegensatz der Begleitung durch die übrigen Instrumente: nachschlagende g-Moll-Akkorde im Vordersatz, Unisono und kadenzielle Akkorde im Nachsatz. Der gegensätzlichen Struktur entspricht ein gegensätzlicher Ausdruck. Die im Vordersatz herrschende Leichtigkeit weicht im Nachsatz der Schwere des Unisonoganges und der Härte der Dynamik. Trotzdem bricht der achttaktige Satz nicht in der Mitte entzwei. Die Gebundenheit der Melodie an den g-Moll-Akkord in beiden Satzteilen stellt die Einheit in einfachster und überzeugendster Weise dar.

Alles dies ist kein Zufall, am besonders ausgesuchten Beispiel erläutert. Die Bindung der Gegensätze der kleinsten Teile in die Einheit eines größeren Grundvorganges ist das Hauptprinzip der Musik Mozarts. Und wohl nicht nur das seiner Musik, sondern auch seines Wesens. Die Gespaltenheit der Persönlichkeit, eine romantische Erkenntnis und Laune – sie findet sich bereits bei Mozart. Zeugnis geben die sinnenfrohen Briefe an das Augsburger Bäsle und der Brief des Einunddreißigjährigen vom 4. April 1787 an den sterbenskranken Vater über den Tod. Zeugnis gibt aber vor allem das Werk in jedem Takt, in jeder Phase, in jedem Satz bis hinauf in den Gegensatz des »Figaro« und »Don Giovanni« oder noch enger im Gegensatz der Menschwerdungsprüfungen Taminos und Paminas und des animalischen Menschendaseins Papagenos und Papagenas in der »Zauberflöte«. Daß eine solche Gespaltenheit tragische Züge annehmen kann, hat Mozarts Werk und Leben bewiesen.

In der hellen Sonne der jugendlichen Serenadenzeit ist der Schatten des Tragischen allerdings noch nicht sichtbar. Welcher Zauber geht von einer Musik aus wie dem Divertimento KV 131 für Streicher mit zwei Bratschen, drei Holzbläsern und vier Hörnern! Mozart schrieb sie als sechzehnjähriger, zum dritten Male von Italien zurückgekehrt, im Juni 1772 in Salzburg. Es ist ein Divertimento mit der Sechszahl der Sätze, die dieser Form eigentümlich ist: Allegro – Adagio – Menuetto mit Trio I, Trio II, Trio III und Coda – Allegretto – Menuetto mit Trio I und Trio II und Coda – Adagio, Allegro molto. Welche Freude mag Mozart der Bläserklang gemacht haben, drei Holzbläser und vier Hörner – eine solche Musik gehört noch immer ins Freie, in eine milde Salzburger Sommernacht, die der Rahmen war für ein Fest mit Licht und Glanz, aber auch mit galanten Intimitäten und zärtlichem Gefühl. Alles enthält Mozarts Musik im hohen Maße, ja noch mehr, in ihr findet sich der ganze Mozart, wie er ist – und auch wie er sein wird.

Mozarts drei italienische Opern für Mailand sind Werke eines Zeitstils, sie sind nicht besser oder schlechter als die Werke anderer Komponisten auch. Seine Divertimenti und Serenaden aus der gleichen Zeit aber erscheinen rätselhaft vollendet. Sie sind nicht mehr Versprechen, sondern Erfüllung. Der erste Allegrosatz des erwähnten Divertimento hat die ganze Süße und Zärtlichkeit des »singenden Allegrostiles«, als dessen Vater man Johann Christian Bach sieht. Im Adagio leuchtet reine Empfindung auf, Empfindung, die frei ist von den bleiernen Gewichten seelischer Tiefe. Reiner und unschuldiger hat Mozart kaum wieder musiziert, trotz des Don-Giovanni-Akkords, der kurz vor dem Schluß aufklingt. In den beiden Menuetten verbindet sich festlicher Reigen mit dem Tanz einzelner Paare. Durch die Vielzahl der Trios entsteht die alte Form des Menuetts, ständig wiederkehrender Refrain, der durch Couplets unterbrochen wird. Couplet aber heißt Pärchen. Welch weichschmeichelnde Melodien und Harmonien in den Trioteilen Mozart den Hörnern entlockt, ist nicht zu beschreiben. Dabei sind es Naturhörner, noch ohne Ventil, denen nur eine kleine Auswahl von Tönen, nämlich die Naturtöne der Obertonreihe, zur Verfügung steht. Es folgt das Allegretto, ein Satz von entzückendem Humor, quasi ein Marsch bezaubernder Marionetten mit schmachtenden Trillern und parodistischen Gefühlsausbrüchen. Die Parodie auf den Höhepunkt aber führt das den letzten Satz einleitende Adagio, ein Hornquartett, wie es im »Nachtlager von Granada« von Konradin Kreutzer stehen könnte – ein Bravourstück eines romantischen Hörnergesangvereins. Ein wirklicher Kehraus, Allegro molto, beendet das Stück. Er gehört zu dem Divertimento oder zur »Finalmusik«, wie man in Erwartung des überraschenden und übermütigen Schlußsatzes das Divertimento auch genannt hat. In diesen Schlußsätzen schreckt Mozart auch nicht vor der Verwendung von Gassenhauern zurück (Divertimento KV 287).

Mozart hat gegen dreißig Divertimenti, Serenaden und Kassationen geschrieben. Die meisten in den Salzburger Jahren vor und nach der Pariser Reise, also bis 1779. Eine Serenade mit Marsch und zwei Menuetten war ursprünglich auch die sogenannte »Haffner«-Sinfonie, die Mozart für Sigmund Haffner in Salzburg 1782 auf Bitten Leopold Mozarts schrieb. Mozart hat das Werk kurz darauf als viersätzige Sinfonie bearbeitet und Flöten und Klarinetten hinzugefügt. Eines der spätesten Werke der Serenadengattung ist das bekannteste: »Eine kleine Nachtmusik«, KV 525, die 1787 während der Arbeit am 2. Akt von Don Giovanni entstand. Auch sie war ursprünglich eine fünfsätzige Serenata, denn aus Mozarts thematischem Katalog weiß man, daß sie ursprünglich zwei Menuette hatte. Mit der Ballmusik im Finale des 2. Aktes des »Don Giovanni« ist Mozarts Serenadenzeit zu Ende. Es blieben ihm von jetzt an nur noch vier Jahre, bis auch ihn der »steinerne Gast«, der Tod, holte. ·

1783 war in »Cramers Magazin« zu lesen: »Louis van Beethoven, Sohn des oben angeführten Tenoristen, ist ein Knabe von 11 Jahren und von vielversprechendem Talent. Er spielt sehr fertig und mit Kraft das Klavier, liest sehr gut vom Blatt und um alles in einem zu sagen: er spielt größtenteils das Wohltemperierte Klavier von Sebastian Bach, welches ihm Herr Neefe unter die Hände gegeben. Wer diese Sammlung von Präludien und Fugen durch alle Töne kennt (welche man fast das non plus ultra nennen könnte), wird wissen, was das bedeutet. Herr Neefe hat ihm auch, sofern es seine übrigen Geschäfte erlaubten, einige Anleitung zum Generalbaß gegeben. Jetzt übt er ihn in der Komposition, und zu seiner Ermunterung hat er neun Variationen von ihm fürs Klavier über einen Marsch in Mannheim stechen lassen. Dieses junge Genie verdiente Unterstützung, daß er reisen könnte. Er würde gewiß ein zweiter Wolfgang Amadeus Mozart werden, wenn er so fortschritte, wie er angefangen.«

Die Notiz stammt von Christian Gottlob Neefe (geb. 1748 in Chemnitz, gest. 1798 in Dessau). Er hatte in Leipzig Jura studiert und eine Dissertation über das merkwürdig-wichtige Thema geschrieben, »ob die Wahl des Schauspielerberufs ein Enterbungsgrund sei«. Bald darauf war er aber selbst als Kapellmeister zum Theater gegangen. Seit 1781 war er Hoforganist des Kölner Kurfürsten in Bonn und wurde der Lehrer des jungen Ludwig van Beethoven, der 1770 als Sohn des Tenoristen der Hofkapelle Johann van Beethoven (1739–1792) und dessen Frau Maria Magdalena Keverich geboren wurde. Neefe, der ein erfolgreicher Singspielkomponist war (»Die Apotheke«, »Adelheid von Veltheim«, ein Werk, das mit Mozarts »Entführung« Ähnlichkeit hat), machte den Knaben Beethoven mit dem Werk Bachs bekannt. Welch eine Tat zu einer Zeit, als dieses Werk in der Vakuumzeit nach Bachs Tode kaum noch im Bewußtsein der Nation zu finden war! Neefe hat aber auch die ersten drei Sonaten für Klavier von Beethoven, die sogenannten Kurfürstensonaten (sie sind dem Kurfürsten Maximilian Friedrich gewidmet) zum Druck befördert. Schon mit vierzehn Jahren war Beethoven Cembalist des Hoforchesters und bald darauf auch Hoforganist. Beethovens Jugend in der Stille einer erzbischöflichen Residenz gehört noch zur Serenadenzeit des 18. Jahrhunderts. Sie war die Ruhe vor dem Sturm. 1794 floh der kurfürstliche Hof vor den französischen Revolutionstruppen. Die Zeit der Freiheit und der neuen Menschenrechte hatte begonnen. An der Grenze zweier Zeitalter stehend, entschied sich der junge Beethoven für die Zukunft. Es hinderte ihn nicht, in seinem Frühwerk auch die Vergangenheit zu beschwören. 1787 war er nach Wien gegangen, um bei Mozart zu studieren, aber schon nach wenigen Monaten rief ihn der Tod der Mutter nach Bonn zurück. Erst 1792 konnte er mit Unterstützung des Grafen Ferdinand von Waldstein, der mit dem jungen Kurfürsten, einem Sohn der Kaiserin Maria Theresia, gekommen war, wieder nach Wien zurückkehren – nicht mehr, um bei Mozart zu lernen, sondern um, wie ihm Graf Waldstein zum Abschied in das Tagebuch schrieb, »durch ununterbrochenen Fleiß Mozarts Geist aus Haydns Händen zu erhalten«.

In Wien lernte Beethoven bei Haydn, der aber 1794 wieder für längere Zeit zum zweiten Male nach England ging; bei dem Singspielkomponisten Johann Schenk (geb. 1753 in Wiener Neustadt, gest. 1836 in Wien), einem Schüler Wagenseils, Komponist des heute noch lebendigen Singspiels »Der Dorfbarbier«; bei dem Domkapellmeister Johann Georg Albrechtsberger (geb. 1736 in Klosterneuburg, gest. 1809 in Wien), (Beethoven studierte Kontrapunkt bei ihm) und bei dem Hofkompositeur und Dirigenten der italienischen Oper in Wien, Antonio Salieri (geb. 1750 bei Venedig, gest. 1825 in Wien), von dem Beethoven sich in die Vokalmusik einführen ließ. Mit dem Jahre 1795 begann Beethovens Auftreten als Klavierspieler und Improvisator in den Salons des Wiener Hochadels, die sich ihm als dem Schützling des Grafen Waldstein geöffnet hatten. Gleichzeitig erschienen seine drei Klaviertrios op. 1 und die drei Haydn gewidmeten Klaviersonaten op. 2, durch ihre Widmung widerlegend, daß Beethoven »nie etwas von ihm (Haydn) gelernt habe« (nach einer Überlieferung von Beethovens Jugendfreund, dem späteren Koblenzer Arzt Franz Gerhard Wegeler).

In Beethovens Frühwerk bis zu op. 20 ist die Auseinandersetzung zwischen Serenadenzeit und der Zeit neuer Menschenrechte, zu denen auch das der Selbstdarstellung gehört, in vollem Gange. Am deutlichsten tritt die Serenadenzeit in den beiden ersten Klavierkonzerten von 1798 in Erscheinung, in der Kammermusik: der Serenade für Streicher 1796–1797 und in den Werken für Bläsermusik, dem Sextett für zwei Klarinetten, zwei Hörner und zwei Fagotte, den Trios für zwei Oboen und Englischhorn und einem erst kürzlich zum ersten Male veröffentlichten Bläserquintett für Oboe, drei Hörner und Fagott. Diesen Werken der Reihung des Lokker-Gefügten stehen die der konzentrischen Verdichtung und der individuellen Ausdruckssteigerung gegenüber: die Klaviertrios, Klaviersonaten und schließlich auch die Streichquartette op. 18, obwohl unter ihnen das sogenannte »Komplimentierquartett« noch einmal Erinnerungen an höfisches Zeremoniell heraufzubeschwören scheint. Es sind Werke des »hohen Stils«, das heißt einer Auseinandersetzung mit der anspruchsvollen klassischen Form und der »thematischen Arbeit«, wie sie Haydn in seinem Spätwerk lehrte. An Beethovenschen Empfindungsausbrüchen ist allerdings noch nicht zuviel in diesen Werken zu finden. Die Werther-Stimmung in der Einleitung der Sonate Pathétique op. 13 und die ihr nachfolgende Bewegung im Allegro des ersten Satzes findet sich schon in einer der Kurfürstensonaten des Dreizehnjährigen frappant vorgezeichnet, ohne daß ihm damals schon ein Werther-Erlebnis behilflich gewesen wäre. Und zur Zeit der Entstehung und Aufführung des Septetts op. 20 und der ersten und zweiten Sinfonie schrieb Beethoven an Wegeler: »Ich kann Dir sagen, ich bringe mein Leben elend zu; seit zwei Jahren fast meide ich alle Gesellschaften, weil's mir nun nicht möglich ist, den Leuten zu sagen: Ich bin taub. Hätte ich irgendein anderes Fach, so gings noch eher, aber in meinem Fach ist das ein schrecklicher Zustand. Dabei meine Feinde, deren Anzahl nicht gering ist, was würden diese dazu sagen! – Um Dir einen Begriff von dieser wunderbaren Taubheit zu geben, so sage ich Dir, daß ich mich im Theater ganz dicht am Orchester anlehnen muß, um den Schauspieler zu verstehen. Die hohen Töne von Instrumenten, Singstimmen, wenn ich etwas weit weg bin, höre ich nicht. Manchmal auch hör' ich den Redenden, der leise spricht, kaum, – und doch, sobald jemand schreit, ist es mir unausstehlich ... Ich habe schon oft den Schöpfer und mein Dasein verflucht ... Plutarch hat mich zu der Resignation geführt. Ich will, wenn's anders möglich ist, meinem Schicksal trotzen, obschon es Augenblicke meines Lebens geben wird, wo ich das unglücklichste Geschöpf Gottes sein werde... Resignation! Welches elende Zufluchtsmittel, und mir bleibt es doch das einzige übrige.« Dem Brief folgt 1802 Beethovens Heiligenstädter Testament, ein Dokument tiefster Depression und Resignation. Man sieht daraus, daß zwischen seinem Werk und seinen persönlichen Lebensschicksalen kein Zusammenhang zu bestehen scheint.

Das Septett op. 20 für Klarinette, Horn, Fagott und Streichinstrumente hat man als eine Apotheose der Serenadenzeit bezeichnet, als Abschluß eines musikalischen Zeitalters, der seltsamerweise wirklich einmal mit einer Jahrhundertwende zusammenfällt. Das Werk entstand 1799 und wurde am 2. April 1800 in einem öffentlichen Konzert im Wiener Hoftheater, zusammen mit Beethovens erster Sinfonie, aufgeführt. Beethoven, schon auf den neuen aufgehenden Stern Napoleons blickend, schrieb noch einmal Unterhaltungsmusik für eine Gesellschaftsschicht, deren Fundamente bereits erschüttert waren. Gerade diese Spätlage macht den Reiz des Werkes aus. Wenn auch drei der Sätze (erster, zweiter und letzter Satz) die anspruchsvolle Hauptsatz-Sonatenform zeigen, so schwingen doch die melodischen Bögen in der Leichtigkeit und Unverbindlichkeit der Serenadenzeit aus. Im Menuett, dessen Thema Beethoven für die Klaviersonate op. 49 Nr. 2 wiederverwendet hat, klingt sie unmittelbar auf, und wenn das Thema der Variationen wirklich ein rheinisches Schifferlied ist (es ist umstritten, ob der Text nicht nachträglich Beethovens Melodie unterlegt wurde), dann wäre die Erinnerung an Beethovens rheinische Heimat gleichfalls ein Rückblick und Rückgriff auf die Vergangenheit. Wenn es unter den etwa dreißig Arrangements des Werkes durch die Verleger auch eines gibt, das sich »Variationen für Guitarre und Singstimme auf den Text ›Viel bildschöne Deandln gibts‹« nennt, so kann man ersehen, wie weit aristokratische Musik des 18. Jahrhunderts in die volkstümlichere Atmosphäre des 19. Jahrhunderts bereits absinken konnte.

Das Sinfonische

Wie der Begriff Serenadengeist sich nicht nur auf die Formen der Serenade, des Divertimentos, der Kassation bezieht, sondern eine bestimmte Haltung der Musik bezeichnet, so hat der Begriff des »Sinfonischen« nicht nur mit der Sinfonie im Zeitalter der Klassik zu tun. Das Sinfonische ist eine zweite Stufe der klassischen Musik, mehr noch, es ist eines ihrer Grundgesetze.

Mit »Sinfonia«, welches ursprünglich nur Zusammenklang von Instrumenten bedeutet, bezeichnet man bald nach Entstehung der Oper deren instrumentale Einleitungssätze. In der französischen und italienischen Ouvertüre hatte die Sinfonia die ihr eigentümliche Form gefunden. Bei den Neapolitanern auch als Einleitung und Abschluß, also als Rahmenstücke eines Programmes mit Konzerten und Solistenkonzerten im Konzertsaal verwendet, bleibt ihre Dreiteiligkeit schnell – langsam – schnell erhalten. Nur haben sich im Konzertsaal die Teile voneinander getrennt, aus den drei Teilen sind drei Sätze geworden. Einem vollstimmigen, festlichen ersten Satz folgt ein gesangsmäßiger zweiter, oft für ein von Streichern begleitetes Soloinstrument gesetzt. Ein dritter Satz im »kleinen Takt«, zweiviertel oder dreiachtel und dadurch im raschen Tempo, macht den Kehraus, den Beschluß. Statt des dritten Satzes kann allerdings auch schon ein Menuett stehen, das bei den Wiener Vorklassikern bereits an dritter Stelle obligatorisch wurde, ohne daß man auf den zusätzlichen vierten Satz verzichten müßte. In der gleichen Weise stellte sich die Mannheimer Sinfonie vor.

Eines ist diesen Sinfonien gemeinsam: Motive, Struktur und der Ausdruck der Leichtigkeit und Unbeschwertheit stammten fast ausschließlich aus dem Umkreis der Opera buffa. Das ändert sich nun. Haydn meinte im Hinblick auf die Durchführungen, daß »andere Leute ein Stückchen an das andere gereiht hätten«, er wolle jetzt, daß seine Musik nicht »abbreche, wenn sie kaum angefangen hätte«. Es müsse »etwas im Herzen sitzen bleiben«. Gerade das, was Haydn ändern wollte, hatte man in der Serenadenzeit getan, man reihte Stückchen an Stückchen, Motiv an Motiv, Thema an Thema, Satz an Satz, und man brach ab, wenn man kaum angefangen hatte. Haydns Wort, daß etwas im Herzen sitzen bleiben müsse, meint wohl Emp-

Joseph Haydn: Streichquartett op. 20 Nr. 5, 1. Satz, 1. Thema

Notenbeispiel 65

findung und Ausdruck. Diese Auffassung ist auch für die nun folgende Erklärung gültig. Die Musik muß jetzt im Herzen des Themas oder des Motivs sitzen bleiben, sie muß in ihnen verankert sein, so daß sie jederzeit in jedem Takt von diesem Herzen Leben erhält. Dieser Vorgang bezeichnet ein wichtiges Kriterium des Sinfonischen, die »thematische Arbeit«, das heißt die Arbeit aus und mit dem Thema, aus und mit dem Motiv; Arbeit, bei der es nicht auf Reihung vieler Einfälle, sondern auf thematische Konzentrierung und dadurch Verdichtung ankommt.

Dieses Prinzip zeigt sich höchst eindrucksvoll in Haydns Sonnenquartetten op. 20, die 1770–1771 entstanden sind. Was ihm in diesen Quartetten aufgegangen war, war nicht die aufgehende Sonne, die das Titelkupfer der ersten Ausgabe zierte und nach der die Quartette ihren Namen erhielten, sondern Sinn und Wert der thematischen Arbeit. Es ist bezeichnend, daß Haydn jetzt schon diese Arbeit nicht nur auf das Thema, sondern bereits auf die Motive im Thema bezieht, das heißt durch kleinmotivische Arbeit das Thema bereits aufbricht. Damit beginnt der Weg zur Struktur der Spätwerke, an dessen Ende nicht das Thema, nicht das Motiv, sondern das Intervall stehen wird. Als Beispiel diene das erste und zweite Thema des Streichquartettes op. 20 Nr. 5 *(Ntb. 65, 66)*.

Joseph Haydn: Streichquartett op. 20 Nr. 5, 1. Satz, 2. Thema

Notenbeispiel 66

Beide Themen haben sich fast ausschließlich aus der ständigen Wiederholung ihres Anfangsmotivs gebildet, eine Tatsache, die auch die

Kürze und die Unregelmäßigkeit der Themenbildung erklärt. Das erste ist fünftaktig, das zweite viertaktig und mit seiner Fortführung zehntaktig. Im Verlauf des ganzen Satzes gibt es kaum einen Takt, der nicht mit einem der beiden Themenmotive im Zusammenhang steht, und da Haydn die Verarbeitung des zweiten Themas noch nicht genügend erscheint, fügt er der Reprise, die er zusammen mit der Durchführung wiederholen läßt, noch eine Coda an, die keinen andern Sinn hat, als dem zweiten Thema seine eigene Durchführung zu geben.

Die thematische Arbeit erklärt auch das Rätsel, daß drei der Quartette op. 20 als Schlußsatz eine Fuge aufweisen. Man hat sich über diese Tatsache Gedanken gemacht und gemeint, die Fugen seien ein Rückfall Haydns in die Tradition und das barocke Erbe. Folgerichtig warf man den Quartetten stilistische Uneinheitlichkeit vor. Genau das Gegenteil ist richtig. Fuge und thematische Arbeit wollen das gleiche, die Verdichtung und den Zusammenhang der musikalischen Vorgänge. Die Fuge ist bereits eine reife Frucht langer Bemühungen um die thematische Arbeit. Haydn schreibt in op. 20 Nr. 5 eine »Fuga a due soggetti« (mit zwei Themen) und in op. 20 Nr. 2 sogar eine mit vier Themen. Das sieht so aus, als ob er damit das Prinzip der Vereinheitlichung wieder durchbrechen würde. Da jedoch die Fugen nicht eigentlich Doppel- oder Quadrupelfugen sind, sondern dreiteilige Sonatenhauptsatz-Form haben, wobei sich zu den Themen ständig zwei oder mehr Kontrapunkte gesellen, erreicht Haydn eine seltene Dichte aller Vorgänge. Kein Takt steht für sich allein, alles ist auf das Ganze bezogen. Die Verdichtung wird dadurch noch größer als bei der Arbeit mit einem Thema, das immer neuer Gegenstimmen oder einer wechselnden Begleitung bedarf, wenn es nicht mit sich selbst kontrapunktiert wird.

Auf diese Weise erhalten die letzten Sätze der Sonnenquartette ein besonderes Gewicht. Welch ein weiter, bedeutender Weg von der »Finalmusik« der letzten Kehraussätze der Divertimenti bis zu der Fugensteigerung der Finalquartette! (Jetzt nannte man sie so, nicht wegen des Finaleffektes, sondern wegen des Finalgewichtes.) Eine weitere Frucht fiel Haydn durch die Bemühungen um thematische Arbeit in den Schoß – man hat sie das »obligate Akkompagnement« genannt. Darunter versteht man den gleichmäßig verteilten Anteil am thematischen Vortrag durch alle vier Instrumente des Streichquartettes. Nicht nur eine Stimme trägt das Thema vor, während die anderen begleiten, sondern alle vier haben das gleiche Recht und die gleiche Pflicht zu selbständiger thematischer Stimmführung. Haydn erreichte dieses Ziel im wesentlichen erst mit den »Russischen Quartetten« nach einer zehnjährigen Pause, in der er keine Quartette schrieb. Er war sich dessen wohl bewußt, als er schrieb, daß er diese Quartette »auf eine neue Art verfertiget« habe. Gerade die Fugen der Sonnenquartette sind auf diesem Wege eine wichtige Station.

Mit dem Hinweis auf die thematische Arbeit ist gleichzeitig ein Hinweis auf »das Sinfonische« gegeben. Damit ist der Begriff aber noch nicht erschöpft. Zum Sinfonischen gehört auch das Dramatische. Was damit in der Musik gemeint ist, erklärt sich schwerer als der Begriff der thematischen Arbeit. Kurt Weill, der Komponist der »Dreigroschenoper«, hat einmal geschrieben: »Der dramatische Auftrieb, den die Oper verlangt, kann wesentlicher Bestandteil jeder musikalischen Produktion sein, Mozart lehrt mich das. Er besitzt immer das Tempo der Bühne, darum kann er absoluter Musiker bleiben.« Das Dramatische wäre demnach eine Voraussetzung auch für das Instrumentale, das wir das Sinfonische nennen. Man sollte dies gelten lassen, wenn man an den langen Atem, die inneren Spannungen, das gewisse Pathos, aber auch an das Ethische in der Sinfonie denkt. Haydn hat später einmal seine Sinfonien als »moralische Charaktere« bezeichnet. Wenig später sprach Friedrich Schiller von dem Theater als moralischer Anstalt, auf dessen Bühne Charaktere dargestellt werden.

Im Ethischen sind sich Drama und Sinfonie besonders nahe. Beide tragen dieselbe Verantwortung und dieselbe Verpflichtung. Schon mit der Sinfonie in e-Moll Nr. 44, die man auch »Trauersinfonie« nannte, erreichte Haydn eine erste Station. Da ihre Musik aber nicht eigentlich traurig ist, so kann man nur den Ernst der neuen Dramatik gemeint haben, als man ihn mit dem Begriff der Trauer in Verbindung brachte. Wie Haydn zu seiner sinfonischen Reife kam, berichtet er selbst: »Mein Fürst war mit allen meinen Arbeiten zufrieden, ich erhielt Beifall, ich konnte als Chef seines Orchesters Versuche machen, beobachten, was den Eindruck hervorbringt und was ihn schwächt, also verbessern, zusetzen, wegschneiden, wagen. Ich war von der Welt abgesondert, niemand in meiner Nähe konnte mich an mir selbst irremachen und quälen, und so mußte ich original werden.«

Mozart war diese Stille der Reife nicht vergönnt. Er hätte sie wohl auch kaum gesucht. Mit allen Fasern seines Wesens im Serenadenhaften verankert, mußte sein Weg zum Sinfonischen ein anderer sein. Er war ein Umweg über die Sinfonia concertante. Mozart schrieb italienische Sinfonien in der gleichen Weise, wie er italienische Opern komponierte. In den Salzburger Jahren nach der dritten italienischen Reise, also von 1771–1777 ist die Mehrzahl der Sinfonien im »italienischen gusto« entstanden. 1773–1774 wurde mit den Sinfonien in C-Dur KV 200, g-Moll KV 183, A-Dur KV 201 ein erster Höhepunkt erreicht. Sie zeichnen sich durch sich mehrende thematische Führung der Stimmen und imitatorische Arbeit aus. Merkwürdig ist, daß zwei von ihnen in den Tonarten C-Dur und g-Moll gleich denen des Dreigestirns der letzten drei Sinfonien stehen. Es ist bezeichnend für Mozart, daß er, auf das bisher Erreichte verzichtend, vorerst einer neuen Idee nachgeht, die Sinfonisches mit Konzertantem zu verbinden sucht. Nach persönlichen und künstlerischen Erfahrungen in Mannheim, wo er sich auf der Reise nach Paris länger aufhielt, als es der ihn begleitenden Mutter und dem unwirsch drängenden Vater in Salzburg recht war, schrieb Mozart in Paris für die Mannheimer Bläser eine Sinfonia concertante. Er hatte ihre Form und Struktur bei den Mannheimer Komponisten Ignaz Holzbauer (geb. 1711 in Wien, gest. 1783 in Mannheim), der mit seiner Oper »Günther von Schwarzburg« auf Mozart nicht ohne Einfluß blieb, Christian Cannabich (geb. 1731 in Mannheim, gest. 1798 in Frankfurt a. M.) und vor allem bei Carl Stamitz, dem Sohn von Johann Stamitz, kennengelernt. Von einem Gastspiel der Mannheimer Bläser in einem der Concerts spirituels erhoffte er sich einen Pariser Erfolg. Es kam jedoch zu keiner Aufführung, und Mozart arbeitete das Werk später um.

Zurückgekehrt nach Salzburg ohne die erhoffte Anstellung, enttäuscht vom Pariser Musikbetrieb, den Tod der Mutter betrauernd, die in Paris gestorben war, und nicht zuletzt betrogen und vergessen von Aloysia Weber, die ihn durch ihren Gesang und ihren

Liebreiz in Mannheim gefesselt hatte, schrieb Mozart schon im Herbst 1779 eine zweite Sinfonia concertante in Es-Dur für Violine und Viola und ein mit zwei Oboen und zwei Hörnern besetztes Streichorchester, dessen Bratschen er nochmals geteilt hatte. Dieses Werk steht an der Schwelle von Mozarts sinfonischer Reifezeit. Die Gattung der Sinfonia concertante verbindet die Tradition des Concerto grosso mit der Form der klassischen Sinfonie, das heißt, zwischen die Formenteile der Sinfonie, die noch als Tutti wirken, schieben sich nach der Art des alten Concertino die nach neuer Art konzertierenden solistischen Teile ein. Der Reiz der Form besteht darin, daß sich Altes und Neues bindet, die Schönheit des Inhalts und des Ausdrucks aber darin, daß sich Konzertierend-Improvisatorisches mit dem Sinfonischen eint. Durch häufigen Wechsel der Dynamik, vor allem aber durch die Crescendowalze von Takt 46 bis 57 des ersten Satzes beschwört Mozart in diesem Werk (KV 364) mehr Mannheimer Geist, als es sonst bei ihm üblich ist. Außerdem sei vermerkt, daß das Crescendomotiv auch für das Thema des dritten Satzes herhalten muß, obwohl es dort ständig vom piano festgehalten wird. Der erste Satz umfaßt im Vierviertakt 382 Takte, der letzte Satz im Dreivierteltakt sogar 490 Takte. Mit welcher Fülle von Einfällen Mozart dieses Stück »nach dem langen Geschmack« übergießt, ist nicht zu beschreiben. Noch sind es Einfälle, die ohne eigentliche thematische Arbeit aneinandergereiht werden, da jedoch alles Buffoneske dabei vermieden wird, ist das Neue – man kann es Pathos, Dramatik, aber auch Haltung nennen – nicht zu überhören.

Die Krönung aller sinfonischen Bemühungen Mozarts, ja der Höhepunkt seiner Instrumentalmusik überhaupt sind jedoch nicht die Sinfonien, sondern seine Klavierkonzerte. In ihnen verschmilzt das Konzertante endgültig mit dem Sinfonischen. Es ist kein Zufall, daß eine der frühesten Arbeiten Mozarts die Umarbeitung von Sonaten Johann Christian Bachs zu Klavierkonzerten war. Das Prinzip des jungen Mozart, jeweils eine Episode des Orchesters vom Klavier konzertierend wiederholen zu lassen, wurde entscheidend, denn auf diese Weise entstand ein Dialogisieren zwischen Orchester und Solist. Wenn es auch nur ein Dialog über dasselbe Thema war, dramatisch war er dennoch, denn der Dialog ist der Ursprung aller Dramatik. 1773 schrieb Mozart das erste von dreiundzwanzig eigenen Klavierkonzerten (KV 175, D-Dur), aber bereits im Januar 1777 ist er in dem Klavierkonzert in Es-Dur KV 271 im Besitz der Mittel, die ein sinfonisches Orchester erfordert. Die Dramatik dieses Konzertes wird in seinen rezitativischen Partien offenbar, vor allem aber im letzten Satz, dessen Presto überraschend von einem Menuett in As mit vier Variationen schumannisch-ritterlich unterbrochen wird. Nichts deutet auf einen Effekt hin, wie etwa der Einbau des Volkslied-Refrains im letzten Satz des Violinkonzertes in D-Dur KV 218. Mit diesem Menuett betritt ein neuer Charakter die Bühne des musikalischen Geschehens. Über seine drei ersten Klavierkonzerte für Wien, F-Dur KV 413, A-Dur KV 414 und C-Dur KV 415, die Mozart in seinen eigenen Akademien (so nannte man die Subskriptionskonzerte) spielte, schrieb er 1782: »Die Concerten sind eben das Mittelding zwischen zu schwer, und zu leicht – sind sehr Brillant – angenehm in die ohren – Natürlich, ohne in das leere zu fallen – hie und da – können auch kenner allein satisfaction erhalten – doch so – daß die nichtkenner damit zufrieden seyn müssen, ohne zu wissen warum ... das Mittelding – das Wahre in allen Sachen kennt und schätzt man jetzt nimmer – um Beifall zu erhalten, muß man Sachen schreiben, die so verständlich sind, daß es ein Fiaker nachsingen könnte, oder so unverständlich, eben weil es kein vernünftiger Mensch verstehen kann, gerade eben deswegen gefällt...« Das ist wohl obenhin gesagt, aber Mozart lebte in den ersten Wiener Jahren von den Einnahmen aus diesen Konzerten, und so mußte er dem Publikum zu Willen sein. Übrigens ist ein solches Konzertprogramm recht interessant. Mozart teilt eines in einem Brief an den Vater vom 29. März 1783 mit:

»1. Die Neue Hafner-Simphonie.
2. sang Madame Lange die aria auf vier instrumenten aus meiner Münchner Oper se il padre perdei:
3. spielte ich das 3te von meinen suscriptions-concerten.
4. sang Adamberger die scene für die Baumgarten.
5. die kleine Concertant-Symphonie von meiner letzten finalmusique –
6. spielte ich das beliebte Concert ex D. wozu ich das variazion Rondeau geschickt habe.

7. sang Mademoiselle Täuber die scene aus meiner letzten Mailand opera. Parto, m'affretto: –
8. spielte ich alleine eine kleine Fuge (weil der kayser da war) und varierte eine aria aus einer opera, genannt: die Philosophen – mußte nochmal spielen; varierte die aria »unser dummer Pöbel meint« E. aus den Pilgrimm v. Mecka
9. sang die Lange das Neue Rondeau von mir.
10. das letzte Stück von der ersten symphonie.«

Wie anders mögen dagegen die Klavierkonzerte in d-Moll KV 466 aus dem Jahr 1785 und das c-Moll-Konzert KV 491 von 1786 auf das Wiener Publikum eingewirkt haben. Der Dialog zwischen Solo und Orchester hat sich jetzt, gespeist aus Tragik und wehem Gefühl, bis zur leidenschaftlichen Dramatik gesteigert: dramatisch am stärksten im Gegensatz der Themen des Solos und Orchesters im 1. Satz des d-Moll-Konzertes und in dem Kontrast zwischen Mittelteil und Rahmenteilen der »Romanze« (2. Satz), sinfonischer, das heißt einheitlich-leidenschaftlicher in allen Sätzen des c-Moll-Konzertes. Mit diesen Klavierkonzerten hat Mozart den Gipfel des Sinfonischen erreicht. Sinfonik bedeutet jetzt dramatische Mannigfaltigkeit in der Einheit und Übereinstimmung der Form. Denken wir dabei an Winckelmanns Definition des Schönen in der antiken Kunst: »Einheit, Mannigfaltigkeit, Übereinstimmung«, so wäre das Sinfonische das Klassische schlechthin.

Es fällt gerade bei Beethoven nicht schwer, an diese Gleichsetzung zweier Theoreme zu glauben. Beethovens erstes wahrhaft sinfonisches Werk ist seine dritte Sinfonie op. 55, 1803 bis 1804 entstanden, die er als Sinfonia eroica bezeichnete. Thematische Arbeit und obligates Akkompagnement kannte Beethoven auch schon in früheren Werken. In einem Brief an den Verleger Hoffmeister in Leipzig vom 15. Dezember 1800 meinte er über das Septett op. 20, daß er gar nichts Unobligates schreiben könne, weil er damit auf die Welt gekommen sei. Gerade darin muß man das Erbe Haydns sehen, wie die Haydn gewidmeten Klaviersonaten op. 2 beweisen.

Zu solch einer Fülle thematischer Beziehungen wie in der 3. Sinfonie war es bisher nicht gekommen. Ein Allerweltsthema, aus einer Dreiklangbrechung gewonnen *(Ntb. 67),* das Mozart bereits als Elfjäh-

Ludwig van Beethoven: III. Sinfonie (»Eroica«), 1. Satz, 1. Thema

Notenbeispiel 67

riger für die Ouvertüre zu seinem Singspiel »Bastien und Bastienne« erfunden hatte, gibt die Grundlage für höchst mannigfaltige melodische Erscheinungen und Ereignisse. Theodor W. Adornos »Kriterien der neuen Musik«) weist darauf hin, daß das cis im fünften Takt des Themas den Impuls gibt, »symphonisch in Schwung zu kommen«. Nicht zufällig beginnt mit ihm auch das Crescendo, welches das Thema aus dem Piano-Anfang erlöst, der, noch dazu im Dreivierteltakt, alles andere als heldisch wirkt. Was aber dem »uncharakteristischen« Ureinfall folgt, ist wirklich heldisch-dramatische Musik. Eine Themen-Urgestalt ist auch das Thema des letzten Satzes. Beethoven verwendete es nicht weniger als viermal, zuerst in den zwölf Contretänzen für Orchester, dann im Finale der Ballettmusik »Die Geschöpfe des Prometheus« op. 43, zum drittenmal in den Klaviervariationen op. 35 und zuletzt im 4. Satz der Sinfonia eroica.

Über die Dramatik dieses Werkes ist viel geschrieben worden, in ihr sah man mehr als absolute instrumentale Dramatik. Man glaubte, daß ihr ein Programm zugrunde liegen müsse oder die Huldigung für einen großen Mann der Anlaß zu ihrer Entstehung gewesen sei. Darüber berichtet der Jugendfreund Wegeler: »Im Jahre 1802 komponierte Beethoven in Heiligenstadt, einem anderthalb Stunden von Wien gelegenen Dorfe, seine 3. Sinfonie (jetzt unter dem Titel Sinfonia eroica bekannt). Beethoven dachte sich bei seinen Kompositionen oft einen bestimmten Gegenstand, obschon er über musikalische Malereien häufig lachte und schalt, besonders über kleinliche der Art. Hierbei mußten ›die Schöpfung‹ und ›die Jahreszeiten‹ von Haydn manchmal herhalten, ohne daß Beethoven jedoch Haydns höhere Verdienste verkannte, wie er denn namentlich bei vielen Chören und anderen Sachen Haydn die verdientesten Lobsprüche erteilte. Bei dieser Symphonie hatte Beethoven sich Buonaparte gedacht, aber diesen, als er noch Erster Konsul war. Beethoven schätzte ihn damals außerordentlich hoch und verglich ihn den größten römischen Konsuln. Sowohl ich als mehrere seiner näheren

Freunde haben diese Symphonie schön in Partitur abgeschrieben auf seinem Tische liegen gesehen, wo ganz oben auf dem Titelblatte das Wort ›Buonaparte‹ und ganz unten ›Luigi van Beethoven‹ stand, aber kein Wort mehr. Ob oder womit die Lücke hat ausgefüllt werden sollen, weiß ich nicht. Ich war der erste, der ihm die Nachricht brachte, Buonaparte habe sich zum Kaiser erklärt, worauf er in Wut geriet und ausrief: ›Ist der auch nichts anders wie ein gewöhnlicher Mensch! Nun wird er auch alle Menschenrechte mit Füßen treten, nur seinem Ehrgeiz frönend; er wird sich nun höher wie alle andern stellen, ein Tyrann werden!‹ Beethoven ging an den Tisch, faßte das Titelblatt oben an, riß es ganz durch und warf es auf die Erde. Die erste Seite wurde neu geschrieben, und nun erst erhielt die Symphonie den Titel Sinfonia eroica.«

Es bedürfte kaum dieser Deutungen, wenn man sich folgendes klarmacht: Beethoven hat mit diesem »merkwürdigen und kolossalen Werk, das weitläufigste und kunstreichste unter allen« (Allgemeine Musikzeitung 1807) ein Werk geschrieben, mit dem in einem Anlauf die Höhe der Beethovenschen Sinfonik erreicht wurde. Beethoven ist sich dieser Stufe genauso bewußt gewesen, wie es andere schöpferische Menschen an ihrer Werther- oder Eroicastufe auch sein werden. Wäre es nicht denkbar, daß er mit dem Wort ›eroica‹ nur die Stufe, das Neue, das Sinfonisch-Gewordene bezeichnen wollte, das, was diese Sinfonie von den beiden ersten unterscheidet? Sinfonia eroica würde dann nichts anderes meinen als Sinfonia dramatica. Aller Streit um das Programm dieser Sinfonie wäre damit abgetan.

Das Sinfonische wurde das Fundament für die Musik des 19. Jahrhunderts. Sie ist sinfonisch von der Sinfonie bis zur Sonate, von der Oper bis zum Lied. Wie man das Barockzeitalter als das Generalbaßzeitalter bezeichnet hat, könnte man das 19. Jahrhundert in der Musik das sinfonische Zeitalter nennen. In beiden Fällen wäre etwas über die Struktur ausgesagt, obwohl das Sinfonische nicht nur Struktur, sondern auch leidenschaftliche dramatische Aussage ist. Wenn man andererseits bedenkt, daß Beethoven neun Sinfonien geschrieben hat, Schumann und Brahms je vier, Bruckner und Mahler je neun bis zehn, Reger nur eine Sinfonietta, Haydn aber etwa einhundertzwanzig und Mozart bei einem um die Hälfte kürzeren Leben einundfünfzig, so wird klar, daß sich der Begriff gewandelt haben

muß. Das Gewicht des Ausdrucks hat der Gattung die Leichtigkeit der Gestalt genommen.
Die Wiener Klassik hat die Musik jedoch noch mehr gelehrt, eine Lehre, die erst die Musik unserer Gegenwart aufgegriffen hat, nachdem sie das 19. Jahrhundert kaum verstanden hatte: Man könnte sie die Lehre vom musikalischen Zusammenhang nennen.

Die Lehre vom musikalischen Zusammenhang

Wenn ein Komponist nicht nur Teile aneinanderreiht, sondern, wie es Arnold Schönberg einmal formuliert hat, »alles aus einem erzeugen will«, so bedarf es thematischer oder motivischer Modelle, die eine Grundgestalt für den Aufbau eines Satzes darstellen. Von Haydns Neigung, nicht nur thematische, sondern durch deren Aufsplitterung motivische Grundgestalt zu verwenden, wurde schon gesprochen. Je älter nun ein Mensch und je reifer ein Künstler wird, um so fragwürdiger wird ihm sein bisheriges Werk werden. Was Fülle, Überschwang und überschäumender Einfall der Jugend schufen, wird ihm später überflüssig und unwesentlich erscheinen. Wesentlich wird ihm jetzt die von allem Beiwerk entkleidete thematisch-motivische Grundgestalt sein. Und wenn er weiter in sie hineinhorcht, wird er die Frage nach dem Sinn des Intervalls, ja des einzelnen Tones stellen. Ein Leben lang hat er geschürft, jetzt trifft der Spaten auf blankes Gestein. Auf dem Wege zurück zu den Müttern ist er auf Urgestein, auf die musikalische Urgestalt, gestoßen. Mit diesem kostbaren Material wird er nun vorsichtig bauen, er wird alles nur Schmückende vermeiden und vielmehr darauf bedacht sein, alles aus diesem edlen Material zu gestalten. Durch diese Tätigkeit ist der musikalische Zusammenhang aller Teile hergestellt. Es ist einleuchtend, daß zu solchem Tun die souveräne Beherrschung des Handwerks und die geistige Reife eines Lebens gehören.
Haydn ist den Weg von der Reihung der Teile über die thematisch-motivische Arbeit bis zur Urgestalt des Intervalls gegangen. Daß er den Weg als erster seines Zeitalters ging und daß er ihn fast unbemerkt, ohne Aufhebens und Experiment, verborgen hinter der scheinbaren Leichtigkeit und Mühelosigkeit seiner Musik ging, steigert noch seine Bedeutung. Haydn gehört mit Beethoven und

den Meistern der zweiten Wiener Schule, Arnold Schönberg und Anton von Webern, zu den großen Lehrern des musikalischen Zusammenhanges.

Bis zu dem Tode des Fürsten Esterházy 1790 hatte Haydn in dessen Diensten gestanden. Der Fürst unterhielt eine eigene Oper, eine Komödie, ein Marionettentheater, pflegte Kirchen- und Kammermusik und spielte selbst auch vorzüglich das Baryton, ein sechs- bis siebensaitiges Streichinstrument in der Art des Violoncellos mit bis vierundzwanzig mitklingenden Saiten unter dem Griffbrett. Daher waren Haydns Aufgaben als Komponist und Vizekapellmeister, seit 1766 als Kapellmeister und Vorgesetzter der Hofkapelle nicht gering. Trotz der Einsamkeit, in der Haydn schuf, war sein Ruhm bald ein europäischer geworden. 1773 hatte Haydns »Stabat mater« die Anerkennung Johann Adolf Hasses gefunden. 1779 erreichte ihn ein Auftrag, für die Concerts spirituels in Paris sechs Sinfonien zu schreiben. Um das Jahr 1785 forderte ihn ein Domherr in Cadix (Spanien) auf, eine Instrumentalmusik auf die sieben Worte Jesu am Kreuze zu verfertigen, einer Feierlichkeit angemessen, die jährlich während der Fastenzeit in der Hauptkirche zu Cadix stattfand.

Nach dem Tode seines Fürsten siedelte Haydn nach Wien über. Dort besuchte ihn bald darauf der ehemalige Geiger J. Peter Salomon, um Haydn als Dirigenten und Komponisten von Opern und Sinfonien nach England zu verpflichten. Zweimal, 1790–1792 und 1794–1795, ging Haydn nach London. Die Zeit seiner größten künstlerischen und persönlichen Erfolge – er wurde Ehrendoktor von Oxford – sah auch die Entstehung bedeutender Werke: zwölf Londoner Sinfonien, die schottischen Lieder und die englischen Kanzonetten. Englische, vor allem aber Händelsche Anregungen zeitigten nach Haydns Rückkehr nach Wien schließlich die Oratorien »Die Schöpfung« 1799 und »Die Jahreszeiten« 1801 und sechs bedeutende Messen.

Am 3. Dezember 1781 hatte Haydn an den Physiognomen Johann Caspar Lavater geschrieben, daß er »sechs Quartette für Violinen, Altoviola, Violoncello concertante auf Pränumeration à sechs Dukaten korrekt geschrieben herausgebe, von einer neuen, ganz besonderen Art; denn seit zehn Jahren habe keine geschrieben.« Es handelt sich um die Streichquartette op. 33, die man die russischen

Joseph Haydn: Streichquartett op. 76 Nr. 2, 1. Satz, 1. Thema

Notenbeispiel 68

Quartette nennt, weil sie dem Großfürsten Paul von Rußland gewidmet sind. Man hat sie auch »Motivquartette« genannt, weil Haydn die Motivaufschließung gleichzeitig mit dem obligaten Akkompagnement darin mit hoher Meisterschaft handhabt.

In den späteren Quartetten aber herrscht nicht das Motiv, sondern das Intervall. Beispiele sind die die Melodie und darüber hinaus die gesamte Struktur bildende Sekunde in dem C-Dur-Quartett op. 74 Nr. 1, die Terz in dem F-Dur-Quartett op. 74 Nr. 2, die Oktave in dem g-Moll-Quartett op. 74 Nr. 3, vor allem aber das aus zwei fallenden Quinten bestehende Motiv des ersten Satzes des Quartettes in d-Moll op. 76 Nr. 2 *(Ntb. 68)*.

Hier sei die Analyse des Verfassers aus der Schrift »Die Form in der Musik« (Atlantis-Verlag 1954) angeführt: »In dem ersten Satz dieses Streichquartettes macht Haydn zwei aufeinanderfolgende Quinten zur thematischen Grundsubstanz. Nach einem 12taktigen, aus ihnen entwickelten Satz tritt in der ersten Violine in der Paralleltonart ein neues figuratives Thema auf, welches aber von dem Quintenmotiv in der Bratsche begleitet wird und daher kein selbständiges 2. Thema darstellt. In den nächsten 7 Takten herrscht ausschließlich das Quintenmotiv. Neu auftretende Gedanken (Takt 32 und 41) werden nach wenigen Takten wiederum von dem Quintenmotiv unter Wiederholung des figurativen Gegenthemas und dessen Fortspinnung abgelöst. Eine Coda von 6 Takten beendet die Exposition. In der Durchführung gibt es kaum einen Takt, der nicht das Quintenmotiv enthielte. Es erscheint in Umkehrung, Verkleinerung, Engführung. Die Reprise wiederholt das Quintenthema, aber keinen der oben erwähnten Nebengedanken. Von Takt 126 an – es ist die Stelle, an der der erste figurative Nebengedanke wieder eintreten müßte – folgen 4 Takte Quintenmotiv in der 2. Violine, 2 Takte in der 1. Violine, 4 Takte im Violoncello. Nach weiteren 3 Takten steht ein Wiederholungszeichen. Durchführung und Reprise werden wiederholt. Den Abschluß bildet eine kurze Coda.«

Wie nahe und gegenwärtig erscheint uns heute eine solche thematische Arbeit aus einem einzigen Intervall, dem Quintintervall! Die in den oben erwähnten Quartetten waltenden Intervallgesetze verbinden Haydns Werk mit dem eines anderen Komponisten, der in Ungarn, an dessen Grenze Haydns Geburtshaus stand, geboren wurde, mit Béla Bartók. In dessen Lehrwerk »Mikrokosmos« stehen Stücke, die folgende Titel tragen: Über die große Septime, Über die kleine Sekunde, Quinten und so weiter. In gleicher Weise wie Haydn verwendet Bartók das Intervall, allerdings mit anderen Resultaten. Die Arbeit mit dem Urstoff, die in der bildenden Kunst der Gegenwart bei Wassilij Kandinsky und Paul Klee Parallelen hat, verbindet Haydn mehr mit unserer Gegenwart, als es nur die Liebe zu seiner Musik vermag.

Am 10. April 1782 schrieb Mozart an den Vater: »... ich gehe alle Sonntage um zwölf Uhr zum Baron van suiten – und da wird nichts gespiellt als Händl und Bach. – ich mach mir eben eine Collection von den bachischen fugen. – so wohl Sebastian als Emanuel und Friedemann Bach.« Mozart und Bach und Händel – wie war das möglich? Von 1770 bis 1777 war van Swieten, später Hofbibliothekar in Wien, als kaiserlicher Geschäftsträger am preußischen Hof in Berlin und Potsdam tätig gewesen. Der musikbegeisterte Dilettant hatte bald in dem Kreis der Schwester Friedrichs des Großen, der Prinzessin Amalie, Eingang gefunden. Dort pflegte man mit Vorliebe kontrapunktische Musik. Der Kapellmeister der Prinzessin, Johann Philipp Kirnberger (geb. 1721 in Saalfeld, gest. 1783 in Berlin), war selbst noch ein Schüler Bachs. Aber auch der König hatte ja Bach noch gekannt, denn dem Thema, das er Bach mit auf den Weg gab, verdankt die Welt das »Musikalische Opfer«. Jetzt, 1774, erzählte er van Swieten »d'un grand organiste nommé Bach...« und »il chanta à haute voix un sujet de fugue chromatique qu'il avait donné à ce vieux Bach«. Im gleichen Jahr mag van Swieten Philipp Emanuel Bach in Hamburg besucht haben, denn als er nach Wien zurückkehrte, fanden sich in seinem Reisegepäck die gedruckte »Kunst der Fuge«, eine Abschrift des »Wohltemperierten Klaviers«, eine Abschrift der Orgeltrios und vielleicht auch einige Präludien und Fugen für Orgel.

Der Einbruch der Bachschen Musik in Mozarts Leben und Werk ist einer der großen Vorgänge in der Musikgeschichte geworden, Bachs Erlebnis der italienischen Musik vergleichbar. Zuerst eignete sich Mozart den Stil Bachs und Händels durch Bearbeitungen an. Für van Swieten, der seit 1779 Werke von Händel in Wien aufführte, bearbeitete er im neuen »sinfonischen« Geschmack (durch Hinzufügung neuer Instrumentalfarben) »Acis und Galathea«, »Das Alexanderfest«, die Cäcilienode und den »Messias«, er schrieb sogar eine Suite »im Händel'schen Stil« KV 399. Von Bachs Werken setzte Mozart für Streichtrio drei Fugen aus dem »Wohltemperierten Klavier«, eine Fuge aus der »Kunst der Fuge«, eine Fuge von Wilhelm Friedemann Bach (geb. 1710 in Weimar, gest. 1784 in Berlin), dem ältesten Sohn Johann Sebastian Bachs, der ein gefeierter Organist in Dresden und Halle war und erst die letzten zwanzig Jahre seines Lebens unstet und arm verbracht hat. Ein Hang zur Romantik war seinem Leben und seinem bedeutenden Werk eigen. Von den erwähnten Fugen hat Mozart vier mit eigenen Präludien versehen. Außerdem arrangierte er für van Swietens sonntäglichen vierstimmigen Musizierkreis fünf Fugen aus dem »Wohltemperierten Klavier II«.

Nicht daß Mozart daraufhin selbst Fugen schrieb, ist entscheidend – wichtig ist die Einschmelzung der Anregungen, die er aus Bachs Musik empfangen hatte, in das eigene Werk. Mozart meinte, daß Musik nicht »schwitzen« solle. Aber wenn er streng kontrapunktisch schreibt, scheint er selbst zu schwitzen. Musik »solle auch nicht nach Gelahrtheit riechen«. Aber er schreibt Musik für eine Orgelwalze, Fantasie in f-Moll und Adagio und Allegro für den Grafen Deyn. Für Musik und Technik, für eine mechanische Wiedergabe also, erschien ihm die Fuge gerade recht. Bachs Erbe ist viel mehr als nur die Fuge, es ist das Wissen um eine Kunst, alles aus einem zu erzeugen. Diese Erkenntnis hat Mozart, der bisher vieles aus vielem erzeugt hatte, fast umgeworfen. Wie eine Muschel aus dem in ihre Schalen eingedrungenen Sandkorn eine Perle bildet, so hat Mozart den Fremdkörper der kontrapunktischen Musik zu den Perlen seines Spätwerkes umgeschmolzen.

Die Klaviersonate in C-Dur KV 545 von 1788 ist keineswegs »facile«, sie ist eines der dichtesten Gebilde des neuen Stiles. Die Urgestalt dieser dreisätzigen Sonate ist der Dreiklang. Zwei Motive

Wolfgang Amadeus Mozart: Sonata facile, K.V. 545, 1. Satz 1. Thema

Notenbeispiel 69

bilden das Thema des ersten Satzes *(Ntb. 69)*. Das erste Motiv, auf dem Grundton einsetzend, ist charakteristisch durch den Sextsprung, der im zweiten Takt mit Harmoniewechsel und Betonungsakzent zusammenfällt. Das zweite Motiv, auf der Sexte einsetzend, umschreibt zweimal den Raum der Quarte. Die folgenden acht Takte sind als Überleitungstakte aus Tonleitern in Sequenzen gebildet. Das zweite Thema ist wiederum aus dem Dreiklang, jetzt aber dem fallenden G-Dur-Dreiklang, gewonnen *(Ntb. 70)*.

Notenbeispiel 70

Wieder bewegt es sich im Raume einer Sexte. Die rhythmischen Werte sind dem ersten Thema gegenüber reicher geworden. Das Motiv wird wiederholt, vier Takte Dreiklangbrechung in beiden Händen leiten zu dem Codagedanken über. Die Coda, in der Parallele a-Moll stehend, durchläuft im ersten Motiv den Dreiklang bis zur Oktave mit den gleichen rhythmischen Werten wie das erste Motiv des ersten Themas. Ein zweites Motiv wiederholt in den Tönen genau, nur in anderer Reihenfolge, das Motiv des zweiten Themas und erweitert es um drei Dreiklänge, die gleichzeitig Schlußtakte der Exposition sind *(Ntb. 71)*.

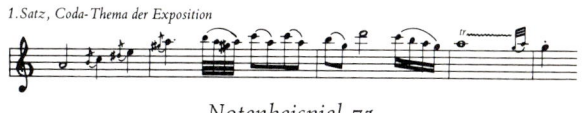

Notenbeispiel 71

Die Durchführung, in g-Moll einsetzend, mischt gebrochene Dreiklänge mit Tonleitern und moduliert nach F-Dur. In dieser Tonart, der Subdominante also, setzt die Reprise ein, vielleicht ein Hinweis auf Bachs dritte Fugendurchführungen mit dem Thema in der Sub-

2. Satz, 1. Thema

Notenbeispiel 72

dominante. Eine jetzt zwölftaktige Überleitung sorgt für die Modulation nach G-Dur. Das zweite Thema erscheint in der Haupttonart. Der nach vier Takten einsetzende Codagedanke wird leicht verändert. Von d-Moll ausgehend, führt er im zweiten Takt über den verminderten Septakkord zurück nach C-Dur. In den Schlußtakten hat sich gegenüber der Exposition nichts verändert. Das Thema des zweiten Satzes, Andante in G-Dur, ist eine Variante des zweiten Themas des ersten Satzes *(Ntb. 72)*. Die Exposition ist dreiteilig, äußerlich durch Wiederholungszeichen als Zweiteiligkeit gekennzeichnet (Bach!). Das zweite Thema ist eine Umkehrungsvariante des ersten Themas. Die an Modulationen reiche Durchführung macht mit der Umkehrung Ernst *(Ntb. 73)*. Die um elf Takte verlängerte Reprise

2. Satz, Beginn der Durchführung

Notenbeispiel 73

weicht am Schluß zweimal zur doppelten Subdominante F-Dur aus und beendet das Stück in G-Dur. Der letzte Satz, ein Rondo, treibt mit fallenden Dreiklangterzen (Sexten) und steigenden, diatonisch aufgelösten Terzfiguren ein munteres Spiel. Die Apotheose des Dreiklangs ist das Ende.

In dem gleichen Juni des Jahres 1788, in dem die C-Dur-Sonate entstand, schrieb Mozart die Sinfonie in Es-Dur KV 543, im Juli die Sinfonie in g-Moll KV 550 und im August die Sinfonie in C-Dur KV 551, die man später die Jupiter-Sinfonie genannt hat. Die drei letzten Sinfonien sind das Dichteste, was Mozart geschrieben hat. Die Themen der beiden letzten Sinfonien in g-Moll und C-Dur lassen sich, wie Johann Nepomuk David (»Die Jupiter-Symphonie«) nachzuweisen versucht hat, von einer einzigen Urgestalt ableiten, die sich aus dem Hauptthema des Finales der C-Dur-Sinfonie mühelos ergibt *(Ntb. 74)*.

Wolfgang Amadeus Mozart: Sinfonie C-dur (»Jupiter«), K.V. 551 (Urgestalt)

Notenbeispiel 74

Zu ihr gehören auch das Teilthema (die ersten vier Takte), das man als Fugenthema bezeichnen muß, obwohl dieser Satz keine Fuge, sondern ein Sonatensatz mit fugierten Teilen ist. So sind auch die anderen vier Themen dieses Finales keine weiteren Subjekte, das heißt neue Fugenthemen, sondern Begleitkontrapunkte, die man in früherer Bezeichnung Kontrasubjekte genannt hätte. Da sie aber ebenfalls aus der Urgestalt gewonnen sind, bilden Thema und Kontrapunkte eine unlösliche Einheit. Mozart hat die höchste Form der Erzeugung aus einem erreicht. Gleichzeitig wurde eine Leichtigkeit und Mühelosigkeit des kontrapunktischen Stiles gewonnen, die Schumann als »griechisch schwebende Grazie« bezeichnete. Ließe man dies gelten, so wäre Verdichtung in der Einheit der Grazie ein neuer Begriff der Klassik.

Das Skizzenbuch Ludwig van Beethovens für seinen Stil des musikalischen Zusammenhangs sind die sechs Bagatellen für Klavier op. 126, die Ende 1823 entstanden und »welche wohl die besten in dieser Art sind«, wie Beethoven in einem Brief an den Verleger Schott in Mainz 1824 meinte. Ihr Einfluß auf die letzten fünf Streichquartette Beethovens ist in deren thematischem Zusammenhang zu suchen. Nach den bisherigen Ausführungen überrascht es nicht, wenn Beethoven als Urgestalt für die Quartette op. 130, op. 131 und op. 132 ein Fugenthema benutzt, nämlich das Thema der großen Fuge in B-Dur, die ursprünglich den letzten Satz des Quartettes op. 130 bildete. Charakteristisch an diesem Thema ist das enge Intervall der kleinen Sekunde, der folgende große Intervallschritt und die sich wieder zusammenziehende Sekunde. Der Vorgang wiederholt sich zweimal *(Ntb. 75)*.

Notenbeispiel 75

Am Anfang der Ouvertüre, die Beethoven »Overtura« nennt, stellt er das Thema viermal auf, und zwar in den Tonarten G-Dur, C-Dur, F-Dur und B-Dur. Die Tonarten folgen einander im Abstand der Quarte, jeweils ist die folgende die Subdominante der vorhergehenden. Die vier Themenaufstellungen sind rhythmisch und metrisch stark verändert: $^6/_8$, $^2/_4$, $^4/_4$. Als Tempobezeichnung schreibt Beethoven Allegro – Meno mosso e moderato – Allegro vor. Dynamisch heißen die Unterschiede: Fortissimo, Forte, Piano, Pianissimo. Die Vortragsbezeichnungen wechseln zwischen Sforzato, Legato, das wenige Noten jeweils bindet – großes Legato – gebundene Tonwiederholungen. In der Fuge selbst werden diese vier Reihen rückwärts verwendet: Reihe d, Reihe c, b, a, also krebsgängig. Das ist das Material.

Die Quartette sind nun das, was für Igor Strawinskij Form bedeutet: »Das Ergebnis der logischen Erörterung des musikalischen Materials.« Das Material aber sind nicht die ganzen Reihen des Fugenthemas, sondern oft nur die Intervalle der Urgestalt. In dem Quartett op. 130, »dem Monstrum aller Quartette«, wie es Beethovens Freund und Faktotum Schindler genannt hat, formt sich eine Adagio-Einleitung aus Sekunden und Sexten. In der Durchführung erscheint die Tonartenfolge D-Dur, G-Dur, c-Moll, F-Dur, B-Dur, eine Entsprechung zur Themenaufstellung der Fuge. Der zweite Satz, Presto, zeigt ein anderes Merkmal des Beethovenschen Spätstiles, das motivische Auf-der-Stelle-Treten durch ständige Motivwiederholungen. Motivwiederholungen aber, die etwas Bohrendes, Statisches haben, sind nichts anderes als die einfachste Form der Darstellung des musikalischen Zusammenhanges. Das Thema des dritten Satzes, Andante, entsteht aus der Sekunde, der der große Schritt der Oktave folgt. Alle Spannungen des Satzes liegen nicht im Formalen, sondern im Melodischen, in der »logischen Erörterung« der Sekunde.

Und nun zum letzten Satz, dem Allegro. An seiner Stelle stand ursprünglich die große Fuge. Als bei der ersten Aufführung im März 1826 durch das Quartett des Geigers und Freundes Schuppanzigh dieser letzte Satz Mißfallen erregte, entschloß sich Beethoven, ihn fallenzulassen und einen neuen zu schreiben – ein seltsamer Vorgang, wenn man weiß, wie schwer sich Beethoven zu solchen Eingriffen entschloß. Und noch mehr: Beethoven verzichtete durch das

Fallenlassen der Fuge, die er später alleine als op. 132 und in einer Bearbeitung für Klavier vierhändig als op. 134 herausgab, auf die Anwesenheit dieser Urgestalt in den letzten Quartetten. Vielleicht aber glaubte er auch – es würde die Anschauung von der Urgestalt stützen – auf sie verzichten zu können, nachdem ihr Material aufgebraucht und in vielen Kanälen in die Quartette eingeflossen war. Sogar in dem neuen letzten Satz, der Beethovens letzte vollendete Arbeit war und der fast noch einmal eine Brücke zur Serenadenzeit schlägt, ist die Erinnerung an die große Fuge noch wach: Das Thema moduliert von G-Dur, c-Moll, F-Dur nach B-Dur.

Der erste Satz des Quartettes op. 132 in a-Moll verwendet zwei Themen, das erste stellt die Einleitung Assai sostenuto (sehr ruhig), das zweite das Allegro auf. Das erste Thema besteht aus Sekunde – Sexte – Sekunde, steigend und fallend. Das Allegrothema hat Verwandtschaft mit einem Themenmodell aus der Klaviersonate op. 101. Der Satz, der die Themen verarbeitet, ist kein Sonatensatz mehr, seine Form ist aus der logischen Erörterung beider Themen entstanden. Alle Bemühungen, ihn dennoch für die Sonatenform zu retten, sind vergebens.

Das cis-Moll-Quartett op. 131 schließlich ist die Apotheose des Themas der großen Fuge. Wiederum bildet eine Fuge den ersten Satz. Deren Kopfmotiv entstand aus Engführungen in großen Notenwerten, die Beethoven mit dem Thema der B-Dur-Fuge in seinen Skizzenbüchern ausprobiert hatte. Als Urgestalt speist dieses Kopfthema alle Hauptthemen auch der übrigen Sätze. Selbst die viel kritisierte tonartliche Rückung des ersten Satzes zum zweiten, von cis-Moll nach D-Dur, ist nach der Ansicht des Verfassers durch die Sekunde der Urgestalt erklärt. Im sechsten und siebten Satz schließlich durchblutet die Urgestalt alle Vorgänge, wobei vor allem krebsgängige Bildungen und Umkehrungen als Steinmetzzeichen in den Ablauf des Satzes eingefügt werden. Richard Wagner schreibt über das Quartett op. 131, »daß der Meister hier die wiederbelebte Kraft dieses ihm eigenen Zaubers an dem Festbannen einer anmutsvollen Gestalt übt, um an ihr dem seligsten Zeugnisse innigster Unschuld, in stets neuer, unerhörter Veränderung durch die Strahlenbrechungen des ewigen Lichtes, welches er darauf fallen läßt, sich rastlos zu entzücken«. Einfacher sagt Beethoven, »es sei ihm, als beginne er erst jetzt mit der kompositorischen Arbeit«. Was hätte er anderes damit meinen können in einer Zeit, als die 9. Sinfonie, die Missa solemnis, die Diabelli-Variationen schon geschrieben waren, als daß jetzt erst die große Erkenntnis des musikalischen Zusammenhanges über ihn gekommen sei?

War bisher von dem Gemeinsamen in der Instrumentalmusik Haydns, Mozarts und Beethovens die Rede, so gibt es doch auch genug des Trennenden.

Haydn, der 77 Jahre alt wurde, schrieb 104 Sinfonien, 83 Streichquartette, 18 Klavierkonzerte, 31 Konzerte für Streich- und Blasinstrumente, 100 Divertimenti, Serenaden und Kassationen, 300 Werke für Streichinstrumente, darunter 21 Trios, 169 Baryton-Stücke, die er zum größten Teil in einem Anlauf schrieb, als Fürst Esterházy ihn eines Tages ermahnte, »embsicher« zu komponieren, 125 Trios für Baryton, Viola und Violoncello, über 150 Klavierwerke, darunter 107 Klaviersonaten, 31 Klaviertrios usw.

Wie diejenigen Haydns sind auch Mozarts Werke (er starb mit 35 Jahren) zum größten Teil zweckgebunden und Auftragswerke: 51 Sinfonien, 32 Streichquartette und Quartette mit einem Blasinstrument, 8 Streichquintette, 50 Konzerte für Klavier, Violine, Horn, Klarinette, 34 Serenaden und Divertimenti, 38 Violinsonaten, 23 Klaviersonaten und Fantasien, Variationen für Klavier, Werke für Klavier zu vier Händen und für zwei Klaviere u. a. m.

Beethoven, dem 57 Lebensjahre vergönnt waren, steht mit seinen Werken, von denen er die meisten als freier Künstler schuf, seinen Lehrern und Vorbildern gegenüber mit 9 Sinfonien, 3 Ouvertüren, 16 Streichquartetten, 5 Klavierkonzerten, einem Violinkonzert und einem Tripelkonzert für Klavier, Violine und Violoncello, 2 Violinromanzen, 6 Klaviertrios, 4 Streichtrios, 10 Violinsonaten, 5 Cellosonaten, 32 Klaviersonaten, 21 Variationswerken und 3 Heften Bagatellen. Die Intensität der persönlichen Aussage, die bei Beethoven stärker in Erscheinung tritt als bei Haydn und Mozart, scheint gleichzeitig Absage an die Vielfalt und Fülle zu bedeuten, ebenso wie der Anspruch der Musik, sich an einen größeren Kreis von Aufnehmenden zu wenden, eine zahlenmäßige Reduktion der Werke zu bedingen scheint. Haydn wendet sich an den fürstlichen Hof, bei Mozart ist es die »Gesellschaft«, bei Beethoven in weit höherem Maße die

Menschheit. Andererseits ist zwischen Haydn, Mozart und Beethoven der Wandel in der politischen und sozialen Struktur zweier Zeitalter zu spüren, schließlich aber auch der Wandel der Klangvorstellung. Das Klangwollen verschiedener Epochen, tief in dem Wandel der musikalischen Kategorien Melodik, Harmonik und Rhythmik gründend, löst die grundsätzlichen Stiländerungen in der Musik aus. Es führt bei den drei Meistern Haydn, Mozart, Beethoven von der Kadenz-Simplizität über eine neue dramatische Spannung in Geist und Form über die Dichte des musikalischen Zusammenhanges bis zu »akustischen Scheußlichkeiten«, die selbst der Beethoven-Interpret Hans von Bülow in Beethovens Spätwerk zu finden glaubte. Er ahnte nicht, daß er den Klang einer neuen Musik hörte.

Kirchenmusik

Haydn sagte einmal: »Da mir Gott ein fröhlich Herz gegeben hat, so wird er mirs schon verzeihen, wenn ich ihm fröhlich diene.« Haydn und Mozart haben ihrem Gott fröhlich gedient und waren deswegen nicht weniger fromm als die Künstler ihres Jahrhunderts, die bauend, malend, meißelnd dasselbe getan haben. Das beglückende Resultat ihres Tuns ist die fröhliche Kirchenkunst des 18. Jahrhunderts, die bayrisch-schwäbischen Barockkirchen, die Malereien und Skulpturen der Brüder Asam und Tiepolos und die Messen Haydns und Mozarts. Das 19. Jahrhundert hatte kaum das Recht, diese Kunst zu tadeln. Es hat mit Nazarenertum, Präraffaelismus und Cäcilianismus nichts Besseres, sondern nur schlecht verstandene Historie an die Stelle echter Empfindung gesetzt. Haydn hat fünfzehn Messen und drei Oratorien geschrieben. Eigentliche Kirchenmusik sind nur die Messen und eine Reihe kleinerer kirchlicher Werke: zwei Te Deum, ein Stabat Mater, ein Salve Regina usw., außerdem die große Kantate »Applausus«. Das Oratorium »Die Heimkehr des Tobias« schrieb Haydn 1775 für die Wiener Tonkünstler-Sozietät, einen Unterstützungsverein der Musikwitwen und -waisen. »Die Schöpfung«, 1799, und die »Jahreszeiten«, 1801 beendet, sind neben sechs Messen Haydns Hauptwerke nach seinen Londoner Reisen. Beide Werke wurden im Palais Schwarzenberg in Wien uraufgeführt. Die von van Swieten textlich nach englischen

Vorlagen bearbeiteten Oratorien gehören durch thematische Arbeit, Tonmalerei und Allgemeinverständlichkeit zu den Werken, durch die es, wie durch die überwältigende Einfachheit des C-Dur-Akkordes in der »Schöpfung«, »Licht ward«.

Seit Haydns Schöpfungen gibt es Musik für das Volk. Jetzt erst hat die beginnende bürgerliche Musikpflege die ihr an- und zugemessenen Werke gefunden. Dasselbe wäre von den sechs Messen zu sagen, der Heiligmesse, Paukenmesse, Nelson- und Theresienmesse, Schöpfungs- und Harmoniemesse. Die früheren Messen, die kleine und große Orgelmesse, St.-Nikolaus-Messe gehören zum Typ der Missa brevis (Kurzmesse). Dabei werden entweder Worte des Messetextes ausgelassen, oder die vier Stimmen singen gleichzeitig verschiedene Sätze des Messetextes (Kleine Orgelmesse »Sanct Joannis de Deo« mit der Begleitung der Orgel und des Wiener Trios: zwei Violinen und Baß). Andere Messen wieder, wie die große Orgelmesse und die anspruchsvolle Cäcilienmesse, verlangen den Prunk von Oboe, Englischhörnern (tiefe Oboen), Hörnern, Trompeten und Pauken.

Mozart hat der Kirchenmusik zwei unvollendete Werke hinterlassen: die Messe in c-Moll und das Requiem. Die Messe begann er ohne Auftrag im Sommer 1782 in Wien. Man brachte sie mit seinem Gelübde in Zusammenhang, für seine Braut eine Messe zu schreiben und zur Aufführung zu bringen, wenn er sie zum ersten Male zu dem der Heirat nur widerwillig zustimmenden Vater nach Salzburg brächte. Ob dies geschah, ist ungewiß. Das Requiem hatte in Mozarts letzten Lebensmonaten, im Juli 1791, ein geheimnisvoller Bote bei Mozart bestellt. Er war der Verwalter eines Grafen Franz Walsegg zu Stuppach, der in seinem Schloß Werke fremder Komponisten aufführte und sie für seine eigenen ausgab. Das Kyrie und Gloria der c-Moll-Messe hat Mozart 1785 für ein Konzert der Wiener Musik-Sozietät mit neuem unterlegtem Text in das Oratorium »Davidde penitente« aufgehen lassen. Das unvollendete Requiem brachte im Auftrag der Witwe Mozarts sein Schüler Franz Xaver Süßmayr (geb. 1766 in Schwanenstadt, gest. 1803 in Wien) zu Ende, der schon die Seccorezitative zu Mozarts Oper »Titus« geschrieben hatte. Konstanze, die das ganze Requiem für ein Werk Mozarts ausgab, wollte das Honorar nicht verlieren. Den wahren

Sachverhalt klärte Süßmayr erst 1800 in einem Brief an den Verleger Breitkopf & Härtel auf. Stilistisch sind beide Werke Beispiele für die schon erwähnte Einschmelzung Bachscher und Händelscher Einflüsse. Mit dem Doppelchor »Qui tollis«, der Doppelfuge des »Osanna« der c-Moll-Messe, dem »Rex tremendae majestatis« im »Lacrymosa« des Requiems errichtete Mozart einen Brückenpfeiler zwischen Bachs h-Moll-Messe und Beethovens Missa solemnis; mit dem »Et incarnatus« der c-Moll-Messe und dem »Recordare« des Requiems aber sang er die seligste und beseligendste Musik, die je im Kirchenraum erklungen ist.

In seinen Salzburger Jahren, seit 1771 als Hochfürstlicher Konzertmeister und nach der Pariser Reise als Erzbischöflicher Hof- und Domorganist schrieb Mozart viel Kirchenmusik im beruflichen Auftrag: 16 Messen, 7 Litaneien und Vespern, 22 kleinere kirchliche Kompositionen, wie Kyrie, Antiphone, Regina coeli, Offertorium, Ave verum. In ihnen allen waltet der »kurze Salzburger Geschmack«. Was es damit für eine Bewandtnis hat, erzählt Mozart seinem Lehrer Padre Martini in Bologna am 4. September 1776: »Unsere Kirchenmusik ist beträchtlich anders als in Italien, um so mehr als eine Messe mit Kyrie, Gloria, Credo, der Epistelsonate, dem Offertorium oder der Motette, dem Sanctus und Agnus dei selbst an den hohen Feiertagen, wo der Fürsterzbischof die Messe selbst liest, höchstens dreiviertel Stunden dauern darf. Somit braucht man für sein Genre eine ganz besondere Geschicklichkeit; denn bei aller Kürze muß so eine Messe mit sämtlichen Instrumenten ausgeführt werden, einschließlich der Militärtrompeten. Ja, verehrtester Pater, so ist es! Wie froh wäre ich, wenn ich Ihnen noch mehr von alledem erzählen dürfte.«

Der Fürsterzbischof war Hieronymus Colloredo (seit 1772), nach dem sich Mozart bis zum endgültigen Bruch auch in anderen Vorgängen seines Lebens richten mußte. Die Zwangslage, Kürze der Schreibweise mit dem Glanz des großen Orchesters verbinden zu müssen, gab Mozart eine Menge Lösungen ein, die zu einer neuen Freiheit der formalen Gestaltung führten. Stilistisch verbindet Mozart den konzertanten Stil der Neapolitaner und vor allem Hasses mit gelegentlichen »Rückfällen«, die ihm sein kontrapunktisches Gewissen, Padre Martini, gewiesen hatte. In den »Vesperae solennes de

confessore« KV 339 von 1780 finden sich dafür die schönsten Beispiele: die »Gelahrtheit« in der Fuge »Laudate pueri«, die Süße Mozartscher Kantilene im Sopransolo des »Laudate Dominum«. Die ersten drei Sätze und das abschließende Magnifikat mit Blechbläsern und Pauken leuchten im Glanz Mozartscher Kirchenmusik auf.
Für Beethovens Frömmigkeit stehen Zeugnisse in dem Skizzenbuch und in dem Tagebuch des Jahres 1818. Zu seiner 9. Sinfonie schreibt Beethoven: »Adagio Cantique. Frommer Gesang in einer Symphonie in den alten Tonarten – Herr Gott Dich loben wir – Alleluja – entweder für sich allein oder als Einleitung in eine Fuge. Vielleicht auf diese Weise die ganze 2. Symphonie charakterisiert, wo alsdann im letzten Stück oder schon im Adagio die Singstimmen eintreten.« Zu der gleichzeitig mit der 9. Sinfonie entstandenen Missa solemnis op. 123 heißt es: »... um wahre Kirchenmusik zu schreiben – alle Kirchenchoräle der Mönche durchgehen, auch zu suchen, wie die Absätze in richtigsten Übersetzungen nebst vollkommener Prosodie aller christkatholischen Psalmen und Gesänge überhaupt. Opfere noch einmal alle Kleinigkeiten des gesellschaftlichen Lebens deiner Kunst. O Gott über alles! Denn die ewige Vorsicht lenkt allwissend das Glück oder Unglück sterblicher Menschen. Es sind ja dem Menschen nur wenige Tage beschieden... Gelassen will ich mich also allen Veränderungen unterwerfen und nur auf Deine unwandelbare Güte, o Gott, mein einziges Vertrauen setzen. Dein unwandelbarer Diener soll sich meine Seele erfreuen. Sei mein Fels, mein Licht, ewig meine Zuversicht!«
Beethoven hat drei große Werke geschaffen, die der Kirchenmusik gehören: 1803 das Oratorium »Christus am Ölberg« op. 85 für drei Solostimmen, Chor und Orchester, 1807 die Messe C-Dur op. 86 und die Missa solemnis in D-Dur für Solostimmen, Chor, Orchester und Orgel, die 1819–1823 entstanden ist. Während die C-Dur-Messe von dem Fürsten Nikolaus Esterházy bei Beethoven bestellt wurde, ist die Missa solemnis ein »Gelegenheitswerk«, das bei der Inthronisation seines ehemaligen Schülers, des Erzherzogs Rudolph, zum Erzbischof von Olmütz erklingen sollte. Die Aufführung der C-Dur-Messe am 13. September 1807 im Schloß zu Eisenstadt kam einem Mißerfolg gleich, und die Missa solemnis kam nicht mehr rechtzeitig zur Olmützer Kirchenfeier. Sie wurde

erst 1824 durch die Philharmonische Gesellschaft in St. Petersburg aufgeführt. Im gleichen Jahre erklangen Teile daraus bei Beethovens letzter großer Akademie im K. u. K. Hoftheater nächst dem Kärntner Tor, bei der auch Beethovens 9. Sinfonie uraufgeführt wurde. Über das Kyrie des Autographs schrieb Beethoven: »Von Herzen – Möge es wieder – zu Herzen gehn!« Dieses Wort, auf Beethovens Musik in ihrer Gesamtheit bezogen, ist für Generationen ein Vermächtnis gewesen. Im Hinblick auf die Musik der Missa solemnis mag es als der Begriff einer neuen ichbezogenen, humanen Religiosität gelten.

Die Oper

Wien war in der ersten Hälfte des 18. Jahrhunderts ein wichtiger Außenposten der italienischen Oper. Nach Antonio Draghi (geb. 1635 in Rimini, gest. 1700 in Wien) und Giovanni Battista Bononcini (geb. 1670 in Modena, gest. 1747 in Wien) schrieben Johann Joseph Fux, Antonio Caldara (geb. 1670 in Venedig, gest. 1736 in Wien) und Francesco Conti (1682–1732) prunkhafte Opern traditioneller Prägung. Seit 1752 kannte man neben der Opera seria der Neapolitaner durch die Opern Glucks auch das französische Singspiel, das der kaiserliche Hof besonders liebte. Daneben gab es für das Bürgertum volkstümliche Schauspiele mit Musik. Wien hatte sich seit der Zeit der großen Harlekine Wranitzky und Prehauser für diese Kunstgattung immer besonders aufgeschlossen gezeigt. Kaiser Joseph II. gab, die Zeichen der Zeit verstehend, dieser Volkskunst einen neuen Rang und künstlerische Bedeutung durch die Gründung des Wiener »Nationalsingspiels«, das 1778 mit den »Bergknappen« von Ignaz Umlauf (geb. 1756 in Wien, gest. 1796 in Mödling bei Wien) eröffnet wurde. Selbstverständlich gab es daneben eine italienische Oper, die seit 1788 durch Antonio Salieri als Hofkapellmeister betreut wurde.

Das Wiener Singspiel hatte durch seine Tradition von vornherein eine andere Stellung in der Geschichte des Theaters und auch in der Gunst des Publikums als das nord- und mitteldeutsche Singspiel, das von Johann Christoph Pepusch (geb. 1667 in Berlin, gest. 1752 in London) in London und J. C. Standfuß (gest. 1756 in Hamburg) ausgehend, eine bescheidene liedhafte Musik sein eigen nannte. Mit Johann Adam Hiller (geb. 1728 in Wendisch-Ossig, gest. 1804 in Leipzig), Thomaskantor in Leipzig, und Georg Benda (geb. 1722 in Altbenatek, gest. 1795 in Köstritz) in Gotha hatte es einen liebenswerten künstlerischen Aufschwung genommen, um sich später mehr oder weniger der Opéra comique der Franzosen anzuschließen. Ihr entlehnte man die Texte und komponierte sie neu, obwohl auch dem deutschen Singspiel in dem Steuereinnehmer Christian Felix Weiße in Leipzig ein handwerklich tüchtiger Librettist erwachsen war. Musikalisch lösten sich einfache Lieder mit dem Dialog ab – ein Hauptmerkmal des deutschen Singspiels. Arien, manchmal auch Koloraturarien und Lieder dienten zur Kennzeichnung der sozialen Unterschiede der dargestellten Personen. Das Lied gehörte zum Volk, die Arie war dem Adel vorbehalten, der, moralisch verderbt, den unschuldigen Kindern des Landes nachstellte. Beispiele dafür sind Hillers Werke »Lottchen am Hofe« 1767 und »Der Erntekranz« 1771. In Wien liebte man mehr das Zauberstück (»Die Zauberharfe«, »Die Zauberzither« und später, nach Mozarts »Zauberflöte«, der »Zauberdrache«, der »Zaubermantel« u. a.) und das bürgerliche Rührstück mit komischen Einlagen. Das Wiener Nationalsingspiel aber stellte bedeutend höhere Anforderungen. Vor allem bedurfte es mehr als nur singender Schauspieler. Die Künstler, die der Kaiser für sein Nationalsingspiel verpflichtet hatte, waren Sänger von hoher Qualität und berühmtem Namen. Joseph Haydn hatte 1751/52 in seiner Elendszeit die Musik zu einer Hanswurstiade »Der neue krumme Teufel« geschrieben. Aber in den »Convention und Verhaltungs-Norma des Vice-Capel-Meisters«, die Haydn bei dem Fürsten Esterházy unterschreiben mußte, heißt es auch: »Auf allmaligen Befehl Sr. Hochfürstl. Durchlaucht solle der Vice-Capel-Meister verbunden seyn, solche Musicalien zu componieren, was for eine Hochdieselbe verlangen werden...« Daher mußte Haydn für seinen Fürsten, der ein Theater unterhielt, auch Opern schreiben.

Von 1761 bis 1790 schrieb Haydn insgesamt vierundzwanzig Opern. Und noch zu seinen Londoner Verpflichtungen gehörte neben zwanzig Konzerten die Komposition einer Oper, »Orfeo ed Euridice«. Es sind italienische Opern, dem Stil der Opera seria oder buffa verpflichtet, den Haydn durch seinen Wiener Lehrmeister

Nicola Porpora als den alleingültigen kennengelernt hatte. Haydn konnte aber auch Opernabsagen erteilen. An den Verpflegungsoberverwalter Roth in Prag, der unter dem Eindruck von Mozarts Prager Aufführung des »Don Giovanni« sich an Haydn gewendet hatte, schrieb er: »Sie verlangen eine Opera buffa von mir. Recht herzlich gern, wenn Sie Lust haben, von meiner Singkomposition etwas für sich allein zu besitzen. Aber um sie auf dem Theater zu Prag aufzuführen, kann ich Ihnen diesfalls nicht dienen, weil alle meine Opern zu viel auf unser Personale (zu Esterház in Ungarn) gebunden sind, und außerdem nie die Wirkung hervorbringen würden, die ich nach der Lokalität berechnet habe. Ganz was anders wäre es, wenn ich das unschätzbare Glück hätte, ein ganz neues Buch für das dasige Theater zu komponieren. Aber auch da hätte ich noch viel zu wagen, indem der große Mozart schwerlich jemanden andern zur Seite haben kann. Denn könnt' ich jedem Musikfreunde, besonders aber den Großen, die unnachahmlichen Arbeiten Mozarts so tief und mit einem solchen musikalischen Verstand, mit einer so großen Empfindung in die Seele prägen, als ich sie begreife und empfinde: so würden die Nationen wetteifern, ein solches Kleinod in ihren Ringmauern zu besitzen. Prag soll den theuern Mann festhalten – aber auch belohnen; denn ohne dieses ist die Geschichte großer Genien traurig und gibt der Nachwelt wenig Aufmunterung zum ferneren Bestreben, weswegen leider so viele hoffnungsvolle Geister darniederliegen. Mich zürnet es, daß dieser einzige Mozart noch nicht bei einem kaiserlichen oder königlichen Hofe engagiert ist. Verzeihen Sie, wenn ich aus dem Geleise komme: ich habe den Mann zu lieb.«
Mit Mozart beginnt die Geschichte der bürgerlichen Oper. Diese Behauptung klingt verwunderlich, wenn man weiß, daß auch Mozart Opern im Auftrag des Erzbischofs von Salzburg, des Kurfürsten von Bayern, des Kaisers in Wien geschrieben hat. Der Satz meint auch nicht das Außen, Auftrag und Aufführung, sondern das Innen, die neue Idee der Oper. Sie löst sich zum ersten Male von Renaissance, Humanismus, Mythologie und Historie. Mozarts Oper will nichts anderes als echte Dramatik durch die Darstellung und Schilderung echter menschlicher Charaktere. Diese fand Mozart nicht in dem Figurenschema des höfischen mythologischen Theaters, an

das auch noch Gluck gebunden war, sondern nur durch ein Studium der Menschen und ihrer Lebenskreise selbst.

Mozarts Vorhaben, Menschen zu schildern, bedingte gleichzeitig das Herabsteigen vom Piedestal höfischer Konvention in das Parterre des Volkes. Hier fand Mozart, was er suchte: Charaktere von der Höhe edelsten Menschentums bis zu den Niederungen von List, Heimtücke und Lausbüberei, die ganze Skala menschlicher Leidenschaften und Triebe. Der Kreis schließt sich. Die Oper, die Menschen schildert, wendet sich nicht an die Gesellschaft, sondern an alle Menschen.

Mozart schuf sie fast ohne Vorbild. Am ehesten konnte er Menschen noch in der Opera buffa finden. So ist es kein Zufall, daß die erste Oper des elf- oder dreizehnjährigen Mozart eine Opera buffa »La finta semplice« war. Aber auch ihre Menschen waren noch Typen, Typen der Commedia dell'arte. Auch in der Opéra comique der Franzosen, in der Umdichtung von Rousseaus »Devin du village« durch Favart unter dem Titel »Les amours de Bastien et Bastienne« konnte er noch keine Menschen finden. Im Gegensatz zur unaufgeführten »Finta semplice« wurde diese kleine Oper in Wien im Gartentheater des Magnetiseurs Dr. Anton Mesmer, der 1768 auch der Auftraggeber war, uraufgeführt.

Selbst Mozarts italienische Opern für Mailand und die bestellten Gelegenheitsarbeiten für den Erzbischof von Salzburg gaben für das Menschliche wenig Raum. Sie sind ebenso wie der »Idomeneo«, den der Kurfürst Karl Theodor 1781 für den Münchener Karneval bestellt hatte, erstaunlich vollkommene Arbeiten in dem Stil, den Mozarts Generation als allgemeingültig anerkannt hatte.

Mit der »Entführung aus dem Serail« aber beginnt die Reihe musikalischer Charakterzeichnung der Mozartschen Menschenopern und mit ihnen ein neues, das zweite Kapitel europäischer Operngeschichte. Diese Komposition hatte eine Vorläuferin in Mozarts unvollendeter Oper »Zaide« (1779 in Salzburg geschrieben). Wie weit nun Mozarts Interesse an der Darstellung des Menschlichen geht, würden wir, wenn wir es sonst nicht hören könnten, aus einem Brief an den Vater vom 26. September 1781 erfahren: »Der Zorn des Osmin wird dadurch ins Komische gebracht, weil die türkische Musik dabei angebracht ist. In der Ausführung der Arie habe ich

seine schönen tiefen Töne schimmern lassen. Das ›Drum beim Barte des Propheten‹ ist zwar im nämlichen Tempo, aber mit geschwinden Noten, und da sein Zorn immer wächst, so muß, da man glaubt, die Aria sei schon zu Ende, das Allegro assai ganz in einem andern Zeitmaße und andern Tone eben den besten Effekt machen. Denn ein Mensch, der sich in einem so heftigen Zorne befindet, überschreitet ja alle Ordnung, Maß und Ziel, er kennt sich nicht, und so muß sich auch die Musik nicht mehr kennen. Weil aber die Leidenschaften, heftig oder nicht, niemals bis zum Ekel ausgedrückt sein müssen und die Musik auch in der schaudervollsten Lage das Ohr niemals beleidigen, sondern doch dabei vergnügen, folglich allzeit Musik bleiben muß, so habe ich keinen fremden Ton zum F (dem Ton der Aria), sondern einen befreundeten, aber nicht den nächsten, D minore, sondern den weitern, A minore, dazu gewählt. Nun die Aria von Belmonte in A-Dur: ›O wie ängstlich, o wie feurig‹, wissen Sie, wie es ausgedrückt ist, auch ist das klopfende Herz schon angezeigt, die Violinen in Oktaven. Dies ist die Favoritaria von allen, die sie gehört haben, auch von mir, und sie ist ganz für die Stimme des Adamberger geschrieben. Man sieht das Zittern, Wanken, man sieht, wie sich die zitternde Brust hebt, welches durch ein Crescendo exprimiert ist; man hört das Lispeln und Seufzen, welches durch die ersten Violinen mit Sordinen und einer Flaute mit im Unisono ausgedrückt ist. Der Janitscharenchor ist als solcher alles, was man verlangen kann, kurz und lustig und ganz für die Wiener geschrieben. Die Aria von der Konstanze habe ich ein wenig der geläufigen Gurgel der Mademoiselle Cavalieri aufgeopfert. ›Trennung war mein banges Los, und nun schwimmt mein Aug' in Tränen‹ habe ich, soviel es eine welsche Bravouraria zuläßt, auszudrücken gesucht. Das ›Hui‹ habe ich in ›Schnell‹ geändert, also: ›Doch wie schnell schwand meine Freude‹ usw. Ich weiß nicht, was sich unsere teutschen Dichter denken; wenn sie schon das Theater nicht verstehen, was die Opern anbelangt, so sollen sie doch wenigstens die Leute nicht reden lassen, als wenn Schweine vor ihnen stünden...«
Nur der edle große Mensch der »Entführung«, Bassa Selim, ein Bruder des Königs Thoas aus Goethes »Iphigenie«, der, obwohl ein Barbar, sich überwindend die liebenden Paare ungestraft ziehen

läßt, erhielt keine musikalische Charakterzeichnung. Er spricht nur. Fast scheint es, als sei die Musik noch nicht fähig, höchstes Menschentum auszudrücken. Erst in der Zauberflöte hat Mozart dies erreicht. Die »Entführung« für des Kaisers Nationalsingspieltheater war Mozarts erster großer Erfolg in der Stadt, die er sich nach dem endgültigen Bruch mit dem Salzburger Erzbischof als freier Komponist zum Aufenthalt erkoren hatte. Ein Entschluß, der vielleicht nicht ohne den Anreiz der Häuslichkeit, die ihm die »Weberischen« bereitet hatten – es ist die Familie Weber, der Mozart schon in Mannheim durch seine Liebe zu Aloysia Weber nahegekommen war –, zustande gekommen wäre. Mozart heiratete am 4. August 1782 Konstanze Weber, die Schwester der Aloysia. »Die Entführung aus dem Auge Gottes«, so nannte Mozart scherzhaft seine Heirat, denn »Auge Gottes« hieß das Wiener Wohnhaus der Familie Weber.

Es gibt zwei Zeugnisse, daß mit der »Entführung« eine neue Epoche der Oper begonnen hatte, die man noch nicht verstand. Der Kaiser kritisierte: »Zu schön für unsere Ohren und gewaltig viel Noten, lieber Mozart«, und der Opernkomponist und Kapellmeister des Breslauer Fürstbischofs, Karl Ditters von Dittersdorf (geb. 1739 in Wien, gest. 1799 auf Schloß Rothlhotta in Böhmen), pflichtet ihm in seiner amüsanten Selbstbiographie bei: »In seinen Theaterstücken hat Mozart den einzigen Fehler, daß er, wie sich die Sänger sehr oft beklagt haben, dieselben mit seinem vollen Accompagnement übertäubt.« Goethe aber schreibt 1824 an Karl Friedrich Zelter, daß all seine Bemühungen um das Singspiel verlorengingen, »als Mozart auftrat. Die Entführung schlug alles nieder und es ist auf dem Theater von unserem so sorgfältig gearbeiteten Stück (Scherz, List und Rache) niemals die Rede gewesen.«

Goethe hatte ein Recht zu solch einem Urteil. Schon früh, in den Jahren 1773–1785, hatte er sich bedeutend mit der Frage des Singspiels befaßt. Zeugnis davon geben nicht nur zahlreiche Werke, sondern auch der Briefwechsel mit Philipp Christoph Kayser (geb. 1755 in Frankfurt a. M., gest. 1824 in Zürich), einem Lieder- und Singspielkomponisten, den Goethe sehr schätzte. Goethes Singspiele »Lila«, »Jery und Bätely«, »Erwin und Elmire«, »Die Fischerin«, »Claudine von Villa Bella« haben viele Komponisten gefunden: Johann André, Phil. Christoph Kayser, Herzogin Anna Amalia von

Weimar, den Freiherrn von Seckendorff, die große Tragödin und Sängerin Corona Schröter, Johann Friedrich Reichardt – aber keinen, dessen Musik Goethes Dichtung angemessen gewesen wäre.
Goethe wußte auch musikalisch genau, was er wollte. Welche klare Überschau er über die Musik seiner Zeit hatte, geht aus den Anmerkungen zu seiner Übersetzung von Diderots Buch »Rameaus Neffe« hervor. Goethe meint: »Alle neuere Musik wird auf zweierlei Weise behandelt, entweder daß man sie als eine selbständige Kunst betrachtet, sie in sich selbst ausbildet, ausübt und durch den verfeinerten äußeren Sinn genießt, wie es der Italiener zu tun pflegt, oder daß man sie in bezug auf Verstand, Empfindung, Leidenschaft setzt und sie dergestalt bearbeitet, daß sie mehrere menschliche Geistes- und Seelenkräfte in Anspruch nehmen könne, wie es die Weise der Franzosen, der Deutschen und aller Nordländer ist und bleiben wird.«
Auch Goethe hat für seine Singspiele »menschliche Geistes- und Seelenkräfte« in Anspruch genommen. Vor ihrer Steigerung durch Mozart ist Goethe wohl erschrocken, kaum vor den »vielen Noten«. Ist es doch auch bezeichnend, daß Goethe über das Singspiel zu einer deutschen Oper kommen wollte und nicht über das Musikdrama. Als Wieland mit seiner »Alceste« zusammen mit dem Weimar-Gothaischen Kapellmeister Anton Schweitzer (geb. 1735 in Coburg, gest. 1787 in Gotha) den letzteren Weg ging, folgte ihm der Spott Goethes in der Farce »Götter, Wieland und Helden«. Ein dritter Versuch, zu einer deutschen Oper zu kommen, waren die durch Jean-Jacques Rousseaus »Pygmalion« (1770) angeregten Melodramen Georg Bendas (geb. 1722 in Altbenatek, gest. 1795 in Köstritz) »Ariadne« und »Medea«, Werke für das gesprochene und pantomimisch dargestellte Wort unter Begleitung der Musik. Die Goethezeit hat dieser Gattung viel Liebe entgegengebracht.
An den geschilderten Bemühungen um das deutsche Theater gemessen, sind Mozarts Opern »Die Hochzeit des Figaro« und »Don Giovanni« die geniale Tat, die kommen mußte. 1784 war in Paris »Le mariage de Figaro ou la folle journée« von Pierre Augustin Caron, Sieur de Beaumarchais (1732–1799) in Szene gegangen. Das Schauspiel bildete den mittleren Teil einer Trilogie, deren erster Teil »Le barbier de Séville« und deren dritter Teil »La mère coupable«

hieß. Wenige Jahre vor der Französischen Revolution hatten die beiden ersten Teile nicht nur künstlerisch, sondern auch politisch starken Widerhall in ganz Europa gefunden. Die meisten Höfe hatten die Aufführung der »Hochzeit des Figaro« als einen »Sturmvogel der Revolution« verboten. Die Schilderungen höfischer Willkür und Intrige, verbunden mit sozialen Anklagen, gaben dazu den Anlaß. Den »Barbier von Sevilla« vertonte 1782 Paisiello und später Rossini 1816. In Wien hatte Mozart den kaiserlichen Theaterdichter Lorenzo Da Ponte (1749–1838) gefragt, ob er den Stoff des Figaro nicht für eine Oper bearbeiten möchte.

Da Ponte war jüdischer Herkunft, wurde 1763 getauft und 1773 katholischer Priester. Seit 1784 war er Theaterdichter des Kaisers in Wien, das er nach dem Tode des Kaisers verließ, um über London als Theaterunternehmer nach New York zu gehen. Mit Casanova befreundet, schrieb er gleich diesem die Memoiren eines zwischen echten Verdiensten und Leichtsinn schwankenden Lebens. Er war auch der Textdichter, man sollte besser sagen, der Bearbeiter von Mozarts »Don Giovanni«. Das Buch geht auf den Venezianer Bertati zurück, der wiederum »Il Burlador di Seviglia« 1630 des Spaniers Tirso de Molina benützt. Da Lorenzo Da Ponte außerdem noch »Cosi fan tutte« bearbeitete, andererseits ein gewandter Fürsprecher für seinen Figaro und Mozarts Musik beim Kaiser war, so sollte man seinen Ruhm und sein Verdienst nicht schmälern.

Am 1. Mai 1786 wurde in Wien die »Hochzeit des Figaro« und am 29. Oktober 1787 in Prag »Don Giovanni« zum ersten Male aufgeführt. Über all den kleinen menschlichen, freundlichen und mißgünstigen Urteilen stehen Goethes Worte an Friedrich Schiller 1797: »Ihre Hoffnung, die Sie von der Oper hatten, würden Sie neulich im ›Don Juan‹ auf einen hohen Grad erfüllt gesehen haben; dafür steht aber auch dieses Stück ganz isoliert, und durch Mozarts Tod ist alle Aussicht auf etwas Ähnliches vereitelt...« Vorausgegangen war ein Brief Schillers, der rät, das Symbol an Stelle der Naturnachahmung im Drama zu setzen. Schiller meinte, daß er immer ein gewisses Vertrauen zur Oper hatte, daß durch sie »das Ideale sich auf diesem Wege auf das Theater stehlen« könne. »Die Oper stimmt durch die Macht der Musik und durch eine freiere harmonische Reizung der Sinnlichkeit das Gemüt zu einer schönern Empfängnis;

hier ist wirklich auch im Pathos selbst ein freieres Spiel, weil die Musik es begleitet ...«

Wie Menschenzeichnung und -darstellung zum Symbol erhoben: des Reinen (die Gräfin im »Figaro«), des Keuschen (Cherubim), des Lebenstüchtigen (Figaro), des Intriganten und Gemeinen (Basilio und Marzelline), des Dämonischen (Don Juan), wie selbst das Pathos und der Tod (Comtur) durch die Musik zum freieren Spiel werden, hat Mozarts Doppelspiel von der Hochzeit des Figaro und von dem bestraften Wüstling Don Giovanni, welches eine unerhörte Einheit bildet, bewiesen. Goethe wußte um diese Bedeutung des Dramatikers Mozart, als er viel später zu Eckermann äußerte, daß kein anderer als Mozart den Helena-Akt im zweiten Teil des Faust, der als Oper entworfen war, hätte komponieren können.

In »Cosi fan tutte« und »La clemenza di Tito« folgt Mozart nicht mehr der neuen Idee, sondern dem zeitgenössischen Stil der Oper. Beides waren Auftragswerke. »Cosi fan tutte« (1790) hatte Kaiser Joseph II. für ein Honorar von 200 Dukaten bei Mozart bestellt. »Titus« (1791) gaben die Böhmischen Landstände in Prag nach des Kaisers Tod für die Krönungsfeierlichkeiten seines Nachfolgers in Auftrag. Der Stil der Opera buffa und der Opera seria standen noch einmal in Mozarts Schaffen einander gegenüber. Man sollte bedenken, daß es diesen Rückfall, wie man ihn nannte, in Mozarts Werk nicht ohne seinen Vorgriff in den Meisteropern gegeben hätte. Ohne Figaro und Don Giovanni stünden diese Opern – ein Blick auf die Opern der Spätneapolitaner genügt – stilgeschichtlich an ihrem richtigen Platz.

So bedarf es auch nicht der Entschuldigung durch die Notlage Mozarts. Sie war gewiß groß, wenn Mozart schreiben konnte: »Wir tanzen uns warm, weil uns friert und weil wir uns kein Holz kaufen können«, und sie blieb es auch dann, als der Kaiser 1787 Mozart zum k. k. Kammermusikus in »Ansehung seiner in der Musik besitzenden Kenntnis und Fähigkeit« ernannte. Mozarts Bittbriefe an den Freund und Freimaurer-Ordensbruder, den k. k. privilegierten Niederlagsverwalter J. M. Puchberg, schildern mehr als nur die äußere Not. Schließlich erwiesen sich die zwei Reisen Mozarts zu König Friedrich Wilhelm II. nach Potsdam 1789 und zu den Krönungsfeierlichkeiten nach Frankfurt 1790 trotz künstlerischer Erfolge als finanzieller Mißerfolg. Vielleicht aber gerade dadurch – dem Nichts gegenüber – wurde Mozart frei, frei für sein letztes Werk, die »Zauberflöte«.

1789 hatte Emanuel Schikaneder (geb. 1751 in Regensburg, gest. 1812 in Wien), ein bisher wandernder Theaterdirektor, das Freihaus-Theater in der Wiener Vorstadt Wieden übernommen. Als alter Komödiant wußte er, was sein Publikum sehen wollte: »Der dumme Gärtner aus dem Gebirge oder die zwei Anton«, »Oberon, König der Elfen«, »Der Stein der Weisen« oder »Die Zauberinsel«. Der Erfolg dieser Stücke war ungeheuer, den »Zwei Anton« konnte Schikaneder, der meist sein eigener Textdichter und Darsteller war, sechs Fortsetzungen geben. Mozart hat Klaviervariationen über ein Lied aus dem »Dummen Anton« KV 613 geschrieben und auch anderes für Schikaneder instrumentiert. So kam es fast von selber und selbstverständlich, daß Schikaneder im Frühjahr 1791 Mozart bat, seine »Zauberflöte« zu vertonen.

Voraussetzungen und Anlaß zu dem Werk scheinen so simpel und primitiv, daß es fast schwer ist zu glauben, daß die Zauberflöte theater-, geistes- und musikgeschichtlich einen unbedingten Höhepunkt darstellt. Theatergeschichtlich faßt die Zauberflöte das Volkstheater Shakespeares, das spanische Theater und die Commedia dell'arte, zu der die Opera buffa gehört, zusammen. Geistesgeschichtlich ist sie eine Apotheose auf das Humanitätsideal des 18. Jahrhunderts, das in der Menschwerdung durch Prüfungen und damit in einem Ausleseprinzip der Besten eine romantische Erfüllung sah. Musikgeschichtlich aber stellte die Zauberflöte durch die in Übereinstimmung gebrachte Mannigfaltigkeit der musikalischen Formen vom Volkslied bis zur Choralbearbeitung, vom Accompagnato-rezitativ bis zur Koloraturarie, vom Ensemble bis zu den großen Chören das klassischste Werk des Jahrhunderts dar.

Am 30. September 1791 fand die Uraufführung der operone (großen Oper) »Die Zauberflöte« statt. Mozart konnte sich ihres wachsenden Erfolges in zahlreichen Wiederholungen erfreuen. Am 5. Dezember 1791 starb Mozart. Goethes Fortsetzung der »Zauberflöte«, die Fragment geblieben ist, galt nicht nur dem Theater, sie ist zugleich ein Epitaph für den Genius Mozart, der nach Goethes Ansicht auch den Faust hätte komponieren können.

Der Mensch des 19. Jahrhunderts ist jedoch nicht aus esoterischen Kreisen durch Prüfungen und Läuterungen hervorgegangen, ihn formte die politische Macht der Französischen Revolution. Die Oper, zu jeder Zeit ein Spiegelbild ihrer Gegenwart, mußte auf Mozarts »Zauberflöte« Beethovens »Fidelio« folgen lassen. Der französische Opernkomponist André Ernest Modeste Grétry (geb. 1741 in Lüttich, gest. 1813 bei Paris), ein Meister der französischen Revolutions- und Freiheitsoper, meinte: »Es scheint, daß man seit der Einnahme der Bastille ... nur noch Musik mit Kanonenschlägen komponieren kann ...«

Beethovens Freiheitsoper »Fidelio« ist der erste Kanonenschlag einer neuen Zeit. In das Kriegerische der Handlung und Musik dieser Oper bricht das Menschliche ein in seiner höchsten Form, der Gattenliebe. Am Ende steht die Freiheit aller. Insofern kommt der »Fidelio« fast einem religiösen Bekenntnis Beethovens gleich, der durch die Besserung des Menschen im Sinne des 19. Jahrhunderts den Fortschritt der Menschheit kommen sah. Diese »Menschheits-Schmeichelei«, wie Thomas Mann sie nannte, hat Beethoven durch sein Werk gepredigt. Daß bei einem solchen Unterfangen auch schon der Wagnersche Erlösungsgedanke aufklingt, erscheint folgerichtig.

Über die Entstehung des »Fidelio« berichtet Beethovens späterer Mitarbeiter Georg Friedrich Treitschke: »Es war 1804, als Freiherr von Braun, der Eigentümer des K. K. priv. Theaters an der Wien, dem eben in voller Jugendkraft stehenden Ludwig van Beethoven antrug, eine Oper für jene Bühne zu schreiben. Durch das Oratorium ›Christus am Ölberg‹ hegte man den Glauben, daß der Meister auch für darstellende Kunst wie seither für Instrumente großes zu leisten imstande sei. Außer einem Honorar bot man ihm freie Wohnung im Theatergebäude. Joseph Sonnleithner übernahm die Besorgung des Textes und wählte das französische Buch ›L'Amour conjugale‹, obgleich es schon mit Musik von Gaveaux, auch italienisch als ›Leonora‹ von Paër komponiert, nach beiden Bearbeitungen aber ins Deutsche übersetzt war. Beethoven fürchtete seine Vorgänger nicht und ging mit Lust und Liebe an die Arbeit, die Mitte 1805 ziemlich zu Ende gelangte ... Aus der Ferne wälzte sich das Ungewitter eines Krieges gegen Wien und raubte den Zuschauern die zum Genusse eines Kunstwerkes erforderliche Ruhe. Doch eben deswegen bot man das möglichste auf, die sparsam besuchten Räume des Hauses zu beleben. Fidelio sollte das Beste tun und so ging die Oper unter keineswegs glücklichen Konstellationen am 20. November in Szene...«

Es wäre hinzuzufügen, daß auch dem »Wasserträger« von Luigi Cherubini (geb. 1760 in Florenz, gest. 1842 in Paris), dem Hauptmeister der französischen bürgerlichen Schreckensoper und Direktor des Pariser Conservatoire, eine ähnliche Handlung von Gattenbefreiung zugrunde liegt. Beethoven bewunderte die Werke Cherubinis, nachdem er 1805 dessen Oper »Faniska« in Wien gesehen hatte. Beethovens Oper »Fidelio« erfuhr zwei Umarbeitungen für die späteren Aufführungen 1806 und 1814, im Jahre des Wiener Kongresses, das für Beethoven das Jahr größter künstlerischer Erfolge war. Nicht weniger als vier Ouvertüren, von denen drei als »Leonoren-Ouvertüren« bezeichnet werden, kennzeichnen Beethovens Ringen mit dem Stoff und der Musik seines »Fidelio«.

Wenn man sich klarmacht, daß Beethoven mit dem »Fidelio« versuchte, die Botschaft eines Menschheitsapostels in die Form eines Singspiels zu bringen – durch den gesprochenen Dialog weist sich der »Fidelio« als ein solches aus –, so erscheint sein Kampf mit der Materie nicht verwunderlich. Den Zwiespalt zwischen der Form der zeitgenössischen Oper und dem Inhalt, den sie nach Beethovens Willen tragen sollte, konnte auch er nicht überwinden. Selbst Richard Wagner vermochte es erst dann, als er der Oper eine neue Form gegeben hatte. Auch eine Reihe von Schauspielmusiken hat Beethoven geschrieben: zu A. v. Kotzebues Festspielen »Die Ruinen von Athen« und »König Stephan«, beide zur Eröffnung des Pester Theaters 1811/12; zu Goethes »Egmont«, im Auftrag des K. K. Hoftheaterdirektors Joseph Hartl von Luchsenstein 1809 und zu Friedrich Dunckers Drama »Leonore Prohaska« 1815. Daneben sind die Ouvertüren »Coriolan« op. 62 zu einem Schauspiel H. J. v. Collins 1807, »Zur Namensfeier« op. 115 in den Jahren 1814/15 und »Die Weihe des Hauses« op. 124 von 1822 zu nennen.

Als Beethoven, der am 26. März 1827 gestorben war, unter der Beteiligung von dreißigtausend Menschen zu Grabe getragen wurde, soll unter den acht Kapellmeistern, die das Leichentuch trugen, auch

Franz Schubert gewesen sein. Noch in der letzten Lebenszeit Beethovens hatte Anton Schindler (geb. 1798 in Meedl bei Mährisch-Neustadt, gest. 1864 in Bockenheim bei Frankfurt a. M.), sein Freund und Berater und zugleich sein erster Biograph, den Meister mit über sechzig Kompositionen Schuberts bekannt gemacht, nachdem eine erste Begegnung Beethovens mit Schubert im Jahre 1822 durch Schuberts Schüchternheit nicht gerade glücklich verlaufen war.
Auch Schubert hat Musik für die Bühne geschrieben. Es sind Opernversuche und Schauspielmusiken. Das Urteil Liszts, der Schuberts Oper »Alfonso und Estrella«, die 1821/22 entstanden war, 1854 in Weimar uraufgeführt hat, kann für alle dramatischen Werke Schuberts gelten: »Schubert hatte wohl die Gabe, lyrische Inspirationen im höchsten Grade zu dramatisieren. Während er aber die Formverhältnisse der Lyrik erweiterte, gingen die der Szene über seine Kräfte. Seine himmlische Musik mit dem in den Wolken verlorenen Blick ließ am liebsten die Falten ihres Azurmantels über Äthergefilde, Wälder und Berge wehen und war der künstlichen Farbe unkundig, auf welchem dramatische Muse vorsichtig zwischen Kulissen und Lampen einherwandelte. Seine geflügelte Strophe fühlte ein unheimliches Bangen vor dem Rasseln des Maschinen- und Räderwerks ...«
Schuberts Musik zu dem Melodrama »Die Zauberharfe«, dessen Ouvertüre er später zur Musik für »Rosamunde« verwendete, fand jedoch bei Mit- und Nachwelt eine freundliche Aufnahme. Aber weder die Bühnenmusik noch die groß angelegten Werke seiner Instrumentalmusik machen den Komponisten Schubert aus. Wenn »der Geist über ihn kam«, wie Beethoven den Schaffensvorgang benannt hat, so kam er über Schubert im Lied.

Das Lied

Das deutsche Lied hat eine Geschichte, deren Anfänge nicht in Wien, sondern in Berlin liegen. 1753 hatten der Dichter Ramler und der Komponist Christian Gottfried Krause eine Sammlung »Oden und Melodien« herausgegeben. Da Krause auch gleichzeitig ein Buch »Von der musikalischen Poesie« veröffentlichte, kann man sich über die Absichten von Text und Musik der neuen Kunstgattung ein gutes

Bild machen. Auf jeden Fall wollte das Berliner Lied etwas anderes als »die singende Muse an der Pleiße« (1736-1745) von Johann Sigismund Sperontes-Scholze (geb. 1705 in Lobendau bei Liegnitz, gest. 1750 in Leipzig) in Leipzig. Dort erfreute man sich an den »modischen« Texten, teilweise von Johann Christian Günther verfaßt, die man beliebten Suitensätzen für Klavier, Menuetten, Sarabanden, Giguen und Märschen unterlegte.

Die Berliner wollten jedoch nicht mehr im Liede tändeln, wie es noch Goethe in den Liedern seiner Studentenzeit im Stile des Leipziger Rokoko tat. Krause sagt in seiner »Musikalischen Poesie«: ». . . daß die Natur eine solche Kraft in die Verbindung der Töne gelegt hat, daß sie uns rühren und bewegen.« Seiner Ansicht nach bedarf es zur rührenden Musik keines erfahrenen und in dieser Kunst geübten Zuhörers. Ihm kommt es nur darauf an, ob ein Stück »schön sei, gefalle und rühre«, denn »unser Inneres, unsere ganze Seele will daran teilhaben«.

Dies ist alles recht und öffnet einer neuen bewegenden Wirkung des Liedes die Tür, nur vergaß man dabei, daß nicht nur das Einfache und Schlichte zu rühren vermag, sondern auch das Bedeutende und Erhabene. Durch die Beschränkung auf eine einfache Melodik und einfachste akkordische Begleitung schenkten zwar die Liedmeister Krause, der Leipziger Thomaskantor und Singspielkomponist Joh. Adam Hiller, Christian Gottlob Neefe, der Lehrer Beethovens, und die schwäbischen Komponisten Daniel Ferdinand Schubart und Johann Rudolf Zumsteeg der Welt eine Fülle volkstümlich gewordener Lieder – ihr Beitrag zu einer Geschichte des deutschen Liedes bleibt dennoch bescheiden.

Zu den Meistern der sogenannten »zweiten Berliner Liederschule« gehören Johann Abraham Peter Schulz (geb. 1747 in Lüneburg, gest. 1800 in Schwedt), der Singspielkomponist und Kapellmeister Friedrichs des Großen Johann Friedrich Reichardt (geb. 1752 in Königsberg i. Pr., gest. 1814 in Giebichenstein bei Halle) und Karl Friedrich Zelter (geb. 1758 in Berlin, gest. 1832 in Berlin), der Direktor der Berliner Singakademie, der Begründer der ersten »Liedertafel« und damit der Männergesangvereine und des königlichen Instituts für Kirchenmusik. Ihnen steht bereits Goethes Lyrik zur Verfügung. Reichardt, obschon in Schillers und Goethes »Xenien« einst-

mals arg verspottet, war Goethe durch einen umfangreichen Briefwechsel verbunden. Zelter, der Goethe durch das brüderliche Du nahestand, wurde durch ein langes Leben dessen musikalischer Berater und Mitarbeiter. Beider Briefwechsel zeigt die Auseinandersetzung zweier sich gegenseitig schätzender und verehrender schöpferischer Menschen über Ereignisse und Probleme der Musik im ersten Drittel des 19. Jahrhunderts. Reichardt hat »128 Lieder Goethes, Oden, Balladen, Romanzen« der Königin von Preußen gewidmet. Zu Zelters Vertonungen gehören unter anderen der »König von Thule«, die Harfnergesänge und die Kantaten »Johanna Sebus«, »Die Gunst des Augenblicks«, Schillers Berglied.
Reichardts und Zelters Melodien entsprachen nicht der Größe der deutschen klassischen Dichtung. (Glucks Komposition von sieben Klopstock-Oden läßt ahnen, welcher Glücksfall es gewesen wäre, wenn Glucks Musik sich mit der Dichtung des klassischen Zeitalters verbunden hätte.) Durch Goethes Balladenform und -ton angeregt, haben beide jedoch, obwohl selbst noch an die strophische Vertonung der Lieder gebunden, die rein sinnliche Wirkung des Volksliedes zu einer sittlichen des Kunstliedes erhöht. Die musikalischen Mittel, derer sie sich dazu bedienten (Versuch einer dramatischen Stimmführung und untermalende stimmungsfördernde Begleitung), brauchte auch Schubert nicht beiseite zu schieben.
Haydns und Mozarts Gesänge verändern kaum das Bild dieser anakreontischen Landschaft des Liedes. (Anakreon war ein frühgriechischer Sänger der Liebe und der Idylle.) Als Mozart Goethes »Veilchen« aus dem Singspiel »Claudine von Villa Bella« vertonte, schrieb er eines der ersten durchkomponierten Lieder, das heißt, jede Textstrophe erhält je nach ihrem Sinn nicht die gleiche, sondern andere Musik. Damit bringt Mozart etwas Neues, man könnte aber auch sagen, etwas Altes, wenn man das »Veilchen« als eine Miniaturkantate mit Arioso und Rezitativ oder auch als ein kleines Singspiel ansieht.

Franz Schubert

Der Meister, der mit seinem op. 1 »Der Erlkönig« von Goethe als Achtzehnjähriger mit sicherem Griff die Vergangenheit in eine neue Zukunft führte, hieß Franz Schubert. Man hat die damalige

Zeit im Bereich der Ästhetik und der Kunst Romantik genannt. Der Begriff Romantik bedarf von der Musik her einer Erklärung. Es läge auf der Hand, ihn in gleicher Weise wie den der Klassik zu deuten. Jedoch steht dagegen ein kennzeichnendes Hindernis. Von den drei erwähnten Grundlagen der Klassik, der akustisch-mathematischen, der der Form und der ästhetischen, bleibt für die Erklärung der Romantik nur eine neue ästhetische Grundlage übrig. Die anderen beiden Grundlagen haben sich nicht geändert, sie gelten für Klassik und Romantik in gleichem Maße. Das gibt zu denken. Klassik und Romantik wären demnach enger verwandt, als man im allgemeinen annimmt und darstellt. Beispiele dieser Verschwisterung gibt es genug. Es wird von ihnen noch die Rede sein. Zuerst sei jedoch das Trennende im Bereich des Ästhetischen erörtert.
Ein Ästhetiker, der durch seine »Allgemeine Theorie der schönen Künste« die Kunst in der zweiten Hälfte des 18. Jahrhunderts weitgehend beeinflußte, war Johann Georg Sulzer (1720–1779). Er meint, darin Rousseau folgend: »Wenn wir uns von dem Wesen und der wahren Natur dieser reizenden Kunst eine richtige Vorstellung machen wollen, so müssen wir versuchen, ihren Ursprung in der Natur auszuforschen ... die Natur hat eine ganz unmittelbare Verbindung zwischen dem Gehör und dem Herzen gestiftet; jede Leidenschaft kündigt sich durch eigene Töne an, und eben diese Töne erwecken in dem Herzen dessen, der sie vernimmt, die leidenschaftlichsten Empfindungen, aus welchen sie entstanden sind.« Selbst der größte Denker des Jahrhunderts, Immanuel Kant (1724–1804), ist keiner anderen Ansicht, als daß Musik »die Kunst des schönen Spiels der Empfindungen« sei.
Die Romantik verlegt diese Anschauung eines vordergründigen Spiels in das Hintergründige einer alle Tiefen der Seele aufwühlenden Bewegung. Für Johann Gottfried Herder (1744–1803) ist Musik eine Offenbarung der »Welt des Unsichtbaren«, und Ludwig Tieck (1773–1853) hält die Musik für eine wunderbare Erfindung, weil sie menschliche Gefühle auf eine übermenschliche Art schildere. Es geht nicht mehr darum, Empfindungen durch Nachahmung des Natürlichen, sondern durch den Einbezug des Übernatürlichen zu erregen. Übernatürlich ist das »Fliehen und Wiederkommen der zauberischen Luftgeister der Töne« (Herder), surrealistisch ist auch die

Darstellung der Leidenschaften eines durch die Musik erregten menschlichen Herzens oder einer sehnsüchtig träumenden Seele.
In gleicher Weise wandelt sich das Verhältnis der Musik zur Dichtung. Sucht diese das Land der Griechen, so wird auch die Haltung und die Form der Musik klassisch sein. Sucht die Dichtung die eigene Vergangenheit oder das eigene Ich, so wird die Musik ihr in das Traum- und Zwischenreich der Romantik folgen. Goethes Ballade vom Erlkönig schildert beides, den nächtlichen Reigen der Geister sowie die Sorge und die Todesangst des Reiters und seines sterbenden Kindes. Schuberts Musik gewinnt die Schilderung der Angst aus dem Rhythmus des galoppierenden Pferdes und die Darstellung des Elfenreigens durch eine Umdeutung des gleichen Rhythmus in das Tanzende und Schwebende. Einheit der musikalischen Mittel und Einheit der romantischen Vorstellung decken sich in vollendeter Weise.
Schubert schrieb 603 Lieder. Sie haben längst nicht alle die Dynamik, die eine Vorstellung des Übernatürlichen mit sich bringt. Aber sie haben alle das eine gemeinsam, romantische Stimmung, die Schubert nicht nur aus der Melodie, sondern als Tondichter – ein romantischer Begriff – aus der tonmalerischen Begleitung und der durchkomponierten Form mit wechselnden Inhalten gewinnt.
In einer allegorischen Erzählung »Mein Traum«, die Schubert 1822 niederschrieb, heißt es: »Und zum zweiten Male wandte ich meine Schritte und mit einem Herzen voll unendlicher Liebe für die, welche sie verschmähten, wanderte ich abermals in ferne Gegend. Lieder sang ich nun lange, lange Jahre. Wollte ich Liebe singen, ward sie mir zum Schmerz. Und wollte ich wieder Schmerz nur singen, ward er mir zur Liebe. So zerteilte mich die Liebe und der Schmerz.« In Schuberts Liederzyklen auf Texte von Wilhelm Müller »Die schöne Müllerin« und »Die Winterreise« hat er dieser Liebe und diesem Schmerz, die seine eigenen waren, Ausdruck gegeben. In den Vertonungen der klassischen Gedichte Goethes, »Ganymed«, »Prometheus«, »Grenzen der Menschheit« u. a. übersingt der romantische Schwärmer klassischen Geist und klassische Form.
Im März 1824 schrieb Schubert in sein Tagebuch: »Meine Erzeugnisse sind durch den Verstand für Musik und durch meinen Schmerz

vorhanden; jene, welche der Schmerz allein erzeugt hat, scheinen am wenigsten die Welt zu erfreuen.« Er war falsch unterrichtet, denn sie haben die Welt am meisten erfreut. Hat der Schmerz seine Lieder entstehen lassen, so müßte man den Verstand für Schuberts Instrumentalmusik in Anspruch nehmen. Im Hinblick auf die Form könnte man dem zustimmen. Die Form seiner Sinfonien, Streichquartette, Klaviersonaten ist von der Klassik übernommen. Schuberts Themen aber sind liedhaft, auch innerhalb der klassischen Form. Selbst dort, wo er nicht Lieder benutzt, wie im Forellenquintett, im Streichquartett d-Moll »Der Tod und das Mädchen«, in der Wandererfantasie, kreist alles thematische Denken um die Einfalt des Liedes. Auch Schuberts Verarbeitung ist nicht eigentlich thematische Arbeit in der Handhabung Haydns und Beethovens. Oft versetzt er nur die thematische Liedepisode durch Modulationen in immer neue Klangräume. Daher durchdringen sich auch in seiner Instrumentalmusik Schmerz und Verstand, oder man könnte sagen, Romantik und Klassik, wenn wir jetzt wissen, was mit allen Vorbehalten damit gemeint ist.

Schuberts große C-Dur-Sinfonie ist klassisch, vor allem ihr zweiter Satz. Robert Schumann schrieb über die von ihm wiederaufgefundene und aufgeführte Sinfonie in seiner »Neuen Zeitschrift für Musik« 1840: »Er gibt uns ein Werk in anmutvollster Form und trotzdem in neuverschlungener Weise, nirgends zu weit vom Mittelpunkt wegführend, immer wieder zu ihm zurückkehrend.«

Wenn aber der Wiener Kritiker Eduard Hanslick über die erst 1865 in Graz wiederaufgefundene Sinfonie in h-Moll, die »Unvollendete«, die folgenden Sätze schreibt, so überwältigt den Formalisten Hanslick der Zauber des romantischen Inhalts: Dieser erste Satz »ist ein süßer Melodienstrom, bei aller Kraft und Genialität so kristallhell, daß man jedes Steinchen auf dem Boden sehen kann. Und überall dieselbe Wärme, derselbe goldene blättertreibende Sonnenschein! Breiter und größer entfaltete sich das Andante. Töne der Klage und des Zornes fallen nur vereinzelt in diesen Gesang voll Innigkeit und ruhigen Glücks, mehr effektvolle musikalische Gewitterwolken als gefährliche Leidenschaft. Als könnte er sich nicht trennen von dem eigenen süßen Gesang, schiebt der Komponist den Abschluß des Adagios weit, ja allzu weit hinaus....«

Schubert schrieb neun Sinfonien, vierzehn Streichquartette, zwei Klaviertrios, ein Klavierquartett, Flötenvariationen, das Forellenquintett, ein Streichquintett, ein Oktett, Sonatinen für Violine und Klavier, für das Klavier zehn vollständige und elf unvollständige Sonaten, Fantasien, Moments musicaux, Impromptus, Märsche (vierhändig), Variationen, Rondos, Polonaisen u. a., außerdem sechs lateinische und eine deutsche Messe, Tantum ergo, fünf Salve Regina, zwei Stabat Mater.

Für dieses Werk und etwa sechshundert Lieder stellte das Schicksal ihm einunddreißig Lebensjahre zur Verfügung, 1797 bis 1828. Es war ein Leben in kleinem Kreis. Außer Reisen nach Linz, Graz und Salzburg und zwei Reisen nach Zelesz (Ungarn) zum Unterricht zweier Gräfinnen Esterházy, hat Schubert nichts von der Welt gesehen. Ein kleiner Freundeskreis machte ihm das Leben angenehm und freudig. Franz von Schober gab ihm eine Unterstützung, daß er, der sich vergeblich als Schulmeister versucht hatte, seit 1818 als freier Künstler in Wien leben konnte. Der gefeierte Hofopernsänger Vogl sang Schuberts Lieder. Josef Edler von Spaun, der Schuberts Lieder an Goethe gesandt hatte, die Dichter Eduard von Bauernfeld und Johann Mayrhofer, deren Lieder Schubert vertonte, der Maler Moritz von Schwind waren Teilnehmer an den geselligen Abenden, die man Schubertiaden nannte, Abende, an denen man schwärmte und sich an Schuberts Liedern und an Wein berauschte. Künstlerische Erfolge, außer denen im Freundeskreis, hatte Schubert zu Lebzeiten kaum. Erst im März 1828, im Jahre seines Todes, fand das erste öffentliche Konzert mit Werken Schuberts in Wien statt. Es sangen Vogl und Fräulein Fröhlich, Bocklet spielte Klavier...

Paris in der 1. Hälfte des 19. Jahrhunderts

Wien und seine klassische Schule bleiben auch im 19. Jahrhundert unverändert bedeutsam für die europäische Musik. Brahms, Bruckner, Hugo Wolf, Mahler und Schönberg sind die Erben Haydns, Beethovens und Schuberts. Paris aber ist in der ersten Hälfte des Jahrhunderts der Kampfplatz der Virtuosen und der Ort der Entscheidungen über die Oper.

Am 12. Dezember 1831 schreibt Frédéric Chopin kurz nach seiner

Ankunft in Paris an Titus Woyciechowski: »Paris ist alles, was Du willst, Du kannst Dich amüsieren, langweilen, lachen, weinen, alles tun, was Du willst, und keiner sieht Dich an, weil hier Tausende dasselbe tun wie Du, und jeder geht seine eigenen Wege. Ich weiß nun wirklich nicht, ob es irgendwo mehr Pianisten gibt als in Paris, ich weiß nicht, ob es irgendwo mehr Esel und mehr Virtuosen gibt als hier. Ich habe Rossini, Cherubini usw., Baillot usw. kennengelernt. Durch ihn habe ich auch Kalkbrenner kennengelernt. Du glaubst nicht, wie neugierig ich war auf Herz, Liszt, Hiller usw.; Nullen sind sie alle im Vergleich mit Kalkbrenner. Ich will Dir gestehen, daß ich gespielt habe wie Herz, doch möchte ich spielen wie Kalkbrenner. Wenn Paganini eine Perfektion ist, so ist Kalkbrenner ihm ebenbürtig, doch freilich in einer ganz anderen Art... Wenn es je Prunk im Theater gegeben hat, so weiß ich nicht, ob er den Grad der Pracht in »Robert le Diable«, der neuesten, fünfaktigen Oper Meyerbeers, der »Crociato« geschrieben hat, erreicht hat. Dieses Meisterwerk der neuen Schule – worin Teufel (gewaltige Chöre) durch Megaphone singen, wo Seelen aus den Gräbern aufsteigen... zu fünfzig, sechzig gruppiert, wo ein Diorama auf der Bühne, wo zum Schluß das Interieur der Kirche zu sehen ist und die ganze Kirche zu Weihnachten oder zu Ostern in heller Erleuchtung, mit Mönchen und dem ganzen Publikum in den Bänken, mit Räucherwerk und, was noch mehr ist, mit einer Orgel, deren Klang auf der Bühne bezaubert und in Staunen versetzt und beinahe das ganze Orchester übertönt – nirgends wird man etwas Ähnliches aufführen können. Meyerbeer hat sich unsterblich gemacht.«

Französische Romantik

Eine besondere Ausprägung der Romantik, eben die französische Romantik, hatte für Virtuosentum und Oper einen besonders günstigen Boden bereitet. Sie ist nicht das Ergebnis einer Wandlung vom Sinnlichen zum Übersinnlichen, sondern die Folge einer Steigerung der klassischen Naturnachahmung über sich selbst hinaus zu einem Übernaturalismus, dem Pathos, Effekt und politischer Wirklichkeitssinn nicht fremd waren. Zwei vielbewunderte Werke der französischen romantischen Malerei erscheinen in ihrer Themenstellung fast als Programm: Eugène Delacroix' »Gemetzel auf Chios«, eine Szene von grausamer Realistik aus den Kämpfen der Türken gegen die Griechen, ein Ereignis von höchster politischer Aktualität, und Théodore Géricaults »Floß der Medusa«, eine Szene von der Rettung Schiffbrüchiger, deren pathetischer realistischer Vortrag der Größe der Erschütterung entsprach, mit der Europa an dem Schicksal der Geretteten Anteil genommen hatte. In beiden Fällen hat sich virtuose Malerei mit höchst aktueller Dramatik verschwistert.

Hector Berlioz und die Programmusik

Es blieb der Musik Hector Berlioz' vorbehalten, der französischen Romantik einen weiteren Bereich zu erschließen, den »des leidenschaftlichen Ausdrucks und der inneren Glut«. Berlioz wurde 1803 in Côte-Saint-André (Isère) geboren. Er gab das Medizinstudium auf und wurde Schüler von Jean François Lesueur (geb. 1760 in Drucat bei Abbéville, gest. 1837 in Paris), dem Hofkapellmeister Bonapartes, der mit dem gleichen Sinn für das Programmatische und das Monumentale in der Musik begabt war wie Berlioz auch. Am Conservatoire unterrichtete ihn der Böhme Anton Reicha (geb. 1770 in Prag, gest. 1836 in Paris), der in Wien mit Haydn, Beethoven, Salieri befreundet und als Nachfolger Etienne Nicolas Méhuls auch der Lehrer Liszts, Gounods und César Francks war. 1830 erhielt Berlioz den Rompreis der französischen Akademie. Das Erlebnis der italienischen Reise wurde durch spätere Reisen in Deutschland, Österreich, Ungarn, Rußland und England, auf Anraten Liszts meist als Dirigent seiner eigenen Werke, abgelöst. Berlioz berichtet darüber in seinen für die Musikkultur des damaligen Europa äußerst aufschlußreichen Memoiren. Im Alter machten es ihm sein Vaterland und Paris nicht leicht. Da alle guten Stellungen in festen akademischen Händen waren, reichte es für Berlioz seit 1852 nur zum Bibliothekar des Pariser Konservatoriums. Berlioz schrieb am Ende seiner Memoiren: »Ich habe weder Hoffnungen noch Illusionen, noch große Ideen mehr... ich bin allein; meine Verachtung für die Dummheit und Unredlichkeit der Menschen... sind auf ihrem Gipfelpunkt angelangt, und zu jeder Stunde sage ich zum Tod: worauf wartet er denn noch?« Er starb am 8. März 1869. Berlioz machte das Programm zur grundsätzlichen Voraussetzung seiner Kompositionen. Insofern war er der erste Programmusiker.

Gleichzeitig aber war er auch der erste Surrealist des Klanges in der Musik. Beides muß erklärt werden. Programmatische, illustrative Musik gibt es seit der Zeit der Musica reservata, bei Orlando di Lasso, bei den englischen Virginalisten, bei den französischen Clavecinisten, bei Kuhnau und Biber, in den wortausdeutenden Teilen der Oratorien Haydns (der später meinte, es würde besser sein, wenn der ganze Quark nicht da wäre) und in der 6. Sinfonie, der »Pastorale« Beethovens. Während jedoch Beethoven meint: »Wer auch nur je eine Idee vom Landleben erhalten, kann sich auch ohne viel Überschriften selbst denken, was der Autor will«, gibt Berlioz in dem 3. Satz seiner »Symphonie fantastique« (Adagio: Auf dem Lande) nicht nur die Idee des Landlebens, sondern er schildert eine ländliche Szene, so wie sie wirklich ist, und noch mehr, so wie er sie selbst unter dem Eindruck einer seelischen Erschütterung erlebte.

Im Programm, das er am 22. Mai 1830 in der Pariser Zeitung »Le Figaro« veröffentlichte, heißt es: »Eines Abends hört er den Reigen zweier sich antwortender Hirten; dieses Zwiegespräch, der Ort, das leise Rauschen der Blätter, ein Schimmer der Hoffnung von Gegenliebe – alles vereint sich, um seinem Herzen eine ungewöhnliche Ruhe und seinen Gedanken eine freundlichere Richtung zu geben. Er denkt nach, wie er bald nicht mehr alleinstehen wird ... aber wenn sie täuschte! Diesen Wechsel von Hoffnung und Schmerz, Licht und Dunkel, drückt das Adagio aus. Am Schluß wiederholt der eine Hirte seinen Reigen, der andere antwortet nicht mehr. In der Ferne Donner ... Einsamkeit – tiefe Stille.«

Auch Beethoven schildert in der »Pastorale« Gewitter und Sturm. Aber Berlioz erlebt nicht irgendein abziehendes Gewitter, sondern sein eigenes Gewitter, das gerade für seine augenblickliche Stimmung gemacht schien. In dieser Anschauung wetterleuchtet die neue Ästhetik der Romantik. Die »Idee« der Klassik, von der auch Schiller auf die Frage nach der Naturnachahmung spricht, bleibt hinter der Wolkenwand der Vergangenheit verborgen. Was hätte aber das klassische Zeitalter zu einer Sinfonie, wenn auch einer phantastischen, gesagt, deren Sätze überschriftet waren: Träume und Leiden – Ein Ball – Szene auf dem Lande – Der Gang zum Richtplatz – Traum in einer Sabbatnacht.

Diese Sinfonie, die 1830 in Paris uraufgeführt wurde, ist nicht die Folge einer in klassischer Form ausgebreiteten Musik, sondern Berlioz enthüllt in sinfonischer Form ein seelisches Tagebuch, das seine enttäuschte Liebe zu der englischen Shakespeare-Darstellerin Miß Harriet Smithson behandelt. Zur Verfestigung der durch das Programm entgleitenden Form gab Berlioz dieser Sinfonie ein Leitmotiv, eine »idée fixe« mit auf den Weg. Sie charakterisiert die holde Erscheinung der Geliebten auch dann noch, als sie beim Hexensabbat, an dem die Treulose teilnimmt, nur noch ein Zerrbild ihrer selbst ist.

Beim Gang zum Richtplatz aber schildert Berlioz den Künstler, sich selbst, der »die Gewißheit erlangt hat, daß seine Liebe verschmäht wird. Da die Dosis Opium zu schwach war, um ihn zu töten, versinkt er in einen tiefen Schlaf: er träumt, er habe seine Geliebte getötet, sei deshalb zum Tode verurteilt, werde zum Richtplatz geführt und wohne seiner eigenen Hinrichtung bei.« Zu seinem Leichenbegängnis versammeln sich Gespenster, Hexen und Ungeheuer. In ihren Tanz hinein tönt eine burleske Parodie des Dies irae. Es sind makabre Visionen, eines Goya oder E. T. A. Hoffmann würdig. Robert Schumann lehnte in einer Rezension das Programm der Sinfonie ab, bewunderte aber den Musiker. Liszt, den seit diesem Werk eine enge Freundschaft mit Berlioz verband, transkribierte die Symphonie fantastique für das Klavier.

Der Ekstase der Leidenschaften folgt die Steigerung der klanglichen Mittel. Die Farben für die romantische Orchesterpalette hat Hector Berlioz gemischt. In seiner Instrumentationslehre, die bezeichnenderweise Richard Strauss neu herausgegeben hat, liebt und bewundert er die Meister des Ausdrucks und der Farbe, Gluck und Carl Maria von Weber. (Für die Aufführung des »Freischütz« in der Pariser großen Oper schrieb Berlioz die Rezitative, da eine Oper mit gesprochenem Dialog dort nicht in Szene gehen konnte.) In seinem Klangwollen geht er aber weit über sie hinaus. Er massiert den Klang, indem er Riesenorchester verlangte und differenziert ihn durch Verwendung der bisher kaum gebrauchten Grenzlagen der Instrumente in der Höhe und Tiefe.

Eine vieldiskutierte Episode findet sich im »Hostias« des »Requiem« von Berlioz, wenn drei Flöten den Widerhall der tiefen Pedaltöne von acht Tenorposaunen bilden. In diesem Requiem, das er für die Beisetzung des Generals Damrémont im Invalidendom 1837 schrieb, bezieht Berlioz seit Gabrielis venezianischer Mehrchörigkeit zum ersten Male wieder den Raum, nicht nur den Klangraum, sondern auch den architektonischen Raum der Kirche in seine Klangpläne ein. Er verlangt neben zwei Hauptorchestern vier getrennt aufgestellte Gruppen von Blechblasinstrumenten und sechzehn Pauken.

Schon 1831 hatte er, ein kolossales Oratorium planend, an seinen Freund Ferrand geschrieben: »Die Toten verlassen ihre Gräber ... die entsetzten Lebenden stoßen gellende Angstschreie aus ... die Welten stürzen zusammen ... die Engel posaunen durch die Wolken ... alle hier aufgebotenen Mittel müssen vollständig neu sein. Außer zwei Orchestern würde es noch vier Gruppen von Blechinstrumenten in den vier Hauptecken des Aufführungsraumes geben.« In seiner »Symphonie funèbre et triomphale« tritt zu den zwei Hauptorchestern noch eine Militärkapelle.

Berlioz mußte bald einsehen, daß die Form der klassischen Sinfonie nicht geeignet war, seine Programme und deskriptiven Absichten aufzunehmen. Die Grenzen der Form und ihrer Teile werden fließend. Zwar heißt auch Berlioz' »Harold in Italien« eine Sinfonie in vier Teilen mit Bratschensolo op. 16, aber die Titel der vier Sätze lauten: Harold in den Bergen; Szenen der Schwermut, des Glücks und der Reue – Zug der Pilger, die das Abendgebet singen – Ständchen eines Bergbewohners der Abruzzen an seine Geliebte – Gelage der Räuber. Das Erlebnis und die Erlebnisse seiner italienischen Reise verbinden sich mit der Schwärmerei für den englischen Dichter Lord Byron und dessen »Childe Harolds Pilgrimage«. Italien und Byron und Hector Berlioz verschmelzen in eins. Welch ein Unterschied zu Goethes italienischer Reise, der das Geschaute mit klarem Blick ordnete und sichtete! Das Bratschensolo des Werkes war Niccolò Paganini zugedacht. Er hat es nicht gespielt, weil er »immerfort zu spielen haben wolle« und nicht durch das Orchester unterbrochen werden dürfe.

Berlioz schrieb fünf Sinfonien, acht Ouvertüren, zwei Oratorien, ein Requiem, ein Te Deum und drei Opern. Auf seinen Konzertreisen und als Leiter der Baden-Badener Musikfeste seit 1853 brachte er diese Werke zur Aufführung. 1862 beauftragte ihn der Mäzen und Spielbankbesitzer Edouard Bénazet, zur Einweihung des von ihm erbauten neuen Theaters in Baden-Baden, der damaligen europäischen Sommerhauptstadt, eine Oper zu schreiben. »Béatrice et Bénédict« nach Shakespeares »Viel Lärm um nichts«, von Berlioz selbst bearbeitet, ist damals in dem noch heute mit Gold, rotem Samt und Kristalleuchtern prunkenden Kurtheater in Szene gegangen.

Dem Werke des Alters, das eine ähnliche Stellung einnimmt wie der »Falstaff« im Werke Verdis, waren kolossalische Opern der Jugend und Reifezeit vorausgegangen. Berlioz' Sinn für das Monumentale und Kolossale hatte ihn nach Stoffen wie »Benvenuto Cellini« 1838 mit der Ouvertüre »Römischer Karneval« und nach Vergils Äneis greifen lassen. Aus dem großen römischen Nationalepos schöpfte er den Stoff für eine drei Abende füllende Trilogie »Die Trojaner« 1856–1859. Die Uraufführung des zweiten Teiles fand 1863 in Paris, des ersten Teiles erst 1890 in Karlsruhe statt. Szenisch aufführbar ist auch Berlioz' dramatische Legende »Fausts Verdammung« 1846, sehr frei nach Goethe, an den er 1828 bereits acht Faust-Szenen gesandt hatte. Das Oratorium »Die Kindheit Jesu«, wiederum eine Trilogie, gleicht einem christlich-idyllischen Nazarenerbild neben dem heroischen Kolossalgemälde der Troerkämpfe um Latium in der Vorzeit des ewigen Rom.

Frédéric Chopin

Am 11. September 1831 traf der 1810 in Zelazowa-Wola bei Warschau geborene Frédéric François Chopin, Sohn eines lothringischen Vaters polnischer Abstammung und einer polnischen Mutter, in Paris ein. Auf der Reise, die ihn über Wien und München führte, hatte ihn in Stuttgart die Nachricht von dem unglücklichen Ausgang der polnischen Revolution und von der Einnahme Warschaus durch die Russen erreicht. Aus dem glühenden Patrioten Chopin, der sein Vaterland verlassen hatte, um im Ausland seine künstlerische Ausbildung zu vollenden, war ein Emigrant geworden, dem es allerdings sehr bald gelang, als Klaviervirtuose und Komponist in Paris »sein wahres Vaterland ... das Traumreich der Poesie« (Heinrich Heine) zu finden.

Für seine Unterrichtstätigkeit in Paris hat Chopin eine Méthode de

Piano, ein Lehrbuch der Musik, geschrieben, das jedoch Fragment blieb. Darin spricht er stets vom »Klang«, wenn er den »Ton« meint. Durch beides, durch Herkunft und Vaterlandsliebe und durch seine Vorstellung der Musik als Klang läßt sich Chopins menschliche und künstlerische Erscheinung erklären. Klang ist ihm alles, auch der Nachklang der Musik seiner Heimat. Chopin schreibt in seinen Mazurken und Polonaisen keine polnische Musik. Er schmilzt den folkloristischen Klang der polnischen Musik seiner eigenen Klangvorstellung ein. Diese allerdings ist universal.
Noch nie hatte die Musik in diesem Maße all ihre Kategorien: Melodik, Harmonik, Rhythmik, Dynamik, Agogik, Klangfarbe in dieser Weise eingesetzt, nicht um Form und Ausdruck, sondern um Klang zu werden. Umgekehrt gesagt: Ausschließlich vom Klang her erklärt sich Chopins Melodik, Harmonik, Rhythmik und so weiter. Da dies, wie schon gesagt, bisher noch nicht der Fall war, so entstehen Neuerungen und Kühnheiten nicht nur in der Umspielung der Melodie durch klangliche Arabesken in einem sich nie erschöpfenden Reichtum der Phantasie, auch nicht nur durch die Resultate einer ständigen rhythmischen Innenspannung, sondern vor allem auf harmonischem Gebiete. Hier stößt Chopin bis zu einer impressionistischen Tonalitätsverschleierung vor. In seiner Mazurka op. 17 Nr. 4 tritt die Grundtonart a-Moll zum ersten Male im 20. Takt auf, während in der Mazurka in d-Moll die Chromatik des Anfanges (der Ton f beginnt und beendet das Stück) gehörmäßig jede Tonalitätsvorstellung unmöglich macht. Auch das Prélude op. 25 Nr. 2 müßte in diesem Zusammenhang genannt werden.
Da Chopin nicht nur Komponist, sondern auch Virtuose war, gewannen diese Vorgänge unter dem Klangmantel der Virtuosität besondere Leichtigkeit und Glanz. Er stand darin nicht allein. Der Klavierstil Carl Maria von Webers, Hummels, Dusseks, vor allem John Fields und in der Pariser Zeit die klaviertechnischen Errungenschaften Franz Liszts und Friedrich Kalkbrenners waren ihm Vorbild, ja Hilfsmittel.
Andererseits schreibt der Chopin wesensverwandte Heinrich Heine in seinen »Berichten über Politik, Kunst und Volksleben« aus Paris 1840–1843, die unter dem Titel »Lutezia« erschienen sind: »... Chopin, der aber viel mehr Komponist als Virtuose ist. Bei Chopin

Hector Berlioz (1803–1869), Frédéric Chopin (1810–1849), Franz Liszt (1811–1886), die großen Meister des Pariser Musiklebens.

vergesse ich ganz die Meisterschaft des Klavierspieles und versinke in die süßen Abgründe seiner Musik, in die schmerzliche Lieblichkeit seiner ebenso tiefen wie zarten Schöpfungen. Chopin ist der große geniale Tondichter, den man eigentlich nur in Gesellschaft von Mozart oder Beethoven oder Rossini nennen sollte.« Virtuosität und Klang sind in Chopins Werk nicht zu trennen. Dadurch, daß er im Spätwerk den Klang vom Virtuosen ablöst und ihn im Bereich der klanglichen Askese sucht, unterscheidet sich Liszt von Chopin, der diese Bezirke nie betreten hat. Chopins Klang ist ein klarer Klang. Das Sfumato des Virtuosen soll und darf ihn nicht verschleiern. Sein Schüler Karl Mikuli berichtet: »Im Tempohalten war Chopin unerbittlich, und es mag manchen überraschen, zu erfahren, daß das Metronom bei ihm nicht vom Claviere kam.«
Dieselbe Erfahrung machte auch die Wienerin Friederike Streicher: »Ebenso verlangte er, im strengsten Rhythmus zu bleiben, haßte alles Dehnen und Zerren, übel angebrachtes Rubato sowie übertriebenes Ritardando ... im Gebrauche des Pedals hatte er die größte Meisterschaft erreicht und war gegen den Mißbrauch desselben ungemein strenge.« »Assieds-toi« war seine Mahnung, wenn das aufwallende Gefühl des Schülers die Klarheit des Klanges zu vernichten schien. Chopin spielte Bachs Wohltemperiertes Klavier auswendig, nicht nur als technische Vorbereitung für das Konzertieren. Er hat wohl aus ihm auch die Präzision des Rhythmischen für sein

eigenes Werk abgeleitet, vielleicht auch das Kontrapunktische. Unter diesem Gesichtspunkt bekämen Chopins Mittelstimmen einen anderen Sinn, und der Interpretation erwüchsen neue Aufgaben.

Der Klarheit des Klanges in seiner Musik stand allerdings die Désordre sentimental seines Herzens gegenüber. Sie erreichte ihren Höhepunkt in der Lebensgemeinschaft mit der Dichterin Aurora Dudevant, geb. Dupin, die sich George Sand nannte; eine Verbindung, die zwölf Jahre lang Chopins sensibles Temperament an die Confusion de l'amour ihres Wesens band. Um Chopins rasch fortschreitendes Lungenleiden zu heilen, verbrachte das Paar den Winter 1838/39 in dem unbewohnten Kartäuserkloster zu Valdemosa auf Mallorca.

Zurückgekehrt nach Paris, folgten Jahre des Konzertierens und Komponierens. Das falsche Bild, Chopin habe unter dem Einfluß der Pariser Salons und ihres Modegeschmacks komponiert, rückt Liszt in einem Brief an Wilhelm Lenz fast vierzig Jahre später zurecht: »Sie übertreiben, wie ich glaube, den Einfluß, den die Pariser Salons auf Chopin ausübten. Seine Seele wurde durch sie nicht im geringsten berührt, und sein künstlerisches Schaffen bleibt wundervoll, transparent und unvergleichlich genial – ganz unabhängig von scholastischen Irrtümern und dem törichten Getue der Salons. Er ist den Engeln und Feen verwandt, und darüber hinaus läßt er die heroische Saite ertönen, die nie mit solcher Größe, Leidenschaft und frischer Kraft vibriert hat, wie in seinen Polonaisen.«

Die Schwere des Schaffensvorganges, über die George Sand berichtet hat, steht im Gegensatz zu der scheinbaren Leichtigkeit und improvisatorischen Mühelosigkeit von Chopins Musik. Er schrieb nur Musik für das Klavier, auch dann, wenn das Orchester oder andere Instrumente hinzutreten, wie in den beiden Klavierkonzerten, der Don-Juan-Fantasie op. 2, der Fantasie op. 13, dem Krakowiak op. 14, der Es-Dur-Polonaise op. 22, dem Klaviertrio und anderen. Das geschah kaum aus Mangel an instrumentalem Klangsinn, sondern in der Ansicht, das Klavier sei fähig, alle Klangfarben zusammenfassen und wiedergeben zu können. Diese Anschauung war verbreitet, viele Meister, wie Liszt, Schumann, John Field, dem Chopin vieles verdankte, huldigten ihr und schrieben unter ihrem Einfluß bevorzugt für das Klavier.

Robert Schumann, der Chopin mit den Worten »Hut ab, ihr Herren, ein Genie« in einer Besprechung von Chopins »Don-Giovanni-Variationen« begrüßt hatte, schreibt später über »die stille Grazie der Notturnos« (19), über die »phantastischen und leidenschaftlichen« Balladen (4), die Gedichte des polnischen Dichters Mickiewicz angeregt hätten, und über die Walzer (15), die nach Florestans (Schumanns zweites Ich) Ansicht, sollten sie zum Tanz aufgespielt werden, von Tänzerinnen getanzt werden müßten, deren »gute Hälfte wenigstens Komtessen« seien, denn »die Walzer sind aristokratisch durch und durch«.

Liszt, der dem aristokratischen Chopin die Bändigung seines virtuosen Spieles und durch dessen polnische Tänze, Mazurken (56), Polonaisen (12) und Krakowiak den Hinweis auf einen neuen östlichen folkloristischen Klangraum verdankte, schreibt in seinem Chopin-Aufsatz 1850: »Ihm verdanken wir die Erweiterung sowohl der voll angeschlagenen als der gebrochenen und figurierten Akkorde, von denen seine Werke so überraschende Beispiele bieten, die kleinen Gruppen von Zwischennoten, die wie buntschimmernde Tautröpfchen über die melodische Figur fallen ... Er erfand jene bewunderungswürdigen harmonischen Fortschreitungen ...« Dieses Urteil könnte sich besonders glücklich auf Chopins siebenundzwanzig Konzertetüden beziehen. Wenn Liszt meint, daß Chopins »Formen keine andere als freie sein konnten« (ein herrlicher Reichtum ist in den fünfundzwanzig Préludes ausgebreitet), während man in den Werken der klassischen Form, in den Konzerten und drei Sonaten mehr »Absicht als Inspiration« heraushühlt, so hat er wohl auch darin recht.

Nach dem endgültigen Bruch mit George Sand ging Chopin 1848, bereits todkrank, nochmals auf Konzertreisen nach England und Schottland. Er starb am 17. Oktober 1849 in Paris.

Virtuosen und Komponisten

Da in dem zur Betrachtung stehenden Zeitraum nicht nur das Wirken der Virtuosen, kraft ihres Könnens und ihrer Persönlichkeit, sondern der Begriff der Virtuosität selbst stilbestimmend wurde, erscheint es notwendig, der Virtuosen zu gedenken, deren europäischer Ruhm Musikgeschichte gemacht hat. An erster Stelle

steht Niccolò Paganini. Er wurde 1782 in Genua geboren. Als Geiger größtenteils Autodidakt, war er 1805–1808 Hofkapellmeister der Fürstin Elisa von Lucca, der Schwester Napoleons. Seine danach folgenden europäischen Reisen wurden zu einem Hexensabbat der Konzertsäle und des Publikums. Der Teufel selbst, so glaubte man, spielte dazu die Geige. Nach Triumphen in Wien und Deutschland 1828, in London 1831 kam Paganini 1833/34 nach Paris.
Heinrich Heine hörte allerdings noch etwas anderes in seinem Spiel als nur die Virtuosität, die im Besitz einer magisch beschwörenden Persönlichkeit das Publikum und dabei besonders die Frauen zur Raserei brachte. Er schrieb in seinen »Pariser Berichten«: »Ich habe niemand besser, aber auch zuzeiten niemand schlechter spielen gehört als Paganini ... Nein, Paganini hatte nie einen Schüler, konnte keinen haben, denn das Beste, was er wußte, das, was das Höchste in der Kunst ist, das läßt sich weder lehren noch lernen. Was ist in der Kunst das Höchste? Das, was auch in allen anderen Manifestationen des Lebens das Höchste ist: die selbstbewußte Freiheit des Geistes. Nicht bloß ein Musikstück, das in der Fülle jenes Selbstbewußtseins komponiert worden ist, sondern auch der bloße Vortrag desselben kann als das künstlerisch Höchste betrachtet werden, wenn uns daraus jener wundersame Unendlichkeitshauch anweht, der unmittelbar bekundet, daß der Exekutant mit dem Komponisten auf derselben freien Geisteshöhe steht, daß er ebenfalls ein Freier ist.«
Vielleicht liegt in der selbstbewußten Freiheit des Geistes das Geheimnis der Macht des Virtuosen über seine Mitmenschen. Alle Virtuosen, die ihre Kräfte in Paris, dem Olympia der Virtuosität, maßen, sind wohl Kinder dieses Geistes gewesen. Heinrich Heine berichtet über sie: »Ich habe diese kurze Bemerkung hier vorangestellt um anzudeuten, weshalb die musikalische Saison mich mehr ängstigt als erfreut. Daß man hier fast in lauter Musik ersäuft, daß es in Paris fast kein einziges Haus gibt, wohin man sich wie in eine Arche retten kann vor dieser klingenden Sündflut, daß die edle Tonkunst unser ganzes Leben überschwemmt – dies ist für mich ein bedenkliches Zeichen, und es ergreift mich darob manchmal ein Mißmut, der bis zur murrsinnigsten Ungerechtigkeit gegen unsere großen Maestri und Virtuosen ausartet. Unter diesen Umständen darf man keinen allzu heitern Lobgesang von mir erwarten für

den Mann, den hier die schöne Welt, besonders die hysterische Damenwelt, in diesem Augenblick mit einem wahnsinnigen Enthusiasmus umjubelt und der in der Tat einer der merkwürdigsten Repräsentanten der musikalischen Bewegung ist. Ich spreche von Franz Liszt, dem genialen Pianisten. Ja, der Geniale ist jetzt wieder hier und gibt Konzerte, die einen Zauber üben, der ans Fabelhafte grenzt. Neben ihm schwinden alle Klavierspieler – mit Ausnahme eines einzigen, des Chopin, des Raffaels des Fortepiano... Liszt hat, seitdem wir ihn zum letzten Mal hörten, den wunderbarsten Fortschritt gemacht... wenn er zum Beispiel damals auf dem Pianoforte ein Gewitter spielte, sahen wir die Blitze über sein eigenes Gesicht dahinzucken, wie vom Sturmwind schlotterten seine Glieder, und seine langen Haarzöpfe träuften gleichsam vom dargestellten Platzregen. Wenn er jetzt auch das stärkste Donnerwetter spielt, so ragt er doch selber darüber empor wie der Reisende, der auf der Spitze einer Alpe steht, während es im Tal gewittert: die Wolken lagern tief unter ihm, die Blitze ringeln wie Schlangen zu seinen Füßen, das Haupt erhebt er lächelnd in den reinen Äther. Trotz seiner Genialität begegnet Liszt einer Opposition hier in Paris, die meistens aus ernstlichen Musikern besteht und seinem Nebenbuhler, dem kaiserlichen Thalberg, den Lorbeer reichen.«

Der Pianist Sigismund Thalberg (geb. 1812 in Genf, gest. 1871 in Neapel), ein legitimer Sohn des Fürsten Moritz Dietrichstein, maß sich 1836 in Paris mit Liszt in einem Wettstreit. Über ihn hören wir: »Thalberg ist schon seit zwei Monaten in Paris... dieser Künstler unterscheidet sich vorteilhaft von seinen Klavierkollegen, ich möchte fast sagen: durch sein musikalisches Betragen. Wie im Leben, so auch in seiner Kunst bekundet Thalberg den angeborenen Takt, sein Vortrag ist so gentlemanlike, so wohlhabend, so anständig, so ganz ohne Grimasse, so ganz ohne forciertes Genialtun, so ganz ohne jene renommierende Bengelei, welche die innere Verzagnis schlecht verhehlt. Die gesunden Weiber lieben ihn. Die kränklichen Frauen sind ihm nicht minder hold, obgleich er nicht durch epileptische Anfälle auf dem Klavier ihr Mitleid in Anspruch nimmt...«

Heines Spott trifft den Pianisten Friedrich Kalkbrenner (geb. 1785 zwischen Kassel und Berlin, gest. 1849 in Enghien bei Paris). Er hatte am Pariser Konservatorium studiert und lebte als konzertierender Künstler und Teilhaber von Pleyels Klavierfabrik in Paris. »Er ist diesen Winter (1843) wieder öffentlich aufgetreten ... auf seinen Lippen glänzt noch immer jenes einbalsamierte Lächeln, welches wir jüngst auch bei einem ägyptischen Pharaonen bemerkt haben, als dessen Mumie in dem hiesigen Museum abgewickelt wurde. Nach einer mehr als 25jährigen Abwesenheit hat Herr Kalkbrenner auch jüngst den Schauplatz seiner frühesten Erfolge, nämlich London wieder besucht und dort den größten Beifall eingeerntet.«

Und weiter heißt es bei Heine: »... und weil sie Herrn Kalkbrenner überdies beneiden ob seinem eleganten äußeren Auftreten, ob seinem feinen, geschniegelten Wesen, ob seiner Glätte und Süßlichkeit, ob der ganzen marzipanenen Erscheinung, die jedoch für den ruhigen Beobachter durch manche unwillkürliche Berlinismen der niedrigsten Klasse einen etwas schäbigen Beisatz hat, so daß Koreff (ein in Paris lebender deutscher Arzt) ebenso witzig als richtig von dem Manne sagen konnte: ›er sieht aus wie ein Bonbon, der in den Dreck gefallen!‹«

Zur eigenen Übung, für das eigene Programm und sich zum Ruhme sind die großen Virtuosen auch beliebte Komponisten gewesen. Paganini schrieb vierundzwanzig Capricci für Violine solo, die Liszt und auch Robert Schumann teilweise für das Klavier bearbeitet haben. Paganinis zwei Violinkonzerten, zwölf Sonaten für Violine und Gitarre, sechs Quartetten für Violine, Bratsche und Gitarre, seinen »Le streghi« (Hexentänzen) stellte Kalkbrenner fünf Klavierkonzerte, Etüden, Kammermusik und Thalberg virtuose Klavierstücke zur Seite. Vom Dezember 1831 bis zum April 1832 hielt sich Felix Mendelssohn-Bartholdy in Paris auf. Während Heine die »Christentümlichkeit« seines »Paulus«-Oratoriums mit Rossinis »Stabat mater« vergleicht, meint er: »Mendelssohn war das geopferte Lamm der Saison, während Rossini der musikalische Löwe war, dessen süßes Gebrüll noch immer forttönt.«

Oper und Politik

Als Heines Freund, der Komponist Ferdinand Hiller (geb. 1811 in Frankfurt a. M., gest. 1885 in Köln), der später Stadtkapellmeister und Konservatoriumsdirektor in Köln war und 1828–1835 in Paris lebte, gefragt wurde, was er von Meyerbeers Opern halte, soll Hiller ausweichend verdrießlich geantwortet haben: »Ach, laßt uns nicht von Politik reden.« Die geistreiche Bemerkung trifft den Kern: Oper und Politik gehören jetzt zusammen. Wie es dazu kam, lehrt der Blick auf die französische politische und Operngeschichte seit der Entstehung der Opéra comique.

In den »Anmerkungen über Personen und Gegenstände, deren in dem Dialog Rameaus Neffe (von Diderot) erwähnt wird«, schreibt Goethe: »Die Franzosen scheinen bei aller ihrer Lebhaftigkeit mehr als andere Nationen an hergebrachten Formen zu hangen und selbst in ihren Vergnügen eine gewisse Eintönigkeit nicht gewahr zu werden. So hatten sie sich an die Musik Lullys und Rameaus gewöhnt, die sie, wenn man es recht genau untersuchte, vielleicht noch nicht ganz losgeworden sind. Zur Zeit nun, als diese Musik noch herrschend war, in der Hälfte des vorigen Jahrhunderts, mußte es eine große Bewegung geben, als eine andere, gerade entgegengesetzte Art, das Publikum zu unterhalten, sich daneben stellte. Indessen die große französische Oper mit einem ungeheuren Apparat ihre Gäste kaum zu befriedigen imstande war, hatten die Italiener die glückliche Entdeckung gemacht, daß wenige Personen fast ohne irgendeine Art von Umgebung durch melodischen Gesang, heitern und bequemen Vortrag eine viel lebhaftere Wirkung hervorzubringen imstande seien. Diese eigentlichen Intermezzisten machten unter dem Namen der Bouffons in Paris ein großes Aufsehen und erregten Parteien für und wider sich. Duni, der sich in Italien an der ›Buona figliola‹ schon geübt hatte, schrieb für Paris den ›Peintre amoureux de son modèle‹ und später ›Das Milchmädchen‹, das auch auf dem deutschen Theater die komische Oper beinahe zuerst einführte. Jene ersten Stücke des Duni waren in Paris völlig im Gange zur Zeit, als Diderot den gegenwärtigen Dialog schrieb. Er hatte sich nebst seinen Freunden schon früher zur Partei der heiteren Produktionen geschlagen, und so weissagte er auch Rameaus Untergang durch den gefälligen Duni.«

Egidio Romoaldo Duni wurde 1709 im Neapolitanischen geboren und starb 1775. Seit 1757 in Paris lebend, fand er, Rousseau folgend, zusammen mit dem Textdichter Charles Favart (geb. 1710 in Paris, gest. 1792 in Paris) eine neue Opernform, die sich von der italienischen Opera buffa wesentlich unterschied: Sie begann mit der realistischen Schilderung des bürgerlichen Alltags und führte einerseits zum Rührstück, andererseits zum sozial-revolutionären Tendenzstück. Durch seine dreiundzwanzig Opern, die dazu noch die Zauberkomödie aufnahmen, wurde Duni der Begründer der französischen Opéra comique. Ihm folgten François André Philidor (geb. 1726 in Dreux, gest. 1795 in London), von den Enzyklopädisten, den Gegnern der französischen Barockoper, hoch gepriesen, und Pierre Alexandre Monsigny (geb. 1729 bei St-Omer, gest. 1817 in Paris). Er schloß den bisherigen Formenreichtum der Opéra comique wie Strophenlied, Da-capo-Arie, Ensembles, A-cappella-Quartett durch durchkomponierte Rezitative unter Verzicht auf den Dialog zur musikalischen Einheit zusammen. Monsignys Oper »Le cadi dupé«, »Le déserteur«, »Felix ou L'enfant trouvé«, das Singspiel »On ne s'avise jamais du tout« liebte das Publikum der sechziger und siebziger Jahre in gleicher Weise wie »Les deux Avares« (1770), »Zémire et Azor« (1771) oder »La Caravane du Caire« (1783) von André Ernest Grétry (geb. 1741 in Lüttich, gest. 1813 bei Paris).

Grétry war Belgier und hatte in Rom studiert. Die französischen Philosophen, die seine Werke über alles lobten, merkten wohl selbst nicht, daß ein neuer Ton in ihnen aufklang: der Ton der Freiheit, des Schreckens der Revolution – und damit der Romantik. Beides gehört zusammen. Die romantische Geisteshaltung hatte die Nationen gelehrt, ihre eigene Vergangenheit, die Geschichte, wiederzufinden und wieder zu lieben. Was man in ihr entdeckte, war Glanz, Größe und Ruhm. Die Gegenwart indes erschien glanz- und würdelos, von sozialen Spannungen beunruhigt, von Sorgen und Angst vor der Zukunft umdüstert. So gab die Geschichte der Vergangenheit den Anstoß, selbst Geschichte zu machen. Die alte morsche Welt mußte neu aufgerichtet oder wenigstens im Hinblick auf die Vergangenheit verbessert werden. Historie und Politik verschwisterten sich. Die Oper war kein schlechtes Forum, beides, Geschichte und Politik, zu verkünden. War es doch durch sie möglich, neue politische Ideen im historischen Gewande, in Parallelsetzung zur Vergangenheit auftreten zu lassen, um ihnen dadurch Nachdruck und Rechtfertigung zu geben.

Grétry schrieb 1784 »Richard Löwenherz« und 1791 einen »Wilhelm Tell« (vor Schiller). Dazu kamen »La Rosière républicaine« u. a. Ist schon »Richard Löwenherz« eine »Rettungsoper« (der englische König Richard I. wird nach einer Sage bei der Rückkehr vom dritten Kreuzzug in Österreich gefangengesetzt und von seinem Minstrel Blondel befreit), so entsteht jetzt durch Darstellung und Schilderung von Kampf, Kerker und rechtzeitiger Befreiung ein neuer Operntypus: die Revolutions- und Schreckensoper. Die Oper wird zum Spiegel einer Zeit, in der, durch neue Ideologien gefördert, politische Macht und Unterdrückung Hand in Hand gehen.

Nach dem Bastillesturm hatte die französische Nationalversammlung am 4. August 1789 alle Privilegien und Feudalrechte für nichtig erklärt und bald darauf die allgemeinen Menschenrechte verkündet. Es folgte die Zeit der jakobinischen Schreckensherrschaft Dantons und die Vernichtung der Girondisten. 1792 wurde die Republik ausgerufen, 1793 König Ludwig XVI. hingerichtet. Erst 1794 ging mit dem Sturz Robespierres die Zeit der Guillotineherrschaft zu Ende. Das folgende Direktorium wurde durch den aus Ägypten zurückkehrenden General Buonaparte 1799 gestürzt. Inzwischen hatte die Revolution auf die österreichischen Niederlande, Holland, das linke Rheinufer und Italien übergegriffen. Emigranten und ihre Schicksale, politisch Verfolgte, Kerker, Hinrichtung oder Befreiung in letzter Stunde – das Drama des Lebens selbst lieferte der Oper die Stoffe. Im Gegensatz zu bürgerlichem Familienleben, frommem christlichem Glauben und belohnter Tugend fanden sie die Steigerung, derer die Szene bedurfte. Das komische Element verschwindet gänzlich vor der harten Realität des Tages.

Ein Komponist, der durch Geburt, Charakter und Beruf – er war Unterleutnant in der Ehrengarde des Grafen von Artois – scheinbar unbeirrt von der Parteien Liebe und Haß seinen Weg vom Ancien Regime zu dem Lieblingskomponisten Napoleons I. ging, war Nicolas-Marie d'Alayrac (geb. 1753 in Muret, gest. 1809 in Paris). Sechsundfünfzig Bühnenwerke zeigen ihn, der ursprünglich mit Streichquartetten begonnen hatte, als ein liebenswürdiges lyrisches Talent, das aber auch Revolutionsgesänge komponiert und Rachearien gesungen hat. Die Melodien seiner Opern »Les Deux petits Savoyards«, »Azémia«, »Léhéman ou la tour de Neustadt« sind auch in Deutsch-

land populär geworden. Sie haben noch den jungen Hector Berlioz in seinen Memoiren zu den Worten hingerissen: »O merveilleuse puissance de l'expression vraie incomparable beauté de la mélodie du cœur ... Quelle extase de ma jeune âme! cher d'Alayrac.«
Knapp einen Monat nach der Hinrichtung des Königs 1793 fand die Aufführung der ersten Oper »La caverne« von Jean François Lesueur statt. In politisch bewegter Zeit entstanden, ist diese Oper nicht nur ein politisches Kunstwerk, sondern ein Hauptwerk der Gattung »Revolutionsoper« schlechthin. Der Text, einer Episode des Gil Blas entnommen, verleugnet nicht seine Nähe zu Schillers »Räubern«: Der Räuberhauptmann und die entführte adlige Geliebte entdecken, daß sie Geschwister sind, nicht ohne das Zutun des Gatten der Entführten, der sich als blinder Bettler in die Räuberhöhle einschlich. Mit seiner Oper »Ossian ou les Bardes« (1804) hat Lesueur in ähnlicher Weise den altgermanischen Heldengesängen gehuldigt, wie er mit »Télémaque dans l'île de Calypso« (1796) seine Begeisterung für Griechenland durch Übernahme griechischer Tonarten und Rhythmen unter Beweis gestellt hatte.
Zu diesen liebenswürdigen, politisch schmiegsamen Komponisten des Überganges trat seit 1787 ein Meister von bedeutendem europäischem Format, der Italiener Luigi Cherubini. Er war 1760 in Florenz geboren, muß aber um die Jahrhundertwende (darin seinem Landsmann Lully vergleichbar) als der größte Komponist der französischen Oper angesprochen werden. Cherubini, der bei Sarti gelernt hatte, war ein Musiker von hohem satztechnischen und vor allem auch kontrapunktischen Können. Mit Haydn befreundet, dem er im Auftrag des Pariser Konservatoriums 1805 eine goldene Ehrenmedaille in Wien überreichte; von Beethoven nach der Wiener Aufführung seiner »Faniska« bewundert; als Lehrer und Direktor des Pariser Konservatoriums geschätzt, hat er, der nicht in der Gnadensonne Napoleons stand, durch seine Opern, seine Kammermusik, seine Kirchenmusik (Requiem) und seine Lehrwerke (Solfeggien, Harmonie- und Kontrapunktlehren) der französischen und auch der deutschen romantischen Musik starke Anregungen gegeben. Von seinen Revolutionsopern sind »Lodoiska« (1791), »Der Wasserträger« (1800) und »Faniska« (1806), wie schon oben erwähnt, nicht ohne Einfluß auf Beethovens »Fidelio« gewesen, obwohl der

Italiener Ferdinando Paër (geb. 1771 in Parma, gest. 1839 in Paris) 1804 für Dresden eine »Leonora ossia l'amore coniugale« geschrieben hatte und andererseits Beethoven auf »Léonore« (1791) von Pierre Gaveaux (geb. 1761 in Béziers, gest. 1825 in Passy bei Paris) zurückgreifen konnte.

In den Jahren der Abhängigkeit von der Politik war jedoch die Sehnsucht der Oper nach den großen Stoffen der antiken Mythologie und Geschichte nicht erloschen, zumal man dort Historie fand, die sich mit den Ansprüchen Napoleons verbinden ließ, als orientalischer Fürst nach dem Ägyptenfeldzug oder als antiker Imperator zu gelten, der seinen Sohn zum König von Rom machen konnte. In seiner »Medea«, in der Cherubini dem antiken Vorwurf zwar nicht seine Größe, doch seine Distanz durch Vermenschlichung der Rachegefühle einer betrogenen Frau nimmt, projiziert er das Symbol antiker Rache in die Aktualität der rächenden Gegenwart von 1791.

Als Musiker ist Cherubini der Hauptmeister der Gluck-Nachfolge. Diese hatte in Frankreich – aber auch nur hier – bedeutende Komponisten auf den Plan gerufen. 1782 waren Jean Baptiste Lemoyne (1751–1796) mit einer »Elektra« und François-Joseph Gossec (geb. 1734 in Vergnies im Hennegau, gest. 1829 in Passy bei Paris) mit einem »Theseus« hervorgetreten. Im Todesjahr Antonio Sacchinis (geb. 1730 in Florenz, gest. 1786 in Paris) hatte dessen »Ödipus auf Kolonos« Aufsehen erregt. Antonio Salieri, der Lehrer Beethovens, Schuberts und Liszts, hatte 1786/87 »Les Danaides«, »Les Horaces« und »Tarare« in Paris zur Aufführung gebracht. Mit seinem »Joseph in Ägypten« (1807), einer Oper, in der es keine Frauenrollen gibt, hatte sich Etienne Nicolas Méhul (geb. 1763 in Givet, gest. 1817 in Paris) als eine große, von Gluck geförderte dramatische Begabung aus dem Geist der klassischen Oper erwiesen. Johann Christoph Vogel aus Nürnberg (1756–1788) war mit einer Aufführung seines »Démophon« in Paris vorangegangen.

Glucks antikisches Ideal in das Monumentale zu steigern war Gasparo Spontini (geb. 1774 in Majolati, gest. 1851 in Majolati) vorbehalten. Er stammte aus dem Kirchenstaat, studierte in Neapel bei Piccinni und kam 1803 nach italienischen Opernerfolgen nach Paris. Seine 1807 mit größtem Erfolg aufgeführte und von Napoleon ausgezeichnete »Vestalin« ist ein Werk, das in der Musik eine gleiche Wirkung auslöste wie in der Malerei der »Horazierschwur« des Revolutionsmalers Jacques Louis David (1748-1825). Mit beiden Werken hat sich die Kunst des Klassizismus von dem Vorbild Griechenland entfernt, sie ist römisch geworden, politisch, auf Wirkungen bedacht und beifallheischend. Napoleon und sein Zeitalter, das man kunstgeschichtlich Empire nannte, fanden in Spontini ihren Musiker. Auf Napoleons Anregung und Idee soll Spontinis »Fernand Cortez« (1809) zurückgehen, eine Oper aus der Zeit der Belagerung Mexikos, in der das Menschenopfer in letzter Minute verhindert wird, als Cortez siegreich einzieht. In der Berliner Aufführung der »Olympia« gab es nicht nur Pferde, wie im »Fernand Cortez«, sondern sogar Elefanten auf der Bühne. Die Schauseite der romantischen Medaille zeigte Pomp und Pracht, die blaue Blume der Empfindung hat Spontini nicht gesucht. Sie blüht auch kaum in seinen lyrischen Gesängen. Vielmehr verbinden sich Neapolitanisches und Französisches im Zeichen einer harten, erzgepanzerten Zeit. 1820 folgte Spontini, der inzwischen Direktor der italienischen Oper und Hofkomponist Ludwigs XVIII. geworden war, einem verlockenden Angebot Friedrich Wilhelms III. von Preußen als Generalmusikdirektor nach Berlin. Über diese Berliner Jahre wird im Zusammenhang mit Carl Maria von Weber noch zu berichten sein.

Seit ungefähr 1810 treten Klassik und politische Geschichte im Pariser Operngeschehen langsam zurück. Man könnte auch sagen, sie werden von einer neuen Form der Opéra comique aufgesogen und eingeschmolzen. Zwar sind die Ereignisse nach Napoleons Verbannung auf St. Helena noch immer hochpolitisch: Wiederkehr der Bourbonen, Julirevolution 1830, Regierungszeit des Herzogs Louis Philippe d'Orléans, Februarrevolution 1848 mit der ihr folgenden Republik bis 1852 und zweitem Kaiserreich bis 1870 unter Napoleon III. – die politische Anteilnahme der Oper aber ist einer Reaktion gewichen. Diese ist bürgerlich, so wie auch Frankreichs Könige im 19. Jahrhundert Bürgerkönige gewesen sind. Die Kommune, die ihr Schicksal bestimmte, entschied auch in Kunstdingen. Ihr Geschmack war der des kleinen Bürgers.

In der Namenreihe der französischen Dichter des romantischen Zeitalters: Victor Hugo, Musset, Lamartine, der ältere und der jüngere

Dumas, Balzac, sollte der Librettist der französischen bürgerlichen Oper, Eugène Scribe, nicht fehlen. Er ist der Metastasio des 19. Jahrhunderts, Verfasser von Operntextbüchern, der eine ähnliche Geschmacksdiktatur ausübte wie jener, der aber auch in gleicher Weise wußte, was das Publikum seines Zeitalters von der Oper erwartete und an ihr liebte. Scribe, der über vierhundert Bühnenstücke schrieb, mischte sie aus Gespensterromantik (»Weiße Dame«), Politik (»Die Stumme von Portici«) und einer aller Romantik eigenen Selbstpersiflage (»Fra Diavolo«). Scribe und seine Mitarbeiter waren die Drehbuchverfasser eines imaginären Films, der im 19. Jahrhundert noch Oper hieß.

Die Komponisten, unter denen nur Bevorzugte der Ehre teilhaftig wurden, ein Buch von Scribe vertonen zu dürfen, waren allesamt Meister ihres Handwerks. Sie mußten es um so mehr sein, als die Form der Oper keine Probleme stellte. Ihr Schema war in tausend Feuern ausprobiert und erhärtet. Selbst so verschiedene Gattungen der Oper wie Zauberoper, historisch-politische oder komische Oper vermochten daran nichts zu ändern. Alles kam daher auf das handwerkliche Können an, welches – abgesehen vom musikalischen Einfall – die Unterschiede zwischen den Begabungen aufzeigte und zum Maßstab des Anders- und Besserseins der Oper werden mußte. Das Können der Komponisten der Opéra comique ist enorm gewesen, das Studium ihrer Partituren, ihrer Stimmführungen, ihrer Instrumentation noch heute ein hoher Genuß. Es ergibt sich das gleiche Bild wie in der Malerei auch. Das Können der romantischen Maler steht dem Präraffaelismus nicht nach, aber der Schematismus der Bildinhalte, biblische oder weltliche Historie, Landschaft und Genrestück, erschwert die unmittelbare Ansprache des Menschen unserer Gegenwart.

Zu den Komponisten der Opéra comique gehören Isouard, Boieldieu, Hérold, Adam. Niccolò Isouard (geb. 1775 auf Malta, gest. 1818 in Paris), ein Italiener, der seit 1799 in Paris lebte, bezauberte dort durch die heiteren Melodien seiner Opern »Cendrillon« (1810), »Le Billet de Loterie« (1811), »Joconde«. François-Adrien Boieldieu (geb. 1775 in Rouen, gest. 1834 in Jarcy bei Paris) war Kompositionslehrer am Pariser Konservatorium. Er schrieb einen »Kalifen von Bagdad« (1800), »Johann von Paris« (1812). Die »Weiße

Dame« (1825), in der sich das Schloßgespenst schließlich als reizendes Jüngferchen demaskiert, verhalf dem liebenswürdigen Komponisten zu einem Erfolg sondergleichen. – Louis-Joseph-Ferdinand Hérold (geb. 1791 in Paris, gest. 1833 in Paris) schrieb die Oper »Zampa« von einem Seeräuber, der einsam die Meere der Welt durchstreift und ein Ahne des Holländers sein könnte. Seine Liebe zur schönen Camilla hat das Opernpublikum gerührt und begeistert. Adolphe Charles Adam (geb. 1803 in Paris, gest. 1856 in Paris) war ein Schüler Boieldieus. Sein »Postillion von Lonjumeau« und »Wenn ich König wär'« nähern die Gattung der Opéra comique der Operette an. Am hohen D der Postillionarie haben sich die Tenöre und noch mehr das Publikum ganzer Generationen berauscht. In die gleiche Reihe gehört noch als Vertreter der nächsten Generation: Charles Louis Ambroise Thomas (geb. 1811 in Metz, gest. 1896 in Paris), dessen »Mignon« in gleicher Weise wie der »Faust« von Charles François Gounod (geb. 1818 in Paris, gest. 1893 in Paris) Goethe den Weg auf die französische Bühne ebnete. Man sollte daran keinen Anstoß nehmen, denn erstens haben Goethes Gestalten durch die Einzwängung in die französische Opernform keinen Schaden erlitten, und zweitens haben sie tausendfach Menschen gerührt und bewegt, die sonst nie mit ihnen in Berührung gekommen wären – ganz abgesehen von der Schönheit der Melodien, die sie ausgelöst haben. In den letzteren Opern verschwindet bereits der Dialog und wird durch das die Sprache gut akzentuierende Rezitativ ersetzt. Das reife und geniale Endwerk dieses Opernstiles stellt Georges Bizets »Carmen« (1875) dar, über das an anderer Stelle noch zu sprechen sein wird. »Carmen« ist allerdings wieder eine Dialogoper. Die Rezitative wurden nachkomponiert und stammen nicht von Bizet.

Es ist eine Eigentümlichkeit der Romantik, daß sie nicht nur gleichzeitig in den alten Kulturlandschaften Europas begonnen hat, sondern auch gleichartig, daß also ihre Aussagen und ihre Formen überall die gleichen sind. Darin unterscheidet sich die Romantik wesentlich von früheren Stilen. Diese hatten ein Geburtsland, ja meist nur eine Geburtslandschaft, von der aus sie sich verbreiteten, durch Umbildung und Einschmelzung sich verändernd, teils stürmisch, teils zögernd von Europa Besitz ergriffen. So entstand zum

Beispiel der Stil der Renaissance um 1420 in Italien, aber erst nach 1500, nach französischen und deutschen Umprägungen, kann man von einem europäischen Stil sprechen. Auch dann noch ist der Begriff unvollständig, da sich Spanien davon distanzierte.

Die Romantik beginnt in Deutschland, Frankreich, England und Italien gleichzeitig. Eine Geistesströmung, die sich vom Sinnlichen zum Übersinnlichen, von der Gegenwart zur Geschichte der Vergangenheit wendet, manifestiert sich in der Literatur (W. A. von Schlegel, Victor Hugo, Lord Byron, A. Manzoni), in der Malerei (Nazarener und Präraffaeliten) und in der Musik in sehr ähnlicher Weise. Erst im Verlauf der Stilepoche ändert sich das Bild. Es verliert an Einheitlichkeit durch das Hervortreten nationaler Sonderheiten und einzelner bedeutender, aber stark unterschiedlicher Persönlichkeiten.

In der großen Zeit der Pariser Oper nimmt es daher nicht wunder, daß die Einschmelzung der italienischen Oper und schließlich auch eines französisch-deutschen Opern- und Operettenstiles von Meyerbeer und Offenbach in die französische Sphäre und Atmosphäre mühelos gelingt. Mit seinem 1829 in Paris aufgeführten »Wilhelm Tell« hatte Gioacchino Rossini (geb. 1792 in Pesaro in der Romagna, gest. 1868 in Ruelle bei Paris) den Franzosen den Weg zur großen Oper gewiesen. Gaetano Donizetti (geb. 1797 in Bergamo, gest. 1848 in Bergamo) verband sich in der »Favoritin« zum ersten Male mit dem Textdichter Scribe. Desgleichen hat er die »Regimentstochter« (1840) und »Don Pasquale« (1843) für Paris geschrieben. Seit 1833 lebte Vincenzo Bellini (geb. 1801 in Catania, Sizilien, gest. 1835 in Puteaux bei Paris) an der Seine, um mit seinem letzten Werk, »Die Puritaner« (1835), noch einmal in Paris den Erfolg seiner früheren Opern »Die Nachtwandlerin« und »Norma« heraufzubeschwören. Noch Verdi hat seine »Sizilianische Vesper« (1855) und seinen »Don Carlos« (1867) für die französische Metropole geschrieben. Ihm war es jedoch bereits klar, daß man für die Franzosen anders schreiben müsse als für die Italiener. Aus diesem Grunde hat er beide Opern für seine Landsleute umgearbeitet.

Inzwischen aber hatte die französische Oper selbst erneut eine Wandlung durchgemacht. »Die Stumme von Portici« von Daniel François Esprit Auber (geb. 1782 in Caen, gest. 1871 in Paris) hatte das Erbe von Grétrys »Richard Löwenherz« und Spontinis »Vestalin«, das heißt der historisch-politischen großen Oper, angetreten. 1828 mit einem Text von Scribe in Paris uraufgeführt, machte das Werk im wahrsten Sinne Geschichte. Scribe, der der Textdichter fast aller wichtigen Opern Aubers war (er schrieb etwa fünfzig Opern), hatte die Geschichte des Prinzen Alfons, der die stumme Schwester des Fischers Masaniello verführt und dadurch einen Volksaufstand hervorruft, auf die Bühne gebracht. Masaniello, der dem Verführer Schutz gegen die Revolutionäre gewährte, nimmt Gift und stirbt im Kampf gegen die eigenen Volksgenossen. Die stumme Fenella, die stumm sein mußte, weil man an der Großen Oper zur Zeit keine hochdramatische Sängerin, jedoch eine hervorragende Tänzerin hatte, stürzt sich ins Meer. Prinz Alfons aber heiratet am Schluß die spanische Prinzessin Elvira, die er schon immer geliebt hat.

Goethe meinte dazu nach der Weimarer Aufführung: »Die ganze Oper ist im Grunde eine Satire auf das Volk, denn wenn es den Liebeshandel eines Fischermädchens zur öffentlichen Angelegenheit macht und den Fürsten einen Tyrannen nennt ... scheint es doch so absurd und lächerlich als möglich.« Richard Wagner aber wies auf die »drastische Gedrängtheit der Form« hin und meinte, es müsse »etwas Besonderes, fast Dämonisches dabei im Spiele gewesen sein ...«, dazu »diese stürmende Tatkraft, dieses Meer von Empfindungen und Leidenschaften, gemalt in den glühendsten Farben, durchdrungen von den eigensten Melodien, gemischt von Grazie und Gewalt. Anmut und Heroismus – ist dies alles nicht die wahrhafte Verkörperung der letzten Geschichte der französischen Revolution?«

Nach der Aufführung der »Stummen von Portici« in Brüssel am 25. August 1830 strömte das Publikum auf die Straße und stürmte vereint mit den Massen das Justizministerium. Das Resultat der Revolution war die Trennung Belgiens von Holland. Aber auch in Mailand, Warschau und Kassel kam es nach der Aufführung dieser Oper zu politischen Spannungen und Unruhen. Auber selbst war keineswegs ein Revolutionär – als Sohn eines Offiziers Ludwigs XVI. und späteren Kunsthändlers hatte Auber in früheren Werken versucht, den Stil der Opéra comique mit der Faszination Rossinischer Musik zu verbinden. Ein Beispiel dafür ist die Oper »Maurer und

Bühnenbild der »Stummen von Portici« von D. F. Auber, die Tänzerin Fanny Elßler als stumme Fenella. Das Bühnenbild läßt kaum die Revolutionen ahnen, welche dieses Werk ausgelöst hat.

Schlosser«, 1825. Aber auch nach der »Stummen« hat er mit »Fra Diavolo oder das Gasthaus zu Terracina« im Jahre der Julirevolution 1830 noch einmal einen Beitrag zur Opéra comique geleistet. Von Wagner als »Groteske« abgelehnt, ist Fra Diavolo dennoch ein Werk reizender melodischer Erfindung, heiterer Verspieltheit und respektabler Ensemblekunst. Auber, seit 1842 Direktor des Konservatoriums und von Napoleon III. 1857 zum kaiserlichen Hofkapellmeister ernannt, starb während des Pariser Kommuneaufstandes 1870/71.

Opernstoffe von Scribe, die Auber vertont hatte, sind jedoch nicht durch ihn, sondern durch andere Meister für die Nachwelt erhalten geblieben: »Der Liebestrank« durch Donizetti, »Richard III. oder ein Maskenball« durch Verdi, »Manon Lescaut« durch Massenet und Puccini.

Giacomo Meyerbeer

Der durch Aubers »Stumme von Portici« neu gewonnene Opernboden wurde durch Rossinis »Tell« (1829) und durch »Robert der Teufel« (1831) von Giacomo Meyerbeer kultiviert. Der Musiktheoretiker und Direktor des Brüsseler Konservatoriums François-Joseph Fétis (geb. 1784 in Mons, Hennegau, gest. 1871 in Brüssel) schrieb: »Die Partitur von ›Robert der Teufel‹ ist nicht nur das Hauptwerk Meyerbeers, sondern ein Markstein in der Geschichte der Kunst ... sie stellt Meyerbeer an die Spitze der gegenwärtigen deutschen Schule und macht ihn zu deren Hauptvertreter.«

Meyerbeer, eigentlich Jakob Liebmann Meyer-Beer, war Deutscher und wurde in Tasdorf bei Berlin 1791 als Sohn eines reichen Bankiers geboren. Von 1805 bis 1807 studierte der junge Meyerbeer, der schon mit elf Jahren als Klaviervirtuose öffentlich aufgetreten war, bei Karl Friedrich Zelter Komposition. Später, seit 1810, wurde Abt G. J. Vogler in Darmstadt sein Lehrer. 1825 eroberte sich Meyerbeer mit der Oper »Crociato« Paris, mit »Robert der Teufel« 1831 die europäischen Bühnen. 1834 bot der Verlag Schott in Mainz für die noch unvollendete Partitur der »Hugenotten« bereits 24 000 Franken. Diese Oper (Paris 1836), an deren Höhepunkt die Bartholomäusnacht steht, macht den instrumentalen und szenischen Effekt zu einem künstlerischen Mittelpunkt.

Heinrich Heine schreibt 1841: »Ja, in so hohem Grade wie unser Meyerbeer verstand sich noch kein Komponist auf die Instrumentation, nämlich auf die Kunst, alle möglichen Menschen als Instrumente zu gebrauchen, die kleinsten wie die größten, und durch ihr Zusammenwirken eine Übereinstimmung in der öffentlichen Anerkennung, die ans Fabelhafte grenzt, hervorzuzaubern ... während die besten Opern von Mozart und Rossini bei der ersten Vorstellung durchfielen ... finden die Meisterwerke unseres edlen Meyerbeer bereits bei der ersten Aufführung den ungeteiltesten Beifall, und schon den andern Tag liefern sämtliche Journale die verdienten Lob- und Preisartikel. Das geschieht durch das harmonische Zusammenwirken der Instrumente; in der Melodie muß Meyerbeer den beiden genannten Meistern nachstehen, aber er überflügelt sie durch Instrumentation. Der Himmel weiß, daß er sich oft der niederträchtigsten Instrumente bedient; aber vielleicht eben durch diese

bringt er die großen Effekte hervor auf die große Menge, die ihn bewundert, anbetet, verehrt und sogar achtet...«
1842-1846 war Meyerbeer nach Spontinis Abgang preußischer Generalmusikdirektor in Berlin. Seine für Berlin geschriebene Oper »Ein Feldlager in Schlesien« wurde später in Paris als »Nordstern« aufgeführt. Mit dem »Propheten« (Paris 1849) betrat Meyerbeer in der Zeit heftiger Kämpfe zwischen Monarchisten und Republikanern wieder historisch-politischen Boden. Der König der Wiedertäufer, der Wirt Johann von Leiden, sprengt sich mit seinen im Schlosse versammelten Feinden am Ende der Oper in die Luft, nicht ohne die Zuschauer während der Belagerung von Münster durch ein Eislaufballett bezaubert zu haben. 1859 folgte »Dinorah«, das durch die Untreue des Geliebten wahnsinnig gewordene Bauernmädchen aus der Bretagne, und schließlich in den Zeiten der Eroberung Mexikos für Napoleon III. »Die Afrikanerin«, deren Aufführung aber sowohl Scribe, der 1861 starb, als auch Meyerbeer selbst nicht mehr erlebten. Charlotte Birch-Pfeiffer hatte nach Scribes Tod die nötigen Änderungen im Text vorgenommen, François-Joseph Fétis besorgte die letzte musikalische Fassung. In dieser Oper stirbt Selica, die verlassene Geliebte Vasco da Gamas, unter den Zweigen des Manganillabaumes, dessen Blüten Gift verströmen. Der Exotismus des Stoffes, den Meyerbeer mit berauschender Musik umgab, war sein letzter Effekt.
Der beispiellose Erfolg von Meyerbeers Opern ist nicht nur musikalisch zu erklären. Sensation, Presse, Merkantilismus haben zum ersten Male den Opernbetrieb ergriffen und Meyerbeer zum Propheten einer neuen Zeit gemacht, einer Zeit, die von Richard Wagner geliebt und von Verdi verabscheut wurde. Dennoch war Meyerbeer ein großer Musiker. Er verehrte Mozart »als den größten Musiker aller Zeiten«, und wenn er meinte, daß jeder Singkomponist von Zeit zu Zeit nach Italien gehen müsse, nicht der Kompositionen, sondern der Sänger wegen, so ist er auch darin Mozart gefolgt. Die vielfach gerügten Effekte, nicht nur die szenischen, sondern auch die musikalischen, haben ihr Vorbild in der französischen Geisteshaltung der Romantik. Es wäre müßig, Meyerbeer einen Vorwurf zu machen, daß er ihr erlegen ist. Auch Richard Wagner hätte sich unter sie gebeugt, wenn er Meyerbeer, dem er

erst schmeichelte, um ihn später antisemitisch zu bekämpfen, in seiner Pariser Zeit 1839-1842 nicht unterlegen wäre.

Der Pariser Tannhäuser-Skandal 1861, den Wagner selbst lebendig beschrieben hat, war nicht der Erfolg einer feindlich gesinnten »clique und claque«, sondern das Echo einer verlorenen Schlacht auf dem von Meyerbeer eroberten Felde der Oper. Ein Feld, das nicht vom »Judentum in der Musik« – so hieß Richard Wagners Schrift –, sondern von der Oper im Zeichen ihrer reinsten Erfüllung und Bestimmung beherrscht wurde: »Je näher die Oper ihrer eigenen Parodie, um so näher ist sie zugleich ihrem eigensten Element« (Th. W. Adorno). Wer diesen Satz nicht glauben kann, der sei auf die »Jüdin« (1835) des Cherubini-Schülers Fromental Halévy (geb. 1799 in Paris, gest. 1862 in Nizza) verwiesen. Auf dem Grunde edler christlich-jüdischer Gemeinschaft erwächst das fast ungereimte dramatische, ja grausame Geschehen, das nicht nur zu der romantisch-historischen, sondern zur Oper überhaupt gehört.

Jacques Offenbach

Die Kunstgattung der Opéra comique gehörte zur Unterhaltung. Sie unterscheidet sich dadurch wenig von ihren Vorgängerinnen, denn schließlich hat jede Opernform der höfischen oder bürgerlichen Unterhaltung gedient. Der Geschmack – oder man könnte auch sagen, eine geistige Mode – im Zeitalter der Romantik hat aber der Oper noch eine andere Unterhaltung abverlangt, als das 18. Jahrhundert es tat. Die Stoffe der romantischen Oper mit Zauber, Gespenstern, Rührung, Historie, Trennung und Vereinigung der Liebenden sind die Filmstoffe von heute. Auch der Effekt der ehemals großen Oper ist dem Film nicht fremd. Und wie die Filmproduktion den Schlagerfilm und das Musical liebt, so fand auch die Opéra comique den Weg von der Unterhaltung zum Amüsement. Der »Amüsierer« des zweiten französischen Kaiserreichs war Jacques Offenbach (geb. 1819 in Köln, gest. 1880 in Paris). Er hat nicht die Operette »erfunden«, er hat die Opéra comique zu den Bouffes Parisiens umgeformt. Mit dieser von Vaudeville herkommenden Gattung, die Szene, Gesang und Tanz verband, hat er nicht nur die Lebewelt von Paris und Bad Ems, sondern auch den »gemeinen Mann« erfreut. Er war der Musikant der ganzen und halben Welt,

die Toulouse-Lautrec später gemalt hat. Den Cancans seiner Aktschlüsse sind Generationen erlegen.
Offenbach wurde in Köln als Sohn eines Synagogenvorsängers geboren. Schon als Kind kam er nach Paris, wurde Violoncellist an der Opéra comique, Kapellmeister am Théâtre Français und seit 1855 Theaterdirektor, eine Tätigkeit, die durch ein mißglücktes Gastspiel in Amerika unterbrochen wurde. Zuletzt brachte er seine Werke – es sind deren 102 – an fremden Theatern zur Aufführung. Von den einaktigen Musiquettes oder Farces der Frühzeit »Die Verlobung bei der Laterne« (1857), »Fortunios Lied« (1861) fand er den Weg über die mehraktige Operette »Orpheus in der Unterwelt« (1858) und »Die schöne Helena« (1864) bis zu seiner einzigen Oper »Hoffmanns Erzählungen«, die erst nach seinem Tode aufgeführt wurde. In allen seinen Werken war Offenbach ein Meister der lyrischen Kantilene und der musikalischen Parodie. Auch Richard Wagner ist Offenbach in Paris unterlegen. Mit einer schmutzigen Bemerkung hat er sich dafür gerächt. Sie hat dem »Amüsierer seiner Zeit« in unseren Augen nicht geschadet.

Musik der Nationen

Die bisher geübte Methode der Aufteilung des musikgeschichtlichen Stoffes nach Orten, die zugleich als Mittelpunkt einer bestimmten musikgeschichtlichen Epoche anzusehen waren, war nichts weiter als die Methode der Ordnung eines Stoffes. Sie wollte örtliche Akzente setzen, um daran die Gewichtsverteilung der ständig wechselnden und sich wandelnden Vorgänge abzulesen, sie wollte die vielfachen kommunizierenden Wege von Ort zu Ort und auf diese Weise die Einheit der europäischen Musik aufzeigen.
Es sollte damit nicht gesagt werden, daß die von bestimmten Orten ausgehenden und durch diese fixierten Epochen der Musik Ortscharakter haben müßten. Wenn dem so wäre, dann müßte der jeweilige Ort einen Genius loci haben, der an sich stilbildend wäre, und es müßte dann genügen, aus der einfachen Reihenfolge der Orte den Stil und seine Wandlungen abzulesen. Dies möchte der Verfasser nicht zu behaupten wagen, obwohl ihm wiederum die

Folge der Orte auch nicht gerade zufällig erscheint. So liegt sicherlich eine anscheinend vorbestimmte Notwendigkeit darin, daß um 1400 auf Paris, Florenz und England der Hennegau und Burgund folgen. Die Folgerichtigkeit liegt darin, daß diese Reihenfolge keinesfalls umkehrbar ist, denn Burgund als Ergebnis konnte nur aus dem Vorhergehenden gewonnen werden. Erst die stilistischen Voraussetzungen, die Paris, Florenz und England geschaffen hatten, konnten zum Dufay-Stil führen. Er hätte wahrscheinlich anders ausgesehen, wenn damals statt Florenz Venedig oder Wien in die Stilentwicklung eingegriffen hätten.

Das vorhergehende Kapitel war das letzte, in dem die musikgeschichtliche Darstellung in der Aufeinanderfolge von Orten noch einmal möglich war. Mit dem Beginn des 19. Jahrhunderts gewinnt die Musik eine Breite, die sie bisher nicht gehabt hat. Rein geographisch treten Länder hinzu, die früher am europäischen Konzert noch nicht teilgenommen hatten: Rußland, Polen, Ungarn, Tschechoslowakei, Norwegen, Schweden und Finnland, schließlich auch Amerika und Lateinamerika. Ergäbe sich schon auf diese Weise eine Fülle von gleichzeitig wirkenden Orten, so kommt noch etwas anderes hinzu. Der im Gefolge mit der Romantik auftretende und von ihr durch den Rückblick auf die Geschichte genährte Nationalismus schloß auch die Musik in Ländergrenzen ein, in denen sie jeweils einen anderen Klang erhielt: den Klang der Nationen. Das 19. Jahrhundert ist das Jahrhundert der Massen, die die Französische Revolution auf den Plan rief. Fast erscheint es sinnvoll, wenn die Musik mit der wachsenden Masse den Weg von der Musik der Orte zur Musik der Nationen und schließlich zur Musik der Welt gegangen ist.

Deutschland und Österreich

Es läge kein Grund vor, Carl Maria von Weber als Romantiker im Sinne der Deutschen zu bezeichnen, wenn er nicht den »Freischütz« geschrieben hätte. Nach Geburt, Lebensweg und Werk gehört Weber der Generation an, die in Frankreich die der Revolution und – musikalisch gesprochen – die der Nachklassik war. Wie diese hat auch Weber Kammermusik und Kirchenmusik von ähnlich edler klassizistischer Haltung geschrieben. Was Weber als eigenes hinzugab, war eine ritterliche, manchmal fast elegante, virtuose Note, deren Impulse von Beethoven ausgingen und auf Liszt hinweisen. Aber auch Webers Opernstoffe stünden der Generation der Opéra comique gut an: »Silvana«, »Abu Hassan«, »Euryanthe«, »Oberon«. Und nicht nur das, auch die musikalischen Formen bleiben zum größten Teil die gleichen des gemeinsamen italienischen Vorbildes. Nicht einmal der »Freischütz« ist von solchen Bindungen frei. Musikalisch ist die Arie des Ännchen eine Romanze, wie sie sich in jeder französischen Oper findet, die Rachearie des Kaspar eine italienische Arie mit rauschender Koloraturstretta, die große Arie der Agathe eine aus Rezitativ, Arioso und Arie gemischte italienische Szene; ja, selbst das große Melodrama der Wolfsschlucht stellt eine Form dar, die zu den Höhepunkten der französischen Oper und schließlich auch des »Fidelio« gehört.

Anders ist es um den Text des »Freischütz« bestellt. E. T. A. Hoffmann schildert den Zeitgeist, aus dem heraus auch der Schriftsteller Johann Friedrich Kind (1768–1843) den Freischütz-Stoff formte: »Die jüngst noch so zarte, nervenschwache Muse befreundet sich plötzlich mit dem Satan, der Hölle, mit einer Fratze, die sie Schicksal nennt, und Galgen und Rad wurden ihr Toiletten-Spielwerk ... Man will nicht ergriffen, nicht gerührt, man will gepackt, geschüttelt werden, es soll sich das Haar sträuben, der Odem stokken – und die Poesie hat ihre Wirkung getan.« Von diesem »Kribs-Krabs der Imagination«, wie Goethe ein solches Sammelsurium romantischer Gegensätze genannt hat, ist auch der »Freischütz« in keiner Weise frei.

»Was aber die Musik betrifft«, so meint E. T. A. Hoffmann, »müssen wir von vornherein die Meinung aussprechen, daß seit Mozart nichts Bedeutenderes für die deutsche Oper geschrieben ist, als Beethovens ›Fidelio‹ und dieser ›Freischütz‹. Neuheit in Form und Ausdruck, Kraft und Keckheit, ja Übermut in den Harmonien, seltener Reichtum der Fantasie, unübertroffene Laune, wo es gilt, bewundernswerte Tiefe in den Intentionen, und alle diese Eigenschaften mit dem Stempel der Originalität bezeichnet, dies sind die Elemente, aus denen Weber sein neuestes Werk gewebt hat.« Hoffmann hatte überhört, daß das Neue im »Freischütz« im Klang liegt, und über-

Bühnenbild von Helmut Jürgens zum »Freischütz« von Carl Maria von Weber in der Bayrischen Staatsoper München 1953.

sehen, daß durch dessen Gestaltwerdung ein alter romantischer Traum erfüllt wurde, dem schon der Maler Otto Runge als Synthese von Klang und Farbe in seiner »Farbenkugel« nachgehangen hatte.
Im »Freischütz« tritt der Klang zum ersten Male als Symbol auf: als Symbol des Waldes und des Jägerlebens, des Gespenstisch-Unheimlichen, des Dämonischen, des Lichtes und der Finsternis. Es ist der Klang der sinnlichen und übersinnlichen Natur, der in der Menschenbrust seinen Widerhall und seine Entsprechung findet. Weber hat in die Instrumente hineingehorcht, um den neuen Klang Wirklichkeit werden zu lassen. Dabei fand er, daß die Grenzlagen der Instrumente besonders charakteristische Klänge aufweisen. Die hohen pfeifenden Töne der Pikkoloflöte bringen das höllische Gelächter im Trinklied des Kaspar zum Ausdruck, die weichen samtenen Klänge der Hörner in der Einleitung der Ouvertüre schildern das Waldleben, der reine keusche Klang der mit dem zweigestrichenen g einsetzenden Klarinettenmelodie kennzeichnet die Lichtgestalt der Agathe. Die tiefen Flötenterzen drücken sowohl die bange Ahnung in Agathes großer Szene und Arie, als auch die schauerliche

Erwartung beim Freikugelgießen aus. Wie aber Natur und Menschenherz eins werden, zeigt nicht nur die Wolfsschluchtszene, sondern vielleicht am reinsten Agathens Rezitativ »Wie nahte mir der Schlummer, bevor ich ihn gesehn«. Die hereinbrechende Sternennacht macht sie fromm, als sie mit weit ausladender melodischer Geste die Balkontüre öffnet. Sie betet »Leise, leise, fromme Weise ...« Und wieder, als sie in Sorge um das eigene Schicksal »in der Berge Ferne« ein Wetter aufziehen sieht, faltet sie die Hände: »Zu dir wende ich die Hände, Herr ohn Anfang und ohn Ende.« Weber findet selbst im Rezitativ den Klang, der »donnert, brennt und leuchtet«, wie es Berlioz einmal im Hinblick auf Webers Melodie und Harmonie formuliert hat.

Der »Freischütz« wurde ebenso wie die Schauspielmusik zu »Preziosa« 1821 in Berlin uraufgeführt. Webers Musik traf hier auf diejenige des Generalmusikdirektors der italienischen Oper in Berlin, Gasparo Spontini, der den »Freischütz« ein »kindisches Genre« genannt hat. Man sollte Spontini keinen Vorwurf machen, daß er, der letzte Repräsentant der italienischen Musik des 18. Jahrhunderts, die Bedeutung des »Freischütz« nicht erkannt hat. Vielleicht lehnte er ihn nur deshalb ab, weil er spürte, wie das Neue sein Werk bedrohe. Spontini stand damals auf der Höhe seiner Berliner Erfolge, die unbestritten waren. Hatte doch selbst E. T. A. Hoffmann, der ein geistiger Bruder Webers zu sein scheint, Spontinis Oper »Olympia« in die deutsche Sprache übersetzt.

Der Erfolg der Berliner Uraufführung des »Freischütz« war ungeheuer. Der ihm folgende Freischütz-Taumel nahm durch Freischütz-Bearbeitungen, Freischütz-Moden, Freischütz-Bänder, Freischütz-Bier Formen an, die eigentlich erst als das Vorrecht unserer Gegenwart erscheinen. Der klägliche Abgang Spontinis von Berlin nach einer durch die Aufführung des »Don Giovanni« ausgelösten Demonstration 1841 war jedenfalls nur bedingt eine Folge des Freischütz-Erfolges. Überall »siechte«, wie auch in Dresden, die »italiänische Oper an Altersschwäche«, wie es Weber schon in den zwanziger Jahren festgestellt hatte. Die deutsche Oper hat die italienische nicht geschlagen. Sie trat nur an ihre Stelle, als deren Form, die das 18. Jahrhundert geprägt hatte, alt geworden war. Die Erneuerung durch Verdi sollte nicht lange auf sich warten lassen.

Webers »Euryanthe« ist 1823 in Wien und sein »Oberon« im Jahre seines Todes, 1826, in London uraufgeführt worden. Musikgeschichtlich-geographisch sind es noch immer die Orte der Klassik, Wien und London (Haydn), die in gleicher Weise das Werk Webers aufgenommen haben. Mit beiden Opern hat Weber die Singspielgebundenheit des Freischütz verlassen und sich der großen Oper zugewandt. Der Euryanthe-Stoff kommt aus dem Altfranzösischen. Schon Boccaccio und Shakespeare (»Cymbeline«) haben ihn dramatisch geformt. Die Wienerin Helmine von Chézy hatte ihn für Friedrich von Schlegel übersetzt und für Weber als Opernstoff dramatisch bearbeitet. Musikalisch nimmt die »Euryanthe« in manchem Wagners »Lohengrin« voraus, zu dem sie auch textliche Parallelen hat. Ein fluchbeladener, giftgefüllter Ring, der eine wesentliche Rolle spielt, läßt sogar an den Ring denken, den die Rheintöchter hüten.

Die hohe musikalische Schönheit der Euryanthe-Partitur, die Kühnheit ihrer Harmonik wird von der des »Oberon« nicht übertroffen. Auch der Oberon-Stoff ist einer altfranzösischen Dichtung entnommen. Webers Textdichter Planché kannte ihn aus dem gleichnamigen Epos Wielands. Berlioz schreibt über den Gegensatz zwischen »Oberon« und »Freischütz«:

»Seine letzte Oper, ›Euryanthe‹, hatte nur einen Halberfolg erzielt; er durfte über das Schicksal seines ›Oberon‹ beunruhigt sein, in dem Gedanken, daß ein solches Werk nur einem Publikum von Dichtern, einem Parterre von Königen des Geistes gefallen kann ... Es ist daher begreiflich, daß er manchmal, wie er selber schrieb, an seiner musikalischen Berufung zweifelte und durch den Schlag, der seinen ›Oberon‹ traf, den Todesstoß empfing ... Der Komponist hat den kindischen Forderungen der Mode und den noch gebieterischen Forderungen der Sängereitelkeit in beiden Werken nirgends auch nur im geringsten nachgegeben. Er hat seine schlichte Wahrhaftigkeit, seine stolze Ursprünglichkeit, seinen Haß gegenüber dem Formelkram, seine Würde dem Publikum gegenüber, dessen Beifall er durch keine feige Herablassung erkaufen wollte, seine Größe ebenso im ›Freischütz‹ wie im ›Oberon‹ bewahrt. Aber die Poesie des ersteren ist voll von Bewegung, Leidenschaft und Gegensätzen. Das Übernatürliche bringt darin eigentümliche, heftige Wirkungen hervor. Die Melodie und die Harmonie im Verein mit dem Rhythmus donnern, brennen, leuchten. Alles vereinigt sich, um die Aufmerksamkeit zu erregen. Außerdem erwecken die Personen, die aus dem gewöhnlichen Leben gegriffen sind, mehr Sympathie; die Beschreibung ihrer Gefühle, die Darstellung ihrer Sitten erlauben die Anwendung eines weniger hohen Stiles, der ... einen unwiderstehlichen Reiz hat und der Menge in dieser Ausschmückung als das Ideal der Kunst und das Wunder der Erfindung erscheint. Im ›Oberon‹ dagegen, obgleich darin die menschlichen Leidenschaften eine große Rolle spielen, herrscht noch das phantastische Element vor; aber es erscheint hier voll Anmut, Ruhe und Frische. Statt der Ungeheuer und schaurigen Erscheinungen vernehmen wir Chöre von Luftgenien, Sylphen, Feen und Meermädchen. Und die Sprache dieses sanft lächelnden Volkes, diese eigenartige Sprache, deren Hauptreiz in der Harmonie liegt, deren Melodie sich in kapriziöser Unbestimmtheit entfaltet, deren überraschender, verschleierter Rhythmus sich schwer fassen läßt, ist für die Menge um so unverständlicher, als ihre Feinheiten selbst von Musikern nur mit Hilfe einer großen Aufmerksamkeit und einer lebhaften Phantasie empfunden werden können.«

Richard Wagner wußte, daß er in Dresden nicht nur die Amtsnachfolge des Operndirigenten Rastrelli (Wagners erste Tat war die Aufführung der »Euryanthe«), sondern auch das künstlerische Erbe Webers angetreten hatte. Die Rückführung der sterblichen Reste Webers 1844 von London nach Dresden, die Wagner veranlaßt hatte, ehrt ihn. Ein Satz aus seiner Grabrede – »nie hat ein deutscherer Musiker gelebt als du« – war zugleich eine Absage Wagners an die französische Oper und der Beginn der Zurückführung seines Werkes an das deutsche »Volksherz, an die Sagen und Märchen der Heimat«.

Weber hat auch Klavierwerke, Kammermusik, Konzerte, Messen und Lieder geschrieben. In ihnen siegt der virtuose Klang über die musikalische Materie. Seine populär gewordene »Aufforderung zum Tanz« gibt ein gutes Beispiel seines auf Eleganz und Brillanz bedachten Instrumentalstils. Webers Männerchöre nach Texten Theodor Körners »Leyer und Schwert« von 1814 fanden in der nationalen Konjunktur der Lützow-Begeisterung breite Resonanz. Weber war ein Universalist in einem neuen, erst im 19. Jahrhundert Ereignis werdenden Sinne. Aus dem Alemannischen stammend, wurde er in Eutin im Holsteinischen 1786 als Sohn eines ehemaligen Offiziers und späteren Stadtmusikers und Theaterdirektors geboren. Nach einer unruhigen Jugend und einem unsteten Studium bei Michael Haydn in Salzburg, bei dem Münchner Hoforganisten Kalcher und bei Abbé Vogler in Darmstadt, wo Meyerbeer sein Mitschüler war, wurde Weber ein Klaviervirtuose, der Deutschland und die Schweiz bereiste. Als Komponist hat er mit seinen Jugendopern »Das stumme Waldmädchen« (Freiberg in Sachsen 1800), »Peter Schmoll« (Augsburg 1803), »Rübezahl« (unvollendet), »Silvana« (1810), »Abu Hassan« (München 1811) und der ersten Messe in Salzburg 1801 Erfolg und auch Widerspruch gefunden; ebenso wie mit den beiden ersten Sinfonien für den Prinzen Eugen von Württemberg in Carlsruhe (Oberschlesien), dessen Musikintendant Weber 1806 geworden war. 1813 wurde Weber nach leichtsinnigen, unter dem Einfluß des Vaters hochstaplerisch verbrachten Jugendjahren (beide wurden wegen Betrügereien aus Stuttgart ausgewiesen) Opernleiter des Landständischen Theaters in Prag und 1816 Leiter der deutschen Oper in Dresden. Als Dirigent galt sein Einsatz dem Werk Mozarts, Beethovens »Fidelio«, aber auch Spohrs »Faust« und anderen.

Gleich dem geistesverwandten Kammergerichtsrat, Kapellmeister, Dichter und Zeichner, dem genialen E. T. A. Hoffmann (1776 bis 1822), dem Komponisten einer »Undine«-Oper, war Weber auch Kritiker, Schriftsteller und Dichter. Er war der Typ des »Bildungsmusikers«, der etwas anderes war als ein »Tondichter«, wie sich Beethoven mit Stolz bezeichnete. Den ersten »modernen« Musiker, Weber, hat Strawinskij in seinen Lebenserinnerungen einen »Fürsten der Musik« genannt. Er gesteht, wieviel sein »Capriccio« dem Konzertstück f-Moll für Klavier und Orchester op. 79 von Weber verdankt, das wenige Tage nach der »Freischütz«-Premiere im Juni 1821 in Berlin uraufgeführt wurde. Das dazugehörige Programm von der schönen Burgfrau, von der Rückkehr ihres Gemahls vom Kreuzzug, vom Volksjubel, vom Weben und Rauschen mit Wonne aus den Zweigen und Wellen, vom Triumph treuer Minne schenken wir Weber gern. Er starb kurz nach der Aufführung seines von ihm geleiteten »Oberon«, schon länger an Kehlkopfschwindsucht leidend, am 5. Juni 1826 in London. Der Kampf des Menschen mit übernatürlichen Kräften, wie er im »Freischütz« dargestellt ist, war ein besonderes Anliegen des romantisch-surrealistischen Theaters. Dieser dichterischen Form, zu der sich die Idee der Erlösung gesellt, folgt die Oper »Faust« (nach dem alten Puppenspiel) 1813 von Ludwig Spohr (geb. 1784 in Braunschweig, gest. 1859 in Kassel, Hofkapellmeister und hervorragender Geigenvirtuose, der das moderne Geigenspiel durch seine »Violinschule« 1831 begründete), die Opern »Hans Heiling« (1833) des Dresdener Opernkapellmeisters Heinrich Marschner (geb. 1795 in Zittau, gest. 1861 in Hannover), »Undine« (1845) des Dichterkomponisten und Schöpfers der deutschen Lustspieloper Albert Lortzing (geb. 1801 in Berlin, gest. 1851 in Berlin) und schließlich auch Richard Wagners »Fliegender Holländer«. Die Erlösungsidee ist Spohrs »Zemire und Azor«, einer romantischen »Entführung aus dem Serail«, in gleicher Weise wie »Jessonda«, die die Chromatik der Tristan-Musik vorbereitet, eigen. In Marschners »Vampyr« singt Emmy, der Dämonie des Vampyr verfallen: »Sieh, Mutter, dort den bleichen Mann.« In seiner Oper »Der Templer und die Jüdin« streitet Ivanhoe für die reine Unschuld und tötet den Verführer im Zweikampf. Der stofflich-textlichen Nähe zu Wagner steht die musikalische nicht nach: Marschner und Spohr haben auf die Musik Wagners in gleicher Weise wie Weber Einfluß gehabt. Diese Einflüsse erklären am einfachsten das Phänomen, dem es gegeben war, zusammenzufassen.

Die Lustspieloper kann das Zeitalter des deutsch-bürgerlichen Biedermeier als seine eigenste Schöpfung für sich in Anspruch nehmen. Es ist ein Opernfrühling ohne darauffolgenden Sommer, die reizvoll blühenden Ansätze kommen nicht zur Reife, wenn man nicht gerade Wagners »Meistersinger« als eine etwas üppig kultivierte Frucht ansehen will. Lortzings handwerklich tüchtige, mit einfallsreichen Melodien ausgestattete Arien, Lieder und Ensembles in »Zar und Zimmermann« (1837), »Der Wildschütz« (1842) und »Der Waffenschmied« (1846); Otto Nicolais (geb. 1810 in Königsberg, gest. 1849 in Berlin) »Lustige Weiber von Windsor« (1849) und Friedrich von Flotows (geb. 1812 auf Rittergut Teutendorf in

Albert Lortzing (1801–1851), Friedrich von Flotow (1812–1883), Otto Nicolai (1810–1849), die Meister der deutschen Spieloper.

Mecklenburg, gest. 1883 in Darmstadt) »Alessandro Stradella« (1844) und »Martha« (1847) sind Gebrauchsware aus Großmutters Zeiten, die man immer wieder gerne neu aufpoliert. Läßt man Schumanns Ausdruck von der »Stübchenmusik« seiner Zeit gelten, dann wäre dies »Theaterchen-Musik«. Daran ändern auch nichts der »Barbier von Bagdad« (Weimar 1858) des persönlich für und in seinem Werke gegen Wagner kämpfenden Peter Cornelius (1824 bis 1874) und »Der Widerspenstigen Zähmung« von Hermann Goetz (1840–1876).

Ludwig Spohr, der neun Sinfonien und zwölf Violinkonzerte geschrieben hat, gab seinem achten Konzert die Bezeichnung »In Form einer italienischen Gesangsscene«. Dieser Hinweis auf das Geburtsland der Klassik hat Bedeutung: Der nie aufgegebene Zusammenhang der Romantik mit der Klassik hat die Romantik vor der Gefahr des Abgleitens in manieristisch-surrealistische Bezirke bewahrt.

Felix Mendelssohn-Bartholdy

»Italienischer Form sich nähernd«, könnte auch über dem Werk Felix Mendelssohn-Bartholdys stehen. Mendelssohn wurde am 3. Februar 1809 in Hamburg geboren, wuchs jedoch in Berlin auf, wohin die Familie (der Vater leitete mit seinem Bruder das Bankhaus Gebrüder Mendelssohn) übergesiedelt war. In Leipzig, wo Mendelssohn 1847 gestorben ist, hatte er 1835 die Leitung der

Gewandhauskonzerte übernommen und 1843 das Konservatorium als »Musikschule« im Gewandhaus eröffnet. Erwähnt man noch Düsseldorf, wo Mendelssohn 1834/35 Städtischer Musikdirektor und Leiter der Niederrheinischen Musikfeste war, so sind nicht nur die Stationen der Mendelssohnschen Lebensreise, sondern auch – wenn man noch an das Webersche und Wagnersche Dresden denkt – die Mittelpunkte der musikalischen Romantik in Deutschland aufgezählt. Gleichzeitig geht aus der Nennung dieser Orte hervor, daß sich die Zeiten gewandelt haben.

Mendelssohn, der Sohn aus wohlhabendem, höchst kultiviertem Bürgerhaus, stand nur vorübergehend im Dienste eines Souveräns. Mendelssohns Wirkungskreise sind Städte, deren Konzertgesellschaften, vom bürgerlichen Wohlstand, aber auch vom Bewußtsein einer neuen verpflichtenden Aufgabe getragen, wesentlich den Aufführungsstil und gerade auch dadurch den Stil der romantischen Musik im allgemeinen mitbestimmt haben. Felix Mendelssohn war einer der ersten Generalmusikdirektoren (1842), wenn man diesen Titel nicht nur als solchen, sondern als Aufgabenkreis innerhalb einer neuen bürgerlichen Welt nimmt. Dazu gehörte nun auch nicht mehr die Ortsgebundenheit, sondern ebenso die Bewährung im Ausland. Mendelssohn feierte seine größten Triumphe in England, das er ebenso wie Italien, die Schweiz und Frankreich in jüngeren Jahren bereist hatte.

Den Orten, die durch Mendelssohns Wirken zu Pflegestätten der romantischen Musik geworden sind, steht auch ein Ort der Klassik gegenüber – Weimar. Dreimal hat Mendelssohn, das erstemal im Jahre 1821 durch die Vermittlung seines Lehrers Zelter, Goethe in Weimar besucht. Seine pianistische Begabung und sein Beethoven-Spiel ergötzten Goethe höchlichst. 1825 auf der Rückreise von Paris, wo Mendelssohn Cherubini zu einem enthusiastischen Urteil über seine Begabung hingerissen hatte, trafen die beiden einander. Nach der Rückkehr von der italienischen Reise 1830/32 sah Goethe den geliebten Felix zum letzten Male. Goethe hat ihn zweimal durch einen Gelegenheits- und einen Stammbuchvers ausgezeichnet.

Aus Romantik und Klassik hat Mendelssohn seine geistige Welt, aber auch sein Werk aufgebaut. Mit der Ouvertüre zu Shakespeares »Sommernachtstraum« und dem Oktett op. 20 hatte der Siebzehnjährige, der schon mit neun Jahren als Klavierspieler öffentlich aufgetreten war, bereits eine Stufe absoluter Meisterschaft erreicht. Die Sommernachtstraum-Musik ist eine Frucht der durch die Schlegel-Tieckschen Übersetzungen eingeleiteten Shakespeare-Renaissance in Deutschland, die ihren Mittelpunkt in den literarischen Salons der Biedermeierzeit in Berlin hatte. Sie ist aber auch gleichzeitig eine erste Auseinandersetzung mit einer Atmosphäre, die für Mendelssohn besonders eigentümlich ist. Franz Liszt schreibt darüber 1854: »Mendelssohns Talent schmiegte sich vollkommen der heiteren, schalkhaften, bezauberten und bezaubernden Atmosphäre an, in der sich diese überaus sinnreiche Komposition Shakespeares bewegt. Es lag ganz in ihm, diese zauberischen Elfen zu schildern und in ihren kosenden, zwitschernden Gesang das Hineinbrüllen des Esels vernehmen zu lassen, ohne daß wir dabei verstimmt würden. Kein Musiker war so wie er dazu befähigt, die zärtliche, aber in einer gewissen Äußerlichkeit befangene Sentimentalität dieser Liebenden der Musik zu übertragen, wie er es im dritten Zwischenakt, in einer Art schön instrumentierten Liedes ohne Worte getan hat; keiner konnte wie er den Regenbogenduft, den Perlmutterschimmer dieser kleinen Kobolde schildern, die glänzende Emphase eines hochzeitlichen Hoffestes wiedergeben.«

Mendelssohn ist in den Scherzi seiner Kammermusiken und Sinfonien immer wieder auf die Sommernachtstraum-Atmosphäre zurückgekommen. Moritz von Schwinds Fresken im Wiener Opernhaus und Götzenbergers Wandmalereien in der Trinkhalle von Baden-Baden sind die Bildwerdung der Mendelssohnschen Elfenmusik.

Am 11. März 1829 brachte der zwanzigjährige Mendelssohn die seinem Lehrer abgerungene Matthäuspassion von Johann Sebastian Bach mit dem Chor der Berliner Singakademie – hundert Jahre nach Bachs Uraufführung in Leipzig – zum ersten Male wieder zum Erklingen. Nach Mendelssohns Worten mußte es ein Komödiant (der Schauspieler Devrient) und ein Judenjunge sein, die den Leuten die größte christliche Musik wiederbrachten. Wie anders drang wohl dieses Zeichen auf Mendelssohn ein, seitdem er sich als Vierzehnjähriger eine Abschrift der im Besitz Zelters befindlichen Partitur gewünscht hatte?

Der Erfolg dieser Aufführung war von weittragender Bedeutung. Er leitete die Bach-Renaissance des 19. Jahrhunderts ein und bedeutete gleichzeitig das große entscheidende musikalische Erlebnis im Leben Mendelssohns. Seine Kirchenmusik, vielleicht das Bedeutendste, was er geschrieben hat, seine sechs Präludien und Fugen op. 35, die Mendelssohn für sein bestes Klavierwerk hielt, sind ohne das Bach-Erlebnis und das Bach-Studium nicht denkbar.

Da der Vater Felix auf Reisen schickte, um sich das Land auszusuchen, wo er leben möchte, wandte sich Mendelssohn 1829 zuerst nach England. Als Komponist und Klaviervirtuose in England stets gefeiert und geliebt, kehrte er später noch neunmal dahin zurück. Die dem ersten Aufenthalt folgende Reise nach dem schottischen Hochland und nach den Hebriden zeitigte die Ouvertüre »Hebriden oder Fingalshöhle«, die Skizzen zu zwei Streichquartetten, zur »Reformations-« und vor allem zur »Schottischen« Sinfonie. Als er in Edinburgh die Erinnerungsstätten an Maria Stuart besuchte, schrieb er:

»In der tiefen Dämmerung gingen wir heut nach dem Palaste, wo Königin Maria gelebt und geliebt hat; es ist da ein kleines Zimmer zu sehen, mit einer Wendeltreppe an der Tür; da stiegen sie hinauf und fanden den Rizzio im kleinen Zimmer, zogen ihn heraus, und drei Stuben davon ist eine finstere Ecke, wo sie ihn ermordet haben. Der Kapelle daneben fehlt nun das Dach, Gras und Efeu wachsen viel darin, und am zerbrochenen Altar wurde Maria zur Königin von Schottland gekrönt. Es ist da alles zerbrochen, morsch, und der heitere Himmel scheint hinein. Ich glaube, ich habe heute da den Anfang meiner Schottischen Sinfonie gefunden.«

Mit einem Liederspiel »Die Heimkehr aus der Fremde« traf Mendelssohn zur Silberhochzeit seiner Eltern wieder in Berlin ein. 1830 begann die zweite Reise, die ihn über Wien, Venedig, Florenz nach Rom und Neapel und auf dem Rückweg über die Schweiz nach Paris führte. Das Erlebnis Italiens, dessen »Wärme, Milde und Heiterkeit von einem über alles sich ausbreitenden unbeschreiblichen Behagen und Frohsinn sind«, gipfelte in seiner Italienischen Sinfonie A-Dur op. 90. Neapel mit Prozessionsmusik, Tanz und Lebensfreude gaben dieser Sinfonie den Ton der Folklore. Zusammen mit der Grundhaltung der klassischen Form ergibt sich auf diese Weise eine reizvolle Synthese, die goethisch im Sinne der

»Italienischen Reise« ist. Goethe liebte an Mendelssohn, daß »er sich seiner Sache so klar« ist. Damit hat der große Lehrmeister seiner Nation das Klassische in Mendelssohns Persönlichkeit und Werk erkannt und angesprochen.
Zu den klassischen Werken Mendelssohns gehören: an erster Stelle das vollendet schöne Violinkonzert in e-Moll op. 64, eine Zierde seines Zeitalters, die Klavierkonzerte, die Konzertstücke mit Orchester, die Streichquartette und -quintette, die Variations sérieuses, ein Werk, das noch für Brahms und Reger Anregungen gegeben hat, und nicht zuletzt die Bühnenmusiken zu »Antigone«, »Oedipus in Kolonos« und zu Racines »Athalie«, die er im Auftrag des Königs von Preußen schrieb. Mit diesen Aufträgen hoffte Friedrich Wilhelm IV. Mendelssohn wieder für Berlin zu gewinnen. Mendelssohn hatte diese Stadt aus Enttäuschung über die Niederlage bei seiner Bewerbung um die Nachfolgerschaft des verstorbenen Zelter als Leiter der Singakademie verlassen. Wenn er auch 1843 als Leiter des Domchors (es entstanden die Psalmen, Motetten und die Sprüche für achtstimmigen Chor) nochmals nach Berlin zurückkehrte, so genügten die Düsseldorfer und Leipziger Jahre Mendelssohn schon, um Berlins aufblühendes Musikleben wieder versanden zu lassen. Die Pflanzstätte der deutschen Romantik wurde Leipzig und seine Schule.
1836 hatte Mendelssohn beim Niederrheinischen Musikfest sein Oratorium »Paulus« aufgeführt. Zehn Jahre später war ein zweites Oratorium, »Elias«, bei einem Musikfest in Birmingham unter seiner eigenen Leitung erklungen. Mendelssohn, der getaufte Jude, ist ein echter Christ gewesen. Aus einem Brief, den er in der Karwoche 1831 an seine Familie geschrieben hatte, wissen wir, welchen Eindruck die Zeremonien in der Peterskirche auf ihn machten: »... ein vollkommenes Ganze, was einen mächtigen Eindruck seit Jahrhunderten ausgeübt hat und noch jedesmal ausübt, und davor habe ich Ehrfurcht, wie überhaupt vor jeder wirklichen Vollkommenheit.«
Mendelssohns Oratorien, deren Sopranpartien ohne die schwedische Nachtigall Jenny Lind (geb. 1820 in Stockholm, gest. 1887 in Malvern Wells) kaum zu denken sind, haben nicht »das Unbegreifliche, Überirdische«, das Mendelssohn auch nicht im berühmten

»Miserere« von Allegri finden konnte, als er es in der Peterskirche hörte. Aber nach seiner Meinung ist es »auch so genug, wenn es begreiflich und irdisch schön ist«. Liszt aber, im Zwiespalt der Richtungen der Neudeutschen und Mendelssohnianer, meinte im Hinblick auf den »Paulus«, daß es herrlich wäre, ein solches Werk schreiben zu können, und doch möchte er es nicht geschrieben haben.

Die Beurteilung von Mendelssohns Werk, verschieden und oft widersprechend, würde einheitlicher sein, wenn man sich gewöhnen würde, Mendelssohn als einen Manieristen zu bezeichnen. Obwohl noch nicht in die Musikgeschichte eingeführt, würde dieser Begriff, zu jeder Romantik gehörig, auch in der romantischen Musik seine Berechtigung haben. Als Wesenszüge des Manierismus, einer auf die klassischen Strömungen folgenden Stilphase, hat man in der Kunstgeschichte Kühle, Glätte und Distanz dem Gefühl und dem Ausdruck gegenüber bei gleichzeitiger Komplizierung der Form erkannt. Mendelssohns Musik hat die gleiche Kühle und Glätte einer kultivierten Distanz, wie die gleichzeitigen Bilder der Nazarener, die sicherlich als manieristisch zu bezeichnen sind. Ein manieristischer Stoff, mit dem sich Mendelssohn sein ganzes Leben identifizierte, ist Shakespeares (der dem Manieristenzeitalter angehörte) »Sommernachtstraum« gewesen. Die Ouvertüre dazu schrieb Felix Mendelssohn 1826, die übrigen Nummern der Bühnenmusik folgten erst fünfzehn Jahre später. In gleicher Weise hat Mendelssohn Goethes »Erste Walpurgisnacht« beschäftigt, auf deren erste genialisch-romantische Komposition er später eine zweite geglättete Fassung folgen ließ.

Die »Lieder ohne Worte«, die Mendelssohn zu dem bekanntesten Komponisten seiner Zeit gemacht haben, schrieb er »für die Damen«. Das klingt romantisch-ironisch und wird durch einen Brief an den Verleger Simrock erhärtet: »Ich habe nicht die Absicht, mehr der Art herauszugeben ... Wenn's gar zu viel solch Gewürm zwischen Himmel und Erde gäbe, so möchte es am Ende doch keinem Menschen lieb sein. Und es wird jetzt wirklich eine zu große Menge Claviermusik ähnlicher Art komponiert.« Distanz von Gefühl und Ausdruck belegen auch folgende Briefdokumente. An Ferdinand Hiller schreibt Mendelssohn am 10. Juni 1837: »Der infame göttliche Funke, von dem sie so oft lesen – die verderben alles.«

Noch eindrucksvoller formuliert Mendelssohn seine Gedanken über die Vieldeutigkeit der Musik in einem Brief an Marc-André Souchay vom 15. Oktober 1842, der ihn nach dem Sinn seiner »Lieder ohne Worte« gefragt hatte: »Es wird so viel über Musik gesprochen und so wenig gesagt. Ich glaube überhaupt, die Worte reichen nicht hin dazu, und fände ich, daß sie hinreichten, so würde ich am Ende gar keine Musik mehr machen. Die Leute beklagen sich gewöhnlich, die Musik sei so vieldeutig; es sei so zweifelhaft, was sie sich dabei zu denken hätten, und die Worte verstände doch ein jeder. Mir geht es gerade umgekehrt. Und nicht bloß mit ganzen Reden, auch mit einzelnen Worten, die scheinen mir so vieldeutig, so unbestimmt, so mißverständlich im Vergleich zu einer rechten Musik, die einem die Seele erfüllt mit tausend besseren Dingen als Worten. Das, was mir eine Musik ausspricht, die ich liebe, sind mir nicht zu unbestimmte Gedanken, um sie in Worte zu fassen, sondern zu bestimmte. Fragen Sie mich, was ich mir dabei gedacht habe, so sage ich, gerade das Lied, wie es dasteht.«

Zu den manieristischen Zügen in der Persönlichkeit Mendelssohns gehören wohl seine Sensibilität und Reizbarkeit, die auch vor Schroffheit und Heftigkeit nicht zurückschreckte. In seinen nachgelassenen Aufzeichnungen »Erinnerungen an Felix Mendelssohn« schreibt Robert Schumann: »Im August 1835 erstes Sehen im Gewandhaussaal. Die Musiker spielten ihm seine Ouvertüre »Meeresstille« vor. Ich sage ihm, daß ich alle seine Compositionen gut kenne; er antwortete etwas sehr Bescheidenes darauf. Der erste Eindruck der eines unvergeßlichen Menschen.«

Robert Schumann

Auch Robert Schumann sind manieristische Züge nicht fremd gewesen. An erster Stelle sei die Idee der Spaltung seines eigenen Ich in allegorische Gestalten vermerkt: Eusebius, der Träumer und empfindsame Mensch; Florestan, der unbeherrschte Feuergeist, und Meister Raro, der Mann des klugen Rates und der überlegenen Reife des Alters. In Meister Raros, Florestans und Eusebius' Denk- und Dichtbüchlein hat er die Anschauungen und Urteile der drei aufgezeichnet. Man hat das Wort Meister Raros, daß der Verstand irre, das Gefühl aber nicht, gern als eine Maxime der romantischen Gei-

Franz Schubert (1797–1828), Robert Schumann (1810–1856), Felix Mendelssohn-Bartholdy (1809–1847), das Dreigestirn der deutschen Romantik. Form und Inhalt ihrer Werke sind das große Kompendium des deutschen romantischen Geistes.

steshaltung registriert. Sie ist es nur bedingt, und gerade Schumann hat den Bezirk des Gefühls in der Musik wesentlich eingeschränkt. »Man muß den Leuten aber nicht das Herz zeigen, ein allgemeiner Eindruck des Kunstwerkes tut ihnen besser, sie stellen dann wenigstens keine falschen Vergleiche an.«
Das auf diese Weise zwischen dem Komponisten und dem Hörer geschaffene Vakuum ist ein manieristischer Raum, der Distanz und Abwehr bedeutet. Schumann hatte ihn schon aufgerichtet, als er feststellte, daß er die Titel seiner scheinbar programmatischen Klavierstücke erst nachträglich, nach beendeter Komposition, hinzugefügt habe. Das könnte bedeuten, daß die ursprüngliche Idee mit dem später gefundenen Titel des Stückes nicht zusammenfallen müsse. Es wäre sogar möglich, daß uns Schumann mit Ironie getäuscht und in ein manieristisches Labyrinth der Deutungen geführt habe. So mußte Schumann bei aller Bewunderung für Berlioz auch dessen Programme, wenigstens deren Details, ablehnen, ebenso wie er das Programm der Pastoralsinfonie von Beethoven abgelehnt hat. In Schumanns Aufsatz über die »Phantastische Symphonie von Hector Berlioz« 1835 heißt es: »Es besitzt der Mensch eine eigene Scheu vor der Arbeitsstätte des Genius: er will gar nichts von den Ursachen, Werkzeugen und Geheimnissen des Schaffens wissen, wie

ja auch die Natur eine gewisse Zartheit bekundet, indem sie ihre Wurzeln mit Erde überdeckt.« Diese Gedanken könnte wohl auch der Maler Otto Runge vor seinen »Jahreszeiten« gehabt haben, die doch sicherlich ein romantisch-manieristisches Werk sind, welches den klassischen Goethe erschreckte.

Eine Eigenart des Manierismus war seine Freude an Rätsel- und Vexierbild-Spielen. So seien am Rande auch Schumanns Buchstabenspiele erwähnt, die, in Töne umgesetzt, ihn zu Motivbildungen angeregt haben. Auf diese Weise dient der Name einer jungen Mannheimer Pianistin zum Thema seiner Abegg-Variationen op. 1 (a – b – e – g – g), und im »Carnaval« op. 9 verwendet er a – es – c – h und es – c – h – a. Das erste Motiv nennt den Heimatort von Schumanns erster Verlobten Ernestine von Fricken und die musikalisch verwendbaren Buchstaben seines eigenen Namens. »Scènes mignonnes sur quatre notes« hat er den Carnaval im Untertitel genannt.

Um Schumann einen Manieristen zu nennen, bedarf es mehr der Kenntnis seiner Schriften als der seiner Musik. Die Ästhetik der Romantik spricht sich im allgemeinen stärker in ihrer Literatur als in den hör- und sichtbaren Künsten aus. Literarisch ist Schumann eine manieristischere Persönlichkeit als in seiner Musik. Er wäre es nicht ohne den Dichter Jean Paul Friedrich Richter geworden, der sich Jean Paul nannte. Seinen manieristisch-krausen, formlosen Einfällen hat Schumann musikalisches Leben und musikalische Form gegeben. Keineswegs waren sie ihm Programme. »Man irrt sich gewiß, wenn man glaubt, die Komponisten legten sich Feder und Papier in der elenden Absicht zurecht, dies oder jenes auszudrücken, zu schildern und zu malen« (Schumann in seinem oben erwähnten Aufsatz über Berlioz). Jeder dieser Äußerungen scheint das Werk Schumanns zu widersprechen: Es ist romantisch, es hat Wärme, Nähe, Gefühl und Ausdruck.

Der Zwiespalt, an dem Schumann zerbrochen ist, ist nicht der zwischen Klassik und Romantik gewesen. Es war der Widerspruch zwischen literarischem Wollen und musikalischem Können. Aller Manierismus ist lebensfeindlich. Er hat das Werk Schumanns, das blühend begann, erstarren lassen. Felix Draesekes Bemerkung, daß Schumann als Genie begonnen hat, um als Talent zu enden, könnte man modifizieren: Schumann hat als Romantiker angefangen, um als Manierist zu enden. Schumanns Auseinandersetzung mit der Klassik war für ihn viel weniger quälend. Um die klassische Form hat er kaum ringen müssen, sie war ihm in gleicher Weise wie die Fuge Bachs noch gegenwärtig. Daß Schumann andererseits der großen Form oft nicht bedurfte, da er ein Meister der kleinen, fast aphoristischen Form war, ist eine andere Sache und hat mit dem Verhältnis zu Klassik oder Romantik wenig zu tun. Kein Werk ist bezeichnender für die Verschmelzung klassischer Form und romantischen Ausdrucks als Schumanns Klavierkonzert in a-Moll op. 54. Es ist ein »Mittelding zwischen Sinfonie, Konzert und großer Sonate«, und im Hinblick auf den Ausdruck heißt es: »kein Konzert für den Virtuosen, ich muß auf etwas anderes sinnen.« Letzteres schrieb Schumann seiner Braut und späteren Gattin Clara Wieck, die das Konzert 1845 in Dresden mit Ferdinand Hiller als Dirigent, dem es gewidmet ist, aus der Taufe hob.

Mit Mendelssohns Violinkonzert gehört Schumanns Klavierkonzert zu den reinsten und ausgewogensten Eingebungen ihrer Zeit, Eingebungen, »von denselben unsichtbaren Händen getragen, wie die ›goldenen Eimer‹, von denen Goethe irgendwo spricht« (Schumann). Vieles haben diese Eimer aus den Seelentiefen eines »Schwärmers, Träumers und Grüblers« (Schumann über sich selbst) geschöpft: An erster Stelle die überquellende Fülle der Liedergruppen und Lieder, soweit sie vor op. 50 liegen, darunter die Zyklen »Dichterliebe« (Heinrich Heine), »Frauenliebe und Leben« (Chamisso) und der »Liederkreis« (Eichendorff); »Carnaval« op. 9, die Kinderszenen op. 15, die er für seine Braut Clara geschrieben hat, die Kreisleriana op. 16 und die Franz Liszt gewidmete C-Dur-Fantasie op. 17. Aber auch der 3 Klaviersonaten, der 3 Streichquartette, der 3 Klaviertrios, der 3 Violinsonaten, des Klavierquartetts und der 4 Sinfonien sei gedacht. Nicht zu vergessen seien die Vokalwerke mit Orchester: »Paradies und Peri«, Szenen aus Goethes »Faust«, das Melodram »Manfred« nach Byron, »Der Rose Pilgerfahrt« und viele andere mehr. Erscheint manches der Werke nicht mehr so mühelos und frei geboren, so trägt die Schuld daran das Werk Beethovens, das für Schumann Verpflichtung und Verantwortung zu bedeuten schien. Da andererseits der Manierismus seinem Wesen nach undramatisch ist, so ist Schumanns einzige abseitige Oper »Genoveva« ein undramatischer Sonderfall geblieben.

Mendelssohn schätzte an Schumann nur den Kritiker, und Chopin, den Schumann gegen heftige Angriffe der Kritik in dem ersten Aufsatz seiner »Neuen Zeitschrift für Musik« mit den Worten »Hut ab, ihr Herren, ein Genie!« begeistert begrüßt hatte, ließ im Unterricht keine Note von Schumann spielen. Schumann hatte als junger Mensch den Davidsbund als eine Gemeinschaft von gleichgesinnten und gleichgestimmten Musikern gegründet. Ihm gehörten unter anderen auch Mendelssohn, der Klavierkomponist und Pianist Stephan Heller und der Volksliedforscher und Komponist Zuccalmaglio an. Vereinigungen und Geheimbünde Gleichgesinnter, die, abgesondert von den anderen – heute würde man sagen, von der Masse – ihren eigenen Gedanken und geistigen Zielen nachgingen, gehören zum Bilde der Romantik.

Im letzten Satz des »Carnaval« nennt Schumann die Absicht seines Bundes: »Marche des Davidbündler contre les Philistins.« Den Philistern, die die Virtuosen und die leichte Salonmusik liebten, aber auch dem Geschäftstheater Meyerbeers galt der Kampf, der im Namen Bachs und Beethovens geführt wurde. Es kennzeichnet die Persönlichkeit Schumanns, daß er nicht nur durch seine Musik, sondern auch durch das Wort streiten wollte. 1834 gründete er die »Neue Zeitschrift für Musik«, um »an die alte Zeit und ihre Werke mit allem Nachdruck zu erinnern. Dieses Blatt sollte auch die letzte Vergangenheit (die nur auf Steigerung äußerlicher Virtuosität ausging) als eine unkünstlerische bekämpfen und endlich eine neue poetische Zeit vorbereiten und beschleunigen helfen...«

> »Die allein,
> Die nur ein lustig Spiel, Geräusch der Tartschen
> Zu hören kommen, oder einen Mann
> Im bunten Rock mit Gold verbrämt zu sehen,
> Die irren sich«

war der Vers, den Schumann, Shakespeares »Heinrich VIII.« entnommen, als Motto der ersten Nummer seiner Zeitschrift mit auf den Weg gegeben hat.

In gleicher Weise wie das Werk ist auch Schumanns Leben kein

»lustig Spiel« gewesen. Er wurde am 8. Juni 1810 in Zwickau in Sachsen als Sohn eines Buchhändlers geboren. Eine frühe literarische und musikalische Tätigkeit wurde durch den Tod seines Vaters 1826 unterbrochen. Schumann nahm auf Wunsch der Mutter die Juristerei als Brotstudium in Leipzig und Heidelberg auf. In der Neckarstadt traf er den bedeutenden Rechtsgelehrten Justus Thibaut (1774–1840), der als Musikdilettant mit einem Privatchor alte A-cappella-Musik pflegte. Dadurch leistete er auf seine Weise einen Beitrag zur Erneuerung der katholischen Kirchenmusik aus dem Geiste Palestrinas – der von den Päpsten geförderte Cäcilienverein wurde 1868 gegründet –, nicht zuletzt auch durch eine Schrift »Über Reinheit der Tonkunst«. Von dieser sagt Schumann in seinen »Haus- und Lebensregeln«: »Lies sie oft, wenn du älter wirst.«
Paganinis Spiel brachte für Schumann endlich die Entscheidung: Er wurde Musiker. In Leipzig nahm er seit 1830 Klavierunterricht bei Friedrich Wieck (1785–1873), der sich als Gründer einer Klavierfabrik und als Klavierpädagoge in dieser Stadt einen Namen gemacht hatte. Die Liebe Schumanns zu der um neun Jahre jüngeren Clara Wieck, die schon damals eine hervorragende Pianistin war, führte zu dem unglücklichen Kampf der beiden gegen den Vater. Erst 1840 erhielten die Verlobten durch gerichtlichen Beschluß die Heiratserlaubnis. Schumann hatte inzwischen die Pianistenlaufbahn durch eine selbstverschuldete Lähmung des rechten Zeigefingers aufgeben müssen. Er wurde Kritiker und Komponist. Seine »Neue Zeitschrift für Musik« entwickelte sich rasch und günstig, bis er sie nach elf Jahren Franz Brendel überlassen mußte, der sie zu einem Hauptblatt der revolutionären neudeutschen Schule machte.
Ein Versuch Schumanns, in Wien Fuß zu fassen, schlug fehl. 1843 berief Mendelssohn Schumann nach Leipzig an das neugegründete Konservatorium als Lehrer für Partiturspiel. Aber schon 1845 siedelte Schumann mit seiner Gattin, die inzwischen auf ausgedehnten Konzertreisen europäischen Ruhm erworben hatte, nach Dresden über. Hier wurde Schumann 1847 als Nachfolger Ferdinand Hillers, der nach Düsseldorf ging, Liedmeister der Liedertafel. 1850 übernahm er, wiederum als Nachfolger Hillers, der einem Ruf nach Köln folgte, in Düsseldorf die Stellung des Städtischen Musikdirektors. Dort verschlechterte sich sein Gesundheitszustand, der schon

mehrfach zu nervösen Zusammenbrüchen geführt hatte, mehr und mehr. Bereits 1853 mußte Schumann die Leitung der städtischen Konzerte aufgeben. 1854 sprang er in einer Karnevalsnacht in geistiger Umnachtung in den Rhein. Am 29. Juli 1856 starb Robert Schumann in der Nervenheilanstalt Endenich bei Bonn.

Johannes Brahms

Was Schumann zum Manieristen werden ließ, war die Haltlosigkeit der Romantikergeneration der Tradition gegenüber. Johannes Brahms verband die Romantik nicht nur mit der Klassik, sondern auch mit der Handwerkstradition des 16. und 17. Jahrhunderts. Das Werk Brahms' steht daher auf einem festen Grund. Der romantische Windhauch, der wie eine Äolsharfe in den Zweigen spielt, vermag den Stamm nicht zu erschüttern.

Im Jahre 1853 hatte Robert Schumann in der »Neuen Zeitschrift für Musik« in einem Aufsatz auf »ein junges Blut« aufmerksam gemacht, »an dessen Wiege Grazien und Helden Wache hielten. Er heißt Johannes Brahms, kam von Hamburg, dort in dunkler Stille schaffend, aber von einem trefflichen und begeistert zutragenden Lehrer gebildet... Er trug, auch im Äußeren, alle Anzeichen an sich, die uns ankündigten: das ist ein Berufener. Am Klavier sitzend, fing er an, wunderbare Regionen zu enthüllen... Seine Mitgenossen begrüßen ihn bei seinem ersten Gang durch die Welt, wo seiner vielleicht Wunden warten werden, aber auch Lorbeeren und Palmen; wir heißen ihn willkommen als starken Streiter.«

Johannes Brahms wurde am 7. Mai 1833 in Hamburg als Sohn eines armen Kontrabassisten geboren. Er erhielt Klavierunterricht bei dem Musiker Ed. Marxsen und wurde als Klavierbegleiter des ungarischen Violinisten Reményi von Joseph Joachim entdeckt. Dieser empfahl den jungen Brahms an Robert Schumann nach Düsseldorf. Nach dem Tode Schumanns ordnete er, mit Clara Schumann befreundet, dessen Nachlaß, ging als Hofmusikdirektor nach Detmold, leitete in Hamburg einen Frauenchor und siedelte 1862 nach Wien über. Kurze Zeit leitete er hier die Singakademie und von 1872 bis 1875 die Konzerte der Gesellschaft der Musikfreunde. Als freier Künstler lebte er hochgeehrt in seiner Wahlheimat (man verlieh Brahms den Ehrendoktortitel der Universität Breslau und ernannte ihn zum Mitglied des Ordens pour le mérite und der Preußischen Akademie der Künste), wo ihn ein bewundernder Freundeskreis umgab – darunter der Begründer der modernen Chirurgie, Theodor Billroth, und der Musikkritiker, Universitätsprofessor und Hofrat Eduard Hanslick, neben Clara Schumann auch Elisabeth von Herzogenberg. Reisen nach Zürich, an den Thuner See und nach Italien haben seinem Leben Weite gegeben. Er starb am 3. April 1897 in Wien.

1860 hatte Brahms seinen Namen unter eine Erklärung gesetzt, die sich gegen eine Behauptung in der von Brendel herausgegebenen »Neuen Zeitschrift für Musik« richtete, nach der alle bedeutenden Musiker der Zeit »Zukunftsmusiker« wären, daß sie sich also zu der Weimarer Liszt-Wagner-Partei bekannt hätten. Die »Erklärung« dazu lautet: »Die Unterzeichneten haben längst mit Bedauern das Treiben einer gewissen Partei verfolgt, deren Organ die Brendelsche Zeitschrift für Musik ist. Die genannte Zeitschrift verbreitet fortwährend die Meinung, es stimmten im Grunde die ernsten strebenden Musiker mit der von ihr vertretenen Richtung überein, erkennten in den Kompositionen der Führer eben dieser Richtung Werke von künstlerischem Werth, und es wäre überhaupt, namentlich in Norddeutschland, der Streit für und wider die sogenannte Zukunftsmusik u. zw. zu Gunsten derselben ausgefochten. Gegen eine solche Entstellung der Thatsachen zu protestieren, halten die Unterzeichneten für ihre Pflicht und erklären wenigstens ihrerseits, daß sie die Grundsätze, welche die Brendelsche Zeitschrift ausspricht, nicht anerkennen, und daß sie die Produkte der Führer und Schüler der sogenannten ›Neudeutschen‹ Schule, welche theils jene Grundsätze praktisch zur Anwendung bringen und theils zur Aufstellung immer neuer unerhörter Theorien zwingen, die dem innersten Wesen der Musik zuwider, nur beklagen und verdammen können. Johannes Brahms. Joseph Joachim. Jul. Otto Grimm. Bernh. Scholz.«

In diesem Schriftstück, so ungeschickt es ist, stoßen Modernität und Tradition aufeinander. Dem Hüter der Tradition, Brahms, stand Richard Wagner gegenüber, der ausrief: »Kinder, schafft Neues!« Die sogenannten Neudeutschen, mit denen man ursprünglich vor allem Liszt und Wagner meinte, gingen in der Musik von der poetischen Idee, von Stimmung und Empfindung aus. Brahms wollte dasselbe wie der von ihm geliebte Anselm Feuerbach in der Malerei: Anknüpfungen und Beziehungen zur Vergangenheit. Suchte Feuerbach diese in der Antike, so suchte Brahms eine Verbundenheit zum alten und ältesten Volkslied, liebte die hohe Kunst der Polyphonie des 16. und 17. Jahrhunderts und verehrte Bach, Händel, Haydn und vor allen immer wieder Beethoven.

Wie Liszt (außer einem Jugendwerk) hat Brahms keine Opern geschrieben. Wie verschieden aber sind die Gründe: bei Brahms, trotz ständiger Bemühungen um einen Operntext, die Scheu vor der Darstellung, auch der Selbstdarstellung, die die Oper verlangt; während Liszt gerade das Unvermögen der Oper zur Ekstase, der das Klavier und das Orchester fähig schienen, abschreckte. Mit anderen Worten, das, was die Neudeutschen herausstellten, nämlich Idee, Programm und Empfindung, wollte Brahms verbergen. Den Äußerungen der durch das Programm bedingten Freiheit setzte er die Form entgegen, nicht nur die klassische, sondern formale Gebundenheit, das heißt formale Beziehungen der Teile in jedem Falle.

In seinem Freunde Eduard Hanslick fand er den Mann, der Brahms' eigene unabänderliche Anschauungen ästhetisch und musikwissenschaftlich begründete und verfocht. In seiner Schrift »Vom Musikalisch Schönen, ein Beitrag zur Revision der Ästhetik der Tonkunst« (1854) sprach Hanslick den Inhalt der Musik »als ein Spiel tönend bewegter Formen« an. »Das Schöne hat überhaupt keinen Zweck, denn es ist bloße Form«, heißt es gleich am Anfang der Schrift. Dabei hat Hanslick das Gefühl in der Musik keineswegs geleugnet, nur konnte er es nicht als das einzige musikalische Gesetz ansehen, »denn die Schönheit eines Tonstückes ist spezifisch musikalisch«. Richard Wagner, der Hanslick tief haßte, trug sich ursprünglich mit dem Gedanken, seinen Beckmesser in den »Meistersingern von Nürnberg« Hans Lick zu nennen.

Hanslick sieht das Problem Wagner in seiner Autobiographie »Aus meinem Leben« von höherer Warte: »Ich habe Wagner nie um Kleinigkeiten willen angegriffen... An eine bedeutende Erscheinung mit dem Maßstab formeller Korrektheit... heranzutreten, liegt mir gänzlich fern. Ich habe gegen Wagners Musikdramen immer nur große Gesichtspunkte, nur fundamentale Forderungen der Tonkunst geltend gemacht. Was ich ihm vorwarf, ist die Vergewaltigung der Musik unter das Wort, die Unnatur und Übertreibung des Ausdrucks, die Vernichtung des Sängers, die Verdrängung der Gesangsmelodie durch deklamatorisches Rezitieren, die lähmende Monotonie und maßlose Ausdehnung, endlich den musikalischen Stelzengang seiner, jedes feinere Sprachgefühl verletzenden Diktion. Wenn ich Details hervorhob, so geschah es im Gegenteil meist in lobendem, nicht in bemängelndem Sinne. Solche Kritik ist, wie ich glaube, alles andere als Beckmesserisch.« Was Brahms von seiner Stellung als Haupt der Antiwagnerianer hielt, geht aus seinen Worten zu Richard Specht hervor: »Nietzsche hat einmal behauptet, daß ich nur durch einen Zufall berühmt geworden sei: Ich sei von der Antiwagner-Partei als Gegenpapst nötig gebraucht worden. Das ist natürlich Unsinn, ich bin keiner, der dazu taugt, an die Spitze irgendeiner Partei gestellt zu werden, denn ich muß meinen Weg allein und in Frieden gehen und hab' ihn auch nie einem anderen gekreuzt.«

Hanslick, der Brahms durchaus nicht immer gelobt hat, schätzte an der Musik des Freundes »den männlichen starken, gesunden Geist, der in schöner Mischung mit innigem, nicht allzu weichem Gemüt den Grundzug aller späterer Werke bestimmt«. Wenn auch diese und andere Deutungen der Persönlichkeit und Musik Brahms' subjektiv bleiben müssen, so steht musikgeschichtlich gesehen fest, daß die Zukunft nicht den Neudeutschen, sondern Brahms recht gegeben hat. Nach einer Epoche, in der die Ausdrucksmusik der Neudeutschen noch einmal chromatische und tonalitätsauflösende Triumphe feiern konnte, hat die Musik unseres Jahrhunderts mit Max Reger, Paul Hindemith, aber auch Arnold Schönberg und Anton Webern das Erbe Brahms' angetreten. Es ist das Erbe des musikalischen Zusammenhangs. Brahms übernimmt die Idee von Beethoven. Zu dessen thematisch-motivischer Arbeit fügt er einen weiteren Formbegriff hinzu, den das 19. Jahrhundert besonders kultivierte: die Variation. Aus beidem gewinnt die Brahmssche Musik die »Festigkeit«, zu der der Bach-Biograph Spitta dem Komponisten geraten hatte. Der Weg Brahms' zu Bach führte schließlich zu den gleichen Resultaten. Die Variation bei Brahms ist jedoch nicht nur eine Form, sondern ein Prinzip. Auch dort, wo nicht Variationen, das heißt eine gegliederte Abfolge von Veränderungen, vorliegen, wird durch ständige Variation des thematischen Materials eine innere Variation eingeleitet und durchgeführt. Hat man diese Manier als Grundprinzip der Brahmsschen Musik erkannt, so nimmt es nicht wunder, daß Brahms sich wesentlich in den Instrumentalformen in Sinfonie, Kammermusik und Klaviermusik aussprechen mußte und ausgesprochen hat. Für seinen Vokalstil fand er einen anderen Anknüpfungspunkt: die Polyphonie des 16. Jahrhunderts und Joh. Seb. Bach. Brahms' Hinweis auf Bach ist wichtiger als jeder andere Beitrag der Bach-Renaissance des 19. Jahrhunderts, weil er von innen, vom Werke selbst herkam. Dazwischen liegen die Lieder, die romantisch im manieristischen Sinne Schumanns sind, das Gefühl eher verbergend als offenbarend und in gleicher Weise der kleinen Form wie bei Schumann verpflichtet. (Brahms hielt das Strophenlied für die höchste Form.) Es ist bezeichnend, daß die Lieder Brahms' keineswegs alle den Beifall Hanslicks gefunden haben.

Mit seiner Lehre vom musikalischen Zusammenhang (Variationsprinzip) und von der Vokalpolyphonie der Alten reicht Brahms bis in unsere Gegenwart; man kann sagen, er hat diese bauen helfen. Über den Zusammenhang schreibt Anton von Webern in seinen Vorträgen »Der Weg zur neuen Musik«: »Die Meister der Musik waren immer bestrebt, den Zusammenhang möglichst klar auszudrücken. Ein Mittel dazu war die Tonalität. Ein anderes war durch die Mehrstimmigkeit gegeben ... mit der homophonen Musik ist der thematische Zusammenhang gekommen, aber eigentlich ist die Fuge ja auch schon thematisch ... Ausbildung des Zusammenhanges bei Brahms, Mahler, Schönberg. Dieses Streben nach Zusammenhang, nach Beziehungen, führt von selbst zu einer Form, die die Klassiker häufig gepflegt haben und die bei Beethoven eigentlich überwiegend geworden ist: zur Variationenform. – Ein Thema ist gegeben. Es wird variiert. – In diesem Sinne ist die Variationsform eine Vorläuferin der Kompositionen in zwölf Tönen ... Jetzt sehen Sie schon, wohin ich da hinaus will. – Goethes Urpflanze: die Wurzel ist eigentlich nichts anderes als der Stengel, der Stengel nichts anderes als das Blatt, das Blatt wiederum nichts anderes als die Blüte: Variationen desselben Gedankens.«

Arnold Schönberg hat das Klavierquartett op. 25 in g-Moll von Brahms für Orchester bearbeitet. In einem Brief an Mr. Alfred V.

Frankenstein vom 18. März 1939 spricht er sich darüber aus: »Ich bin seit fast fünfzig Jahren mit dem Stil von Brahms und seinen Prinzipien gründlich bekannt. Ich habe viele seiner Werke für mich selbst und mit meinen Schülern analysiert. Ich habe als Violaspieler und Cellist dieses und viele andere Werke oft gespielt: ich wußte daher, wie es klingen soll. Ich hatte nur den Klang auf das Orchester zu übertragen und nichts sonst habe ich getan.«

Wie weit Brahms auch im Bereich der Tonalität in Neuland vorstößt, stellt Anton von Webern an Brahms' »Parzenlied« fest. »Ein Beispiel, das Sie im höchsten Grad frappieren wird, ist der Schluß des ›Parzenliedes‹ von Brahms. Es ist erstaunlich, was an Kadenzen darin vorkommt, und wie weit es durch seine ganz merkwürdigen Harmonien schon von der Tonalität entfernt ist.« Max Regers Erkenntnis, daß jeder Akkord in jeder Tonart möglich sei, und Paul Hindemiths Akkordtabelle, die jeden Zusammenklang (nicht nur den in Terzen aufgebauten) als tonal möglich ansieht, sind in der Harmonik- und Tonalitätsanschauung Brahms' verankert, in der, wie Webern es formuliert hat, »eigentlich kein Grund mehr vorhanden, wieder in die Grundtonart zurückzukehren«.

Als Brahms aus persönlicher Haltung und Neigung die Vokalpolyphonie in sein Schaffen einbezog – die Motetten op. 29, op. 74, op. 110, achtstimmige Fest- und Gedenksprüche op. 109, das Deutsche Requiem op. 45 wie große Chorwerke: »Rinaldo« op. 50, die Alt-Rhapsodie op. 53, das Hölderlinsche »Schicksalslied«, Schillers »Nänie«, das »Triumphlied« u. a. –, führte er in der Musik ein zweites Barockzeitalter herauf. Die Konsequenzen dieses Stiles im Neubarock des 20. Jahrhunderts, das heißt einer Stilanlehnung an die Musik des 16. und 17. Jahrhunderts, sind unübersehbar gewesen. Einer der Mittler zwischen Brahms und unserer Gegenwart war Arnold Mendelssohn (geb. 1855 in Ratibor, gest. 1933 in Darmstadt), Sohn eines Vetters von Felix Mendelssohn-Bartholdy, der, in Darmstadt als Landeskirchenmusikdirektor wirkend, Lehrer von Paul Hindemith, Kurt Thomas und Günther Raphael wurde. Die Erneuerer der evangelischen Kirchenmusik (Ernst Pepping, Hugo Distler und viele andere) stehen in gleicher Weise wie die durch Paul Hindemith auf ein künstlerisches Niveau gehobene Sing- und Spielmusikbewegung auf den Schultern Brahms'.

Anders steht es mit den Brahmsschen Liedern; er komponierte über zweihundert. Seine Bindung an die Lieder Mendelssohns und Schumanns, seine manchmal echte, manchmal gesuchte Anlehnung an das alte Volkslied (als Folge der Bemühungen des 19. Jahrhunderts, das Volkslied als nationales Strandgut der Vergangenheit zu sammeln) haben seine Fortwirkungen in der Musikgeschichte des 20. Jahrhunderts eingeengt. Immerhin ist der Kreis der Nutznießer des Brahmsschen Liedes, zu dem außer Peter Cornelius, Gustav Mahler, Richard Strauss, Hans Pfitzner, Max Reger, Ottmar Schoeck, Yrjö Kilpinen und viele andere zählen, in der ihm folgenden Generation groß gewesen.

Brahms' erste Werke, die Schumann begeisterten, waren die drei Klaviersonaten op. 1, op. 2 und op. 5, ein Scherzo in es-Moll op. 4 und sechs Gesänge op. 3. Bedeutend ist der Beitrag Brahms' zur Kammermusik. Es entstanden drei Violinsonaten, zwei Cellosonaten, zwei Klarinettensonaten, drei Klaviertrios, das Horntrio, ein Klarinettentrio, drei Streichquartette, drei Klavierquartette, zwei Streichquintette, ein Klavierquintett, ein Klarinettenquintett, zwei Streichsextette, verschiedene Variationswerke für Klavier: über ein Thema von Robert Schumann in fis-Moll op. 9, über ein eigenes Thema op. 21 Nr. 1, über ein ungarisches Thema op. 21 Nr. 2, Variationen und Fuge über ein Thema von Händel op. 24, Variationen über ein Thema Paganinis op. 35, dazu Fantasien, Intermezzi, Balladen, Rhapsodien, Ungarische Tänze (vierhändig) und Walzer. Im Hinblick auf diese Fülle der Musik der kleinen Besetzung hat man Brahms zum Komponisten für Stube und Haus des gebildeten Bürgertums herabsetzen wollen, wobei der lyrische Grundzug der Werke sein übriges tat, um die heimelige Atmosphäre wachzuhalten. Nichts ist jedoch falscher als eine solche Behauptung. Brahms war ein Meister von hohem Können, der ein bürgerlich-unbürgerliches Leben geführt hat. Aber er war einer der Großen der Kunst, wenn man unter Größe nicht nur versteht, den Besten seiner Zeit genuggetan zu haben – wenn Größe nicht nur Nachleben, sondern Nachwirken ist. Dies unterscheidet die Stellung Brahms' in der Musikgeschichte von derjenigen der Neudeutschen, denen nach anfänglich großen Erfolgen die Zukunft den Rücken kehrte.

Das große Erbe Brahms' sind die vier Sinfonien in c-Moll op. 68, die Bülow »Beethovens Zehnte« genannt hat, »das neue liebliche Ungeheuer« der zweiten Sinfonie D-Dur op. 73, die »unnütze Sinfonie« F-Dur op. 90 (beides sind Brahmssche ironisch-bescheidene Charakterisierungen) und die vierte Sinfonie e-Moll op. 98 mit einer Chaconne als Schlußsatz. Diese Chaconne über ein achttaktiges Thema mit dreißig Veränderungen ist das Musikalische Opfer Brahms' für Johann Sebastian Bach. Zwei Klavierkonzerte, d-Moll op. 15 – unter dem Eindruck der Lebenskatastrophe Schumanns entstanden –, ein weiteres in B-Dur op. 83, das dem Geiger und Brahms' Freund Joseph Joachim gewidmete Violinkonzert op. 77, das Konzert für Violine und Violoncello op. 102, sowie die Variationen über ein Thema von Joseph Haydn für Orchester op. 56a runden das Vermächtnis Brahms' ab.

Dem Meister des »musikalischen Zusammenhanges« stehen die Meister des Klanges gegenüber: Richard Wagner, Franz Liszt, Anton Bruckner, Hugo Wolf, Richard Strauss und Gustav Mahler. Da aber der Klang in der Musik zugleich ihr Ausdruck ist, könnte man auch von den »Meistern des Ausdrucks« sprechen. Durch die Subjektivität ihres Ausdrucks, der ständig neuer Mittel zu seiner Darstellung bedurfte, haben sie die Bindung an die Tradition mehr und mehr aufgegeben.

Richard Wagner

Der Magier des Klanges im 19. Jahrhundert ist Richard Wagner gewesen. Th. Mann hat Richard Wagner einmal ein Genie genannt, das sich aus lauter Dilettantismus zusammensetzt. Dieses Wort würde auch im Hinblick auf den Klang in der Musik Richard Wagners seine Rechtfertigung finden: Zu aller Musik, die nicht durch Bindungen und Beziehungen den Geist anregen, sondern durch Klang ergötzen will, gehört eine gewisse Naivität dem Geistigen gegenüber, die ein Vorrecht des Dilettanten ist. Wagner wollte jedoch weit mehr erreichen. Er wollte nicht nur den Klang und die Oper, sondern auch die gesamte Kunstanschauung, schließlich sogar das Verhältnis des Menschen zu seiner geistigen, sozialen und politischen Umwelt reformieren und neu ordnen.

Über das Verhältnis Wagners zur Politik und den sozialen Span-

nungen seiner Zeit ist kein Wort zu verlieren. Hierin war er, Anhänger der Dresdener Barrikadenkämpfe von 1849 und der Lehren und Theorien des russischen Revolutionärs Bakunin, nun wirklich ein Dilettant. Auch über Wagners Kunstphilosophie sind wohl die Akten geschlossen. So bleibt der Dichter und Musiker Richard Wagner. Über den Dichter hat Eduard Hanslick in seinem Aufsatz über »Tristan und Isolde« den Stab gebrochen, vor allem über die Monotonie des Stabreims. Stabreim oder Alliteration bedeutet einen Gleichklang der gleichen Anfangskonsonanten mehrerer Worte: Wind und Wetter – oder bei Wagner »Winterstürme wichen dem Wonnemond«. Wagner nahm als Vorbild den Alliterationsvers der altgermanischen Dichtung, vielleicht hat ihn aber auch sein sächsischer Dialekt, der die Anfangskonsonanten gern verwischt und dadurch gleichlautend macht, dazu verführt. So bliebe der Musiker Richard Wagner.
Dieser ist allerdings bedeutend genug, obwohl er dies selbst am wenigsten erkannt hat. Überall strebt er über den Musiker hinaus. In seiner Schrift »Das Kunstwerk der Zukunft« (1850) schreibt er: »Das Meer trennt und verbindet die Länder; so trennt und verbindet die Tonkunst die zwei äußersten Gegensätze menschlicher Kunst, die Tanz- und Dichtkunst.« Zusammen bilden sie »den alliebenden Vater Drama«. Selbst die Sinfonie, die nach Ansicht Wagners ausgeklungen hatte, sollte in das Drama einbezogen werden: »Die letzte Sinfonie Beethovens ist die Erlösung der Musik aus ihrem eigensten Elemente heraus zur allgemeinsamen Kunst. Sie ist das menschliche Evangelium der Kunst der Zukunft. Auf sie ist kein Fortschritt möglich, denn auf sie unmittelbar kann nur das vollendete Kunstwerk der Zukunft, das allgemeinsame Drama, folgen, zu dem Beethoven uns den künstlerischen Schlüssel geschmiedet hat.« Das allgemeinsame Drama, die Verbindung von Musik und Drama, ist nach Wagners Anschauung das einzige noch gültige Kunstwerk der Zukunft. Der Anspruch, der heute anmaßend scheint, erklärt sich jedoch nicht nur durch die Persönlichkeit Wagners, sondern findet seine Rechtfertigung durch die universalistischen Tendenzen des 19. Jahrhunderts im allgemeinen.
Wagner hat sich den Kampf um sein Ideal nicht leicht gemacht. In einem Brief an Mathilde Wesendonck vom 3. Oktober 1858

schreibt er: »Ein recht schweres Leben habe ich doch! Wenn ich denke, welchen ungeheuren Aufwand von Sorge, Ärger und Qual ich brauche, um mir von Zeit zu Zeit nur etwas Muße zu verschaffen, möchte ich mich eigentlich schämen, auf diese Weise mich dem Dasein immer noch aufzudrängen, da mich die Welt, genau genommen, doch eigentlich nicht will. So immer und ewig im Kampf für die Herbeischaffung des Nötigen zu sein, oft ganz lange Zeitperioden gar nichts anderes bedenken zu dürfen, als wie ich es anzufangen habe, um für eine kurze nächste Zeit mir Ruhe nach außen und das Erforderliche für das Bestehen zu erschwingen und hierzu so ganz aus meiner eigentlichen Gesinnung treten zu müssen. Denjenigen, durch die ich mich versorgen will, ein ganz anderer erscheinen zu müssen als ich bin –, das ist doch eigentlich empörend; und dazu muß ich gemacht sein, wie kein anderer, um das so recht einzusehen. Alle diese Sorgen stehen demjenigen so gut und natürlich an, dem eben das Leben Selbstzweck ist und der in der Sorge für die Herbeischaffung des Nötigen gerade die Würze für den imaginären Genuß des endlich Beschafften findet ... Daß jemand einmal das Leben nicht als Selbstzweck ansieht, sondern als unerläßliches Mittel für einen höhern Zweck, wer begreift das so recht innig und klar? – Es muß mit mir doch eine eigene Bewandtnis haben, daß ich das alles nun so lange schon und namentlich jetzt immer noch aushalte.«

Der »höhere Zweck« erklärt Wagners Leben und Werk. Als Sohn eines Polizeiaktuars am 22. Mai 1813 in Leipzig geboren, wuchs Richard nach dem frühen Tode seines Vaters bis zu seiner Konfirmation unter dem Namen seines Stiefvaters, des Schauspielers Ludwig Geyer, auf. Richard Wagner besuchte die Kreuzschule in Dresden (die Familie war dahin übergesiedelt), später das Nikolaigymnasium wieder in Leipzig und studierte Musik bei dem dortigen Thomaskantor Theodor Weinlig (1830). In dieser Zeit entstanden seine Instrumentalwerke, denen er später keine weiteren folgen ließ: die Klaviersonaten, vier Ouvertüren, sieben Stücke zu Goethes »Faust«, eine Chorkantate und eine Sinfonie in C-Dur. Sein großes Vorbild in dieser Zeit war Beethovens 9. Sinfonie, von der Wagner eine Klavierbearbeitung anfertigte. Auch die folgenden Jahre der ersten Bühnentätigkeit Wagners – 1833 in Bamberg als Chordirek-

tor und Korrepetitor und 1834 in Magdeburg (es entstanden die Opern »Die Feen« nach Gozzi und »Das Liebesverbot« nach Shakespeares »Maß für Maß«) – sind nur Jahre des Lernens, ohne daß sich Wagner über das Niveau eines tüchtigen Theaterkapellmeisters und Komponisten erhebt. Die weiteren Wanderjahre und -orte führten zur Klärung von Persönlichkeit und Werk. Im Jahre 1836 folgte er, ohne ein Engagement zu haben, der schönen Schauspielerin Minna Planer, seiner späteren Gattin, nach Königsberg. In Riga wurde ihm 1837 eine Stellung als Kapellmeister des Stadttheaters angeboten, die er jedoch aufgab, als man ihm einen ersten Kapellmeister vorsetzte. Sein weiterer Weg führte ihn nach Paris, wo er sich kümmerlich als Kritiker und mit Arrangements fremder Musik durchschlagen mußte. Hier beendete Wagner die Oper »Rienzi« und dichtete und komponierte seinen »Fliegenden Holländer«, dessen Stoff er einer Erzählung Heinrich Heines entnahm. Es kam jedoch zu keiner Aufführung, und endlich faßte Richard Wagner den Entschluß, nach Deutschland zurückzukehren. Heinrich Heine schreibt dazu: »Welch traurige Erfahrungen mußte Herr Richard Wagner machen, der, endlich der Sprache der Vernunft und des Magens gehorchend, das gefährliche Projekt, auf der französischen Bühne Fuß zu fassen, klüglich aufgab und nach dem deutschen Kartoffelland zurückflatterte.«
Nach einer triumphalen Aufführung des »Rienzi« 1842 und des von Meyerbeer auch nach Berlin empfohlenen »Fliegenden Holländer« 1843 in Dresden erhielt Richard Wagner die Stelle eines Dresdener Hofkapellmeisters als Nachfolger des verstorbenen Italieners Rastrelli. Für das Reisegeld nach Dresden hatte Wagner den Text seines »Holländer« an die Pariser Oper verkauft. Ein anderer »Fliegender Holländer« von Peter Ludwig Dietsch war in Paris, wie Heine berichtet, »seitdem traurig gescheitert«. Ist es im »Rienzi« noch der Klang Spontinis (Triumphmarsch) und Meyerbeers, dem Wagner folgt, so scheint doch, wie Berlioz vermerkt, die Partitur des »Fliegenden Holländer« bemerkenswert »durch ein dunkles Kolorit und gewisse Sturmeffekte, die auch der Gegenstand vollkommen motiviert«. Wagner fand im »Holländer« seinen aus Realistik und Pathetik gemischten Klang. Die Einheitlichkeit dieser Klangvorstellung verwischt die formalen Grenzen der bisherigen

Opernform. Der »Holländer« ist zwar noch eine Nummernoper, bestehend aus Arien, Duetten, Ensembles und Chören, aber die Grenzen werden fließend. Der dramatisch-drängende Strom ist stärker als die gliedernde Form.
Wagners zukünftig durchkomponierte Opern haben nicht die Form, die Alfred Lorenz auf Grund von großen Tonartenflächen in sie hineingesehen hat. Sie werden durch einen ständigen Klangfluß getrieben – keineswegs durch eine »unendliche Melodie« – und erreichen gerade dadurch ihre gleichsam natürliche, dramatische Gewalt. Daran ändern auch die Leitmotive nichts. Wagners Leitmotive – die Wiederkehr gleicher Melodien und Rhythmen an Gleiches darstellenden oder ausdrückenden Stellen der Handlung – sind nicht so sehr formale Bindeglieder, als klangliche Ostinatobildungen, die der Klangentfaltung immer neue Impulse geben. Auf diese Weise entsteht etwas Großartiges: eine kathedralenhafte Entfaltung des Klanges, die eine Parallele in der Vokalpolyphonie der venezianischen Mehrchörigkeit des 16. Jahrhunderts, allerdings bei geringerer Ausdehnung in Zeit und Raum, gehabt hat.
Im universalistischen Denken und im großformatigen Gestalten ist Wagner ein Sohn seines Jahrhunderts. Die Konsequenz, sich nicht nur seinen eigenen Klang, sondern im Festspielhaus in Bayreuth auch seinen eigenen Klangraum zu schaffen, ist seine eigenste, bewundernswerte Leistung.
Als Kapellmeister in Dresden erwarb sich Richard Wagner Ruhm durch die Aufführung der Opern Glucks (Bearbeitung der »Iphigenie in Aulis«) und der 9. Sinfonie Beethovens. 1845 ging »Tannhäuser« oder »Der Sängerkrieg auf der Wartburg« als Uraufführung über die Dresdener Bühne. Ein Chorwerk mit Orchester, »Das Liebesmahl der Apostel«, zeigt Wagners Bemühungen um einen Chorsatz der großen Klangflächen.
Als Wagner am Maiaufstand 1849 in Dresden teilnahm, verlor er die Stellung. Sozialistische Aufsätze und sein »Entwurf eines Nationaltheaters des Königreichs Sachsens« hatten durch kommunistische Ideen zu einer Verstimmung bei Hofe geführt. Wagner entzog sich der Verhaftung durch die Flucht. Sie führte ihn zu Liszt nach Weimar und später nach Zürich, wo er in dem Kaufmann Otto Wesendonck einen Freund und Gönner fand. Eine künst-

lerische Rechenschaft und Bestandaufnahme fand ihren Niederschlag in den Schriften »Die Kunst und die Revolution« 1849, »Das Kunstwerk der Zukunft« 1850, »Oper und Drama« 1851 und »Eine Mitteilung an meine Freunde, Autobiographisches und Autokritisches« 1851. 1853 beendete Wagner den Text des »Ring des Nibelungen«. In ihm hatte er die neue Idee seines Musikdramas zum ersten Male klar erkannt. In einer frühen Schrift Wagners, »Pasticcio«, heißt es: »Das Wesentliche aller dramatischen Kunst beruht darauf, das innere Wesen aller menschlichen Handlungen, die Idee, aufzufassen und darzustellen.« War Wagners Jugendidee die der Sturm-und-Drang-Romantik, wie sie in der Literatur das »Junge Deutschland«, Grabbe, Büchner und so weiter vertraten, so hatte er sich in Paris »von diesen Fratzen, die nur Leichengestalten sind«, von der deutschen Romantik abgewandt. Der Pariser Mißerfolg führte ihn an das deutsche Volksherz zurück. Aber erst während seines ersten Schweizer Aufenthaltes kam ihm nach langwierigen Auseinandersetzungen mit geschichtlichen Stoffen (Jesus von Nazareth, Siegfried) und mit einem orientalisch-buddhistischen Drama, »Der Sieger«, die Klarheit, wo die neue Idee für eine deutsche Oper zu suchen sei: nämlich in der »Weltgeschichte aus der Sage«, wie eine schon 1848 geschriebene Studie »Die Nibelungen« im Untertitel hieß.

Im Jahre 1850 hatte Freund Liszt in Weimar den »Lohengrin« zur Uraufführung gebracht. Die durch die Hinneigung zu Mathilde Wesendonck, der Gattin seines Züricher Mäzens, sich entzündende Leidenschaft Wagners fand ihre künstlerische Bändigung in der Oper »Tristan und Isolde«, die 1859 in Venedig und Luzern vollendet wurde. Das Jahr 1860 brachte den Mißerfolg des »Tannhäuser« in Paris, obwohl Napoleon III. selbst die Aufführung befohlen hatte. Als eine politische Amnestie die Einreise nach Deutschland wieder ermöglichte, ging Wagner nach Karlsruhe und Wien. In beiden Städten war sein »Tristan« zur Aufführung angenommen worden. 1862 schrieb er in Biebrich bei Wiesbaden an den »Meistersingern«, eine Arbeit, die durch eine Konzertreise nach Prag und Petersburg unterbrochen und 1863 in Wien fortgesetzt wurde.

Ob bewußt oder unbewußt – Wagner hat sich in seinen Opern

immer in einem Gegensatzpaar ausgesprochen: die Feen – Liebesverbot, Rienzi – Holländer, Tannhäuser – Lohengrin, Tristan – Meistersinger. Wenn diese Gegensätze auch mehr solche des Stoffes sind, so ist der Gegensatz zwischen »Tristan« und »Meistersinger« vor allem auch ein musikalischer. Chromatik steht gegen den Dreiklang: Die »Tristan«-Chromatik ist daher im Schaffen Wagners nicht eine erreichte Stufe, sondern ein gewähltes, für den spezifischen Ausdruck als richtig erkanntes Prinzip. So ist auch die Tonalitätsverschleierung des »Tristan«-Vorspieles keine Wasserscheide zwischen Tonalität und Atonalität, sondern das Ergebnis der Arbeit eines mit Hilfe der Chromatik gestaltenden Komponisten auf dem Höhepunkt einer ich-bezogenen Ausdrucksmusik. Als diese ist die Musik des »Tristan« allerdings ein Wendepunkt. Seit diesem Werk mußten sich die Geister der ausdrucks- und der formbezogenen Musikauffassung trennen. Für die Tonalität war der »Tristan« nur ein Warnsignal, allerdings ein weithin hörbares. »Was wird das für eine Musik«, schrieb Wagner, als er am zweiten Aufzug arbeitete, »ich könnte mein ganzes Leben nur noch an dieser Musik arbeiten. Oh, es wird tief und schön ... so etwas habe ich denn doch noch nicht gemacht, aber ich gehe auch ganz in dieser Musik auf ... ich lebe ewig in ihr.« Um so bewundernswerter ist sein Heraustritt aus der ihm eigenen Welt der Empfindung und der chromatischen Kompositionsweise in die Klarheit und Helle der Meistersinger-Partitur. Der Rückgriff auf die Polyphonie gibt dem Werk auf Grund einer hohen Handwerkskunst einen weiten räumlichen Klang. Nur Hans Sachs, als Lehrer des »Wahns« in der Welt, leitet zu der Tristan-Stimmung der wunschlosen Auflösung in das Nichts zurück.

Auf seinen Irrfahrten durch Deutschland, verfolgt von den Gläubigern, ohne Aussicht auf Aufführung seiner Werke, erreichte Wagner 1864 eine Botschaft Ludwigs II. von Bayern, der soeben König geworden war. Dieser bot ihm seine Freundschaft an und veranlaßte die Aufführungen seiner Werke. Für eine Reform des Münchner Musiklebens versicherte sich Wagner seines Schülers Hans von Bülow und seines Freundes Peter Cornelius und schlug dem König vor, eine deutsche Musikschule und ein Festtheater zu errichten, »welches nach jeder Seite hin als mustergültig für seinen Zweck,

der ganzen gebildeten Welt als ein Monument des deutschen Kunstgeistes gelten sollte«. Der Höhepunkt des kurzen Münchner Aufenthaltes war 1865 die Aufführung des »Tristan« unter Hans von Bülow. Wagner mußte München verlassen, weil eine zu enge Freundschaft mit seinem »hohen Gönner«, sein verschwenderischer Lebensstil und sein Verhältnis zu Cosima, einer Tochter Liszts und Gattin Hans von Bülows, nicht nur eine Hofpartei, sondern auch die Münchner Bürger aufgebracht hatten. Wagner ging mit einem kleinen Hofstaat, dem auch bald Frau Cosima folgte, nach Triebschen bei Luzern, wo er in einem Haus am stillen Ufer des Sees äußere und innere Ruhe fand, um die Tetralogie »Der Ring des Nibelungen« mit den Teilen »Walküre«, »Siegfried«, »Götterdämmerung« und dem Vorspiel »Rheingold« zu vollenden. Der Stoff dazu, der Wagner schon in Dresden beschäftigt hatte (es ist reizvoll, daran zu denken, daß schon Mendelssohns geliebte Schwester Fanny auf das Nibelungenlied als Stoff für die Opernpläne des Bruders nachdrücklichst hingewiesen hatte), erfuhr manche Wandlungen von der Studie »Die Nibelungen, Weltgeschichte aus der Sage« über »Große Heldenoper in drei Akten, Siegfrieds Tod« bis zu der Form der Tetralogie, in der sich Wagner endgültig der pessimistischen Lebensanschauung Schopenhauers zuwandte.
An August Röckel schreibt er 1854: »Mein Gedicht zeigt die Natur in ihrer unentstellten Wahrheit mit all ihren vorhandenen Gegensätzen... Nicht aber, daß Alberich von den Rheintöchtern abgestoßen wurde... ist der entscheidende Quell des Unheils; Alberich und sein Ring konnten den Göttern nichts schaden, wenn diese nicht bereits für das Unheil empfänglich waren... Wotan schwingt sich zu der tragischen Höhe, seinen Untergang zu wollen. Dies ist alles, was wir aus der Geschichte der Menschheit zu lernen haben: das Notwendige zu wollen und selbst zu vollbringen. Das Schöpfungswerk dieses höchsten selbstvernichtenden Willens ist der endlich gewonnene furchtlose, stets liebende Mensch: Siegfried. Das ist alles. – Des näheren verdichtet sich die unheilstiftende Macht, das eigentliche Gift der Liebe in dem der Natur entwendeten und gemißbrauchten Golde, dem Nibelungenring: Nicht eher ist der auf ihm haftende Fluch gelöst, als bis es der Natur wiedergegeben, das Gold in den Rhein zurückversenkt ist. Auch dies lernt Wotan erst

ganz am Schlusse, am letzten Ziele seiner tragischen Laufbahn erkennen... Erst als der Ring auch Siegfried verderben muß, begreift er, daß einzig diese Wiedererstattung des Geraubten das Unheil tilgt, und knüpft daher die Bedingung seines gewünschten eigenen Untergangs an diese Tilgung eines ältesten Unrechtes, Erfahrung ist alles. Auch Siegfried allein (der Mann allein) ist nicht der vollkommene Mensch: Er ist nur die Hälfte, erst mit Brünnhilde wird er zum Erlöser... Das leidende und sich opfernde Weib wird endlich die wahre wissende Erlöserin: Denn die Liebe ist eigentlich ›das ewig Weibliche‹ selbst.«

Aus dieser Gedankenfracht, aus der strikten Anwendung des Stabreims und des Flechtwerkes der Leitmotive, die nicht nur Baufaktoren sind, sondern auch dort Sinnzusammenhänge herstellen, wo der Text nicht von ihnen spricht, ergibt sich die Schwere des Geistes, der Form und des Klanges. Nur dann, wenn Wagner auf dieses Prinzip zugunsten einer reinen Naturschilderung oder einer »schmucklosen Wahrhaftigkeit« verzichtet, entstehen solch bezaubernde Klangepisoden wie das »Waldweben« im »Siegfried«. Mit der Kunstform Oper hat der »Ring« nur noch wenig zu tun, er steht abseits der Tradition, seinen eigenen Gesetzen preisgegeben. Noch bevor die Komposition des »Ringes« vollendet wurde – die Arbeit zog sich mit Unterbrechungen von 1853 bis 1874 hin –, erfolgte 1872 die Grundsteinlegung des Festspielhauses in Bayreuth, wohin Wagner 1871 übergesiedelt war. Im August 1876 fanden schließlich nach vielen Sorgen und Nöten im provisorischen Festspielhaus in Gegenwart des deutschen Kaisers Wilhelm I. und des Königs Ludwig von Bayern die ersten Aufführungen des »Ring des Nibelungen« statt. Wagner stand, umgeben von Freunden und Feinden, auf dem Hügel seines Lebenswerkes. Sein letztes Werk, »Parsifal« (1882 uraufgeführt), sollte nach dem Willen Wagners nur dem Festspielhaus vorbehalten bleiben.

Liturgie und Gregorianik – Liszts Einfluß war entscheidend – binden das letzte Werk Wagners an die Tradition, von der er sich scheinbar so weit entfernt hatte. Man sollte die Bedeutung der Neugregorianik des »Parsifal« für die Musik des 20. Jahrhunderts nicht zugunsten der Folgen der Tristan-Chromatik übersehen. Daß Wagners Erlösungsidee durch den »reinen Toren« noch einmal ein

Gralstempel in diesem Werk errichtet wird und damit Bindungen an »Lohengrin« und »Tristan und Isolde« aufgezeigt werden, mag in einem Alterswerk nicht überraschen. Der »Parsifal« ist ein aus christlichem Erlösungsmythos, heidnischem Zauber der Blumenmädchen (Glucks »Armida«), Parsifals Reine und Kundrys verführerischem Weibtum geformtes Kultspiel oder – wie Wagner es nannte – Bühnenweihfestspiel des 19. Jahrhunderts. Als Igor Strawinskij das Kultspiel unseres Jahrhunderts, »Sacre du Printemps«, schrieb, lud ihn sein Freund Serge Diaghilew ein, in Bayreuth den »Parsifal« zu hören. In seinen »Erinnerungen« bemerkt Strawinskij dazu folgendes: »Ich will hier nicht von der Musik des ›Parsifal‹ sprechen, überhaupt nicht von Wagners Musik, dazu liegt sie mir heute zu fern. Was mich an diesem ganzen Unternehmen befremdet, ist der Geist, aus dem es geschaffen ist; ich habe meine Bedenken, wenn man eine Theateraufführung auf die gleiche Ebene stellt mit der heiligen symbolischen Handlung des Gottesdienstes. Denn ist die ganze Bayreuther Aufmachung nicht wirklich eine unbewußte Nachahmung des kirchlichen Ritus?«
Obwohl Wagner sein Bayreuther Refugium »Wahnfried« nannte, ist bis heute des Wähnens um Wagner kein Ende. Auch Wagners Autobiographie »Mein Leben«, die erst 1911 erschien, hat den »Fall Wagner« vom Menschlichen her kaum zu erklären vermocht. Was bleibt, ist ein Abfall von der Oper zugunsten einer »Geburt der Tragödie aus dem Geist der Musik«. Friedrich Nietzsche (1844 bis 1900), der Basler Universitätsprofessor, der in der Triebschener Zeit ein Freund und Bewunderer Wagners war, hatte sich erst nachträglich, auf Bitten Cosimas, entschlossen, seine gleichnamige Schrift auf Wagner umzubiegen. Später des Dionysischen in der Kunst überdrüssig geworden, fand er in Bizets »Carmen« die südliche Klarheit des Apollinischen. In seinen »Unzeitgemäßen Betrachtungen«: »Richard Wagner in Bayreuth« (1876), vor allem aber »Der Fall Wagner« (1888), wurde er, der in der »Musik die eigentliche Idee der Welt« sah – wobei »das Drama nur ein Abglanz dieser Idee, ein vereinzeltes Schattenbild derselben ist« –, zum Hasser des Musikdramas, das Wagner an die Stelle der Oper gesetzt hatte.
Daß Wagner sich der nationalen Strömungen des 19. Jahrhunderts bedient hat, um sein Werk durchzusetzen, sollte man ihm nicht

übelnehmen. Auch Verdi hat sie sich für seine ersten Opern zunutze gemacht. Unerfreulich ist nur unsere Gegenwart, die bei jeder »nationalen Besinnung« wieder auf das Werk Wagners verfällt. Es hätte es nicht nötig, auf diese Weise kultiviert zu werden. Als Ausdruck des Kunstwollens des 19. Jahrhunderts bleibt es imposant genug. Richard Wagner starb am 13. Februar 1883 im Palazzo Vendramin in Venedig. In Bayreuth, im Garten seines Hauses Wahnfried, liegt er begraben.

Franz Liszt

Nach seiner Wahl zum Mitglied der Ungarischen Akademie der Wissenschaften 1934 sprach Béla Bartók in seiner Antrittsrede über »Liszt-Probleme«, um an Liszt seine eigene künstlerische Haltung zu demonstrieren und zu rechtfertigen; mit anderen Worten: um Liszt durch Bartók und Bartók durch Liszt zu deuten. Die von Bartók behandelten Probleme beziehen sich auf die Einflüsse der Vorgänger und Zeitgenossen auf Liszt und ihre Einschmelzung in das Werk, die »absolut neue imaginative Konzeption, die sich in den Hauptwerken äußert (Klaviersonate in h-Moll und Ecksätze der Faustsinfonie)«, auf Harmonik, Klaviertechnik, Instrumentation, Publikumsgeschmack und das folkloristische Material seiner Melodien. Die von Bartók angesprochenen Probleme gelten unverändert bis zum heutigen Tag. Es kommen sogar noch einige hinzu: das Problem des Klanges, der Form und des Ausdrucks, oder, etwas genauer formuliert:

Klang, nicht nur als Nebenkategorie Klangfarbe, sondern als Baufaktor der Musik,
Form als musikalischer Zusammenhang und
Ausdruck als »poetische Idee«.

Einen neuen Klang hatte Liszt 1831 auf der Geige Paganinis gehört. Es war der Klang des virtuosen Spiels. Von diesem Augenblick an hatte sich für ihn das Klangproblem gestellt, der Klang wird zur primären Idee seines gesamten Schaffens. Seine »Sechs Etuden nach den Capriccii von Paganini« zeigen, was Liszt dem Klavierstil zuführen wollte: Klanganreicherung und dadurch Klangsteigerung. Sie zeigen es um so mehr, als auch Robert Schumann je »sechs Studien

nach Capricen von Paganini für das Pianoforte op. 3 und op. 10«
und Brahms »Variationen über ein Capricen-Thema Paganinis«
op. 35 geschrieben haben. Nur Liszt gelingt die Übertragung des
wahrhaft virtuosen stählernen Klanges der Geige auf das Klavier.
Nach dem Erlebnis Paganinis hatte Liszt an einen Freund geschrieben: »Im übrigen übe ich vier, fünf Stunden (Triolen, Sextolen,
Oktaven, Tremolos, Tonwiederholungen, Kadenzen usw.). Ach!
Wenn ich nicht verrückt werde, wirst du einen Künstler in mir
wiederfinden! Ja, einen Künstler, so wie du ihn verlangst, so wie
er heute sein muß.« Für den Virtuosen Liszt schrieb der Komponist Liszt zwölf Etudes d'Exécution transcendante, Bravourstudien nach Paganinis Capricen, »Ab Irato, Etude de Perfectionnement de la méthode des méthodes« (1840), drei Etudes de Concert (1849). Die Mittel, derer sich Liszt zur Klangsteigerung bediente, waren die gleichen wie die in dem Bericht über die Arbeit
am Klavier erwähnten. Dazu kommen fast geräuschartig wirkende,
brummende Bässe, chromatische Pianissimoläufe, vor allem aber
Liszts Bemühungen, Farbe und Klang des Orchesters oder einzelner
Orchesterinstrumente auf das Klavier zu übertragen. Die letzteren
Bemühungen rechtfertigen gleichzeitig Liszts »Transkriptionen«,
seine Übertragungen fremder Instrumental- und Vokalwerke auf
das Klavier. Liszt hat dem Klavier 143 Transkriptionen geschenkt.
Nach Busoni (»Neue Ästhetik der Tonkunst«), der selbst transkribiert hat, ist Transkription sowohl die Niederschrift eines abstrakten Einfalls, als auch die Interpretation eines Werkes. Wieviel mehr
ist es die Übertragung eines Klanges in einen anderen! Liszt ist
immer der Faszination eines neuen Klanges erlegen, wann und wo
er ihm entgegentrat: der Zigeunermusik und ihrer Instrumente,
ihren Tonleitern und ihrer Rhythmik (er hat einen Aufsatz darüber geschrieben); der Musik der Synagoge; der französisch-polnischen Musik Chopins (Transkriptionen polnischer Lieder, unter
ihnen Chopins »Mädchens Wunsch«); dem »stile énorme« der französischen Theatermusik; der italienischen und spanischen Volksmusik; der liturgischen Musik der Gregorianik (Liszts Kirchenmusik), schließlich dem Klang des Wagnerschen Werkes und noch
spät, seit den siebziger Jahren, der russischen Musik Glinkas, Mussorgskijs, Borodins. Gerade in der Petersburger Schule fand er den

Klang einer neuen Vitalität, der, frei von allen Fesseln, zwar »nicht richtig, aber schön« war.

Dem virtuosen Klang, dem Klang »énorme«, steht der Klang »intime« gegenüber. Es ist nicht nur der Klang des kommenden Impressionismus, der allenthalben bei Liszt zu finden ist (»Consolations«, »Weihnachtsbaum«), es ist weit mehr: der Klang als Baufaktor. In »Sposalizio«, im zweiten Teil der »Années de Pèlerinage, en Italie« ist ein einziger Klang, der nacheinander, in seine Töne aufgelöst, in den beiden ersten Takten aufklingt, das in Melodie und Begleitung ständig wiederkehrende Baumaterial für das ganze Stück *(Ntb. 76)*.

Notenbeispiel 76

Durch Raffaels Bild »Die Vermählung der Maria« in der Brera in Mailand angeregt, gewinnt dieser Ein-Klang nicht nur Struktur-, sondern auch Ausdrucksbedeutung. Durch die Einheit des Klanges ist die Darstellung des Verbindenden und Unauflöslichen gegeben, welches der Sinn des Bildes ist. Musik aus einem Klang! Erst Arnold Schönberg hat gleiches in dem dritten seiner Orchesterstücke op. 16 unternommen. Liszts Klangfarbenmusik gehört zu den Grundlagen der neuen und elektronischen Musik unseres Jahrhunderts.

Dasselbe wäre von der Form zu sagen. Liszt knüpft an das Spätwerk Beethovens und an seine Lehre vom thematisch-motivischen Zusammenhang an. Da er andererseits der Anschauung war, daß die klassische Form nicht mehr lebensfähig sei, da ihre Meister sie aufgebraucht hätten, sucht er den Zusammenhang der Teile durch neue Verdichtung. Er findet sie durch ständige Variation thematisch-motivisch kleinster Teile, die wiederum kein Thema im herkömmlichen Sinne sind. In der h-Moll-Klaviersonate ruht der

Notenbeispiel 77

Notenbeispiel 78

Keim des Hauptthemas in den sieben Takten des einleitenden Lento assai. Im Allegro energico wächst aus dem Keim die erste Gestalt *(Ntb. 77)*. Im 7. und 8. Takt wird durch melodische Verdichtung des Vordersatzes ein zweites Baumaterial gewonnen *(Ntb. 78)*.
Aus beiden entwickelt Liszt eine große dreiteilige Form. Sie Exposition – Durchführung – Reprise zu nennen ist wenig sinnvoll. Nicht die Sonatenform gibt dieser Musik Form, sondern die konsequente Erörterung eines einzigen Baumaterials. Ist diese Erörterung erfolgt, so ist der Zweck der Musik erfüllt. Sie bedarf zu ihrer Rechtfertigung der klassischen Form nicht mehr. Liszt hat das Formprinzip der Verdichtung auch in die formale Freiheit der sinfonischen Dichtungen übertragen. Gerade hier bedeutet es Bindung und Bändigung der programmatischen dichterischen Vorstellung. So genügt Liszt für die sinfonische Dichtung »Les Préludes« (1854) ein einziges Motiv *(Ntb. 79)*.

Notenbeispiel 79

Durch ständige Variation bildet es das Material für die dichterischen Träume Lamartines: »Frühling und Liebe – Stimme des Lebens – Tröstungen der Natur – Kampf und Sieg.« Bezaubernd ist Liszts hohe Kunst der Verdichtung des Einfalls in der Kleinform der Lieder *(Ntb. 80)*.

Notenbeispiel 80

In »Ich möchte hingehn'...« (Text von Georg Herwegh) sind drei Sekundschritte und eine Terz Anlaß zu ständiger Wiederkehr in Umkehrung, Vergrößerung, einstimmig oder durch die Sekundschritte bedingt in chromatischer Harmonisierung. Am Ende des 5. Verses führt diese zu folgender Bildung *(Ntb. 81).*

Notenbeispiel 81

Könnte man das erste d der zweiten Stimme in dis verwandeln, so wäre der Tristan-Akkord fünfzehn Jahre vor Wagner zum ersten Male erklungen.

Klang und Form übergeordnet stand Liszts Devise »Erneuerung der Musik« durch ihre innigere Verbindung mit der Poesie. Die poetische Idee ist ein Grundproblem des gesamten Lisztschen Werkes. Auch sie hatte er bei Beethoven gefunden. Im »Egmont« erkannte er »eines der ersten Beispiele moderner Zeit ... ein großer Tonkünstler schöpft seine Begeisterung aus dem Werk eines großen Dichters. So unsicher und schwankend uns das Auftreten Beethovens in diesem ersten Versuch auch erscheinen mag, so kühn, so bedeutsam war es zu seiner Zeit selbst.« Der bedeutsame Schritt, den Berlioz in seiner Phantastischen Sinfonie und »Harold in Italien« tat und der die Wogen der Empfindung und Malerei endgültig auf die Musik hinlenkte, wurde Liszts entscheidendes Erlebnis. Er schrieb in dem Werk »Berlioz und seine Harold-Sinfonie«: »Der malende Symphonist aber, der sich die Aufgabe stellt, ein in seinem Geist deutlich vorhandenes Bild, eine Folge von Seelenzuständen, die ihm unzweideutig und bestimmt im Bewußtsein liegen, ebenso klar wiederzugeben – warum sollte er nicht mit Hilfe eines Programmes nach vollem Verständnis streben? ... Aber« – fährt er einschränkend fort – »mag der Himmel verhüten, daß jemand im Eifer des Dozierens über Nutzen, Berechtigung und Vorteil des Programmes den alten Glauben abschwören sollte, mit dem Vorgeben, die himmlische Kunst sei nicht um ihrer selbst willen da, sie finde kein Genüge in sich, entzünde sich nicht am eigenen Gottesfunken und habe nur Wert als Repräsentantin eines Gedankens, als Verstärkung des Wortes! Wenn zwischen einer solchen Versündigung an der Kunst und der gänzlichen Ablehnung des

Programmes gewählt werden müßte, dann wäre unbedingt vorzuziehen, eine ihrer reichhaltigsten Quellen eher versiegen zu lassen, als durch Verleugnung ihres Bestehens durch eigene Kraft ihren Lebensnerv zerschneiden zu wollen.«

Mit diesen Worten findet Liszt den Ausgleich zwischen poetischer Idee und Form, die Versöhnung der Anschauungen, die Brahms und die Neudeutschen trennten. Hätte man die Mission Liszts und des ihm nachfolgenden Gustav Mahler erkannt, anstatt sie zu verleumden, so hätte es des Streites kaum bedurft. Die Hände, die sich zur Versöhnung nicht nur in der Musik, sondern zur Versöhnung aller Menschen durch die Musik ausstreckten – Liszts letzter Versuch war die Bindung seiner Musik an die Religion –, wurden zurückgewiesen. Der Ruf zur Brüderlichkeit verhallte im Geräusch zweier technischer Weltkriege.

In der Programmusik begann Liszt mit Landschaftsschilderungen. Die Klavierstücke des ersten Heftes der »Années de Pèlerinage« tragen folgende Überschriften: Chapelle de Guillaume Tell – Au lac de Wallenstadt – Pastorale – Au bord d'une source – Orage – Vallée d'Obermann – Eglogue – Le mal du pays – Les cloches de Genève. Liszt wollte Reiseeindrücke in der Schweiz, die dem romantischen Natur- und Lebensgefühl der Generation besonders entgegenkam, in einer Sprache wiedergeben, die »vielleicht mehr als die Poesie geeignet ist, alles auszudrücken, was unsern altgewohnten Horizont erweitert, alles das, was sich der trockenen Zergliederung entzieht, was sich in den unzulänglichen Tiefen unstillbarer Sehnsucht, unendlicher Ahnungen bewegt«. Die gleichen Worte könnten für den zweiten Teil der »Pilgerjahre« gelten. Nur sind es jetzt die unzugänglichen Tiefen der Kunst, welche die Musik erhellen soll: Sposalizio – Il Pensieroso (nach der Statue Giulianos di Medici von Michelangelo in San Lorenzo in Florenz) – die Petrarca-Sonette und die Fantasia quasi Sonata, après une lecture de Dante, in gleicher Weise Dante wie Victor Hugos gleichnamigem Gedicht verpflichtet.

Die Dante-Sonate ist ein Wunderwerk an thematischer und programmatischer Einheit. Ein einziges Thema durchläuft in seinen Veränderungen die Empfindungsskala vom Inferno über das Purgatorio bis zum Paradies. Die Sonate, an den Grenzen rüttelnd, die dem Klavier in Klang und Ausdruck gezogen sind, findet ihre Erfüllung in der Dante-Sinfonie. In der sinfonischen Dichtung – eine Bezeichnung, die auf Liszt zurückgeht – fand er Gattung und Form, die seinem Ausdrucks- und Klangwollen am besten und eindrucksvollsten entsprachen. Es waren die großen Dichter der europäischen Kultur, die Liszt zu sinfonischen Dichtungen anregten: Shakespeare (Hamlet), Goethe (Faust), Lenau (Faust), Schiller (Ideale), Victor Hugo (Bergsinfonie und Mazeppa), Lamartine (Les Préludes). Nur zwei Werke wurden durch Bilder inspiriert: die »Hunnenschlacht« nach einem Kolossalgemälde von Wilhelm von Kaulbach und das Spätwerk »Von der Wiege bis zum Grabe« durch eine Zeichnung von Michael Zichy. Mit Tasso, aber auch Faust und Mephisto hat sich Liszt selbst identifiziert, er fühlte sich geistig mit diesen faustischen Gestalten verwandt.

Wie Tasso hatte Liszt genialisch begonnen. 1811 in Raiding bei Ödenburg im ungarischen Burgenland als Sohn deutschsprachiger Eltern geboren, war der junge Liszt schon mit neun Jahren als Klavierspieler hervorgetreten und hatte bei Czerny und Salieri in Wien, bei Paër und Reicha in Paris studiert. Von 1836 an war er der gefeiertste Pianist Europas, von dessen Spiel Henry Reeves in seiner Selbstbiographie berichtet: »Seine Hände rasten über die Tasten, der Boden unter seinen Füßen zitterte wie Draht und die ganze Hörerschaft war in Klang eingehüllt.« Von 1842 bis 1861 entfaltete Liszt als Hofkapellmeister in Weimar und als Lehrer auf der »Altenburg« eine großartige Tätigkeit als Dirigent, Erzieher und Lenker des deutschen Musiklebens im Sinne Goethescher Kunsterziehung. So entstand gleichsam von selbst die Weimarer Neudeutsche Schule, gekennzeichnet durch Liszts eigene Werke, die Sinfonischen Dichtungen, durch einen jedem »Fortschritt« begeistert aufgeschlossenen Schülerkreis mit Raff, Bülow, Tausig, Cornelius, Joachim, Bronsart, Albert Ritter, Draeseke. In dieser Zeit setzte sich Liszt für Richard Wagner ein (Uraufführung des »Lohengrin«), für Cornelius (»Barbier von Bagdad«), gründete den Allgemeinen Deutschen Musikverein, und nicht zuletzt ist seine ständige Hilfsbereitschaft für junge Musiker zu nennen.

Diesem glänzenden Aufschwung, begleitet von höchster Anerkennung und Bewunderung der Nation, folgten überraschend Mißverständnis und Vereinsamung. 1861 war Liszt nach Rom übergesiedelt, um »das Problem des Oratoriums anzugehen«, nachdem er das sinfonische Problem nach seiner Meinung »zum größten Teil gelöst hatte«. Die Reinheit der Absicht und des religiösen Erlebnisses ist unbestreitbar, trotz des »Mephisto in der Soutane«, wie Ferdinand Gregorovius, der deutsche Geschichtsschreiber Roms, Liszt genannt hat, und trotz Liszts persönlicher Ziele in Rom, den Dispens für eine Eheschließung mit der ihm seit einer Reihe von Jahren verbundenen Fürstin Carolyne von Sayn-Wittgenstein zu erhalten.

Die Mittel, derer sich Liszt für eine Erneuerung der Kirchenmusik bediente, waren die seiner Zeit: Annäherung an den A-cappella-Stil Palestrinas und andererseits an den Gregorianischen Choral, wie es die Reformbewegung des Cäcilianismus im Hinblick auf eine liturgische Vertiefung der Kirchenmusik propagierte. Liszt verband diese Forderung mit den Tendenzen der neuen Musik seiner Zeit und seines eigenen Stils in kühner Weise. In seinem Oratorium »Christus« (1867) wechseln programmatisch schildernde, musikalisch kühne Orchesternummern mit Chorsätzen unter Verwendung Gregorianischer Melodien ab. Für das Oratorium »Die heilige Elisabeth« (1862) verwendet er altkirchliche Melodien aus Ungarn. Die »Missa choralis« (1865) ist schließlich eine »Messe Grégorienne«. Den Werken, die zu den großen des 19. Jahrhunderts gehören, blieb der erwartete Erfolg versagt. Die Gründe aufzuzeigen, woran Liszts Ehepläne scheiterten, ist nicht Sache einer Musikgeschichte. Immerhin waren sie ausschlaggebend für Liszts große Lebenswende: Er nahm die niederen Weihen, wurde Abbé und später Kanonikus – und lernte musikalisch um. Trotz einer aufreibenden Tätigkeit als Lehrer der zweiten Lisztschule in der »Hofgärtnerei« in Weimar (Reisenauer, Weingartner, Siloti, Stradal, Ansorge, Stavenhagen, Rosenthal), als Präsident der Akademie in Budapest, trotz häufigen römischen Aufenthalten und vielen europäischen Reisen als Dirigent eigener Werke wurde Liszt ein Einsamer. Die Bedeutung des Lisztschen Spätwerkes, das noch an anderer Stelle besprochen werden soll, hat erst unsere Gegenwart erkannt. Als Liszt in Bayreuth während der Festspiele 1886 starb, war er – wie Tasso – am Ende eines Lebens, das den Ruhm und den Geist zu versöhnen suchte, fast vergessen.

Anton Bruckner

Eine musikgeschichtliche Zwischenstellung nimmt Anton Bruckner ein. Er suchte (darin Brahms verwandt) die Tradition, die bei ihm, dem katholischen Kirchenmusiker, Gregorianik, Kontrapunkt, Orgelstil hieß, mit dem neuen Klang zu verbinden. Und dies wiederum nicht nur in den Messen und in einem Te Deum, sondern in Sinfonien. In ihnen sollten Vergangenheit und Zukunft, geistliche und weltliche Musik (Scherzi) in der erweiterten Form der Sinfonie zu einer Einheit zum Preise Gottes verschmolzen werden, dem seine letzte unvollendete 9. Sinfonie gewidmet war. Dieses Unterfangen ging – darin Gustav Mahler ähnlich – über seine Kraft. Das Werk blieb in Form und Gehalt Stückwerk und damit etwas sehr Menschliches allem Göttlichen gegenüber. Und gerade dieses Menschliche ist es, dem eine spätere Generation ihre Sympathie nicht versagen darf. Das Bewußtsein des Ungenügens dem Werk gegenüber hat in Bruckners Haltung dem Leben gegenüber eine Parallele. Auf diese Weise besteht zwischen dem Werk und der Persönlichkeit Bruckners kein Widerspruch, sondern eine höchst sinnvolle, einmalige Einheit. Aus dem Gefühl des Ungenügens, das nicht dem Mangel an musikalisch-handwerklichem Können, sondern dem Mangel an der Kraft zur Lösung der gestellten Aufgabe entsprang, erklärt sich Bruckners ständiges Bemühen, sich neuen fachlichen Prüfungen und Examina zu unterziehen, erklärt sich seine Scheu und Ehrfurcht akademischen Titeln und Ämtern gegenüber, die er selbst aber beide erhielt, erklärt sich seine Anbetung Richard Wagners – anders kann man die Schilderung des Zusammentreffens mit ihm in einem Brief an Hans von Wolzogen aus dem Jahre 1884 nicht nennen –, erklären sich, was die Musikgeschichte am meisten angeht, die neun Sinfonien Anton Bruckners.

Anton Bruckner wurde am 4. September 1824 in Ansfelden (Oberösterreich) geboren. Nach seiner Tätigkeit als Lehrer und Stiftsorganist von St. Florian wurde er 1856 Domorganist in Linz. Entscheidende musikalische Bildungseindrücke erhielt er im Privatunterricht bei Simon Sechter in Wien von 1855 bis 1861 und durch den Unterricht in Formenlehre bei dem Linzer Theaterkapellmeister O. Kitzler, der ihn mit Richard Wagners »Tannhäuser« bekannt machte. Bei Sechter (geb. 1788 in Friedberg, Böhmen, gest. 1867 in

Wien), Professor der Harmonielehre am Konservatorium für Musik in Wien, lernte Bruckner »Die Grundsätze der musikalischen Komposition«, wie die dreibändige Schrift Sechters hieß. Nach den damals geltenden musikalischen Anschauungen meinte man damit Harmonielehre, den drei- und zweistimmigen Satz, »sofern er aus dem vierstimmigen Satz hervorgeht«, und den »strengen Styl, den man vorzüglich bei der Kirchenmusik anwendet«. Über den letzteren heißt es bei Sechter: »Da er vorzüglich für den Chor angewendet wird, so ist das erste Erfordernis, daß er möglichst leicht und einfach, also diatonisch sei; daß in der Melodie alle schwierigen Sprünge ... zu vermeiden sind; daß in der Harmonie nur die reinsten, faßlichsten Akkorde gebraucht werden und daß die Takteinteilung keine Schwierigkeiten darbiete.« Im Sechterschen System kam noch dazu der doppelte Kontrapunkt, dem die letzten zweihundert Seiten des Lehrbuches gewidmet waren.

Als Bruckner 1867 als Sechters Nachfolger Hofkapellorganist in Wien, zugleich Professor für Orgel und Komposition am Konservatorium und 1875 auch Lektor für Musiktheorie an der Universität wurde (1891 Ehrendoktor), gab er – wie eine Nachschrift seiner Vorlesungen aufzeigt – die Sechtersche Lehre an eine junge Generation weiter. Sie war ihm demnach fester Besitz und wurde auch Bestandteil seiner Kompositionen. Bruckners Melodik, Harmonik, Rhythmik, vor allem aber seine Kontrapunktik, die bei der Übereinanderstellung von harmonisch zusammenpassenden Themen der Anschauung des 19. Jahrhunderts über diese Pseudokontrapunktik entsprach, läßt sich aus seiner »Lehre« ableiten. Dem Wagner-Erlebnis verdankt Bruckner den Klang seiner Musik durch farbige Instrumentation und bedeutsame Steigerungen. Anders steht es um die Form bei Bruckner. Die »sinfonischen Riesenschlangen«, von denen Brahms einmal spricht, entstanden durch Verwendung von Themengruppen anstatt einfacher Themen, durch Erweiterung auf eine Dreithemigkeit der Ecksätze, durch kontrapunktische Auftürmung innerhalb der auf Steigerung angelegten Durchführungen und durch die Wiedereinführung des Themas des ersten Satzes als Schlußstein der breit angelegten Wölbung des letzten Satzes der Sinfonie. Diese Überdimensionalität, Bruckners eigenstes Werk, erklärt man gern aus dem monumentalen Geist des österreichischen Barock, zu

dessen Verherrlichung Bruckners Orgelspiel in St. Florian beigetragen hat. Wieweit sich Bruckners Hang zur Monumentalität aus dem Barock oder aus dem Zeitgeist des 19. Jahrhunderts ableiten läßt, wird immer eine offene Frage bleiben.
Widersprechend sind auch die Anschauungen über den Ausdruck in Bruckners Musik. Die Deutungen reichen von metaphysischer Schau und Gottbezogenheit bis zur naiven, fast kindlichen Beschreibung der musikalischen Vorgänge. Für das letztere Prinzip hat Bruckner selbst den Stoff geliefert. Zu seiner vierten Sinfonie, die man die »romantische« nennt, äußerte er sich folgendermaßen: »Erster Satz. Mittelalterliche Stadt – Morgendämmerung – von den Stadttürmen ertönen Morgenweckrufe – die Tore öffnen sich – auf stolzen Rossen sprengen die Ritter hinaus ins Freie – der Zauber des Waldes umfängt sie – Waldesrauschen, Vogelsang – und so entwickelt sich das romantische Bild weiter. Zweiter Satz. Lied. Gebet. Ständchen.« Bernhard Deubler gegenüber erklärte er: »Im zweiten Satz will ein verliebter Bub fensterln gehn, wird aber nicht eingelassen.« Das Scherzo bezeichnete Bruckner als »die Hasenjagd« und das Trio als »'s Rehbradl«. Der Verfasser glaubt jedoch, daß über den meisten der Sinfonien Bruckners das Wort stehen könnte, das er dem letzten Satz der Sinfonie mit auf den Weg gab: »... ja da woaß i' selber nimmer, was i' mir dabei denkt hab!«
Bruckners Komponieren war ein Schichten von Klangflächen – insofern dem kontrapunktischen Denken verwandt. Diese Form hatte er von der Praxis der Orgelimprovisation auf das Orchester übertragen. Von der Improvisation her erhalten die aneinandergereihten Formteile, die großen melodischen Bögen, die Orgelpunkte und großen Steigerungen, das Vielfältige und Zwiespältige der »Stimmungen« Sinn und Rechtfertigung.
Zu den weltlichen Werken Bruckners gehören ein Streichquintett (1879) und einige frühe Werke: Ouvertüre in g-Moll und Männerchöre mit Orchester (»Helgoland«, »Germanenzug«), Männerchöre mit Klavier und a cappella. Mit den drei großen Messen d-Moll (1864), e-Moll mit Bläsern (1869), f-Moll (1872), dem Te Deum (1885) und dem 150. Psalm (1892) schrieb Bruckner neben Liszt, der ihm an Tiefe und Religiosität und Inbrunst des musikalischen Ausdrucks nicht nachsteht, die bedeutendste Kirchenmusik seiner Epoche.

Hugo Wolf

Der Kritiker des Wiener »Salon-Blattes«, Hugo Wolf (geb. 1860 in Windischgraz, Südsteiermark, gest. 1903 in Wien), hatte über die Uraufführung der achten Sinfonie von Bruckner 1892 unter Hans Richter geschrieben: »Diese Symphonie ist die Schöpfung eines Giganten und überragt an geistiger Dimension, an Fruchtbarkeit und Größe alle anderen Symphonien des Meisters. Der Erfolg war trotz der unheilvollsten Kassandrarufe, selbst von seiten Eingeweihter, ein fast beispielloser. Es war ein vollständiger Sieg des Lichts über die Finsternis, und wie mit elementarer Gewalt brach der Sturm der Begeisterung aus... Kurz, es war ein Triumph, wie ihn ein römischer Imperator nicht schöner wünschen konnte.« Über die dritte Sinfonie von Brahms urteilte er: »Als Symphonie des Herrn Dr. Johannes Brahms ist sie zum Teil ein tüchtiges, verdienstliches Werk; als solche eines Beethoven Nr. 2 ist sie ganz und gar mißraten, weil man von einem Beethoven Nr. 2 alles das verlangen muß, was einem Dr. Johannes Brahms gänzlich fehlt: Originalität. Brahms ist ein Epigone Schumanns, Mendelssohns und übt als solcher auf die Entwicklung der Kunstgeschichte etwa einen Einfluß aus, wie der verstorbene Robert Volkmann, d. h., er hat für die Kunstgeschichte ebensowenig Bedeutung wie Volkmann, also auch keinen Einfluß auf dieselbe. Er ist ein tüchtiger Musiker, der sich auf seinen Kontrapunkt versteht, dem zuweilen gute, mitunter vortreffliche, zuweilen schlechte, hie und da schon bekannte und häufig gar keine Einfälle kommen.«

Hugo Wolfs Verhältnis zu der Musik seiner Zeit bedarf keiner weiteren Erklärung. Er war ein Bannerträger der Musik Richard Wagners und ein verschworener Feind von Brahms. So nimmt es nicht wunder, daß der Vokalstil Richard Wagners auch das Vorbild für den Liederkomponisten Wolf war. Wolf hat mehrere Hundert Lieder geschrieben, die er größtenteils in Zyklen zusammenfaßte: Mörike-Lieder, Eichendorff-Lieder, Liedergruppen aus Goethes »Wilhelm Meister« und »Westöstlichem Diwan«, Spanisches Liederbuch nach Geibel, Italienisches Liederbuch nach Paul Heyse. Vielfach komponierte er die Lieder auch als geschlossene Gruppe in einem schöpferischen Anlauf. Die Literarisierung des Liedes durch Hugo Wolf ist ein Teil der Vorgänge, die im 19. Jahrhundert zur engeren

Verbindung von Musik und Dichtung führten, die auf andere Weise auch Liszt in den Sinfonischen Dichtungen angestrebt hatte. Zu dem Liedstil Hugo Wolfs wäre zu sagen, daß er den vom Wort ausgehenden Deklamationsstil Wagners auf die Singstimme des Klavierliedes überträgt, während er dem Klavier weitgehend die Aufgabe zuerteilt, Stimmung, Atmosphäre, aber auch realistische Schilderung durch eine sensible chromatische Harmonik zu schaffen. Geht er andererseits, was seltener ist, vom melodischen Liedeinfall aus, so beschwört er Schubert, dessen legitimer Nachfolger er ist.
Neben dem Lied stehen die Frühwerke: Streichquartett d-Moll unter dem einem schweren Leben entnommenen Motto »Entbehren sollst du, sollst entbehren«, die sinfonische Dichtung »Penthesilea« nach Kleist, das Chorwerk »Christnacht« und die späte »Italienische Serenade« für Orchester oder Streichquartett. Ein letztes, seiner schwierigen Natur abgerungenes Werk war die komische Oper »Der Corregidor«, zu der er Stücke aus seinem spanischen Liederbuch verwendete. Als sie durch Gustav Mahler, den Leiter der Wiener Hofoper, abgelehnt wurde, zerbrach er. Nach Jahren im Dunkel des Verfolgungswahnes und einem Selbstmordversuch starb Hugo Wolf in der Landesirrenanstalt zu Wien. Im Jahre 1897, als die Krankheit ausbrach, hatte Hugo Wolf drei Texte Michelangelos vertont. Sie nehmen als letztes Werk der Reife und des Abschlusses eine ähnliche Stellung ein wie die »Ernsten Gesänge« im Leben und Werk von Johannes Brahms. Es ist kennzeichnend, daß Brahms Texte über die Vergänglichkeit des Lebens und über ihre Überwindung durch die christliche Liebe aus der Bibel entnahm, während Wolf sich an die manieristischen Gefühlsexaltationen des um Klärung ringenden Michelangelo hielt.

Italien

Die Anschauungen über das Trennende zwischen deutscher und italienischer Musik, welche die Musikästhetik des 18. Jahrhunderts propagiert hatte, verschärften sich im 19. Jahrhundert. Giuseppe Verdi, Italiens größter Komponist im 19. Jahrhundert, schrieb 1878 an den Verleger Giulio Ricordi: »Wenn wir in Italien leben, warum machen wir dann deutsche Kunst? Vor zwölf bis fünfzehn Jahren wählte man mich, ich weiß nicht, ob in Mailand oder sonstwo, zum Präsidenten einer Konzertgesellschaft. Ich lehnte ab und fragte: Warum gründet ihr nicht eine Gesellschaft für Gesangsmusik? Die lebt in Italien – das andere ist eine Kunst für Deutsche. Vielleicht war das damals eine Versündigung wie noch heute – aber eine Gesellschaft für Gesangsmusik, die uns Palestrina, die besten seiner Zeitgenossen, Marcello und dergleichen, zu Gehör brächte, würde uns die Liebe zum Gesang erhalten haben, wie sie sich in der Oper ausspricht. Jetzt soll alles von der Instrumentation, von der Harmonik herkommen! – Die Kunst gehört allen Völkern, daran glaubt niemand mehr als ich. Aber sie wird von einzelnen Menschen ausgeübt, und da die Deutschen andere Kunstmittel haben als wir, ist ihre von der unseren auch innerlich unterschieden. Wir können nicht komponieren wie die Deutschen oder sollten das doch nicht so tun, die Deutschen nicht so wie wir. Die Deutschen mögen sich unser Kunstgut zu eigen machen, wie das zu ihrer Zeit Haydn und Mozart taten, die aber doch mehr symphonische Musiker geblieben sind. Auch daß Rossini einiges Formale von Mozart nahm, ist richtig – er bleibt doch immer Melodiker. Wenn man aber aus Mode, Neuerungssucht, vorgeblicher Wissenschaftlichkeit auf das Eigene in unserer Kunst Verzicht leistet und unseren Instinkt leugnet, die freie, natürliche Sicherheit unseres Schaffens, unser Fühlen, unser goldenes Licht – so ist das sinnlos und dumm.«

Verdis Worte sind nicht die eines Chauvinisten – dafür war Verdi menschlich zu groß –, sie sind Worte der Sorge um die Erhaltung des nationalen, traditionsreichen italienischen Vokalstiles. Tatsächlich hatte dieser, zu Beginn des 19. Jahrhunderts im wesentlichen an die Oper gebunden, eine ihm abträgliche Stagnation zu überwinden. Die Kraft und der Glanz der neapolitanischen Schule und ihre Stilmittel waren nach dem Gesetz des Alterns, das auch künstlerische Erscheinungen einbezieht, erloschen. Die neuen Stilmittel des romantischen Zeitalters – durch Chromatik bereicherte und in der Spannung gesteigerte Harmonik, die durch Gluck angeregte Chor- und Ensemblekunst, die an der Handlung der Oper teilnehmende selbständige Instrumentalmusik und nicht zuletzt ein neuer Gesangstil – alles mußte neu gewonnen und erworben werden.

Bezeichnend für die Situation der italienischen Oper ist es, daß ein

Deutscher, Simon Mayr (geb. 1763 in Mendorf, Bayern, gest. 1845 in Bergamo), Schüler von Bertoni in Venedig und seit 1802 Kirchenmusiker in Bergamo, die italienische Oper mit seinen erfolgreichen Bühnenwerken auf die neuen Erfordernisse und Möglichkeiten aufmerksam machte. Die Opern Mayrs sind vergessen. Ihr Nachhall, von dem Pathos der französischen Revolutionszeit getragen, ist in den Opern von Berlioz, Spontini, Meyerbeer unüberhörbar.

Rossini, Bellini, Donizetti

Bevor es eine eigentliche romantische italienische Oper gab, ereignete sich ein Glücksfall: Gioacchino Rossini (geb. 1792 in Pesaro in der Romagna, gest. 1868 in Ruelle bei Paris), der »Schwan von Pesaro«, so genannt nach seinem Geburtsort an der Adria, rettete die Musik der Mozartzeit in das 19. Jahrhundert hinüber. Diese Tatsache erklärt den enthusiastischen Erfolg seiner frühen Opern »Tancredi« und »Die Italienerin in Algier« (1813), vor allem aber des »Barbier von Sevilla« (1816), der noch einmal den Zauber der italienischen Buffooper einem ganz anders gearteten Jahrhundert vermittelte, erklärt auch sein plötzliches Schweigen, nachdem er sich, seit 1823 als Leiter der italienischen Oper und Gesangsinspekteur von Frankreich in Paris, mit der »Belagerung von Corinth« (1826) und »Wilhelm Tell« (1829) der großen französischen romantischen Oper genähert hatte, erklärt auch eine Kritik Heinrich Heines in seinen Pariser Berichten über das »Stabat mater« von 1842. Heine, der fast anakreontisch das Werk mit den Empfindungen der religiösen Kunst des 18. Jahrhunderts konfrontiert: »Das ungeheure, erhabene Martyrium ward hier dargestellt, aber in den naivsten Jugendlauten, die furchtbaren Klagen der Mater dolorosa ertönten, aber wie aus unschuldig kleiner Mädchenkehle, neben den Flören der schwärzesten Trauer rauschten die Flügel aller Amoretten der Anmut, die Schrecknisse des Kreuztodes waren gemildert wie von tändelndem Schäferspiel, und das Gefühl der Unendlichkeit umwogte und umschloß das Ganze, wie der blaue Himmel, der auf die Prozession von Cette herableuchtete, wie das blaue Meer, an dessen Ufer sie singend und klingend dahinzogen! Das ist die ewige Holdseligkeit des Rossini, seine unverwüstliche Milde, die kein Impresario und kein Marchand de musique zugrunde ärgern konnte oder auch nur zu trüben vermochte! Wie schnöde, wie abgefeimt tückisch ihm auch oftmals mitgespielt wurde im Leben, so finden wir doch in seinen musikalischen Produkten nicht eine Spur von Galle. Gleich jener Quelle Arethusa, die ihre ursprüngliche Süßigkeit bewahrte, obgleich sie die bittern Gewässer des Meeres durchzogen, so behielt auch das Herz Rossinis seine melodische Lieblichkeit und Süße, obgleich es aus allen Wermutskelchen dieser Welt hinlänglich gekostet.« In der Kirchenmusik und in Mozart fand Rossini nach tumultuösen Erfolgen 1822 in Wien und 1823 in London »den Trost seines Alters«.

Der von Rossini neubelebte Ziergesang, eine Zierde der Kunst Italiens, war auch der Ausgangspunkt im Werke Gaetano Donizettis (geb. 1797 in Bergamo, gest. 1848 in Bergamo). »Auch diesem Italiener« fehlte es – nach Heine – »nicht an Erfolg, sein Talent ist groß, aber noch größer ist seine Fruchtbarkeit, worin er nur den Kaninchen nachsteht.« Donizetti hatte siebzig Opern geschrieben, bevor er in seiner Heimatstadt, seit 1847 geisteskrank, langsam dahinsiechte. Meilensteine seiner Erfolge und seines Ruhmes waren seine erste Oper »Zoraide di Granata«, 1822 im Teatro Argentina in Rom aufgeführt – »Liebestrank« (1822) in Neapel, wo Donizetti königlicher Musikdirektor war – »Lucia di Lammermoor« (1835) in Paris, wohin ihn Rossini, der »Giove della musica« (Jupiter der Musik) eingeladen hatte. Die Aufführung von »Linda di Chamonix« 1842 in Wien brachte ihm den Titel eines kaiserlichen Hofkompositeurs ein, den auch Mozart hatte führen dürfen. »Don Pasquale« vom Jahre 1843 war die letzte Buffooper alten Stiles in Paris, nachdem er 1840 mit der »Regimentstochter« durch Hinwendung zur Opéra comique eine französisch-italienische Opernverständigung versucht hatte.

Durch den frühen Tod Vincenzo Bellinis (geb. 1801 in Catania, Sizilien, gest. 1835 bei Paris) tief erschüttert, hatte Donizetti eine »Messa da Requiem« und eine Sinfonie über Themen von Bellini geschrieben. Bellini studierte in Neapel bei Zingarelli und holte sich in der Scala in Mailand seine ersten und später auch seine größten Opernerfolge: »Die Nachtwandlerin« und »Norma« (beide 1831). 1833 erregten die »Puritaner« in Paris größtes Aufsehen. Die Arien »Ah, non creder mirarti« aus der »Nachtwandlerin« und »Casta

Diva« aus »Norma«, denen die berühmtesten Sängerinnen ihrer Zeit, Giuditta Pasta als »Sonnambula« und Maria Felizitas Malibran als »Norma«, zu Weltruhm verholfen haben, sind zugleich der Schlüssel zu Bellinis Musik: Empfindung und Dramatik sind Melodie geworden. Die Bellinische Melodie findet sich im Klavierstil Chopins und Liszts wieder, den sie maßgeblich beeinflußte, aber auch im Frühwerk Richard Wagners, der über die »Norma« schrieb: »... hier, wo sich selbst die Dichtung zur tragischen Höhe der alten Griechen aufschwingt, erhöht diese Form, die Bellini dabei entschieden auch veredelt, nur den feierlichen und grandiosen Charakter des Ganzen.« Mit den zwölf Opern Bellinis, Meisterwerken durch das Gleichgewicht von Form und Musizierform (Koloratur-Kantilene), leistet die italienische Musik in einer ihrer Sternstunden einen nachtwandlerisch sicheren Beitrag zur europäischen Musik des romantisch-manieristischen Zeitalters.

Giuseppe Verdi

Bereits mit Giuseppe Verdi (geb. 1813 in Roncole bei Busseto, gest. 1901 in Mailand) erhält die italienische Oper eine andere Richtung und andere Akzente. Sie heißen Politik und Realistik.
1842 unter dem Eindruck des großen enthusiastischen Erfolges des »Nabucco« konnte Verdi sagen: »Dies ist die Oper, mit der in Wahrheit meine künstlerische Laufbahn beginnt...« Der Text des »Nabucco« ist patriotisch und religiös zugleich. Er behandelt die Befreiung des jüdischen Volkes aus babylonischer Gefangenschaft und die Bestrafung der sündigen Anmaßungen Nebukadnezars, der sich zum Gott der Assyrer und Hebräer ausrufen lassen wollte. Auch Oberitalien, das unter einer hart zugreifenden österreichischen Herrschaft stand, die viele der Besten des italienischen Volkes im Kerker hielt, hörte »die Wasserflüsse Babylons« rauschen und sehnte sich nach Freiheit, italienischer Einheit und Größe. Der Sehnsuchtschor der gefangenen Juden an den Ufern des Euphrat »Va, pensiero sull'ali dorate« im dritten Akt des »Nabucco« wurde unter diesen politischen Zeichen zu einer Nationalhymne für Verdis Volksgenossen. Als bei Verdis Begräbnis im Jahre 1901 derselbe Chor noch einmal, spontan von Tausenden angestimmt, erklang, schloß sich der Kreis von Verdis erfülltem Leben mit einer dankbaren,

nun längst geeinten Nation. Auch die folgenden Opern Verdis, »I Lombardi alla prima crociata« (1843), »I due Foscari« (1844), »Giovanna d'Arco« (1845), »Alzira« (1845), »Attila« (1846) und »La Battaglia di Legnano« (1849) schließen sich textlich der vaterländisch-religiösen und musikalisch der melodisch-aggressiven Haltung des »Nabucco« an.

Der Erfolg, getragen von der Hochspannung der italienischen Freiheitskämpfe, blieb Verdi treu. 1848 hatte er, damals in Paris lebend, seinen Namen an die Spitze eines Manifestes »Helfet Italien« gestellt.

Darin heißt es: »Jeder Augenblick Verlust für die Freiheit Italiens ist ein Gewinn für den Despotismus in Europa. Man fürchtet einen europäischen Krieg und vergißt, daß dieser Krieg schon da ist, Krieg zwischen zwei unversöhnlichen Prinzipien. Aber von Gerechtigkeit, von Wahrheit, von einem neuen Europa, davon spricht niemand.«
Gleichzeitig komponierte Verdi auf Bitten des geistigen Vaters des Risorgimento, Mazzini, eine patriotische Hymne auf einen Text von Mameli für Männerchor und Orchester: »Suona la tromba.« Die Widmung, die Verdi ihr mitgab, lautete: »Möge diese Hymne und zwischendurch die Musik der Kanonen bald in der lombardischen Ebene erklingen.«

Die politische Situation Italiens war folgende: Italien, aufgeteilt in einen norditalienisch-österreichischen Teil, den Kirchenstaat und im Süden von den Bourbonen als Beherrschern des Königreiches beider Sizilien regiert, sehnte sich im Jahrhundert der nationalen Erhebungen nach Einheit, Größe und Macht. Seit 1846, auf Papst Pius IX. vertrauend, erhofften die Patrioten eine politische föderative Einigung unter der kirchlich-weltlichen Führung des Papstes. Aber bald wurde dieser Gedanke durch einen anderen abgelöst: Carlo Alberto von Piemont-Sardinien aus dem Hause Savoyen sollte sich auf den Wunsch Mazzinis hin als Leiter der Nation dem italienischen Volk zur Verfügung stellen. 1848 griff Alberto die Österreicher in Norditalien an, in Rom riefen Mazzini und Garibaldi die Republik aus. Es kam zum Rückschlag. Der österreichische Feldmarschall Radetzky schlug die Piemontesen bei Custozza, die Franzosen eroberten Rom und damit den Kirchenstaat für den Papst zurück.

In dieser schweren Zeit wurde Verdi zu einem geistigen Führer seines Volkes. Verdis Name, das Evviva Verdi, als zufällige Abkürzung von *Vittorio Emmanuele, Re d'Italia,* war – vom Feinde zwar verboten – in aller Munde. Aufführungen des »Attila« in Venedig und der »Schlacht von Legnano« in Rom wurden zu politischen Demonstrationen. Als im »Attila« die Worte gesungen wurden: »Nimm du den ganzen Erdkreis hin, doch bleib Italien mir«, hallte der tausendfache Ruf der sich erhebenden Zuschauer »Italia a noi« durch das ganze Land. Das sich nach wechselvollen Kämpfen erst 1870 konstituierende Königreich Italien unter Führung Viktor Emmanuels II. von Piemont ehrte Verdi als Maestro di rivoluzione. Als Parlamentarier, als Freund des großen Staatsmannes Cavour und vor allem als Musiker hatte er seinem Volk das Leben eines unermüdlichen Arbeiters für die Idee der politischen und kulturellen Größe Italiens vorgelebt. Als Gutsherr von Sant'Agata bei Parma mit Bodenverbesserungen, mit der Einführung von Dampfpflügen und Dreschmaschinen und der sozialen Sicherstellung seiner Bauern beschäftigt, war er, der Sohn eines kleinen Spezereiwarenhändlers aus Roncole bei Busseto, selbst ein Bauer geblieben, ein Bauer im antik-römischen Sinne: ein Mensch in der Einfachheit der Natur und in der Größe einer natürlich geübten Kunst.

Das Natürliche war für Verdi die Grundlage des Wahrhaftigen. Wahrheit wiederum ist der Grundbegriff für sein gesamtes Werk. Verdi fand sie in der Wirklichkeit des menschlichen Lebens, das ihm neue kühne, bisher ungehörte und unerhörte Stoffe darbot. Und selbst diese Wirklichkeit der menschlichen Erfahrung erschien ihm zuwenig, er wollte Wirklichkeit erfinden. In einem Briefe an Clarina, Gräfin Maffei, vom 20. Oktober 1876 meint er: »Wenn man die Wirklichkeit nachbildet, kann etwas recht Gutes herauskommen, aber Wirklichkeit erfinden ist besser, weit besser ... Frag unser aller Vater!« (Er meinte damit Shakespeare.) »Vielleicht hat er irgendwo den Falstaff gefunden, aber schwerlich einen solchen Verbrecher wie Jago und nie, niemals einen Engel wie Cordelia, Desdemona. Und doch sind sie so sehr wirklich ... Eine Kunst, der die Natürlichkeit, die Einfalt abgeht, ist keine.«

Verdi hat, den unvollendeten »Lear« eingeschlossen, vier Opern nach Shakespeare geschrieben: »Macbeth« 1847, »Othello« 1887, »Falstaff« 1893, und fünf Opern nach Schiller: »Giovanna d'Arco«

(Die Jungfrau von Orléans) 1845, »I Masnadieri« (Die Räuber) 1847, »Luisa Miller« (Kabale und Liebe) 1849, »Don Carlos« 1867. Beide Dichter schienen ihm Führer auf dem Wege zur Wahrheit. Er ging ihn mit einer Konsequenz, die die durch Tradition geheiligten Grenzen der italienischen Oper zu sprengen schien. In einem Brief an Salvatore Cammarano von 1848 schreibt Verdi, daß die Hauptstücke der Oper »Macbeth« das Duett zwischen der Lady und ihrem Mann und die Nachtwandlerszene seien. »Wenn die zwei Stücke verlorengehen, ist die Oper erledigt. Und diese beiden Stücke dürfen absolut nicht gesungen werden:

> Man muß sie in Aktion umsetzen und deklamieren,
> Mit einer recht hohlen Stimme
> Verschleiert: sonst gibt es
> Unmöglich eine Wirkung.
> Das Orchester gedämpft.«

Diese Worte, die von der Stimme das Äußerste an Realistik fordern, stehen in einem Briefe Verdis, des Hüters der italienischen Melodie und des Belcantos. Und anderswo schreibt er. »Wir müßten Gilda (Rigoletto) mit dem Herzog im Schlafzimmer zeigen. Du verstehst? Jedenfalls wäre es ein Duett, ein großartiges Duett. Aber die Pfaffen, die Mönche, die Heuchler würden daran Anstoß nehmen.« Was Verdi an dem Buch des »Rigoletto« liebte, »gewaltige Situationen, Mannigfaltigkeit, Feuer«, das boten ihm auch »Il Trovatore« und »La Traviata«. Diese drei Opern, 1851/53 entstanden, haben Verdis Weltruhm begründet. Das Pathos der französischen und spanischen romantischen Dichter Victor Hugo, Gutierez und Dumas (der Jüngere) war die Voraussetzung für Verdis Opernstil der mittleren Epoche. Er fand seine Fortsetzung in der für die Pariser Weltausstellung 1855 geschriebenen »Sizilianischen Vesper«, »Simone Boccanegra« 1857, »Un Ballo di Maschera« 1859 (der Stoff geht auf eine Dramatisierung Scribes zurück, war für Rossini bestimmt und von Auber bereits vertont worden), »La Forza del Destino« 1862 (auf eine spanische Vorlage zurückgehend) und »Don Carlos« 1867, wiederum für Paris geschrieben (zweite Fassung 1884 Mailand).

»Aida«, 1871 als Festoper zur Eröffnung des Sueskanals im Auftrag des Vizekönigs von Ägypten komponiert, erscheint wie eine Synthese: Politik und Realistik finden noch einmal rauschend und hinreißend ihre musikalische Aussage. Was folgt, ist der Wahrheit und Weisheit letzter Schluß: »Othello« und »Falstaff«. Der menschlichen Wahrheit der Stoffe entspricht die einfache Natürlichkeit der durch die Reife des Alters sparsam gewordenen Mittel, die Weisheit aber kommt von einem Menschen, der im Leben und Werk überwunden hat. Verdi sagt: »Falstaff ist ein armer Narr, der alle möglichen Schlechtigkeiten begeht, auf lustige Art. Er ist ein Typ. Es gibt so vielerlei Typen...« Diese Aussage und die Schlußfuge des Falstaff auf die Worte »alles ist Spaß auf Erden, wir sind geborene Toren« legen dafür Zeugnis ab *(Ntb. 82)*.

Notenbeispiel 82

Fünf Jahre nach dem »Falstaff«, 1898, wurden in Paris die »Quattro pezzi sacri«, bestehend aus »Ave Maria« (unter Benutzung einer von einer Zeitschrift als harmonische Denksportaufgabe empfohlenen Scala enigmatica: c-des-e-fis-gis-ais-h-c), »Stabat mater«, »Lauda alle Vergine«, »Te Deum«, uraufgeführt, nachdem die »Messa da requiem« für Soli, Chor und Orchester 1874 für den »Heiligen«, den Dichter der Nation, Graf Manzoni, ein »Pater noster« 1880 und ein »Ave Maria« im gleichen Jahr vorausgegangen waren. In diesen Werken fand Verdi, an den großen Vokalwerken der italienischen Tradition anknüpfend, nicht nur »das Eigene unserer Kunst«, das er unablässig suchte, sondern auch die Erkenntnis, daß die Wahrheit des Lebens in der Wahrheit des Glaubens ruht. Sein großes Vermögen verwendete Verdi nicht zum Bau eines Festspielhauses zu seinem eigenen Ruhm, sondern er erbaute ein Altersheim für Musiker in Mailand, die »Casa di riposo«. Dort liegt er seit dem Jahre 1901 an der Seite seiner zweiten Gattin, der Sängerin Giuseppina Strepponi, begraben.

1889, als man Verdis fünfzigjähriges Jubiläum als Opernkomponist feierte, faßte der große italienische Dichter Giosuè Carducci zusammen, was die Nation empfand: »Mit den ersten Herzschlägen der jungen Kunst hat Giuseppe Verdi den Wiederaufstieg des Vaterlandes vorausgeahnt und verkündet. O ihr Gesänge, unvergeßlich und heilig für alle, die vor 1848 geboren wurden! Giuseppe Verdi ehrt und erhebt mit dem Ruhm der großen, unvergänglichen Kunst das neuerstandene Vaterland im Angesicht aller Völker – Ruhm sei ihm, der, wie die Idee des Vaterlandes und der Kunst selbst, unsterblich, verklärt und triumphierend ist.«

Rußland

Nach einer tausendjährigen »unbewußten Musikgeschichte« auf dem Goldgrund alter byzantinischer Kirchenmusik und der Freude an volkstümlichem Singen und Tanzen trat die russische Musik am Anfang des 19. Jahrhunderts mit Michail Iwanowitsch Glinka (geb. 1804 im Gouvernement Smolensk, gest. 1857 in Berlin) in ihre Geschichte ein. Der Ausgangspunkt ist gemäß dem Erbe die Folklore. Glinka dachte allerdings in seinen Opern »Das Leben für den Zaren« (1836) und »Ruslan und Ludmilla« (1842), wie Igor Strawinskij in dem 5. Abschnitt seiner »Poétique musicale« anführt, »nicht daran, den Grundstock zu einem umfangreichen Exportunternehmen zu legen; er nimmt die volkstümlichen Motive als Rohstoff und verwendet sie ganz instinktiv gemäß dem Brauch der damals in Mode stehenden italienischen Musik. Glinka will sich nicht, wie manche seiner Nachfolger, beim gemeinen Volk anbiedern... er sucht lediglich nach Elementen des musikalischen Genusses.« In gleicher Weise findet Alexander Dargomyschskij (geb. 1813 im Gouvernement Tula, gest. 1869 in Petersburg) mit seiner reizenden Oper »Russalka« und mit seinen Romanzen und Liedern einen Stil, der »das russisch-volkstümliche Melos und den vorherrschenden Italianismus mit einer höchst unbekümmerten und bezaubernden Leichtigkeit verbindet« (Strawinskij).

Durch das Werk der Glinka und Dargomyschskij folgenden »Novatoren«, der »Gruppe der Fünf«, wurde die Folklore, von nationalen Strömungen getrieben, Gesetz und System. Die Leichtigkeit in der

Verwendung der folkloristischen Bausteine wich dem Ernst des ideologischen Kunstwerkes. Da keiner der »Fünf« außer Milij Balakirew (geb. 1837 in Nischnij Nowgorod, gest. 1910 in Petersburg) ursprünglich Musiker war, lief das Werk Gefahr, in Bezirken sich anzubauen, wo Dilettantismus und nationalistische Absichten sich paaren. Alexander Borodin (geb. 1833 in Petersburg, gest. 1887 in Petersburg), Mediziner und Chemiker, Nikolaj Rimskij-Korsakow (geb. 1844 im Gouvernement Nowgorod, gest. 1908 bei Petersburg) ehemals Marineoffizier, Modest Mussorgskij (geb. 1839 im Gouvernement Pskow, gest. 1881 in Petersburg) Offizier der Garde und kleiner Beamter, César Cui (geb. 1835 in Wilna, gest. 1918 in Petrograd), von Geburt Franzose, Professor an der Militäringenieurakademie, haben durch die Frische ihres Talentes diesen Zustand überwunden. Rimskij-Korsakow wurde durch spätere umfangreiche Kompositionsstudien bei Balakirew ein bedeutender Lehrer, Mussorgskij aber, der genialischste unter den »Fünfen«, hat – obwohl Autodidakt – die neue russische Schule in das europäische Blickfeld gerückt. Borodin hatte 1877 auf einer Reise, die den chemischen Instituten der deutschen Universitäten galt, Liszt in Weimar besucht. Dieser schrieb einen Beitrag zur zweiten Auflage der »Paraphrases«, eines Kollektivwerkes von Petersburger Komponisten, und nannte dieses »sein Conservatoire«. Er wollte damit ausdrücken, wie sehr die russischen Komponisten auch bei ihm Schule gemacht hatten, indem er durch ihre Schule ging. Das Neue an ihr war jedoch nicht nur die Folklore. Für Liszt besonders erregend war die Forderung der Russen nach einer größeren Vereinigung »der beiden herrlichsten Künste – der Poesie und Musik«. Da er die gleiche Notwendigkeit von jeher erkannt hatte, fühlte sich Liszt durch diese Formulierung unmittelbar angesprochen, ebenso wie durch das Streben der russischen Musik nach dem Ausdruck des Realistischen, nach »Wahrheit, wie bitter sie sei, die kühne, aufrichtige Rede von Mensch zu Mensch – Aug in Aug« (Mussorgskij). Poesie und Wahrheit fanden die Russen im Volkslied. Balakirew hatte sich seit 1866 einer systematischen Volksliedforschung verschrieben. Seine sinfonischen Dichtungen »Tamara«, »Russia« und die in Südrußland (Georgien) entstandene orientalische virtuose Klavierfantasie »Islamey« sind Folge und Frucht dieser Bemühungen. Borodin, der Komponist

der Oper »Fürst Igor«, aber hat in seiner »Steppenskizze aus Mittelasien« flirrendes Licht und fast liturgisch-hymnisch sich steigernden Volksgesang in großartiger Weise beschworen.
Von wahrhaft europäischer Bedeutung und Wirkung aber waren die Kühnheit der Harmonik, auf die sich das Werk Mussorgskijs gründet, und die Instrumentationskunst Rimskij-Korsakows. Mussorgskij schrieb Liederzyklen: »Ohne Sonne«, »Lieder und Tänze des Todes«, »Kinderstube«, die sinfonische Dichtung »Die Nacht auf dem Kahlen Berge« und das Opernhauptwerk »Boris Godunow«, ein hinreißendes Gemälde von Glanz und Elend des russischen Volkes. Beispiele für Rimskij-Korsakows Instrumentationskunst sind die Opern »Das Märchen von der Stadt Kitesch« und »Das Märchen vom goldenen Hähnchen«, die sinfonischen Dichtungen »Sadko«, die Apotheose des Meeres in »Schehezerade« und eine 1859 auf einer Weltumseglung entstandene »Russische Sinfonie«. Auf den »Grundlagen der Instrumentation«, so heißt Rimskij-Korsakows bedeutendes Lehrwerk, hat Strawinskij, der sein Schüler war, den »Feuervogel« instrumentiert, während die harmonischen Kühnheiten Mussorgskijs auch von dem den »Fünf« folgenden Akademismus A. K. Glasunows (1865–1936), Ljadows, Arenskijs nicht mehr in ihre Schranken verwiesen werden konnten. Der russische Impressionismus muß in Mussorgskijs klangreichen »Bildern einer Ausstellung« von 1874, die Maurice Ravel instrumentierte, seine Wiege sehen. Ntb. 83 zeigt eine reine Klangverbindung, deren harmonische Deutung sekundär ist.

Modest Mussorgskij: Bilder einer Ausstellung, »Tuilleries«

Notenbeispiel 83

Über das Verhältnis Peter Tschaikowskijs (geb. 1840 im Gouvernement Wjätka, gest. 1893 in Petersburg) zu den »Fünf« erzählt Strawinskij in seinem oben erwähnten Werk: »Der von der Gruppe

der ›Fünf‹ gebildete Kern fand Widerstand bei einem anderen Kreis, aus dem die Persönlichkeit Tschaikowskijs ganz allein heraus stach, einfach dank seiner glänzenden und kraftvollen Begabung. Ähnlich wie Rimskij-Korsakow hatte Tschaikowskij die Notwendigkeit erkannt, sich eine solide Technik zu erwerben, beide waren Lehrer an einem Konservatorium, Rimskij-Korsakow in St. Petersburg, Tschaikowskij in Moskau ... Tschaikowskij hatte keine ausschließliche Bewunderung für die italienische Musik. Seine formale Erziehung war den Richtlinien der deutschen Hochschule gefolgt. Aber wenn er sich auch nicht schämte, Schumann und Mendelssohn zu lieben, deren Musik sein symphonisches Werk sichtlich beeinflußte, so hatte er doch eine unverkennbare Vorliebe für seine französischen Zeitgenossen Gounod, Bizet, Delibes. So aufgeschlossen und sensibel er für die Welt außerhalb Rußlands war, man kann nichtsdestoweniger sagen, daß er darauf hielt, zwar nicht nationalistisch und volksverbunden zu sein, wie die ›Fünf‹, so doch zutiefst national: im Charakter seiner Themen, in der Führung seiner Melodien und in der rhythmischen Physiognomie seiner Werke.«
Tschaikowskijs Musik (sechs Sinfonien, sinfonische Dichtungen, zehn Opern, unter ihnen »Eugen Onegin« 1879, »Pique-Dame« 1890, die Ballette »Schwanensee«, »Dornröschen«, »Nußknacker«) ist nach seinen eigenen Worten »in der Tiefe einer aufgewühlten Künstlerseele empfangen worden«. Sein Weg zur deutschen Romantik war in seiner sensiblen, gefühlsverschwendenden Natur vorgezeichnet. Ein Brief an seine Gönnerin, die millionenreiche Frau von Meck, vom 1. März 1878 über seine vierte Sinfonie zeigt ihn als einen naiven Programmusiker auf der Basis fast primitiv anmutender Daseinserfahrungen. Vielleicht gerade dadurch ist Tschaikowskijs Musik weltgängig geworden. Die russische Musik verdankt ihm, daß sich ihr die Konzertsäle des Westens öffneten. Das Bonmot »Kratzt man den Russen ab, so kommt der Tartar zum Vorschein«, kann man kaum – trotz einiger gesuchter Wildheiten – auf Tschaikowskijs Musik anwenden. Was bei ihm nach solch einer Prozedur übrigbleiben würde, wäre wohl ein einfach fühlender Mensch in der Art Anton Bruckners.

Die eigene Sprache

In seinem Aufsatz »Einfache Nachahmung der Natur, Manier, Stil« im »Teutschen Merkur«, Februar 1789, führte Goethe unter der Überschrift »Manier« folgendes aus: Der manieristisch denkende Mensch »sieht eine Übereinstimmung vieler Gegenstände, die er nur in ein Bild bringen kann, indem er das einzelne aufopfert... er erfindet sich selbst eine Weise, macht sich selbst eine Sprache, um das, was er mit der Seele ergriffen, wieder nach seiner Art auszudrücken... eine Sprache, in welcher sich der Geist des Sprechenden unmittelbar ausdrückt und bezeichnet. Und wie die Meinungen über sittliche Gegenstände sich in der Seele eines jeden, der selbst denkt, anders reihen und gestalten, so wird auch jeder Künstler dieser Art die Welt anders sehen, ergreifen und nachbilden.« Diese Worte, auf die Komponistengenerationen in der zweiten Hälfte des 19. Jahrhunderts angewendet und auf die Musik der Nationen übertragen, könnten nicht besser die Situation der europäischen Musik in diesem Zeitraum aufzeigen. Jeder bildet sich aus der Fülle der Tradition und der Kraft seines Individualstiles selbst eine Sprache, die er seinerseits wiederum der Sprache seiner Nation unterordnet, der Nation, die jetzt Wert darauf legt, sich in Kunstdingen eigen und unmittelbar auszudrücken. In beiden Fällen würde es sich nach Goethe um Manier handeln. Demnach wiederum bestünde der Begriff Manierismus auch für die Spätphase des romantischen Zeitalters zu Recht.
Wie in Rußland tritt auch in Polen und Ungarn die Volksmusik in die Kunstmusik durch die Pforten der Oper ein. In Polen sind Stanislaus Moniuszko mit »Halka« (1847) und in Ungarn Franz Erkel mit »Hunyadi László« (1844) und »Bánk Bán« (1861) zu Begründern einer nationalen Oper geworden.
Aus den gleichen Quellen osteuropäischer Volksmusik schöpften in Böhmen Friedrich Smetana (geb. 1824 in Leitomischl, gest. 1884 in Prag), Anton Dvořák (geb. 1841 bei Kralup, Böhmen, gest. 1904 in Prag) und Leoš Janáček (geb. 1854 in Hochwald, Mähren, gest. 1928 in Mährisch-Ostrau). Smetanas Oper »Die verkaufte Braut«, seine sechs sinfonischen Dichtungen »Mein Vaterland«, zu denen als die bekannteste »Die Moldau« gehört, Dvořáks neun Sinfonien, das

Dumky-Trio, die Oper »Russalka« und Janáčeks Opern »Jenufa« und »Aus einem Totenhaus«, seine Glagolitische Messe, »Tagebuch eines Verschollenen« haben einer tschechisch-nationalen Musik vor allem durch Dvořák, der auch in Amerika und England Triumphe feiern konnte (Sinfonie »Aus der Neuen Welt«), zur Weltgeltung verholfen. Die Zeit hat es ihnen leicht gemacht: Wer Wagners und seiner Nachfolger Pathos müde war, konnte sich an der volkstümlichen Urtümlichkeit der böhmischen Musik erfreuen. Der Schuß Vulgarität, der ihr eigen ist, hat das beginnende Zeitalter der Masse kaum erschreckt. Bezeichnenderweise hat man bis heute den menschlich und künstlerisch einsamen Janáček am wenigsten verstanden. Er lauschte dem Tonfall der menschlichen Sprache, den Lauten der Tiere und der Natur und formte daraus seine Musik. Er stieg zu den Quellen hinab, während Smetana und Dvořák nur das Spiegelbild der Landschaft und der Geschichte ihres Volkes aus ihnen schöpften.

Die Länder Skandinaviens, Dänemark, Norwegen, Schweden, Finnland, haben gleichfalls ihre Aufgabe darin gesehen, »in die reichen Schätze des einheimischen Volksliedes zu tauchen und aus diesem bisher unausgeschöpften Ausdruck der Volksseele eine nationale Kunst zu schaffen«, wie es der Norweger Edvard Grieg (geb. 1843 in Bergen, gest. 1907 in Bergen) für sein Werk in Anspruch nahm. Wie der Däne Nils Wilhelm Gade (geb. 1817 in Kopenhagen,

Edvard Grieg (1843–1907) und Jean Sibelius (1865–1957), deren Werke zum ersten Male die folkloristische Musik Norwegens und Finnlands in die Kunstmusik einbezogen haben.

gest. 1890 in Kopenhagen) hatte Grieg in Leipzig bei Ignaz Moscheles, Moritz Hauptmann und Carl Reinecke studiert. Die Frucht der Verbindung der deutschen Romantik mit nordischer Folklore waren Werke wie »Nachklänge aus Ossian«, Sinfonien und Kammermusik von Gade und Griegs Lieder, seine lyrischen Stücke für Klavier, das Klavierkonzert, die Sonate für Violine und Klavier, die Musik zu Ibsens »Peer Gynt« und die »Holberg-Suite«. Die Wogen des naturalistischen Dramas Ibsens und Björnsons, die gerade in Deutschland so heftig anbrandeten, haben auch Grieg emporgetragen. Seine Überschätzung ist dem Wohlwollen für einen lyrischen Musiker gewichen, dessen Handhabung der Harmonik (Sept- und Nonenakkorde) einen nordischen, in der Volkskunst wurzelnden Impressionismus eingeleitet hat.

Auch der Finne Jean Sibelius (geb. 1865 in Tawastehus, gest. 1957 in Järvenpää), der bei Busoni in Berlin und bei Goldmark in Wien studiert hatte, folgt mit sieben Sinfonien und zehn sinfonischen Dichtungen (»Finlandia«, »Der Schwan von Tuonela«) den Vorbildern der deutschen Romantik, der Programmusik Liszts und den manchmal bombastischen »Zeichen« der Heimat und seines Volkes. Mit den Norwegern Johan Svendsen (geb. 1840 in Oslo, gest. 1911 in Kopenhagen) und Christian Sinding (geb. 1856 in Kongsberg, gest. 1941 in Oslo) verwässert die Kraft der Folklore im Geplätscher der Salonmusik.

Einen gleichen Generationsauftrag, der nochmals mit formaler Ausweitung, harmonischer Differenzierung, instrumentaler Raffinesse und folkloristischer Bindung gekennzeichnet sei, haben in England Sir Edward Elgar (geb. 1857 in Broadheath, gest. 1934 in Worchester), Frederick Delius (geb. 1863 in Bradford, gest. 1934 in Grez-sur-Loing) und Ralph Vaughan Williams (geb. 1872 in Down Ampney, gest. 1958 in London) erfüllt. Unter dem Titel »National Music« schrieb Williams eine Geschichte des Nationalismus in der Musik. In Wagners »Meistersingern« sieht er den Idealfall nationaler Musik. Von deren politischen Gefahren allerdings ahnt er noch nichts. »Ich glaube, es gibt kein Kunstwerk, das den Geist einer Nation zuverlässiger darstellt, als die ›Meistersinger‹ von Richard Wagner. Hier gibt es keine Spielerei mit dem Lokalkolorit, sondern das Beste im Nationalbewußtsein seines Heimatlandes wird zu

höchster Kraft erhoben. Das ist wahrhaft universale Kunst, universal, weil sie so intensiv national ist.«
Eine Gruppe der Eigenwilligen und Abseitsstehenden bilden der Deutsche Max Reger (geb. 1873 in Brand im bayrischen Fichtelgebirge, gest. 1916 in Leipzig), der Schweizer und Reger-Schüler Othmar Schoeck (geb. 1886 in Brunnen, gest. 1957 in Zürich), der Deutsche Heinrich Kaminski (geb. 1886 in Tiengen bei Waldshut, gest. 1946 in Ried) und der Deutsche Hans Pfitzner (geb. 1869 in Moskau, gest. 1949 in Salzburg).
Der Drang der Romantik zum Allumfassenden war auch Reger eigentümlich. Die Kernpunkte seines Werkes sind Fuge und Variation. Die Fuge führt ihn über die Orgel zurück zu Bach. Ohne Bach schien ihm kein Werk für Orgel möglich (Fantasie und Fuge über B-A-C-H op. 46, Choralvariationen usw.). Die Variation fand ihre Erfüllung in den Orchesterwerken: Variationen und Fuge über ein lustiges Thema von J. A. Hiller op. 100, Variationen und Fuge über ein Thema von Mozart op. 132, und in den Variationen und Fugenwerken für Klavier: Variationen über ein Thema von Beethoven op. 86 (auch für Orchester), Telemann-Variationen und andere. Beethoven und Brahms waren in der Form der Variation Regers Lehrmeister. Auf diesem sicheren Grund der Tradition ruhen seine Hauptwerke: Symphonischer Prolog zu einer Tragödie op. 108, das Klavierkonzert op. 114, Streichtrio op. 102, Streichquartette op. 109 und op. 121, Sextett op. 118, Violinsonaten op. 122 und op. 139 und das Klarinettenquintett op. 146.
Obwohl dem Zeitgeist seiner Generation durch Traditionsgebundenheit entfremdet, hat Reger diesem doch in der Form der von ihm abgelehnten Programmusik Liszts gehuldigt: Die romantische Suite op. 125, die Böcklin-Suite op. 128 und nicht zuletzt seine etwa 300 Lieder und die Klavierstücke (»Träume am Kamin« op. 143) stellen einen klangmalerischen Impressionismus dar, der sich aus der Farbigkeit der Regerschen Harmonik herleitet (»Beiträge zur Modulationslehre« 1904), aber auch Debussy verpflichtet ist. Eine »Richtung« konnte aus dieser alles-umfassen-wollenden Haltung nicht entstehen. Die Kraft der Verschmelzung blieb Reger versagt. Vielleicht hätte die Großform der Sinfonie, der sich Reger kurz vor seinem Tode zuwenden wollte, die Erfüllung gebracht. Reger aber

hat – ein Zeichen hoher Selbstzucht – nur eine »Sinfonietta« geschrieben.
Reger war nach turbulenten Münchner und Wiesbadener Jahren 1907 in die Bach-Stadt Leipzig als Universitätsmusikdirektor und Lehrer am Konservatorium gekommen. 1911 übernahm er die Leitung des durch Hans von Bülow schon berühmt gewordenen Meininger Hoforchesters, die er nach großen, auf europäischen Konzertreisen erworbenen Erfolgen, durch sein Herzleiden bedingt, bereits 1914 niederlegen mußte. Er siedelte nach Jena über und starb zwei Jahre später in Leipzig. Den Erschütterungen dieses Lebens und den Spannungen eines großen Werkes war selbst Regers robuste Gesundheit nicht gewachsen. Sein derber Humor schützte eine empfindsame Seele. 1891 schrieb Reger an seinen Weidener Lehrer Adalbert Lindner: »Die Anzeichen der Morgenröte mehren sich. Denn das Liszt-Berlioz'sche Programm mit all den Neueren, Richard Strauss, Nicodé pp., ist im Grunde ein verfehltes. Die Musik soll nicht wie bei der Programmusik erst der Verwirklichung eines dritten bedürfen, um wenigstens allgemein verständlich zu sein. Die Musik soll an und für sich als Ausfluß reinster Empfindung ohne allen reflektierenden Beigeschmack wirken.«
Im Sinne seiner Zeit war Reger mit diesen Anschauungen ein Reaktionär. Von heute aus gesehen, war er ein Neuerer, der mit gewaltiger Kraft das Werk Richard Wagners und der Neudeutschen beiseite schob und die Sicht auf unser Jahrhundert frei machte. Die Mittel, derer er sich in dem Kampf gegen den »Grundirrtum der Romantik« bediente, sind zu Bausteinen der Musik unseres Jahrhunderts geworden: Polyphonie, barocke Form, durchgeistigte Instrumentation statt dem Überhäufen von Instrumenten (seine eigenen Worte) und eine auf den Erkenntnissen des Theoretikers Hugo Riemann gründende Harmonik, die jeden Akkord in jeder Tonart möglich macht.
Othmar Schoeck war als Komponist von etwa 200 Gesängen dem Liedstil seines Lehrers Max Reger gefolgt. In seinen Opern »Erwin und Elmire« nach Goethe, »Venus«, »Penthesilea« nach Kleist, »Vom Fischer und syner Fru« hat er versucht, ein lyrisches Empfinden teilweise auch durch melodramatische Mittel zu bühnenmäßiger Dramatik zu steigern.

Max Reger (1873–1916), der die Fundamente für die Musik unseres Jahrhunderts gelegt hat, und Hans Pfitzner (1869–1949), der letzte Romantiker.

Ein Mystiker im Leben und in seiner Kunst war Heinrich Kaminski. In der Polyphonie seiner geistlichen Chorwerke und in den Fugen seiner Orchester- und Kammermusik folgte Kaminski, der in Heidelberg und Berlin studiert hatte und 1930–1932 Professor an der Berliner Akademie war, dem Vorbild Regers, ohne dessen Schüler gewesen zu sein.

Hans Pfitzner fühlte sich nicht nur als »Erbe« der Romantik, sondern auch als deren Hüter. So wurde er zum streitsüchtigen Kämpfer gegen seine Zeit und ihre Wandlungen. Immer glaubte er, die Romantik verteidigen zu müssen: »Futuristengefahr« war gegen Busoni gerichtet, »Die neue Ästhetik der musikalischen Impotenz« eine Kampfschrift gegen Paul Bekker, »Werk und Wiedergabe« gegen die »geistreichen« Dirigenten und Regisseure. Auch in seiner ichbezogenen Oper »Palestrina« (1912–1915) geht es um einen Streit über die Reform der Kirchenmusik durch das Tridentiner Konzil, den der einsame Palestrina schlichtet durch die Eingebung seines Werkes. »Und siehe da, nun lohnt sich sein Leben, seine stete Arbeit in der Stille: er ist bereit! Die große Stunde findet ihn groß, er schreibt das Werk, das die Rettung bringt. Eine geistige Herkulestat wird geschaffen, das Schwerste gelingt: auf Machtgebot Schönheit zu erzeugen« (aus einem Vortrag Pfitzners über »Palestrina«). Pfitzner war als Dirigent in Mainz und Berlin, als Straßburger Operndirektor (bis 1916), als Leiter einer Meisterklasse an der Berliner Akademie und an der Münchner Akademie der Tonkunst ein bedeutender Lehrer und eigenwilliger Erzieher auch seines Publikums. In seinen Opern »Der arme Heinrich«, »Die Rose vom Liebesgarten«, »Das Christelflein«, »Das Herz«, im cis-Moll-Streichquartett, aber vor allem in dem Chorwerk »Von deutscher Seele« und in den Liedern und Gesängen pflegte er das Erbe der Romantik mit handwerklicher Meisterschaft in harmonisch-differenziertem und kontrapunktisch reichem Satz. Seine Eigenwilligkeit hat ihn davor bewahrt, als Epigone zu erscheinen.

Neben einer Romantik nach innen, der sich diese Deutschen befleißigten, gibt es auch eine Romantik des Abenteuers nach außen. Eine große Gruppe von Komponisten verschrieb sich ihr und konnte auf diese Weise nationale Musik zu internationaler Geltung bringen. In Frankreich leitete Félicien David (1810–1876) durch seine Sinfonie-Ode »Le désert« (1844) mit kühnem Griff nach orientalischer Musik eine exotische Romantik ein. Schon im 18. Jahrhundert hatte romantische Entdeckerfreude zur Chinoiserie und zur Türkenoper geführt. Jetzt weitet sich, von der Literatur gefördert, aufs neue der Blick über die nationalen Grenzen hinaus. Ambroise Thomas (1811–1896) und Charles François Gounod (1818–1893) wenden sich mit »Mignon« und »Faust und Margarethe« Goethe und der deutschen Dichtung zu. Unter den 20 Opern von Camille Saint-Saëns (1835–1921) gibt es »Samson und Dalila« (Uraufführung 1877 in Weimar) und »Henry VIII.«. Léo Delibes (1836 bis 1891) schreibt eine orientalische Oper »Lakmé« (1883), Georges Bizet (1838–1875) »Ivan le terrible« (1865) und »Djamileh« (1872). Vor allem aber hat »Carmen« (1875) eine Spanienmode eingeleitet, der auch Jules Massenet (1842–1912) mit »Le Cid« (1885) und »Don Quichotte« (1910) gefolgt ist. (Andererseits hatte Massenet auch einen »Werther« geschrieben.) Mit der Hingabe an das romantische Abenteuer werden die nationalen Grenzen fließend. Es war nur möglich durch die Überwindung der eigenen großen nationalen Vorbilder, die in Frankreich Berlioz und Meyerbeer, in Italien Verdi und in Deutschland Wagner hießen. Die Mittel, derer sich der Zeitgeist dazu bediente, waren eine neue Sensibilität und Reizbarkeit in der Musik Frankreichs, der Verismo in Italien und der musikalische Realismus in Deutschland.

Einer der feinsinnigsten Musiker Frankreichs war Charles Gounod. Ursprünglich sich zum Priester vorbereitend, wurde er Schüler von Halévy, Paër und Lesueur. Als Rompreisträger entdeckte er für sich Palestrina, über dessen Affinität mit Michelangelo in der Sixtinischen Kapelle er schöne Worte gefunden hat (»Mémoires d'un artiste«). Gounod, der bedeutende geistliche Werke geschrieben hat (»Mors et Vita«, »Die Erlösung«), erweist sich in seinem »Faust« und »Roméo et Juliette« als ein großer Lyriker und Melodiker. Die ihm vorgeworfenen Trivialitäten sind eine Legende der Wagner-Verehrer. Wenn Verdi meinte, »wir können nicht komponieren wie die Deutschen«, so war auch Gounod dem Klangideal seiner Nation verpflichtet. Es war von hoher Kultur und untadeligem Geschmack getragen. In seinen Lebenserinnerungen erzählt Strawinskij, wie er durch die Aufführung von Gounods »Philémon et Baucis« in dem kleinen Pariser Théâtre du Trianon-Lyrique auf Gounod aufmerksam wurde.

»Als ich die letztgenannte Oper hörte, erkannte ich von neuem, wie bezaubernd die persönliche Note ist, die alle Musik dieses Komponisten auszeichnet. Diaghilew war ebenso begeistert wie ich, und so kam uns der Gedanke, das Werk von Gounod zu durchforschen, in der Hoffnung, vergessene Stücke zu finden. Dabei entdeckten wir die kurze entzückende komische Oper ›Die Taube‹, die er unter Napoleon III. für das Theater in Baden-Baden geschrieben hatte. Zugleich fanden wir ein kleines Meisterwerk, den ›Arzt wider Willen‹. Diaghilew hatte außerdem das Glück, auf ein reizendes Stück von Chabrier zu stoßen, ›Die mangelnde Erziehung‹, von jenem Chabrier, den seine Landsleute auch heute noch nicht seiner Bedeutung nach würdigen. Sie behandeln ihn mit nachsichtiger Sympathie und sehen in ihm nur einen amüsanten und schwungvollen Amateur. Es ist schon so, Ohren, die verzaubert und verdorben sind durch pathetischen und sentimentalen Schwulst, Ohren, die durch akademische Dressurmethoden abgerichtet sind (was im übrigen nicht ganz so schlimm ist), solche Ohren müssen taub bleiben einer wahren Perle gegenüber, wie es Chabriers ›König wider Willen‹ ist, denn dieses Werk ist zu seinem Unglück nichts weiter als Musik.« Emanuel Chabrier (1841–1894), der Jurist war und auch Operetten schrieb, wurde der französischen Oper bester Humorist.

Jules Massenet war Schüler von Thomas, Rompreisträger, Kompositionsprofessor am Conservatoire und Präsident der Akademie. Seinen Lyrismen, die er dem von Meyerbeer herkommenden Pathos gegenüberzustellen wußte, verdankt die französische Oper in der zweiten Hälfte des Jahrhunderts ihre Synthese von Grand Opéra und Opéra comique. Die Vornehmheit und Sparsamkeit seiner Instrumentation sei besonders vermerkt. Die Ballettmusiken Delibes »Coppélia« (1870) und »Sylvia« (1876) haben ihren Ursprung in bester französischer Tradition. Für die Sinnlichkeit, Sensibilität und Heiterkeit der Musik Bizets aber fand Friedrich Nietzsche begeisterte und poetische Worte. In »Carmen« spürte er das afrikanische Klima des Verhängnisses sehr kurzen Glücks, aber auch »endlich die Liebe, die in die Natur zurückübersetzte Liebe«. Bizet hatte bei Halévy studiert, erhielt 1857 den Rompreis, hatte mit seinen Opern »Die Perlenfischer« (1863), »La jolie fille de Perth« (1867), »Djamileh« (1872) und »L'Arlésienne« (1873) freundliche Erfolge, die kurz vor seinem Tode »Carmen« (nach einer Novelle von Prosper Mérimée) weit übertraf. Als Nummern- und Dialogoper (deren Rezitative von E. Guiraud nachkomponiert sind), von hohem melodischem, harmonischem und rhythmischem Reiz ist »Carmen« die letzte abstrakte, das heißt rein musikalische und erste naturalistische Oper zugleich.

In der Instrumentalmusik verbanden Camille Saint-Saëns und César Franck (geb. 1822 in Lüttich, gest. 1890 in Paris) Sensibilität mit großer klassischer Form. Saint-Saëns, ursprünglich Organist, hatte mit Brahms die Neigung zum Akademismus gemein, die sich bei beiden mit großer handwerklicher Kunst verbindet. Französische Geistigkeit gab dem Werk jedoch einen starken Zustrom von Virtuosität und Eleganz mit auf den Weg und sicherte dadurch die bis heute nachhaltige Wirkung. An Hauptwerken sind zu nennen: fünf Sinfonien, vier Sinfonische Dichtungen, fünf Klavierkonzerte, drei Violinkonzerte, »Danse macabre«, zahlreiche Kammermusikwerke. César Franck, wie Saint-Saëns ebenfalls Kirchenmusiker und später Orgellehrer am Conservatoire, hat durch seine verinnerlichte, harmonisch-differenzierte, vom Atem der großen Form getragene Musik auf die ihm folgende Generation nicht nur in Frankreich, sondern auch in Deutschland Eindruck gemacht. Das Hymnische in der Musik

César Francks hat seine Voraussetzungen in einer echten Religiosität. Insofern kann man ihn mit Bruckner vergleichen. Am bekanntesten wurden die Oratorien »Les Béatitudes«, »Rebecca«, Orgelmusik, 1. Sinfonie in d-Moll, Sinfonische Dichtungen, Kammermusik, das Klavierwerk »Prélude, choral et fugue«.

Die Worte, mit denen Vincent d'Indy (geb. 1851 in Paris, gest. 1931 in Paris), Francks bedeutendster Schüler, Wagnerianer und Mystiker, seine berühmt gewordene Rede in der Schola cantorum in Paris begann, könnten für das Werk Francks und d'Indys in gleicher Weise gelten: »L'art n'est pas un métier.« In der von ihm 1896 gegründeten Schola cantorum suchte d'Indy die Pflege der katholischen Kirchenmusik mit neueren Bestrebungen für eine vergleichende Kunstwissenschaft (die Musik und die anderen Künste) zu verbinden.

Verdis Anschauung, daß »erfundene Wahrheit besser sei, als die reine Wahrheit«, hat die ihm folgende Generation der italienischen Opernkomponisten sich nicht zu eigen machen können. Pietro Mascagni (geb. 1863 in Livorno, gest. 1945 in Rom) und Ruggiero Leoncavallo (geb. 1858 in Neapel, gest. 1919 in Montecatini) haben mit ihren Opern-Einaktern »Cavalleria rusticana« (1890) und »Bajazzo« (1892) textlich und musikalisch einem Realismus gehuldigt, der die ästhetischen Grenzen zwischen Bühne und Leben vergessen machen wollte. Das, was an unmittelbarer Wirkung gewonnen wurde, ging an künstlerischer Bändigung verloren, die Verdi auch nicht in den leidenschaftlichsten Situationen seiner Opern aufgegeben hatte. Immerhin hat sich der italienische Verismo – so nannte man diese Wirklichkeitskunst – Weltgeltung verschafft, deren Nutznießer, andererseits aber auch Förderer Giacomo Puccini (geb. 1858 in Lucca, gest. 1924 in Brüssel) wurde. Ein nobler Musiker fand in den Opern »Manon Lescaut« (1893), »La Bohème« (1896), »Tosca« (1900), »Madame Butterfly« (1904) und »Turandot« (von Franco Alfano 1926 beendet) eine Sprache, die alle Vorzüge italienischer Musik: Melodie, Farbe (Harmonik) und Klang noch einmal zusammenfaßte, der er, an italienische Tradition und besonders an Verdis »Falstaff« anknüpfend, mit »Gianni Schicchi« (1919) noch einmal die Verzauberung der italienischen Opera buffa gegenüberstellte.

Die gleiche Laudatio (Lobrede!) stände dem Instrumentalwerk Ottorino Respighis (geb. 1879 in Bologna, gest. 1936 in Rom) zu. Sein Studium bei Rimskij-Korsakow in Petersburg hatte ihm Instrumentation und Klang erschlossen, wohl auch die »national-ethnographische Ästhetik«, von der Strawinskij einmal spricht, die Respighi auf die Ewige Stadt (Sinfonische Dichtungen: »Le fontane di Roma« [1916], »I pini di Roma« [1924], »Feste Romane« [1928]) übertrug. Der oft angewandte Vergleich seines umfangreichen Werkes mit Richard Strauss geht am Wesentlichen vorbei. Respighis »Italianità« ist ein ganz anderes Fundament als Richard Strauss' bajuwarisch-optimistische Daseinsbejahung.

Trotz seiner großen Erfolge hat der italienische Verismo in Deutschland nur schwer Fuß fassen können. Die Opern des bedeutenden Pianisten und Liszt-Schülers Eugen d'Albert (geb. 1864 in Glasgow, gest. 1932 in Riga), unter ihnen »Tiefland« (1903), sind der einzige wesentliche Beitrag. Es erging dem Verismo ähnlich wie dem französischen Impressionismus. Beide Strömungen fließen in die deutsche Musik ein, sie ändern jedoch nicht deren Richtung. Diese war bereits durch den aus der Romantik geborenen Expressionismus vorbestimmt.

Der erste Expressionist in der Musik ist Gustav Mahler (geb. 1860 in Kalischt, Mähren, gest. 1911 in Wien) gewesen. Diese Feststellung bezieht sich nicht auf das seinem sinfonischen Werk teilweise zugrunde liegende Programm, angefangen beim Totenmarsch in Callots Manier, durch das märchenhafte Bild von des Jägers Leichenbegängnis angeregt, dem die Tiere des Waldes folgen (im 3. Satz der 1. Sinfonie), bis zu der 9. Sinfonie, auf deren letzte Paritiurseite Mahler die Worte »Leb wohl, mein Saitenspiel« schrieb. Im Gegenteil, der Verfasser ist der Ansicht, daß erst dann, wenn man diese aus surrealistischen Bereichen stammenden Programme hinweggeräumt hat, der Weg zum Musiker Mahler frei wird. Auf den Melodiker Mahler hat Arnold Schönberg in einem künstlerisch und menschlich großartigen Brief an den Kritiker der New York Times vom Dezember 1948 hingewiesen. Die darin angeführten Beispiele aus der 7. Sinfonie Mahlers kommentierte Schönberg mit folgenden Worten: »Wenn Sie nur einige dieser wunderbaren Melodien bemerkt hätten! Ich weiß nicht, ob Ihre Begeisterung die Weberns (meines lieben alten Freundes) erreicht hätte, der sie immerfort spielen und singen konnte und nie aufhörte, sie zu bewundern. Die schöpferische Kraft dieser Melodien kann nicht geleugnet werden« *(Ntb. 84).*

Notenbeispiel 84

Dem Harmoniker Mahler widmete Schönberg – bedeutsam genug – seine Harmonielehre: »Die Widmung wollte ihm eine kleine Freude bereiten, als er noch lebte. Und seinem Werk, seinen unsterblichen Kompositionen wollte es die Verehrung ausdrücken und bezeugen, daß, woran die gebildeten Musiker mit überlegenem Achselzucken, ja mit Verachtung vorübergehen, daß dieses Werk von einem, der vielleicht auch etwas versteht, angebetet wird. Gustav Mahler hat auf größere Freuden verzichten müssen, als die gewesen wäre, die die Widmung ihm bereiten wollte. Dieser Märtyrer, dieser Heilige mußte gehen, ehe er sein Werk auch nur so weit gefördert hatte, daß er es ruhig seinen Freunden überlassen konnte. Ich hätte mich damit begnügt, ihm eine Freude zu bereiten. Aber heute, wo er tot ist, wünsche ich, daß mein Buch mir Achtung einbringe, damit niemand mehr daran vorübergehen könne, wenn ich sage: ›Das ist ein Ganz-Großer gewesen‹.« Am Schluß dieses Buches spricht Schönberg von Quartenakkorden, die er bei Mahler gefunden hat, und ist von den »eigentümlichen Wirkungen der Unberührtheit« dieser Akkorde tief beeindruckt. »Vielleicht spricht durch diese Unberührtheit die Zukunft unserer Musik.« Die Worte treffen den Kern. Nie hat ein menschlich Reinerer Zukunftsmusik geschrieben als Gustav Mahler.

Er studierte in Wien, ging als Theaterkapellmeister nach Prag, Leipzig, wurde Operndirektor in Budapest und Hamburg und übernahm von 1897–1907 die Leitung der Wiener Hofoper. Gleichzeitig war er Dirigent der Philharmonischen Konzerte. 1907 vertauschte er die Wiener Stellung mit der eines Leiters der Metropolitan-Oper in New York. Er starb, herzleidend, 1911, im Schicksalsjahr der Musik unseres Jahrhunderts. »Das Lied von der Erde« 1907–1908, eine Sinfonie für Tenor- und Altstimme und Orchester nach chinesischen Gedichten, war das letzte und zugleich sein persönlichstes Werk. Die einzelnen Sätze tragen die Überschriften: »Das Trinklied vom Jammer der Erde – Der Einsame im Herbst – Von der Jugend – Von der Schönheit – Der Trunkene im Frühling – Der Abschied«. Es sind die Stationen seines Lebens und seines Erleidens. Mit dem Wort »ewig« löst sich die Klage des »Abschieds« auf. Der fehlende Schlußakkord ist Frage und Antwort an die Zukunft zugleich. Die Antwort hat unsere Gegenwart durch eine neue Hinwendung zu seinem Werk erteilt.

Den Tod eines seiner Kinder vorausahnend, schrieb Mahler die »Kindertotenlieder« nach Friedrich Rückert. Dem Klang der Wagnerschen chromatischen Harmonik im zweiten Lied stellte er einen damals neuen Klang der Polyphonie im ersten und der impressionistischen Schilderung im letzten Lied gegenüber. Vom Volkslied ausgehend, schreibt Mahler die »Lieder eines fahrenden Gesellen« und »Wunderhorn-Lieder«. Auch in seinen zehn Sinfonien – die letzte wurde von seinem Schwiegersohn Ernst Křenek vollendet – verwendet er, darin Brahms verwandt, die ganze Skala des Ausdrucks vom Naiv-Lieblichen bis zum Bizarr-Grotesken, aber auch die ganze Vielfalt der frei gewordenen kompositorischen Mittel bis zum Einbezug des Textes. Das zeigen besonders deutlich die 8. »Sinfonie der Tausend« über die Sequenz »Veni creator spiritus« und den Schluß des zweiten Teiles von Goethes »Faust«. Die Lehre vom Ethos der Musik, die Mahler als Komponist und Dirigent mustergültiger, werktreuer Aufführungen aufstellte, ist für eine ganze Generation der Freunde (Schönberg, Webern) und Schüler (Bruno Walter, Otto Klemperer) Leitstern gewesen. Mahlers vielgeschmähte Kuhglocken in der IV. Sinfonie aber waren nicht nur eine neue, spielerisch gewonnene Klangfarbe: Sie haben die »Klang«-Musik des 20. Jahrhunderts eingeläutet.

Wenn nach den Worten Arnold Schönbergs Gustav Mahler der Ausdruck seiner Epoche war, so war der »große Zeitgemäße«, wie Mahler Richard Strauss nannte, ihr Glanz, in manchem auch wohl nur ihr Abglanz. Richard Strauss (geb. 1864 in München, gest. 1949 in Garmisch) war der letzte des Virtuosenzeitalters und als solcher ein Nachfahre Meyerbeers und Liszts. Ihre Virtuosität war die des Klanges. Strauss realisierte ihn in erster Linie durch das um zahlreiche Spieler vermehrte Orchester. Die Partitur der sinfonischen Dichtung »Till Eulenspiegels lustige Streiche« op. 28 sieht folgende Besetzung vor: Pikkoloflöte, 3 Flöten, 3 Oboen, Englisch-Horn, 3 Klarinetten, Baßklarinette, 3 Fagotte, Kontrafagott, 4 Hörner in F, 4 Hörner in D ad libitum, 3 Trompeten in F, 3 Trompeten in D ad libitum, 3 Posaunen, Tuba, Pauken, Triangel, Becken, große und kleine Trommel, große Ratsche, 16 erste Violinen, 16 zweite Violinen, 12 Bratschen, 12 Violoncelli, 8 Kontrabässe. Die Mischung der Farben dieser Klangpalette machte jede Farbe zur Darstellung und Schilderung möglich. In einem Brief an Hans von

Der Sinfoniker Gustav Mahler, Büste von Auguste Rodin. Sein Ziel war die Vollendung und Überwindung des romantischen Stiles in der Musik.

Bülow schrieb Richard Strauss: »Will man nun ein in Stimmung und konsequentem Aufbau einheitliches Kunstwerk schaffen und soll dasselbe auf den Zuhörer plastisch einwirken, so muß das, was der Autor sagen wollte, auch plastisch vor seinem geistigen Auge geschwebt haben. Dies ist nur möglich infolge der Befruchtung durch eine poetische Idee, mag dieselbe nun als Programm dem Werke beigefügt werden oder nicht.«

Wie weit Strauss die poetische Idee zu spannen vermochte, verraten die Titel seiner sinfonischen Dichtungen und Sinfonien: »Aus Italien« (1886), »Macbeth« (1888), »Don Juan« (nach Lenau, 1889), »Tod und Verklärung« (1890), »Till Eulenspiegels lustige Streiche« (1895), »Also sprach Zarathustra« (1896), »Don Quichotte« (1898), »Ein Heldenleben« (1899), »Sinfonia Domestica« (1904) und die »Alpensinfonie« (1915). Durch Liszt hatte Strauss das Geheimnis der Form in der Freiheit der sinfonischen Dichtung erfahren. Es heißt auch bei ihm: musikalischer Zusammenhang bei klarer Gliederung der Großformteile. In einem Brief an Franz Wüllner, der die Uraufführung des »Till Eulenspiegel« in Köln dirigierte, schrieb Strauss: »Es ist mir unmöglich, ein Programm zum Eulenspiegel zu geben: was ich mir bei den einzelnen Teilen gedacht habe, würde in Worte gekleidet sich oft seltsam genug ausnehmen, vielleicht sogar Anstoß erregen. Wollen wir daher diesmal die Zuhörer selber die Nüsse aufknacken lassen, die der Schalk ihnen verabreicht.«

Auch den Hörern seiner Opern hat Strauss, wie es seiner Persönlichkeit entsprach, manche Nüsse zu knacken gegeben. Von dem Vorbild Richard Wagner, dem Strauss mit seiner Erstlingsoper »Guntram« (1894) folgte, hat er sich bald zu lösen gewußt, nachdem, wie später auf einem Marterl im Garten seiner Besitzung in Garmisch vermerkt wurde, Guntram von dem Riesenorchester seines Vaters grausam erschlagen worden war. Nach dem genialischen Einakter »Feuersnot« (1901) findet Strauss den Weg zu den zyklopischen Opern »Salome« (nach Oscar Wilde, 1905) und »Elektra« (1909) mit dem Dichter Hugo von Hofmannsthal, der ihm für eine Reihe seiner bedeutendsten Werke, »Rosenkavalier«, »Ariadne auf Naxos«, »Arabella«, »Frau ohne Schatten«, von jetzt an verbunden bleibt. Man könnte auch sagen, daß Strauss mit »Salome« und

»Elektra« den Weg zu Wagner auf einer höheren Ebene zurückgefunden hat, denn diese Werke sind auch Musikdramen. Die Musik ordnet sich dem Drama unter, aber die Kühnheit, Dramen wörtlich zu vertonen, die Neuheit der bis zur Atonalität vorstoßenden Harmonik (Judenquintett in der »Salome«), die klangliche Realisierung der bis in Bezirke des Pathologischen und Perversen vorstoßenden poetischen Idee – alles das hebt Richard Strauss weit über Wagner hinaus. 1911 setzt mit dem »Rosenkavalier« eine Wendung ein, die man gern als Rückwendung zu dem von Strauss geliebten Mozart bezeichnet hat. Man sollte statt Mozart besser Rossini sagen, denn mit der »Ariadne auf Naxos« (1912), einer Mischung von Mythologie und Schelmenspiel aus Molièreschem Geiste, mit »Frau ohne Schatten« (1919), »Intermezzo« (1924), »Arabella« (1933), »Schweigsame Frau« (1935), »Capriccio« (1942) findet Strauss zur sangesreichen Buffa-Oper, zum Zauberglanz der vokalen und instrumentalen Koloratur Rossinis zurück. Was man bei anderen Komponisten als Reife angesehen hat, nämlich Ausgewogenheit und Maßhalten, hat man Strauss nach dem Welterfolg des »Rosenkavalier« als Opportunismus ausgelegt. Die Avantgarde der neuen Musik sah in ihm nach der revolutionären Kraft der »Salome« und »Elektra« sogar einen Verräter.

Wenn Strauss 1923 sagte: »Früher befand ich mich auf Vorpostenstellung, heute bin ich fast in der Nachhut«, so spricht daraus nicht nur Resignation, sondern auch eine Bescheidenheit, die, trotz aller Sensationen einer Strauss-Premiere in Dresden oder Stuttgart, dem bürgerlichen, als Sohn eines Waldhornisten der Hofkapelle geborenen Richard Strauss immer eigen war. Das Leben hat ihn auf seltene Höhen geführt. Er war Kapellmeister in Meiningen und München, Generalmusikdirektor und Leiter einer Meisterklasse für Komposition an der Akademie in Berlin, Leiter der Wiener Staatsoper (mit Franz Schalk). Alle Ehrungen dieser Welt wurden ihm zuteil, selbst die politisch-kulturellen Einflüsse des zweiten Weltkrieges vermochten ihm und seinem Werk nichts anzuhaben.

Am Abend seines Lebens und seines Zeitalters schrieb Strauss vier Lieder für hohe Stimme und Orchester: »Vier letzte Lieder«. Sie waren zugleich der Schwanengesang (das Wort steht hier sinnvoll für so viel Schönheit und Glanz) eines reichen Liedschaffens, welches dort, wo es schlichte und intime Saiten anschlug wie in den Liedern »Morgen«, »Die Nacht«, »Du meines Herzens Krönelein«, usw., stärker für Strauss spricht als manches populär gewordene Erfolgslied.

Die Walzer am Ende des 2. Aktes des »Rosenkavalier« – dort ein reizvoller Anachronismus – haben eine lange Ahnenreihe. Schon die Stadtpfeifer des 16. und 17. Jahrhunderts hatten den Suiten ihres Zeitalters Tanzsätze entnommen und sie für den Vortrag ausgewählt und zusammengestellt. Seit dem Ende des 18. Jahrhunderts war ein neuer Tanz im ³/₄-Takt, der Walzer, in Mode gekommen. In der Kunstmusik gingen ihm die Redouten-Tänze Haydns und Mozarts, die Ländler Beethovens und Schuberts (Deutsche Tänze) voran. Der Wiener Tanzgeiger Joseph Lanner (1801–1843) tat wiederum das gleiche, was seine Stadtpfeiferkollegen unternommen hatten: Er vereinigte mehrere solcher Ländler zu einem Zyklus und spielte sie zum Tanze auf. Carl Maria von Weber hatte in seiner »Aufforderung zum Tanz« ein glänzendes virtuoses Beispiel gegeben. Johann Strauß Vater (1804–1849), Leiter einer eigenen Tanzkapelle, seit 1835 Hofballdirektor, und Johann Strauß Sohn (1825–1899), nach Richard Wagner »der musikalischste Schädel des 19. Jahrhunderts«, haben den Walzer, wie man so schön sagt, unsterblich gemacht. Es handelte sich dabei um eine Walzerfolge, bestehend aus einer Introduktion, meist sechs Walzern und einer Walzercoda mit Strettawirkung (einem gedrängten Höhepunkt). Der spätere K. K. Hofballdirektor Kaiser Franz Josephs erspielte seinen Walzern und Tänzen – im ganzen 479 Werke – Weltruf und Weltruhm. »An der schönen blauen Donau«, »Kaiserwalzer«, »G'schichten aus dem Wienerwald«, »Rosen aus dem Süden«, »Frühlingsstimmen« erklangen nicht nur in Wien, sondern auch auf Auslandsreisen in Petersburg, London, Paris, Berlin und Amerika. Wie das Menuett eine höfische Tanzform des 18. Jahrhunderts war und andererseits als dritter Satz der Sonate und Sinfonie zugehörte, hat auch der Walzer des 19. Jahrhunderts die doppelte Aufgabe erfüllt, der bevorzugteste Tanz eines bürgerlichen Jahrhunderts und gleichzeitig eine Form der Kunstmusik zu sein, der selbst Chopin, Schumann, Brahms (Liebeslieder-Walzer), Liszt und andere gern gehuldigt haben.

Unter dem Eindruck der Erfolge Jacques Offenbachs kam Johann Strauß zur Operette, die bei ihm zur Wiener Walzer-Operette wurde: »Tausendundeine Nacht« (1871), »Fledermaus« (1874), »Nacht in Venedig« und »Zigeunerbaron« (1885), »Wiener Blut« (aus älteren Tänzen zusammengestellt) und viele andere. – Der Ausgangspunkt der Pariser Operette war nicht wie in Wien die Posse, sondern die Opéra comique, man nennt sie auch Opéra bouffe. Mit Offenbachs »Die schöne Helena« (1864), Lecocqs »Le Docteur Miracle« (1857) und Franz von Suppés »Die schöne Galathee«, »Leichte Cavallerie«, »Boccaccio« hatte die Operette in den fünfziger und sechziger Jahren des Jahrhunderts dem dritten Kaiserreich den gesellschaftlichen Glanz gegeben. Aber auch England lieferte Beiträge mit A. A. Sullivans »Mikado« und »Geisha« von Sidney Jones.
In Wien folgten auf Johann Strauß Karl Millöcker (»Der Bettelstudent« 1882), Carl Zeller (»Der Vogelhändler« 1891, »Obersteiger« 1895), Heuberger mit seinem »Opernball«, Ziehrer mit den »Landstreichern«. Während die ältere Operette Anforderungen an die Sänger stellt, die sich von denen der Oper kaum unterscheiden, bedarf die Operette des 20. Jahrhunderts vor allem im Buffo- und Soubrettenpart Darsteller, die gut, ja artistisch tanzen können. Für diese Tanzoperette haben Franz Léhar (»Lustige Witwe«, »Graf von Luxemburg«, »Land des Lächelns«), Leo Fall (»Der fidele Bauer«, »Dollarprinzessin«), Emmerich Kálmán (»Czardasfürstin«, »Faschingsfee«, »Gräfin Mariza«, »Zirkusprinzessin«), Oscar Straus (»Walzertraum«) Werke geschrieben, die großartige Erfolge der alten und der neuen Welt geworden sind. Die Schlageroperette, die zu Berlin gehört, ist mit dem Namen Paul Lincke (»Frau Luna«, »Im Reich des Indra«) und Walter Kollo (»Die tolle Komteß«, »Frau ohne Kuß«) verbunden. Ein neues Kind dieser heiteren Muse ist in unserer Gegenwart das amerikanisch orientierte und mit Jazz durchtränkte Musical. Gestützt auf nicht singen könnende Schauspieler, die aber dennoch singen, auf Jazz und Tanz und filmisch-revuehafte Aufmachung wird die Darstellung seiner Geschichte einstmals Aufgabe der Kultur-, nicht aber einer Kunstgeschichte sein.

Querschnitt durch ein Jahrhundert

Nachdem im vorhergehenden Kapitel das Trennende in der Musik des 19. Jahrhunderts durch Aufteilung des Stoffes in Musik der Nationen zur Darstellung gebracht worden war, kommt es diesem Kapitel zu, das Verbindende und Einheitliche aufzuzeigen. Die Einheit ist trotz alledem der Stil. Wiederum aber nicht so sehr der Stil als Stilresultat, als Synthese aller dem Jahrhundert zur Verfügung stehenden Stilmittel, sondern diese Stilmittel selbst. Das Stil-Resultat erfährt durch die nationalen Sonderheiten eine verschiedene Stil-Farbe. Die Stil-Mittel aber, das heißt die Kategorien, aus deren Vereinigung sich der Stil bildet, werden auch im 19. Jahrhundert durch die Komponisten höchst einheitlich gehandhabt.

Das Ordnungsprinzip in der Musik ist seit dem 18. Jahrhundert die Tonalität gewesen, die Bezogenheit aller musikalischen Vorgänge auf eine harmonische Grundformel, die Kadenz. Wie schon früher vermerkt, galt die Kadenzordnung nicht nur im harmonischen Bereich, sondern auch im melodischen und metrisch-rhythmischen. Im Verlauf des 19. Jahrhunderts stellt nun gerade die Harmonik ihre Tonalitätsbezogenheit in Frage. In »Diderots Versuch über die Malerei«, den Goethe übersetzt und mit Anmerkungen versehen in den »Propyläen« 1799 veröffentlicht hatte, steht der Satz Diderots: »Ich werde mich wohl hüten, in der Kunst die Ordnung des Regenbogens umzustoßen. Der Regenbogen ist in der Malerei, was der Grundbaß in der Musik ist.« Das Fundament der Harmonie der Farben, das im Spektrum, für jeden sichtbar, im Regenbogen sich darstellt, ist von den Malern nie oder höchst selten als Ordnung in der Abfolge ihrer Farben benutzt worden, obwohl eine solche Farbordnung der Farbenharmonie in der Natur am ehesten nahegekommen wäre. Aber jeder Bildbetrachter hätte die Monotonie eines solchen Vorgehens abgelehnt. Wäre die Malerei dem Gesetz des Regenbogens gefolgt, hätte sie bald aufgehört, eine individuelle Kunst zu sein.

In der Musik gibt es auch einen Regenbogen. Es ist der Grundton und seine dazugehörigen Obertöne. Auch die Obertonreihe ist ein Gesetz und ein Geschenk der Natur. Als Rameau in ihr die Kadenz und die Umkehrung der Dreiklänge fand und diese Erkenntnis zur

Grundlage einer neuen Ordnung der Musik machte, schuf er das theoretische Fundament für eine »Regenbogen-Musik«. Alles, was von jetzt an geschah, folgte dem Obertonreihen-Gesetz der Natur. In jedem Stück klassischer Musik ist die Abfolge dieser Akkorde, der Melodietöne und der metrisch-rhythmischen Vorgänge durch das natürliche Gesetz der Obertonreihe vorgeschrieben. Was die Malerei nicht tun konnte, tat die Musik: Sie machte den Grundbaß (Grundton) und damit den Zwang des Regenbogengesetzes zu ihrem Fundament. Was in der Malerei Monotonie schien, sollte in der Musik Vielfalt sein. Die Musik hat die Gefahr der Monotonie – sie ist auch in manchen klassischen Werken nicht zu überhören – teilweise überwunden. Im Gegensatz zur Malerei hat sie nicht das Gesetz umgestoßen, sondern es höchstens modifiziert. Erst am Ende des 19. Jahrhunderts sind Lockerungen im Gesetz aufgetreten, und mit der Musik unserer Gegenwart ist es schließlich gefallen. Die Geschichte des Tonalitätsgesetzes ist folgende:
Schon bald nach seiner Aufstellung durch Rameau erfuhr es Modifikationen durch die großen Meister. Neben die einfachen Drei- und Vierklänge auf der 1., 4. und 5. Stufe treten bald Akkorde der sogenannten Nebenstufen, der 3. und 6., 2. und 7. Stufe. Varianten, das sind die Dreiklänge aus dem entgegengesetzten Dur- oder Moll-Geschlecht, welche die gleiche Anzahl von Vorzeichen aufweisen, oder die Aufeinanderfolge von Tonarten nicht nach der Ordnung des Quintenzirkels, sondern nach dem loseren Verhältnis der Terzverwandtschaften, sogenannte Medianten, bereichern in gleichem Maße die harmonischen Vorgänge. Während aber die Parallele eine Vertretung der Tonika darstellt (in C-Dur ist es a-Moll), nimmt die Mediante (in C-Dur ist es e-Moll) eine Zwischenstellung zwischen Tonika und Dominante ein. Sie ist die Moll-Parallele der Dominante, hat aber auch mit der Tonika zwei Töne gemeinsam. Schon bei Beethoven tritt die Mediante in den Durchführungsteilen der Sonaten gern an die Stelle der Parallele, Schubert benutzt sie, um größere harmonische Flächen oder Strophen im Lied unter ihre Botmäßigkeit zu stellen. Die Folgezeit verwendet sie als Farbe und Klang.
Folgenschwerer wirkte sich die Belastung der Tonalität durch Alteration und Chromatik aus. Alteration entsteht durch chromatische Veränderungen innerhalb eines Akkordes. Statt f – a – c steht

f – a – cis; oder f – as – cis, f – as – des, fis – a – c. Durch Halbtonschritte aufwärts oder abwärts entstehen neue Leittöne, die eine enge Verbindung zwischen Ausgangsdreiklang und Zielklang schaffen. Gleichzeitig entsteht eine Klangschärfung, die wiederum der Melodiefortschreitung zugute kommt. Es ist einleuchtend, daß das durch die Alteration erzeugte harmonische Fluktuieren der Tonalität keinen guten Dienst erweist. Sie wird durch die neuen Klänge verschleiert und verunklart. Tonalitäts-Verunklarungen finden sich bereits bei Schumann. In »Bittendes Kind« aus den »Kinderszenen« entsteht im ersten Takt eine deutliche tonikafremde Doppeltonalität, desgleichen am Schluß des erwähnten »Parzenliedes« von Brahms oder in den Mazurken Chopins, vor allem aber im Werk Liszts. In den »Consolations« Nr. 3, Takt 31 bis 35, und in den letzten fünf Takten des Schlusses verbinden sich durch liegenbleibendes Pedal F-Dur und B-Dur, a-Moll und E-Dur, Des-Dur und Ges-Dur, eine harmonische Bitonalität ähnlich jener der letzten Takte der »Carillons« in den Lisztschen Klavierstücken »Weihnachtsbaum«.

Andere Mittel, um die Tonalität aufzubrechen, wendet Liszt im Spätwerk an: den übermäßigen Dreiklang und die Ganztonleiter. Beide gehören eng zusammen. Versieht man nämlich einen übermäßigen Dreiklang mit Durchgangsnoten, so ergibt sich die Teilung der Oktav in sechs Ganztöne. Liszt verwendet das aus der Ganztonleiter gewonnene Intervall der übermäßigen Quarte in den späten Klavierstücken »Unstern« und »Nuages gris«, übermäßige Dreiklänge in langen Reihen über einem Orgelpunkt wiederum in »Unstern« und in »Richard Wagner – Venezia«. Max Reger, dem man uferlose Chromatik vorwarf, schafft durch ständigen Harmoniewechsel – oft auf jeder Zählzeit eines Taktes – eine harmonische Unruhe, die dem tonalen Hören erhebliche Schwierigkeiten bereitet. Durch komplementäre Harmonik, das heißt durch Akkordfolgen ohne gemeinsame Töne, erfahren diese eine weitere Steigerung.

Als Kulminationspunkt der Tonalitätsverschleierung wird mit Recht das Vorspiel zu Wagners »Tristan und Isolde« angesehen. Wie sich die Akkorde der doppelten Dominanten nicht zur Grundtonart a-Moll senken, ist Ausdruck für das Unerlöste, das erst durch den Liebestod Erlösung findet, ist aber auch zugleich ein Signal, das die kommende Tonalitätsauflösung einleitet. Das eigentliche Ende der Tonalität aber brachten die Quartenakkorde, als sie den seit Jahrhunderten geheiligten Aufbau des Akkordes aus großen und kleinen Terzen ins Wanken brachten. Mit den Quartenakkorden brach nicht nur der alte Klang, sondern auch ein System der Musik zusammen, das einzig und allein vom Tonalitäts-Ordnungsprinzip getragen wurde. Liszt schrieb Quartenakkorde im »Prometheus«, im dreifachen Fortissimo des Mittelteils des »Unstern«, in der 17. Ungarischen Rhapsodie, aber auch Gustav Mahler, Richard Strauss (Jochanaan-Thema der »Salome«) und Claude Debussy (»Pelléas et Mélisande«), ehe Schönberg in seiner Kammersinfonie op. 9 mit einem stürmischen Hornthema aus Quarten das Fanal für eine Musik gegeben hat, die sich der Quarte im melodischen und im akkordischen Zusammenhang verschrieb.

Am Ende des Weges steht die Auflösung der Tonalität. Wiederum ist Liszt der Wegbereiter. Das Klavierstück »Trauergondel II«, anfänglich ohne Vorzeichen notiert, beginnt einstimmig mit dem Ton fis, der mit dem folgenden es und a einen verminderten Dreiklang bildet. Das Stück endet einstimmig mit den Tönen cis – dis – g – gis. Bei Debussy, der gleichfalls die Ganztonleiter, übermäßige Dreiklänge, freie Verwendung der Wechsel- und Durchgangsnoten, aber auch Quartenakkorde und mixturartige Kopplung von Tönen in Sekund-, Quart- oder Quintenintervallen kennt, schreitet die Auflösung der Tonalität rasch voran. In dem Beispiel aus »Images« »Et la lune descend sur le temple qui fut« ergeben Folgen von parallelen Quinten mit Sekunden einen der Melodie beigefügten reinen impressionistisch-expressionistischen Farbreiz *(Ntb. 85)*.

Claude Debussy: »Images«

Notenbeispiel 85

Arnold Schönberg, der den Weg der Tonalitätsauflösung mit letzter Konsequenz zu Ende ging, betrat schließlich das Neuland der nicht tonal bezogenen Musik, deren Bezeichnung als atonal jedoch falsch ist und bereits von Schönberg abgelehnt wurde, da es eine Musik ohne Ton nicht gibt. Mit dem »Buch der hängenden Gärten« op. 15 gab Schönberg die Tonart endgültig auf und hat damit nach seinen Worten »alle Schranken einer vergangenen Ästhetik durchbrochen«. Die Idee der tonalitätsbezogenen Musik ist wie jede Idee etwas Lebendiges. So mußte auch sie dem Gesetz alles Lebendigen, das nach Auflösung strebt, unterliegen.

Die Folgerichtigkeit der Vorgänge ist durch die Unmöglichkeit ihrer Umkehrung erwiesen. Nicht Willkür schuf tonalitätsfreie Musik, sondern das Gesetz, nach dem die Harmonik angetreten war, mußte erfüllt werden. Jean Philippe Rameaus »Traité de l'harmonie reduite à ses principes naturels« von 1722 war sein erster und Arnold Schönbergs Harmonielehre von 1911 sein letzter Kommentar.

Musikalische Formen der Romantik

Für den romantischen Menschen war das Musikalische das Grenzenlose schlechthin. In den Fragmenten des Dichters Novalis steht der Satz: »Formen entstehen durch unbewußte Schwingungen.« Unbewußte Schwingungen der Seele, die sich in Töne umsetzen, können zwar Musik erzeugen, sie können sich jedoch nicht zu einer musikalischen Form verdichten. Zur Form in der Musik gehört von jeher ein bewußtes Wollen, der Wille zur Gliederung der Teile nach musikalischen Vorgängen der Melodik, Harmonik und Rhythmik. Auch in der Musik der Romantik war noch immer die »Form das höchste Bedürfnis des Geistes« – ein geistiges Anliegen, das der romantische Philosoph Friedrich Hegel allerdings nicht seiner Zeit, sondern nur der Antike und dem Mittelalter zugestand. Im Zeitalter der Romantik geschah etwas Seltsames, die Musik, welche die Romantik auf der Suche nach dem Unbewußten für sich in Anspruch nahm, verschloß sich diesem Anspruch durch das Beharren in der Form.

Die Romantik hat an den von der Klassik übernommenen Formen nichts geändert. Nach wie vor waren die großen viersätzigen zyklischen (Sonate, Sinfonie) und die dreiteiligen Formen (Sonatenhauptsatzform, Rondo usw.) die Grundlagen der Formgestaltung. Erweiterungen der Form, wie die Themengruppen in Bruckners Sinfonien oder der Verzicht auf Trennung der einzelnen Sätze in den Sinfonien Mendelssohns und Schumanns, veränderten nicht das Gesamtbild der Form. Ein Formproblem jedoch beschäftigte das Jahrhundert: die Verbindung der klassischen Sinfonieform mit dem poetischen Programm der sinfonischen Dichtung. Berlioz' Versuche in der »Fantastischen Symphonie« und »Harold in Italien« förderten sehr bald die Erkenntnis, daß das Zusammenschweißen einer Form, die im höchsten Maße eben Form war, mit der Freiheit einer programmatischen Idee unvereinbar sei. Erst Liszt gelang die Synthese zwischen Form und Programm. Sie wurde möglich durch das großartigste Erbe, das Haydn und Beethoven hinterlassen hatten: durch die Lehre vom musikalischen Zusammenhang. Schon Berlioz hatte durch die Idee fixée seiner »Fantastischen Symphonie« nicht nur die jeweilige Vision der Geliebten heraufbeschworen, sondern sich auch damit eines Leitmotivs bedient, das, zwar ständiger Wandlung unterliegend, doch einen rein musikalischen Zusammenhang gewährleistete. In »Les Préludes« macht Liszt die Einthemigkeit zum musikalischen Bauprinzip. Die Form als Resultat der Erörterung eines einzigen Themas bedarf jetzt der Bindung an das klassische sinfonische Formprinzip nicht mehr unbedingt – obwohl auch diese bei Liszt hindurchscheint – sie ist in eigenster Weise Form geworden.

Der musikalische Zusammenhang ist das »innere« Formproblem des Jahrhunderts. Von Haydns und Beethovens Intervallthemen der letzten Streichquartette ausgehend, wird er zum Bindeglied zwischen der Klassik und der Wiener expressionistischen Schule um Schönberg. Brahms findet den Zusammenhang aller Teile in der Variation. Er variiert auch dort, wo er nicht Variationen schreibt (Durchführungsteile der Sonaten und Sinfonien), er variiert sogar eine einzige Melodie und benutzt sie für verschiedene Zwecke. In seinem »Regenlied« op. 59 Nr. 3 bringt der zweite Vers das abgewandelte Thema des ersten. Zwei weitere Themen des dritten und vierten Verses stehen mit dem ersten Thema in innigem Zusammenhang. Die Melodie des sechsten Verses ist wieder eine Variation des ersten. Aber auch im »Nachklang« op. 59 Nr. 4 verwendet Brahms das Thema des Regenliedes. Und damit noch nicht genug: In der Sonate für Violine und Klavier op. 78 erinnern die drei Satzthemen an das

Thema des Regenliedes. Selbst das Seitenthema des ersten Satzes steht noch unter seinem Einfluß. Max Reger stellt den musikalischen Zusammenhang entweder durch Variation oder wie Johann Sebastian Bach durch polyphone Verdichtung her. Variationsprinzip und polyphoner Zusammenhang stehen in enger Wechselwirkung. Die Wiener Schule hat beides zu nutzen verstanden. Anton von Weberns Grundsatz »immer dasselbe und immer anders« hat die Bedeutung des Wortes Variation auf die einfachste und klarste Formel gebracht.

Der Klang

Hypertrophie des Klanges ist das Signum der spätromantischen Musik. Die chromatische Leittonstrebigkeit der Harmonik und die strukturelle Verdichtung der Musik durch den Zusammenhang aller Teile verbindet sich im Schmelztiegel des Klanges, der in der spätromantischen Musik zu immer neuen Steigerungen seines Volumens aufglüht. Die bisher bekannten Instrumente sind zwar immer noch die Träger dieser Klangevolutionen, aber sie konnten die neuen Aufgaben nur durch Veränderungen in ihrer Spieltechnik bewältigen. Die Erfindung der Ventile der Blechblasinstrumente (zuerst am Waldhorn) durch den Berliner Kammermusiker Heinrich Stölzel (1777–1844) brachte den Instrumenten die Möglichkeit, durch Verlängerung der Schallröhre neue, um einen oder auch einen halben Ton tiefere Obertonreihen zu erzeugen. Auf diese Weise wurde die chromatische Skala zu der diatonischen der Naturhörner und Naturtrompeten hinzugewonnen. Mit den neuen spieltechnischen Möglichkeiten wuchsen aber auch die Verwendungsmöglichkeiten der Instrumente. Der Bläserklang durchzieht jetzt gleichmäßiger und ständiger das Orchester und stärkt auf solche Art das Klangvolumen. Richard Wagner hat durch die sogenannten Wagner-Tuben (mit Hornmundstück) dem Orchester die weiche Fülle eines samtenen Basses gegeben. Mit dem Willen zu einem neuen Klang geht die zahlenmäßige Vermehrung der Instrumente Hand in Hand, die wiederum die Ausgewogenheit der einzelnen Orchestergruppen zueinander gewährleistet. Aber auch der Klang des Hammerklaviers erfährt durch die Repetitionsmechanik (Sébastien Erard 1823) und durch die Verwendung des Gußeisenrahmens (Steinway 1855) eine enorme Steigerung und andererseits eine Differenzierung, die das Klangerlebnis der späten Klavierwerke Beethovens, der glitzernden und singenden Tonkaskaden Chopins und der donnernden Oktavglissandi Liszts erst möglich gemacht haben.

Klang ist aber nicht nur das Resultat musizierender Instrumente. Zum Klang gehört auch der Raum, in dem musiziert wird. Der »große« Klang der Musik des 19. Jahrhunderts war nur in großen Räumen möglich. Größe des Raumes in Konzerthäusern, Opernhäusern, Festspielhäusern und großer Klang bedingen sich jetzt gegenseitig. Merkwürdig ist nur, daß für diese den Massen geweihten Räume höchst individuelle Musik geschrieben wurde, die auch höchst individuell nachempfunden werden sollte.

Ein Teil des Klanges ist die Klangfarbe. Die Verbindung zwischen Klang und Farbe ist eine romantische Idee. Der Maler Philipp Otto Runge ging ihr in seiner Schrift »Die Farbenkugel« nach, ebenso wie E. T. A. Hoffmann in seinen musikalischen Novellen – und Alexander Skrjabin, der in seiner »Prometheus«-Sinfonie ein Farbenklavier verlangt, das während der Klänge der Musik ihnen zugeordnete Farben auf eine Leinwand projiziert.

Der erste, der Klangfarbenmusik schrieb, wobei Klangfarbe nicht nur Klang, sondern Baufaktor ist, war wohl Beethoven. In seinen »Diabelli-Variationen« op. 120 findet sich als zwanzigste Variation über Diabellis Walzerthema ein Stück Musik, das der Verfasser als die erste Klangfarbenmusik ansprechen möchte. Welch anderen Sinn hätte sonst die taumelnde, oft chromatische Melodieführung von Sopran und Baß, die rhythmische Monotonie der punktierten Halben und gar die Akkordwiederholungen im 9. bis zum 12. Takt? Welch anderen Sinn, als nur Klang zu sein, hätte der aus zwei übermäßigen Quarten bestehende Akkord in Takt 11 und 12 und seine querständige Auflösung in den C-Dur-Akkord? Daß Chopin den Ton als Klang empfand, wurde schon vermerkt, desgleichen wurde auf Liszts »Sposalizio« als eine Komposition aus *einem* Klang hingewiesen. Als Schönberg das dritte seiner Orchesterstücke op. 16 nur aus einem sich ständig wandelnden Klang (Akkord) aufbaute, hatte sich ein Traum der Romantik erfüllt.

Die Hauptfrage der Romantik, ob das Kunstwerk auch über die dunklen irrationalen Hintergründe des Lebens aussagen könne, hat die Musik bejahend mit der Hinwendung zum Manierismus und Surrealismus beantwortet. Der Philosoph Friedrich Hegel, für den »der Inhalt der Kunst die Idee, ihre Form das sinnliche Erscheinen der Idee« war – der also antik-klassizistisch dachte –, hielt zwar nicht viel von den neuen romantischen Kunstzielen, Anschauungen des Übernatürlichen und Übersinnlichen zu vermitteln: »Das aber sind schlechte, untaugliche Subjekte, die nicht bei ihrem festen und gewichtigen Zweck bleiben können, sondern ihn wieder aufgeben und in sich zerstören lassen. Solche Ironie der Charakterlosigkeit liebt die Ironie ... wird nun aber die Ironie zum Grundstein der Darstellung genommen, so ist dadurch das allerunkünstlerischste für das wahre Prinzip des Kunstwerks genommen.« Solche Kritik einer ironisch-manieristischen Geisteshaltung – in manchen Teilen berechtigt – konnte jedoch deren Wirksamkeit in der Kunst und deren Einwirkung auch auf die Musik nicht aufhalten. Gerade die Musik schien ein besonderes Annäherungsbedürfnis an das Manieristische zu haben.

Franz Schuberts seltsame Traumerzählung und ihre zu vermutende Klangwerdung in der h-Moll-Sinfonie führt bereits tief in manieristische Bereiche, in denen der Traum, die Vision als etwas von der Wirklichkeit Abgelöstes und durch den Verstand Unbeeinflußbares zu Hause sind. Den zarten Traumgespinsten stellt Carl Maria von Weber in der Wolfsschluchtszene des »Freischütz« die Mächte einer wilden Natur, einer Übernatur entgegen. Noch nie hatte bisher Musik die Schauer und das Grauen der nächtlichen Natur, Erscheinungen, Gespenster, Getier, Gewitter und Sturm zu schildern. Noch nie hatte der aus der »Mystik der Instrumente« geborene Klang solch ein Grauen hervorzurufen vermocht. Wenn aber Richtplatz, Galgen, Rad und Hexensabbat Gegenstände der musikalischen Darstellung und Schilderung werden, dann ist der Zustand der Ironie erreicht, von dem Robert Schumann in seinem Aufsatz über die Fantastische Sinfonie von Berlioz spricht. Selbst Schumann oder auch Mendelssohn haben es nicht vermocht, dem »Zeitgeist die Maske der Ironie zu entreißen«. Auch in ihrem Werk gefährdet die manieristische Unruhe die Festigkeit und Faßlichkeit der Tradition. Mendelssohns Bemühungen um Shakespeares manieristisches Bühnenwerk »Sommernachtstraum« und Schumanns Florestan- und

Eusebius-Gespaltenheit – Persönlichkeitsspaltung ist eine echt manieristische Idee – legen Zeugnis ab.
Eine romantisch-manieristische Erfindung ist die Gestalt des Wasserweibchens Undine, ein Elementargeist, der des Menschen Gestalt, doch nicht dessen unsterbliche Seele sein eigen nennt. Friedrich de la Motte-Fouqué hat ihr in einer Märchennovelle (1811), E. T. A. Hoffmann (1816) und Albert Lortzing (1845) in Undine-Opern zum künstlerischen Leben verholfen. Die Romantik aber hat noch einen weiteren Undine-Komplex in der Musik entdeckt: die Seelenlosigkeit der Virtuosität. In der Virtuosität wird der Klang Selbstzweck. Sieht man – mit allen Vorbehalten – die Erfüllung der Musik in geistiger Ordnung oder auch in ausdrückender Melodie, so ist reiner Klang etwas von der natürlichen Musik Abgezogenes – musikalischer Surrealismus. Genießt man in der Virtuosität nur das Über-Musikalische, dann rechtfertigt sich diese Musik, die nichts anderes sein will als Klang, der Klang der Virtuosität. Liszts Etüde »La Campanella« aus den sechs Etüden nach den Capricen Paganinis steigert den Klang bis zur schmerzenden stählernen Härte, er kann aber auch verhauchen, wie in Liszts »Chasse neige« aus den »12 Etudes d'exécution transcendante« – der Sinn dieser Musik ist nur die Faszination des Klanges. Als »wahre Sturm-und-Graus-Etüden«, wie Schumann sie nannte, gehören sie zum Zauberreich des Manierismus.
Den manieristischen Strömungen der Romantik entgegengesetzt ist ihr Hang zur Vergangenheit, zur Tradition. Er beruht auf einem Sehnsuchtsverhältnis. In der Vergangenheit suchte man die Kraft, an der es der romantischen Generation gebrach. Erst der Wiederbesitz einer großen Vergangenheit schien eine erträgliche Gegenwart und eine gute Zukunft zu gewährleisten. In der Kunst führte der Rückblick auf die Vergangenheit zu einem Rückgriff auf die Werte der Tradition. In der Malerei entfachten die »Primitiven« – so nannte man die Maler vor Raffael – ein neues Feuer, an dem sich die Reinheit der Form und die Keuschheit der Empfindungen der romantischen Maler entzündeten. Die Präraffaeliten, von England ausgehend, und die deutschen Nazarener, die in klösterlicher Einsamkeit in Rom malten, waren die Träger dieser neuen Strömung.
Über die Palestrina-Renaissance in der Musik wurde schon gespro-

chen. Aber nicht nur dort suchte man die Vergangenheit, sondern fast noch eindringlicher im deutschen Volkslied. Von Anregungen des englischen Philosophen Shaftesbury, von Johann Gottfried Herders Sammlung »Stimmen der Völker in Liedern« (1778/79) und Goethes Bemühungen um das Volkslied im Elsaß ausgehend, begann eine intensive Volksliedforschung von der Literatur her. Mit Johann Friedrich Reichardts Weisen, die er dem »Almanach« Friedrich Nicolais beigab, und mit den 24 Melodien zu der Volksliedsammlung Achim von Arnims und Clemens Brentanos »Des Knaben Wunderhorn« (1808) hatte auch die Musik zum erstenmal ihren Beitrag zu der neuen Forschung geleistet. Von Dichtern wie Ludwig Uhland, Hoffmann von Fallersleben, von Musikern wie Friedrich Silcher (Schwäbische Volkslieder) und Wilhelm von Zuccalmaglio (Volkslieder vom Niederrhein) gefördert, fand die Volksliedforschung ihre erste große Sammlung 1858 in Ludwig Erks »Deutscher Liederhort« und Magnus Böhmes »Altdeutsches Liederbuch« (1877) und in Brahms den ersten großen Bearbeiter und Verarbeiter. Er schrieb vierzehn Volkslieder für die Kinder von Clara Schumann, sieben Hefte deutsche Volkslieder, deutsche Volkslieder für vierstimmigen gemischten Chor, aber auch eigene volkstümliche Lieder: »Schwesterlein«, »Mein Mädel hat einen Rosenmund«, »Die Blümelein, sie schlafen«, Variationen über »Verstohlen geht der Mond auf« im 2. Satz der Klaviersonate op. 1 u. a.

Hatte schon Robert Schumann in der Vorrede zur ersten Nummer seiner Zeitschrift für Musik – Virtuosität als unkünstlerisch verwerfend – das Anknüpfen an die Tradition als Aufgabe und Ziel seiner Zeitschrift erklärt, so gewann die Tradition in Johannes Brahms ihren vornehmsten Repräsentanten. Die Frage, worauf die Traditionsgebundenheit Brahmsscher Musik beruht, ist nicht leicht zu beantworten. Kontrapunkt, Kirchentonarten, phrygische Schlüsse, metrisch-rhythmische Hemiolen genügen kaum zur Erklärung. Sie sind Mittel, erklären aber nicht den Gesamteindruck der Traditionsbezogenheit, der sich beim Anhören Brahmsscher Musik einstellt. Die oben erwähnte Dichte durch Variationsprinzip und musikalischen Zusammenhang ist zugleich Brücke und Verbindung zur Vergangenheit und zur Zukunft. Brahms ist der große Mittler des Jahrhunderts. Schwächer und unausgeglichener folgt ihm im Rückgriff auf Gregorianik, Kontrapunkt und Orgelstil Anton Bruckner. Prometheushaft versucht schließlich Max Reger die Gegenwart an den Felsen der Vergangenheit zu schmieden.

Der Gegensatz des Jahrhunderts läßt sich in der Musik auf folgende Formel bringen: Ist Musik poetische Idee oder ist sie tönend bewegte Form? Über Wert und Bedeutung der poetischen Idee hat sich Franz Liszt in seiner Schrift »Berlioz und seine Harold-Symphonie« 1855 als Kronzeuge für die Anschauung seines Jahrhunderts ausgesprochen. Die Form aber fand ihren Verteidiger in Eduard Hanslick. Durch seinen Beitrag zur Revision der Ästhetik der Tonkunst 1854 wurde er zum Apostel des »Musikalisch-Schönen« in einer neuen Sicht. Hanslick leugnete keineswegs, daß Musik »etwas bedeutet«. Aber die Bedeutung kann nur musikalischer Natur sein. So kann nach seiner Ansicht Musik zwar »stürmisch« sein, aber keinen »stürmischen Mut« ausdrücken. Was Musik nicht kann, ist die »Darstellung unbestimmter Gefühle«, denn »Seelenbewegungen als Bewegungen an sich, ohne Inhalt, sind kein Gegenstand künstlerischer Verkörperung«. Auf die Frage, was nun durch das Tonmaterial ausgedrückt werden soll, antwortet Hanslick: »Musikalische Ideen«, denn »eine vollständig zur Erscheinung gebrachte musikalische Idee ist bereits ein selbständiges Schönes, ist Selbstzweck und keineswegs erst wieder Mittel oder Material zur Darstellung von Gefühlen und Gedanken ... Tönend bewegte Formen sind einzig und allein Inhalt und Gegenstand der Musik.«

Schärfer konnten die Gegensätze nicht formuliert werden. In der Praxis allerdings waren die Anschauungen oft gar nicht so weit voneinander entfernt, wie man glaubte. Das gibt dem oft unverständlich heftigen Streit der musikalischen Parteien das Tröstliche. In seinem »Entwurf einer neuen Ästhetik der Tonkunst« fällte Ferruccio Busoni schließlich ein salomonisches Urteil: »In Wirklichkeit ist die Programmusik ebenso einseitig und begrenzt wie das als absolute Musik verkündete, von Hanslick verherrlichte Klang-Tapetenmuster. Anstatt architektonischer und symmetrischer Formeln, anstatt der Tonika- und Dominantverhältnisse hat sie das bindende dichterische, zuweilen gar philosophische Programm als wie eine Schiene sich angeschnürt.« Durch einen neuen Begriff der Freiheit wollte Busoni diese Fesseln lösen.

Von der Einheit der neuen Musik

Um die Wende zum 20. Jahrhundert tritt die Musik aus der Enge der Nationalstile hinaus. Ihr »Ort« ist jetzt die Welt. Nicht *ein* Ort, sondern viele Orte, auch außerhalb Europas, werden zu Strahlungszentren neuer Ideen, Theorien und Probleme. Im Schnittpunkt der Strahlen steht nicht ein einheitlicher Stil, aber einheitliches Stilwollen. Stil ist erst das Resultat eines Stilwollens. Stil ist Ende, Stilwollen ist geistige Bewegung und Erregung, die zum Stil hinführt. Mag nun gerade der Stil der neuen Musik durch das Hervortreten der Individualstile wenig einheitlich, vielleicht sogar widerspruchsvoll erscheinen, das Stilwollen der in diesem Jahrhundert geborenen Generationen ist dennoch so einheitlich, daß es gerechtfertigt erscheint, die Geschichte der neuen Musik als eine Einheit darzustellen.

Die neue Freiheit

»Frei ist die Tonkunst geboren und frei zu werden ihre Bestimmung... Nehmen wir es uns doch vor, die Musik ihrem Urwesen zurückzuführen, befreien wir sie von architektonischen, akustischen und ästhetischen Dogmen, lassen wir sie reine Erfindung und Empfindung sein, in Harmonien, in Formen und Klangfarben (denn Erfindung und Empfindung sind nicht allein ein Vorrecht der Melodie), lassen wir sie der Linie des Regenbogens folgen und mit den Wolken um die Wette Sonnenstrahlen brechen«, heißt es in Busonis »Entwurf«, dem Manifest der neuen Freiheit.

Gerade die Klangfarbe ist zum Schicksal der Musik des 20. Jahrhunderts geworden. Der Titel von Franz Schrekers Oper »Der ferne Klang« (1912), in der ein junger Komponist dem Phantom eines fernen Klanges nachjagt, erscheint für das Jahrhundert fast programmatisch. Wie schon vermerkt, hatten nicht nur Carl Maria von Weber, Berlioz und andere in der »Mystik der Instrumente« einen neuen Kult des Klanges entdeckt, den Richard Strauss, Mahler und Schönberg zu einer Ekstase des Klanges emportrieben, sondern in den Händen Beethovens, Chopins und Liszts war der Klang an vereinzelten Stellen schon zu einem Baufaktor geworden. Jetzt lösen sich bei Debussy und Ravel nach dem Prinzip der »unendlichen Variation«

selbst die Motive in Klang auf. Durch deren ornamentales Ausschwingen entstehen Bewegungskurven, die sich mit einer bestimmten Klangfarbe verbinden. Dadurch wird der Klang musikalischer Zusammenhang, denn Klangfarbe in Verbindung mit dem Variationsprinzip ergibt den Klang als Form. Debussys Ballett »Jeux« von 1912 setzt sich aus Klanggruppen zusammen, die ständig wechselnde Klangfarbenfelder von verschiedener Klangdichte bilden. Wechselnde Klangdichte wiederum ergibt verschiedene Helligkeitsgrade des Klanges. Im Verein mit Debussys heller, auf den »direkten« Klang zurückgehenden Orchestrierung entstehen Klangfarben von größter Durchsichtigkeit. Nie verwendet er in dieser Musik das volle Orchester, nie erscheint eine Stimme, die nur Füllstimme ist: Klang-Kammermusik!

Über die Klangfarbenmusik hat Schönberg in seiner Harmonielehre von 1911 prophetische Worte gesprochen: »Ist es nun möglich, aus Klangfarben, die sich der Höhe nach unterscheiden, Gebilde entstehen zu lassen, die wir Melodien nennen, Folgen, deren Zusammenhang eine gedankenähnliche Wirkung hervorrufen, dann muß es auch möglich sein, aus den Klangfarben der anderen Dimension, aus dem, was wir schlechtweg Klangfarbe nennen, solche Folgen herzustellen, deren Beziehung untereinander mit einer Art Logik wirkt, ganz äquivalent jener Logik, die uns bei der Melodie der Klanghöhen genügt. Das erscheint eine Zukunftsphantasie und ist es wahrscheinlich auch. Aber eine, von der ich fest glaube, daß sie sich verwirklichen wird. Von der ich fest glaube, daß sie die sinnlichen, geistigen und seelischen Genüsse, die die Kunst bietet, in unerhörter Weise zu steigern imstande ist.«

Schönberg blieb jedoch bei der Theorie nicht stehen. Das dritte seiner Orchesterstücke op. 16 formte er aus einem einzigen Akkord *(Ntb. 86)*, welchem er durch ständig wechselnde Instrumentation

Arnold Schönberg: op. 16, 3. Satz

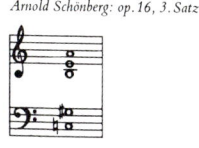

Notenbeispiel 86

eine andere Klangfarbe gab. Fast erscheint es tragisch, daß ihm für dieses Experiment nur die traditionellen Orchesterinstrumente zur Verfügung standen. Die Mittel der elektronischen Musik waren noch nicht bekannt. Gustav Mahler, mit dem Schönberg noch über Klangfarbenmelodien gesprochen hatte, lehnte die Gedanken des Freundes ab. Etwa zehn Jahre später hat auch der Wiener Josef Hauer, wie Schönberg als Komponist Autodidakt, in seiner Schrift »Vom Wesen des Musikalischen« (1920) eine Klangfarbentheorie vorgelegt. Für Hauer ist das Intervall der gleichschwebenden Temperatur Träger der Klangfarbe. Er brachte die Intervalle mit bestimmten Farben des Sonnenspektrums, aber auch mit den Klangfarben der Orchesterinstrumente in Verbindung. Den Begriff der Farbentonalität in Goethes »Farbenlehre« benutzend, sprach Hauer von einer Intervall-(Farben-)Totalität der Musik.

Durch die Anwendung der Intervallfarben auf die atonale Musik kommt Hauer zu dem »Nomos« (Gesetz), »daß innerhalb einer gewissen Tonreihe sich kein Ton wiederholen und keiner ausgelassen werden darf, damit kein Ton das physische Übergewicht bekommt und der Hörende nur mit der rein musikalischen Sache des Intervalls in seiner ›Vergeistigung‹ zu tun hat.« Dasselbe Gesetz, das Schönberg in Melodik und Harmonik erkannte, fand Hauer durch die Ordnung der Intervallklangfarben – ein schönes Beispiel für übergeordnete, überpersönliche Ideen im Leben der Kunst. Gleichzeitig wurde Hauer zu einem späten Verfechter der temperierten Stimmung. Er glaubte, daß man eine rein atonale Melodie nur auf Instrumenten mit temperierter Stimmung (Klavier, Orgel, Celesta, Harmonium usw.) vortragen könne. Die Orchesterinstrumente, deren Klangfarbe er in den Intervallen an sich hörte, lehnte er ab.

Daß Anton von Weberns Musik Klangfarbenmusik ist, lehrt ein Blick auf eine Partiturseite seiner »5 Stücke für Orchester« op. 10. Das vierte der Orchesterstücke, nur aus sechs Takten bestehend, mischt die Klänge aus Klarinette, Trompete mit Dämpfer, Posaune mit Dämpfer, Mandoline, Celesta, Harfe, kleiner Trommel, Sologeige mit Dämpfer, Solobratsche mit Dämpfer. Die Dynamik kennt nur dreifaches piano bis pianissimo. Farbe und Klang scheinen entmaterialisiert. In Weberns Werk hat der Klang zu sich selbst zurückgefunden. Olivier Messiaen sieht das Phänomen des Klanges in »Intensität und Dichtigkeit als dynamische Ordnung, Farben und Anschlagsarten als phonetische Ordnung, Akzente, Tempowechsel als kinetische Ordnung und Zeiteinteilung als quantitative Ordnung«.

Der Übersteigerung des Klanges im 19. Jahrhundert war eine Klangreduzierung gefolgt. Nach Bruckners und Mahlers sinfonischen Klangsäulen, Regers gewaltigem Orgelklang, auch nach dem expressionistischen Klang des großen Orchesterapparates bei Schönberg (»Gurre-Lieder«), Strawinskij (»Sacre du Printemps«), Bartók (»Ritter Blaubarts Burg«) schien eine weitere Steigerung mit den traditionellen Klangmitteln nicht möglich. Es folgt die Reaktion der Klangreduzierung durch Schönbergs Kammersinfonie op. 9 für fünfzehn Soloinstrumente, Strawinskijs »Geschichte vom Soldaten« für Sänger, Tänzer und sieben Instrumente. Der direkte Klang des Instruments tritt an die Stelle des Mischklanges und der Klangsummierung. Das 20. Jahrhundert hat aus dieser Klang-Askese die stärksten Impulse gewonnen, auch im Hinblick auf die serielle Ordnung der Klangfarben in der Instrumenten- und elektronischen Musik.

Gleichsam auf einem Umweg erfolgte ein weiterer Angriff auf den Klang des 19. Jahrhunderts: das bisher gültige Tonsystem wurde jetzt in Frage gestellt. Die temperierte Stimmung hatte zwar zwei Jahrhunderte hindurch bestanden, aber in Busonis »Entwurf« heißt es bereits 1906: »Wir haben die Oktave in zwölf gleich voneinander

Leonard Bernstein (geb. 1918), Aaron Copland (geb. 1900), Samuel Barber (geb. 1910), Vertreter der neuen Musik in Amerika.

entfernte Stufen abgeteilt, weil wir uns irgendwie behelfen mußten, und haben unsere Instrumente so eingerichtet, daß wir niemals darüber oder darunter oder dazwischen gelangen können. Namentlich die Tasteninstrumente haben unser Ohr gründlich eingeschult, so daß wir nicht mehr fähig sind, anders zu hören – als nur im Sinne der Unreinheit. Und die Natur schuf eine unendliche Abstufung – unendlich! Wer weiß es heute noch? Und innerhalb dieser zwölfteiligen Oktave haben wir noch eine Folge bestimmter Abstände abgesteckt, sieben an der Zahl, und darauf unsere ganze Tonkunst gestellt. Was sagte ich, eine Folge? Zwei solche Folgen, die Dur- und Mollskala ... wir lehren vierundzwanzig Tonarten, zwölfmal die beiden Siebenfolgen, aber wir verfügen in der Tat nur über zwei: die Durtonart und die Molltonart. Die anderen sind nur Transpositionen.

Ich glaube, daß die Dur- und Molltonart und ihr Transpositionsverhältnis, daß das Zwölfhalbtonsystem einen Fall von Zurückgebliebenheit darstellt ... Ich habe den Versuch gemacht, alle Möglichkeiten der Abstufung der Siebenfolge zu gewinnen, und es gelang mir, durch Erniedrigung und Erhöhung der Intervalle hundertdreizehn verschiedene Skalen festzustellen ... eine Reihe neuer Tonarten von eigenartigem Charakter. Damit ist aber der Schatz nicht erschöpft, denn die ›Transposition‹ jeder einzelnen dieser hundertdreizehn steht uns ebenfalls noch offen und überdies die Vermischung zweier (und weshalb nicht mehrerer?) solcher Tonarten in Harmonie und Melodie.«

Der bei Busoni in diesem Zusammenhang zitierte Liszt hatte aus der sogenannten Zigeunertonleiter Anregungen gewonnen. Liszt liebt in diesem Zigeunermoll die übermäßige Quarte, die kleine Sexte und die große Septime, »von welchen Intervallen namentlich die Erhöhung der Quarte der Harmonik ein höchst seltsames Schillern, ja einen blendenden Glanz verleiht«. Schillern und Glanz sind Eigenschaften der Farbe. Man sieht, worauf es Liszt ankommt: auf die Klangfarbe der Intervalle in einer neuen Tonskala. Aus Intervallen setzen sich die Akkorde zusammen. Neue Intervalle ergeben neue Akkorde: verminderte und übermäßige Dreiklänge und Quartenakkorde mit reinen und übermäßigen Quarten (Liszt, Mahler, Strauss, Schönberg). Merkwürdig ist, daß Schönberg in seiner

»Harmonielehre« Quartenakkorde als ein impressionistisches Ausdrucksmittel ansieht. Er fährt fort: »Das ist sehr begreiflich und zeigt sich auch an anderen Fällen der Literatur. Das Neue und Ungewohnte eines neuen Zusammenklangs schreibt der wirkliche Tondichter nur, um Neues, Unerhörtes, das ihn bewegt, auszudrücken. Das kann auch ein neuer Klang sein, ich glaube aber vielmehr, der neue Klang ist ein unwillkürlich gefundenes Symbol, das den neuen Menschen ankündigt, der sich da ausspricht.« Der Klang als Symbol eines neuen Menschen in der Musik des 20. Jahrhunderts – es könnte nichts Besseres gesagt werden! Der Reichtum neuer Skalen, Tonleiterbildungen und Akkorde war aber noch nicht alles. Busoni meinte: »Der Drittelton pocht schon seit einiger Zeit an die Pforte, und wir überhören noch immer seine Meldung... und daß auch Sechsteltöne einstmals reden werden, darauf können wir vertrauen.« 1920 schrieb der in Mähren 1893 geborene Alois Hába sein erstes Werk im Vierteltonsystem: das 2. Streichquartett op. 7. Hába kam nicht durch Rechnen und Denken, sondern durch die Volksmusik zu den Vierteltönen. Als junger Bursche Tanzmusik spielend, lauschte er sie den Tanzweisen seiner Heimat ab. Sie galten ihm ursprünglich nicht mehr als ein neuer klanglicher und ästhetischer Reiz. Später unterbaute er in den Schriften »Die harmonischen Grundlagen des Vierteltonsystems« (1922) und »Neue Harmonielehre des diatonischen, chromatischen Viertel-, Drittel-, Sechstel- und Zwölfteltonsystems« (1927) seine folkloristischen Erfahrungen durch Studien über Akustik und über die Musik außereuropäischer Völker. Vor allem waren ihm die Vierteltöne in dem enharmonischen System der Griechen und teilweise wohl auch in der frühen mittelalterlichen Musik Basis und Rechtfertigung seiner Theorie. Durch Anregungen für den Instrumentenbau – die Firma A. Förster in Georgswalde baute ein Vierteltonklavier – hat Hába sich die Grundlagen für die praktische Aufführbarkeit seiner Musik geschaffen.

Hába schrieb Kammermusik, Klavierwerke und eine Oper »Die Mutter« im Vierteltonsystem neben vielen anderen Werken im Halbtonsystem, bediente sich aber auch auf Anraten Busonis des Sechsteltonsystems: 5. Streichquartett 1923 und die Oper »Es komme dein Königreich«. Der Klang dieser Musik, die sich instrumental und vokal technisch unschwer realisieren läßt, ist nicht so fremd, wie man vermuten könnte. Durch die Mischung von Viertel- oder Sechsteltönen mit Halb- und Ganztönen erscheinen die Vierteltöne meistens nur als Trübungen der letzteren. Es ergibt sich zwischen Schwebung und Trübung ein fast impressionistisches Klangbild. Die Herkunft der Viertel- und Sechsteltöne aus der temperierten Stimmung war ihnen in einer Zeit, die die Temperierung selbst in Frage stellte, nicht förderlich. Heute lassen sich mit elektroakustischen Mitteln mühelos Tonspaltungen vornehmen, die auf traditionellen Instrumenten erst mühevoll erzeugt werden müssen. Dennoch sind Hábas Bemühungen für die Musik unserer Gegenwart hochzuschätzen.

In jedem Lehrbuch der Akustik findet sich der Satz: Durch regelmäßige (harmonische) Schwingungen entsteht ein Ton, durch unregelmäßige Schwingungen ein Geräusch. Da aber jeder Ton nicht nur ein Ton, sondern durch seine Obertöne ein Klang ist, so hat er auch eine Klangfarbe. Diese ist jedoch nicht nur von den Obertönen im allgemeinen, sondern von bestimmten Formanten abhängig. Formanten sind besonders hervortretende Resonanzstellen im Teiltonspektrum. Aber auch das Geräusch hat Formantbezirke und daher eine Geräuschfarbe beziehungsweise ein Farbgeräusch.

Die Klangfarbe des Geräusches kannte die klassische Musik nur durch die Schlagzeuginstrumente (Trommel, Becken, Tamburin, Triangel und so weiter). Auf der Suche nach Klangerweiterung und Klangbereicherung hat die Musik des 20. Jahrhunderts dem Geräusch die Türen weit geöffnet. Den Patenbrief für die Geräuschmusik hat der Italiener Luigi Russolo 1913 in Mailand ausgestellt. Russolo wurde zum Begründer des musikalischen Futurismus. In seinem Brief an den Musiker Pratella heißt es: »So nähern wir uns mehr und mehr der Musik des Geräusches... wir Futuristen haben die Musik der großen Meister alle sehr geliebt. Beethoven und Wagner haben jahrelang unsere Herzen erschüttert. Aber jetzt haben wir von ihnen genug. Uns wird viel größerer Genuß aus der idealen Kombination der Geräusche von Straßenbahnen, Verbrennungsmotoren, Automobilen und geschäftigen Massen als aus dem Wiederhören beispielsweise der Eroica oder Pastorale.«

Die neue Lärmmusik nannten die Futuristen, die dem Dichter Marinetti auf allen Gebieten der Kunst Anregung verdankten, Bruitismus. Russolo selbst hatte klare Vorstellungen über die Verwendung der Geräusche. Er unterschied sechs Geräuschfamilien: Krachen und Donner – Pfeifen und Zischen – Murmeln und Rascheln – Kreischen und Reibetöne – Schlaggeräusche – Stimmlaute von Tieren und Menschen. Auch an die Klangveränderungen des Geräusches durch Umformung hatte Russolo bereits gedacht: »Sobald das mechanische Prinzip gefunden ist, das ein gegebenes Geräusch hervorbringt, kann man seine Tonhöhe durch Anwendung der allgemeinen Gesetze der Akustik verändern. Zum Beispiel vermehrt oder vermindert man die Drehgeschwindigkeit bei Instrumenten mit Rotationsbewegung, in anderen wird die Größe oder Spannung der klingenden Teile variiert.« Diese Vorschläge wurden die Grundlage der späteren Musique concrète und der elektronischen Musik. Russolo selbst hat einen praktischen Beitrag durch vier Geräuschstücke geleistet, die für neunzehn Lärminstrumente geschrieben waren. Die Erstaufführung fand 1914 in Mailand statt. Ein Satz dieser Suite hieß: »Erwachen der Stadt«, ein anderer »Versammlung der Automobile und Aeroplane«.

Das Geräusch ist durch drei Tore in die Kunstmusik eingedrungen: einmal durch das Schlagzeug, dessen Mittel und Wirkungen ständig vergrößert wurden, zweitens durch die Absicht, die Maschine und das technische Zeitalter nachzuahmen und zu illustrieren, drittens durch die Mitwirkung der Maschine selbst. Als Beispiele zur ersten Gruppe seien genannt: Edgar Varèses »Ionisation« für 41 Schlaginstrumente (darunter zwei Sirenen), Henry Poussers »Scambi«, Béla Bartóks Sonate für zwei Klaviere und Schlagzeug (drei Pauken, Xylophon, Trommeln, eine davon mit Schnarrseiten, Becken, große Trommel und Tamtam), Carl Orffs Schlagzeugeinsatz in seiner kultischen »Antigone«-Vision (sieben oder acht Pauken und Schlaginstrumente für zehn bis fünfzehn Spieler). Schließlich ist in diesem Zusammenhang auch Paul Hindemiths Spielvorschrift für seine »Suite 1922« für Klavier op. 26 zu nennen, die die Anweisung gibt, »das Klavier als eine Art interessanten Schlagzeugs« zu betrachten und dementsprechend zu handeln. Die breiteste Bresche in die geräuschfeindliche traditionelle Musik schlug der aus Amerika kommende folkloristische Jazz. Kurz nach dem ersten Weltkrieg war zum erstenmal ein amerikanisches Jazz-Ensemble in Paris aufgetreten. Es hatte den Siegeszug des Jazz in Europa eingeleitet. Bald danach komponierte Strawinskij seinen »Ragtime«. Er hatte die Jazzmusik durch Schallplatten kennengelernt, die der Dirigent Ernest Ansermet aus Amerika mitgebracht hatte.

Als Maschinenmusik könnte man Honeggers »Pacific 231« bezeichnen. Nach dem Vorwort stellt dieses virtuose Orchesterstück »das ruhige Atemschöpfen der Maschine im Stillstand, die Anstrengung beim Anziehen, die allmähliche Zunahme an Geschwindigkeit, bis sie einen lyrischen Höhepunkt erreicht, die Pathetik eines schnellen Zuges von dreihundert Tonnen, der mit hundertzwanzig Stundenkilometern durch die Nacht donnert« dar. Der klangliche Realismus dieser Musik war so stark, daß ihr die spätere Verfilmung nichts von ihrer Kraft genommen hat. Die Elemente, mit denen die Musik der Maschine beikommen kann, sind Rhythmik und Dynamik. Sie werden in George Antheils »Ballet Mécanique« verwendet, ein »mechanischer Lebenstanz der unruhigen Zeit von 1924«, in Alexander Mossolows Oper »Eisenhütte«, in der Oper »Maschinist Hopkins« von Max Brand, im Ballett »PS« von Carlos Chavez, Serge Prokofieffs Ballett »Pas d'Acier« u. a.

In Eric Saties Ballett »Parade« (1917), Handlung von Jean Cocteau, Bühnenbilder von Pablo Picasso, tritt die Maschine selbst mit Geräuschen von Dynamos, Flugzeugmotor, Schreibmaschinen, Revolver, Glücksrad als »bouquet«, als Klangkulisse auf. Antheils schon erwähntes »Ballet Mécanique« (1927) verlangt Autohupen und Flugzeugmotor. Die ästhetische Würdigung des Geräusches in der Musik steht noch aus. Die Rechtfertigung durch Berufung auf die Geräusche unseres Alltags und das technische Zeitalter scheint dem Verfasser, der von solchen »geistesgeschichtlichen« Bezügen nicht viel hält, wenig überzeugend. Dann gerade hätte es in der Kunst nichts zu suchen. Dem Geräusch aber als einem neuen akustischen Phänomen, als einem neuen Klang ist die Anerkennung nicht zu versagen.

1925 schrieb Erwin Stein in dem Sammelband »Von neuer Musik« einen aufsehenerregenden Artikel »Neue Formprinzipien«, in dem er sich mit Schönbergs Zwölftonsystem und den ersten nach diesem Prinzip geschriebenen Werken, den Klavierstücken op. 23, der Serenade op. 24 und der Klaviersuite op. 25 auseinandersetzt. Darin heißt es über die neue Form: »Die Krise, die wir heute durchmachen, erinnert an die Übergangszeit von dem polyphonen Stil Bachs zu dem homophonen der Klassiker. Nur ist es umgekehrt, wir kehren zu einem polyphonen Stil zurück. Und die Situation ist schwieriger. Die Tonalität war eines der stärksten, die Form organisierenden Mittel. Ein Ersatz für sie ist noch nicht gefunden. Die neuen Tonkombinationen haben die Kraft, neue große Formen zu erzeugen, noch nicht bewähren können ... so kam es auf dem Gebiete der Form zu einer Reihe von Übergangserscheinungen ... aussichtsreicher muß es erscheinen, wenn die neuen Mittel auf die alten Formtypen angewendet werden (Schönbergs »Pierrot lunaire«! Seine Klaviersuite op. 25 besteht aus folgenden Sätzen: Präludium, Gavotte, Musette, Intermezzo, Menuett, Gigue). Ob sie auf die Dauer dem Stil entsprechen, ist fraglich. Doch ist dem Formbedürfnis für den Anfang Genüge geleistet, und weiter mag das Formgefühl helfen.« Wenn die Form auf Gliederung und Kontrasten beruht, so ist die neue Form weniger »Form« als die klassische. Wenn man aber die Form des Zusammenhanges aller Teile höher stellt als die der gegliederten kontrastreichen Teile, dann sind die neuen Formprinzipien mehr Form als bisher. Die Form des musikalischen Zusammenhanges entsteht, wenn alle melodischen und rhythmischen Vorgänge sich auf eine Grundgestalt beziehen. Komponieren bedeutet dann ein ständiges Verändern der Grundgestalt. Umfaßt diese aber wenige Töne oder gar nur ein Intervall, dann wird die durch die Veränderungen erzwungene Teilabfolge so engmaschig, daß sie eine Formgliederung aufhebt. Die Form bricht sich durch das ständige Verwandeln kleinster Teile selbst von innen her auf. Dazu kommt der Verzicht auf jede Wiederholung oder Symmetrie. Die Form ist scheinbar nicht mehr existent. Daraus erklärt sich die aphoristische Kürze vieler Werke, zum Beispiel Schönbergs Klavierstücke op. 11 und op. 19, Weberns Orchesterstücke op. 10. Man hat den Verzicht auf ein eigentliches Thema im klassischen Sinne A-Thematik genannt. Aber unthematisch ist auch diese Musik nicht. An die Stelle des Themas ist nur die Gestalt getreten. Auch die Zwölftonreihe ist noch kein Thema. Webern spricht darüber in seinen Vorträgen »Der Weg zur neuen Musik«: »Ein ›Thema‹ ist die

Zwölftonreihe im allgemeinen nicht. – Aber ich kann vermöge der jetzt auf andere Weise gewährleisteten Einheit auch ohne Thematik – also viel freier – arbeiten: die Reihe sichert mir den Zusammenhang. Als wir die Tonalität allmählich aufgaben, da kam die Idee auf: wir wollen nicht wiederholen, es soll immer etwas Neues kommen! – Es ist selbstverständlich, daß das nicht geht, da es die Faßlichkeit zerstört. Zumindest ist es nicht möglich, auf längere Strecken in dieser Weise Musik zu schreiben. Erst nach der Formulierung des Gesetzes wurde es möglich, wieder längere Stücke zu komponieren.«

Erwin Stein mag die Betrachtung über die Form beenden. Am Schlusse seines Aufsatzes »Die neuen Formprinzipien« schreibt er: »Gegen die neuen Formprinzipien wird sicherlich ein Einwand erhoben werden: ›Das ist ja alles konstruiert.‹ Gewiß, es ist konstruiert, aber nicht von der Theorie, sondern von der Praxis, nicht im Kopf, sondern in Tönen konstruiert. Zeigt uns doch ein Menschenwerk, das nicht konstruiert wäre! Oder meint man, daß die Fuge oder Sonatenform gewachsen sind wie die Lilien auf dem Felde? Daß Beethoven die neunte Sinfonie ›eingefallen‹ ist wie einem Feuilletonisten ein schlechter Witz? Schaut euch doch seine Skizzenbücher an! Der geniale Konstrukteur erfindet. Der Einwand ist keiner. Aber eine andere Frage kann gestellt werden: Sind die neuen Formprinzipien für die musikalische Erfindung keine Fessel? ... Gewiß, der Zwang der Form ist hart. Jeder Meister noch hat ihn gesprengt, um sich selbst – einen neuen zu schaffen. Die Anarchie, die seit der Auflösung der Tonalität in der musikalischen Form herrscht, erfordert einen um so härteren ... Aber die Musik ist doch Ausdruck. Gewiß, unter vielem anderen ist sie auch das ... weil jede menschliche Äußerung Ausdruck ist. Aber Ausdruck dessen, der sich ausdrückt. Ausdrucksvoll sein wollen, hilft nichts, man muß ausdrucksvoll sein. Dann kann man sogar ausdrucksvolle Fugen konstruieren (siehe Johann Sebastian Bach). Ausdruck – wohlgemerkt – ist Form. Und was man gemeinhin in der Musik ›ausdrucksvoll‹ nennt, ist jene Form, die in adäquater Weise einen tiefen Sinn wiedergibt. Ihn können wir nicht anders fassen denn als Ausdruck. Die neuen Formprinzipien sind strenge Gesetze ... Gewiß ist jede Form Zwang, aber auch keine Freiheit gibt es ohne

sie. Zwang und Freiheit, überall ist die Mischung von beiden notwendig, wo Organisches sich entwickeln soll.«
Den Verzicht auf die Grundtonbezogenheit der Akkorde und auf einen Grunddreiklang hat man Atonalität genannt. Der Laie verbindet damit gleichzeitig die Vorstellung von dissonant geführten Stimmen. Der Begriff sagt nichts weiter aus, als daß das Ordnungsgesetz der Tonalität aufgegeben wurde. Allerdings ist dadurch nicht nur das harmonische Band zerrissen, sondern auch die Ordnung der melodischen und rhythmischen Vorgänge aufgehoben. Daß die Freiheit nicht zur Anarchie werden konnte, dafür sorgten die expressiven Kräfte der Musik. Der Aufgabe, Ordnung unter ihren Elementen herzustellen, ledig, wurde die Musik reiner Ausdrucksträger. Die expressionistische Musik der Wiener Schule hat aus dieser Möglichkeit ihre großen Wirkungen gezogen.
Wenn man gleichzeitig in zwei Tonarten musiziert, spricht man von Bitonalität und bei mehreren Tonarten von Polytonalität. Es handelt sich dabei um eine Praxis des Musikmachens in freier Tonalität. Da schon Liszt polytonale Episoden geschrieben hat, sei auf »Consolations III«, Takt 31–35, und auf die letzten fünf Takte des Schlusses hingewiesen. Dort verbinden sich durch liegenbleibendes Pedal F-Dur und B-Dur, a-Moll und E-Dur, Des-Dur und Ges-Dur. Auch durch das Auftürmen einer dritten, vierten, fünften Terz auf einen Dreiklang formt Liszt in dem Männerchor mit Orgel »Ossa arida« polytonale Akkorde und Klangballungen. Später haben Debussy, Ravel und Ducas bitonale Episoden von großer Weichheit und Richard Strauss, Strawinskij, Prokofieff, vor allem aber Milhaud solche von um so größerer Härte geschrieben. In der Ballettfarce »Le Bœuf sur le Toit« musiziert Milhaud gleichzeitig in den höheren Lagen in C-Dur, in den tiefen in Fis-Dur. Gerade der Tritonus-Abstand macht das Klanglich-Aggressive dieser Stelle aus, die in der dritten Szene des Balletts »Petruschka« von Strawinskij in einem Tremolo von Es-Dur und A-Dur eine Parallele hat.
Mit »15 Gedichten aus dem Buch der hängenden Gärten« von Stefan George hatte Schönberg den Stil der tonalen Freiheit endgültig gefunden. Im Programm der Uraufführung schrieb der Komponist, daß es ihm zum ersten Male gelungen sei, einem Ausdrucks- und Formideal näherzukommen, das ihm seit Jahren vorschwebt.

Bedeutet Schönbergs »Buch der hängenden Gärten« den Durchbruch zu einer neuen Ästhetik, so hat Debussys Oper »Pelléas et Mélisande« (1902), ein lyrisches Drama nach Maeterlinck, das Fundament dazu gelegt. In beiden Werken handelt es sich um die Geschichte einer Liebe. Sie endet bei Maeterlinck mit dem Tode der Liebenden, bei Stefan George mit Verzicht. Der französische Kritiker Camille Bellaigue schrieb über »Pelléas et Mélisande« in der Zeitschrift »Revue des deux Mondes«: »Unter den verschiedenen Elementen, aus denen sich jede Musik zusammensetzt, gibt es zwei, die der Komponist von ›Pelléas et Mélisande‹ – und das sagen selbst seine Bewunderer – nach reiflicher Überlegung unterdrückt hat: das eine ist der Rhythmus, das andere die Melodie.«

Debussy hat diese Elemente nicht unterdrückt, er hat sie aus den Fesseln der Harmonik erlöst. Er gab ihnen die Freiheit ihrer eigenen Existenz, die bedingt und bedingend auch die Harmonie und die Klangfarben des Orchesters frei gemacht hat. Das Band zerriß, das die ordnende Harmonik bisher um das Gefüge der Musik geschlungen hatte. Die alte Ordnung wurde dadurch gestört. Es zerstob aber auch das Ausdruckspathos der Wagnerschen Heldenoper. »Pelléas et Mélisande« ist ein Protest gegen die Musik des 19. Jahrhunderts und ein Manifest der Zukunft zugleich. In ihm steht geschrieben: Jede der Kategorien der Musik, Melodik, Rhythmik, Harmonik, Klangfarbe, ist frei. Frei jeder Bindung untereinander und ledig der Bindung an die klassisch-romantische Form. Für jede Kategorie bleibt nur die Aufgabe der musikalischen Aussage und des Ausdrucks. Das Resultat dieses Vorganges sind Motive, die »man vielleicht am besten mit einem klingenden accent circonflexe vergleichen könnte« (Bellaigue), die Abschaffung des Betonungsrhythmus, »alle Teile seines Taktes sind unbetont, selbst dann, wenn er noch in Einzelteile aufgespalten ist«. Das Orchester, das keine festgefügten Themen nachzeichnen muß, »läßt sich nur zur Mischung angenehmer Farben verwenden«. So bleibt, nach Bellaigue, als einziges Element nur die Bildung, Auflösung und Verbindung von Akkorden. »Niemand ist mehr qualifiziert als der Autor von ›Pelléas und Mélisande‹, in der Auflösung unserer Kunst der Anführer zu sein. Nichts wird in der Natur hervorgebracht, sagen die Weisen, und nichts verloren... diese Musik löst uns auf, weil sie selbst Auflösung ist. Indem sie

sowenig als möglich existiert, rührt sie an den Ruin unseres Daseins. Sie enthält nicht Keime des Lebens und des Fortschrittes, sondern der Dekadenz und des Todes.«
Bellaigue hatte richtig gehört, was die Auflösung der Elemente anbetrifft, aber seine Folgerungen waren falsch. Er hatte Freiheit mit Auflösung verwechselt. Im Werk Debussys war Wirklichkeit geworden, was ein Manifest der Schola cantorum verkündet hatte: »Wir wollen die freie Rede in der freien Musik, die ewige Melodie, die unendliche Variation sowie die Freiheit der musikalischen Phrase.« Besser könnte der musikalische Impressionismus, als dessen Schöpfer Debussy gilt, nicht definiert werden. Der Stilbegriff entstand aus der Diskussion um ein Seebild, »Impression« betitelt, das Claude Monet in den 1880er Jahren in Paris ausgestellt hatte. Eindrucksmalerei sucht den unmittelbaren, den momentanen Eindruck in der Natur und formt ihn zu einem höchst subjektiven Ausdruck, der allen seelischen Regungen und Bewegungen preisgegeben ist, wie die Natur dem Wechsel von Sonne, Licht und Wolken. Als »subjektive Eindruckskunst« kann man auch den musikalischen Impressionismus gelten lassen.
Achille Claude Debussy wurde 1862 in St.-Germain-en-Laye geboren. Am Ende seines Studiums am Pariser Conservatoire, wo er Komposition bei Guirand, vorübergehend bei César Franck, studierte, erhielt Debussy 1884 den Rompreis für seine Kantate »L'enfant prodigue«. Nach dreijährigem Aufenthalt in Rom nach Paris zurückgekehrt, entstanden die Werke der ersten Epoche: »Ariettes oubliées« (1888), die Baudelaire-Lieder (1887–1889), »Petite Suite« für Klavier zu vier Händen (1889), »Suite bergamasque« für Klavier (1890). In diesen Werken (es werden nur die wichtigsten aufgezählt) ist Debussy ein Schüler seiner Zeit und folgt den Vorbildern seiner Nation: Chabrier, Delibes, Gounod, Massenet und Fauret.
Man könnte sich fragen, ob man die folgende Schaffensperiode Debussys wirklich nur als eine impressionistische bezeichnen sollte. Ebenso wie sie Einflüsse des literarischen Symbolismus und malerischen Impressionismus einschmilzt, nimmt sie folkloristische Anregungen russischer und fernöstlicher Melodik auf. Während der Pariser Weltausstellung 1889 hörte Debussy zum ersten Male ein

originales javanisches Gamelan-Orchester. Man sollte Malerei und Musik, Optisches und Akustisches nicht gleichsetzen, denn dies ist – nach Goethe – nicht möglich, weil beide »wie zwei Flüsse, die zwar auf einem Berg entspringen, aber unter ganz verschiedenen Bedingungen in zwei ganz entgegengesetzte Weltgegenden laufen«. Wenn man es im Falle des Impressionismus dennoch tut, so müßte man die folkloristischen Einflüsse als »Jugendstil« bezeichnen. Als Impressionismus könnte man die Freiheit der Form im weitesten Sinne und die Klangfarbe im Werke Debussys ansprechen, mit Jugendstil aber wären die kleinmotivische Melodik, die differenzierte Rhythmik und der Einfluß der neuen Tonskalen (Ganztonleitern) auf Harmonik und Tonalität erklärt. Selbst die Anwendung des melodischen Ornamentes wäre mit dem vegetativen Ornament des Jugendstils zu vergleichen. Hauptwerke der Impressionismus-Jugendstil-Epoche Debussys sind: die programmatische Musik »Prélude à l'après-midi d'un faune« (1892–1894) nach Mallarmé, die Lieder »Fêtes galantes I« (1892), »Chansons de Bilitis« (1898), die Klavierstücke »Estampes« (1903), »Images I und II« (1905 und 1907) und die »Préludes« (1910 und 1913).

Die die nächste Epoche bestimmende Verfestigung der melodischen Konturen und der rhythmischen und harmonischen Vorgänge ist von Cézanne-hafter Kraft. Werke: »La Mer« (1905), »Images« (1912, drei Orchesterstücke, unter ihnen »Iberia«), die Klavierstücke »Children's Corner« (1906–1908) und die Lieder »Fêtes galantes II«, »Trois Chansons de France« (Text von Charles d'Orléans und Tristan l'Hermite), »Trois Ballades de François Villon«. Die Abwendung von Texten der Symbolisten und die Hinwendung zur Literatur der Vergangenheit kennzeichnet eine neue »Haltung« Debussys.

Mit einem zweiten Bühnenwerk »Le martyre de St-Sébastien«, fünf »mystische Glasgemälde« nach den Worten des italienischen Dichters Gabriele d'Annunzio, überträgt Debussy seinen neuen Stil auf die religiöse Musik. Gleichzeitig gibt er ihr einen neuen Halt, indem er an den A-cappella-Stil des 16. Jahrhunderts anknüpft. Debussy wollte nach seinen Worten in diesem Werk »intensives Leben und christlichen Glauben mischen, sich selbst eine Religion der geheimnisvollen Natur schaffen und sein Inneres mit der naiven Treuherzigkeit der Jugend zum Singen bringen«.

Das Spätwerk Debussys, die drei Sonaten für Violoncello und Klavier (1915), für Flöte, Harfe und Bratsche (1915) und für Violine und Klavier (1916/17), die drei Mallarmé-Lieder (1913), die Klavierstücke »En blanc et en noir« für zwei Klaviere (1915) und »Berceuse héroique« (1914), gipfelt in dem Ballett »Jeux«, das zusammen mit Strawinskijs »Sacre du printemps« 1913 uraufgeführt wurde. Eine neue Idee Debussys war Wirklichkeit geworden: Form entsteht durch Klang. Was Schönberg mit der Methode des Komponierens mit zwölf nur aufeinander bezogenen Tönen wollte, gelang Debussy durch den Klang: Ordnung der Freiheit. – Am 26. März 1918 starb Claude Debussy in Paris.

»Eine Linie ist eine Kraft – sie entlehnt ihre Kraft der Energie dessen, der sie gezogen hat.« Dieses Wort Henry van de Veldes, eines der Väter des Jugendstils, läßt sich auf das Spätwerk Ravels ebenso wie auf das Werk Strawinskijs anwenden. Es bezeichnet die Stahl- und Strahlkraft einer Musik, die sich von dem samtenen Pfühl des impressionistischen Klanges erhebt, um neue Kraft durch Kontur und Klarheit der Linie zu gewinnen. Jeder der um 1875 Geborenen erfüllte diesen Generationsauftrag in seiner Weise. Ravel kam die Liebe seiner Nation zum Tanz und dessen federnde Eleganz zu Hilfe. Ravel ist der Degas der Musik. 1875 in Ciboure, einer kleinen Gemeinde der Basses-Pyrénées, als Sohn eines Vaters, der aus Versoix am Genfer See, und einer Mutter, die einer alten Baskenfamilie entstammte, geboren, kam Maurice Ravel schon in den ersten Monaten seines Lebens nach Paris. Der Vater war Zivilingenieur, von der Mutter sagte Ravel: »Sie wiegte mich in den Schlaf, indem sie mir ... spanische Tänze sang.« In Maurice Ravel verbindet sich beides: der Geist eines »Schweizer Uhrmachers«, wie ihn Strawinskij einmal genannt hat – das heißt der Geist eines Mannes mit klarem Verstand, echtem handwerklichen, aus der Freude am Minutiösen gewonnenen Können –, und die Hinneigung zum Tanz in der weichen Luft spanischer Nächte (»Rhapsodie Espagnole« 1928) oder zum Wiener Walzer in dem »glänzenden Rahmen eines kaiserlichen Palastes« (La Valse 1920). In der Opernkomödie »L'heure espagnole« (1907) verschmilzt schließlich Musik für mechanische Spieluhren mit tänzerischer Leichtigkeit und dem Elan der Gesangsmelodie.

Ravel war kein Revolutionär. Seine Lehrmeister waren die Virtuosen Chopin, Liszt, Chabrier, Rimskij-Korsakow, was sich in den »Jeux d'eaux« (1901), »Gaspard de la Nuit« (1908) zeigt, später die vom Gefühl sich distanzierende Musik Domenico Scarlattis und der französischen Clavecinisten: »Le Tombeau de Couperin« (1917). Dazu kommen die Klassiker: »Menuett auf den Namen Haydn« (1909) und Mozart: Klavierkonzert G-Dur (1930). In diesem Konzert vereinigt er Mozarts Geist mit der pianistischen Brillanz der Werke Saint-Saëns und Liszts. Den Ruhm, Ravels eigentliche Lehrer am Pariser Conservatoire gewesen zu sein, haben Charles de Bériot für Klavier, André Gédalge für Kontrapunkt und Gabriel Fauré für Komposition. Des letzteren sei an dieser Stelle gedacht.

Vom Organisten und Kirchenmusiker war Gabriel Urbain Fauré (geb. 1845 in Pamiers, gest. 1924 in Paris) bis zum Direktor des Pariser Conservatoire (in den Jahren 1905–1920) aufgestiegen. Obwohl Richard Wagner begeistert folgend und der deutschen Romantik verpflichtet, hat Fauré Wesentliches zur Erneuerung der französischen Musik aus dem Geist ihrer Vergangenheit, besonders des 18. Jahrhunderts, beigetragen. Da dieser Reformbewegung in Frankreich die Zukunft gehörte, wurde er auf seine Weise ein moderner Musiker, ohne durch die Zeitströmung des Impressionismus hindurchgegangen zu sein. Von seinen zahlreichen Werken, Opern, Orchesterstücken, Kammermusik, wurden am bekanntesten die A-Dur-Violinsonate (1876), das Requiem (1888) und die Lieder.

Ravel war eine Generation jünger als Fauré. Für ihn war die Auseinandersetzung mit dem Impressionismus Debussyscher Prägung unabweislich. Die Begegnung mit dessen »Prélude à l'après-midi d'un faune« war das große Erlebnis. Ravel hat jedoch diesen Impressionismus nicht einfach übernommen, er hat ihm eine neue Struktur gegeben, die die Kraft einer neuen Energie verrät. Diese Verfestigung bezieht sich nicht nur auf die Form, sondern auf Melodik, Rhythmik, Harmonik in gleicher Weise. In der Form allerdings tritt Ravels Wille zum konstruktiven musikalischen Aufbau (Ostinato-Bildungen) besonders in Erscheinung: Sonatine für Klavier (1905), Streichquartett (1903), Sonate für Violine und Violoncello (1922), Sonate für Violine und Klavier (1927). Ravels Melodie ist

geschliffen wir zartes Glas. Das Melodiegeraune Debussys weicht einer neuen, oft komplizierten melodischen Kontur. Den Rhythmus bestimmt der folkloristische Tanz oder auch Jazzeffekte (Klavierkonzert für die linke Hand und Orchester für den einarmigen Pianisten Paul Wittgenstein, für den auch Richard Strauss seinen »Panathenäenzug« geschrieben hat).
In der Harmonik verleugnet Ravel am wenigsten den zeitgenössisch-impressionistischen Klangstil. Die neuen Mittel, die Tonalität aufzubrechen: Ganztonleiter, übermäßiger Dreiklang und Polytonalität, treten nur selten auf. Mit einem Werk aber – es wurde sein erfolgreichstes – beschwört Ravel die Zukunft. »Bolero«, 1928 als Ballett für die Tänzerin Ida Rubinstein geschrieben, analysiert Ravel selbst: »Keine wirkliche Form, keine Entwicklung, keine oder fast

Bühnenbild des Ballettes »Bolero« von Maurice Ravel in der Städtischen Oper Berlin. Raffinierte Klangfarbenmusik verbindet sich mit melodischer und rhythmischer Primitivität.

keine Modulation, ein Thema im Stil Padillas (des sehr bekannten Autors von »Valencia«), nichts als Rhythmus und Orchester.« Man müßte hinzufügen: Durch ständigen Wechsel der die beiden Themen vortragenden Orchesterinstrumente nichts als Farbe. Raffinierte Klangfarbenmusik auf dem Grunde einer rhythmisch-melodischen und formalen Primitivität.

Ravel liebte Kinder, Tiere und Blumen. Für Kinder schrieb er eine Ballettsuite für Klavier zu vier Händen, die, nach einer französischen Märchensammlung benannt, »Ma Mère l'Oye« heißt. Später hat er dieses Werk erweitert und auch für Orchester bearbeitet. Die »Histoires naturelles« (1906) für Gesang und Klavier erzählen von bunten Vögeln und Grillen in ergötzlich-illustrativer Weise. Ein Ballett heißt »Adelaide ou le langage des pleurs« (1912). – Ravel starb, seit Jahren völlig gelähmt, 1937 in Paris. Mit »Don Quichote à Dulcinée« (1932) für Gesang und Klavier hatte Maurice Ravel in Goyas Manier Abschied genommen. Das Jahrhundert verlor mit ihm seinen ersten großen Manieristen der Musik.

1910 hatte Ravel den russischen Komponisten Igor Strawinskij bei den Proben und der Uraufführung von dessen Ballett »Feuervogel« in Paris kennengelernt. 1912 kam Ravels »Daphnis und Chloe« gleichfalls durch das russische Ballett unter Diaghilew zur Aufführung. Strawinskij schreibt darüber: »In Paris, wohin ich zu den Aufführungen von Diaghilew gefahren war, hörte ich unter anderem die prachtvolle Musik von M. Ravel zu ›Daphnis und Chloe‹. Ich kannte sie, denn der Komponist hatte sie mir auf dem Klavier vorgespielt. Es ist bestimmt nicht nur eines der schönsten Werke von Ravel, sondern überhaupt eines der schönsten Erzeugnisse, die die französische Musik hervorgebracht hat.« 1913 kam Ravel zu Strawinskij nach Clarens am Genfer See, um dort im Auftrag Diaghilews mit ihm gemeinsam Mussorgskijs Oper »Chowanschtschina«, die unvollendet war, zu bearbeiten, zu orchestrieren und ihr einen Schlußchor zu geben. Über diese Zeit berichtet Strawinskij in seinen Lebenserinnerungen: »Als Ravel in Clarens war, spielte ich ihm meine japanischen Gedichte vor. Alles, was instrumentale Ziselierung und Feinheit der musikalischen Handschrift ist, lockt und begeistert ihn; so biß er auch damals sofort an und beschloß, etwas Gleiches zu schreiben. Wenig später spielte er mir seine be-

zaubernden ›Poèmes nach Mallarmé‹ vor.« (»Trois Poèmes de Stephan Mallarmé« für Gesang, Klavier, Streichquartett, 2 Flöten, 2 Klarinetten.)
In der gleichen Zeit arbeitete Strawinskij an der Orchestrierung des Ballettes »Le Sacre du Printemps«, das im Mai 1913 unter ungeheurem Skandal in Paris durch das Diaghilew-Ballett zur Uraufführung kam. Man hat diese Aufführung »die Schrecksekunde im Geburtsakt der neuen Musik« genannt. Strawinskij gab dem Ballett den Untertitel »Bilder aus dem heidnischen Rußland«. Die Szene stellt die Opferung eines jungen Mädchens dar. Ihr Tod gibt die Gewißheit, daß der Frühling jährlich wiederkehrt. Die Darstellung des Opfers ist selbst der christlichen Kunst keineswegs fremd, daß aber eine Opferung auf der Bühne durch ein Ballett dargestellt wurde, war neu und schockierend. Strawinskijs Musik, in gleicher Weise neu und erschreckend, bedient sich des Ostinato und der Orgelpunkte für die Form, der Tonwiederholungen in der Melodik, eines häufigen Taktwechsels des Metrums, rhythmischer Komplizierungen und weitgehendst auch der Polytonalität. Die diesen Baufaktoren innewohnende Härte im Verein mit der Unerbittlichkeit einer archaischen Handlung ergaben ein Gesamtbild und einen Gesamtklang, die jede bisherige Ästhetik durchbrachen. »Wie aber konnten wir in unserer Jugend der Atombombe des ›Sacre‹, die 1913 unsere ganze Satztechnik, unseren ganzen Stil umwarf, entrinnen?« schrieb Arthur Honegger. Der neue Stil gab nicht nur Freiheit, sondern auch neue Verantwortung. Die Komponisten der Strawinskij-Generation waren sich ihrer durchaus bewußt.
Unbeirrbar und seiner selbst sicher ging Arnold Schönberg seinen Weg zum Stil der Freiheit. 1874 in Wien geboren und im wesentlichen Autodidakt – er war nur kurze Zeit Schüler von Alexander Zemlinsky – war Schönberg zunächst den Lockungen Wagners und dem hohen Vorbilde Brahms gefolgt. Deutlich erkennbar lockern sich jedoch diese Einflüsse von Werk zu Werk. Nur die Variationstechnik Brahms' blieb ein Leitfaden für das ganze Leben. Das neue Wege suchende Streichsextett »Verklärte Nacht« op. 4 nach Richard Dehmels erotischer Dichtung »Zwei Menschen« und »Pelleas und Melisande« op. 5 nach der gleichen Dichtung Maeterlincks, die auch Debussy verwendet und die Fauré zu einer Schauspielmusik inspi-

riert hatte, sind sinfonische Dichtungen. Dies erklärt die Einsätzigkeit der Werke, erklärt aber auch den Willen zur musikalischen Schilderung. Nicht einer bildhaften Schilderung wie in den sinfonischen Dichtungen Liszts und Richard Strauss' – der Ausdruck liegt jetzt tiefer und sucht eher die Nachtseite des darzustellenden Stoffes als dessen klaren Tag. In groß angelegten musikalischen Steigerungen bekommen diese Aussagen pathetisches Gewicht, während die neue polyphone Dichte der Musik in geistige Tiefen lotet. Daneben entstanden die »Gurre-Lieder« für Soli, vier Chöre und Orchester, Zeugnis der Wagner-Nachfolge in Mahlers klanglich-voluminöser Manier (um 1900 begonnen, aber erst 1912 beendet).
Hatte Schönberg schon in »Pelleas und Melisande« Quartenakkorde verwendet, so wird das Quartenmotiv der Kammersinfonie op. 9 zur Fanfare nicht nur eines neuen Schönberg-Stiles, sondern einer neuen Musik überhaupt. Gleichzeitig bereitet sich in der Kammersinfonie sowie im Streichquartett op. 10 der neue atonale und athematische Stil Schönbergs vor. Mit den schon erwähnten 15 Gedichten aus dem »Buch der hängenden Gärten« op. 15 und den fast gleichzeitig entstandenen Klavierstücken op. 11 hat er sich vollendet. Ein solcher Form- und Strukturwandel – in der Musikgeschichte ohne Beispiel – mußte auch dem Ausdruck neue Räume erschließen. In den George-Liedern sprechen nicht, wie in der »Verklärten Nacht«, die Liebenden selbst, sondern »die Macht der Hintergründe«. Die Dimension des Seelisch-Hintergründigen war zum ersten Male Klang geworden – Klang, der in dem dritten der erwähnten Orchesterstücke op. 16 folgerichtig auch Form wird. Wenn in der Musik Klang und Ausdruck Form werden, sprechen wir von Expressionismus. Den reifen expressionistischen Stil Schönbergs dokumentieren zwei Bühnenwerke: »Erwartung« op. 17 und »Glückliche Hand« op. 18. Paul Bekker, der in der Festschrift zu Schönbergs 50. Geburtstag 1924 versucht hat, Charakter und Wesen der »Erwartung« zu bestimmen, meint, daß in diesem Werk die »illusionistische Kraft ... aus der Wirkungssphäre des naturalistischen Affektes in die transzendente Vorstellungsregion« übertragen werde. Man könnte auch sagen, in eine manieristisch-surrealistische. Damit wären die Werke dieser Epoche, vor allem der folgende »Pierrot lunaire«, geschichtlich lokalisiert. Das Textbuch der »Erwartung« schrieb Marie Pappenheim.

Eine Frau sucht den Geliebten im nächtlichen Wald und findet ihn schließlich – als ihr Fuß an »etwas« stößt – tot. In der »Glücklichen Hand« begleiten Symbole und Fabelwesen die einfache Handlung: die »Frau«, vom »Mann« geliebt, wendet sich dem »Herrn« zu. Was bleibt, ist die Qual. Musikalisch führt dieser Surrealismus folgerichtig über den Naturalismus eines Richard Strauss in Bezirke, die bisher höchstens die frühe Romantik künstlerisch beschworen hatte. Die »Erwartung« steht der Wolfsschlucht-Szene des »Freischütz« näher, als man annimmt. Nur bedurfte es jetzt neuer Visionen. »Visionen« nannte der Maler Arnold Schönberg seine Selbstporträts und Masken, die, in Wien seinerzeit ausgestellt, es den Wienern hätten möglich machen sollen, den Musiker Schönberg durch den Maler Schönberg zu verstehen. Aber nur Kandinsky versuchte in

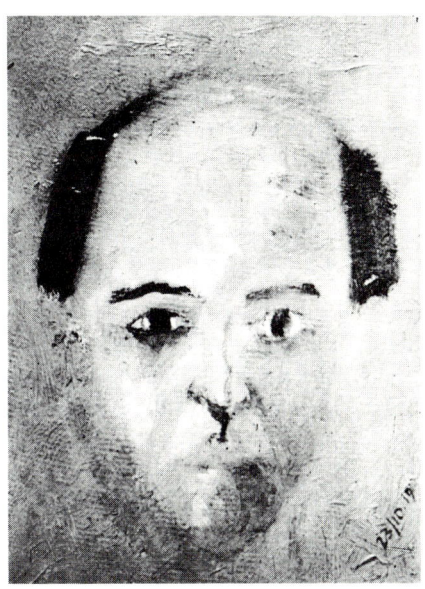

Arnold Schönberg. Selbstbildnis. »Die 2. Hälfte dieses Jahrhunderts wird durch Überschätzung schlechtmachen, was die 1. Hälfte durch Unterschätzung gut gelassen hat an mir.« (Arnold Schönberg 1949 in der Dankschrift an die Gratulanten zum 75. Geburtstag.)

einem berühmt gewordenen Aufsatz, die Persönlichkeit Schönbergs von seinen Bildern her zu deuten.

Als Schönberg 1911 den »Pierrot lunaire« op. 21 (für Sprechstimme, Klavier, Flöte, Klarinette, Violine oder Bratsche und Violoncello) schrieb, war er nach Berlin übergesiedelt, um am Sternschen Konservatorium Vorlesungen zu halten. Im »Pierrot lunaire«, einem Werk, das eine Schlüsselstellung in der neuen Musik einnimmt, tritt an die Stelle einer manieristischen Hintergründigkeit, die der Psychologie verpflichtet ist, die dem Manierismus arteigene Groteske. Dreimal sieben Gedichte von Albert Giraud (in der Übersetzung von Otto Erich Hartleben) sind Ausdruck einer skurrilen Phantasie, die sich weit mehr mit dem Klang der Worte begnügt, ohne von ihnen einen tieferen Sinn zu verlangen. Ein Spiel mit Worten, das oft die Grenze streift, die zwischen Literatur und Kabarett gezogen ist. Seltsam ist die formale Ordnung des Spiels. Die erste und zweite Verszeile der Gedichte erscheint jeweils wörtlich wieder als siebte und achte Verszeile. Und jeweils wiederholt der Schlußvers, der dreizehnte, den ersten. Schönberg folgt musikalisch nicht dieser Form, er verzichtet auf entsprechende Melodiewiederholungen und benutzt andere, rein musikalische Formen: dreiteilige Liedformen, einen Walzer, eine Passacaglia, eine Fuge usw. Auf diese Weise entsteht ein Formengeflecht aus Spiel und Dichte, das in den manieristischen Grotesken der Malerei durchaus eine Parallele hat. Der Preziosität der Farben dort entsprechen bei Schönberg die Klangfarben, die, in der Freiheit der Tonalität geboren, jetzt einen Reichtum entfalten können wie nie zuvor. Über allen Klang aber dominiert die Sprechstimme, die sich nicht in der Art des Melodrams mit der Musik verbindet. Ihre Tonhöhen und ihr Rhythmus sind genau durch Noten fixiert. Sie ist Struktur- und Klanglinie zugleich und läßt an die Malerei denken, die ihre optische Wirkung durch intensives Hervorheben der Konturen erhöht. Die dadurch gewonnene Plastik gibt der Musik hohe Ausdruckskraft. Strawinskij, der den »Pierrot lunaire« ästhetisch ablehnte, hat von diesem Werk die Kraft der Linie gelernt (Japanische Lieder, Katzenwiegenlieder usw.).

Welch wichtiger Augenblick der »Pierrot lunaire« im Schaffen Schönbergs selbst gewesen ist, zeigen die ein Jahr vorher entstandenen Klavierstücke op. 19. In ihnen hatte der athematische Stil der Kürze

noch einmal seine höchste Sublimierung erfahren. Das letzte der sechs Stücke besteht nur aus neun Takten. Alle thematischen Ansätze lösen sich auf, bevor sie Gestalt geworden sind. Das Stück schließt mit einem Sechs-Ton-Klang: g-c-f-a-fis-h, der die eigentliche Substanz des Stückes darstellt. Da diese Musik unter dem erschütternden Eindruck von Gustav Mahlers Tod entstanden ist, ist sie zugleich das kürzeste und gerade auch darin manieristische Epitaph geworden, das je einem Freunde errichtet wurde. Wohl noch nie aber gab es eine Arabeske von solchem Gewicht und Gehalt. Auf diesem Gipfel hielt der nach innen gerichtete Blick Schönbergs inne. Durch eine neue Ordnung des Tonmaterials suchte er neue Wege zu einer größeren Form. Dazu bedurfte es allerdings einer fast zehnjährigen Schaffenspause.
1903 hatte Schönberg den Auftrag angenommen, in den von Dr. Eugenie Schwarzwald nach neuen pädagogischen Grundsätzen eingerichteten Schwarzwald-Schulen in Wien Kurse für Komposition zu geben. Von diesem Zeitpunkt an bis zu seinem Tode hat Schönberg nicht aufgehört zu unterrichten, in Wien, in Berlin und in Amerika. Die Namen seiner Schüler füllen heute bereits die Annalen der Musikgeschichte. Als einer der ersten Schüler war 1904 Anton von Webern (geb. 1883 zu Wien, gest. 1945 in Mittersill) zu Schönberg gekommen, nachdem ein Versuch, bei Hans Pfitzner in Berlin anzukommen, fehlgeschlagen war. Da fast zu gleicher Zeit auch Alban Berg bei Schönberg Unterricht nahm, fand sich das Dreigestirn der Wiener Schule verhältnismäßig früh zusammen. Das erste in der Lehrzeit bei Schönberg entstandene Werk Weberns sind fünf Lieder aus »Der siebte Ring« von Stefan George op. 3 (1907 bis 1908). Die später als op. 1 bezeichnete Passacaglia für Orchester ist 1908 entstanden. Beide Werke kennzeichnen die Grundlagen von Weberns Werk: Lied und Polyphonie, das heißt musikalischer Zusammenhang. Das Lied hat Webern von der Sprache aus gewonnen. Er komponierte von Anfang an nicht nur den Sinn des Textes, sondern auch den Klang der Sprache. Auf diese Weise gewinnt der Ausdruck eine neue Dichte.
Instrumental beginnt Webern dort, wohin sein Studium der Musikwissenschaft bei Guido Adler in Wien geführt hatte. Im Juni 1906 promovierte Webern mit einer Dissertation über Heinrich

Isaaks »Choralis Constantinus«. Die Polyphonie des großen Renaissance-Meisters hat Weberns Sinn für den Zusammenhang und die Beschränkung auf das Wesentliche wachgerufen. Schon die fünf Sätze für Streichquartett op. 5 (1909) verbinden beides: höchste Expression mit Knappheit und Dichte der Form. Die fünf Orchesterstücke op. 10 führen diese Idee bis an die Grenze des Möglichen.
Alles andere im Werk Weberns ist vom Lied her zu begreifen. Liederfolgen für Gesang und Klavier oder mit Instrumenten entstehen mit op. 4, op. 8 und op. 12. Im ersten der Lieder op. 12 schließt sich zwar formal die Melodie dem Volksliedtext »Der Tag ist vergangen« an, aber innerhalb der Verszeilen spürt Webern dem Sprachklang nach, der zugleich ein Ausdrucksklang ist, indem er helle oder dunkle Vokale mit hohen und tiefen Tönen in Verbindung bringt. Die daraus sich ergebenden weiten Intervalle weiten in gleicher Weise die Gefühlsskala des Ausdrucks aus. Die Knappheit der Struktur führt in dem Vorspiel des letzten Liedes von op. 12 »Gleich und gleich« (Goethe) bereits zu einer Zusammenpressung des Tonmaterials in eine Zwölftonreihe in den ersten 3 Takten des Vorspiels. Das Lied entstand 1917, einige Jahre bevor Schönberg das Gesetz der Zwölftonreihe gefunden hatte. Man erkennt die Grundlagen einer Idee, die, von vielen Punkten ausgehend, sich schließlich in einem Geiste verdichtet hat. In op. 17, »Drei Volkstexte für Gesang, Geige (auch Bratsche), Klarinette und Baßklarinette« von 1924 bedient sich Webern zum ersten Male einer Zwölftonreihe als musikalischer Struktur. Zwischen op. 12 und op. 17 liegen wiederum nur Liedgruppen, darunter die »Fünf Kanons nach lateinischen Texten« für Sopran, Klarinette und Baßklarinette, eine hohe Synthese von formaler lateinischer Strenge und Intensität des Ausdrucks.
Seit seiner »Lyrischen Suite« für Streichquartett (1925/26) hat auch Alban Berg (1885–1935) die Methode des Komponierens mit zwölf nur aufeinander bezogenen Tönen angewendet. Sie gab seinem Stil der üppigen Klangvisionen die schon vorher mit anderen Mitteln angestrebte formale Bändigung. Seine Klaviersonate op. 1 ist ein einsätziges, von Brahms und Wagner beeinflußtes Werk romantischen Überschwanges. Mit Brahms' Klaviersonate op. 1 hat sie die trotz der Vorbilder starke persönliche Handschrift gemein. Die Halteseile

der Tradition waren in beiden Fällen kein Gängelband, sondern Stütze und Führung. Diesem Instrumentalstück waren wiederum Lieder vorangegangen: »Sieben frühe Lieder« (veröffentlicht 1928) und zwei Lieder nach Theodor Storm (veröffentlicht 1955). Und wieder folgen Lieder: op. 2 (vier Lieder) und fünf Orchesterlieder nach Ansichtspostkartentexten von Peter Altenberg op. 4. In ihnen wächst ein romantischer Klavierliedstil zu der parodistisch-pointierten Schärfe der Altenberg-Lieder.

Das Streichquartett op. 3 (1909–1910), 4 Stücke für Klarinette und Klavier op. 5 (1913), vor allem aber die drei Orchesterstücke op. 6 (1914) bereiten den Instrumentalklang der Oper »Wozzeck« vor. Angeregt durch eine Aufführung von Georg Büchners Drama »Wozzeck« hat Berg in den Jahren 1914–1921, unterbrochen durch seine Militärdienstpflicht, Handlung und Text Büchners zu einer Oper verarbeitet. Nach der Vorauffführung dreier Fragmente der Oper im Konzertsaal beim Musikfest des Allgemeinen Deutschen Musikvereins in Frankfurt am Main 1924 durch einen wahrhaften Kämpfer für die neue Musik, Hermann Scherchen, wagte Erich Kleiber, der Generalmusikdirektor der Berliner Staatsoper, 1925 die Aufführung des als »unaufführbar« geltenden Werkes.

Die Geschichte vom Soldaten Wozzeck, der Marie, seine Geliebte, an den Tambourmajor verliert und sie – nach einer grellen Wirtshausszene, in der der Plan reift – am nächtlichen Weiher ermordet (er selbst ertrinkt beim Versuch, sich vom Blut zu reinigen), hat Berg zu einer Musik von grenzenloser Wirkung inspiriert. Grenzenlos sind aber auch die seelischen Räume, die Berg mit seiner Musik bis über die Schwelle des Unterbewußten durcheilt, um Untergründiges Klang werden zu lassen. Mit genialer Phantasie, aber auch mit einer Kühnheit, die erst durch die vollständige Freiheit aller musikalischen Mittel möglich geworden war, setzt Berg den Klang des Orchesters ein: vierfaches Holz, vierfaches Blech, wenigstens 50 bis 60 Streicher, Schlagzeug, dazu auf der Bühne eine Militärmusik, eine Heurigen-Wirtshausmusik, abgesondert vom großen Orchester spielt ein Kammerorchtester im 2. Akt, 3. Szene in der Besetzung von Arnold Schönbergs Kammersinfonie op. 9. Freiheit der Tonalität ist für Berg eine Selbstverständlichkeit. Die freie Harmonik, aufblühend zu größtem chromatischem Reichtum, ist die Grundlage seiner

Musik. Den Rhythmus beugt Berg weniger unter ein wechselndes Metrum, als Strawinskij es im »Sacre du Printemps« verlangt.
Die Melodik Bergs findet in der von Schönbergs »Pierrot lunaire« übernommenen Sprechstimme Bereicherung und dramatisch biegsame Ergänzung. Die Darstellung des Opfers aus der Erkenntnis der Ausweglosigkeit der liebenden Kreatur bedurfte im »Wozzeck« stärkerer, subjektiv-expressiver Mittel, als die pantomimische Darstellung eines Opfers, das der naive Glaube einer Gemeinschaft fordert. Vieles mußte zusammenkommen, damit zwei epochale Werke von der Gegensätzlichkeit des »Sacre« und des »Wozzeck« in einem Jahrzehnt entstehen konnten. Dabei handelt es sich nicht nur um Gegensätze der Ästhetik, des Individualstiles und der Kunstgattungen, sondern in erster Linie um eine gegensätzliche Einstellung zum Menschen in seiner einfachsten kreatürlichen Form. Alban Bergs Humanität ist einer der ergreifendsten Wesenszüge seiner Kunst. Durch diese Humanitas trennt sich Berg auch von Schönbergs psychologisch-manieristischem Monodram »Erwartung«, das sich andererseits vom Technischen her wieder mit dem »Wozzeck« berührt. Viel beachtet wurden die musikalischen Formen des »Wozzeck«. Berg benutzt zur Gliederung der Szenen und Akte alte barocke Formen. Die erste Szene ist eine Suite mit Präludium, Pavane, Gigue, Gavotte und veränderter Reprise des Präludiums; es folgen eine Rhapsodie über drei fünfstimmige Akkorde, ein Militärmarsch und ein Wiegenlied. Die sich anschließende Passacaglia mit einundzwanzig Variationen benutzt ein aus zwölf verschiedenen Tönen bestehendes Thema. Der zweite Akt ist eine Sinfonie in fünf Sätzen, den dritten Akt bilden sechs Inventionen, darunter eine Invention über den sich zu einem ungeheuren Crescendo steigernden Ton h in der Mordszene. Das letzte Stück ist ein Kinderlied: Das Kind Mariens reitet, den Tod der Mutter nicht begreifend, über die Bühne, die während der letzten Takte leer bleibt.
Anders als die Wiener Schule ist Béla Bartók (geb. 1881 in Nagyszentmiklos, Ungarn, gest. 1945 in New York) seinen Weg in die Freiheit der Musik gegangen. Das Werk Brahms' und Richard Wagners war auch für Bartók verpflichtende Tradition. Entscheidend wurde jedoch das Vorbild Liszts und das Erlebnis der ersten Budapester Aufführung von Richard Strauss: »Also sprach Zarathustra«

1902. Über Liszt schreibt Bartók in seiner kurzen Selbstbiographie von 1921: »Das erneute Studium von Liszt ... führte mich über manche mir weniger sympathischen Äußerlichkeiten zum Kern der Sache: es erschloß sich mir die wahre Bedeutung dieses Künstlers; ich empfand bei ihm viel größeren Genius als bei Wagner und Strauss.« 1934 greift Bartók nochmals in seiner Antrittsrede als Mitglied der Ungarischen Akademie der Wissenschaften das Liszt-Problem auf. Bartóks erste Werke, eine sinfonische Dichtung, welche die Gestalt des ungarischen Freiheitshelden »Kossuth« verherrlicht, und die von Bartók als op. 1 bezeichnete »Rhapsodie für Klavier und Orchester« (1905) stehen unter dem Eindruck des Lisztschen Vorbildes.

Bartók mußte jedoch noch durch zwei weitere Erlebnisse hindurch, ehe er zu sich selbst fand. 1906 veröffentlichte er, zusammen mit dem jungen Komponisten Zoltán Kodály, die ersten zwanzig ungarischen Volkslieder. Bartók und Kodály haben gemeinsam viele Jahre hindurch Tausende von Volksliedern in Ungarn, in der Slowakei und in Rumänien gesammelt, wissenschaftlich geordnet und in Dutzenden von Volksliedsammlungen herausgegeben. Es ist einleuchtend, daß sich der Komponist Bartók die Volksliedforschung zunutze gemacht hat. Und doch ist es falsch, Bartóks Musik nur unter den Vorzeichen der Folklore zu hören. Im Hinblick auf die Harmonik hat Bartók selbst gesagt: »Das Studium dieser Bauernkunst war deshalb von entscheidender Bedeutung für mich, weil sie mich auf die Möglichkeit einer vollständigen Emanzipation von der Alleinherrschaft des bisherigen Dur- und Mollsystems brachte.« Bartók hat von der Volkskunst gelernt, aber er ist ihr nicht erlegen. Kodály erklärte 1921 in der »Revue Musicale«: »Statt des Ungarisierens erscheint das Ungarische auf einer höheren Stufe.« Man könnte auch sagen, trotz des Ungarischen wurde Bartók ein großer europäischer Komponist.

Das Einströmen folkloristischer Musik in die Kunstmusik des 20. Jahrhunderts ist eine Folge der »nationalen« Musik des 19. Jahrhunderts. Was damals romantisches Suchen und Finden in der Vergangenheit war, ist jetzt geordneter Besitz. Die Abgabe des Eigenen an die Völker auch jenseits der Grenzen fällt nicht mehr schwer. Eine neue Stilbewegung ist dieser Ausbreitung günstig gewesen: der

Jugendstil. Dieser vom Ornament ausgehende, bald aber auch Architektur, Malerei, Plastik und Kunstgewerbe erfassende Stil stellte sich gegen den Historismus, dem das 19. Jahrhundert fast erlegen war. Das neue an ihm ist die Hinneigung zum Primitiven und zugleich zum Dandyhaft-Überkultivierten. In der bildenden Kunst fand man Anregungen und Vorbilder einmal in der Bauernkunst des Balkans und in der mit den Augen des müde gewordenen Europäers gesehenen Südseekunst (Gauguin), zum andern in der Kunst der Völker des Fernen Ostens, aber auch in etruskischer und kretisch-mykenischer Kunst. Zum erstenmal tritt die Kunst des 20. Jahrhunderts aus europäischen Stilfesseln hinaus in die Welt. Dieser Vorgang eines Aufbruchs, getragen von Begeisterung, Mut und Übermut, Kummer und Unbekümmertheit, hat auch in der Musik eine Parallele, so daß es nicht abwegig ist, in der Musik von einem Jugendstil zu sprechen. Man entdeckte die Bauernkunst, Volkslied und Volkstanz des Balkans und des Vorderen Orients ebenso wie die Musik des Fernen Ostens. Und welche Wechselwirkung! In Japan ist Debussys »L'après-midi d'un faune« eines der beliebtesten Werke westlicher Musik geworden.

Aber auch in der Musik gibt es das seltsame Nebeneinander von Primitivismus und ästhetisierendem Manierismus. Bartóks und Strawinskijs folkloristische Werke zeigen die eine – Schönbergs »Pierrot lunaire« die andere Seite. Es ist bezeichnend, daß Bartók, der beste Kenner der Folklore Strawinskijs, dem Komponisten des russischen Jahrmarktballetts »Petruschka«, des »Sacre du Printemps«, der Bauernhochzeit »Les noces« und der Tierfabel »Le Renard« bescheinigt, »daß Strawinskijs Œuvre derart aus der reinen Volksmusik seiner Heimat herauswachse, daß es beinahe als eine Apotheose gelten könnte«. Später allerdings ist dem »apollinischen« Strawinskij das Folkloristische in der Musik suspekt geworden, er meint, daß manche Komponisten daran leiden wie an einer Krankheit. Arnold Schönberg hat sich zu keiner Zeit der Folklore hingegeben: »Ein wirklicher Komponist, einer der gewohnt ist, sein thematisches Material in einer logischen Weise herzustellen, gleichgültig, ob es durch spontane Inspiration oder durch harte Arbeit herangebracht wird, ein solcher Komponist wird nur ausnahmsweise freiwillig darauf verzichten, sein Werk auf durchaus eigene Art mit seinem eigenen Thema zu beginnen.« Wie gut die Blutzufuhr unverbrauchter Volksmusik der europäischen Kunstmusik in einer nicht ungefährlichen Situation der Auflösung alter Bindungen bekommen ist, zeigt das Beispiel Hindemith, der aus dem alten Volkslied Kräfte frei gemacht hat, die seine Musik tragen (»Mathis der Maler«, »Schwanendreher«, Sing- und Spielmusik). Man mag über den Wert der folkloristischen Musik denken, wie man will, immer wird es auf den Grad der Einschmelzung ankommen. Folklore ist Kraft und Fessel zugleich. Im Chor der Freiheit der Jahrhundertwende bildet sie immerhin eine wichtige Stimme.

1905 nahm Bartók an dem Wettbewerb um den Rubinstein-Preis für Komposition und Klavierspiel in Paris teil. Hier lernte er den Debussyschen Impressionismus kennen. Die Bereitschaft Rußlands und anderer Oststaaten, die Musik des französischen Impressionismus an- und aufzunehmen, ist eine Tatsache. Die Gründe sind vielfältig. Außer einer Hinneigung zur französischen Kultur im allgemeinen war es wohl gerade die im Impressionismus enthaltene Idee der Freiheit, der Schönheit nach eigenem Gesetz, die der national- und folkloristisch engen Musik der Ostvölker die Tore der Welt zu öffnen schien. Diese Freiheit wird auch den jungen Bartók mehr erregt haben als die verwehten Klänge der impressionistischen Musik an sich. Denn eine Musik des »décors« (Debussy), Verzierungen und Arabesken, in die sich Form und Ausdruck auflösen, konnte Bartók, der zu der Zeit die Kraft des Volksliedes erlebte, kaum gemäß sein. Ihn faszinierten die Mittel, aus denen der neue Klang entstanden war. Um sich über die Mittel der harmonischen, melodischen und rhythmischen Freiheit Klarheit zu verschaffen, bedurfte es des Experimentes: »Zwei Porträts« für Orchester op. 5 (1907/08) und die vierzehn »Bagatellen« für Klavier op. 6 (1908). Ähnlich wie später im »Mikrokosmos« stellt sich jedes Stück der »Bagatellen« ein eigenes harmonisches und melodisches Problem. Das Lehrhafte, ein bedeutender Zug in Bartóks Werk, tritt schon jetzt hervor. Schönberg weist in seiner »Harmonielehre« auf die neuen vielstimmigen dissonanten Akkorde hin, denen Bartók die elfte Bagatelle »Studie über den aus sieben übereinandergelagerten Terzen bestehenden Akkord, sei es mit oder ohne Grundton«, oder die dreizehnte Bagatelle »Harmonische Verflechtung auf einem Orgelpunkt« gewidmet

hatte. In den Jahren 1907/08 – Bartók hatte inzwischen eine Meisterklasse für Klavier an der Budapester Akademie übernommen – wurde das Fundament seines Werkes gelegt. Nur ein Baustein fehlte noch: Im ersten Streichquartett op. 7 knüpft Bartók unmittelbar an Beethovens letzte Quartette an. Er hatte die Beethovensche Lehre vom musikalischen Zusammenhang aller Teile wohl verstanden.
1911, im Jahre der Entscheidung der neuen Musik, entstehen zwei Werke, in denen nicht nur die Mittel, sondern auch ihre Anwendung wahrhaft frei ist: »Allegro barbaro« für Klavier und die Oper »Herzog Blaubarts Burg«. In ihrer expressiv-manieristischen Haltung sind beide Werke den zeitlich nahen Balletten Strawinskijs »Petruschka« und »Sacre du Printemps« verwandt. Das Elementare der Musik bricht hervor, im »Allegro barbaro« in einem Urrhythmus, in der Oper im Gewande des Symbols. Kodály hebt hervor, daß »Herzog Blaubarts Burg« für die ungarische Musik dasselbe bedeute wie Debussys »Pelléas et Mélisande« für die französische: die Schöpfung einer Oper aus der natürlichen Deklamation der eigenen Sprache. »Bartók suchte in den Rezitativen die natürliche Musik der Sprache beizubehalten und in den stärker stilisierten Partien dem Verhalten des Volksliedes zu folgen und hat auf diese Weise einen neuen Weg gebahnt.« Wie Emil Nolde in der Malerei bannt Bartók die »Gesichte« (die sieben Pforten in »Blaubarts Burg«) in glühende Farben. Der Zeitgeist liebte die Glut auf symbolischem Hintergrund. Maurice Maeterlinck hatte den Text »Ariane et BarbeBleu« schon früher für den französischen Komponisten Paul Dukas bereitet. Die dem »Blaubart« folgenden Tanzspiele Bartóks »Der holzgeschnitzte Prinz« op. 18 (1914/16) und der »Wunderbare Mandarin« op. 19 (1918/19) gehören durch ihre Handlung den gleichen manieristischen Bezirken an wie die Oper. Musikalisch bedeutet zumal der »Wunderbare Mandarin« durch das Übergewicht des Rhythmischen, welches das Melodische fast erstickt, eine Steigerung des Elementaren in höchst kunstvoller Verflechtung.
Freundschaft und künstlerische Verwandtschaft zu Bartók beeinflußten das Werk Zoltán Kodálys (geb. 1882 in Kecskemét, Ungarn). Er hatte an der Budapester Hochschule studiert und promovierte mit einer Dissertation »Über Strophenbau im ungarischen Volkslied«. Die Volksliedforschung sieht ihn mit Bartók vereint, während

ein Pariser Aufenthalt 1906/07 ihm das Erlebnis des Impressionismus vermittelt. Sein Stil bildet sich unter den gleichen Voraussetzungen, unter denen auch Bartóks Werk stand. Während Bartók sich jedoch von der Kühnheit des Aufbruchs zur hohen Geistigkeit des Spätwerks durchringt, bleibt Kodálys Werk erdgebundener. Seine Hauptwerke: »Psalmus hungaricus« für Soli, Chor und Orchester (1923); »Tänze aus Galanta« (1933); die »Háry-János-Suite« (1926), eine ungarische Münchhausen-Geschichte, und die Maroszéker Tänze (1930) binden die folkloristischen Anregungen an die Tradition.

Zwischen Impressionismus und Jugendstil beheimatet ist das Werk des Spaniers Manuel de Falla (1876–1946). Diese stilistische Konstellation verbindet sein Werk (»Nächte in spanischen Gärten« für Klavier und Orchester, die Opern »Der Dreispitz« und »Meister Pedros Puppenspiel«, die unvollendete Oratorienoper »Atlántida« u. a.) mit dem Frühwerk Bartóks, aber nur mit diesem. Nationalistische und auch mystische Züge haben dem Werk de Fallas Grenzen gesetzt.

Der Pole Karol Szymanowski (1883–1937), 1926–1929 Direktor des Warschauer Konservatoriums, ist ein Spätromantiker, der in seinen letzten Werken bis zur Atonalität vorstieß. Sein umfangreiches Schaffen hat alle zwischen diesen beiden Stilphasen wirkenden Zeitströmungen aufgenommen. Für die polnische Musik, die in jüngster Zeit viele weltoffene bedeutende Talente aufzuweisen hat, wurde er eine stolze Erscheinung. Zu seinen Hauptwerken zählen die Oper »Hagith« 1912, Sinfonien, zahlreiche Klavierwerke, die bewundernd Chopin folgen, und Lieder, die seine Schwester Stanislawa, eine berühmte Sopranistin, sang.

Der englische Komponist Cyrill Scott (geb. 1879) wurde in Deutschland um die Jahrhundertwende mit seiner Ouvertüre »Pelléas et Mélisande« bekannt. Theosophische Gedanken aus östlichen Geheimlehren geben seinem Debussy nahestehenden Impressionismus eine eigenwillige Färbung. In einer großen Anzahl von Schriften ist Scott diesen Ideen weiter nachgegangen. – Ein Nachfahre des englischen Impressionismus ist Benjamin Britten (geb. 1913). Begabt und einfallsreich greift er auf viele Vorbilder zurück. Die Grenze, an der die Probleme der neuen Musik beginnen, hat er bisher aller-

dings nicht überschritten. In seinen Opern »Peter Grimes« (1945), »Der Raub der Lucretia« (1946), »The Turn of the Screw« (1954) ebenso wie in seinen zahlreichen Liederzyklen verbindet er italienische Kantilene mit geschickter Textausdeutung. Das reizbar-veränderliche Stimmungshafte in dieser Musik ist ihr bester Teil.
Keiner der zwischen 1870 und 1890 geborenen Komponisten konnte sich der Entscheidung: »Tradition oder Freiheit« entziehen, die mit musikalischen Begriffen Gesetz der Klassik oder Tonalitätsauflösung heißt. Eine faszinierende Erscheinung der Generation zwischen Romantik und Moderne ist der Russe Alexander Nikolajewitsch Skrjabin (geb. 1872 in Moskau, gest. 1915 in Moskau). Nach Studienjahren bei Tanejew und Arensky in Moskau hatte er als Pianist in Europa und Amerika Aufsehen erregt. Exzentrisch reizbar, wie sein Klavierspiel es war, sind auch seine vielen Kompositionen, die unter dem Einfluß Chopins und Liszts stehen. Schon als Dreißigjähriger begeisterte sich Skrjabin, durch theosophische Gedanken angeregt, für die Idee eines Gesamtkunstwerks, einer mystischen Verbindung aller Künste. Damit steht Skrjabin eher Liszt als Richard Wagner nahe. Liszt hatte die Absicht, den Maler Buonaventura Genelli zu beauftragen, Bilder für seine Dante-Sinfonie zu malen, die während der Aufführung dioramaartig gezeigt werden sollten. Skrjabin komponierte seine schon erwähnte Prometheus-Partitur für Tonfarben und Farbtöne unter Verwendung eines Farbklaviers. Gleichgerichtete Bemühungen, Musik und Malerei zu verbinden, die von der Malerei ausgingen, bestärkten Skrjabin in seinem Vorhaben. Es ist kein Zufall, daß 1912 der russische Musikwissenschaftler Leonid Szabanjeff im »Blauen Reiter«, einer Zeitschrift des Kandinsky-Kreises in München, nachdrücklich auf die Versuche Skrjabins hingewiesen hat.
Seine Hauptwerke hat Skrjabin, außer drei Sinfonien op. 26, op. 29, op. 43 und »Le Poème de l'extase«, dem Klavier anvertraut. Mit zehn Klaviersonaten, sechzehn Bänden Préludes, zehn Heften Poèmes, Etüden, Walzern, Polonaisen, Mazurken, einem Klavierkonzert fis-Moll hat Skrjabin das Werk seiner Vorbilder Chopin und Liszt fortgesetzt und durch Alterationstechnik (chromatische Erhöhung und Erniedrigung der Töne) in den Impressionismus Debussys und Ravels hinübergeführt. So wurde er zu einem

bedeutenden Vertreter des schon von Mussorgskij herzuleitenden russischen Impressionismus. Das Schaffen Skrjabins ist damit jedoch nicht abgetan. Ein neuer konstruktiver Wille führt zu bedeutenden Ergebnissen, die seine Musik an die Zukunft binden. Wie ein kubistischer Maler aus den Formelementen Linie, Kreis, Kubus usw. ein Kunstwerk formt, so gibt es in den späten Etüden Skrjabins Stücke, die gleich denen in Bartóks Mikrokosmos »Quinten«, »Septimen« und so weiter heißen könnten. Ein einziges Intervall wird zur Keimzelle der Musik.

Noch bedeutsamer wurde Skrjabins »mystischer Akkord«. Seit ungefähr op. 30 (Klaviersonate) schuf sich Skrjabin mit der Erfindung des mystischen Akkordes und der dazugehörigen Leiter ein eigenes melodisches und harmonisches System. Der Akkord C-Fis-B-E-A-D besteht aus zwei übermäßigen Quarten, einer verminderten Quarte und zwei reinen Quarten. Er ist mehr als nur eine Zusammensetzung von Klangfarben aus verschiedenen Intervallen, er ist wirklich aus dem Klang geboren, dem natürlichsten, den es gibt: Der Akkord ist eine additive Mischung aus dem 8., 9., 10., 11., 13. und 14. Oberton der Naturtonreihe. Die von dem Akkord abgeleitete mystische Tonleiter, vermehrt um G, heißt: C-D-E-Fis-G-A-B. Handelte es sich bei Tonleiter und Akkord um eine »konstruktive Mystik«, die keine war, da sie naturwissenschaftlichem Denken entsprach, so wurde die letzte Lebenszeit Skrjabins von einem Hang zu einem tatsächlichen Mystizismus überschattet, der in Werk und Leben tiefe Spuren hinterließ. Echt russische Ideologien verbanden sich in Skrjabins Denken mit der müden, mystisch-erotischen Ästhetik des Fin de siècle. Am Ende seines Lebens wollte er in Indien einen Tempel bauen, der seine Musik aufnehmen sollte. Wer dächte nicht an Richard Wagners Gralstempel in Bayreuth! Skrjabins Schriften sind unter dem Titel »Prometheische Phantasien« erschienen. Boris Pasternak schildert in seinem »Geleitbrief« 1958 allerdings keinen prometheischen, sondern einen sehr menschlichen Skrjabin. Pasternak hörte die Proben zu Skrjabins »Poème de l'extase« im Moskauer Konservatorium. »Und dann wurde die Musik losgelassen, in unzählige Fragmente zersplitternd, blitzschnell anwachsend, setzte sie in kurzen Sprüngen über das Podium. Sie wurde gebändigt, sie stürmte in fiebriger Hast zur Harmonie, erreichte den

donnernden Gipfel einer unerhörten Verschmelzung von Tönen brach am Höhepunkt ihres strömenden Wirbelsturms jäh ab und erstarb.« Skrjabin hatte durch die Verwendung der »mystischen Tonleiter« nachgewiesen, welche Möglichkeiten für Melodik und Harmonik in einer neuen Leiter beschlossen sind. Der Italiener Busoni, der Apostel der Freiheit (geb. 1866 in Empoli, gest. 1924 in Berlin), aber berichtet in seinem »Entwurf einer neuen Ästhetik der Tonkunst« von 113 neuen Skalen, Drittel- und Sechsteltönen. Noch waren diese Gedanken – 1907 – eine phantastische Theorie. Aber das Tor der Freiheit war aufgestoßen. In seinen eigenen Werken jedoch hat Busoni die neuen Bahnen noch nicht beschritten. In ihnen war er ein Romantiker auf klassischen Wegen. Er hat Werke von J. S. Bach, Beethoven, Bizet, Brahms, Chopin, Peter Cornelius, J. B. Cramer (Etüden), Carl Goldmark, Liszt, Mozart, Schönberg, Wagner und Carl Maria von Weber für Klavier und Orchester bearbeitet und übertragen. Ein Riesenwerk der Transkription, das er damit rechtfertigt, daß jedes Aufschreiben, jede Notation schon Transkription eines abstrakten Einfalls, selbst der Vortrag eines Werkes noch Transkription sei. Transkription ist für Busoni auch die Benutzung Bachscher Motive in seinen eigenen Werken: Fantasia nach J. S. Bach, Fantasia Contrapuntistica, Choralvorspiel nebst Fuge über ein Bachsches Fragment, Sonatina brevis. Dieses Verfahren entspricht der Parodie-Praxis der alten Meister des polyphonen Zeitalters.
Und dennoch war Busoni ein revolutionärer Denker. Der letzte Aufsatz seiner gesammelten Schriften, die unter dem Titel »Von der Einheit der Musik, von Dritteltönen und junger Klassizität, von Bühnen und Bauten und anschließenden Bezirken« 1923 erschienen sind, heißt: »Von den Proportionen«. Diese Skizze, zwei Jahre vor Busonis Tode geschrieben, ist ein Vermächtnis. Proportion ist sicherlich eine der Musik immanente Eigenschaft. In der Renaissance, bis um 1700, bezeichnet sie das Zeitmaßverhältnis zweier Stimmen zueinander. Die Klassik hat formale Proportion durch Symmetrie ersetzt. Busoni sieht die Proportion der Musik in folgenden Erscheinungen: »Es gibt deren (Proportionen) drei überragende: 1. die Maße der Zeit, 2. der Gegenüberstellung im Klange, 3. der Beziehungen in der Modulation, und drei untergeordnete: 1. der Bewegung, 2. der Intervallfolge, 3. der Stimmung.« Am Schluß der

wenigen Sätze, die sich auf eine geplante Melodielehre beziehen, heißt es: »Einfall ist gleich Begabung. Gesinnung Sache des Charakters, Richtung ein Merkmal der Zeit. Erst die Form erhebt Einfall, Gesinnung und Richtung zum Range des Kunstwerkes. Und innerhalb der Form ist die Proportion eine der strengsten und empfindlichsten Forderungen.«

Es leuchtet ein, daß nicht das 19. Jahrhundert, sondern erst die Zeit einer Formerneuerung auch wieder über die Proportion nachgedacht hat. Bartók schrieb über »Das Problem der neuen Musik«: »Die atonale Musik schließt gewisse äußere Mittel der Gliederung, gewisse Wiederholungen (in weiter Lage mit Veränderungen) von bereits Gesagtem, Sequenzfolge, refrainartige Wiedergabe mancher Gedanken oder Zurückkehren beim Schluß auf den Ausgangspunkt nicht aus. All dieses Verfahren erinnert allerdings weniger an das Architektonisch-Symmetrische als an den Vers der gebundenen Rede« (der ja auch proportional gebaut ist). Bartók ist noch weiter gegangen und hat versucht, die Proportionen des Goldenen Schnittes auf die Form der Musik anzuwenden (Musik für Saiteninstrumente, Celesta und Harfe, 1. Satz). Die Zwölftonmusik kennt nicht nur die Reihe der Tonhöhen, sondern auch die Reihe proportionaler Intervallfolgen. In der seriellen Musik aber ergeben sich durch ein vorgefaßtes Ordnungsprinzip der Tondauern, Lautstärken und Klangfarben proportionale Verhältnisse der Parameter in sich und untereinander. Noch stärker ist die elektronische Musik auf Proportionen angewiesen, wenn beispielsweise in Stockhausens »Komposition 1953 Nr. 2« die Dauer jedes Tones umgekehrt proportional zu seinem Frequenzabstand und die Schallstärkereihe mit wachsendem Frequenzabstand proportional zur Dauer abnehmen soll. Darüber wird noch zu sprechen sein. Das Wichtigste der Busonischen Proportionsgesetze wird in der Zukunft das der »Gegenüberstellung im Klange« sein. Proportional geordnete Klangkontraste werden der Musik eine neue Form geben.

Eine weitere Prophetie findet sich in Busonis »Entwurf«. Dort heißt es: »Was in unserer heutigen Tonkunst ihrem Urwesen am nächsten rückt, sind die Pause und die Fermate. Große Vortragskünstler, Improvisatoren wissen auch dieses Ausdruckswerkzeug im höheren und ausgiebigeren Maße zu verwerten. Die spannende Stille zwischen zwei Sätzen, in dieser Umgebung selbst Musik, läßt weiter ahnen, was der bestimmtere, aber deshalb weniger dehnbare Laut vermag.« Die Pause in der Musik, bisher metrisch-rhythmisch exakt fixiert, hat durch die Einführung subjektiver Pausen, die der Interpret bestimmt (Stockhausen: Klavierstück XI), eine neue Bedeutung erhalten, aber nicht nur das: Die sprechenden Pausen, die schon Anton von Webern kennt, führen eine Musik der Stille herauf, in der sich westliche Kontemplation mit östlicher Meditation zu verbinden sucht.

In seinen eigenen Kompositionen ist Busoni diese Wege nicht gegangen. Hier begnügte er sich damit, das Gefühl für eine neue Melodie zu wecken, die allerdings keine Gefühlsmelodie sein sollte. Im Gegenteil, durch Maßhalten im Gefühl strebte er eine neue Klassizität an. Das Maßhalten, ein Erbteil seiner Nation, übertrug er auf alle Disziplinen der Musik. Es schien ihm vor allem notwendig in der Oper. Hier galt es, das Reich der Unordnung, das Richard Wagner aufgerichtet hatte, zu ordnen und die Funktionen von Wort und Musik, die Wagner verwischt hatte, neu zu bestimmen. In seinen Opern »Arlecchino« (1918) und »Doktor Faust« (1925, beendet von seinem Schüler Philipp Jarnach) hat Busoni eine Reform der Oper aus dem Geist der Commedia dell'arte und dem Puppenspiel angestrebt. Aber aus der Wiedereroberung der Heiterkeit wurde Kühle, und der Überschwang des Gedanklichen engte das Gefühl ein.

In seinem berühmt gewordenen Brief an Paul Bekker vom Januar 1920 über »Junge Klassizität« definiert Busoni diese als »die Meisterung, die Sichtung und Ausbeutung aller Errungenschaften vorausgegangener Experimente: ihre Hineintragung in feste und schöne Formen«, als »Musik, die an und für sich Musik ist, und nichts anderes«, als »Abschied vom Thematischen und das Wiederergreifen der Melodie ... als Beherrscherin aller Stimmen, aller Regungen, als Trägerin der Idee und Erzeugerin der Harmonie, kurz: der höchstentwickelten (nicht kompliziertesten) Polyphonie« und als »Abstreifung des Sinnlichen und die Entsagung gegenüber dem Subjektivismus ... absolute Musik«. Diese Sätze umfassen das Programm einer Stilphase der Musik zwischen 1920 und 1940, die man – mit Recht oder Unrecht – Neo-Klassizismus genannt hat. Der

Yehudi Menuhin (geb. 1916), Jascha Heifetz (geb. 1901), David Oistrach (geb. 1908), drei große Geiger unseres Jahrhunderts.

große Mann Ferruccio Busoni, der weltberühmte Pianist, der bewunderte und verehrte Lehrer des Wiener Konservatoriums, des Liceo musicale in Bologna, der Meisterklasse für Komposition an der Akademie der Künste in Berlin, wurde – darin dem Wirken und der Auswirkung Liszts im 19. Jahrhundert vergleichbar – zum Lehrer unseres Jahrhunderts.

War Busoni Lehrer kraft des Ernstes seiner Überzeugungen, so kann man den gleichaltrigen Franzosen Eric Satie (geb. 1866 in Honfleur, Normandie, gest. 1925 in Arcueil bei Paris) kaum als Lehrer im eigentlichen Sinne bezeichnen. Er war nicht klüger, er war weiter als die anderen. Nach den Worten Darius Milhauds ist Satie, der »jederzeit alles vor allen anderen verkündet, vorbereitet, gefunden hat, ein Vorläufer als solcher«. Auf die Weise ist sein Vorbild für seine Generation wichtig geworden. Der Klavierspieler in den Nachtlokalen des Montmartre, Eric Satie, war Wagner-hörig. Auch später stellte er noch fest, daß er keineswegs Anti-Wagnerianer sei. Er verlangte aber, daß die Franzosen eine eigene Musik haben sollten – »wenn möglich, ohne jedes Sauerkraut. Warum konnten wir nicht die Mittel benutzen, die Claude Monet, Cézanne, Toulouse-Lautrec und andere bekannt gemacht hatten? Warum konnten wir diese Mittel nicht in Musik übersetzen? Nichts einfacher als das!« Satie machte es wirklich einfach. Er ließ weg, das heißt reduzierte die kompositorischen Mittel Melodik, Harmonik und Rhythmik auf ihre einfachste Form und suchte durch diese Einfachheit Pathos und

Gefühl zu überwinden. Keineswegs schuf er eine neue Weltanschauung, um etwa diejenige Wagners zu überwinden. Mit französischem Witz und Geist überspielte er die romantische Musik, die man – nach einer Formulierung Jean Cocteaus – mit dem Kopf in der Hand anhört. Saties Witz war klar, scharf und schneidend, wie seine genau fixierte Musik. Er schrieb: »Trois morceaux en forme de poire« (1903, Stücke in Form einer Birne), »En habit de cheval, deux chorales et deux fugues« (1911), »Choses vues à droite et à gauche sans lunettes« (1912). Aber Milhaud hat recht, wenn er sagt, daß die ironische Art dieser Musik »schamhaft ihre Schleier breitet über unendlich viel Zartheit«.

In seiner Jugend hatte sich Satie für die mystischen Anschauungen des Rosenkreuzerordens begeistert und ein »Ballet chrétien« (1892), »Danses gotiques« (1893) und »Prélude de la porte héroïque du ciel« (1894) geschrieben. Später, als reifer Mann, besuchte er nochmals die Schola cantorum und studierte bei Roussel Kontrapunkt, um mittelalterliche Musik und Gregorianik kennenzulernen. Die Frucht dieser Bemühung ist Saties reifstes Werk »Socrate« für vier Stimmen und Kammerorchester auf Texte aus Platons Dialogen (1918). Dieses Werk ist das klassischste Werk einer klassizistischen Epoche. Sati hat die Antike wie Gerhart Hauptmann erlebt: hart, kahl und karg. Von Winckelmanns Definition der Antike als »edle Einfalt und stille Größe« ist nichts übriggeblieben. Gerade deshalb erreicht »Socrate«, zumal in der Todesszene, eine echte Größe. Musikalisch leisteten Gregorianik und mittelalterliche Satztechnik mit Quarten- und Quintenparallelen Hilfestellung für einen abstrakten Ausdruck, für eine »objektive Kunst«, wie man sie damals in Frankreich nannte.

Weit über der Bedeutung seines Werkes steht – zwar manchmal umstritten – Saties Einfluß auf die jüngere Generation, der um 1890 Geborenen, die bereits jenseits der Romantik begann. Der romantische Durchgang blieb ihr erspart. Die Tatsache ist entscheidend und erklärt die Bewunderung für Satie, der bereits das neue Programm in den Händen zu halten schien. Die »Six«, eine Gruppe junger französischer Komponisten, haben 1920, beraten durch Satie und Cocteau, ihr gemeinsames Programm veröffentlicht. Darin heißt es: »1. Die musikalischen Formen scheinen von zu zahlreichen und unnützen

Durchführungsvorgängen überladen. Es gilt auf normale Verhältnisse zurückzukommen, die Hypertrophie der bestehenden Formen zu beseitigen. Das Ideal der Sonate: Haydn. Das Ideal der Suite: Rameau. 2. Die echten französischen Traditionen müssen wieder aufgenommen werden, die auf der Scheu vor der Emphase und der gefühlsmäßigen Übertreibung beruhen. Es gilt allen romantischen Geist zu verbannen und das rechte Gleichgewicht von Gefühl und Vernunft herzustellen, das den französischen Klassizismus kennzeichnet. Unter diesem Gesichtspunkt ist Satie das Beispiel, das Vorbild der Jungen. 3. Verzicht auf den Chromatismus, das charakteristische Ausdrucksmittel der Romantik. Man darf auch nicht Schönberg folgen, dem gewaltigen Musiker, der ja eine letzte Entwicklung der Romantik bringt, die Chromatik zu ihrer äußersten Konsequenz der Atonalität führt. 4. Es gilt im Gegenteil die diatonische Harmonik in ihre herrschende Stellung wieder einzusetzen. Sie bekräftigt die reine, feste Tonalität, das Grundprinzip der wahren Architektur, die mit den Maßen haushält, sie ordnet und sie ohne Verwirrung in Kontrast setzt.« Zur Ergänzung dieses Programmes sei auf Jean Cocteaus kleine Schrift »Le Coq et l'Arlequin« (1918) hingewiesen. Aphorismen und Sentenzen füllt er mit Ironie und Geist. Sie haben nicht so sehr das Programm der Six, als ihre die Traditionalisten schockierende Haltung bestätigt.

Ein anderes Manifest der Zeit aber stammt von Satie selbst. Mit den Freunden Jean Cocteau als Dichter und dem Maler Pablo Picasso schuf er das Ballett »La Parade« (1917) als »kubistisches Manifest«. Die primitive, aus der Atmosphäre des Zirkus kommende Musik Saties mit einem »bouquet« aus Lärminstrumenten als Hintergrund gehört nicht zu den großen Meisterwerken des Jahrhunderts, wohl aber zu dessen großen Experimenten. Die Jahreszahl der Entstehung solcher Werke ist oft wichtiger und aufschlußreicher als das Werk selbst. Im Zeitpunkt einer unsicher und unordentlich gewordenen Romantik zieht mit Saties »Parade« die neue Zeit ein – und hinter ihr die Gruppe der Six.

Cocteau hat ihnen einen Vers gewidmet, aus dem wir ihre Namen erfahren:

> »Auric, Milhaud, Poulenc, Tailleferre, Honegger,
> J'ai mis votre bouquet dans l'eau d'un même verre.«

Es fehlt darunter nur Louis Durey, der als Komponist weniger bekannt wurde. Heute schreibt er »volkstümliche« Musik, wie sie das kommunistische Prager Manifest von 1948 empfiehlt. Auch Germaine Tailleferre (geb. 1892), die Komponistin dieses Kreises, ist wieder hinter ihre zahlreichen impressionistischen Werke in das Dunkel des Unbekannten zurückgetreten. So bleiben Honegger (geb. 1892 in Le Havre, gest. 1955 in Paris), Darius Milhaud (geb. 1892 in Aix-en-Provence), Francis Poulenc (geb. 1899 in Paris) und Georges Auric (geb. 1899 in Lodèves) – vier Komponisten, deren Werke vier verschiedene stilistische Standpunkte darstellen, so daß es heute schwer ist, sich ihre Anfänge als Einheit zu denken. Das Gemeinsame war schließlich nur der Aufbruch selbst. Daß er in einer Gruppe geschah – ein Vorgang, der in der deutschen Musik nicht möglich wäre –, gab ihnen die Stoßkraft und den Elan.

In dem Schaffen des in Paris lebenden Deutsch-Schweizers Arthur Honegger wechselt nach Cocteaus Worten »die Welt der Maschinen ab mit einer der Altarwände, Strebepfeiler und Kirchenfenster«. Es fehlt noch die Welt der Antike, aus deren Geist Honegger 1921 sein Oratorium »König David« schrieb, das seinen Ruhm begründete, die Oper »Antigone« (1927) und die mimische Sinfonie »Horace victorieux« (1921), ein herbes expressionistisches Stück, nach Honeggers Urteil »die originellste und bestgeglückte Sache aus seinen Händen«. Der Maschine huldigte Honegger in dem sinfonischen Satz »Pacific 231« (1923) und dem Sport mit »Rugby« (1929). Honeggers religiöse Welt ist die des französischen Dichters, Mystikers und Diplomaten Paul Claudel. Zu dessen bedeutendstem Werk »Le Soulier de Satin« schrieb Honegger die Bühnenmusik, mit Claudel gemeinsam entstanden die Oratorien »Totentanz« (1940) und »Johanna auf dem Scheiterhaufen«. In letzterem Werk, einem modernen Mysterienspiel, erreicht Honeggers »Stil der Kirchenfenster« seine höchste Leuchtkraft. Aus tiefstem Erleben sind seine fünf Sinfonien entstanden, die zweite »Symphonie à cordes« und die dritte »Symphonie liturgique« unter dem Eindruck des zweiten Weltkrieges und seines apokalyptischen Endes. Nur aus der vierten Sinfonie »Deliciae Basilienses«, aus Liebe und Verehrung zur alten Humanistenstadt Basel entstanden, atmen Friede und Heiterkeit ihres Münsterplatzes. Einmal noch nähert sich Honegger der Haltung der Six. In seinem Concertino für Klavier und Orchester 1924 treten spielerische Jazz-Elemente an die Stelle der in den anderen Werken erstrebten Monumentalität und eines Tiefsinnes, der in den letzten Werken – auch den literarischen (»Ich bin Komponist« 1952) – pessimistische Züge annahm.

Weit mehr als Honegger blieb Milhaud der »heiligen Nüchternheit« der »Six« verbunden. Er ist ein Kind der Provence, in der die Wiege der europäischen Musik stand. Sein Glaube ist der seiner Väter. Seine Melodie als »Seele der Musik« ist die der Troubadours, und die Klarheit seiner Form ist römisch. Mit den »Six« gemeinsam hat er die Liebe zur alten französischen Musik Couperins, Rameaus aber auch Berlioz' und Bizets und die Freude am Neuen, soweit es aus Witz und Geist geboren ist. Während des ersten Weltkrieges war Milhaud Attaché der französischen Botschaft in Rio de Janeiro. Dort fand er die brasilianische Folklore und auf einer amerikanischen Reise 1922 den Jazz. Die Orchestersuite »Saudades do Brazil« 1921, die Ballettfarce »Le bœuf sur le toit« (der Name eines Pariser Nachtlokals) 1919 und das Ballet nègre »La Création du monde« 1923 sind eine Parallele zu Bartóks Bemühen, das Fremde in das Eigene einzuschmelzen. Es gelingt Milhaud mit leichter Hand.

In der gleichen Zeit macht es dem sensiblen Lyriker Milhaud Freude, sich vom Gefühl in der Musik zu distanzieren. Er vertont einen Prospekt für landwirtschaftliche Maschinen und einen »Catalogue de Fleurs« nach sachlichen Gedichten Lucien Daudets. Gerade aber in dem letzten Werk verhauchen Milhauds melodische Lyrismen einen besonders süß-zarten Duft. Auch das Land der Griechen sucht Milhaud in drei Kurzopern, »Opéras minutes«, nicht mehr mit der Seele, sondern mit einem kühlen ironischen Verstand. Als ein Stilmittel besonderer Art hat Milhaud die Polytonalität für sich in Anspruch genommen. Obwohl schon Liszt, Debussy, Richard Strauss und vor allem Strawinskij und Prokofieff sie verwandten, ist sie zur eigentlichen Struktur und Farbe der Milhaudschen Musik geworden. Polytonalität, die in zwei Tonarten gleichzeitig musiziert, Akkorde aus verschiedenen Tonarten aufeinandertürmt oder auch die komplementäre Abfolge von Akkorden aus verschiedenen Tonarten kennt, ist ein wichtiges Kapitel in der Lehre vom musikalischen Zusammenhang, weil sie Tonkomplexe herstellt, die das Gesamtpotential der

Töne in der Gleichzeitigkeit zu vereinigen sucht. 1954 hat Milhaud mit der fünfaktigen Oper »David« zur Dreitausendjahrfeier Jerusalems seinem umfangreichen Schaffen (etwa 350 Werke) einen monumentalen Block eingefügt.

Georges Auric war Schüler von Albert Roussel (1869–1937), dessen Einfluß auf die junge Generation demjenigen Saties gleichkam. Nur war er anderer Natur: Roussel war ein Meister der Melodie und des französischen Liedes, des Kontrapunktes und einer oft exotisch gefärbten Harmonik. Auric, zugleich Musikkritiker der »Nouvelles Littéraires«, blieb weder bei Roussel noch bei Satie stehen. Er erkannte die Zeichen der Zeit und hat beider Anregungen für Ballette und Filmmusik zu nutzen vermocht. Nach dem Erfolg des Filmes »Moulin Rouge« ist Auric Frankreichs gesuchtester Filmkomponist.

An Auric gemessen ist Francis Poulenc ein Lyriker. Von Debussy und Ravel ausgehend, hat er die klassizistischen Tendenzen des »Saties-mus« am erfolgreichsten erkannt. Er schrieb Opern: »Les Dialogues des Carmélites« nach Georges Bernanos 1957 und »La voix humaine« nach Jean Cocteau 1959, Bühnen-, Ballett- und Filmmusiken. Seine Liedgruppen, die ihn als Meister der kleinen Form zeigen, gehören in das Jahrzehnt zwischen 1920 und 1930. Unter ihnen zeigt der Zyklus »Le Bestiaire ou le cortège d'Orphée« nach Apollinaire am reinsten den Meister einer elegant-kultivierten Kleinkunst, deren Charme in der Mischung von primitiver Diatonik, aparter Harmonik und sparsamer Bitonalität beruht.

Fast wie eine Übertragung des Six-Stiles in das Russische mutet das Frühwerk Serge Prokofieffs (1891–1953) an. Es zeigte sich, daß Rußlands Musik gewillt war, den gleichen Weg vom Impressionismus über eine neue Freiheit zu einem neuen Klassizismus zu gehen. Im Werk Prokofieffs kam es nur bedingt dazu. Nach bedeutenden Anfängen voll Kraft, Laune und Witz (Oper »Liebe zu den drei Orangen«, »Symphonie classique« op. 25) kehrte Prokofieff 1933 nach längeren Auslandsaufenthalten in Japan, Deutschland und vor allem Paris nach Rußland zurück. Auf die Vorwürfe der russischen Kulturpolitiker, bisher einem »dekadenten westlichen Formalismus« gehuldigt zu haben, antwortete Prokofieff: »Ich werde nach einer klaren musikalischen Sprache suchen, die meinem Volke verständlich und lieb ist.« In dieser Sprache sind Filmmusiken, die Ballette »Romeo

und Julia« und »Aschenbrödel«, die Oper »Krieg und Frieden« (nach Tolstoj) und die 5. Sinfonie entstanden.
In seinem Vortrag über die Wandlungen der russischen Musik (»Poétique musicale«) schreibt Strawinskij über die russische Musik der Gegenwart: »Für die gegenwärtige russische Mentalität gibt es zwei grundlegende Formulierungen zur Erklärung dessen, was Musik ist. Die eine Art von Musik erstrebt einen mehr oder weniger volksgebundenen Stil, die andere einen gehobenen oder hochtrabenden Stil. Kolchosenbauern, von Traktoren und Motoren umgeben (dies ist die übliche Wendung), tanzen in maßvoller Fröhlichkeit (den Forderungen der kommunistischen Würde gemäß) zu den Gesängen eines Volkschors: dies gibt eine genaue Vorstellung von der ersten Art. Die andere, gehobene Art ist weit komplizierter. Da wird es der Musik auferlegt, zur Herausbildung einer menschlichen Persönlichkeit beizutragen, die durchdrungen ist vom Hochgefühl einer großen Epoche.« Diesen Forderungen beugte sich auch Dimitrij Schostakowitsch (geb. 1906), der sicherlich ein bedeutender Sinfoniker ist.
Die Generation, deren Ausgangspunkt jenseits der Romantik liegt, hat Paul Hindemith (geb. 1895 in Hanau) angeführt. Im Schnittpunkt der Tradition des 19. Jahrhunderts und der neuen Freiheit geboren, hat Hindemith zuerst den Weg der Freiheit gewählt, um dann von neuen Ufern aus die schwere Fracht der Tradition nachzuziehen. Nach einem Unterricht am Hochschen Konservatorium in Frankfurt am Main bei Arnold Mendelssohn und Bernhard Sekles, nach einer Konzertmeistertätigkeit am Frankfurter Opernhaus und als Bratschist im Amar-Quartett (1922–1929) hat Hindemith als Komponist nach seinen eigenen Worten »den Übergang aus konservativer Schulung in eine neue Freiheit vielleicht gründlicher erlebt als irgendein anderer. Das Neue mußte durchschritten werden, sollte seine Erforschung gelingen; daß dies weder harmlos noch ungefährlich war, weiß jeder, der an der Eroberung beteiligt war.«
Die konservativen Vorbilder Hindemiths waren Brahms und Reger. Unter ihrem Einfluß stehen die frühen Werke op. 1 bis op. 11 (gedruckt ab op. 8). Die Sonaten für Violine, für Bratsche und für Violoncello op. 11 sind Hindemiths erste der eigenen Kraft sich bewußt werdenden gültigen Werke. Das Quartett op. 16 (1922), beim Musik-

fest in Donaueschingen aufgeführt, wurde sein erster großer Erfolg. Krieg und Nachkriegszeiten hatten viele Bindungen zerstört, auch die der musikalischen Tradition. Wie damals die Jugend mit großartigem Elan aus politischen, sozialen und geistigen Trümmern eine neue Welt baute, so hat Hindemith mit dem gleichen Mut, der auch Übermut sein konnte, der Musik ein neues Haus gebaut. Es war größer, schöner und – freier. In Sturm und Drang entstanden 1921 die damals schockierenden Opern-Einakter »Mörder, Hoffnung der Frauen« (Text von Oskar Kokoschka), »Das Nusch-Nuschi«, ein Spiel für burmanische Marionetten von Franz Blei, und »Sancta Susanna« von August Stramm; die Kammermusik op. 24 Nr. 1 mit Wilm-Wilm-Foxtrott-Finale 1921 und die weniger revolutionäre reizvolle Kammermusik für fünf Bläser op. 24 Nr. 2.

Die Jahreszahlen 1921 im Finale der Kammermusik und mehr noch der Titel einer Suite für Klavier »1922« op. 26 waren Symptom und Gesellschaftskritik zugleich. Die fünf Sätze dieser Suite heißen: Marsch (mit dem Untertitel »5 Hutchinsons, Luft-Akt«), Shimmy, Nachtstück, Boston und Ragtime. Der Jazz, der in Hindemiths Schaffen nur Episode geblieben ist, wird in diesen Stücken auf eine harte Weise demonstriert und persifliert. In der Gebrauchsanweisung, die Hindemith zum Ragtime gibt, heißt es: »Betrachte hier das Klavier als eine interessante Art Schlagzeug und handle dementsprechend.« Auf den vulgären Shimmy aber folgt ein »Nachtstück«. Es wirft die ersten Schatten auf einen neuen Stil Hindemiths, der im »Marienleben« (Texte von Rainer Maria Rilke) an das Licht tritt. Hindemith kennzeichnet ihn im Vorwort der zweiten Fassung des Marienlebens von 1948 selbst: »Der starke Eindruck, den schon die erste Aufführung (1923) auf die Hörer machte, brachte mir zum erstenmal in meinem Musikerdasein die ethischen Notwendigkeiten der Musik und die moralischen Verpflichtungen des Musikers zum Bewußtsein. Hatte ich mit dem ›Marienleben‹ mein Bestes gegeben, so war dieses Beste trotz aller guten Absichten doch nicht gut genug, um ein für allemal als gelungen beiseite gelegt werden zu können. Ich begann, ein Ideal edler und möglichst vollkommener Musik zu erschauen, das ich dereinst zu verwirklichen imstande sein würde.« Mit der Oper »Mathis der Maler« (1934) und der Tanzlegende aus dem Leben des heiligen Franziskus »Nobilissima Visione« (1938) hat Hindemith dieses Ideal erreicht. Im »Mathis«, dessen Textbuch Hindemith selbst schrieb, lehrt er die moralische Verpflichtung des Künstlers, nur seinem Werk und nicht der Politik seines Volkes zu dienen – eine Entscheidung, die Hindemith selbst treffen mußte, als ihn die Machthaber von 1933 vor die Wahl stellten. Das hohe Ethos des Franziskus-Stoffes aber findet seinen Niederschlag in der großartigen Schlußpassacaglia der »Nobilissima Visione«, wenn Franziskus und seine Schar tanzend den Sonnengesang anstimmen.

Zwischen dem Experiment und der Musik als moralischer Verpflichtung liegt die Zeit, in der sich Hindemith dem »verpflichtenden Erbe Johann Sebastian Bachs« (so heißt ein Vortrag und eine Schrift Hindemiths) und damit dem Barockzeitalter zuwandte. Dieses Studium führte zu einer Renaissance des barocken konzertierenden Prinzips und der Praxis der Sing- und Spielmusiken im Schaffen Hindemiths. Er schrieb keine Konzerte, sondern Konzertmusiken oder Kammermusiken mit Soloinstrumenten. Das ist etwas sehr anderes. In ihnen gibt es keinen virtuosen Solistenpart und begleitende Instrumente, das konzertierende Prinzip erfaßt alle Stimmen gleichmäßig. Sie verbinden sich zu gleichwertigem polyphonem Musizieren. Das setzt allerdings eine Virtuosität der polyphonen Schreibweise voraus. Ihre souveräne Beherrschung ist jedoch nicht das einzige, was Hindemith mit Bach verbindet. In Hindemith ist zum letzten Male der alte Kantorengeist, Kantorentüchtigkeit und die Verantwortung dem »Amte« gegenüber – wenn dieses auch nur Komponieren ist – lebendig. Hindemiths Fugen in seinem »Ludus tonalis« sind des wohltemperierten Klaviers III. Band. Die Sing- und Spielmusiken verdanken ihre Existenz zu einem guten Teil der Freude an alten Musizierformen und dem alten deutschen Volkslied. Mit jugendlicher Begeisterung hat Hindemith Sing- und Spielmusiken der Jugend geschenkt: Lieder für Singkreise, Schulwerk für Instrumentalzusammenspiel (1927), Sing- und Spielmusiken für Liebhaber und Musikfreunde, Plöner Musiktag (1932), »Wir bauen eine Stadt«, ein Spiel für Kinder (1930). Viele junge Komponisten und Tausende von jungen Musikanten sind Hindemith gefolgt. Aber das, was eine Bewegung schien, ist wieder verebbt. Das deutsche Volkslied, durch ein Jahrtausend aufgebraucht, hatte nicht

mehr, wie das Volkslied des Ostens und des Nordens, die Kraft gefunden, der Kunstmusik neue Impulse zu geben. In den alten Musik-Kulturländern Italien, Frankreich, Spanien und England war diese Situation überall die gleiche.
Die Freiheiten, die der Expressionismus und Kubismus allen Künsten brachten, haben auch vor dem Theater nicht haltgemacht. Besonders traditionsverhaftet zeigt sich in solchen Augenblicken des Angriffs das Musiktheater, die Oper. Der Angriff kam von verschiedenen Seiten und galt der Überwindung des Musikdramas. Carl Orff (geb. 1895 in München) hat das neue »totale« Theater, ausgehend vom Märchen: »Der Mond«, »Die Kluge«, vom Bayerischen Welttheater: »Die Bernauerin«, vom »Osterspiel«, »Weihnachtsspiel«, von den »Trionfi«, das heißt von den ludi scaenici und concerti scaenici »Carmina Burana«, »Catulli Carmina«, »Trionfo di Afrodite« und durch eine Erneuerung des griechischen kultischen Dramas: »Antigone«, »Oedipus der Tyrann«, zu schaffen versucht. Orff erstrebt die Einheit von Musik, Sprache und Bewegung. Immer sucht er deren Wurzeln freizulegen. Seine Texte, die er selbst schreibt, sind griechisch, lateinisch, mittelhochdeutsch, mittelfranzösisch oder in einem bayrischen Urdialekt verfaßt. Die Musik ist trotz harmonischer Dur- und Moll-Setzweise im Grunde genommen einstimmig. Durch ständige Wiederholung von Tönen, Themen und Rhythmen ergibt sich eine Ostinato-Musik mit den ihr eigentümlichen mitreißenden emotionalen Wirkungen, aber auch mit deren Schwächen einer primitiven Struktur. In seinem weit verbreiteten »Schulwerk« für Kinder hat Orff das Fundament für die von ihm erstrebte Einheit von Musik, Sprache und Bewegung gelegt. Das Schulwerk seiner szenischen Musik hat keine Schule gemacht. Der Orff-Stil, an eine eigenwillige Persönlichkeit gebunden, ist nicht übertragbar.
Ein episches Theater mit heftiger Gesellschaftskritik hat Kurt Weill (geb. 1900 in Dessau, gest. 1950 in New York) zuerst mit dem Dichter Georg Kaiser (»Der Protagonist«, »Der Zar läßt sich fotografieren«) und später mit Bert Brecht verwirklicht. Die »Dreigroschenoper« 1928 nach dem Vorbild von John Gays englischer Bettleroper brachte den Erfolg eines neuen aus Song, Jazz-Rhythmus und sparsam instrumentiertem Orchester gemischten neuen Opern-

stiles. Daß Weill ihn fast mühelos auf das New Yorker Broadwaytheater übertragen konnte, hat seine Richtigkeit und Tragfähigkeit erwiesen.

Daß Jazzmusik im Opernhaus die alten Götter stürzen würde, schien der Erfolg von Ernst Křeneks (geb. 1900 in Wien) Jazzoper »Jonny spielt auf« (1927) glauben zu machen. Aber Orpheus, der Gott des verführerischen Gesanges (Křenek schrieb 1926 eine Orpheus-Oper) lebt noch in der Oper, die ihm seit Monteverdi so viel Liebe entgegengebracht hat. Křenek, neben Hindemith Avantgardist im Kampf gegen die Philister und um die neue Freiheit, hat sich später unter die neuen Ordnungsgesetze gebeugt und bedeutende Werke wie »Karl V.« (1934) und »Pallas Athene weint« (1935) geschaffen.

Neue Ordnungen

Die Ordnung in der Musik ist eine Idee, die durch eine Ordnung des Tonmaterials auf die verschiedenste Weise verwirklicht werden kann. Igor Strawinskij hat folgende Idee von der Ordnung: »Das Phänomen der Musik ist uns zu dem einzigen Zweck gegeben, eine Ordnung zwischen den Dingen herzustellen und hierbei vor allem eine Ordnung zu setzen zwischen dem Menschen und der Zeit. Um realisiert zu werden, erfordert diese Ordnung einzig und allein und mit gebieterischer Notwendigkeit eine Konstruktion. Wenn die Konstruktion vorhanden und die Ordnung erreicht ist, ist alles gesagt. Es wäre vergebens, dann noch etwas anderes zu suchen, etwas anderes zu erwarten. Und eben diese Konstruktion, diese erreichte Ordnung ist es, die uns auf eine ganz besondere Weise bewegt, auf eine Weise, die nichts gemein hat mit unseren üblichen Empfindungen, mit den Reaktionen, die die Eindrücke des täglichen Lebens hervorrufen. Man könnte die Empfindung, die die Musik weckt, am besten umschreiben, wenn man sie jener gleichsetzt, die in uns entsteht, wenn wir das Spiel architektonischer Formen betrachten.«

Strawinskijs Werk ist seit »Pulcinella«, Ballett nach der Musik von Pergolesi (1920), die logische Erörterung dieser Idee der Ordnung. Dennoch lehnt es Strawinskij ab, als Klassizist zu gelten. Aber Concinnitas (Ausgewogenheit aller Teile) ist schon seit dem großen Florentiner Architekten Leon Battista Alberti das Grundgesetz klassischen Denkens in der Architektur. An klassischen Stoffen: »Oedipus Rex«, ein szenisches Oratorium nach Sophokles mit Texten von Jean Cocteau (1927), und durch die Ballette »Apollon Musagète« (1928), »Perséphone« (1934), »Orpheus« (1948) und »Agon« (1957) hat Strawinskij klassische Klarheit demonstriert. Es ist eine Klarheit der Form. »Musikalische Form« ist nach Strawinskij »das Ergebnis der logischen Erörterung des musikalischen Materials«. Strawinskijs Material ist eine diatonische Kleinmotivik, deren Willen zur Statik durch Wiederholungen und Ostinato-Bildungen unterstrichen wird, eine an der Tonalität, besser an tonalen Polen, festhaltende und sich orientierende Harmonik russischer Herkunft, die sich jedoch auch der Polytonalität bedient und rhythmischer Vorgänge, die durch Asymmetrie, Polyrhythmik und Ostinato-Rhythmik zum Ereignis der neuen Musik geworden sind. Aus der logischen Erörterung dieses Materials, das heißt aus dessen ständiger Abwandlung und Verwandlung, ist Strawinskijs Musik entstanden – ein Variationsprinzip, angewendet auf alle Kategorien, um den musikalischen Zusammenhang herzustellen.

Der Wille zum musikalischen Zusammenhang trennt Strawinskij nicht von dem Werk Schönbergs, er führt ihn im Spätwerk, seit dem Septett 1952/53, folgerichtig darauf hin: »Canticum sacrum« (1956), »Threni, id est lamentationes Jeremiae Prophetae« (1958) und »Movements for Piano and Orchestra« (1960). Was Strawinskij und Schönberg trennt, ist der Klang. Schönberg gibt den expressiven Klang der Spätromantik auch in seinen geordnetsten Werken nicht auf, Strawinskij liebt einen aus vielfältigsten Anregungen der europäischen Musik gewonnenen, man könnte sagen, einen kosmopolitischen Klang. Mit größter Freiheit entnimmt ihn Strawinskij der Musik der Tradition. Er findet ihn bei Pergolesi, Carl Maria von Weber, Rossini, Tschaikowskij und Gluck, Mozart, Verdi, Gounod (letzterer in der Oper »The Rake's Progress«). Dazu kommen Bearbeitungen von Werken Johann Sebastian Bachs: Choralvariationen »Vom Himmel hoch« für Chor und Orchester (1956) und Gesualdo da Venosas »Monumentum· pro Gesualdo da Venosa« (Orchesterfassung von Madrigalen 1960). Nicht Snobismus und Sensation treiben Strawinskij zu diesen Parodieverfahren. Im Sinne der alten Meister ist es eine logische Erörte-

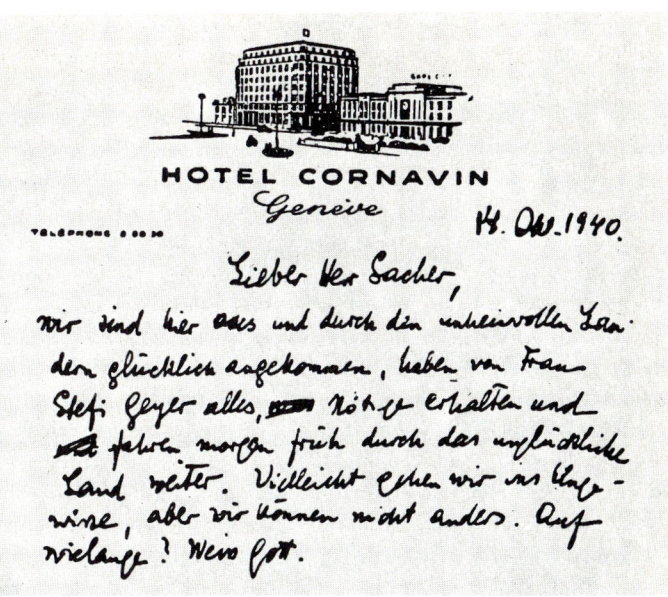

Abschiedsbrief von Béla Bartók an Paul Sacher vor der Abreise nach Amerika in die Emigration im Jahre 1940.

rung eines, wenn auch fremden, Materials, aus dem das eigene sich formt und bildet. »Die wahre Tradition ist nicht Zeuge einer abgeschlossenen Vergangenheit; sie ist eine lebendige Kraft, welche die Gegenwart anregt und belehrt« (Poétique musicale). Vielleicht hat der Maler Pablo Picasso, der Strawinskijs Ballett »Pulcinella« ausgestattet hatte, Anregungen gegeben. Auch Picasso hat Cranach, Rembrandt, El Greco, Goya, Delacroix und Velasquez variiert und will jetzt Wandbilder in der Art Piero della Francescas malen.
Über Bartóks drittes Streichquartett 1927 schreibt der französische Komponist, Dirigent und Schüler Anton Weberns, René Leibowitz: »In der Tat erweist es sich als die erste einer Reihe von Kompositionen, in denen Bartók ein architektonisches Prinzip, das auf der Einheit aller Teile eines Werkes beruht, immer mehr vertiefen wird. Dieses Prinzip, das auf Beethovens letzte Quartette zurückverweist,

war in meisterhafter Weise von neuem zum Durchbruch gekommen in der berühmten Schönbergschen Praxis des ›Durchkomponierens‹, wie es sich in den beiden ersten Streichquartetten und in der Kammersymphonie des Wiener Meisters verkörpert.« Auf diesem architektonischen Prinzip beruhen Bartóks Hauptwerke zwischen 1934 und 1937: das 5. Streichquartett, die Musik für Saiteninstrumente, Celesta und Harfe, die Sonate für zwei Klaviere und Schlagzeug, aber auch die Spätwerke: das Divertimento für Streichorchester (1939), ganz besonders das 6. Streichquartett (1939), das Violinkonzert (1938) und die Sonate für Violine allein (1943). Seitdem Bartók die fünf Sätze des 5. Streichquartetts auf ein Rondoschema bezogen hatte und in der Musik für Saiteninstrumente das erste Thema auch in den übrigen Sätzen wiederauftauchen ließ, ist die Dichte der musikalischen Vorgänge das Meisterzeichen des Elementargeistes Bartók. Nach den elementaren eruptiven Anfängen der Frühwerke liegt über den Werken der Reife die Ausgewogenheit und Ruhe des Geistigen. Zu dem Musiker und Forscher Bartók gesellt sich der Lehrer: 10 leichte Klavierstücke (1908), 85 kleine Stücke für Anfänger (1908/09), 18 kleine leichte Klavierstücke (1913), 9 kleine Klavierstücke (1926), 44 Duos für zwei Violinen (1931) und das letzte Werk für Klavier, »Mikrokosmos« (1926–1937), 153 Klavierstücke in der Schwierigkeit fortschreitend, für Peter, den Sohn des Komponisten. Wie sich darin Kompositionstechnik mit den didaktischen Zielen verbindet, bezeugt eine Meisterschaft des Lehrens, wie sie vor Bartók Couperin, Johann Sebastian Bach und Chopin besessen haben und neben Bartók nur noch Hindemith besitzt. Die Musikgeschichte zeigt, daß es nicht die schlechtesten Kunstzeiten sind, in denen Lehrwerke geschrieben werden. Bartók starb 1945 einen armen Emigrantentod in New York.

Unter eine Ordnungsidee von hoher Schönheit hat Paul Hindemith die zweite Fassung seines »Marienlebens« gestellt. Die Ordnung ist eine dreifache. Die erste legt innerhalb der fünfzehn Gesänge Rilkes die dynamischen und expressiven Höhepunkte fest – ein musikalischer Vorgang, der, im Vorwort des Marienlebens graphisch dargestellt, sich höchst eindrucksvoll an den Höhepunkten des Textes orientiert. Die zweite Ordnung stellt den musikalischen Zusammenhang durch Wiederholung einiger »beziehungsvoller Motive und Melodien« her. Es handelt sich nicht um Leitmotive, sondern um den Versuch, gerade das auszudrücken, was nicht im Text steht, die Motive stellen Verbindungen und Beziehungen zwischen Ereignissen her, ohne daß das Wort davon spricht. Lied 1 und 7 »Geburt Mariä« und »Geburt Christi« sind durch gemeinsames thematisches Material, gleiche Melodielinien und gleiche Intervallordnungen verbunden. »Damit wird dem Hörer gesagt: ist es bei der zweiten Geburt nicht auch wie damals ...? Ist diese Wiederholung der Ereignisse nicht ein Zeichen himmlischer Ordnung, universaler Kontinuität?« fragt Hindemith. Ein drittes Prinzip überstrahlt durch »höchste musikalische Konzentration« die übrigen.

Hindemith setzt die Tonalität als »gedankliche Begriffsgruppe« ein. Er meint, daß er »auf der Basis gegenseitigen Vertrauens den Hörer bitten kann«, einen Ton und die dazugehörige Tonalität mit einem bestimmten Ausdrucksraum zu verbinden. Und wie alle Töne der Hindemithschen Reihe I, über die noch zu sprechen sein wird, einen bestimmten Verwandtschaftsgrad zum Hauptton haben, so sollten auch die übrigen Ausdrucksräume sich je nach ihrer Intensität zum Hauptausdrucksraum in Verbindung mit anderen tonalen Zentren analog den Tonverwandtschaften ordnen lassen. Ist Christus das tonale Zentrum E zugeordnet, so wird Maria, deren »Sein erst durch das Wesen ihres Sohnes Sinn« erhält, durch die Tonalität H (die Quinte) vertreten. Die Unterdominantbeziehung A wird die andere Seite Christi, das Himmlische, Göttliche darstellen usw. bis zur Tonalität des Tritonus B, die »alles bezeichnet, was sich im menschlichen Fühlen zunächst der gläubigen Hinnahme all der wundertätigen Ereignisse widersetzt«. Im »Marienleben« wird Ordnung Ausdruck. Strawinskijs konstruktive Ordnung als Selbstzweck tritt dahinter zurück – aber nicht in klassischere Bezirke. Das »Marienleben« ist in seiner »ausdrückenden Ordnung« dem Parthenon näher als Strawinskijs »Oedipus Rex«.

Derselbe Paul Hindemith hatte vor dem »Marienleben« bereits auf eine andere Weise Ordnung gewonnen: Ordnung durch Neuordnung des Materials. Der Verfasser möchte schon in der sogenannten Motorik, einer Rhythmik, die gleichmäßig und ausdruckslos wie ein Motor abläuft, eine Ordnungsabsicht erkennen. Die Motorik zieht alle vorkommenden musikalischen Ereignisse in ihren Sog, der so stark ist, daß er die Freiheit der übrigen Kategorien erstickt. Vor allem die des Gefühls. Im maschinenmäßigen Ablauf der Musik hat es keinen Raum mehr. Die dadurch erreichte Kühle und Sachlichkeit ist das Ziel einer objektiven Musik. Sie entsprach dem Draufgängertum des jungen Hindemith in hohem Maße. Ein vielzitiertes Beispiel aus der Bratschensonate op. 25, 1 ist die Vortragsbezeichnung »Tonschönheit Nebensache«.

Noch mehr neue Sachlichkeit aber konnte man von der Maschine erwarten, die selbst Musik macht. Das alte Orchestrion, das durch gestanzte Walzen in Betrieb gesetzt wurde, gab das Vorbild. In Walzen oder in Lochstreifen konnte man alle Vorgänge der Musik exakt fixieren. Die Präzision, weil antiromantisch und dem Maschinenzeitalter gemäß, erregte die junge Generation. Auch jetzt noch erwartete man von dem Kunstwerk Ergriffenheit, nur nicht eine Ergriffenheit, die durch Gefühlserpressung erzeugt war (eine Formulierung Cocteaus in »Le Coq et l'Arlequin«). Bereits 1917 hatte Strawinskij eine Etüde für Pianola komponiert. 1921 machte der Inhaber der Klavierfirma Pleyel in Paris Strawinskij den Vorschlag, seine Werke für ihr mechanisches Klavier »Pleyela« zu bearbeiten. Strawinskij sagt dazu: »Zwei Gründe waren es, die mich veranlaßten, diesen Auftrag anzunehmen. Ich wünschte ein für allemal zu verhindern, daß meine Werke falsch interpretiert werden. Schon immer hatte ich nach einem Mittel gesucht, jene gefährliche Freiheit der Auslegung zu begrenzen, die heutzutage so weit verbreitet ist und die es dem Publikum unmöglich macht, die wahren Intentionen des Komponisten kennenzulernen. Diese Mittel glaubte ich in den Walzen des mechanischen Klaviers gefunden zu haben, und das gleiche erhoffte ich einige Zeit später von der Grammophonplatte« (»Lebenserinnerungen«).

Hindemith, der sich nicht scheute, die Technik des Stanzens von Lochstreifen selbst zu erlernen, hat eine große Anzahl von Stücken für mechanische Instrumente op. 40 geschrieben, darunter eine Toccata für mechanisches Klavier und die Musik zu dem »Triadischen Ballett« des Bauhausmalers Oskar Schlemmer für mechanische Orgel (1926/27). Hindemiths Ordnungswille umfaßte aber bald noch größere Räume. Nicht nur an der Oberfläche, sondern in den Tiefen ihres Wesens hat er die Musik nach Ordnungen durchforscht.

1937 erschien seine »Unterweisung im Tonsatz«. In diesem Lehrbuch geht Hindemith von einer Neuaufstellung der Tonleiter aus. Er gewinnt die siebentönige Tonleiter nicht aus Quint-Reihen (Pythagoras) oder Terz-Reihen (mitteltönige Stimmung), sondern er füllt die Oktave mit den zwölf chromatischen Tönen aus, die er aus den Proportionen der Obertonreihe berechnet. Da sich die Hindemithsche Leiter nicht von der bisher gebräuchlichen, die unser Dur- und Mollsystem trägt, unterscheidet, muß man fragen, was daran neu ist. Neu ist das zum ersten Male erkannte und errechnete Verwandtschaftsverhältnis der Töne zum Grundton. Sieben Töne leitet Hindemith aus den ersten sechs Obertönen ab. Weitere vier gewinnt er aus zweiter Hand, indem er einige dieser errechneten Töne wiederum zum Grundton neuer Obertonreihen macht. Den Tritonus aber kann er nur durch Angleichung zweier Töne gewinnen, die ihren Ausgangspunkt in Reihen haben, die vom dritten beziehungsweise fünften Oberton berechnet werden. Auf diese Weise dokumentieren die Töne selbst auf Grund ihrer Herkunft eine bessere oder schlechtere Verwandtschaft zum Grundton. Aus dieser Verwandtschaftsordnung gewinnt Hindemith die Reihe I *(Ntb. 87)*.

Notenbeispiel 87

Eine Reihe II bezieht sich auf den Verwandtschaftsgrad der Intervalle zu ihrer Oktave. Hierbei dienen die Kombinationstöne zur Berechnung. Kombinationstöne sind dritte, bei jedem Intervall auftretende, kaum hörbar mitklingende Töne. Die Kombinationstöne unterscheiden sich dadurch, daß sie in verschiedenen Intervallen den Grundton in tieferen Oktaven oder den oberen Ton verstärken, daß sie das Intervall zum Dreiklang ergänzen oder daß ein intervallfremder Ton Kombinationston ist. Wiederum von links nach rechts, von gut nach schlecht abfallend, ergibt sich die Reihe II *(Ntb. 88)*.

Notenbeispiel 88

629

Die Reihen gehen von den beiden Erscheinungen aus, die als einzige die Natur bietet: Obertonreihe und Kombinationstöne. (Vogelrufe und Geräusche der Natur haben bisher nur bei Beethoven und Olivier Messiaen Musik gemacht.) Was fängt nun Hindemith mit den beiden Reihen an?

Sie geben ihm die Möglichkeit, die Grundtöne der Akkorde zu erkennen. Die Akkordtabellen sagen aus, daß der Grundton durchaus nicht immer unten liegt. Durch seine verschiedene Lage entsteht wiederum eine Wertigkeit der Akkorde, die alle Akkorde, auch die, welche nicht mehr nur aus Terzen oder Quarten aufgebaut sind, in die Ordnung eines »Gefälles« bringt. Auch die Akkorde haben ein besseres oder schlechteres Verhältnis zu ihren tonalen Zentren. Das Gefälle ergibt die harmonische Ordnung aller auf ein tonales Zentrum bezogenen Zusammenklänge. Hindemiths Musik ist daher seit diesen Erkenntnissen stets tonal, d. h. nicht kadenz-, aber grundtonbezogen. Im zweiten Teil der Unterweisung »Zweistimmiger Satz« 1939 hat Hindemith die neuen Erkenntnisse des ersten Teiles auf den kontrapunktischen Satz übertragen. Als Übungsaufgaben benutzt er alte deutsche Volkslieder.

Die folgenden Werke Hindemiths stehen im Zeichen seiner theoretischen Erfahrungen. Es ist die Zeit der Sonaten. Hindemith hat außer drei Sonaten für Klavier Sonaten für jedes Orchesterinstrument, von der Violine bis zur Posaune und Harfe, zwischen 1936 und 1941 geschrieben. Dazu kommen ein Konzert für Violine und eines für Violoncello. Die Sinfonie in Es für großes Orchester (1940) ist das letzte Werk, das auf europäischem Boden entstand. Von den Machthabern des Dritten Reiches boykottiert und vertrieben, ging Hindemith 1934 in die Emigration, zuerst nach Ankara, um im Auftrag der türkischen Regierung das Musikleben dort zu organisieren. Später lebte er im Kanton Wallis in der Schweiz. 1940 siedelte er nach Amerika über, um an der Yale-University in New Haven zu lehren. 1951–1957 folgte er einem Ruf an die Universität Zürich.

Hindemiths Streben, »die geheime Ordnung der Töne« zu erkennen, hat auch vor der »Harmonie der Welt« nicht haltgemacht. Dies ist der Titel einer Oper (1951) um Johannes Kepler und einer aus Teilen der Oper entlehnten Sinfonie mit der Satzfolge: Musica

instrumentalis – Musica humana – Musica mundana. Die Ordnungsbegriffe der mittelalterlichen Theoretiker bekommen einen neuen Sinn. Wie »Mathis der Maler« ist auch die »Harmonie der Welt« eine Bekenntnisoper. Der Lehrer des »Lehrstückes« mit Bert Brecht, das 1929 beim Kammermusikfest in Baden-Baden einen ungeheuren Skandal hervorrief, ist zum Künder des hohen Ethos der Musik geworden. »All die ethische Kraft, die in der Musik verborgen ist, soll er (der Künstler) frei machen, an die Reinheit seiner Kunst soll er glauben ... Die Musik soll ihm zu seiner eigenen moralischen Veredelung helfen, und er muß versuchen, in denen, die an seiner Musik teilnehmen, ähnliches Bestreben wachzurufen.« Nichts erscheint dazu geeigneter als die späten Motetten für Singstimme und Klavier auf lateinische Bibeltexte der Vulgata. In der Sparsamkeit des dreistimmigen Satzes zeigen sie höchste Meisterschaft, in ihrem Ethos den großen Menschen Paul Hindemith.
Zu einem Grundbegriff ordnenden Gestaltens, ja zu einem epochalen Ordnungssystem ist Arnold Schönbergs Methode des Komponierens mit zwölf nur aufeinander bezogenen Tönen geworden. Schon viel früher hatte man den Komplex der zwölf chromatischen Töne zu einem Baufaktor der Musik gemacht. In den Werken der italienischen Madrigalisten und bei Heinrich Schütz – es sind bezeichnenderweise die Meister einer hochexpressiven Musik – stehen Akkorde, die nacheinander alle zwölf chromatischen Töne ohne Wiederholung eines einzelnen Tones enthalten. Als Andreas Werckmeister um 1700 die Oktav in zwölf Töne aufteilte und jedem Ton eine akustisch gleiche Größe gab, hatte er nicht nur die temperierte Stimmung geschaffen, sondern auch auf die Gleichwertigkeit der zwölf Töne nachdrücklich hingewiesen. Die Geschichte der temperierten Stimmung in der Musik ist die Geschichte der ständig wachsenden Ansprüche der zwölf chromatischen Töne. So ist es fast selbstverständlich, wenn auch schon vor Schönberg bei Mozart (Komturszene des »Don Giovanni«), bei Reger, Richard Strauss (Fugenthema »Von der Wissenschaft« aus »Zarathustra«), in Alban Bergs »Wozzek« (Passacaglia der »Studierstube des Doktors«) sechs- oder zehn- bis zwölftönige melodische Strukturen auftauchen. Ebenso folgerichtig ist es, wenn man sich in der Sterbestunde der Tonalität auf den Baufaktor der chromatischen zwölf Töne besann,

der so wesentlich zur Überwindung der Tonalität beigetragen hatte. Eigentlich geschah nichts anderes, als daß man an die Stelle einer alten Ordnung eine neue stellte. Die Ordnung der Klassik berief sich für alle Kategorien auf die Harmonik. Jetzt ist es die Melodik, die ein neues Ordnungssystem aufgestellt hat. In einer solchen Zeit ist es fast unwesentlich, wer zuerst nach dem neuen Gesetz griff, ob Matthias Hauer, Edgar Varèse oder der Russe Jefim Golyscheff. Als Arnold Schönberg das Gesetz erkannt hatte, schuf er bedeutende Werke. Einzig und allein gilt ihm daher der Ruhm, der Schöpfer der neuen Ordnung gewesen zu sein. Schon 1911 hatte er in der »Harmonielehre« in dem Kapitel über Quartenakkorde und ästhetische Bewertung sechs- und mehrtöniger Klänge festgestellt: »Für die Folge solcher Akkorde scheint die chromatische Skala verantwortlich gemacht werden zu können. Die Akkorde stehen meist in dem Verhältnis, daß der zweite möglichst viel solcher Töne enthält, die chromatische Erhöhung der im vorhergehenden Akkord vorkommenden sind. Aber sie kommen selten in derselben Stimme vor. Dann habe ich bemerkt, daß Tonverdoppelungen, Oktaven selten vorkommen. Das erklärt sich vielleicht daraus, daß der verdoppelte Ton ein Übergewicht über die anderen bekäme und dadurch zu einer Art Grundton würde, was er wohl kaum sein soll.« 1922, bei einem Sommeraufenthalt in Traunkirchen, konnte Schönberg zu seinem Schüler Josef Rufer sagen: »Ich habe eine Entdeckung gemacht, durch welche die Vorherrschaft der deutschen Musik für die nächsten hundert Jahre gesichert ist.«

Das Gesetz der Zwölftonreihe heißt:

1. Kein Ton darf wiederholt werden, bevor nicht die übrigen elf erklungen sind.
Kommentar: würde ein Ton wiederholt (ausgenommen unmittelbare rhythmische Tonwiederholungen), so entstünde ein Übergewicht eines Tones über die anderen, mit anderen Worten, eine Grundtonbezogenheit der Reihe. Gerade aber diese soll vermieden werden. Aus dem gleichen Grunde ist auch die Oktave verpönt.

2. Man kann einen Hut von vorn, von hinten, von oben oder unten betrachten, es bleibt doch ein Hut (Schönbergs Formulierung).

Kommentar: Auch die Grundgestalt der Reihe hat verschiedene Ansichten: a) die Umkehrung: Intervalle, die nach oben gehen, kehren sich nach unten um und umgekehrt, b) der Krebs: die Reihe läuft rückwärts von hinten nach vorn ab, c) der Krebs der Umkehrung: beide Manieren verbinden sich.

Schönberg hat die Grundgestalt und ihre drei Erscheinungsformen, die bereits den Meistern der Hochpolyphonie des 15. und 16. Jahrhunderts bekannt waren, Modi genannt. Da eine Reihe in ihrer vierfachen Form von jedem Ton der chromatischen Leiter ausgehen, also transponiert werden kann, ergeben sich 48 verschiedene Gestalten der Reihe. Da weiter die Töne nicht an ihre ursprüngliche Oktavlage gebunden sind, z. B. eine Sekunde auch Septime oder None werden kann, ergeben sich für die Melodiebildung reichste Variationsmöglichkeiten. Das Gesetz der Ordnung ist jedoch damit noch nicht vollständig. Die Reihe bestimmt nicht nur die Horizontale der Musik, d. h. die melodischen Vorgänge, sie bildet auch die Vertikale, die Akkorde. Schon in seiner »Harmonielehre« erwähnt Schönberg sieben- bis zwölfstimmige Akkorde aus verschiedenen Tönen, die Webern, Berg, Bartók, Schreker, Debussy, Dukas und vielleicht auch Puccini geschrieben haben. Einen eigenen elfstimmigen Akkord aus der »Erwartung« analysiert Schönberg selbst, indem er die Dissonanzen als entfernter liegende Obertöne erklärt. Im Zwölftonsystem ist es gleichgültig, aus wieviel Tönen die Akkörde bestehen, aus 2mal 6 oder 3mal 4 oder 4mal 3 und so weiter, immer folgt der Aufbau dem Gesetz der Reihe, deren Töne selbstverständlich nicht zufällig aufeinander folgen. Eine Reihe ist – wie jedes Fugenthema – das Resultat von Intuition und eigenem Nachdenken. Grundsätzlich sei vermerkt: Hinter der Methode des Komponierens mit zwölf nur aufeinander bezogenen Tönen steht keine Weltanschauung des Destruktiven. Die Methode bezeichnet lediglich eine Kompositionstechnik, die die gleiche Gültigkeit und Berechtigung hat wie z. B. die der Notre-Dame-Schule, der frankoflämischen Meister, Palestrinas, der Monodie, der kontrapunktischen und klassischen Musik auch.

In einem Brief an Nicolas Slonimsky von 1937 zählt Schönberg selbst die Werke auf, in denen die Reihe zum ersten Male Gestalt wurde: »Der erste Schritt geschah ungefähr Dezember 1914 oder Anfang 1915, als ich eine Symphonie skizzierte, deren letzter Teil später die ›Jakobsleiter‹ wurde, die aber nie vollendet worden ist. Das Scherzo dieser Symphonie war auf ein Thema gebaut, das aus den zwölf Tönen bestand... Als ein Beispiel solcher Versuche könnte ich die Klavierstücke op. 23 erwähnen... Im Gegensatz zu der üblichen Art, ein Motiv zu benutzen, verwendete ich es schon fast in der Art einer ›Grundreihe von zwölf Tönen‹. Ich baute andere Motive und Themen daraus und auch Begleitfiguren und andere Akkorde – aber das Thema bestand nicht aus zwölf Tönen... Ein weiteres Beispiel dieser Art von Streben nach Einheit ist meine ›Serenade‹. In diesem Werk können Sie viele Beispiele dieser Art finden. Aber das Beste sind die Variationen, der 3. Satz. Das Thema besteht aus einer Folge von 14 Tönen, aber nur 11 verschiedenen, und diese 14 werden beständig während des ganzen Satzes gebraucht... Der vierte Satz, ›Sonett‹, ist eine wirkliche Komposition mit 12 Noten. Die Technik ist hier verhältnismäßig primitiv, weil es eines der ersten Werke war, die in strenger Übereinstimmung mit dieser Methode geschrieben wurden, wenn auch nicht das allererste – das waren einige Sätze der Klaviersuite, die ich im Herbst 1921 komponierte. Hier wurde ich mir plötzlich der wirklichen Bedeutung meines Ziels bewußt: Einheit und Regelmäßigkeit, die mich unbewußt auf diesen Weg geführt hatten...« In dem »Walzer«, dem fünften Stück der Klavierstücke op. 23, verwendet Schönberg zum ersten Male in ständiger Wiederholung eine vollständige Zwölftonreihe. Eine einzige Zwölftonreihe: e-f-g-des-ges-es-as-d-h-c-a-b für alle sechs Sätze liegt der Klaviersuite op. 25 zugrunde. In dem Bläserquintett op. 26 (1924) aber ist bereits der erste Ausgleich zwischen der neuen Technik und Schönbergscher Expressivität gefunden. Das fast einstündige Quintett in klassischer Sonatenform, eines der wichtigsten Werke des Jahrhunderts, bildet, geschichtlich gesehen, die Wasserscheide zwischen der Romantik und der neuen musikalischen Ordnung. Mit 50 Jahren verläßt Schönberg Wien, um einem Ruf an die Berliner Akademie zu folgen. Das dritte Streichquartett op. 30, die Orchestervariationen op. 31, Begleitmusik zu einer Lichtspielszene op. 34 und die Anfänge der Oper »Moses und Aaron« sind neben umfangreicher Lehrtätigkeit die Frucht dieser Jahre. Neue, in der Ord-

nung gewonnene Freiheiten sind für diese Werke charakteristisch.
1933 wurde Schönberg aus seiner unkündbaren Stellung entlassen. Er
ging zuerst nach Frankreich, um dort – als Jude katholisch erzogen –
wieder den Glauben seiner Väter anzunehmen. Noch im Herbst des
gleichen Jahres siedelte er nach Amerika (Boston – New York)
über. Seit 1934 war er Musikprofessor an der Staatsuniversität von
Kalifornien in Los Angeles. Dort starb er 1951.
Das Spätwerk Schönbergs überragen die Gesänge wider die Tyrannei: »Ode an Napoleon« nach einem Text von Lord Byron op. 41
und »Ein Überlebender von Warschau« op. 46. Als Text liegt ein
Brief zugrunde, den ein den Verfolgungen Entgangener aus Warschau geschmuggelt hatte. Beide Werke sind für Sprechstimme und
Instrumente geschrieben. Wie im »Pierrot lunaire« ergibt sich daraus ein neuer Klang, der dramatisch und aggressiv zugleich ist.
Das herrliche Streichtrio op. 45 schrieb Schönberg 1946. Ergreifend
ist, daß alle Großwerke Schönbergs Fragment geblieben sind: das
Oratorium »Die Jakobsleiter« hatte Schönberg zwischen 1917 und
1922 beschäftigt. Es wurde zum ersten Male, von Wilfried Zillich
bearbeitet, 1961 beim Wiener Musikfest der Internationalen Gesellschaft für neue Musik aufgeführt. Von der Oper »Moses und Aaron«,
zwischen 1930 und 1932 entstanden, wurden nur der erste und der
zweite Akt vollendet. Die ersten Aufführungen fanden konzertant
in Darmstadt (nur der »Tanz um das Goldene Kalb«), in Hamburg
1954 und szenisch 1957 in Zürich statt.
Die »Modernen Psalmen«, an denen Schönberg bis zu seiner letzten
Stunde gearbeitet hat, blieben bis auf den ersten unkomponiert. Die
Psalmentexte schrieb Schönberg selbst. Sie sind das Evangelium seiner Welt- und Kunstanschauungen und gipfeln im Gebet: »O du
mein Gott, deine Gnade hat uns das Gebet gelassen, als eine Verbindung, eine beseligende Verbindung mit Dir. Als eine Seligkeit,
die uns mehr gibt, als jede Erfüllung.« So heißen die letzten Zeilen
des ersten der »Modernen Psalmen«. Die unvollendete Komposition
endet mit den Worten: »Und trotzdem bete ich.« Schönberg war
kein Esoteriker, kein Modernist, kein Verrückter – er war der »große
Konservative«. So hat ihn einer seiner Schüler genannt.
Auch ein theoretisches Werk Schönbergs blieb Fragment: »Der
musikalische Gedanke und die Logik, Technik und Kunst seiner Dar-

stellung« (1934–1936). Wenn eines Tages keine Note Schönbergs mehr erklingen würde – eines würde bleiben: Schönbergs Lehre vom logischen musikalischen Zusammenhang. Sie ist sein Vermächtnis »für die nächsten hundert Jahre«.
Alban Berg übernahm das Schönbergsche Ordnungssystem in dreien seiner Hauptwerke: »Lyrische Suite«, Oper »Lulu« und im Violinkonzert. Schon früher hatte er sich um formale Beziehungen und Dichte der Teile in seinem Kammerkonzert für Violine, Klavier und dreizehn Bläser (1925) bemüht, das er Arnold Schönberg zum 50. Geburtstag widmete. In dem Begleitbrief heißt es: »In einem musikalischen Motto, das dem 1. Satz vorangesetzt ist, sind die Buchstaben Deines, Anton Weberns und meines Namens, soweit dies in Notenschrift möglich ist, in drei Themen (bzw. Motiven) festgehalten, denen eine bedeutende Rolle in der melodischen Entwicklung dieser Musik zugefallen ist.« Zu einer noch engeren Bindung führt das Violinkonzert (1935). Der Auftrag war von außen, von dem amerikanischen Geiger Krasner gekommen. Aber noch ehe die Arbeit begonnen hatte, starb Manon Gropius, Tochter der Witwe Mahlers aus deren zweiter Ehe mit dem Bauhausarchitekten Gropius. Der Tod dieses achtzehnjährigen Mädchens bewegte Berg tief. Jetzt widmete er das Violinkonzert »Dem Andenken eines Engels«. Er ahnte nicht, daß dieses Werk auch gleichzeitig zu seinem eigenen Requiem werden sollte. Berg starb vier Monate nach der Vollendung am Weihnachtsabend 1935. Der letzte Teil des 2. Satzes, ein Adagio, schildert den Todeskampf durch eine großartige Kadenz. Am Schluß verbindet sich der Bachsche Satz des Sterbechorals »Es ist genug« mit der dem Werke zugrunde liegenden Zwölftonreihe. Schon in der »Lyrischen Suite« für Streichquartett 1925/26 hatte Berg ein Tristan-Zitat seiner Zwölftonreihe koordiniert. Man erkennt daraus, daß das Komponieren mit zwölf Tönen kein starres Prinzip ist, sondern der Freiheit weiten Raum gibt. Am bedeutendsten zeigt die Oper »Lulu« (nach einem Drama von Frank Wedekind) Kraft und Freiheit der Reihe. Die Musik baut sich auf einer einzigen Zwölftonreihe auf. Beendet wurden nur die ersten beiden Akte, das erste Viertel des dritten Aktes, dessen ergreifendes Schlußadagio und ein Orchesterzwischenspiel. Kreatürliches Leben, Leiden und Tod ist der Inhalt des »Wozzeck« und der »Lulu«. Aus der Liebe

zur Kreatur schrieb Berg die menschlichste Musik, die je geschrieben wurde.

Hans Erich Apostel (geb. 1901), der durch seine Orchesterwerke, Kammermusiken und Lieder die Wiener expressionistische Schule am reinsten in die Gegenwart hinübergeleitet hat, revidierte beide Opern seines ehemaligen Lehrers und Freundes Alban Berg nach den hinterlassenen endgültigen Korrekturen des Komponisten im Auftrag der Universal-Edition Wien. Einem solchen Restaurator aus Liebe und Wissen gebührt der Dank der Musikgeschichte.

Anton Weberns erstes Werk, das sich einer Zwölftonreihe bedient, sind die »Drei Volkstexte für Sopran, Geige, Klarinette und Baßklarinette op. 17«. Zu dem aus dem Ausdruck geborenen Klang tritt jetzt der Wille zu einer neuen Faßlichkeit. Beide Begriffe hat Webern selbst formuliert und erläutert. Dem Klang und der Klangfarbe hatte Webern schon in seiner Dissertation über Heinrich Isaaks »Choralis Constantinus« nachgespürt: »Bewundernswürdig ist, wie verschiedenartige klangliche Wirkungen Heinrich Isaak mit den ihm zu Gebote stehenden Mitteln erzielt... dazu tritt noch die feinste Beobachtung der Klangfarben der verschiedensten Register bei den menschlichen Stimmen hinzu. Diese bildet mit eine Ursache der oft so gänzlichen Verschränkung der Stimmen und ihrer sprunghaften Führung.« 1912 stellte Webern in einem Aufsatz über Schönberg fest, daß Schönbergs »neue Klangmittel aus dem Ausdruck der Musik« geboren seien. Webern hätte seine eigene Musik nicht besser definieren können. Strawinskij hat recht, wenn er meint, daß die Lieder von op. 12 bis op. 19 zum Wertvollsten gehören, was Webern jemals geschrieben hat. Die Sprache gibt der Musik einen differenzierteren Klang als die Instrumente, da sich in wortgebundener Musik Sprache und Ton, zwei sehr verschiedene Klänge, die zugleich zwei verschiedenen Ausdrucksbezirken angehören, überlagern und schließlich verbinden.

Zur Faßlichkeit gehört nach Weberns eigenen Worten der Zusammenhang, da er die Faßlichkeit erhöht. Auch für den Zusammenhang glaubte Webern die Vorbilder in der Sprache gefunden zu haben. Bei Shakespeare hatte er Zusammenhänge in vielen Anlauten und Gleichlauten festgestellt, vor allem aber in einem alten lateinischen Spruch:

S A T O R
A R E P O
T E N E T
O P E R A
R O T A S

den man horizontal, vorwärts und rückwärts, aber auch vertikal herunter und hinauf lesen kann. Er bleibt immer derselbe. An ihm erkannte Webern die Richtigkeit von Umkehrung, Krebs und Krebsumkehrung und die Richtigkeit seiner Reihen, die »an sich schon sehr weitgehende Beziehungen der zwölf Töne unter sich aufweisen«. Auf die selbstgestellte Frage aber, »wie ist Freiheit der Erfindung möglich, wenn die Gebundenheit an die Tonfolge der der Komposition zugrunde gelegten Reihe gewahrt werden muß?« antwortet Webern in seinen Vorträgen »Der Weg zur neuen Musik«: »Könnte man nicht in bezug auf die Siebentonreihe die gleiche Frage stellen? – zugrunde liegen hier zwölf, dort sieben Töne; die Bindung an die Reihe ist wohl eine besonders strenge Bindung, aber solche Bindungen hat es immer gegeben: in den strengen polyphonen Formen wie Kanon und Fuge, die an das gewählte Thema gebunden sind. – Die ›Kunst der Fuge‹ von J. S. Bach hat ein einziges Thema zur Grundlage. – Was konnte das Werk anders sein als die Antwort auf die Frage: Was kann ich mit diesen wenigen Tönen machen? – Es ist immer etwas anderes und zugleich immer dasselbe. Bach wollte zeigen, was alles aus einem einzigen Gedanken geholt werden kann. – In der Praxis ist die Zwölftonmusik im einzelnen etwas anderes, aber allgemein liegt ihr dieselbe Denkungsart zugrunde. Dem Sinne nach ist die ›Kunst der Fuge‹ das gleiche wie das, was wir in der Zwölftonkomposition schreiben.«
In einem Brief an Hildegard Jone schreibt er über die Kantate op. 31: »Aber vor allem möchte ich Dir, liebe Hildegard, sagen, was ich in Zusammenhang mit der Komposition von Deiner Dichtung so Schönes entdeckt habe: daß nämlich mit Ausnahme des letzten (4.) Satzes ... jeder der drei vorhergehenden die gleiche Silbenzahl enthält (16)! So daß ich also in meinen Tonreihen bei ›Farben‹, ›Farbenschimmer‹, ›Farbige‹ ... jedesmal zur selben Stelle gekommen bin!! Nun denke: was für eine Entsprechung auch im Musikali-

schen!!« Klang und Faßlichkeit! Mehr hat Webern kaum gewollt. Gewiß hat er die Fäden des Zusammenhanges in den späteren Werken enger und enger gezogen: Mit der Sinfonie op. 21 setzt die Epoche einer neuen Verflechtung der Struktur ein. Das Variationsthema des zweiten Satzes besteht aus einer Zwölftonreihe, deren zweiter Teil krebsgängig die Intervalle des ersten Teiles aufweist. Noch bedeutsamer erscheint ein neues, zum ersten Male in der Musik angewandtes Verfahren: Webern bindet die Tondauern, die Zeitwerte an die Intervalle. Die Beziehung Intervall und Tondauer ändert sich jeweils nach einer Gruppe, das heißt einer übergeordneten Zusammenfassung von Tönen. In dem Konzert für 9 Instrumente op. 24, 1. Satz, gibt es Gruppen mit gleichen Intervallen, aber verschiedenen Tondauern. Im zweiten Satz der Klaviervariationen op. 27 bilden sich Gruppen mit verschiedenen Intervallen und gleichen Tondauern. Noch weiter geht der dritte Satz der Klaviervariationen, der bestimmte Tondauern, zum Beispiel Viertelnoten, an bestimmte Intervalle, z. B. an die kleine Sekunde bindet usw. Weberns Gedanken kreisen jetzt um das Intervall als den kleinsten Baustein. In dem ersten Satz des Streichquartettes op. 28 wird es Gestalt. Die zugrunde liegende Reihe gliedert sich in drei viertönige Motive, wobei das erste und das dritte die Intervalle von B-A-C-H enthalten, während das mittlere Motiv eine Umkehrung davon ist. Aber noch mehr: der Krebs der Reihe ist in den Intervallen gleich der Umkehrung der Reihe, und die beiden Hälften der Reihe verhalten sich zueinander wie Grundgestalt und Krebsumkehrung. Die Reihe heißt: g-fis-a-gis / c-des-b-h / es-d-f-e. Daraus entnehmen die vier Instrumente bestimmte Intervalle, die sie ständig rhythmisch oder durch Veränderungen des Steigens oder Fallens abwandeln. Die ersten 16 Takte des Streichquartetts sind eine wahre Mustervorlage dieser Technik der kleinsten fortwährend wechselnden Gestalt. Ursache und Wirkung der kleinsten musikalischen Gestalt nachzuspüren war Weberns Auftrag und ganz allein sein geistiges Eigentum. Es war tief begründet in seinem Drang, die Zusammenhänge aller natürlichen Vorgänge zu ergründen. Goethes Idee von der Urpflanze hat ihn tief erregt. Er selbst lief mit einem Botanik-Buch im Arm das Gebirge ab, um Pflanzen zu bestimmen (Brief an Alban Berg). Das Natürlich-Faßliche und das Übernatürliche, Klangliche (weil aus dem Ausdruck geboren) hat dieser Mystiker durch seine Musik zu künden versucht. Alles, was er dachte, bezieht sich jedoch nur auf seine Musik und war nur in ihr möglich.

Webern war Forscher und Lehrer von Haus aus. Nach Kapellmeisterjahren als Dirigent des Wiener Schubertbundes, Chormeister des Mödlinger Männergesangvereins, Leiter der Wiener Arbeiter-Sinfoniekonzerte und Chormeister des Wiener Arbeiter-Singvereins wurde er Mitarbeiter und später Vortragsmeister des von Schönberg 1918 gegründeten »Vereines für musikalische Privataufführungen«. Durch die Beschränkung auf Mitglieder war ein Gegengewicht zu dem üblichen Konzertbetrieb geschaffen worden. Einen viel größeren Gegensatz aber bildete die Musik selbst: neue, für einen kleinen Kreis geschriebene Musik gegenüber der Flut der romantischen Konzertsaalmusik. Die esoterische Haltung Schönbergs und seines Kreises ist oft verkannt und verlacht worden. Neue Kunst hat sich jedoch zu keiner Zeit an die vielen gewandt. Ab 1933/34 war Webern – seit 1930 Lektor und fachlicher Berater für neue Musik am österreichischen Rundfunk – nur noch als Privatlehrer tätig. In der Mödlinger Zurückgezogenheit schuf er die letzten Werke: die Variationen für Orchester op. 30, die beiden Kantaten für Soli, Chor und Orchester op. 29 und op. 31. Webern starb am Abend des 13. September 1945 in Mittersill (Salzburg), wohin er sich vor den Kriegsereignissen in Sicherheit bringen wollte, durch die Kugel eines Besatzungssoldaten.

Was Webern selbst nie geglaubt hätte: Sein Werk hat Schule gemacht. Er wurde zum Lehrmeister der jungen Generation durch die Kraft seiner Musik und seiner Persönlichkeit, nicht durch Lehren, die man später in seinem Werk zu finden glaubte. Der Vorgang ist einmalig in der Musikgeschichte. Die Schüler fanden in seinem Werk das, was sie finden wollten, um das eigene Tun zu rechtfertigen. Zwischen den Fäden des Zusammenhanges, die Webern gezogen hatte, gab es noch weiten Spielraum. Die Töne waren zwar in ihrer Tonhöhe in der Horizontalen und Vertikalen durch die Reihe erfaßt worden, aber Tondauer, Dynamik und Klangfarben standen in Schönbergs Theorie im freien Ermessen des Komponisten. Eine Ordnung auch dieser Parameter, wie man sie jetzt nennt, mußte das Gewebe schließen. Das völlig durchorganisierte Material wird zur großen Faszination für die junge Generation. Man schelte sie deswegen nicht – aber Webern kannte kein völlig durchorganisiertes Tonmaterial, trotz aller mathematischen Analysen, denen man nur die schlichten Aussagen Weberns in seinen Vorträgen »Wege zur neuen Musik« gegenüberzustellen braucht, um sie zu widerlegen. Eines aber ehrt diese junge Generation in ihrem Tun: die hohe Verehrung für den Meister. Strawinskij, der sich als Siebzigjähriger – ein Zeichen großartiger menschlicher und künstlerischer Haltung – zu dieser Generation gesellt, spricht es aus: »Ein Gerechter vor dem Antlitz der Musik, das ist Webern für mich, und ich zögere nicht, mich in den gnadenvollen Schutz der Muse seiner noch nicht heiliggesprochenen Kunst zu bergen.«

Man hat das Komponieren mit durchorganisiertem Material die serielle Arbeitsweise genannt. Der Komponist – es sei wiederholt – stellt Reihen auf nicht nur für die Tonhöhe, sondern auch für Tondauern, Dynamik und Klangfarben, er komponiert jetzt erst richtig, das heißt, er setzt das Material nach einem vorgefaßten Plan zusammen. Die Ordnung, einmal erörtert, bildet sich gleichsam von selbst. Sie breitet sich bis in den letzten Winkel der Komposition aus. Es gibt keinen Vorgang, den sie nicht erfaßt. Trotzdem ist das Kunstwerk nicht nur Ordnung. Auch der griechische dorische Tempel war durchorganisiert durch Maß und Zahl, vom Fugenschnitt der Steinplatten vor seinen Stufen bis hinauf in den Architrav, jeder Teil war von dem andern abhängig durch Verhältnis und Proportion. Auch die Ars nova der Notre-Dame-Musik verwendete ein durch Modal- oder Iso-Rhythmik völlig durchorganisiertes Material, und die franko-flämischen Meister ordneten ihre Musik kontrapunktisch vorgefaßten Plänen unter, in gleicher Weise wie das Programm der Portalplastik an französischen Kathedralen einer vorgefaßten scholastischen Idee folgt. Nichts anderes geschieht jetzt.

Das Gesetz der seriellen Ordnung hat Olivier Messiaen, geboren 1908, durch ein Modellwerk »Modes de valeurs et d'intensité« aufgestellt. Das Stück verwendet »Modes« für Tonhöhen, Tondauern, Dynamik und Anschlagswerte. Die Ordnung wird hergestellt durch drei zwölftönige »modes« verschiedener Höhenlage, die aber keine »Reihen« sind. Ihre rhythmischen Verhältnisse entsprechen sich wie 1 : 2 : 4. Dazu kommt, daß jeder Ton mit dem gleichen rhythmischen Wert auftritt. Messiaen ist dabei nicht stehengeblieben. Er hat sich eine eigene Melodie- und Harmonielehre und eine eigene Rhythmuslehre geschaffen. Für seine Leiterbildungen (Modi) benutzt er das chromatische Tonmaterial. Er bildet sechs Tonleitern, die sich aus der Einteilung der Oktave in gleiche Gruppen von zwei bis sechs Tönen ergeben, wobei die letzte Note jeder Gruppe immer mit der ersten der nächsten zusammenfällt *(Ntb. 89)*. Die

Notenbeispiel 89

Modi haben größere oder begrenzte Transpositionsmöglichkeiten. Den ersten Modus, die Ganztonleiter, gebraucht Messiaen nicht. Die Modi werden auch harmonisiert und geben auf ihre Weise der Harmonik reiche Möglichkeiten.

Noch wichtiger für das Verständnis der Musik Messiaens ist seine Rhythmuslehre, die er in einem Lehrwerk »Technique de mon langage musical« 1944 niedergelegt hat. Von der isorhythmischen Motette und kontrapunktischen Erscheinungen, wie Vergrößerung, Verkleinerung und Krebs, ausgehend, gewinnt er durch deren Verbindung mit den Rhythmuslehren Indiens und anderer ostasiatischer Musikkulturen eine höchst differenzierte Rhythmuslehre, die bis zu 64 »chromatische« Zeitdauern bereitstellte. Ihnen übergeordnet ist Messiaens »Philosophie der Zeitwerte«. Sein rhythmisches Weltbild kennt übereinandergeschichtet die ungeheuer langen Zeiten der Sterne, die langen der Berge, die mittleren der Menschen, die kurzen der Insekten, die ganz kurzen der Atome. Scholastik des Denkens und Mystik des Glaubens verbinden sich in Messiaens Musik zu einem Ausdruck mittelalterlicher Frömmigkeit, die aber auch die Natur, das Studium der Natur (»Ich studierte die Rhythmik und die Bewegungen der Sterne, Atome und des menschlichen Körpers«) und die Sinnenfreude des Lebens einbezieht. Fremd in diesem Weltbild ist der Einbruch exotischen, fernöstlichen Denkens. Gesteht man aber dem Werk und der Persönlichkeit Messiaens eine ungewöhnliche Spannweite zu, so ist seine Musik dennoch einheitlich.

»Chants de Terre et de Ciel« heißt bezeichnenderweise ein Liederzyklus. Himmel und Erde hat er mit seinem Werk zu umspannen versucht. Wie Liszt, mit dem Messiaen viel gemeinsam hat (seine Freude an der Virtuosität und am virtuosen Spiel), ist Messiaen Mystiker, Priester und Weltmann zugleich.

Zum Verständnis Olivier Messiaens sind die Vorworte zu einzelnen Werken wichtig. Das Vorwort zum »Quator pour la fin du temps« (1941 in deutscher Kriegsgefangenschaft entstanden) enthält die »kleine Theorie meiner rhythmischen Sprache«. »Livre d'orgue« 1951 wurde »geschrieben auf den Wiesen, in den Gärten und Wäldern Frankreichs, wo der Verfasser die Weisen der Vögel aufzeichnete«, nicht um sie als Tonmalereien zu verwenden, sondern um die Vögel »rationalistisch zu beobachten, um die fremdartigen und geheimnisvoll wissenden Töne der gefiederten Sänger des Himmels wiederzufinden«. Andere Titel seiner Werke sprechen ihre Absichten programmatisch aus: »Visions de l'Amen« für zwei Klaviere, »Vingt regards sur l'enfant Jésus« für Klavier, die Orgelwerke »Apparition de l'Eglise éternelle«, »L'Ascension«, »La Nativité du Seigneur«; das Loblied irdischer Liebe, die »Turangalila«-Sinfonie (1946–1948) und schließlich »Le Reveil des Oiseaux«, »Oiseaux éxotiques« für Klavier und Orchester und »Catalogue des oiseaux« (1959) für Klavier. Eines der Werke Messiaens (uraufgeführt 1960 in Donaueschingen) heißt »Chronochromie« (von griechisch Chronos = Zeit und Chroma = Farbe), ein Wort, das Messiaen mit »Farbe der Zeit« übersetzt wissen möchte. Äußerst vielfältige Mischungen von Tönen und Klangfarben werden aus Vogelgesängen gewonnen. Diese Farben dienen zur Gliederung zeitlicher Abschnitte, die zweiunddreißig verschiedene Zeitwerte und deren symmetrische Permutation verwenden. Die Verbindung von Zeit und Farbe in der Musik ist neu. »Anwesenheit der Zeit« hieß das Bild einer italienischen Malerin in einer Ausstellung moderner italienischer Malerei vor einigen Jahren in der Residenz in Salzburg. Das Problem »Farbe und Zeit«, von zwei Seiten gestellt, hat zukünftige Bedeutung und Gewicht.

Obwohl Messiaen seine Theorien ohne Anspruch auf Allgemeingültigkeit aufstellte, hat sein Werk bereits Schule gemacht. Die Komponisten A. Jolivet, D. Lesur und Y. Baudrier schlossen sich mit

Luigi Nono, Pierre Boulez und Karlheinz Stockhausen 1957 in Donaueschingen, drei führende Komponisten der jungen Generation.

ihm zu der Gruppe »La Jeune France« zusammen. Die Zahl seiner unmittelbaren Schüler (Messiaen ist seit 1942 Professor für Ästhetik, Theorie und rhythmische Analyse am Conservatoire National in Paris und hat Kurse bei den Kranichsteiner Ferienwochen in Darmstadt gehalten) ist Legion. Unter ihnen sind bedeutende Namen wie Boulez, Martinet, Nigg, Stockhausen u. a.
Gegenüber dem Rhythmiker Messiaen bedeuten die Bemühungen Boris Blachers (geb. 1903) um »variable Metren« kein Aufbrechen des Taktes und der Zeit, sondern nur eine Störung der Symmetrie in der Musik. Allerdings steht dahinter das Ziel, aus dem Rhythmus eine neue Form zu gewinnen. Als Beispiel sei das erste Stück aus den »Ornamenten« für Klavier angeführt. Der Grundwert des Metrums sind Achtel. In jedem Takt verändert sich die Zahl der Achtel nach der einfachen arithmetischen Reihe 2, 3, 4, 5 ... 9 und wieder rückläufig 8, 7, 6, 5 ... 2. In seinem »Orchester-Ornament« op. 44 (1953) handhabt Blacher das Metren-Schema mit großer Leichtigkeit und verbindet es mit der seiner Musik eigenen tänzerischen Eleganz. Für sein konstruktives Denken mag nicht un-

wesentlich gewesen sein, daß er ursprünglich Architektur studiert hatte.
Luigi Dallapiccola (geb. 1904) und Luigi Nono (geb. 1924) haben
das zwölftönige und serielle Ordnungssystem in das Italienische
übersetzt, sie haben es in Klang und Farbe gehüllt. Unter der Vorherrschaft der Vokalmusik entstand eine Schönheit von hohen Graden. Der Grundakkord aber im Werk beider Komponisten ist eine
echte Humanität. Dallapiccola schrieb unter anderem »Canti di prigionia« 1941: Gesänge aus dem Kerker der Maria Stuart, Boethius,
des Kanzlers Dietrichs von Bern und Savonarolas; eine Oper »Der
Gefangene« und »Canti di Liberazione« (1955). Nono vertonte Abschiedsbriefe zum Tode verurteilter Widerstandskämpfer »Il canto
sospeso« (1956) und »La Victoire de Guernica« unter dem Eindruck von Picassos Gemälde. Dallapiccola, der die europäischen Dichter in ihrer Sprache liest, hat Goethe (Gesänge aus dem West-östlichen Divan für Sopran und drei Klarinetten), Sappho, Anakreon,
Alkaios, Michelangelo, aber auch Heinrich Heine (»An Mathilde«),
Fragmente aus der »Chanson de Roland«, Laudae des Jacopone da
Todi und Lieder des spanischen Dichters Antonio Machado vertont.
Daneben hat er Monteverdis »Rückkehr des Odysseus« bearbeitet
und die Schriften Busonis übersetzt.
Luigi Nono hat dem großen Dichter spanischer Freiheit, Federigo Lorca,
ein dreiteiliges Epitaph errichtet (1952). Werke der späteren Zeit
sind das Chorwerk »La terra e la campagna« nach Cesare Pavese,
»Cori di Didone« nach Giuseppe Ungaretti für 32 Sänger und
Schlagzeug (beide 1958), »Ha venido Canciones para Silvia« nach
Antonio Machado für Sopransolo und sechsstimmigen Sopranchor
(1960) und die Oper »Intolleranza« (1961). Nono hat seinen künstlerischen Standpunkt fest umrissen. In einem Vortrag »Anwesenheit der Geschichte in der Musik der Gegenwart« (Darmstädter
Ferienkurse 1959) wendet er sich gegen die Geschichtslosigkeit der
neuen Musik, gegen die Bindungslosigkeit des Künstlers an seinen
geschichtlichen und geographischen Ort. Die Freiheit des »Neuen«
um jeden Preis führt zur Unordnung, ebenso wie die Übernahme
fremder Kulturelemente oder ihrer geistigen Grundlagen. Sich der
Geschichte stellen und den Ort der Geburt nicht zu verleugnen bedeutet immer wieder Entscheidung, die das frei und zufällig geordnete Material nicht kennt und nicht kennen kann. In der Anerken-

nung der Geschichte durch Nono klingen Gedanken Ortega y Gassets über »Die Geschichte als System« auch in der Kunst auf.

In seinen »Kontrapunkten« für 10 Instrumente (1953) schreibt der 1928 in Mödrath bei Köln geborene Karlheinz Stockhausen: »Meine Kontrapunkte sind aus der Vorstellung entstanden, daß in einer vielfältigen Klangwelt mit individuellen Tönen und Zeitverhältnissen die Gegensätze so gelöst werden sollen, daß ein Zustand erreicht wird, in dem nur noch ein Einheitliches, Unverändertes hörbar ist. Das Werk ist einsätzig. Es werden sechs verschiedene Klangfarben verwandt: Flöte – Fagott; Klarinette – Baßklarinette; Trompete – Posaune; Klavier, Harfe, Violoncello (drei verschiedenartig geblasene Instrumentenpaare und drei Saiteninstrumente mit geschlagenen, gezupften und gestrichenen Saiten). Diese sechs Klangfarben gehen in eine Klangfarbe über: die des Klaviers. Nacheinander fallen aus: Trompete, Posaune, Fagott, Baßklarinette, Cello und Flöte. Die sechs verschiedenen Lautstärkegrade (ppp bis sfz) wer-

Die Aufstellung der »drei Gruppen für Orchester« von Karlheinz Stockhausen im Westdeutschen Rundfunk Köln.

den nacheinander zu pp. Die großen Unterschiede zwischen sehr kurzen und langen Zeitwerten werden aufgehoben; es bleiben mittlere, eng verwandte Zeitwerte (Sechzehntel, Triolen-Sechzehntel, punktierte Sechzehntel, Quintolen-Sechzehntel usw.). Aus dem Gegensatz zwischen vertikalen und horizontalen Tonverbindungen wird eine zweistimmige, homogene Kontrapunktik gewonnen. Diese äußeren Merkmale sind für das Ohr erkennbar. Darüber hinaus mag der vom musikalischen Empfinden geleitete Hörer entscheiden, ob ich für das tiefer liegende Strukturgeflecht gute Verhältnisse und das nötige Maß an Sensibilität gefunden habe.«

In Stockhausens Werk ist die völlig durchorganisierte Tonmaterie Klangwirklichkeit geworden. Waren in der Zwölftontechnik Rhythmik, Dynamik und Klangfarbe noch frei, da ihnen keine andere Aufgabe zufiel, als nach freiem Ermessen des Komponisten die Melodie zu unterstützen, so nimmt ihnen jetzt die vollkommene Ordnung diese Aufgabe und damit ihre Freizügigkeit. Sie nimmt aber

Schallrichtung und Bewegungsform der Klänge im Raum erschließen eine neue Dimension des musikalischen Erlebnisses.

auch dem Komponisten die Möglichkeit, diese Kategorien für einen subjektiven Ausdruck einzusetzen. In reiner Objektivität zieht die Tonmaterie nach vorbestimmtem Gesetz vorüber. Der unmittelbar empfindungsmäßige Anruf an den Hörer bleibt aus. Stockhausen hat seine Musik vom »Punktuellen«, der zeitlichen Folge der Überlagerung *einzelner* Töne und Pausen (keine Themen, Motive, Objekte), Zeitdauern, Lautstärken und Klangfarben ohne einen Zusammenhang zu einer »Struktur mit verwandten Proportionen« geführt. Später hat er »statische Tonscharen«: Reihen der Dichtegrade, der Tonhöhenlage, der Beschleunigungsgrade, der Intervallverteilung in Zeitfelder in geordnete Verhältnisse gebracht und ihnen dadurch einen neuen strukturellen Sinn gegeben. Keine Möglichkeit, Musik zwischen Zeit und Raum zu ordnen, hat Stockhausen außer acht gelassen. Die Wechselbeziehungen zwischen instrumentaler und elektronischer Musik leisteten ihm bei diesen Bemühungen überraschende Hilfe. Stockhausens Klavierstücke, vor allem das XI. (1956), seine »Zeitmaße für fünf Holzbläser« (1956) und die »Gruppen für drei Orchester« (1957) verdanken ihre Existenz den Zeit-Raum-Erkenntnissen der elektronischen Musik.

Der Wille zur durchorganisierten Materie war in der jungen Generation bald allgemein, nicht zuletzt durch das Vorbild Strawinskijs und Křeneks, die sich vorbehaltlos gleichen Aufgaben zuwandten. Ein weiterer Anstoß kam durch die Entwicklung der elektronischen Musik. Die dort aufgeworfenen mathematischen und akustischen Probleme drängten zu einer Übertragung auf die Instrumentalmusik. Komplizierte Proportionsreihen, mathematische Formeln, Theorien der Kommunikationswissenschaft, aber auch Konstruktionsgesetze der bildenden Kunst wie in Paul Klees Bauhausvorlesungen »Das bildnerische Denken« gehören zur »Wissenschaft« des Komponisten. In Paris hatte Pierre Schaeffer – im Auftrag der R.T.V. Française – 1948 begonnen, Lärm- und Geräuschinstrumente, wie Klappen, Hupen, Glocken, für Tonbandmontagen zu verwenden. Im Kölner Rundfunk erklang 1955 die neue Musik zuerst aus Sinuston- und Rausch-Generatoren. Was ist elektronische Musik? Sie ist nicht Musik, die den bisher gebräuchlichen Tonvorrat der Instrumente, durch elektrische Schwingungen erzeugt, nachahmen will. Das haben die »Ondes« des französischen Erfinders Martenot und das »Trautonium«

Friedrich Trautweins getan. Die Elemente der Musique concrète, so nannte Pierre Schaeffer seine Musik, sind das konkrete Geräusch in jeder Form, aber auch der menschliche und tierische Laut, die phonetisch aufgelöste Sprache. Die elektronische Musik der Kölner Schule benutzt im Gegensatz zur Musique concrète rein physikalische Erscheinungen: Sinuston, Impulse, weißes und farbiges Rauschen. In beiden Fällen aber werden die Elemente nicht unmittelbar, also im reinen Zustand, als Baufaktoren verwendet. Sie werden umgeformt, denaturiert. Dies geschieht durch Filter, Ringmodulatoren, Multivibratoren, automatische Vorrichtungen für Ein- und Ausschwingungsvorgänge, Vor- und Nachhall u. a., schließlich durch Klangschrumpfung und Klangspreizung, durch veränderte Umlaufzeiten des Tonbandes und durch Schnitt am Tonband selbst. Das Ziel ist die Bildung von Klangkomplexen außerhalb des bisherigen instrumentalen beziehungsweise harmonischen und melodischen Bereichs. Alle elektronische Musik ist gespeicherte Musik, das heißt, sie kann nur in einem langwierigen Arbeitsprozeß auf Tonband aufgenommen und durch dieses wiedergegeben werden.
Der Hörbereich des menschlichen Ohres liegt zwischen 16 und etwa 20 000 Hz. Unsere traditionelle Musik verwendet davon nur den Tonraum zwischen 64–4138 Hz, vom großen C bis zum c^5. Die elektronische Musik kann jedoch mühelos jeden Ton oder Klang innerhalb unserer Hörgrenzen realisieren. Sie bedeutet daher nichts anderes als die Aufschließung eines bisher nicht erschlossenen Hörgebietes. Alles Lebendige geht vom Einfachen und Primitiven aus und drängt zum Reichen und Komplizierten. Zu keiner Zeit hat die Musik davon eine Ausnahme gemacht. Nimmt es jetzt wunder, daß sie von neuen reicheren Möglichkeiten Gebrauch macht, wenn sie ihr im technischen Zeitalter von der Technik geboten werden? Das erschreckende ist nicht das Neue, sondern seine Fülle. Fülle bedarf jedoch der Ordnung, damit aus Fülle und Ordnung ein Kunstwerk entstehe. In Runges »Farbenkugel« steht der schöne Satz »und doch waltet in diesem freien leichten Leben der Farben und Töne ein strenges Gesetz, wie überall das Gesetz am reinsten hervortritt, wo die Freyheit am frischesten und fröhlichsten gedeiht«.
Das Gesetz in der Freiheit zu finden war die große Aufgabe der jungen Generation. Sie hat sie auf verschiedene Weise gelöst, denn

zwischen Freiheit und Ordnung liegt ein weiter Raum. Am stärksten verschrieb sich die Kölner Schule dem Gesetz, indem sie das Prinzip der seriellen Ordnung auf die elektronische Musik übertrug und Anton Webern zu ihrem Lehrmeister machte. Die Musique concrète bewahrte sich ihre Freiheit. Ihre Ordnung bestimmt das Programm oder die Szene. Neue Zentren der elektronischen Musik, das Studio di Fonologia des Mailänder Rundfunks und das Studio des japanischen Rundfunks bekennen sich zu einer Ordnung der reinen Klangfarben. Auch die Notation dieser Musik, das heißt ihre Aufzeichnung, hat zu sehr verschiedenen »Notenschriften« geführt. Als ein Beispiel sei eine Partiturseite der Studie II von Karlheinz Stockhausen angeführt. Das obere System zeigt die Frequenzen von Tongemischen, das untere System die Schallstärken an. Die Linie in der Mitte demonstriert die Zeitdauer in Zentimetergrößen bei 76,2 cm sec Bandlaufgeschwindigkeit (siehe Tafel S. 617). Seit den ersten Experimenten Pierre Schaeffers und der ersten Vorführung der wissenschaftlich gewonnenen Tonmodelle durch Professor Dr. Meyer-Eppler von der Universität Bonn bei den Kranichsteiner Ferienkursen 1951 gibt es eine Geschichte der technischen Musik. Sie ist reich an Wandlungen, denn jedes neue Werk geht aus neuen Erfahrungen, Forschungen und Erkenntnissen hervor. Von Pierre Schaeffers »Concerts de bruits«, bestehend aus der Etüde über Eisenbahnen und einer Etüde über Plattenteller und Schmorpfannen (1948) geht der Weg über das Abenteuer einer Aufführung von Musique concrète im Konzertsaal: »Symphonie pour un homme seul« (1950) zu dem Spectacle lyrique »Orphée« 1951. Wieder einmal steht der Orpheus-Stoff an einem Wendepunkt der Musikgeschichte. Das Stück, das Musique concrète mit Gesang und traditionellen Instrumenten verbindet, ist in seiner Schlußszene von hinreißender Wirkung. Der Aufschrei des kultischen attischen Dramas ist in ihr aufgefangen. Bei der Aufführung, die zwei Jahre später bei dem Musikfest in Donaueschingen stattfand, erkannte man fast erschrocken die suggestive und aggressive Wirkung dieser Musik. Technische Musik ist nicht kühle objektive Musik – in ihrer erregenden, bewegenden Wirkung liegt die Gefahr eines übersteigerten ungebändigten Ausdruckes.
Früh schon waren zwei bedeutende französische Komponisten zu

Schaeffer gestoßen, Olivier Messiaen und Pierre Boulez (geb. 1925). Messiaen schrieb »Timbres Durées« (1952), ein Stück, in dem rhythmische »Persönlichkeiten«: Trommel mit Schnarrseite, denaturierte Wassergeräusche, Holzblock, chinesisches Becken und Reihentrommel in ständiger Wiederkehr Hindurhythmen produzieren. Boulez, der schon 1951 ein elektronisches Stück in Form eines »Ondes-Quartettes« geschrieben hatte, kommt von der seriellen Arbeitsweise seines Lehrers Messiaen her. Gleichzeitig mit Stockhausen organisierte Boulez den »Zufall der Zeit« in der Musik. Immer ist in der abendländischen Musik die Zeit gemessen worden. Mensuraltheorie, Proportionslehre, Metrum, Betonungsrhythmik, Taktstrich, Tempobezeichnungen, Metronomangaben, alles bedeutet Zeitmaßerfahrungen, Zeitordnungen und deren akustische und optische Fixierung. Den Unsicherheitsfaktor einer »ungeordneten« Zeit gab es in unserer Musik bisher nicht. Schon in Boulez' »Marteau sans Maître« für Altstimme, Flöte, Viola, Gitarre, Vibraphon, Xylophon und Schlagzeug bewundert Strawinskij, »daß man sich nie in einem Tempo, sondern stets auf dem Wege zu einem Tempo befindet«. In Stockhausens »Zeitmaßen für Bläser« überlagern sich verschiedene Geschwindigkeiten und Tempoformen in der Gleichzeitigkeit. Auf Seite 40 der Partitur heißt es innerhalb des Taktes 166 bei einem metronomischen Grundmaß Achtel = 112: Flöte langsam beschleunigen; Oboe Zweiunddreißigstel so schnell als möglich; Klarinette schnell verlangsamen. In Stockhausens Klavierstück XI finden sich differenzierte Angaben über die Zeitabstände der kleingedruckten Noten, der Fermaten und Pausen. Diese zeitlichen Unbestimmtheitsfaktoren sind den zeitlich kaum meßbaren Vorgängen beim Ein- und Auspendeln der Waage ähnlich. An Stelle des Messens der Zeit ist das Wägen der Zeit getreten. Zum Zufall der Zeit – man hat ihn Aleatorik (von alea = Würfel) genannt – tritt noch der Zufall der Interpretation. Das Endgültige liegt nicht mehr im Willen des Komponisten. Der Ablauf des Werkes in Zeit und Form wird dem Interpreten überlassen, das heißt, er kann die durch den Komponisten angebotenen Strukturen nach Belieben zusammensetzen und auf diese Weise viele Lösungen (bei jeder Interpretation eine andere) finden. Beispiele sind Stockhausens Klavierstück XI und Boulez' III. Sonate für Klavier. Sind nicht Solisten, sondern

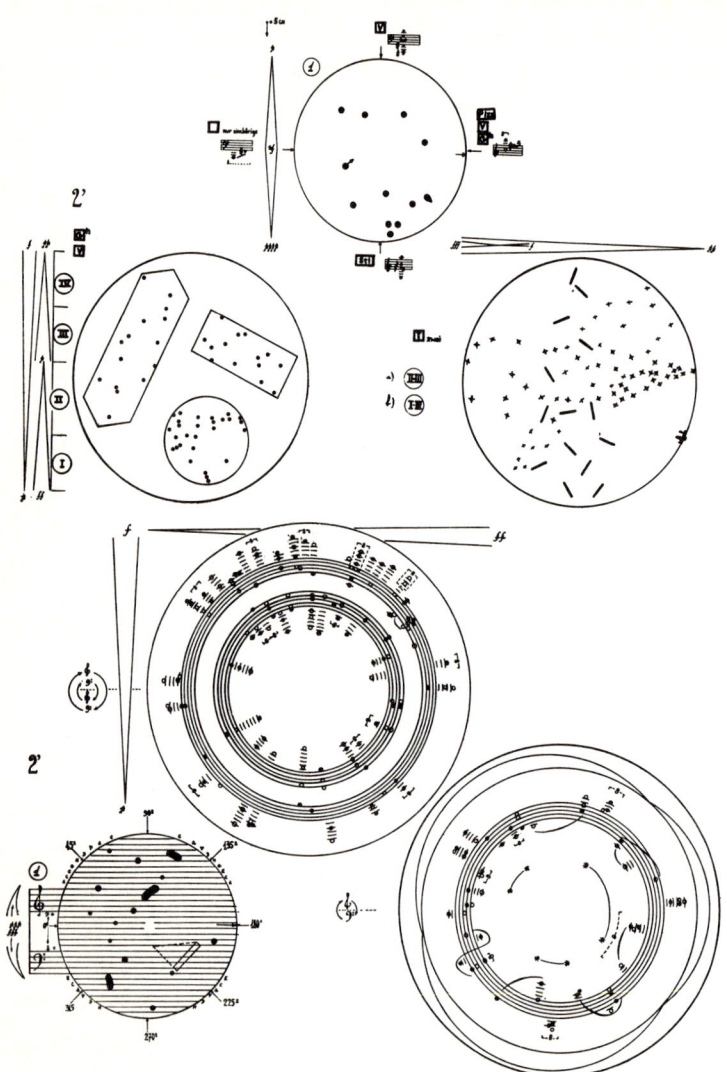

Mauricio Kagel, aus »Transición II« für Klavier, Schlagzeug und zwei Tonbänder. Diese beiden Partiturseiten werden gleichzeitig gespielt: die obere vom Schlagzeug, die untere vom Pianisten.

Ensembles die Interpreten, so entstehen »tönende Montagen, bei denen die Elemente in freier Wahl aufeinander folgen und die Initiative eines Ausführenden die Initiative eines anderen hervorruft und dann wieder eines anderen« (Boulez).

Partituren sind oft kein Abbild der Musik mehr, sondern Anweisung für die Interpreten. Durch Zeichen und Anmerkungen »stellt der Komponist nur die Weiche« (Boulez) und gibt die Richtung an, in welcher der Ablauf der Komposition erfolgt. Die Niederschrift der Anweisungen ergibt ein graphisches Bild, das von abstrakter Schönheit sein kann. Die Linie der Musik setzt sich in Musik der Linie um, und sicherlich bestehen zwischen beiden hohe Entsprechungen. Seite 652 zeigt ein Notenbild der »Transición II« für Klavier, Schlagzeug und zwei Tonbänder von Mauricio Kagel.

Eine Kategorie aber widersetzte sich überraschenderweise allen seriellen Ordnungsversuchen: *Die Klangfarbe.*

Sie hat ihre eigene Geschichte und ihren eigenen Ausdruckswert. Akustisch ein Teil des Klanges geht sie dennoch eigene Wege, zumal im Hinblick auf die Form. Ihre Bedeutung als Träger des Seelischen aber kann nicht hoch genug eingeschätzt werden. Die Klangfarben – Epochen einer Jahrtausende alten, einstimmigen Musik, der mehrstimmigen Musik und der Wiederentdeckung der Klangfarbe in unserem Jahrhundert heben sich deutlich voneinander ab. Die eine ist ohne die vorausgehende andere nicht denkbar, und ihre Abfolge ist nicht umkehrbar.

Aber auch innerhalb der Großepochen selbst lassen sich durch den Anteil der Kulturen und Nationen Untergliederungen ablesen, so etwa, wenn die griechische Musik die Einheit Ton und Sprache aufgibt zugunsten einer rein virtuosen Musik; oder wenn die einstimmige Musik der frühen Christenheit durch die Klangfarben-Gliederung formbildend wird wie im Falle der Sequenz. Oder wenn in der frühen mehrstimmigen Musik gegenüber der Klangklarheit der Intervalle in Organum und Conductus durch verschiedene Texte, ja verschiedene Sprachen (motetus) Klangfarbenschichten entstehen, um parallel zur gleichzeitigen irischen Dichtung und der »Ästhetik des Verworfenen und Labyrinthischen« der irischen Miniaturisten reinen phonetischen Klang-Effekten Raum zu geben.

Noch bedeutender ist naturgemäß der Klangfarben-Wandel am Schnittpunkt der Hauptepochen. Wenn in der frühen Mehrstimmigkeit aus Klangfarben-Anreicherung ein neuer Raumklang im neuen architek-

tonischen Klangraum entsteht, ist ein Klangfarben-Wunder geschehen. In gleicher Weise ist nach einem romantischen Vorspiel die Wiederentdeckung der Klangfarbe in unserem Jahrhundert zu werten. Der Einbezug des Geräusches macht die Klangfarbe zum ersten Mal universal. Gleichzeitig öffnet sich der Klangraum des Seelischen in bisher ungeahntem Maße. Einstimmige Musik auf nicht festgelegter Tonhöhe mit ihrer breiten Skala von Zwischentönen hat eine breitere Ausdrucksbasis als mehrstimmige, tonhöhen- und intervallmäßig geordnete Musik.
Der Klang in der Musik ist ein Wägbares und Unwägbares zugleich. Wägbar ist das physikalische Ereignis, aus dem der Klang entsteht und sich verändert; unwägbar ist seine sinnliche Wirkung, die, wie Goethe von der Farbe sagt, sich unmittelbar an das Sittliche anschließt.
Über die Beschaffenheit von Ton, Klang und Tongemisch, Geräusch, Klangveränderungen durch technische Manipulationen gibt die elektronische Musik bereitwillig Auskunft.
Über die sinnlich-sittliche Wirkung des Klanges aber entscheidet die *Klangfarbe*. Sie ist gleichfalls ein physikalischer Vorgang, aber sie ist noch mehr. Physikalisch definiert ist die Klangfarbe abhängig von sogenannten Formanten. Formanten sind Bereiche in der Obertonreihe eines Tones, die besonders hervortreten und somit Resonanzmaxima darstellen. An gesungenen und gesprochenen Vokalen hat man zuerst festgestellt, daß diese Bereiche mindestens durch zwei Formanten gebildet werden. Dies gilt sinngemäß auch für Instrumentalklänge. Änderungen der Klangfarbe bei Veränderung der Tonhöhe werden durch Erregung verschiedener Formant-Wirkungsbereiche bedingt.
Eine andere Erklärung der Klangfarbe gibt in jüngster Zeit James C. Tenney von der Yale University. Er meint (im 27. Heft der Gravesaner-Blätter), daß die Klangfarbe diejenige Eigenschaft der Schallwahrnehmung sei, die durch die Art und Größe der Abweichung des wahrgenommenen Schalles von der einfachen harmonischen Schwingung bestimmt sei. Klangfarbe wäre demnach keine konstante, sondern eine äußerst variable Eigenschaft des Klangereignisses. Sie entspräche der Tendenz aller Organismen zur Unbestimmtheit, zur idealen Unordnung. Die Größe der Unordnung aber ergibt zugleich die Breiten- und Tiefenwirkung der Klangfarbe im Bereich der sinnlich-sittlichen Wirkung.
Jeder Klang ist zu jeder Zeit möglich. Es gibt keine Klangkonstanten, keine Klang-Ordnungssysteme in der Natur. Scheinbare Klangkon-

stanten, wie Oktave und Quinte, sind nicht durch das gehörs- und gefühlsmäßige »Einrasten« der menschlichen Stimme entstanden. Sie sind geschichtliche Erfahrungen des Menschen, die sich aufgrund der niedrigen Proportionsverhältnisse dieser Intervalle zuerst anboten. Denn wären diese »Pfeilerklänge« wirklich die Natur, so müßte es um ihre Statik besser bestellt sein. Wir wissen heute, daß selbst die einrastende Oktave oberhalb von zweitausend Schwingungen pro Sek. nicht mehr bei 4000 Hz, sondern 4140 Hz liegt, und daß bei 2000 Hz eine Harmoniequinte einer Melodieterz ungefähr entspricht. Immerhin können diese Klänge, die sich aus einfachen harmonischen Schwingungen zusammensetzen, als »Pfeilerklänge« angesehen werden. Zwischen ihnen aber, durch Abweichungen vom Einfachen entstanden, ist das Reich der Zwischen- und Mischklänge, die man elektronisch als Tongemische oder multiplikative Mischungen bezeichnen würde. Sie stellen – der Verfasser bezieht sich auf die Anschauung Tenneys – die Klangfarben dar.
Sie würden also die Räume zwischen den Pfeilerklängen ausfüllen. Aber ihre Wirksamkeit wäre damit nicht erschöpft.
Da jeder Klang in jeder Sekunde seiner Existenz Gestalt, Intonation und teilweise auch die Tonhöhe ändert, ändern sich in jeder Sekunde auch die Abweichungen, die Klangfarben. Klangfarben sind daher nicht eine starre Komponente des Klanges, sie sind Leben und entstehen aus Bewegung. Bewegung aber erzeugt Raum. Ob damit ein wirklicher Raum oder, wie es Heisenberg formuliert, der »abstrakte Raum hinter den Phänomenen« gemeint ist, ändert nichts an der Feststellung seiner Existenz. An Ludwig Klages anknüpfend hat man das Raumverhältnis zum Klang und seiner Farbe als »pathisch« und diesen Begriff als Modus des Räumlichen bezeichnet. Das Pathische wäre also das Mitgenommen- und Ergriffensein beim Hören des Klanges und seiner Farbe. Vielleicht meint Arnold Schönberg ähnliches, wenn er in seiner »Harmonielehre« beim Vergleich vielstimmiger Akkorde mit einfachen Drei- und Vierklängen schreibt: »Vielleicht macht sich hier geltend, was ich bei einer früheren Gelegenheit erwähnt habe. Nämlich, daß diese einfachen Akkorde, welche die unvollkommene Nachahmung des Naturgegebenen sind, uns zu primitiv erscheinen. Daß ihnen etwas fehlt: die Perspektive, die Tiefe. Die Perspektive und die Tiefe des Klanges könnte es sein, die uns an den einfachen Drei- und Vierklängen fehlt.«
Der Durchbruch der reinen Klangfarbenmusik erfolgte – so scheint es

dem Verfasser – 1961 mit György Ligetis Orchesterstück »Atmosphères«, in denen es nach Ligetis Worten »keine Ereignisse, sondern nur Zustände, keine Konturen und Gestalten, sondern nur den unbevölkerten, imaginären musikalischen Raum gibt«. Aber das Werk, dem Andenken Matyas Seiber's gewidmet, ist nach Ligetis Worten eine »Totenmesse innerhalb der Materialsphäre«. In der Tat lassen sich durch den Klang hervorgerufene Assoziationen zum Text der alten Requiem-Sequenz feststellen. 22 Klangfarbenabschnitte, die weich ineinander übergleiten, von verschiedener Dauer und untereinander durch Farbe, Dauer und Dynamik ausbalanciert sind, erzeugen eine Atmosphäre webender und schwingender Klangfarbenflächen, deren Bewegung nun auch den Ausdrucksraum erfaßt und zum seelischen Mitschwingen bringt. Der erste Eindruck der Aufführung des Werkes in Donaueschingen war der eines allgemeinen Ergriffenseins. Noch nie hatte bisher ein reines Klangfarbenspiel Ähnliches vermocht.

Ein anderes Beispiel ist Krzysztof Pendereckis »Lukaspassion«. Darin gehen wechselnde Klangfarbenflächen eine Bindung mit den Evangelientext und den Psalmen ein. Penderecki verwendet »möglichst hohe und möglichst tiefe Töne von unbestimmter Tonhöhe«, Erhöhung und Erniedrigung um Viertel- und Dreivierteltöne, nicht rhythmisiertes Tremolo, Spielanweisungen für Violine zwischen Steg und Saitenhalter und schließlich das gesprochene und gemurmelte Wort. Ebenso, wie Penderecki vorschreibt, daß in bestimmten Abschnitten des Werkes die rhythmischen Werte nicht genau eingehalten werden sollen, so bedürfen auch die Tonhöhen einer ständigen Überprüfung durch das Gefühl und die Empfindung. Der durch die Klangfarbe erschlossene pathische Raum wird dem akustischen Raum übergeordnet. Diese Umkehrung des Verhältnisses zwischen akustischem und Ausdrucks-Raum gibt dem Werk seine außerordentliche Wirkung. Ein Kreis hat sich geschlossen: byzantinische Musik und Gregorianik kannten Klangfarben durch Abweichungen und Zwischentöne in gleitenden Skalen. Was sich dort in der Fläche abspielt – denn alle einstimmige Musik ist wohl Flächenmusik – vollendet sich jetzt im mehrstimmigen Klangfarbenraum.

Ein Sonderfall ist Hans Werner Henze (geb. 1926). Seine Klangfarben haben die Helle der südlichen Landschaft, in der er lebt. Er bedient sich der Farben in höchst sublimer Weise, eine Handhabung, die höchstes Gefühl für Ordnung und Aussagewert der Klangfarben voraussetzt.

Dazu kommt die Romantik seiner Opern- und Ballettstoffe: »König Hirsch«, »Undine«, »Elegie für Liebende«, das durch Géricaults Gemälde inspirierte »Floß der Medusa«, die Henze als einen musikalischen Nachfahren der deutsch-romantischen Maler von Olevano ausweisen.
Breit und umfassend sind die Arbeiten und Versuche mit experimenteller Klangfarbenmusik, die auch das Geräusch miteinbezieht.
Als ihr Inspirator muß der Amerikaner John Cage (geb. 1912) mit seinem »prepared piano« gelten. Es folgen: Karlheinz Stockhausen, »Mixtur« 1964 für 5 Orchestergruppen, 4 Ringmodulatoren und Sinusgeneratoren, »Hymnen« 1966/67, »Trans« 1971, als jüngstes Werk das musikdramatische »Licht« u. v. a.
Dieter Schnebel (geb. 1930), der die Möglichkeiten der vokalen Klangfarben untersucht: »Maultrommel«, »Für Stimmen«.
Mauricio Kagel (geb. 1931 in Buenos Aires), der die Klangfarben und Geräusche als »instrumentales Theater« mit der Scene verbindet: »Sur Scene« 1958/59, »Staatstheater« 1970, »Scenische Komposition« 1970, »Bestiarium« Klangfarbe auf 2 Bühnen 1975.
Es folgt die große Zahl derer, die vielleicht Geschichte machen, deren Werke aber noch nicht Geschichte sind.
Reich und vielfältig sind die Möglichkeiten der Verbindung zwischen Optik und Klangfarben durch die Oper. Zu nennen wären Opern von Luigi Nono, György Ligeti und Aribert Reimanns (geb. 1932) »Lear«.

Merkwürdig ist, daß Klangfarbenmusik scheinbar immer eines Programmes bedarf. So häufen sich Einführungen und literarische Ausführungen. Oft haben sie kosmische Hintergründe, Vorstellungen und Beschreibungen, aber auch die Philosophie kommt zu ihrem Recht. Jean Gebser, Theodor W. Adorno, Ernst Bloch gaben Anregungen und Ideen.
1972 schrieb Dieter Schnebel im Katalog der Olympia-Ausstellung München: »Die neue Musik hat sich mit mancherlei Exotischem, zumal aus dem östlichen Asien, angereichert: andauernde Klänge, denen nachzuhören ist, unbekannte Instrumentalfarben, Zitate der fernen Musik, Improvisationspraktiken, fremdartige Aufführungsrituale, Musik aus anderem Geist und andere Philosophie der Musik...«
Was jedoch selbst in der universeller gewordenen Musik noch aussteht, ist die Musik der Welt. Sie bedürfte vor allem der Anstrengung, das Fremd- und Eigenartige der vielen Arten exotischer Musik zu erfahren,

und das heißt: sie wirklich kennenlernen. Erst dann, wenn man jenes Andersartige als eben solches sieht und dermaßen zu Einfühlung wie Respekt imstande ist, läßt es sich wahrhaft mit dem Eigenen verbinden. Freilich, solange das in den politischen und gesellschaftlichen Verhältnissen so wenig erst geleistet werden kann, ist es auch um die Weltmusik noch schlecht bestellt. Von der »2. Harmonia mundi« kann sie erst dann künden, wenn diese erreicht ist und dann nicht im Einklang, sondern in unerhörter Polyphonie.

Darum bemüht sich die Generation, die nach dem Zweiten Weltkrieg geboren wurde. Der Weg führt meistens über den Jazz, und so kommen Namen, wie die Amerikaner Terry Riley, La Monte Young und Steve Reich, große Bedeutung zu. Ihre Periodik- und Minimal-Musik lebt – ähnlich der Minimal-Art in der bildenden Kunst – von der ständigen Wiederholung eines Motivs.

Wirklich an der Nahtstelle der Weltmusik schafft Peter Michael Hamel Werke: »Dharana« für solistische Improvisation, Orchester u. Tonband (1972–73) UA: Donaueschinger Musiktage 1973, »Diaphainon« für Orchester (1973–74) in memoriam Jean Gebser UA: musica viva, München 1976, »Klangfarben« für indische Saiteninstrumente und Streicher (1976–77) UA: Bombay 1978, zu denen indische Musik, ihre Struktur, ihre Form beigetragen hat, ebenso wie ihr meditativer Klang.

In seinem Buch »Durch Musik zum Selbst« schreibt Hamel: »Darum beschäftigt sich seit einigen Jahren der free-Jazz-Spieler mit indischen Tonarten, der klassische Interpret mit mittelalterlichen Improvisationstabellen, der Gitarrist lernt Sitar spielen, der elektronische Bastler bezieht Naturklänge mit ein, und der experimentelle Klangforscher lernt die Gesangstechniken der Tibeter und Mongolen kennen.

Um eine ›Musik zwischen den Welten‹ spielen zu können, die diese Welten auch integral miteinander zu verknüpfen und zu vereinen vermag, müssen neben uralten wiederzuentdeckenden Methoden des Zusammenspielens auch ganz neue Musizier-Modelle entwickelt werden... Dann würde solch eine Begegnung »zwischen den Welten« einen Ausweg zeigen aus dem Dilemma des Kategoriendenkens und damit die Möglichkeit zu einer *Selbsterkenntnis* durch Musik.«

Der Ausblick auf das Werk der jüngsten Generation zeigt den Versuch einer Abwendung von schrankenlosen Aufhäufungen von Klangfarben-

Ereignissen. Man sucht neue Werkstrukturen, neue Satzstrukturen, ja Tonalität und Klangschönheit in rückwärts-gewendetem Sinne.
Ihre Vorbilder sind das Werk Gustav Mahlers, Alban Bergs und der große Lehrmeister des Jahrhunderts: Olivier Messiaen.

Register

A

Abaco, Felice dall' 238
Abel, Carl Friedrich 403
A-capella-Stil 140, 155
Adam, Adolphe Charles 475, 476
Adam de la Halle 79, 82, 87
Adam von Fulda 145
Adler, Guido 599
Affektenlehre 387
Agazzari, Agostino 220
Agricola, Alexander 149
Ägypten 14, 30, 42, 72
Aida 541
Air 298
Akkompagnement, obligates 414, 419
Akkord, mystischer 609
Alayrac, Nicolas-Marie d' 471
Albert, Eugen d' 556
Albert, Heinrich 267, 286, 287
Alberti, Domenico 364
Albinoni, Tommaso 238
Albrechtsberger, Johann Georg 409
Alcuin, Flacus 58, 59
Alkaios 18
Allemande 251, 298
Alteration 565
Ambrosius 50
Ambubah 35
André, Johann 442
Andreas von Kreta 46
Anerio, Giovanni Francesco 222
Anfossi, Pasquale 367
Années de Pèlerinage 526
Ansermet, Ernest 554
Ansorge 528
Antheil, George 584
Anthem 185, 355
Apostel, Hans Erich 637
Arabella 561
Arcadelt, Jakob 147, 173

Archilochos von Paros 18
Arenskij, Anton 544
Ariadne auf Naxos 561
Arie 308
Ars antiqua 109
Ars nova 111, 641
Artusi 206, 224
Athos 46
Atonalität 587
Atteignant, Pierre 142, 146
Attila 539
Auber, Daniel François Esprit 477–479
Aubert, Jacques 254
Augustinus 50
Aulos 15, 16, 20
Aurelianus Reomensis 59
Auric, Georges 615–618
Ausdruck 385, 511, 521, 587
Ausdruck 643
Avignon 122

B

Babylon 14
Bach, Hans 306
Bach, Johann Christian 402–404, 406
Bach, Johann Sebastian 16, 227, 257, 279, 285, 303, 307–313, 318–320, 322–324, 325–347, 355, 384, 425, 511
Bach, Carl Philipp Emanuel 306, 389–391
Bach-Form 315
Bach-Kantaten 337, 341, 343
Bach-Renaissance 337, 341, 343, 495, 508
Bacon, Roger 72
Baïf 240
Balakirew, Milij 543
Ballade 133
Ballata 119, 121
Ballet de cour 246
Ballets-mascerades 246

Ballett 247
Banchieri, Adriano 172
Barber, Samuel 579
Barform 19
Barock 11, 86, 530
Bartók, Béla 425, 521, 583, 602–606, 611, 626
Basse danse 296
Basso continuo 197
Basso ostinato 187, 189
Baudrier, Y. 643
Bayreuther Festspielhaus 519
Beethoven 392, 408–411, 419–421, 436–447, 448, 501, 525, 571
Bekker, Paul 551, 596
Bellaigue, Camille 588, 589
Bellini, Vincenzo 477, 537
Benda, Georg 438, 443
Benedicamus-Einleitungen 109
Berg, Alban 215, 599, 600, 636, 637, 659
Bériot, de Charles 592
Berlin 450
Berlioz, Hector 457, 458, 459, 460, 499, 500, 550, 569
Bernhard, Christoph 265, 267, 280, 321
Bernstein, Leonard 579
Bertoni 535
Bettleroper 360
Biber, Heinrich Ignaz Franz, von 458
Binchois, Gilles 134, 141
Bitonalität 587
Bizet, Georges 476, 552–554
Blacher, Boris 644
Blechblasinstrumente 35, 37, 570
Blondel de Nesles 79
Boccaccio 118, 563
Bodenschatz, Erhard 164
Boethius 32, 57
Böhme, Magnus 574

Böhmen 546
Boieldieu, François Adrien 475
Bolero 593
Bomhart 72
Bononcini, Giovanni Battista 437
Borodin, Alexander 543
Bouffes Parisiens 482
Boulez, Pierre 644, 651, 653
Bourgeois, Loys 184
Bourrée 298
Brahms, Johannes 504–506, 507–511, 532, 566, 569, 574
Brand, Max 584
Brandenburgische Konzerte 337
Branle 297
Brant, Jobst 146
Brecht, Bert 631
Britten, Benjamin 607, 608
Bronsart 527
Bruck, Arnold von 146
Bruckner, Anton 529–531
Bruhns, Nicolaus 303
Buccina 35
Buffa-Oper 561
Bull, John 186, 187
Bülow, Hans von 527, 550
Burgund 131
Burney, Charles 346, 352, 367, 368, 391
Busoni, Ferruccio 522, 551, 575, 580, 610–613
Buxtehude, Dietrich 271, 280, 302
Byrd, William 187
Byzanz 32, 36, 43

C

Cabezón, Antonio de 190
Caccia 119
Caccini, Giulio 197, 201, 202
Cage, John 657
Caldara, Antonio 383, 437
Calzabigi, Raniero 374–376
Cambert, Robert 247
Campra, André 249
Canciero 188
Cannabich, Christian 389, 416
Cantiga 69
Cantilena 115
Cantus-firmus-Messe 137
Canzone 171
Capriccio 318
Carissimi, Giacomo 223

Carmen 476, 552, 554
Carmina burana 84
Carnaval 500, 501
Casella 116, 117
Catches 185
Cavalieri, Emilio de 220
Cavalli, Pier-Francesco 228
Cavazzoni, Girolamo 170
Celtes, Konrad 160
Cembalo 182
Cesti, Marc'Antonio 228, 229, 383
Chabrier, Emanuel 553, 589
Chace 120
Chaconne 189
Chambonnières, Jacques Champion 253
Chanson 133, 134, 146, 169
Charpentier, Marc-Antoine 256
Chavez, Carlos 584
Cheironomie 14
Cherubini, Luigi 448, 472, 473, 493
China 14
Chitarrone 204
Chopin, Frédéric 455, 461–465, 566
Chor, römischer 34
Choralfantasie 308
Choralvorspiel 304, 308
Chromatik 565
Chronochromie 643
Cimarosa, Domenico 364, 367
Clavecinisten 253
Clemens non Papa 147
Coclicus, Adrian Petit 151
Cocteau, Jean 614, 615
Codex Calixtinus 99
Comédie-ballet 247
Comes, Juan Bautista 190
Commedia dell'arte 366
Concerto 261
Concerto grosso 231, 293–296
Conductus 101, 102, 109
Conti, Francesco 437
Copland, Aaron 579
Corelli, Arcangelo 231–234, 237, 238, 292
Cornelius, Peter 492, 510, 527
Così fan tutte 445
Couperin, François 253, 254, 255, 256
Courante 251, 298
Courville, Thibaut de 240
Cui, César 543

D

Da-capo-Arie 348, 350
Dallapiccola, Luigi 645
Dänemark 547
Dante Alighieri 116
Dante-Sinfonie 527
Dantz 296
Danzi, Franz 389
Daphnis und Chloe 594
Dargomyschskij, Alexander 542
David, Félicien 552
Davidsbund 502
Debussy, Claude 567, 577, 588–591
Dedekind, Constantin Christian 268
Delibes, Léo 552, 589
Delius, Frederick 548
Delphi 18, 20, 24
Descartes 241, 243, 244
Destouches, André Cardinal 249
Diaghilew 553, 594
Diatonisch 29, 31
Dichtung, sinfonische 527
Diderot, Denis 375
Dietrich, Sixt 145
Dietsch, Peter Ludwig 514
Discantus 103
Distler, Hugo 509
Dithyrambos 20, 23, 24, 25
Dittersdorf, Karl Ditters von 442
Divertimento 392, 406, 407
Donati, Baldassare 172
Don Giovanni 406, 407, 443, 444, 445
Doni, Giovanni Battista 199
Donizetti, Gaetano 477, 535, 536
Doppelflöte 71
Dorische Skala 29, 59, 60
Double 251
Dowland, John 185
Draeseke, Felix 527
Draghi, Antonio 437
Drama, geistliches 68
Dreigroschenoper 622
Düben, Andreas 254
Dufay, Guillaume 134, 141
Duni, Egidio Romoaldo 469
Dunstable, John 128
Duplum 103
Durante, Francesco 365
Durey, Louis 616
Dvořák, Anton 546
Dynamik 386

661

E

Eccard, Johann 164
Eitz, Carl 61
Elektra 561
Elektronische Musik 578, 583, 611, 648, 651
Elgar, Edward 548
Elsheimer, Adam 177
England 124, 185, 548
Enharmonik 34
Enharmonisch 30
Ennemond 253
Entführung aus dem Serail 440 ff.
Ephrem von Edessa 44, 49
Erard, Sébastian 570
Erk, Ludwig 574
Erkel, Franz 546
Estampie 67
Ethoslehre 14, 28, 30, 31, 43, 60
Etrusker 37, 38
Euripides 15, 22, 23, 26, 31
Euryanthe 488
Expressionismus 556

F

Fall, Leo 563
Falla, Manuel de 607
Falstaff 541
Fantasia 301, 308
Fauré, Gabriel 592
Fauret 589
Faux bourdon 126
Favart, Charles Simon 377
Festa, Constanzo 173
Fidel 79
Fidelio 446–448, 472, 485
Figaro 406
Figurenlehre 320
Filtz, Anton 389
Finck, Heinrich 149
Finnland 548
Flecha, Mateo 189
Fliegende Holländer, Der 514, 515, 517
Florenz 116, 194
Flotow, Friedrich von 491, 492
Folia 189
Folklore 542, 543, 547, 548, 604
Folquet von Marseille 79
Form 521, 523, 569
Formprinzipien 584 ff.
Franck, César 554
Franko von Köln 98
Franko-flämische Meister 130
Frankreich 240, 252 ff.
Frauenlob, Heinrich 80

Frau ohne Schatten 560
Freiluftmusik 392
Freischütz 459, 485, 486 ff.
Frescobaldi, Girolamo 225 ff.
Friedrich von Husen 83
Froberger, Johann Jakob 272, 298
Frottole 172
Fuge 299–304, 308, 313, 426, 431
Futurismus, musikalischer 583
Fux, Johann Joseph 383, 437

G

Gabrieli, Andrea 167, 173
Gabrieli, Giovanni 167 f., 173, 230
Gade, Nils Wilhelm 547
Gagliano, Marco da 206
Gagliarda 296
Gaibara, Ercole 232
Galilei, Vincenzo 197, 200
Galuppi, Baldassare 364, 367
Gastoldi, Giovanni Giacomo 172
Gaultier, Denis 253
Gaveaux, Pierre 473
Gaviniès, Pierre 255
Gavotte 298
Gay, John 622
Gebser, Jean 658
Gédalge, André 592
Geißlerlieder 72 ff.
Geminiani, Francesco 238
Generalbaß 197, 198
Generalbaßlied 286, 287
Geräuschmusik 583
Gesangbuch, evangelisches 162
Gesetz der Ordnung 633
Gesualdo, Carlo 173
Gigue 251, 298
Giovanelli, Ruggiero 193
Giovanni da Cascia 118
Gitarre 189
Glareanus 152
Glasunow, Alexander Konstantinowitsch 544
Glinka, Michail Iwanowitsch 542
Glogauer Liederbuch 144
Gluck, Christoph Willibald 358, 368, 372–383, 451, 459
Goethe 443, 450, 654
Goetz, Hermann 492
Goldbergvariationen 345
Golyscheff, Jelim 632
Gombert, Nicolaus 147

Gossec, François-Joseph 256, 389, 473
Gottfried von Straßburg 85
Goudimel, Claude 166
Gounod, Charles François 476, 552, 553, 589
Graun, Johann Gottlieb 239
Gregor I. 56
Gregorianik 53, 519
Grétry, André Ernest 447, 470, 471
Griechische Musik 15–32
Grieg, Edvard 547, 548
Grigny, Nicolas de 256
Grocheo, Johannes de 122
Grounds 187
Guerrero, Francisco 194
Guido von Arezzo 57, 61
Guilelmus Monachus 130
Guitarra morisca 71
Gymel 130

H

Hába, Alois 581, 582
Haffner-Sinfonie 407
Halévy, Fromental 482
Hamel, Peter Michael 658
Hammerklavier 570
Hammerschmidt, Andreas 269
Händel, Georg Friedrich 225, 278, 355–358, 361, 376, 425
Händel-Opern 360
Handl, Jakob 179
Handschrift Chantilly 123
Handschrift Ivrea 123
Handschrift von Las Huelgas 129
Handschrift Turin 123
Hanslick, Eduard 505, 506, 508, 575
Harfe 86
Harfenleier 14
Harmonielehre 242, 243
Hasse, Johann Adolf 353, 423
Haßler, Hans Leo 177, 178
Hauer, Josef 578
Hauer, Matthias 632
Hauptmann, Moritz 548
Haydn, Joseph 384, 391–396, 409, 412–415, 422–425, 432, 433, 438
Haymarket-Theater 354
Heifetz, Jascha 613
Heiligenstädter Testament 410
Heinrich von Meißen 94
Heinrich von Veldeke 83

Heller, Stephan 502
Hemiolen 574
Hennegau 130
Henze, Hans Werner 656 ff.
Hermannus Contractus 67
Hérold, Louis-Joseph-Ferdinand 475, 476
Herzog Blaubarts Burg 606
Heuberger, Richard 563
Hexachorde 61
Hilarius von Poitiers 50
Hiller, Ferdinand 468, 503
Hiller, Johann Adam 437, 438, 450
Hindemith, Paul 324, 507, 509, 583, 605, 619–621, 627–630
h-Moll-Messe (Bach) 317
Hochzeit des Figaro, Die 443, 444
Hoffmann, E.T.A. 490, 571, 573
Hofhaimer, Paul 149, 161, 383
Holzbauer, Ignaz 416
Honegger, Arthur 584, 615, 616
Hugenottenpsalter 166
Humanismus 152 ff.
Hundoegger, Agnes 61
Hymnen 40, 42, 47, 50, 51
Hypertrophie des Klanges 570

I

Idee fixée 569
Idee, poetische 525, 526
Impressionismus 523, 589, 590, 605, 607
Impressionismus, musikalischer 589
Impressionismus, russischer 608
Indy, Vincent d' 555
Ingegneri, Marco Antonio 206
Instrumentalmusik 362
Intervall 425, 639, 653, 655
Intervallklangfarben 578
Intrada 297
Inventionen 339
Irland 125
Isaak, Heinrich 146, 149, 599 f., 637
Isoperiodik 112
Isorhythmik 112
Isouard, Niccolò 475
Italien 116, 533, 555 ff.

J

Jacchini, Giuseppe Maria 234
Jacopo da Bologna 118

Jahreszeiten, Die 423, 433
Jakobsleiter, Die 635
Janáček, Leoš 546
Jannequin, Clément 147
Jazz 583, 584, 620, 623
Jenaer Liederhandschrift 86
Jerusalem 41
Joachim, Joseph 527
Johanna auf dem Scheiterhaufen 616
Johannespassion 340, 342
Johannes von Damaskus 46
Jolivet, A. 643
Jommelli, Niccolò 353, 364
Jones, Sidney 563
Josquin des Près 137, 149, 150
Jugendstil 590, 604
Jupiter-Sinfonie 428
Justinian 49

K

Kadenz 78, 135, 564
Kagel, Mauricio 653, 657
Kalkbrenner, Friedrich 456, 467, 468
Kálmán, Emmerich 563
Kaminski, Heinrich 549, 551
Kammermusik 510 ff.
Kammersonate 231
Kanon 46, 345
Kantate 278–281
Kantilene 404
Kanzone 302
Kapriccio 302, 318
Kassation 392
Kastilien 69
Kayser, Philipp 442
Keiser, Reinhard 276, 278
Kerle, Jacobus 151, 195
Kerll, Johann Kaspar 272, 303
Kilpinen, Yrjö 510
Kirchenlied 288
Kirchenmusik 433–437
Kirchenmusik, byzantinische 44
Kirchenmusik, neapolitanische 365
Kirchensonate 231
Kirchentonarten 58
Kirnberger, Johann Philipp 425
Kitharis 16
Kitzler, O. 529
Klages, Ludwig 655
Klang 387, 389, 462, 463, 486, 511, 521, 522, 576
Klangfarbe 571, 576, 577, 578, 654 ff.

Klangfarbenmusik 576, 577, 654
Klassik 384, 454, 500
Klassizität, Junge 612
Klavichord 182
Klavierkonzert 417, 419
Kleiber, Erich 601
Klemperer, Otto 588
Kodály, Zoltán 603, 606
Kolmarer Liederhandschrift 86
Kolosseum 37
Kombinationstöne 240, 629
Kontakion 46
Kontrapunktik 530
Konzert, geistliches 281–283
Krasner, L. 636
Krause, Christian Gottfried 449, 450
Křenek, Ernst 558, 623
Krieger, Adam 267, 287
Krieger, Johann Philipp 269
Kuhnau, Johann 270, 295, 320, 458
Kunst der Fuge 345 ff.

L

Lai 67, 83
Lämlin, Lorenz 145
La Monte Young 658
Landi, Steffano 220
Landini, Francesco 120, 123
Langue d'oc 74
Lanner, Joseph 562
Lasso, Orlando di 151, 158 ff., 283, 458
Lauda 69
Laufenberg, Heinrich 88
Laute 14, 71
Lautenmusik 251
Lautentabulatur 144
Lechner, Leonhard 164
Leclair, Jean-Marie 255
Lecocq, Charles 563
Legrenzi, Giovanni 231
Lehár, Franz 563
Lehre vom musikalischen Zusammenhang 422 ff., 569, 617
Leibowitz, René 625
Leich 67, 83
Leipzig 340
Le Maistre 177
Lemoyne, Jean Baptiste 473
Leo, Leonardo 352
Leoncavallo, Ruggiero 555
Leonin 99, 100
Lesueur, Jean-François 457, 472
Lesur, D. 643

Lied, Berliner 450
Liedertafel 503
Lied-Polyphonie 145
Ligeti, György 656
Lind, Jenny 496
Liszt, Franz 459, 462, 463, 464, 465, 497, 506, 515, 521–528, 543, 550, 559, 569, 573, 580, 587, 603
Ljadow 544
Locatelli, Pietro 239
Lochamer Liederbuch 142
Logroscino, Nicola 367
London 354
Loreto, Vittorio 220
Lortzing, Albert 491, 492, 573
Löwe, Johann Jacob 268
Lully, Jean-Baptiste 246 ff., 256, 298, 382
Lulu 636
Lustspieloper 491
Luther, Martin 162
Luzzaschi, Luzzasco 196
Lydisch 31, 59
Lyra 15 ff., 45
Lyrik 18, 20, 76, 86

M

Macbeth 540
Machaut, Guillaume de 114
Madrigal 117, 173, 185
Mahler, Gustav 510, 526, 533, 556, 557 ff., 578, 659
Malibran, Maria Felizitas 537
Manesse-Handschrift 86
Manierismus 497, 499, 500, 572 ff.
Mannheimer Schule 388, 389
Mantua 206
Marais, Marin 319
Marazzoli, Marco 232
Marcello, Benedetto 238
Marcellustheater 37
Marchand, Louis 256
Marenzio, Luca 173
Marienleben 620, 626, 627
Marini, Biagio 230, 291
Marsch 372
Marschner, Heinrich 491
Martenot 648
Martinet 612
Mascagni, Pietro 555
Maskenspiele 188
Masque 361
Massenet, Jules 552, 554, 589
Mathis der Maler 621
Matthäuspassion 323, 342, 494

Mattheson, Johann 277, 309
Mauduit, Jacques 241
Mayr, Simon 535
Mehrchörigkeit 167
Méhul, Etienne Nicolas 473
Meistergesang 89
Meistersinger 517
Mendelssohn, Arnold 509, 619
Mendelssohn-Bartholdy, Felix 468, 492–498, 499, 572
Ménestrel 79
Mensuralnotation 98
Menuett 298, 388
Menuhin, Yehudi 613
Mersenne 242
Merula, Tarquinio 230
Merulo, Claudio 167
Mesopotamien 14
Messen 434 ff.
Messiaen, Olivier 147, 578, 642–644, 651
Metastasio, Pietro 349, 351, 354
Methode des Komponierens 631
Meyerbeer, Giacomo 480–482, 502
Meyer-Eppler 650
Mikrokosmos 609, 626
Milhaud, Darius 587, 614, 617 ff.
Millöcker, Karl 563
Minnegesang 83
Missa solemnis 436
Mitteldeutschland 162
Mixolydisch 60
Moduslehre 82
Molière, Jean-Baptiste 247
Mondonville 255
Mondseer Handschrift 87
Moniuszko, Stanislaus 546
Monn, Georg Matthias 388
Monochord 27
Monodie 195–197, 220, 221, 225, 320
Monsigny, Pierre Alexandre 470
Monte, Philipp de 151
Monteverdi, Claudio 207–218
Morales, Christóbal 194
Moresca 214
Moriskentänzer 213
Morley, Thomas 185
Moscheles, Ignaz 548
Moses und Aaron 634
Mossolow, Alexander 584
Motettenform 135
Motettenpassionen 284
Motetus 105, 106, 107
Motorik 627
Mozart, Leopold 397, 402

Mozart, Wolfgang Amadeus 392, 397–402, 404–408, 415–419, 425–429, 432, 434, 435, 439–447, 451
Muffat, Georg 233, 272
Müllerin, Die schöne 453
Münch von Salzburg 87
Münnich, Richard 61
Musica enchiriadis 95
Musica humana 57, 123, 631
Musica instrumentalis 57, 123, 631
Musical 563
Musica mundana 57, 123, 631
Musica reservata 156, 458
Musik als Ausdruck 154
Musik, atonale 611
Musik der Nationen 483
Musikdrama 443, 506, 512, 516, 520, 561
Musikinstrumente, griechische 15
Musikinstrumente, römische 35
Musique concrète 583, 650 ff.
Mussorgskij, Modest 543 ff., 594

N

Nabucco 537, 538
Nanino, Giov. Maria 191
Neapel 347
Neapolitanische Schule 347
Neefe, Christian Gottlob 408, 450
Neithart von Reuental 86
Neri, Filippo 194, 222
Neudeutsche Schule 505
Neumen 56
Neu-Romantik 616
Nicodé, Jean-Louis 550
Nicolai, Friedrich 574
Nicolai, Otto 491, 492
Nigg 644
Nomos 17
Nono, Luigi 645
Norma 516
Norwegen 547
Notendruck 146
Notker Balbulus 62, 63
Notre-Dame-Schule 99

O

Oberon 488
Obertöne 242, 243, 565, 629
Obertonreihe 242, 243, 384, 629
Oboe 72

Obrecht, Jakob 140, 148, 284
Ockeghem, Johannes 140, 149
Oden-Vertonungen 160
Odington, Walter 128
Oedipus Rex 624
Offenbach, Jacques 482, 563
Oistrach, David 613
Olympia 20
Oper 194, 199, 437–449, 455, 471–482, 622, 623
Opéra bouffe 563
Opera buffa 358, 365–368, 377, 379, 412, 440
Opéra comique 377, 380, 470, 474, 475, 482
Oper, bürgerliche 440
Oper, deutsche 272, 273–278
Oper, französische 379 ff.
Oper, italienische 534 ff.
Oper, neapolitanische 348
Operette 483, 563
Oper und Politik 468
Oratorio latino 222 ff.
Oratorio volgare 222 ff.
Oratorium 222, 281 ff.
Orchestercrescendo 388
Orchestra 24
Ordnung, serielle 579, 641, 650
Orff, Carl 84, 583, 622
Orgelwerke (Bach) 335
Ornamentik 386
Ortega y Gasset 646
Ortiz, Diego 189
Osiander, Lucas 164
Österreich 86, 484
Othello 541
Othmayr, Kaspar 146
Ouvertüre, französische 248, 348
Ouvertüre, italienische 348

P

Pachelbel, Johann 271, 303, 304
Paër, Ferdinando 473
Paganini, Niccolò 456, 460, 466 ff., 503, 521
Paisiello, Giovanni 367, 444
Palestrina, Giovanni Pierluigi 156, 191–193, 534, 551, 573
Pantomime 36
Paris 99, 241, 372, 455
Parodiemesse 219
Parsifal 519, 520
Partita 308
Pasquini, Bernardo 232
Passacaglia 189
Passamezzo 296
Passion 283, 284
Pasta, Giuditta 537
Pastoraldrama 203
Paumann, Konrad 141, 143
Pavane 296
Pelléas et Mélisande 588, 606
Penderecki, Krzysztof 656
Pepping, Ernst 509
Pepusch, Johann Christoph 360, 437
Perez, David 366
Pergolesi, Giovanni Battista 353, 359, 363, 364, 379
Peri, Jacopo 201, 204
Perotin 99, 100
Peter Grimes 608
Petraraca 117
Petruschka 606
Pfitzner, Hans 510, 549, 551
Philidor, François-André 470
Phórminx 16
Phrygisch 31, 59
Phrygische Schlüsse 574
Picasso, Pablo 615, 625
Picinni, Niccolò 368, 381, 382
Pierrot lunaire 596, 597, 598
Pindar 19, 20, 31
Platon 25, 27, 30
Polen 546
Polytonalität 587, 617
Ponte, Lorenzo Da 444
Porpora, Nicola 352, 439
Portativ 79
Posse 563
Potsdam 390
Poulenc, Francis 615, 616
Pousseur, Henry 583
Präambulum 298
Präludium 308
Pratella 582
Praetorius, Hieron. 179
Praetorius, Johannes 268
Praetorius, Michael 180, 226
Prélude à l'après-midi d'un faune 590
Programmchanson 146
Programmusik 187, 457 ff., 526
Prokofieff, Serge 584, 617
Proömium 17
Psalmen 39, 40 ff.
Psalmton 53
Psalteriumspieler 80
Ptolemaios, Claudios 32
Puccini, Giacomo 555
Pugnani, Gaetano 239
Pulcinella 623

Purcell, Henry 354 ff.
Pythagoras 17, 27, 107, 242

Q

Quantz, Johann Joachim 387
Quartenakkorde 567
Quartette (Haydn) 424 ff.
Quintilianus, Aristides
Quodlibet-Messe 138

R

Raff, Jos. Joachim 527
Rameau, Jean-Philippe 243, 249, 254, 379, 282, 384
Rastrelli, Joseph 489
Ravel, Maurice 544, 576, 591–595
Recitativo accompagnato 348
Recitativo secco 348
Reformation 162
Reformoper 372 ff., 378, 379
Refrain-Formen 115 ff.
Reger, Max 507, 509, 510, 549 ff., 566, 570
Regnart, Jakob 177
Reich, Steve 658
Reicha, Anton 457
Reichardt, Johann Friedrich 443, 450, 574
Reichenau 62
Reimann, Aribert 657
Reinecke, Carl 548
Reinken, J.A. 302
Reisenauer, Alfred 528
Renaissance 152
Reperkussionston 53
Requiem 434
Respighi, Ottorino 556
Reutter, Johann Georg 383
Revolutionsoper 470–473, 477 ff.
Rezitativ 308
Rhaw, Georg 164
Rhythmuslehre 642
Ricercare 170
Richard Löwenherz 79
Richter, Franz Xaver 387, 389
Riemann, Hugo 111, 550
Rienzi 514, 517
Rigaudon 298
Rigoletto 540
Riley, Terry 658
Rimskij-Korsakow, Nikolaj 542–544
Ring des Nibelungen 516, 518 ff.

Rinuccini, Ottavio 201, 203, 204, 217
Ritter, Albert 527
Rokoko 386
Rom 32, 191, 220, 231
Romantik 451 ff., 470, 474, 476, 477, 484, 496, 501, 552, 568
Romantik, französische 456
Romanus 46
Romanus-Buchstaben 56
Romero, Mateo 190
Rondeau 133
Rore, Cyprian de 173
Rosenkavalier 561
Rosenmüller, Johann 269, 270, 280, 295
Rosenplüt, Hans 93
Rosenthal, Moritz 528
Rossi, Luigi 224
Rossi, Salomone 230
Rossini, Gioacchino 444, 477, 535 ff., 561
Rotta 68, 296
Roullet, Du Johann 381
Rousseau, Jean Jacques 380 ff.
Rue, Pierre de la 148
Rufer, Josef 632
Runge, Philipp Otto 571
Rußland 542
Russolo, Luigi 582, 583

S

Sacchini, Antonio 473
Sachs, Hans 90
Sachsen-Thüringen 257
Sacre du printemps, Le 595, 606
Saint-Saëns, Camille 552, 554
Salieri, Antonio 409, 437, 473
Salinas, Francisco 189
Salome 561
Saltarello 296
Salve Regina 433
Sammartini, Giovanni Battista 362, 364, 376
San Vitale, Ravenna 48, 49
Sappho 18
Sarabande 251, 298
Satie, Eric 613 ff.
Sauveur, Joseph 242, 384
Scandello, Antonio 177
Scarlatti, Alessandro 225, 236, 350–352
Scarlatti, Domenico 364
Schaeffer, Pierre 648, 650
Schalmei 71
Schedelsches Liederbuch 144
Scheibe, Johann Adolf 322

Scheidemann, Heinrich 268, 305
Scheidt, Gottfried 268
Scheidt, Samuel 268, 297, 301, 305
Schein, Johann Hermann 179, 196, 269, 297
Schenk, Johann 409
Scherchen, Hermann 601
Schikaneder, Emanuel 446
Schildt, Melchior 268
Schindler, Anton 449
Schlageroperette 563
Schlagzeug 583
Schnebel, Dieter 657
Schobert, Johann 404
Schoeck, Othmar 510, 549, 550
Schola cantorum 555, 589
Schönberg, Arnold 388, 423, 507, 508, 523, 556, 558, 568, 576, 580, 584, 588, 595, 596, 597, 599, 604, 624, 631 ff.
Schöpfung, Die 423, 433
Schostakowitsch, Dimitrij 619
Schreckensoper 448, 470
Schreker, Franz 576
Schubart, Friedrich Daniel 389
Schubert, Franz 449, 451–455, 499, 572
Schulz, Johann Abraham 450
Schumann, Robert 429, 465, 498–504, 521, 566, 572
Schütz, Heinrich 179, 257, 258–260, 269, 273, 281, 282, 284
Schweitzer, Anton 443
Scott, Cyrill 607
Scribe, Eugène 475
Sechter, Simon 529
Sekles, Bernhard 619
Seneca 33
Senfl 150
Sequenz 62, 65, 78, 83, 86, 87, 94, 96, 102
Serenade 392, 394–395, 402, 404, 405, 407
Sermisy, Claudin de 147
Shakespeare, William 189, 297, 494, 497, 539, 572, 637
Sibelius, Jean 547, 548
Siefert, Paul 268
Silcher, Friedrich 574
Siloti, Alex. 528
Sinding, Christian 548
Sinfonia 298, 412
Sinfonia concertante 416, 417
Sinfonia eroica 420, 421
Sinfonie 416, 417 ff., 421 ff., 428 ff.

Singspiel 442, 443, 448
Sinuston 648
Sirventes 76
Six, Les 614, 615
Skala, chromatische 631 ff.
Skrjabin, Alexander 571, 608–610
Smetana, Friedrich 546
Socrate (Satie) 614
Solmisationssilben 61
Solokantate 224
Solokonzert 234 ff., 255, 294 ff.
Sommernachtstraum 497, 572
Sonate 290, 291
Sonatenform, klassische 384, 385
Sonnenquartette 413, 415
Sorge, Andreas 240
Spanien 70 ff., 129, 188 ff., 607
Sparta 19
Sperontes-Scholze, Johann Sigismund 450
Spitta, Philipp 507
Spohr, Ludwig 491
Spontini, Gasparo 473, 487
Sporer, Thomas 145
Spruchmotette 285
Squarcialupi-Codex 121
Stabat Mater 433
Stamitz, Anton 389
Stamitz, Johann 388, 416
Stamitz, Karl 389, 416
Ständchenmusik 392
Standfuß, J.C. 437
Starzer, Josef 388
Stavenhagen, Bernhard 528
Steffani, Agostino 225, 357
Stein, Erwin 584, 586
Steinway 570
St. Gallen 62
Stil, singender 389
Stilmittel 387
Stimmung, temperierte 579
St. Martial, Limoges 67, 97
Stockhausen, Karlheinz 611, 612, 644, 646, 648, 651, 657
Stoltzer, Thomas 145
Stölzel, Heinrich 570
Stradal, August 528
Stradella, Alessandro 222, 225
Straus, Oscar 563
Strauß, Johann (Sohn) 562
Strauss, Richard 353, 459, 510, 550, 556, 559–562
Strawinskij, Igor 219, 430, 490, 520, 542, 544, 553, 584, 595, 604, 619, 623, 624, 628

Streichquartett 395
Streichquartette (Beethoven) 430
Strophenlai 83
Stumme von Portici, Die 477, 478, 479, 480
Suite 251, 296-299
Sullivan A.A. 563
Suppé, Franz von 563
Suriano, Francesco 193
Surrealismus 572, 573, 596
Susato, Tilman 142
Süßmayr, Franz Xaver 434
Svendsen, Johann 548
Sweelinck, Jan Pieterszoon 182, 269, 301
Symphonie fantastique 458
Syrien 35
Szabanjeff, Leonid 608
Szymanowski, Karol 607

T

Tabulatur 143
Tagelieder 86
Tailleferre, Germaine 615
Tannhäuser 515, 516, 517
Tannhäuser-Skandal 482
Tartini, Giuseppe 239
Tasso, Torquato 203
Tausig, Karl 527
Te Deum 433
Telemann, Georg Philipp 278
Tempelmusik, jüdische 41
Tenney, James C. 654
Terradellas, Domenico 366
Tetrachord 29
Thalberg, Sigismund 467
Theater, das antike 22 ff.
Theater, romantisch-surrealistisches 491
Theile, Johann 268
Thematische Arbeit 412 ff., 419
Themendualismus 385
Thibault de Champagne 79
Thomas, Charles Louis Ambroise 476, 552
Thomaskantor 328, 340
Tiento 190
Tinctoris, Johannes 124, 129
Titelouze, Jehan 256
Titus 445
Toccata 190, 226, 308, 314
Todi, Jacopone da 70
Tonalität 508 ff.
Tonalitätsgesetz 565 ff.
Torelli, Giuseppe 234
Tourdion 296

Traetta, Tommaso 365
Tragödie 23 ff.
Transkription 522
Trautwein, Friedrich 649
Traviata, La 540
Tridentiner Konzil 195
Triosonate 231 ff., 292
Tristan und Isolde 516, 517, 518, 519, 520, 566
Tritonius, Petrus 160
Troparien 44
Tropus 62
Troubadourgesang 74 ff., 81, 82
Trouvères 78 ff.
Trovatore, Il 540
Tschaikowskji, Peter 544 ff.
Tuotilo 63

U

Umbrien 69
Umlauf, Ignaz 437
Undine-Opern 573 ff.
Ungarn 546
Utrechter Psalter 98

V

Vagantenpoesie 83
Vaqueiras, Raimbaud de 79
Varèse, Edgar 583, 632
Variation 187, 304, 507 ff., 569
Variationsform 184
Variationssuite 297
Vecchi, Orazio 176
Venedig 166, 206, 227, 234
Ventadour, Bernart de 79
Veradini, Francesco Maria 238
Verdelot, Philippe 173
Verdi, Giuseppe 477, 533, 534, 535, 537 ff., 555, 624
Verismo 555
Viadana, Ludovico Grossi da 198
Vicentino, Nicola 174
Victoria, Thomás Luis de 193
Vidal, Peire 79
Vielle 72
Vihuela (Viola) 189
Villancico 188
Villanella 172
Vinci, Leonardo 352
Viola 181
Viola, Alfonso della 173
Violentypus 181
Violinsonate 231
Viotti, Giovanni Battista 255

Virdung, Sebastian 144
Virelai 114
Virginalisten 458
Virginalmusik 186
Virtuosität 462 ff., 465 ff., 573
Vitali, G.B., 231
Vivaldi, Antonio 234, 235, 236, 237, 310, 311
Vitry, Philipp de 110
Vogel, Johann Christoph 473
Vogl, Johann Michael 455
Vogler, Abbé 389, 490
Vokalstil, italienischer 534
Volkmann, Robert 532
Volkslied 510, 574, 603 ff., 621
Volksliedforschung
Volksmusik 546
Volz, Hans 93
Vorklassik, Wiener 388

W

Wächterlieder 86
Wagenseil, Johann Christoph 387
Wagner, Richard 90, 431, 448, 482, 489, 491, 505, 511-521, 533, 560, 612
Walter, Bruno 558
Walther, Johann 162, 164, 284
Walther von der Vogelweide 84 ff.
Walzer 562
Wasserorgel 35
Weber, Carl Maria von 459, 474, 484-489, 562, 572
Webern, Anton von 423, 507-509, 578, 585, 599, 637-641
Weckmann, Matthias 267, 280, 283
Weelkes, Thomas 185
Weill, Kurt 415, 623
Weimar 493
Weingarten-Handschrift 86
Weingartner, Felix 528
Werckmeister, Andreas 631
Wieck, Clara 501, 503
Wieland, Christoph Martin 443
Wien 383
Wiener Klassik 383
Wiener Schule 423, 602
Wiener Singspiel 437, 438
Wilbye, John 185
Wilhelm von Aquitanien 79
Willaert, Adrian 150, 166

Williams, Ralph Vaughan 548
Winchester-Tropar 98
Winterreise, Die 453
Wittgenstein, Paul 593
Witzlav von Rügen 86
Wohltemperiertes Klavier 313, 344
Wolf, Hugo 532 ff.
Wolfram von Eschenbach 85
Wolkenstein, Oswald von 87

Worcester-Fragmente 129
Wozzek 601 ff.

Z

Zachow, Friedrich Wilhelm 270
Zarlino, Gioseffo 152
Zauberflöte 445, 446, 447
Zeller, Carl 563

Zelter, Carl Friedrich 450, 451, 496
Zemlinsky, Alexander 595
Zinken 291
Zuccalmaglio, Wilhelm von 502, 574
Zumsteeg, Johann Rudolf 450
Zwölftonmusik 611
Zwölftonreihe 585, 600, 632, 633, 634, 636

Alinari, Florenz (6); Archiv für Kunst und Geschichte, Berlin (15); Archives Photographiques, Paris (1); Kunstarchiv Arntz, Haag/Obb. (5); Bärenreiter-Verlag, Kassel (2); Dr. G. W. Baruch, Baden-Baden (1); Rudolf Betz, München (1); Bibliotheca Laurenziana, Florenz – Dr. Pineider (2); Bibliothèque Nationale, Paris (1); Byzantinisches Museum, Athen (1); Siegfried Enkelmann, München (1); Bildarchiv Foto Marburg, Marburg/Lahn (3); Germanisches Nationalmuseum, Nürnberg (1); Gesellschaft der Musikfreunde, Wien (1); Photographie Giraudon, Paris (2); Historia-Photo, Hamburg (4); Historisches Porträtarchiv, Nürnberg (1); IBA, Oberengstringen (1); National Museum, Kopenhagen (1); Österreichische Nationalbibliothek, Wien (3); W. Speiser, Basel (3); Staatliche Museen zu Berlin, Berlin (Ost) (1); Städtische Kunsthalle, Mannheim (1); Archiv Dr. Franz Stoedtner, Düsseldorf (1); Süddeutscher Verlag, Bilderdienst, München (1); Ullstein GmbH, Bilderdienst, Berlin (9); Westdeutscher Rundfunk, Köln (1)

Reproduktionsgenehmigungen für Abbildungen künstlerischer Werke von Mitgliedern und Wahrnehmungsberechtigten der Verwertungsgesellschaften S.P.A.D.E.M./Paris, S.A.B.A.M./Brüssel, BEELD-RECHT/Amsterdam, V.A.G.A./New York, S.I.A.E./Rom wurden erteilt durch die Verwertungsgesellschaft BILD-KUNST/Bonn.

Brockhaus Riemann Musiklexikon

In fünf Bänden
Herausgegeben von
Carl Dahlhaus,
Hans Heinrich Eggebrecht
und Kurt Oehl
3. Auflage 1998
5 Bände in Kassette
SEM 8400

Musikalische Kompetenz mit Tradition

Dieses Lexikon steht in der großen Tradition des Riemann Musiklexikons, das seit mehr als 100 Jahren das international anerkannte Standardwerk der Musikliteratur ist. Es wendet sich an eine breite Leserschaft und informiert in über 7.000 Stichwörtern u.a. über Komponisten/Komponistinnen, Interpreten, Musik in Geschichte und Gegenwart, Gattungen, Instrumente, Literatur und Notenausgaben. Diese Buchkassette enthält einen 1995 aktualisierten Ergänzungsband mit ca. 1.700 Stichwörtern.

In allen Buch- und Musikalienhandlungen erhältlich!

OPERNFÜHRER

OPERN DER WELT
Herausgegeben von Kurt Pahlen

Kompletter Text in der Originalsprache, gegebenenfalls mit deutscher Übersetzung mit musikalischen Erläuterungen, Geschichte der Oper, Inhaltsangabe mit zahlreichen Fotos und Illustrationen und Kurz-Biographie des Komponisten.

Mehr als **600.000** verkaufte Exemplare!

BEETHOVEN
Fidelio, SEM 8001

BERNSTEIN
West Side Story, SEM 8046

BIZET
Carmen, SEM 8002

HUMPERDINCK
Hänsel und Gretel, SEM 8045

LEONCAVALLO
Der Bajazzo, SP 8039

MASCAGNI
Cavalleria rusticana, SP 8040

MOZART
Così fan tutte, SEM 8004
Don Giovanni, SEM 8005
Die Entführung aus dem Serail, SEM 8006
Le nozze di Figaro, SEM 8007
Die Zauberflöte, SEM 8008

MUSSORGSKI
Boris Godunow, SEM 8044

ROSSINI
Der Barbier von Sevilla, SEM 8016

PUCCINI
La Bohème, SEM 8012
Madame Butterfly, SEM 8013
Tosca, SEM 8014
Turandot, SEM 8015

STRAUSS
Elektra, SP 8043
Der Rosenkavalier, SEM 8018
Salome, SP 8042

VERDI
Aida, SEM 8019
Don Carlos, SEM 8020
Falstaff, SP 8021
Die Macht des Schicksals, SP 8022
Ein Maskenball, SEM 8023
Nabucco, SEM 8041
Othello, SEM 8024
Rigoletto, SEM 8025
La Traviata, SEM 8026
Der Troubadour, SEM 8027

WAGNER
Der fliegende Holländer, SEM 8028
Lohengrin, SEM 8030
Die Meistersinger von Nürnberg, SEM 8031
Parsifal, SEM 8032
Tannhäuser und der Sängerkrieg auf Wartburg, SEM 8035
Tristan und Isolde, SEM 8036
Der Ring des Nibelungen
I Das Rheingold, SEM 8033
II Walküre, SEM 8037
III Siegfried, SEM 8034
IV Götterdämmerung, SEM 8029

WEBER
Der Freischütz, SP 8038

In allen Buch- und Musikalienhandlungen erhältlich!